大转型

A Great Transformation
The Past, Present and Prospects of China's Reform

中国经济改革的过去、现在与未来

张军 王永钦 / 主编

格致出版社 上海人民出版社

序

中国做对了什么?

张军　王永钦

诺贝尔经济学奖得主罗伯特·卢卡斯说过，一旦你开始考虑经济增长问题，你就很难去想其他的问题了。的确，经济增长这个问题吸引了很多经济学家的关注，而经济学研究的一个重要使命就是破译经济发展的密码；无数的仁人志士也正在身体力行，孜孜以求。同样，作为中国的经济学家，一旦我们开始考虑中国的转型和发展，也很难去想别的问题了。

从 1978 年党的十一届三中全会起，中国的改革开放刚好走过了四十度春秋。在过去四十年中，中国发生了翻天覆地的历史巨变。在经济方面，中国从世界最落后和封闭的国家之一，跃升为一个 GDP 居世界第二、高度开放的经济体。而纵观二战以来的世界经济发展史，真正成功实现经济赶超并进入发达经济体行列的实际上只有日本和“亚洲四小龙”(韩国、中国台湾、中国香港和新加坡)。大部分发展中国家和地区并没有步入可持续发展的轨道，经济反而陷入了某种“发展陷阱”：要么是“贫困陷阱”(如非洲国家和地区)，要么是“中等收入陷阱”(如拉丁美洲国家和地区)。中国的经济改革和东亚的发展模式可以为人类的发展提供丰富的智慧和理论素材。张五常曾经说过，对于中国的发展，最应该问的问题也许是，中国做对了什么。作为中国的经济学家，此时系统总结中国的经济改革，义不容辞。这就是本书的缘起。

自 20 世纪 90 年代初苏联解体后，从计划经济向市场经济的转型问题就和经济发展问题密不可分。经济学家和国际机构为此提出了各种方案。其中一种代表性的方案是由总部设在华盛顿的世界银行和国际货币基金组织（IMF）等提出来的，被称为“华盛顿共识”。“华盛顿共识”有四个支柱，一是“私有化”，即界定私有产权；二是“市场化”，即让市场发挥作用，将“价格做对”（getting prices right）；三是“稳定化”，即控制财政赤字和避免通货膨胀；四是“自由化”，即减少对国际贸易和资本流动的干预。这四个支柱看上去都非常合理。但今天尘埃基本落定，推行“华盛顿共识”的苏东（苏联和东欧）国家经历了经济衰退，其中有些国家至今尚未恢复元气。而选择另一条道路的中国，却取得了人类发展史上另一个令人瞩目的奇迹，过去 40 年中国在经历漫长经济停滞后的重新崛起无疑是 20 世纪最重要的历史事件之一，也正在继续影响着新世纪的历史进程。

中国向市场经济的探索和转型远远早于苏联和东欧国家。40 年前，摆在中国人民面前的是一个无比艰难的历史使命：彼岸何在？如何到达彼岸？对这两个问题的探索长期贯穿中国经济改革的历程。

计划经济是二战后人类历史上一个前所未有的社会实验，但在中国和苏联都经历了失败；而从计划经济向市场经济的转型更是一个前所未有的大转型。尽管 1992 年邓小平南方谈话之后，中共十四大才正式确立社会主义市场经济的改革目标，但中国从计划经济向市场经济的转型在此之前就开始了。

尽管在理论上，现代经济学清楚地告诉了我们什么是“此岸”和“彼岸”：在计划经济中，没有市场和价格机制，经济的组织是按照计划来协调；而在理想的市场经济下，所有的市场（包括各种产品的市场、要素市场和金融市场）都是完备的，只需价格机制便可以起到优化资源配置的作用，而政府只需要提供必要的公共品。但没有一个现成的理论告诉中国人，如何从“此岸”到达“彼岸”。

在我们看来，转型经济体和发展中经济体与发达经济体相比有两个本质的区别。第一，与市场完备的发达经济体相比，转型经济体与发展中经济体的市场往往是缺失的，或者即使不是缺失的，往往也是高度不完美的。第二，从技术水平来说，转型经济体和发展中经济体的技术水平往往远离世界技术可能性边界的前沿。市场缺失意味着存在帕累托改进和政府干预的潜在可能性；远离世界技术可能性边界的前沿意味着它们可以学习或者模仿现成的技术，而不需要通过自己的创新和研发活动来创造新的技术，更重要的任务是如何更好地组织资源、按照比较优势进行发展。这与早期的经济史学家格申克龙提出的发展中经济体的结构和相应的经济组织方式应该不同于发达经济体的思想也遥相呼应。

在这两个基本条件下，与苏联及东欧的“休克疗法”不同，中国的经济转型与经济发展独辟蹊径，采取了截然不同的战略、策略和治理结构。

第一，在整体的改革战略上，中国采取了渐进式的改革战略。中国采取的这种实验式的改革方法是务实和行之有效的，因为如前所述，从计划经济向市场经济的转型无论在理论和实践上都没有现成的规律可循，这种试错式的改革也符合科学发现的规律。从这个意义上说，中国改革开放的 40 年，也是中国的政治家、企业家、学者和民众发现转型路径、发现市场、发现新世界和新生活的一个过程。

中国的经济改革是从农村部门的联产承包责任制开始的，这在极大地促进农业发展的同时，还为 1984 年起的城市部门的改革打下了深厚的基础，因为农业发展为城市部门的改革提供了生活必需品、投入品、劳动力和市场；同时农村的改革也可能是政治上最容易推进的。

而当价格“双轨制”被作为一种价格改革的思想与方法在 1984 年的“莫干山会议”上被提出时，中国在 80 年代初以来就在工业生产部门经历了计划与市场两种体制并存的局面，这个双轨的体制贯穿了整个 80 年代，并几乎延续到了 90 年代上半期。这种帕累托式改革的双轨制总体上保证了经济的稳定增长。中共十四大之后，市场化改革在 90 年代中期后得到全面推进，尤其是财税、金融这两个领域的市场化改革取得了巨大的进展。

第二，中国转型迄今为止的成功与中国独特的政治治理结构密不可分。与俄罗斯等转型经济相比，中国的分权是在整体政治架构不变、中央和地方政府不断调整它们的关系的过程中实现的。从 70 年代的放权让利到 80 年代的财政包干体制，再到 90 年代的分税制改革，如何合理划分中央和地方的利益关系、调动地方政府的积极性，不仅始终是中国财政体制改革的要点，也是整个经济和政治体制改革的突破口。

学术界普遍认为，中国经济转型的成功与中国独特的政治集权和经济分权相结合的治理结构分不开。从这种分权式改革中得到的更一般的经验是：对经济转型而言，最重要的可能不是“做对价格”，因为在市场不完备的时候，根本不可能存在正确的价格；在这个发展阶段，更重要的是“做对激励”（getting incentives right），因为激励机制是经济发展中更为深刻的主题，价格机制不过是激励机制的一种方式而已。

经济结构（如分权程度和整个经济体的组织结构）的差异造成了中国和俄罗斯

经济改革绩效的巨大差异。分权式（尤其是 1994 年分税制改革）的改革不仅硬化了中央政府对国有企业的预算约束，而且还促进了地区之间的竞争。中国的 M 型经济结构（资源按照“块块”来配置）使得经济可以在局部进行制度实验，地区之间基于 GDP 的单维度的标尺竞争为中央政府提供了反映地方政府绩效的有效信息，并且使得经济体更容易抵抗宏观冲击；相反，俄罗斯的 U 型经济结构（资源按照“条条”来配置），则不具备这样的经济结构收益。这种中国式财政联邦主义解决了政治体系内部经济发展的激励问题，根据经济学中著名的蒂布特（Tibout）模型，相当于创造了地方政府之间的公共品竞争市场，解决了公共品供给不足的问题。事实的确如此，过去 40 年中，地方政府在发展基础设施、市场化、民营化和城市化方面功不可没。尤其值得一提的是，1994 年之后，地方政府推进了大规模的国企改制，中国经济才开始真正起飞。目前，民营经济已成为中国经济的主力军。也许这正是张五常称其为“最好（妙）的制度”的原因。

第三，中国的转型迄今为止的成功与中国独特的社会治理结构密不可分。政治集权、经济分权这种治理结构下地方政府之间基于 GDP 的单任务锦标赛（single-task tournament）解决了中国公共品的市场失灵问题；在私人合约和治理方面，基于重复博弈的自我实施的关系型合约则缓解了市场缺失和中国部分法律体系不完善的问题。这种关系型合约主要表现为以下两个层次。第一个层次是在政治家和企业家之间的关系型合约，在市场不完全的赶超型经济体（如德国和东亚模式下的经济体）中，在政治家和企业家之间都存在这种关系型的合约（在东亚模式中表现为“产业政策”）。它作为一种次优（约束下的最优）的制度安排，可以弥补市场的不完全，促进经济发展。早期的乡镇企业到后来的各种政企纽带都是这种关系型合约的表现。

第二个层次的关系型合约发生在不同的微观主体之间（如企业与企业之间），近年出现了新的文献来研究中国发展的非正式制度基础。这些研究发现，企业之间的网络关系对于缓解信贷约束、分担风险、分享信息，都发挥了重要的作用，它作为一种次优的制度，促进了民营经济的成长。这些基于关系型合约的治理由于不需要建章立制的固定成本，特别适合市场范围较小、相关市场缺失的情况。而中国根深蒂固的社会网络关系为这种非正式制度提供了天然的土壤。

第四，在具体的发展策略上，中国采取了扭曲要素价格和产品价格的政策。市场不完全、尤其金融市场不完全意味着，仅仅依赖市场无法实现经济中有效的资本和投资均衡。 而政府压低工资和其他要素的价格，也是一种资本积累的方式。 中国的城乡二元结构压低了均衡的工资水平，城市政府压低工业用地地价等，促进了企业的资本积累。 最近的经济学研究表明，在经济转型和追赶的发展阶段，这种策略是给定约束条件（尤其是金融不完全这个约束）下最优的发展策略。 值得指出的是，中国独特的政治治理结构特别有助于实施这种发展策略。

有意思的是，回过头来看，中国改革的策略和治理结构暗合着经济中的次优理论。 次优理论指的是，如果经济中存在很多扭曲，那么消除其中的一个扭曲或者几个扭曲（只要还没有消除所有的扭曲），情况可能会变得更差而不是更好。 举个形象的例子，一家人的房子着火了，同时水龙头也坏了，关不上，一直在流水。 此时如果试图将水龙头修好关上，反而会使情况变得更糟。 对于一个经济体，特别是一个发展中经济体来说，亦是如此。 由于经济中存在很多扭曲，很多市场都是不完美的。 在这种情况下，人为增加一个扭曲，反而可能会促进资源配置和经济发展。正如前文所述的，在金融市场不完全之时扭曲劳动力市场就是一个典型的例子。 而像这样的例子在中国的发展中可以举出很多。 对于中国的问题，如果仅仅从“局部均衡”的角度来看，可以说是“只见树木，不见森林”。 不管有意识还是无意识的，中国的发展模式似乎暗含了一般均衡下的“次优理论”的逻辑。

第五，中国的经济奇迹与基于投资的发展阶段与积极融入经济全球化也密不可分。 我们前边提到转型经济和发展中经济的两个结构性特征是：市场不完全与技术水平远离世界前沿。 中国独特的政治治理和基于关系型合约的私人治理结构在一定程度上弥补了缺失的市场；而远离世界技术可能性边界的前沿则意味着中国可以学习或者模仿现有的技术，而不需要通过自己的创新和研发活动来创造新的技术，进而意味着在这个基于投资（investment-based）的发展阶段，最重要的是动员资源来发展经济，而非自己去从事研发。 也就是说，在这种基于投资的增长阶段，关键的问题是如何有效地动员和组织经济体系内的资源。 在这个阶段，由于市场的缺失和不完美，完全由市场来配置资源无法达成帕累托有效的配置，适当的政府干预可以改进资源配置，从而促进经济发展。

而中国独特的治理结构尤其适合这种基于投资的发展阶段，2001 年加入世界贸易组织（WTO）和融入全球化，相当于为这种发展模式插上了翅膀，使中国可以在全球的分工体系中实现在劳动密集型产业上的比较优势。 中国在加入世贸组织十多年后一跃成为世界第二大经济体和“世界工厂”，深刻改变了世界的经济格局。

根据我们对东亚模式的研究，政府干预的作用依赖于经济发展的阶段。成功的政府干预需要满足几个必要条件（未必是充分条件）：一是，政府的目标函数应该是最大化社会福利的，即政府有一定的自主性，而不是服务于少数利益集团；二是，政府应该有足够的能力和政策工具来实施必要的干预；三是，政府政策干预的形式和幅度应该取决于经济体具体的发展阶段（市场的完备程度与距离世界技术前沿的距离），因此需要根据不同的发展阶段而有所调整。尤其是，在市场发育足够充分后，经济发展战略和政治治理结构也要进行适时的转型。在一个阶段被证明是成功的体制和政策，在下一个阶段可能就是经济发展的桎梏和障碍。

在过去 40 年中，中国独特的发展模式和治理结构促进了中国经济的发展；但这种发展模式正面临着日益严峻的挑战，政府应该适时加以调整，因为中国经济的发展阶段和全球经济格局已经发生了很大的变化。

首先，中国经济经过 40 年的高速发展，已经离世界的技术前沿越来越近，从发展阶段上来说，已经从基于投资的发展阶段转变为基于创新的发展阶段。这个阶段，动员和组织投资已经不是经济发展的首要任务，早期促进投资的政策（如压低工资）会阻碍技术创新。在新的历史阶段，正如哈耶克很久之前就论证过的那样，更加分散化和市场化的资源配置方式（商品市场、要素市场和金融市场）会更好地加总大众的智慧，促进基于创新的发展。中国是一个人口大国，大众的智慧如果充分发挥出来，其力量会是惊人的。

其次，中国这种发展模式的其他方面的成本也越来越高。如压低工资和降低资本成本的发展策略，加上其他一些扭曲政策，造成了城乡之间、地区之间和不同群体之间巨大的收入差距，给社会的稳定和经济的可持续发展带来了挑战。从某种意义上说，中国的发展模式是一个加强版的东亚模式。中国组织和动员资本的能力远远超过当时的东亚模式，尤其是，中国政府控制着土地。这也造成了中国和东亚模式的一个重要区别：东亚模式下的经济体在经济起飞前，对土地市场进行了平等主义的改革，这种起点的公平有助于东亚模式实现共享式增长。如果我们将目光再放得更远一些，经济史学家的研究表明，北美洲和南美洲经济发展路径的分野也是由于初始要素禀赋的不平等造成的。北美洲的生产要素（特别是土地）的初始分布比较平等（以自耕农为主），这使得人们有积极性来投资人力资本；南美洲则刚好相反，土地要素的分布高度不平等（庄园制），这使得没有土地禀赋的群体在社会中的议价能力较低，缺乏投资人力资本的激励，经济没有从基于投资的发展阶段转变到基于创新的发展阶段。长期以来，两者之间的发展差距就越来越大了。

最新的经济研究也表明，在经济追赶阶段完成之后，“亲商的”（pro-business）发展战略应该适时转变为“亲劳工的”（pro-worker）发展战略，由于人力资本相对于物质资本变得越来越重要，这也有助于经济顺利地从基于投资的发展阶段过渡到基于创新的发展阶段，这种转变也是中国的社会改革政策所面临的一项重要任务。

再次，世界经济格局也发生了巨大的变化。最近的一些经济学研究表明，中国这种“将价格做错”的发展策略，虽然促进了中国经济的崛起，给世界带来了便宜和丰富的产品，改进了消费者的福利，但也给世界很多国家带来巨大的经济和社会冲击。从这个角度来看，我们就更容易理解当前中国和美国之间的贸易摩擦了。

最后，2008 年的金融危机也暴露了中国经济发展模式的脆弱性。在巨大的外部需求缩减的负面冲击下，中国的 GDP 增速开始下降。2008 年之后，中国推出了“四万亿”刺激方案，这种刺激方案以银行贷款的方式进入了地方政府和企业，这些部门在短期内积累了大量的债务；同时，过去十多年影子银行的发展也加剧了地方政府、企业和家庭的债务问题。债务问题在短期内对中国的经济发展和金融稳定性带来了巨大的挑战。

2012 年中国的 GDP 增速从两位数步入个位数，这一年中国的利息支付总额也正好超出了名义 GDP 的增量，这意味着中国在宏观经济层面已经出现了债务积压问题。经济增速下降与债务积压两者相互加强的恶性循环是中国经济短期内要面临的挑战，中国要避免日本式的资产负债表式衰退。中国经济增速的下滑可能也与近年来中央政府在考核地方政府官员中淡化 GDP 指标有关。在新的经济发展阶段，如何激励地方政府官员也是中国的政治治理面临的一项重要研究课题。

从中长期角度而言，中国过去 40 年的发展战略和相应的治理结构，可以解释中国迄今为止的成功，同时也蕴含了中国未来改革的空间和路径。随着中国经济离世界技术前沿越来越近，学习和模仿的潜力越来越有限，中国正面临着从基于投资的发展阶段向创新的发展阶段转变的关键历史时刻；同时，随着市场的越来越完备，前期最优的治理结构和发展策略需要相应的调整，中国也面临着从“将价格做错”转变到“将价格做对”（尤其是要素市场和金融市场的价格）的关键历史时刻。

“周虽旧邦，其命维新。”经济转型和发展是一个从“此岸”（市场不完备、生产率低、人均收入低）到“彼岸”（市场完备、生产率高、人均收入高）的过程，中国的改革开放是一项伟大和艰巨的历史任务。过去的 40 年中，甚至是过去的一百年中，中国无数的仁人志士和人民大众为此流血流汗、思考践行，使得如今中国的面貌已经大不相同。

中共十八届三中全会指出，“使市场在资源配置中起决定性作用和更好地发挥政府作用”。此岸已远，如何到达彼岸？本书荟集了我们对于中国40年经济改革的思考和展望，从多个角度来反思中国经济改革的过去，剖析中国经济改革的当下，并展望中国经济改革的未来。我们将此书献给伟大的中国改革开放40周年。

是为序。

目 录 Contents

第1章

改革开放中的中国农业：成就与挑战

汤　昕	武汉大学经济与管理学院
奚锡灿	复旦大学经济学院
徐灏龙	复旦大学经济学院

农业为人类活动提供必需的食物和营养，是国民经济中的基础部门。在改革开放的过程中，农业也扮演了特殊的重要角色。自家庭联产承包责任制的推行开始，农业部门产量和生产率在这40年中稳步提高，不仅为我国经济发展提供了充足的物质保障，还大幅提高了人民群众的消费水平和福利。与此同时，农业改革将大量劳动力从农业生产中解放出来，转移到生产率更高的制造业和服务业中，由此释放的劳动力红利，为我国的工业化和经济增长提供了持续稳定的动能。

我国农业在改革开放40年中的历程，是一段不断清除制度障碍、顺应要素流动从而极大提高生产效率的过程，也是农业部门和非农部门相互激发、正向循环的过程。这些制度障碍既包括农业部门内部的要素流动障碍，也包括在农业和非农部门之间的要素流动障碍。这就意味着，我们需要一个以清除制度障碍为中心的发展经济学视角来看待我国的农业问题。当前我国农业所面临的高投入、高产出、高库存、高进口和高污染的困局，其根本症结正在于农村土地和劳动等核心要素的自由流动受到限制。同时，在城市内部，农村移民无法享受和城市居民相同的医疗、教育等公共服务，从而在进城务工之初，他们就已形成了迟早要回乡的预期。而土地作为农村居民最重要的社会保障，这一预期进一步阻碍了土地的流转，并进一步阻碍了农均耕地面积的扩张。因此，在改革开放40年之后，小农式的生产方式依然是主流，而规模经营一直无法实现。所以，我们必须清醒地认识到，在肯定农业改革取得伟大成就的同时，上述“五高”困局并未消失，它正是下一步的改革的目标。

1.1 中国农业的改革历程和伟大成就

20 世纪 70 年代末，中国的改革开放由农村家庭联产承包制的推行而拉开大幕。由此开始，我国农业逐步摆脱了计划体制的桎梏。虽经历曲折反复，但市场机制逐步成为主导农业生产决策和资源配置的基础。虽然农民的经营规模仍然受到土地和户籍制度的严重限制，但在家庭联产承包责任制允许的范围内，农民重新成为农业生产的决策主体，可自行决定“种什么、怎么种”，从而大大激发了其生产积极性和创造力。

在国内市场上，私营农产品贸易范围不断扩大，国家购销体系逐步被削弱，而农产品交易的地域限制不断被放松，市场整合程度不断加强；在国际市场上，随着我国加入 WTO 主导下的国际贸易分工体系，政府削减了对农产品的贸易保护，促使国内农产品价格趋向国际价格，促进了国内农业生产结构的调整（黄季焜，2010）。

随着改革开放的逐步深入，把农民禁锢在土地上的各项制度逐渐放松。1984 年，中央四号文件提出了“开创乡镇企业新局面的历史任务”。从此，乡镇企业异军突起，成为改革初期“完全出乎我们意料的最大收获”（邓小平语），吸收了大量农村劳动力。2014 年，乡镇企业吸纳的农村就业人员已达到 1.5 亿。

进入 20 世纪 90 年代后，户籍制度也有所松动，国家开始放宽农民进城务工的条件。1993 年，党的十四届三中全会《关于建立社会主义市场经济体制若干问题的决定》提出，要“逐步改革小城镇的户籍管理制度，允许农民进入小城镇务工经商”。从此，大量农民离开自己的户籍所在地，进入生产率更高的城市非农部门工作。21 世纪初加入 WTO 之后，我国进一步被纳入国际分工体系，东部沿海地区非农部门的劳动力需求出现爆发式增长。在这一大背景下，政府取消和清理了许多对于农民跨区流动和进城务工的不合理限制。例如，2003 年，国务院发出通知，要求取消对企业使用农民工的行政审批和农民进城务工就业的职业限制。同年，我国终止了对农民工的强制收容、遣送制度。到 2014 年，农村户籍进城人员数量已经达到 2.3 亿。同时，在政府主导下的城镇化过程也将许多农村劳动力就地城镇化。

这一人类历史上前所未有的人口流动和结构转型过程，在极大提高农业生产效率的同时，转移了大量劳动力到生产率更高的制造业和服务业，为我国工业化和经济增长提供了持续稳定的动能。非农部门经过快速发展，以更低的相对价格向农业部门提供农机、化肥和电力等现代农业生产要素，反过来又促进了农业现代化和劳动生产率的提高。由此，两部门形成了正向循环。

1.1.1　改革开放以来农业劳动生产率的快速增长

从 1980 年开始，随着各项改革措施的推进和制度障碍的削弱，我国农业劳动生产率出现了高速持续的增长。图 1.1 描述了 1980—2014 年间我国农业劳动生产率(每个农业就业人员的农业产值)的变化。其中，农业就业人员数据来自国家统计局，而农业产值使用的是国家统计局提供的农业产值指数。从 1980 年到 2014 年，我国的农业劳动生产率增加了 7.4 倍，年均增长率达到 6.1%。

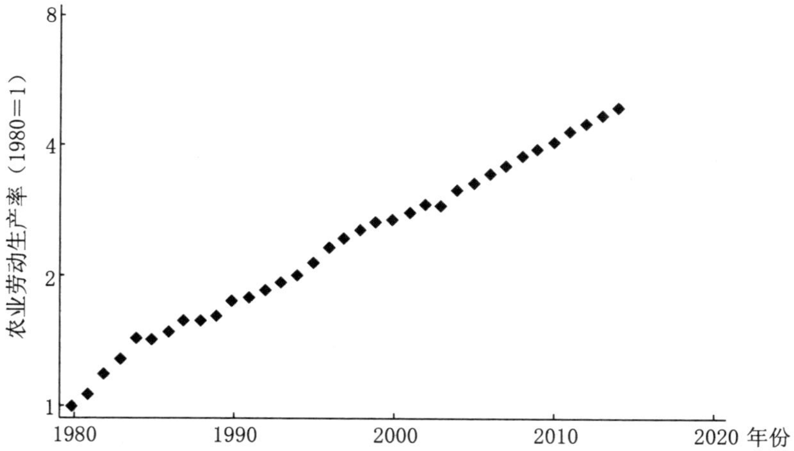

图 1.1　1980—2014 年我国农业劳动生产率

资料来源：农业就业人员数据来自国家统计局，而农业产值使用的是国家统计局提供的农业产值指数。

根据农业劳动生产率的定义，若观察到农业劳动生产率的增长，那么这种增长可能来自农业产值的增加，也可能来自农业就业人数的减少。为了区分这两种变化，我们在图 1.2 中刻画了 1980—2014 年间我国农业产值(控制价格因素)的变化，在图 1.3 中刻画了 1980—2014 年之间农业和非农就业人数和比例的变化。

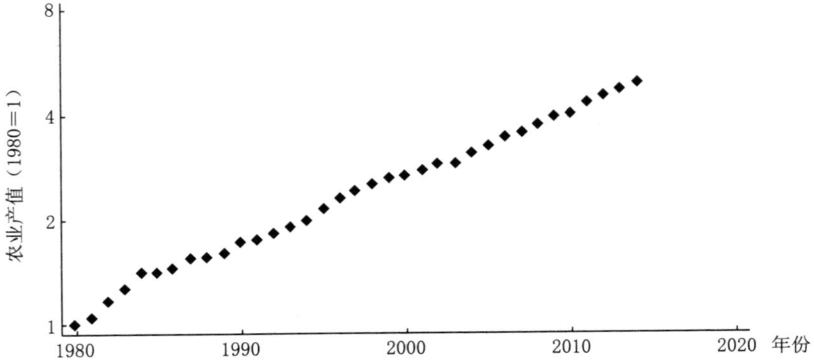

图 1.2　1980—2014 年我国农业产值

资料来源：国家统计局，并根据农业产值指数重新标准化(1980 年数值取 1)。

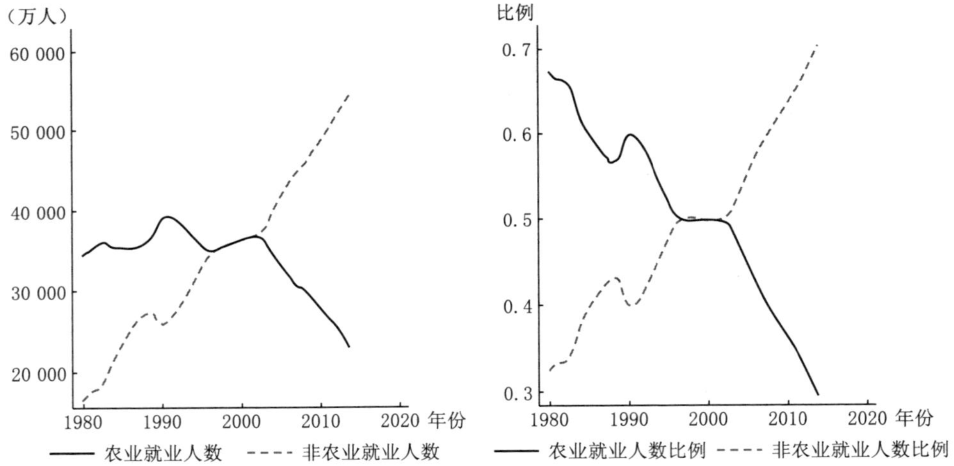

图 1.3　1980—2014 年农业和非农就业人数与相对比例

资料来源：国家统计局。

在 1980—2014 年，我国农业产值稳步上升，共提高了 4.9 倍；另一方面，农业就业人数占总就业人数的比例不断降低，从 1980 年的 67%下降到 2014 年的 29%，农业就业人数绝对值从 1990 年开始也不断下降，从接近 3.5 亿下降到不足 2.2 亿。这两方面因素共同促成了我国农业劳动生产率的持续上升。

同时我们看到，在不同历史阶段，因为改革的侧重点不同，这两种变化对于农业劳动生产率的贡献不一样，也间接导致农业劳动生产率的增速出现波动。在家庭联产承包制推行之初，由于农民的生产积极性和创造性被大大激发，农业产值实现快速增长。由图 1.2 可知，1980—1984 年我国农业产值的增速明显快于其他年份。虽然农业就业人数并未下降，但农业劳动生产率仍然高速增长：1980—1985 年，农业劳动生产率年均增长率达到 7.0%，超过 1980—2014 年的平均数 6.1%。在 1985 年之后，农业产值保持平稳增长，虽然乡镇企业吸纳了不少农村剩余劳动力，农业就业人数相对于非农就业人数的比例在下降，但由于人口和就业总人数的增加，农业就业人数绝对值反而有所上升，因此，农业劳动生产率的增速有所放缓。

进入 90 年代后，随着大量农民转入乡镇企业和城市非农部门就业，农业就业人数大幅下降。虽然农业产值仍然保持平稳增长，但农业劳动生产率却由于农业就业人数的下降而重新提速。在我国加入 WTO 后，贸易部门对于低技能劳动力的大量需求更是大大刺激了其从农业到非农部门的转移。在 2002—2014 年，我国的农业就业人数从 3 亿下降到不足 2.2 亿，而农业劳动生产率年均增长率达到了 8.6%，远超 1980—2014 年整个时间段的年均增长率 6.1%。

以下进一步的分析将表明，我国农业产值的稳步增长，主要有两方面的原因：首先，农业总产量和单位面积产量的稳步增加；其次，农产品结构得以改善，经济价值较高的非粮食作物的播种面积和产量快速上升。

图 1.4—图 1.6 分别描绘了我国 8 种主要农作物的总产量、单位产量和播种面积。由图 1.4 可知，除了麻类作物以外，其他主要农作物的总产量均大幅增加。其中，粮食作物（包括谷物、豆类和薯类作物）产量稳定增长，2014 年相对于 1980 年增加了 87%，从而保证了我国能以占世界 7%的耕地养活占世界 20%的人口。由图 1.5 可知，1980—2014 年间我国粮食作物播种面积并无明显变化。因此，粮食产量的增加完全来自单位面积产量的增加。

除此之外，非粮食作物（麻类作物除外）的产量增加则大大超过了粮食作物，从而改善了我国的农作物结构。其中，棉花产量在 1980—2014 年间增长了 128%，已是增速最慢的；而增速最快的水果产量则增长了 2 330%。从图 1.5 和图 1.6 还可以看出，非粮食作物的产量增长，既来自单位面积的增长，也来自播种面积的增长。

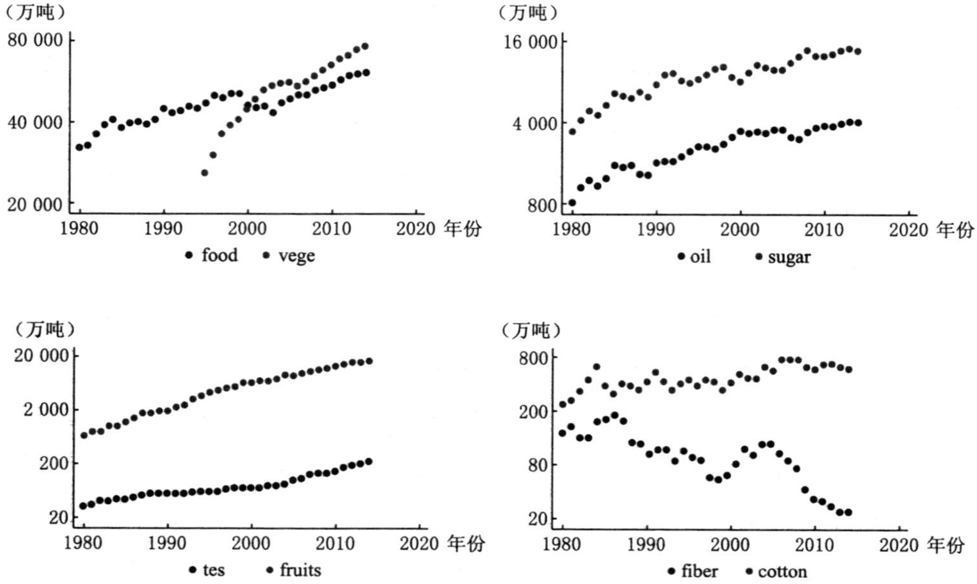

图 1.4　1980—2014 年我国 8 种主要农作物产量

资料来源：国家统计局。

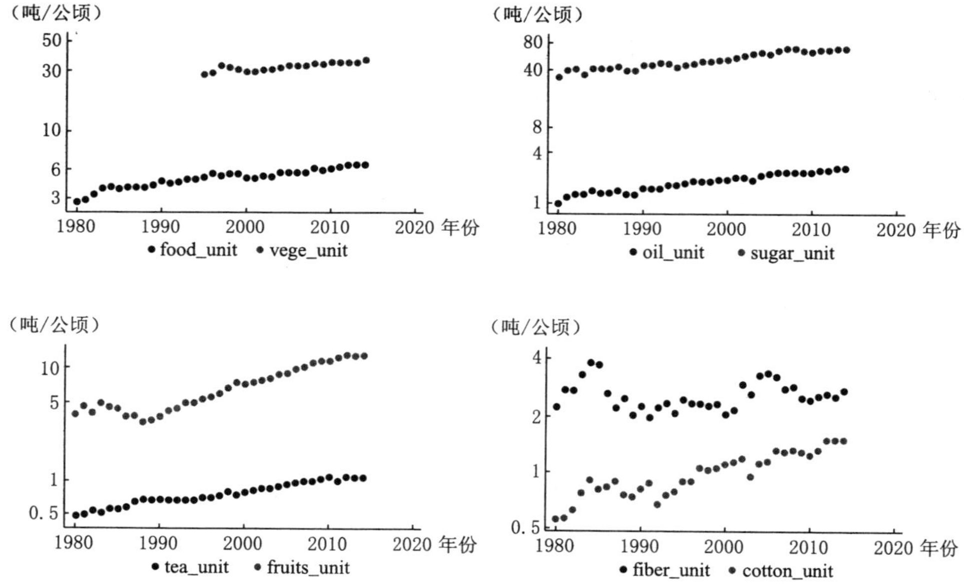

图 1.5　1980—2014 年我国 8 种主要农作物的单位面积产量

资料来源：国家统计局。

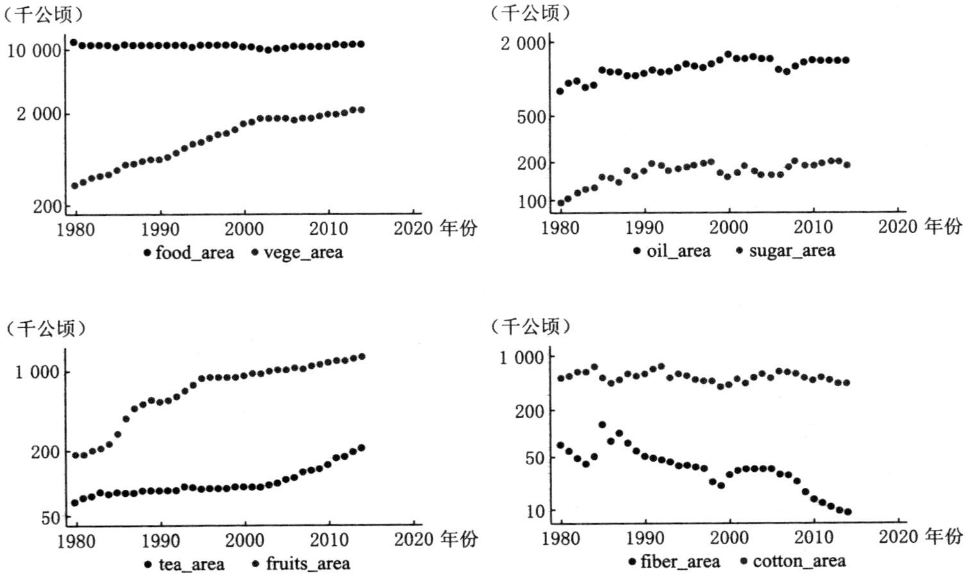

图 1.6 1980—2014 年我国 8 种主要农作物播种面积

资料来源：国家统计局。

1.1.2 农业劳动生产率的增长核算分析

上一节提到，在 1980—2014 年间，我国的农业就业人数和相对比例大幅下降，而农业产值却在稳步增长。因此，农业劳动生产率得以持续增长。我们不禁要问，这种持续增长的来源在哪里？在这一节，我们将采用宏观经济学里标准的增长核算方法，对农业劳动生产率增长的来源作一定量分解。①

与 Restuccia，Yang 和 Zhu(2008)等宏观发展的经典文献相一致，我们假设农业部门的生产函数采取如下 Cobb-Douglass 形式：

$$Y = AL^{\alpha}K^{\beta}X^{\gamma}N^{1-\alpha-\beta-\gamma} \tag{1.1}$$

其中，Y 代表农业部门产值，L 代表农业部门使用的土地，K 代表农业部门使用的农业机械，X 代表农业部门使用的中间产品（主要为化肥），而 N 代表农业部门使

---

① 增长核算方法由 Solow(1957)提出，并在增长经济学中被广泛采用。近年来，宏观发展经济学的许多研究也开始借用这一方法，用来测算生产要素投入和全要素生产率对于跨国人均收入差异的贡献，例如 Hall 和 Jones(1999)，Caselli(2005)等。

用的劳动力。α，β，γ 分别表示土地、农业机械和中间产品的产出弹性系数，也代表它们各自的收入份额。A 表示农业部门的全要素生产率（total factor productivity，TFP）。需要指出的是，虽然 A 试图捕捉农业部门的生产效率和经营管理能力，但由于我们无法直接在数据中观测到 A 的数值，它是以残差形式构造出来的，是一个黑箱子。因此，在模型中没有包括的那些影响农业产值的因素，例如天气和土壤肥力的逐年变化、自然灾害和国际市场价格波动等，都被 A 捕捉到。当然，我们考虑长时段的农业劳动生产率变化，短期波动的因素不会对结论造成本质影响。

由于我们关注的是单位劳动的农业产值，对等式(1.1)两边同除以 N 后得到

$$y = Al^{\alpha}k^{\beta}x^{\gamma} \tag{1.2}$$

其中 y，l，k 和 x 分别表示农业部门每单位劳动力的产值、土地面积、农业机械和中间产品。下面，我们将把等式(1.2)与 1980—2014 年的相关数据结合起来，以定量分析全要素生产率 A、农均土地面积 l、农均农业机械 k 和农均中间产品 x 对于农业劳动生产率增长的相对贡献。假如我们以 1980 年为初期，那么 $1980+t$ 年相对于 1980 年的农业劳动生产率增长率可以通过等式(1.2)的对数化，分解为：

$$\ln\left(\frac{y_t}{y_0}\right) = \ln\left(\frac{A_t}{A_0}\right) + \alpha\ln\left(\frac{l_t}{l_0}\right) + \beta\ln\left(\frac{k_t}{k_0}\right) + \gamma\ln\left(\frac{x_t}{x_0}\right) \tag{1.3}$$

我们使用的数据主要来源于国家统计局网站。如前所述，其中农业产值 Y 的数值采用国家统计局提供的农业产值指数(以 1980 年为基期)；农业部门劳动力 L 的数据也来自国家统计局。农业机械 K 利用农业机械总动力(千瓦)来度量，而农业中间投入由农用化肥施用折纯量(吨)来代理。α，β，γ 的数值来自 Adamopoulos，Brandt，Leight 和 Restuccia(2017)，并参考了国家发改委价格司的全国农产品成本收益资料汇编。其中，$\alpha=0.29$，$\beta=0.15$，$\gamma=0.18$。相比美国的数值，在中国的情境下，土地的产出弹性系数(收入份额)相对较高，而农业机械和中间产品的产出弹性系数或收入份额相对较低，这也符合我国农业的实际情况。在以上数据和数值确定之后，我们根据等式(1.1)反推出 1980—2014 年间每年的全要素生产率。

图 1.7 刻画了 1980—2014 年间我国农业部门全要素生产率 A、农均土地面积 l、农均农业机械 k 和农均中间产品(化肥使用量) x 的变化。其中，农均农业机械 k 和农均中间产品 x 的增长最为迅速，分别增长了 11.1 倍和 7.1 倍。结合这两种要素的产出弹性系数，1980—2014 年间农均农业机械 k 和中间产品 x 的增长对于农业劳动

生产率增长的贡献分别为 18.0%和 17.7%。

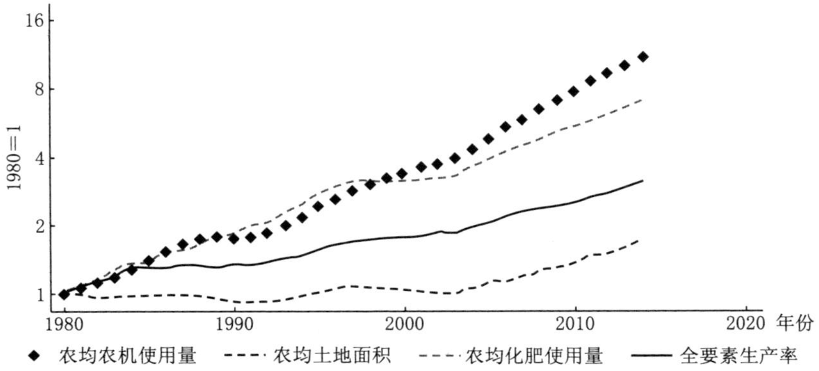

图 1.7　1980—2014 年我国农业部门全要素生产率、农均土地面积、农均农机使用量和农均化肥使用量

资料来源：国家统计局。1980 年各项数值标准化为 1。

农均农业机械和农均中间产品的快速增长，很大程度上来自非农部门快速发展的正向反馈。随着我国工业化的快速推进和制造业的高速发展，农用机械和中间产品的生产能力和相对价格不断下降，使得农民可以不断增加农用机械和中间产品的使用量，以节省劳动力和提高产量。另外，值得注意的是，在 2000 年前，这两种要素的增长速度大致相同；在 2000 年之后，农均农机使用量的增长大大快于农均中间品(化肥)使用量的增长。在我国化肥使用已大大过量并严重污染环境的背景下，这是一种值得赞许的变化。

农业全要素生产率 A 在 1980—2014 年间稳步提高，共增加了 3.1 倍，年均增长率达到 3.4%。全要素生产率的增长对于农业劳动生产率增长的贡献最大，达到 56.6%。全要素生产率的提高，既来自农业科学技术的进步，也来自农业体制改革后农业生产结构和经营方式的改善，例如经济价值较高的非农作物比例的增加等，以及农民生产积极性和创造性的提高。特别地，我们注意到，在家庭联产承包制开始推行的 1980—1984 年，全要素生产率的增长要远远快于其他年份。

最后，相对较于其他因素，农均土地面积的增长最慢，对于劳动生产率增长的贡献也最小。在 1980—2014 年间，我国农业部门的农均土地面积增加了 1.71 倍，对于农业劳动生产率增长的贡献为 7.7%。由于我国农业用地总面积大致是固定的，农均土地面积的变化主要依赖于农业就业人数的变化。从 1980 年到 90 年代初期，由于我国的农业就业人数没有显著变化，我国的农均土地面积也未发生显著变化，甚至有所下降。此后，随着大量农村劳动力被乡镇企业和城市非农部门吸收，农均土地面积才开始增加，而这一过程在我国加入 WTO 后大大提速。

1.2 我国农业在新时代面临的挑战

1.2.1 我国农业面临“高投入、高产出、高库存、高进口和高污染”的困局

2014 年，我国农业劳动生产率不到非农业劳动生产率的二分之一，与美国等发达国家相比更是不到它们的十分之一。这意味着，生产同样产值的农产品，我国需要投入的劳动力比美国等发达国家高十倍以上。另一方面，我国在农业中间产品尤其是农用化学品上的投入也远超发达国家。2014 年，我国单位面积耕地的化肥使用量为美国和欧盟的 3 倍以上，农药使用量则为美国和欧盟的 5 倍以上。我国以占世界 7% 的耕地，使用了占世界 30% 以上的化肥和农药，其后果是严重的生态损害和环境污染。①

由于我国农业部门的生产效率远低于非农部门的效率，随着农产品市场逐步对外开放，比较优势原理开始发挥作用，在投入大量人力物力进行农业生产的同时，也大量从国外进口农产品尤其是粮食作物，从粮食净出口国转变为世界上主要的粮食进口国。根据国家统计局的数据，在 2014 年，我国粮食作物的进口量达到 9 000 余万吨，占我国粮食生产总量的 15%，而同时粮食作物出口额不到 100 万吨。另一方面，如上文所述，粮食作物的产量和产值却还在攀升。但是，粮食作物的库存同时也在攀升。2015 年，我国的玉米库存量就有 2.5 亿吨，稻谷库存量在 1 亿吨，仅玉米库存的成本费用每年就要耗费 630 亿元②，而同年的海关数据显示，玉米的进口量达到 473 万吨。虽然从 2015 年开始，农业供给侧改革的重点就被置于“去库存、降成本、补短板”，但这一看似矛盾的局面至今未得到根本缓解。③

---

① Norse 和 Ju(2015)发现，我国因化肥过量使用所造成的经济损失，占我国农业部门 GDP 的 7%—10%。

② 程国强：在“第十三届国际油脂油料市场论坛”上的报告(2016)。

③ 在 2018 年十三届全国人大一次会议的新闻发布会上，农业部部长韩长赋指出，“玉米库存依然很高”。

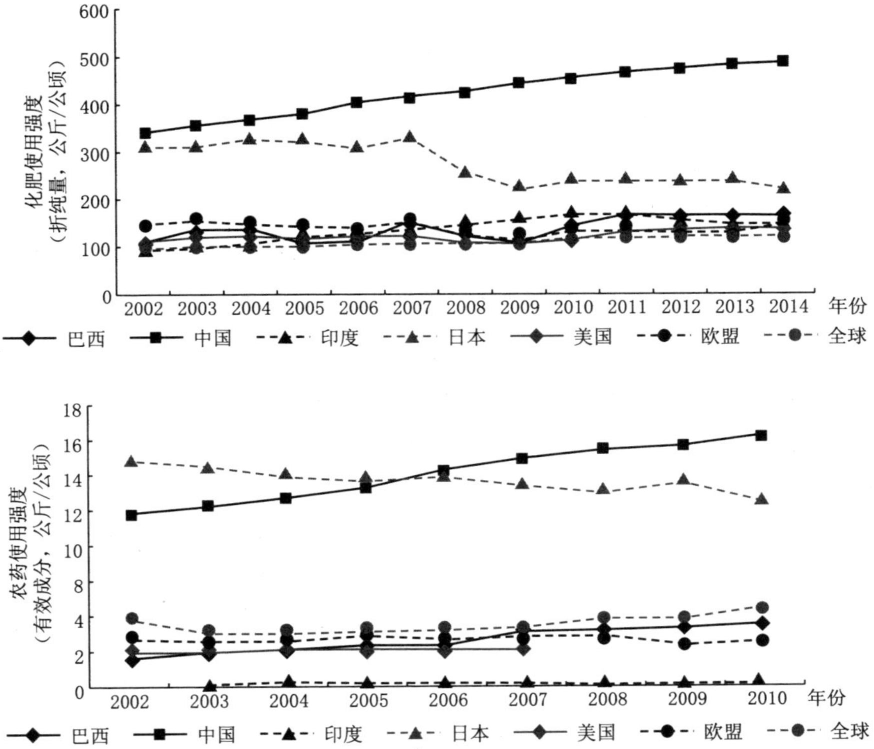

图 1.8　各国单位面积耕地的化肥和农药使用量比较

资料来源：联合国粮农组织数据库和国家统计局。

1.2.2　我国农业“五高”困局的根本症结在于农业土地和劳动力的流动障碍

当前我国农业所面临的高投入、高产出、高库存、高进口和高污染的困局，根本原因是制度性障碍造成的生产要素在农业内部以及农业和非农部门之间的错误配置。当前的农村土地制度限制了土地在农户之间的自由流转，而户籍制度在限制农村劳动力向城市非农部门转移的同时，还进一步加深了农村移民保留土地，拒绝流转的预期。因此，农业生产至今仍由大量分散的小农户主导，农业经营规模严重偏低。由于农业生产无法适度集中到生产效率和经营能力更高的农户手里，由此造成效率的损失，农业生产的规模效应也大打折扣。分散的小农户往往缺少相应的激励去学习现代农业生产知识和管理方式，也缺少相应的激励和资金去装备农业机械，只能通过大量投入劳动力和农用化学品来保证产量，从而保证收入。这些因素使得我国农业生产整体上效率低下而污染严重。

从70年代末开始，家庭联产承包责任制成为我国农村土地制度的基础，并一直延续至今。在家庭联产承包责任制的框架下，各个村庄农业用地的使用权根据平等主义的原则分配给农户。根据农业普查和各项农村居民调查的数据，每个农户分到的土地平均不到0.5公顷。除此之外，为了保证土地质量的分配也大致均等，每户分到的土地往往由肥力不等的几个小地块搭配而成，且地块之间没有衔接，使得土地进一步细碎化。最近十几年来，在家庭联产承包责任制的框架下，各级政府尝试推动农业用地在一定范围内进行流转。然而，由于土地细碎化和权限边界不明晰，土地流转的交易成本很高；另一方面，农民流转土地的意愿较低。因此，上述尝试收效甚微。为了明晰权限，大量耕地又被田埂等无产出用地占据，进一步制约了农业生产效率和土地流转。

进入21世纪后，虽然城乡间人口流动的障碍已大大减少，但进入城市非农部门工作的农村居民仍然无法在公共医疗、劳动保障、子女教育等方面与城市居民享有同等的权利，在正规劳动市场也往往受到歧视。①这些歧视性政策阻止了农村劳动力进一步流入城市工作。另一方面，虽然超过2.5亿的农村移民在城市工作，但他们中的大多数并没有完全融入城市。许多农民工将他们的子女和父母留在农村老家，并准备在若干年后返回农村。一旦他们举家迁入城市，不但面临子女教育和老人养老等方面的严重问题，还会面临失去农村土地使用权的风险。此外，由于他们与子女长期分居两地，子女在成长过程中缺乏亲情关怀。

农村土地和劳动力无法自由流转的后果，是过多的劳动力留在农村，并且农村土地分散在许多小农户手里，农业的适度规模经营无法实现。当前我国的农业经营规模（户均农地面积）不但远远低于世界平均水平（6公顷），也与我国的整体经济发展水平很不相称。

世界各国农地经营规模变化的一般规律，是农业经营规模随着整体经济发展而扩大。随着生产力的不断增长，人均收入提高和城市化同时发生，大量农村劳动力从农业部门进入城市非农部门工作，并将手中的农地流转出去。因此，选择留下的农户可以经营更多的土地。同时，现代农业技术和农业机械的普及也加强了农业生产经

① Meng(2012)的研究表明，在进城务工的农村户口居民当中，只有7%左右在城市公有（包括国有和集体）部门工作，而这一比例在城市户口居民当中为49%。

营中的规模效应，使得大农场和大农户相对更有优势。

正如图1.9的跨国数据所示，各国的农地经营规模（户均农地面积）与人均GDP之间存在很强的正相关关系。同时，由图1.9也可知，我国的农业经营规模（户均农地面积）变化打破了这一规律：从1990年到2012年，我国的人均GDP持续高速增长，20多年间增长了10倍以上，但我国的农业经营规模却并未显著增长。到2012年，我国的实际农业经营规模已远远低于同等发展水平国家的平均值。这背后的根本原因，就是农村土地制度限制了农地的自由流转，而户籍制度限制了农村劳动力的流出。①

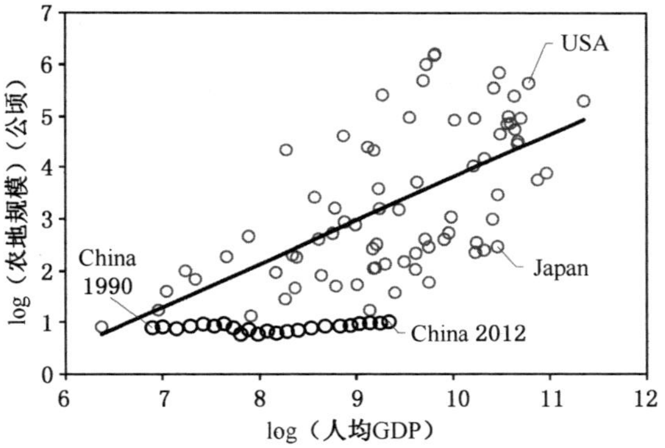

图1.9　2012年世界各国人均GDP与农地经营规模

资料来源：佩恩表（Penn World Table）9.0，以及Lowder，Skoet和Raney(2016)。其中，中国1990年的农地经营规模对数值标准化为1。

我国农业生产过于分散和农业经营规模偏小的现状，严重阻碍了农业生产效率的进一步提高，也是农业污染严重的主要原因。近年的农村家庭微观调查数据显示，经营规模不同的农户在生产效率和污染程度上存在很大差异。Wu等(2018)在整理中国农村家庭面板调查(China Rural Household Panel Survey)2015年数据后发现，与生产经营规模较大的农户相比，小农户的农业劳动生产率显著更低，而每单位土地上的化肥和农药使用量则显著更多，因此，对环境和生态的破坏也更为严重。

① 这里我们需要注意到户均农地面积与前面提到的农均农地面积的区别。我国农均农地面积主要由农业就业人数决定，而户均农地面积不仅受到农业就业人数的影响，也受到农地流转的范围和规模的影响。举个极端例子，假如某个村庄的土地由100户农户平均拥有，而每个农户有两个劳动力。再假设从某年开始，每个农户有1个劳动力进城工作，但剩下的那个劳动力经营农地，即土地没有发生流转。在这种情况下，农均农地面积增加了1倍，户均农地面积却没有任何变化。

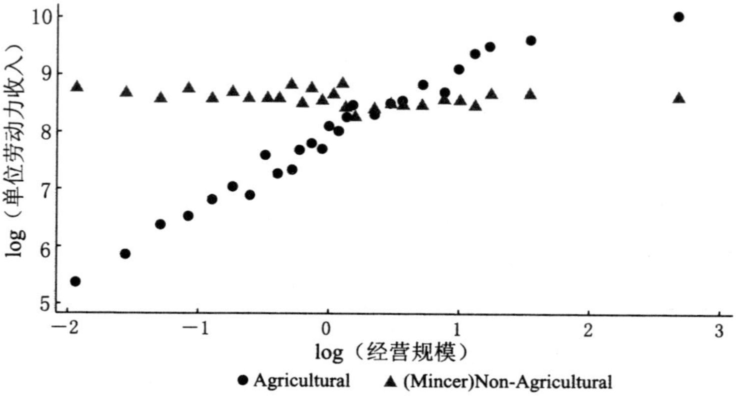

图 1.10　不同经营规模农户的单位劳动农业收入和(根据 Mincer 收入方程预测的)非农收入

资料来源:浙江大学中国农村家庭面板调查 2015 年数据。

图 1.10 中的圆点描述了不同经营规模农户的单位劳动农业收入,而三角点则模拟了农户将相同的农业劳动时间投入非农部门所获得的预期单位劳动收入。其中,农业收入等于农户的农业产值减去农户在农业机械和中间投入品上的投入。而三角点代表的非农收入,是根据农户所在地区的非农工资数据构造的 Mincer 收入方程预测得到的。正如图 1.10 所示,农户的单位劳动农业收入与他们的经营规模有很强的正相关关系。这表明,经营规模更大的农户拥有更高的农业生产效率。

另一方面,假如农户将农业劳动时间投入非农部门,他们的预期劳动收入却不随经营规模增加。特别地,假如小农户(例如经营规模小于 1 公顷的农户)将他们的农业劳动时间投入非农部门,并将土地转租出去,他们的预期收入将会大大高于现在他们在农业生产中获得的收入。然而,户籍制度和土地制度带来要素流转障碍,迫使农户将大量时间投入到他们并不具备比较优势的农业生产中,造成了效率和福利上的损失。小农户的农业收入和预期非农收入之间的差异,在一定程度上可用来度量这些制度障碍的强度。

图 1.11 和图 1.12 分别描述了不同经营规模农户在单位面积土地上的化肥和农药使用量。由图 1.11 可知,单位面积土地的化肥使用量与农业经营规模之间存在很强的负相关关系;由图 1.12 可知,单位面积土地的农药使用量与农业经营规模之间也存在很强的负相关关系。这意味着小农户在单位面积土地上使用了更多的化肥和农药,从而造成了更严重的环境污染和生态破坏。进一步地,在控制了区域固定效应、

土地质量、作物类型等因素后，我们对单位面积土地的化肥和农药使用量与农业经营规模进行了回归，发现了统计上显著的负相关关系：农业经营规模每增加 1%，单位面积土地的化肥使用量会下降 0.38%，而单位面积土地的化肥使用量会下降 0.56%。

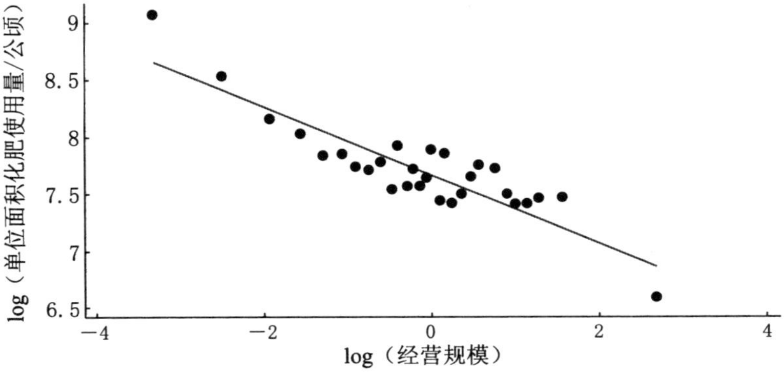

图 1.11　不同经营规模农户的单位面积土地化肥使用量

资料来源：浙江大学中国农村家庭面板调查 2015 年数据。

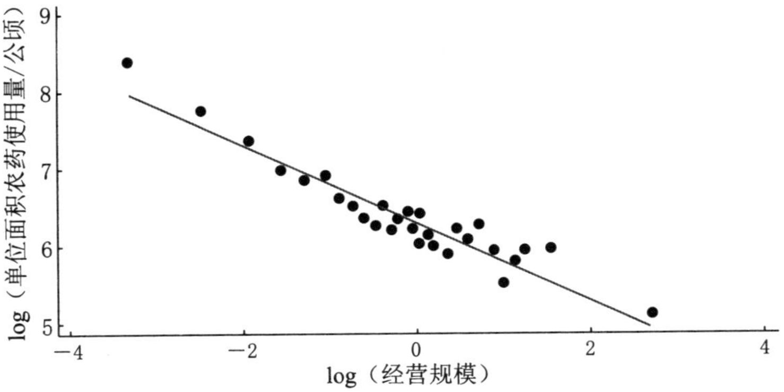

图 1.12　不同经营规模农户的单位面积土地农药使用量

资料来源：浙江大学中国农村家庭面板调查 2015 年数据。

1.3　来自国际经验的实证证据

由于国家间禀赋的差异，他国的农业政策和粮食种植方式，当然不能完全适用于中国，但必有可借鉴之处。与此相关联的另一个问题是：中国是特殊的吗？我们认为，在农业发展过程中有一般规律可循，其基点就是“规模经营”。所以，中国并不特殊。正是由于中国既不特殊，同时又违背了这一客观规律，所以才导致了当前的农业困境。因此，国际经验的启示才显得极为重要。在以下的实证部分中，我们将说明，如果以二十国集团作为主体，给定劳动力流动障碍降低，那么，农均耕地面积就会增加①，粮食生产成本会下降，从而减少对进口粮食的依赖。不难发现，但凡世界上的农业大国（美国、法国、巴西等），无不以劳动力自由流动带来的农业规模化经营为依归。

1.3.1 数据来源及描述性统计

在这一部分中，由于我们无法获得跨国的农产品平均成本数据，但鉴于粮食产品存在较高的同质性，所以，在粮食贸易中，可认为一国产品竞争力的最主要因素就是生产成本。其次，我们使用了国别面板数据，因此在相同的国际环境下，并在控制相关国内变量之后，如果一国粮食是出口（进口）的，可认为其平均成本较低（高）的。另一方面，上一节中的规模不经济的程度用农均耕地面积来体现。因此，在这一部分，我们直接考察一国的农产品贸易如何受到劳动力流动障碍和农均耕地的影响。

本文最重要的两个变量是农均耕地面积与农均粮食出口。我们使用的粮食贸易数据，来自联合国粮农组织（FAO）数据库。其中，HS07 代码开头为 10 的产品，以及大豆（HS07 代码为 120110，120190），均视为粮食②。除此之外，我们还参考了 UN Comtrade 数据库。但是在该数据库中，HS07 代码开头为 10 的加总形式的粮食出口均以贸易额的形式出现，其中包含了价格变化的因素，但我们首要考察的是出口数量。在下文中，我们会构建以贸易额为基础的“粮食出口率”，作为稳健性检验。

有关耕地、基础设施的数据，来自世界银行的 Data Bank 数据库。在世行公布的有关耕地的数据中，有以下两类：“粮食在耕地”（land under cereal production）和“可耕种土地”（arable land）。前者以总面积列示，故可直接除以各国农村人口，得到农均耕地；后者以人均公顷面积列示，我们将人均可耕土地先乘以总人口，再除以农村人口，

① 需要特别指出的是，耕地面积的增加是经营规模扩大的必要条件。有一种看法，认为规模经营的实现、农业生产率的提高可以脱离土地，比如将农业生产中的某一工序外包。但是，不仅仅是发包人，承包人也需要规模经营。如果服务的对象是非常分散的小农户，异质性很高，它所面临的成本压力就会上升，直接影响承包的激励。所以不难发现，由于土地规模经营受到制约，外包并没有给中国的粮食带来足够的竞争力。

② 主要包括：黑麦、小麦、大麦、燕麦、高粱、荞麦、小米、加纳利草籽、福尼奥（finio）米、杂谷（mixed grain）、黑小麦、玉米和水稻。

得到农均可耕土地。前者直接和粮食种植相关，所以在基准回归模型中，我们使用前者作为解释变量。在下文，以后者作为解释变量进行稳健性检验。

本文同时控制了各国的基本国情和制度变量，这些变量均会对粮食净出口产生影响，从而缓解遗漏变量的问题。各国的国情数据（人口、GDP 及出口价格等）来自 Penn World Table 数据库；制度数据来自 ICRG（International Country Risk Guide）数据库，该数据库通过打分来评估各国的政治、金融和经济风险，分数越高，则风险越小，即制度相对完善。这些控制变量具体包括：(1)总人口。如果一国人口基础大，那就意味着粮食需求增加，则净出口会减少；(2)单位公顷的粮食产量。粮食出口和产量密切相关，某年的粮食丰收必将导致净出口增加；(3)经过当期 PPP 调整的全要素生产率；(4)农村基础设施，用农村地区改善水源可得率（improved water source）度量。它是可获取改善水源的人口与农村总人口之比，基础设施越完备，粮食流通越顺畅，则净出口会增加；(5)经过当期 PPP 调整的资本存量；(6)人力资本指数，它可以用来衡量各国的教育水平及其回报率①。控制资本存量和人力资本的目的是为了控制一国的禀赋优势，如果一国的禀赋优势是实物资本，那么，它会倾向于出口资本密集的商品，而进口粮食；(7)环境变量，用二氧化碳当量②度量。一国如果环境条件越好，其粮食会更受到世界市场青睐；(8)出口价格③，它应与粮食出口量呈反比，但也有可能存在反向的正相关关系——因为出口多，所以价格较高；(9)一组制度变量，包括法治指数④和民族矛盾指数。如果一国内部法治健全，则可认为该国的比较优势在工业部门，农业很可能是进口的，故预期符号为负。而民族矛盾指数的逻辑正好相反，若一国内部融合程度较低，则比较优势在农业部门，故预期符号为正。

将上述数据集合并之后，全样本一共有 85 个国家和地区。但是，这当中还包含了很多小国或者岛国。这些国家的国内情况对其国际粮食贸易影响很小，所以会对实证结果产生干扰。在本文中，我们使用二十国集团⑤子样本的结果作为主要结果，

---

① 该指数的具体计算方式为：设 s 为一国平均的受教育年限，当 $s \leqslant 4$ 时，该人力资本指数 $\phi(s)=0.134s$；当 $4 \leqslant s \leqslant 8$ 时，$\phi(s)=0.134\times4+0.101\times(s-4)$；当 $s>8$ 时，$\phi(s)=0.134\times4+0.101\times4+0.068\times(s-8)$。其中，不同教育程度的回报率来自 Psacharopoulos(1994)。

② 二氧化碳当量相当于把不同温室气体标准化为二氧化碳，以度量整体温室效应。

③ 基准是 2011 年美国实际经过 PPP 调整的 GDP(Output-side real GDP at chained PPPs)。

④ 在 ICRG 数据库中，法治指数还分为两部分：法律(law)和秩序(order)，各占 3 分。前者衡量的是一国司法体系执法力度(strength)的公正性(impartiality)；后者衡量的是该国公民的守法程度(popular observance)。

⑤ 二十国集团国家包括：中国、韩国、日本、印度、印度尼西亚、沙特阿拉伯、俄罗斯、英国、法国、德国、意大利、土耳其、欧盟各国、南非、澳大利亚、美国、加拿大、墨西哥、巴西、阿根廷。

而全样本则作为稳健性检验。选择二十国集团的理由是，首先，这些国家的 GDP 总量约占到全世界的 90%，人口数量约 40 亿，约占全世界的三分之二。在本文的样本区间内，二十国集团的粮食出口占全世界的比重在 83.07%—91.19%之间波动①。其次，在二十国集团中，发达国家(欧盟作为发达国家)和发展中国家各占一半。若将欧盟各国分开，则一共是 41 个国家，发达国家和发展中国家也是各占一半左右。由此可见，使用二十国集团子样本作为主要考察对象，是合适的。这样既能避免小国带来的干扰，又能保证足够的代表性。表 1.1 是各变量的描述性统计，除了两种口径的粮食净出口之外②，其余变量皆取对数处理。

表 1.1　二十国集团描述性统计

变量名称	单　位	平均值	标准差	最小值	最大值
净出口 1	吨	0.474	66.186	−258.246	372.451
净出口 2	吨	−55.07	752.067	−7 850.222	3 682.797
农均在耕地	公顷	0.767	1.173	0.04	8.494
农均可耕地	公顷	1.829	3.08	0.136	20.327
单位面积粮产	公斤	4 228.623	1 809.381	163.8	9 710
人　口	百万人	99.817	252.139	0.362	1 355.387
全要素生产率	美国＝1	0.723	0.198	0.248	1.121
农村基础设施	比率	92.878	10.478	55.8	100
资本存量	亿美元	39 380.88	74 484.323	123.774	546 106.68
人力资本	见注 29	2.909	0.483	1.532	3.719
环　境	CO_2 当量	780 570.681	1 574 787.189	1 921.128	12 454 711
出口价格指数	美国＝1	0.6	0.096	0.324	0.801
法治指数	0—6 分	4.779	1.129	1.5	6
民族冲突	0—6 分	4.383	1.244	1.67	6
观测值	882				

注："净出口 1"中包含第 16 页脚注中的所有粮食，"净出口 2"中只包括了小麦、玉米、大豆和水稻这四种最主要的粮食。

① 如果只考虑四种主要粮食的出口，则这个比重的波动区间为 82.41%—90.83%。

② 粮食净出口可能为负。对它的处理，我们先找到其最小值，然后将所有净出口的观测值，加上该最小值的绝对值。这样可以保证净出口观测值的波动(variation)不会发生变化，且新观测值的最小值为零。最后，在新观测值的基础上加 1，继续保证波动不变，然后再取对数，这样能够保证观测值的数量不会在取对数时因为净出口为负而减少。

1.3.2　模型设定与内生性问题

为了在国家层面考察农均耕地与农均粮食净出口之间的关系，本文建立的计量模型如下：

$$\ln 农均粮食净出口量_{it} = \alpha \times \ln 农均耕地面积_{it} + X_{it} + \epsilon_{it} \qquad (1.4)$$

其中下标表示 i 国在 t 年的变量，X_{it} 为控制变量，ϵ_{it} 为扰动项。被解释变量为农均粮食出口额，取对数值。本文的核心解释变量是农均耕地面积，我们最为关心的系数是 α，预期它应显著为正。这意味着，随着农均耕地面积的增加，农均粮食净出口是显著增加的。

在识别农均耕地与农均粮食净出口之间的关系时，可能存在内生性问题。首先是反向因果关系。一方面，在农均耕地扩大的同时，由于农民数量的减少和农业生产获得的规模经济，农均粮食出口会增加。但另一方面，如果由于某种原因（比如较大力度的农业补贴），给予了某国的粮食出口以竞争力，或者提高了放弃农村就业的机会成本。那么，从事粮食生产会更有吸引力，人口会流回农村，或者至少保证农村人口不流出，从而影响农均耕地面积。其次，农均耕地面积对农均粮食净出口的影响还会存在遗漏变量的问题。比如，劳动生产率和人力资本的提高，它既会导致粮食产量的提高，也会导致单位耕地面积上所需的劳动力减少。

为了缓解内生性问题导致的估计偏误，本文试图寻找农均耕地的工具变量。其基本思路是，寻找一个通过影响农均耕地面积而影响粮食净出口的变量。本文认为，制度性的劳动力流动障碍是农均耕地面积的工具变量。显然，劳动力流动障碍会直接影响农均耕地面积：如果劳动力能够无障碍流动，那么，在更加顺畅的转移过程中，依附于土地的人口将减少，因此农均耕地会显著增加。但是，劳动力流动障碍并不会直接影响粮食净出口，而只能通过影响农均耕地，从而间接影响粮食出口。通过设计以上工具变量，我们可以在缓解内生性估计偏误的同时，也从国际经验的角度，揭示农均耕地面积对于粮食出口的一般性机制。

劳动力流动障碍的度量是另一个难题。我们认为，在经济发展中，如果没有农业和现代部门之间的劳动力流动障碍，那么，在不同部门就业的人均产出应该趋同。反之，如果农业就业份额大于农业在 GDP 中所占份额（意味着在第一产业中，较多劳动力只贡献了相对较少的产值），则存在劳动力流动障碍。所以，本文利用各国农业比

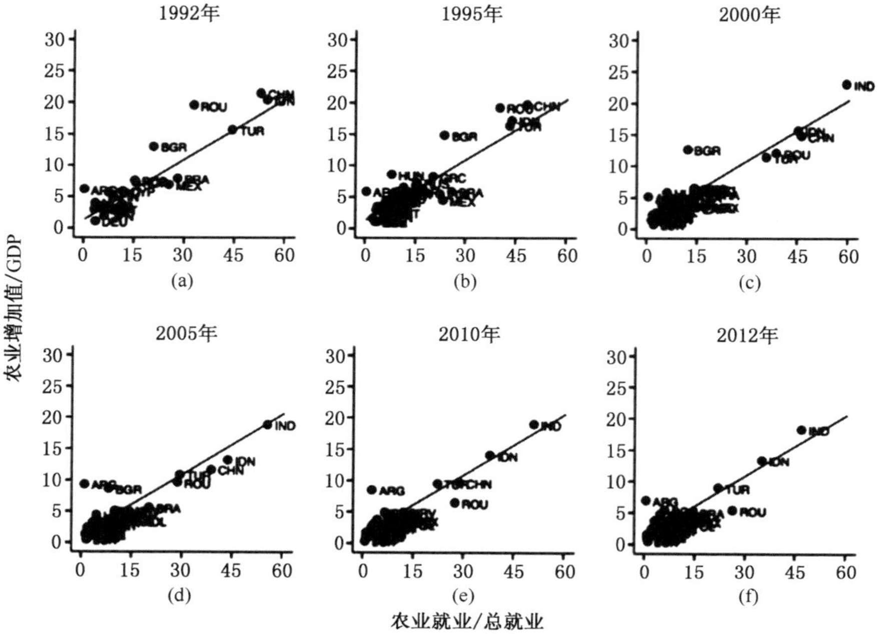

图 1.13　二十国集团劳动力流动障碍的构建(六个截面)

重与农村就业占总就业人口之比作 OLS 回归，得到估计的残差，利用该残差作为劳动力流动障碍的度量。如图 1.13 所示，我们在样本区间内选择首尾年份，以及 1995 年、2000 年、2005 年、2010 年一共六个截面，每个截面中都可以得到一根拟合线，代表当期世界平均水平。给定一国的农业就业比重，如果其实际的农业增加值比重低于世界平均水平，那么可以认为该国存在多余的农业劳动力，因而存在劳动力流动障碍。在不同截面之间，也可以看到一国劳动力流动障碍的变化趋势。①根据以上分析，我们先进行以下回归，利用其残差作为工具变量：

$$农业产业比重_{it}=\beta\times 农业就业比重_{it}+\zeta_t+\varepsilon_{it} \qquad (1.5)②$$

其中，下标表示 i 国在 t 年的变量。方程左边的农业比重是农业增加值占当年 GDP 的比重，方程右边的 ζ_t 是时间固定效应，以控制一些周期性的因素与突发性事

① 中国在 2012 年的数据暂缺，所以最后一个截面没有观测点。但显而易见的是，中国的观测点 90 年代基本在平均线之上，2000 年之后逐渐移动至平均线以下。这也和 90 年代的“民工潮”以及 2000 年之后的人口流动控制政策相呼应。

② 由于式(1.5)两边的变量都以比率形式出现，故不取对数。

件(例如自然灾害导致的歉收)。ε_{it} 是误差项，我们以它的估计值($\hat{\varepsilon}_{it}$)作为劳动力流动障碍的度量，其含义是：给定某国的农业就业人口比例，那么在该国的产业结构中，农业占比越低，劳动力流动障碍(即某一观察点到拟合线的残差)就越大。举例来说，若某国农业就业人口占到 50%，但是农业对 GDP 的贡献只有 10%，那么，这一定伴随着巨大的城乡间收入差距。如果没有劳动力流动的障碍，不会需要那么多农业生产者。在农业就业人口比重给定的情况下，农业的比重越高，残差越大，劳动力流动障碍就越小，农均耕地面积就越大。因而，该残差反映的正是就业结构滞后于产业结构的程度。这里担忧的是，劳动力流动障碍的度量指标本身也和其他无法观测到的，且影响当期农均粮食净出口的变量相关。所以，更好的做法是，将该残差的滞后一期作为当期农均耕地面积的工具变量，进行两阶段最小二乘估计。除此之外，式(1.5)暂时没有控制国家层面的固定效应。这样做的原因是，作为制度的劳动力流动障碍，假设它本身变化不大，若控制固定效应的话，就等于控制了劳动力流动障碍本身。所以在基准工具变量回归中，我们使用的工具变量(残差)并没有控制国家固定效应，它有可能包含了一些非制度的，其他不随时间变化的变量影响(例如地理因素)。在下文中，我们也考虑在式(1.5)中控制固定效应，作为稳健性检验。

1.3.3 经验回归结果

1. 基准回归结果

表 1.2 的回归结果分别列示了农均粮食净出口与农均耕地面积之间的面板估计和工具变量回归结果。最基础的 OLS 回归结果(1)显示，农均在耕地对农均粮食净出口有显著的正向效应，农均在耕地每提高 1%，农均粮食净出口会增加 0.03%。上文已提及，残差应与农均耕地面积正相关，表 1.2 的第 3 列列示的工具变量第一阶段估计结果证实了这一判断。这就意味着，劳动力流动障碍越小，农均在耕地面积会显著扩大。第 4 列中第二阶段的回归结果显示，在存在劳动力流动障碍且控制其他变量的情况下，农均在耕地对农均粮食净出口的影响为正：农均在耕地每增加 1%，农均净出口会增加 0.15%，且在 5%的水平上显著。在式(1.5)的残差生成过程中并未控制国家固定效应的情况下，在表 1.2 中已能够得到显著的结果。第 5 列中报告了只包括 4 种主要粮食的回归结果，由于第一阶段的被解释变量(农均在耕地)、残差和控制

表 1.2　二十国集团农均耕地与农均粮食净出口的面板估计与工具变量回归结果

解释变量	(1) 面板估计	(2) 净出口 1 第一阶段	第二阶段	(3) 净出口 2
农均在耕地	0.029***		0.145**	0.130*
	(0.008)		(0.066)	(0.069)
残　差		0.020***		
		(0.005)		
单位面积粮食产出		0.055	0.013	0.017
		(0.038)	(0.014)	(0.014)
人　口		−1.248***	0.112	0.091
		(0.231)	(0.085)	(0.092)
全要素生产率		−0.208**	0.077*	0.033
		(0.082)	(0.041)	(0.041)
农村基础设施		0.388**	0.019	0.029
		(0.192)	(0.037)	(0.036)
资本存量		0.192***	−0.052***	−0.045***
		(0.033)	(0.017)	(0.017)
人力资本		−1.543***	0.496*	0.318
		(0.434)	(0.287)	(0.275)
环　境		0.050	0.002	0.013
		(0.037)	(0.011)	(0.011)
出口价格指数		−0.910***	0.248***	0.220**
		(0.248)	(0.086)	(0.087)
法治指数		0.016	−0.052***	−0.056***
		(0.044)	(0.013)	(0.012)
民族矛盾		−0.167***	0.026	0.033*
		(0.040)	(0.018)	(0.017)
常　数	3.302***			
	(0.015)			
国家固定效应	否		是	是
时间固定效应	否		是	是
观测值	864	708	708	708
R^2	0.016			
第一阶段 F 值		14.35		

注：*、** 和 *** 分别表示在 10%、5%和 1%的显著水平。括号中为国家层面的几类稳健标准误。表 1.3 同理。对于工具变量估计，如果伪 R^2 为负，则 STATA 可能不报告，且该指标对于工具变量估计不具有统计意义，所以本文也未报告。表 1.4 同理。

变量和结果(2)一致，所以不再另行报告。结果(3)显示，如果只考察主要粮食，则系数 0.13 较结果(2)中的 0.15 有微小的下降，显著性也有所降低，但仍在 10%的水平上显著。

另外，比较两种回归结果，我们发现，工具变量回归的结果较面板估计的结果大。这说明，在不使用工具变量的情况下，较多的净出口可能意味着农民转移的机会成本较大，从而限制了耕地规模的扩张，使待估系数被低估。也可能存在一些未观察的因素，或农均耕地面积的度量误差，使得待估系数被低估。

2. 来自截面的分析

在本文中，截面分析也非常重要。由于在每一年，全球范围的粮食内应该是总出口等于总进口的。因此，每一国的农均耕地面积对净出口的影响实际上是相对于同期其他国家而言的，这种影响应该是在截面意义上的。我们的担忧是，如果个别年份发生了全球性事件，出现农均耕地面积增加导致粮食净出口大幅增加的情况，所以这几个截面的正向效应会很大，从而推高了整个样本区间的系数。若去掉这些特殊年份，其余截面的平均效应有可能不显著。为了检验以上判断，我们先按照式(1.5)得到残差，再对二十国集团子样本的每一个截面作一次工具变量回归，观察农均耕地面积的系数变化，在表 1.3 中列示。

表 1.3 的结果显示，农均在耕地的系数在 2000 年有一个较大的跳跃(2000 年的系数有些异常，但是不显著)。在 2000 年之前和之后的这两段区间内，该系数都比较稳定，但进入 21 世纪后，农均耕地面积对于农均粮食净出口在每个截面上的效应都要比 20 世纪 90 年代更大。如果在表 1.2 的回归中去掉 2000 年的样本，则净出口1 和净出口 2 的工具变量回归系数分别为 0.174(标准差为 0.071)和 0.152(标准差为 0.076)，两者都依然显著。同时，我们在表 1.3 的第三列中列示了每个截面上粮食出口量和当年粮食总产量之比，发现在 2000 年之后，该比率只在 2004 年是小于 0.170 的；而在 2000 年前，这一比率普遍小于 0.170。由此可见，这一系数的变化，其实与世纪之交的世界农产品贸易变得更为活跃有关。

3. 稳健性检验

(1) 使用不同工具变量。

为了检验结果的可靠性，本文使用了两种方法进行稳健性检验。首先，我们在式(1.5)的残差生成过程当中，控制国家固定效应。所以劳动力流动障碍的生成过程就变为：

$$农业产业比重_{it}=\beta\times农业就业比重_{it}+\zeta_t+\delta_i+\varepsilon_{it} \tag{1.6}$$

这就剔除了在基准回归的残差中，在国家层面不随时间变化的因素，相当于假设劳动力流动障碍是随时间可变的。将新的残差作为工具变量进行回归，结果在表1.4中列示。与表1.2相比，表1.4中农均在耕地的回归系数大小和显著性变化都不大。其中，当被解释变量包含全部粮食种类时，农均在耕地的系数和表1.2中的第4列相同。

表1.3　工具变量回归：各截面农均在耕地系数的变化

年份	农均在耕地IV估计系数	IV回归的P值	粮出口量/粮产量
1993	0.067	0.386	0.154
1994	−0.02	0.735	0.146
1995	0.119	0.792	0.162
1996	0.012	0.824	0.144
1997	0.073**	0.0387	0.148
1998	0.086***	0.006 42	0.152
1999	0.073**	0.009 29	0.16
2000	2.449	0.935	0.17
2001	0.166	0.268	0.171
2002	0.148	0.592	0.186
2003	0.186	0.295	0.181
2004	0.142	0.154	0.163
2005	0.139	0.101	0.174
2006	0.168	0.28	0.186
2007	0.13	0.103	0.186
2008	0.196	0.112	0.175
2009	0.225	0.228	0.187
2010	0.297	0.238	0.198
2011	0.255*	0.078 8	0.191
2012	0.303*	0.092 2	0.211

(2) 使用不同的被解释变量与解释变量。

本文做的第二个稳健性检验是，在式(1.4)的基础上，考虑替换被解释变量和主要的解释变量，考察主要结果是否会发生变化。表1.4列示了稳健性检验的结果。其中，结果1中的被解释变量替换为粮食出口率，它是各国粮食出口额与总的商品出口

表 1.4　稳健性检验：不同工具变量、不同被解释变量和全样本

解释变量	(1) 不同工具变量		(2) 不同被解释变量		(3) 全样本	
	净出口 1	净出口 2	净出口 1	净出口 2	净出口 1	净出口 2
农均在耕地	0.145**	0.129*			0.003	0.004*
	(0.065)	(0.069)			(0.002)	(0.002)
农均在耕地			0.295**	0.265*		
			(0.141)	(0.146)		
控制变量	是	是	是	是	是	是
国家固定效应	是	是	是	是	是	是
时间固定效应	是	是	是	是	是	是
观测值	708	708	708	708	1 299	1 299
R^2					0.190	0.166
第一阶段 F 值	14.20	14.20	6.829	6.829	18.26	18.26
第一阶段 IV 系数	0.020***	0.020***	0.010***	0.010***	0.008***	0.010***
	(0.005)	(0.005)	(0.004)	(0.004)	(0.002)	(0.004)

额的比率，可作为一国出口结构①的度量，且该指标剔除了被解释变量中的粮价变化因素。其次，我们将核心的解释变量替换为农均可耕地面积，在结果(2)列示。

另外，表 1.4 的结果(2)显示，农均可耕地的系数比表 1.2 中农均在耕地的系数增加了 1 倍左右，显著性不变。需要指出的是，可耕地的面积除了包括在耕地之外，还包括以下三部分：放牧和刈割专用的草地(meadows for mowing or for pasture)、农场和菜园用地(land under market or kitchen gardens)以及休耕地(land temporarily fallow)。所以，可耕地的口径大于在耕地。从这个角度看，土地整并之后，在耕地的粮食生产固然有规模经营，农业用的非在耕地对粮食生产也同样有规模经营。比如，可以将农民的宅基地置换成农场和菜园用地。另外，与小农经济下细碎型的休耕相比，经过整合的休耕地也是一种降低成本、提高来年生产效率的方式。所以在表 1.4 的结果(2)中，在耕地的规模经营与非在耕地的规模经营叠加，就体现为农均可耕地面积的系数大于在耕地，这完全符合直觉。

① 由于不同粮食的出口价格不同，所以我们认为，以出口额比率的形式，更能反映一国粮食出口与其总出口之间的关系。

（3）全样本检验。

最后，我们在表1.4中的结果(3)报告全样本的回归结果。其结果显示，在世界范围内，农均在耕地每增加1%，粮食净出口增加0.003%—0.004%。当被解释变量包含所有粮食净出口时，该系数不显著但为正，p值为0.149，但是第一阶段工具变量的回归系数依然高度显著为正；当被解释变量只包括4种主要粮食时，该系数在10%的水平上显著为正。

1.3.4 反事实分析：如果劳动力流动障碍为零

通过(1.5)式的回归，在全样本的情况下，我们得到中国在2011年的劳动力流动障碍(残差)为－1.30，2012年农均耕地为0.142公顷(合2.13亩)。[①]根据表1.4的工具变量回归结果，如果在总耕地面积不变的情况下清除劳动力流动障碍，农均耕地将增加面积约10平方米。如果中国的在耕地数量不变(13.88亿亩)，那么，农村总人口将下降为6.45亿，将大约有463.2万人离开农村，总的粮食净输入为798.64万吨。而2012年中国实际的粮食净输入为7 135.23万吨，根据我们的推算，净输入将下降约89%。

1.4 结论与展望

纵观我国农业在改革开放40年中的伟大历程，一条清晰的主线是随着限制农民自由选择的各项制度性障碍被削弱，农业劳动生产率持续快速发展。农业劳动生产率的快速发展，不但为我国经济发展提供了充足的物质保障，大幅提高了人民群众的消费水平和福利，并且使得大量农村劳动力从农业生产中解放出来，投入到劳动生产率更高的制造业和服务业中，为我国宏观经济的高速持续增长提供了劳动力基础。

在为我国农业在40年中取得的成就感到振奋的同时，我们也应清晰地看到，由于我国农业的发展起点太低，同时阻碍农业生产率提高的各项制度障碍并未完全消除，当前我国农业发展水平仍然严重滞后于整体经济发展水平，与发达国家相比更是有很大差距。特别的，当前我国农业生产存在高投入、高产出、高库存、高进口和高污

① 工具变量是滞后一期的。

染的困局，其根本症结仍然在于限制农民自由选择的户口和土地制度。在未来几十年间，我们仍然需要紧紧抓住改革这条主线，进一步取消限制农民自由选择的各项不合理制度，在改革中释放动能，走出一条农业生产力快速发展、城乡协调发展、人与自然和谐发展的中国特色农业发展道路。

表 1.A1 改革开放以来“三农”政策大事记

时 间	事 件
1978 年 12 月	“包产到户”首先在安徽兴起。同月，十一届三中全会审议的《中共中央关于加快农业发展若干问题的决定(草案)》规定，“不许包产到户”。
1980 年 5 月	邓小平明确肯定“包产到户”。同年 9 月，中共中央印发《关于进一步加强和完善农业生产责任制的几个问题》，允许“多种经营形式、多种劳动组织、多种计酬办法同时存在”。
1982 年 1 月	中共中央、国务院发布有关农业政策的第一个“一号文件”，明确指出：“一般地讲，联产就需要承包。”
1984 年 1 月	《中共中央关于 1984 年农村工作的通知》开始允许务工、经商、办服务业的农民自理口粮到集镇落户。
1984 年 3 月	中共中央、国务院发出四号文件《转发农牧渔业部〈关于开创社队企业新局面的报告〉的通知》，不仅将“社队企业”更名为“乡镇企业”，而且赋予乡镇企业不同于社队企业的新的性质和内容，提出“开创乡镇企业新局面的历史任务”。
1984 年 12 月	农牧渔业部等四部委联合发布了《关于征用土地费用实行包干使用暂行办法》，允许土地有偿转包。
1988 年 3 月	七届全国人大一次会议的《政府工作报告》，首次提出“发展适度规模经营”。该次会议通过的宪法修正案，明确了“土地使用权可以依法转让”。
1990 年 12 月	中共十三届七中全会通过了《中共中央关于制定国民经济和社会发展十年规划和“八五”计划的建议》。《建议》指出，“在有条件的地区，根据农民自愿，可以因地制宜，采取不同形式实行适度规模经营。”
1993 年 11 月	中共十四届三中全会《关于建立社会主义市场经济体制若干问题的决定》提出，要“逐步改革小城镇的户籍管理制度，允许农民进入小城镇务工经商”。
1997 年 5 月	中共中央、国务院发出《关于进一步加强土地管理切实保护耕地的通知》，要求“进一步严格建设用地的审批管理”“严格控制城市建设用地规模”“加强农村集体土地的管理”。
1998 年 10 月	中共十五届三中全会通过的《中共中央关于农业和农村工作若干重大问题的决定》，指出“家庭经营方式，不仅适应以手工劳动为主的传统，也能适应采用先进科学技术和生产手段的现代农业”，“必须长期坚持”。但另一方面，《决定》指出“要赋予农民长期而有保障的土地使用权”，“使之成为独立的市场主体”。

续表

时　间	事　　件
2003 年 1 月	国务院办公厅发出《关于做好农民进城务工就业管理和服务工作的通知》，要求取消对企业使用农民工的行政审批和农民进城务工就业的职业限制，并切实解决拖欠和克扣农民工工资问题。同年，我国终止了对农民工的强制收容、遣送制度。
2004 年 1 月	当年"一号文件"决定全面放开粮价，并开始对农民实行直补、良种补贴和农机购置补贴。粮食最低收购价开始实行。
2006 年 1 月	《农业税条例》正式废止。农资综合直补政策开始实行。当年"一号文件"正式提出"推进社会主义新农村建设"。
2013 年 11 月	中共十八届三中全会通过《中共中央关于全面深化改革若干重大问题的决定》，提出"建立城乡统一的建设用地市场"，允许农村集体经营性建设用地有条件地转入城市建设用地市场，赋予农民对承包地占有、使用、收益、流转以及承包经营权抵押、担保职能。
2014 年 12 月	中共中央发布《关于农村土地征收、集体经营性建设用地入市、宅基地制度改革试点工作的意见》，开始新一轮土地改革，实行使用权、承包权、经营权"三权分置"。
2016 年 1 月	当年"一号文件"将农民直补、良种补贴、农资综合补贴合并为农业支持保护补贴。
2017 年 10 月	十二届全国人大审议通过《土地承包法（修正案）》，该法案给予农民稳定承包经营预期，耕地承包期届满后再延长三十年。

参考文献

黄季焜：《六十年中国农业的发展和三十年改革奇迹——制度创新、技术进步和市场改革》，《农业技术经济》2010 年第 1 期。

Adamopoulos, Tasso, Loren Brandt, and Jessica Leight, and Diego Restuccia, 2017, "Misallocation, Selection and Productivity: A Quantitative Analysis with Panel Data from China", NBER Working Papers 23039, National Bureau of Economic Research, Inc.

Caselli, Francesco, 2005, "Accounting for Cross-Country Income Differences", in Philippe Aghion and Steven Durlauf(ed.), *Handbook of Economic Growth*, edition 1, volume 1, chapter 9: 679—741, Elsevier.

Hall, Robert E., and Charles I. Jones, 1999, "Why do Some Countries Produce So Much More Output Per Worker than Others?", *The Quarterly Journal of Economics*, Oxford University Press, 114(1):83—116.

Lowder, Sarah K., Jakob Skoet, and Terri Raney, 2016, "The Number, Size, and Distribution of Farms, Smallholder Farms, and Family Farms Worldwide", *World Development*, 87:16—29.

Meng, Xin, 2012, "Labor Market Outcomes and Reforms in China", *Journal of Economic Per-*

spectives, 26(4):75—102, Fall.

Norse, David, and Xiaotang Ju, 2015, "Environmental Costs of China's Food Security", *Agriculture, Ecosystems & Environment*, 209:5—14.

Psacharopoulos, George, 1994, "Returns to Investment in Education: A Global Update", *World Development*, 22(9):1325—1343, September.

Restuccia, Diego, Dennis Tao Yang, and Xiaodong Zhu, 2008, "Agriculture and Aggregate Productivity: A Quantitative Cross-country Analysis", *Journal of Monetary Economics*, 55(2):234—250, March.

Solow, R. M., "Technical Change and the Aggregate Production Function", *Review of Economics and Statistics*, 39(3):312320, doi:10.2307/1926047.

Wu, Y., X.Xi, X.Tang, D.Luo, B.Gu, S.K.Lam, P.M.Vitousek, and D.Chen, 2018, "Policy Distortions, Farm Size, and the Overuse of Agricultural Chemicals in China", *Proceedings of the National Academy of Sciences of the United States of America*, 115:7010—7015.

第 2 章

中国城市化 40 年：增长、集聚和不均衡

吴建峰 | 复旦大学经济学院中国经济研究中心

2.1 40 年城市化变迁：增长和集聚

2.1.1 城市化进程

改革开放以来，伴随着经济的快速增长，中国城市化水平大幅提高。城市化的发展意味着大量人口由低效率的农业部门转向生产率水平高的非农业部门。根据世界银行城市部门发布的全球各个经济体城市化年度数据，我们绘制了图 2.1，来说明 1978 年以来中国和全球其他主要经济体的城市化水平及走势。数据显示，改革开放之初，中国的城镇化水平不足 20%。这一水平不但低于美国、日本和韩国等发达经济体，也远低于巴西、印度等发展中经济体。到了 20 世纪 90 年代初，中国的城市化水平超越了印度。从 2012 年开始，中国城市化水平迈过 50%大关。这意味着有超过一半的中国人口工作在城市部门。2017 年中国的城市水平增加到 59%。从绝对水平来说，中国的城市化还落后于发达经济体。但是，1978—2017 年间中国城市人口增长了 227%，城市化水平年平均达到 1%，高于同时期其他任何一个国家或者地区。《联合国全球化城市化展望》预测中国城市化进程将继续推进，在 2050 年达到 75.8%（UNDESA，2014）。

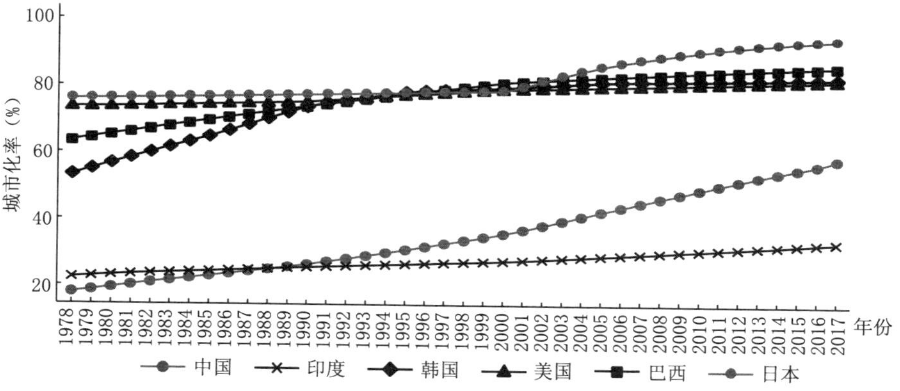

图 2.1　改革开放以来中国城市化水平走势及和全球其他国家对比

资料来源：data.worldbank.org。

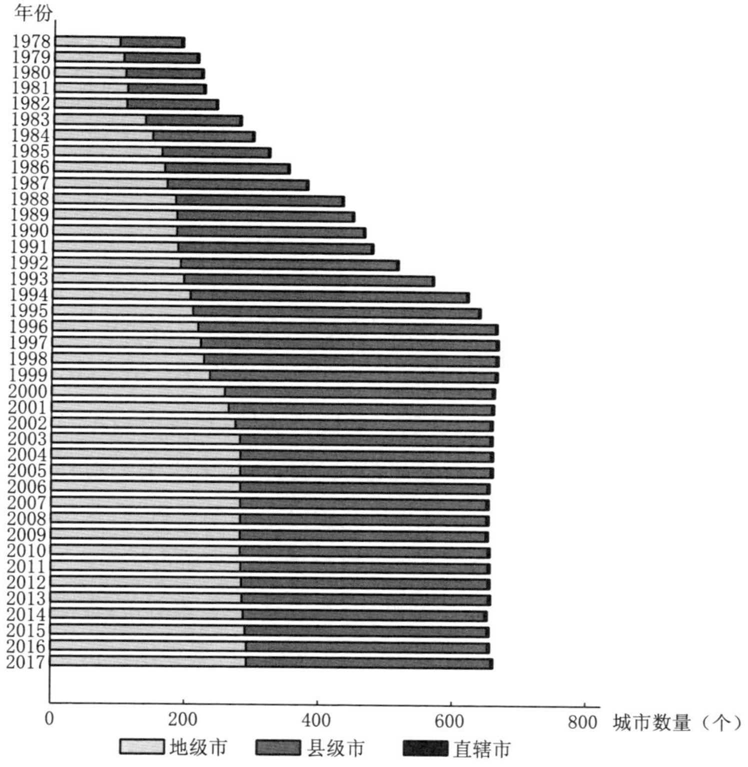

图 2.2　改革开放以来中国不同行政级别城市数量的变化

资料来源：历年中国城市统计年鉴。

城市化水平提高另一重要标志是城市数量持续增加。图 2.2 描绘了 1978 年以来，中国不同行政级别城市的数量变化。数据显示，中国城市数量由 1978 年的 193 个增加到 2017 年的 662 个。具体来说：(1)地级市在过去近 40 年里增加了 267 个。根据民政部历年行政区划调整报告，地级市增加主要是通过撤销地区、实施地市合并的方式，将原地区所辖各县划归对应的地级市管理。(2)县级市数量增加更多，由 1978 年的 92 个增加到 2017 年的 365 个，其中大部分是 90 年代的撤县设市所设立。为了纠正县改市带来的县级市市区农村人口比重大等“假性城市化”问题，1997 年国务院暂停审批县改市。冻结政策后，县级市增加趋势变缓。(3)直辖市数量变动较少。1997 年重庆升级为直辖市，直辖市的数目由 1978 年的 3 个增加到 4 个。

根据麦肯锡全球研究院的研究，虽然人口增加速度和近期相差不大，但是未来 15 年中国城市化进程和过去相比截然不同(MGI, 2005)。突出表现在流动人口成为中国城市增长的重要驱动因素。根据他们的预测，到 2025 年中国的流动人口将增加到 2.4 亿。伴随着大量流动人口从农村进入城市，城市数量和规模都将发生很多变化。他们的数据显示，中国 2025 年城市数量将增加到 939 座，其中出现人口规模超过千万的城市由现在的 2 个增加到 8 个。

2.1.2 城市化和经济增长

城市化和经济增长紧密相关。相关研究表明，在城市经济体中，经济活动规模增加 10%可以提升 0.3%—0.8%的生产率水平(Rosenthal and Strange, 2004)。Lucas (2004)建立了发展中国家城市增长模型。根据该模型，发展中国家要实现由传统农业社会向持续的工业化经济改变，必须通过发展城市化来吸纳农村移民。基本机制是农村移民进入城市后，进一步增加城市的集聚经济和学习机会，使得技能水平随着城市规模增加而不断提高，最终吸引更多农村劳动力进入城市。

中国改革开放 40 年实践证实了城市经济是国民经济的重要部分。OECD (2015a)和 World Bank(2014)的研究都表明，改革开放以来中国城市化率和经济增长之间存在显著正向关系。作者利用 2015 年全国 1%人口抽样调查的城市数据和城市统计年鉴数据，描述了各城市城市化率和人均 GDP 的相关关系(见图 2.3)。和他们的发现一致，图 2.3 显示，城市的城市化水平越高，人均 GDP 越高。

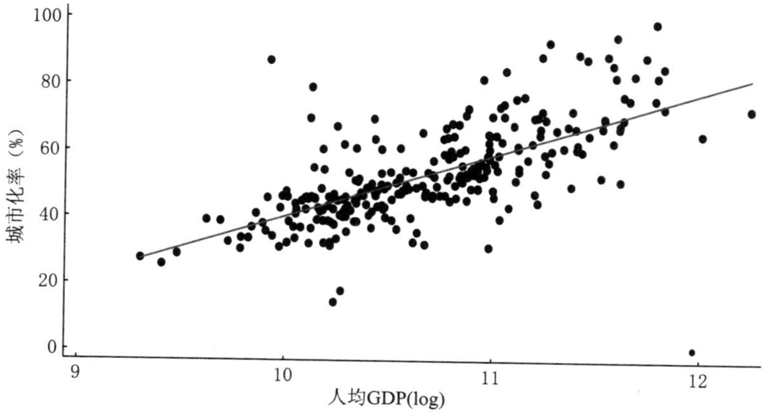

图 2.3 不同城市化和经济发展水平相关关系(2015年)

资料来源：全国2015年1%人口抽样调查(地级市)，《中国城市统计年鉴》(2016)。

城市化和经济增长相互促进关系还表现在城市产业结构的转变。经济理论认为，随着城市化水平提高，农业部门在经济增长中的份额降低，经济体逐渐转向以制造业和服务业为主的产业结构。利用全国2015年1%人口抽样调查数据和城市统计年鉴中GDP中产业组成数据，图2.4刻画了不同城市城市化率和二、三产业比例的关系。数据显示，城市化率水平越高，二、三产业所占GDP的比重越高，证实了两者之间存在显著正向相关关系。

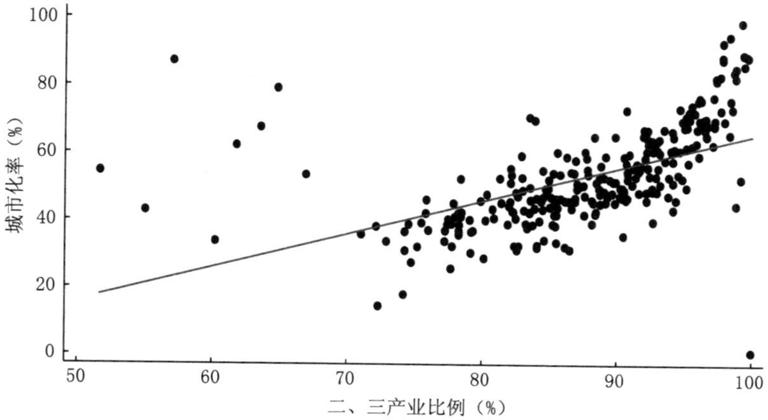

图 2.4 不同城市城市化水平和产业结构关系(2015年)

资料来源：全国2015年1%人口抽样调查(地级市)；《中国城市统计年鉴》(2016)。

作为全球经济发展的重要贡献者，中国的城市化取得了非常瞩目的成就。但是，和全球其他经济体相比，中国城市化水平相对滞后经济发展水平。Henderson 和 Wang(2005)及 OECD(2015b)都认为造成中国城市化水平低于经济发展进程的主要原因是地区间劳动力不能充分流动。由于户籍制度的存在，很多农村流动人口虽然已经离开农村到城市就业，但是他们很难获得所在就业的城市的户籍，因而不能享受与本地市民同等的购房、社保和子女就学等方面的待遇，无形中加大了劳动力在城乡和地区间的迁移成本。一些学者的研究表明，户籍制度的存在使得中国很多城市无法充分享受劳动力流动带来的规模效应，城市规模偏小(Au and Henderson，2006)。

近年来，中国政府在积极推进户籍制度改革。譬如，2009 年年底的中央经济工作会议上明确提出“放宽中小城市和城镇户籍限制”；中央农村工作会议也提出“允许有稳定职业和收入的农民工及其子女转为城镇户口”。2018 年国务院发布了《关于进一步推进户籍制度改革的意见》，要求建立城乡统一的户口登记制度。但这些政策主要鼓励北京和上海以外的非一线城市为户口政策松绑，吸纳更多的农村移民。随着意见的落实，不少地区放开落户限制，大大提升了本地城市化水平。

2.1.3 集聚和城市增长

改革开放以来，中国城市化和城市增长的空间特征就是经济活动的地理集聚程度不断提高。在计划经济时期，中国工业企业的选址并非遵循经济上追求利润最大化的动机。很多企业处于国家国防安全和区域平衡发展需要，遵照政府计划指令，布局在内陆地区。譬如在“三线”建设时期，很多企业从沿海迁移至内地省份(文玫，2004)。Kim 和 Knapp(2001)研究发现，在 1952—1985 年间，中国主要经济活动如工业和交通运输业等，在空间上呈现分散分布。

1978 年以后，随着竞争机制的引进，企业的经营决策活动更加响应市场经济原则，中国企业活动的空间布局发生很大变化，产业地理集中效应十分明显。利用中国制造业企业分省数据，参照吴建峰和符育明(2012)构造的空间集聚指数，作者计算了 1980—2015 年间 24 个二位码制造业行业的空间集聚水平。该指数公式表达为：

$$RC_{kt}=\sqrt{\sum_{i=1}^{N}\left[\left(\frac{EMP_{kit}}{\sum_{i=1}^{N}EMP_{kit}}\right)-\left(\frac{\sum_{k=1}^{M}EMP_{kit}}{\sum_{i=1}^{N}\sum_{k=1}^{M}EMP_{kit}}\right)\right]^{2}/(1-1/N)} \tag{2.1}$$

其中 EMP_{kit} 表示 t 期 i 地区 k 产业的就业人数，N 代表样本中地区数量（$N=1, \cdots, 28$），M 是样本中产业总数量。相比 Kim(1995)中构造的 Hoover 系数，该指数的好处是能够规避地区规模对产业集聚程度的影响。①

表 2.1 列出了不同制造业行业在 1980—2015 年间空间集聚程度及其走势。数据表明，相对于 80 年代初期水平，所有行业的空间集聚水平都显著增加。这一趋势和很多文献利用其他指数计算出的不同阶段的产业集聚趋势基本吻合。譬如，白重恩等(2004)利用中国制造业数据计算了衡量产业集中度的 GINI 系数。他们的研究结果发现，1985—1997 年间中国的制造业总体上呈现 U 形变化走势：1985—1987 年间略有下降，然后处于稳步上升阶段。贺灿飞等(2008)分析了不同产业类型的地理集中程度，发现整体而言，80 年代以来多数产业经历先分散后集中的趋势。路江涌和陶志刚(2006，2007)利用中国制造业企业层面的数据计算了衡量产业空间集聚的 E-G 指数。他们发现在 1998—2003 年间，中国制造业在空间上呈现愈发集聚的趋势。他们的研究还进一步作了国际比较，发现和发达经济体相比，中国制造业产业空间集聚水平还偏低。现有研究认为地方保护主义等制度性障碍和其造成的区域市场整合程度低是中国经济活动空间集聚水平弱于发达国家的主要原因(白重恩等，2004；Lu and Tao，2009)。

表 2.1　不同制造业行业空间集聚水平(1980—2015)

行业名称	1980	1985	1990	1995	2000	2005	2010	2015
食　品	0.023	0.022	0.020	0.039	0.019	0.050	0.039	0.046
饮　料	0.027	0.024	0.019	0.022	0.023	0.046	0.031	0.047
烟　草	0.033	0.036	0.034	0.039	0.041	0.056	0.051	0.067
纺　织	0.020	0.022	0.019	0.024	0.021	0.043	0.032	0.045
纺织/服装/鞋/帽制品	0.017	0.022	0.023	0.034	0.041	0.042	0.030	0.039
皮革/毛皮/羽毛(绒)	0.020	0.018	0.021	0.039	0.055	0.059	0.058	0.053
木材加工等	0.037	0.047	0.050	0.040	0.020	0.043	0.032	0.045
家具制造	0.024	0.022	0.018	0.020	0.030	0.050	0.039	0.046
造纸及纸制品	0.020	0.020	0.016	0.019	0.018	0.038	0.025	0.035
印刷业和记录媒介复制	0.016	0.020	0.014	0.016	0.016	0.042	0.028	0.036
文教体育用品	0.036	0.043	0.048	0.061	0.075	0.070	0.037	0.048
石油加工	0.044	0.032	0.030	0.029	0.046	0.067	0.070	0.058

① Hoover 系数测量产业不均衡程度有个缺陷，就是容易受到接近于全国平均份额的地区相对产业规模变化的影响。具体来说，当规模不等的两个地区位于水平轴中间部分而不是两端时，从大地区向小地区的位置转换将使得 Hoover 系数赋予更高的权重(Amiti，1999)。

续表

行业名称	1980	1985	1990	1995	2000	2005	2010	2015
化学原料及化学制品	0.018	0.016	0.015	0.016	0.017	0.043	0.026	0.041
医　药	0.016	0.020	0.015	0.015	0.015	0.043	0.029	0.042
化学纤维	0.044	0.041	0.031	0.026	0.025	0.053	0.039	0.072
橡胶制品	0.019	0.022	0.012	0.018	0.017	0.038	0.024	0.037
塑料制品	0.023	0.024	0.019	0.024	0.032	0.045	0.030	0.037
非金属矿物制品	0.019	0.019	0.015	0.017	0.014	0.041	0.029	0.040
金属冶炼和加工	0.031	0.036	0.029	0.032	0.037	0.051	0.043	0.046
金属制品	0.016	0.021	0.013	0.016	0.018	0.041	0.025	0.035
通用和专用设备制造	0.016	0.021	0.014	0.037	0.018	0.040	0.021	0.038
交通运输设备制造	0.020	0.024	0.020	0.023	0.023	0.043	0.026	缺失
电气机械及器材制造	0.018	0.023	0.016	0.019	0.062	0.050	0.029	0.042
通信设备等电子设备	0.027	0.031	0.026	0.037	0.021	0.066	0.046	0.054
仪器仪表及文化/办公	0.021	0.026	0.020	0.023	0.051	0.047	0.028	0.041
工艺品及其他	0.035	0.032	0.027	0.026	0.021	0.047	0.048	0.042

经济活动在空间的集聚对城市经济增长具有积极影响。一方面，自我集聚（self-agglomeration）引致产业活动在地理空间上更加集中。根据表2.1 中各产业的空间集聚指数，可以发现在 1990—2015 年间，很多产业的集聚水平不断提高，譬如饮料、纺织、服装/鞋/帽制品、皮革/毛皮/羽毛（绒）、文教体育用品等产业。另一方面，产业在地理上集中产生的规模经济是城市增长的重要来源。Gao(2004)证实了集聚经济是中国不同地区工业产出增长的主要因素。王俊松（2016）利用中国地级市数据做了类似研究，也发现集聚经济对推动城市经济增长具有积极作用。

经济活动在空间上集聚程度的提高和其产生的集聚经济，推动中国不同类型城市的增长。一方面，发达的多样化经济带动着中国大城市的增长，使得他们在全球城市体系中的地位越来越高。在 2010 年的全球城市排名中，北京和上海已经跃居第 13 位和 20 位，其中金融和高端服务业在这两个城市的高度集聚凸显其在全球的影响力（FP，2010）。另一方面，大量城镇工业通过开发区方式集聚，产生非常强的专业化经济，并促成一些具有特色的专业市场，如义乌的小商品市场、福建石狮的鞋业市场、常熟的服装市场等。制造业的集聚和专业市场成为很多中小城市增长的重要动力，造就了一大批专业化城市和城镇。

2.2 城市化不均衡增长：经济改革和对外开放

2.2.1 城市化和城市增长的地区差异

整体而言，在过去 40 年里，中国城市化取得了了不起的成绩。但是城市化发展并不均衡。其中之一就是城市增长在地理上的分布不均衡。一些研究表明，长三角、京津冀和珠三角是中国城镇布局的密集区：在不到 3%的国土面积上聚集了全国 14%的人口，贡献了 42%的国内生产总值，吸引了 79%的外来投资，集中了全国 55%的特大城市（张晓军等，2009）。利用最近一次的全国 1%人口抽样调查数据，作者计算了 2015 年各地级市的城市化水平，并描述地级市尺度上的城市化水平的空间分布。从分布情况来看，城市化水平由东向西逐渐减少。除了少数中西部地区的自然或者文化旅游资源型城市（如克拉玛依、嘉峪关等）和省会城市，大部分城市化水平比较高的城市分布在沿海地区。

从时间维度上，作者还对比了不同城市的城市化水平（户籍人口）的不均衡趋势。利用普查年份的认可数据，表 2.2 列出了 1982 年、1990 年、2000 年和 2010 年沿海和内地不同城市的平均城市化水平。从数据中可以看出，沿海和内地的城市化水平都处于上升势头。但是沿海地区城市的上升速度远远快于内地城市，沿海和内地的城市化水平差距呈现扩大趋势。

表 2.2　不同普查年份沿海和内地城市化水平对比

平均城市化水平(%)	1982 年	1990 年	2000 年	2010 年
沿　海	32.77	31.18	34.07	36.07
内　地	20.59	20.84	24.38	29.32

资料来源：1982 年、1990 年、2000 年、2010 年地级市人口普查数据（户籍人口）。

城市化空间不均衡趋势还表现在地区间的城市数量差异。利用普查年份地级市的户籍人口数据，作者计算了沿海和内地的历年不同规模城市个数（见表 2.3）。数据显示，沿海地区 200 万以上非农业人口规模的大城市数从 1982 年的 8 个增加到 2010 年的 27 个，而同期内地省份同等级的城市增加了 11 个。而规模较小的城市主要集中在内地省份。平均而言，内地省份非农业人口 50 万以下的小城市占全国的近 2/3。

表 2.3 人口普查年份沿海和内地不同规模城市的数量和空间分布(地级市)

非农业人口	1982 年		1990 年		2000 年		2010 年	
	沿海	内地	沿海	内地	沿海	内地	沿海	内地
400 万以上	5	0	5	1	5	3	8	5
200 万—400 万	3	6	6	6	11	6	19	12
100 万—200 万	12	14	23	16	39	37	34	45
50 万—100 万	21	30	36	42	41	76	30	78
50 万以下	45	127	37	82	14	30	12	42
合　计	86	177	107	147	110	152	103	182
总　计	263		254		262		285	

资料来源:1982 年、1990 年、2000 年、2010 年地级市人口普查数据(户籍人口)。

产业空间集聚提供了观察沿海和内地城市化差异的另一个视角。Fujita 和 Hu(2001)分析了 1984—1994 年间沿海和内地制造业产出份额比。他们的数据表明改革开放以后,中国的产业在空间呈现向沿海地区集聚的趋势。Gao(2004)研究了改革开放以来中国不同省份的产业增长。他的数据表明,在研究的 27 个二位码制造业中,在 1985—1993 年间 25 个制造业的东南沿海地区所占产出份额实现了增长。Wen(2004)比较了 1980 年、1985 年和 1995 年间中国不同地区产业的集聚程度,同样发现大多数制造业集中在沿海省份。Catin 等(2005)考察了 1988—1997 年中国二位码制造业地区分布的 GINI 系数,发现高新技术产业的空间集聚程度不断提高,且呈现越发集聚在沿海地区的趋势。更重要的是,他们发现劳动密集型产业在内地的分布和地区间的经济特征没有关系,而经济发展水平比较低的沿海省份则容易吸引更多的劳动密集型产业。这说明劳动密集型产业的转移主要局限于沿海地区内部。在最近的一项研究中,作者和其合作者观察了 1998—2009 年间中国制造业企业空间转移情况,发现在 148 个三位码制造业产业中只有 10%的产业由沿海向内地迁移,大部分制造业仍然集中分布在沿海省市(Bao et al., 2013)。

利用中国工业企业数据,表 2.4 描述了 1980—2015 年间沿海和内地不同类型产业的就业占比。数据显示,自 1980 年以来劳动密集型产业在沿海省市所占的份额一直增加,但 2010 年以后,这一趋势开始减缓。过去的近 40 年里,资源密集型产业主要集中在内地省市,除了少数年份,其所占份额均超过 50%。尽管 2010 年以后,内地省市的比例有所上升,高新技术产业主要集聚在沿海地区。

表 2.4　1980—2015 年沿海和内地不同产业就业人数比例

年份		1980	1985	1990	1995	2000	2005	2010	2015
劳动密集型产业	沿海	0.569	0.571	0.580	0.609	0.682	0.746	0.801	0.680
	内地	0.431	0.429	0.420	0.391	0.318	0.254	0.199	0.320
资源依赖型产业	沿海	0.459	0.434	0.415	0.413	0.520	0.476	0.516	0.454
	内地	0.541	0.566	0.585	0.587	0.480	0.524	0.484	0.546
高新技术产业	沿海	0.603	0.612	0.606	0.643	0.565	0.791	0.826	0.713
	内地	0.397	0.388	0.394	0.357	0.435	0.209	0.174	0.287

资料来源：第二次（1985 年）和第三次（1995 年）中国工业普查；中国工业统计年鉴（1991，2001，2006，2011，2016）。

2.2.2　对外开放程度、市场化水平和城市增长

自 90 年代以来，城市化和城市增长空间不均衡现象受到了海内外学者的重视。这些研究从不同角度分析了不同时期中国城市增长的地区发展差异，探讨了影响这些趋势的因素。表 2.5 列举了探讨中国城市增长决定因素的部分文献和识别的影响因素。基于这些文献研究，作者发现影响中国城市经济增长最外生的两个决定因素分布是城市的对外开放程度和市场化水平。1978 年以后，中国推动了以市场为导向的经济改革，并通过实施对外开放政策加入全球生产和贸易体系。但是，中国的经济改革没有采取一步到位的“休克”疗法，而是分步骤和分阶段推进。经济改革和对外开放政策一般在沿海城市展开试点，然后逐步推向内地。渐进改革和对外开放，使得沿海地区充分发挥接近国际市场的地理优势，吸引大批海内外的资本和劳动力，迅速成为全球制造业中心，推动了城市产业结构转变，促进了城市增长和城市化水平提高。

为了验证上述观点，作者利用数据分别比较地区间市场化程度和对外开放水平。根据白重恩等(2004)及 Lu 和 Tao(2009)，作者使用国有经济比例来反映本地市场化改革程度。国有经济所占比例越高，本地市场化程度越弱。通过汇总中国工业企业数据，作者计算了 1995 年以来不同城市分行业国有工业企业就业人数比例。图 2.5 展示了沿海和内地城市平均国有企业就业人数比例的走势。数据显示，从趋势上来说，国有企业就业人数比例都逐渐下降。但是，内地城市国有企业所占就业人数比例始终高于沿海城市。沿海地区和内地市场化水平的差异可以解释两地城市化水平不同。

表 2.5　中国城市增长决定因素的研究文献

文　献	观察年限	影响因素(统计上显著)
Wei(1995)	1988—1990 年(434 个城市)；1980—1990 年(74 个城市)	◆ 外资投资额和增长率(＋) ◆ 出口额和其占产出比例(＋)
Lin and Song(2002)	1991—1998 年	◆ 外资投资额(＋) ◆ 市内路网(＋) ◆ 科技投入(＋) ◆ 政府规模(－)
Anderson and Ge(2004)	1990—1999 年	◆ 人均 GDP(＋) ◆ 二、三产业比例(＋) ◆ 外资占固定资产投资额(＋) ◆ 国有经济比例(－) ◆ 教育水平(＋)
Madariaga and Poncet(2007)	1990—2002 年	◆ 本地外资投资额(＋) ◆ 周边城市外资投资额(＋)
Su and Liu(2016)	1991—2010 年	◆ 外资投资额(＋) ◆ 人力资本水平(＋)

注：表中"＋"表示该因素对城市增长具有显著正影响。

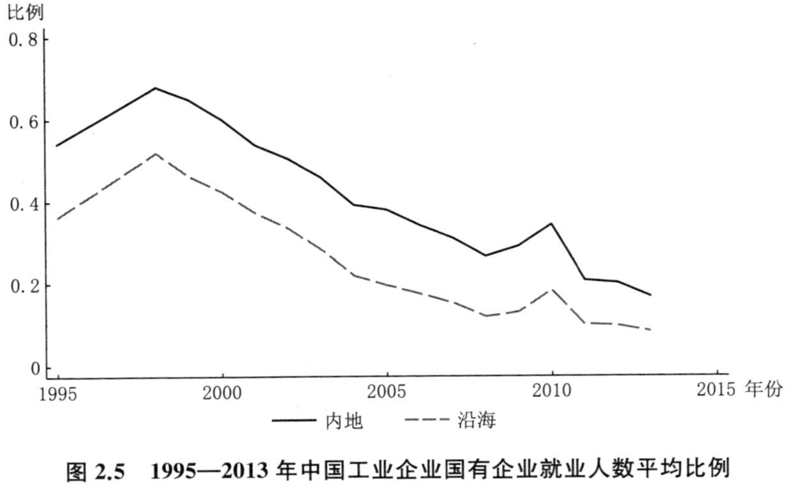

图 2.5　1995—2013 年中国工业企业国有企业就业人数平均比例

资料来源：第三次中国工业普查(1995 年)；全国经济普查(2004 年、2008 年)；中国工业企业数据库(1998—2013 年)。

已有研究还发现对外开放程度对一个地区的城市化水平和城市增长起正向作用。鉴于数据可得性，作者使用不同地区外资占全国比重来反映对外开放程度。作者收集了1983年以后各城市实际利用外资额数据，在此基础上计算了沿海和内地外资所占比例（见表2.6）。从时间走势上来说，沿海和内地实际利用外资金额都在上升。就沿海和内地比例差距来看，在1983—2000间，沿海城市外资额的上升速度要大大高于内地城市，沿海/内地外资比例基本处于5左右。2000年以后，内地城市吸引外资的金额上升较快，沿海/内地外资比例呈现下降走势。尽管这一比例下降，但沿海城市前期积累的外资投资形成了强大的集聚经济，推动这些区域的城市化水平提高和城市增长。

表2.6　1983—2014年实际利用外商投资额

年　份	沿　海	内　地	比值（沿海/内地）
1983	2.65	0.18	15.0
1984	6.26	0.96	6.5
1985	7.64	0.85	9.0
1986	9.12	2.29	4.0
1987	10.11	3.18	3.2
1988	20.12	6.64	3.0
1989	24.52	5.83	4.2
1990	28.69	5.22	5.5
1991	39.15	7.20	5.4
1992	94.70	15.03	6.3
1993	209.56	37.91	5.5
1994	270.63	54.57	5.0
1995	296.98	62.21	4.8
1996	328.08	65.98	5.0
1997	351.10	79.78	4.4
1998	364.54	76.00	4.8
1999	360.18	61.63	5.8
2000	365.98	59.94	6.1
2001	395.56	65.95	6.0
2002	477.38	82.06	5.8
2003	604.32	97.88	6.2
2004	563.75	119.50	4.7
2005	618.92	151.29	4.1
2006	758.96	196.86	3.9

续表

年　份	沿　海	内　地	比值(沿海/内地)
2007	921.88	267.58	3.4
2008	1 037.83	342.42	3.0
2009	1 047.02	382.14	2.7
2010	1 189.50	468.67	2.5
2011	1 345.54	651.08	2.1
2012	1 491.16	729.65	2.0
2013	1 564.55	841.62	1.9
2014	1 577.46	869.41	1.8

资料来源：各省市历年统计年鉴。

2.3 陷入衰退的“铁锈城市”：计划经济和城市外部经济

2.3.1 从繁荣到衰退：“铁锈”城市的识别

如前所述，改革开放以来，中国经历着快速城市化，但增长并不均衡。不均衡的另一个表现，就是在大多数城市不断增长的同时，有一些中小城市正在衰退。作者利用“四普”“五普”和“六普”人口资料，以地级市为地理单元，考察了1990—2000年和2000—2010年两个时期各城市市辖区的人口变化，界定城市增长和衰退。根据国际文献，作者引用“铁锈”城市这一个概念来描述衰退的城市。

作者界定第一阶段人口增长为正，第二阶段人口增长为负的城市为“铁锈”城市，即先经历增长又陷入衰退的城市。根据该定义，在281个地级市中(4个城市数据缺失)，作者识别出了27个“铁锈”城市。这些城市中，有7个位于湖北省，6个位于东北三省，5个在四川省。这些城市中很多是传统重工业城市或者资源依赖型城市，包括抚顺、伊春、襄樊等。

利用工业企业数据，作者分析了上述“铁锈”城市的基本特征。这里作者选取了三个指标：(1)平均规模；(2)国有企业比重(就业人数)；(3)销售额前三位企业所占比例(工业产出)。其中，企业平均规模表示行业的内部规模规模经济。本行业平均企业规模越大，表示企业较少依赖于外部经济。国有企业比重和前三位企业所占比例均反映本地市场竞争情况。一般来说，两者数值越高，表示本地市场竞争程度低，不利于新企业创业和创新活动。表 2.7 列举了普查年份"铁锈"城市在这个三个指标的表现。数据显示，相对于全国平均水平，"铁锈"城市的企业平均规模、国有企业比重和销售额前三位企业所产出比例均高于全国平均水平。这证实了这些城市的市场竞争水平低、外部经济不足的劣势。

表 2.7　"铁锈"城市的经济特征

普查年份		1995	2004	2008
企业平均规模(人)	铁锈城市	257	248	193
	全国平均	210	222	163
国有企业所占比例(%)	铁锈城市	49.2	40.0	25.0
	全国平均	45.1	29.9	18.6
销售额前三位所占比例(%)	铁锈城市	63.4	77.9	61.6
	全国平均	62.3	68.2	69.0

资料来源：第三次全国工业普查(1995 年)；第一次和第二次全国经济普查(2004 年、2008 年)。

2.3.2　"铁锈"城市的产生动因：没有城市外部经济支撑

根据城市经济学文献，外部经济是城市经济增长的重要动力。根据马歇尔的论述，外部经济主要有三个来源，即知识外溢、中间产品专业供应商和劳动力市场聚集。传统上外部经济分为两种类型，一种是专业化经济，其来自产业内不同企业之间互动产生的规模经济；一种是城市化经济，其来源于产业间不同类型企业活动互动产生的规模经济。经济学家们做了大量的实证研究，说明城市中集聚经济是产业生产率提高的主要来源。譬如，Glaeser 等(1992)研究了美国城市就业数据，发现相对于地方化经济而言，城市化经济是美国城市就业增长的主要来源。Henderson 等(1995)考察了美国产业数据，发现城市化经济有利于创新型产业生产率的提高，而专业化经济对成熟性产业更具吸引力。Dekle 和 Eaton(1999)利用日本城市工资和地租数据，检验了集聚经济在城市制造业和金融服务业中的作用。他们的研究结果发现集聚经济对制造业和金融服务业的生产率提高都有积极作用。

基于上述理论，作者提出关于"铁锈"城市形成的假设，即外部经济不足对这些城市人口增长具有负面影响。为了验证该假设，作者进行了简单的实证分析。借助于 Glaeser 等(1992)的框架，作者构建城市增长的实证方程：

$$\Delta \lg(Output_{i,j,t}) = \alpha_0 + \alpha_1 \times \log(Output_{i,j,t-1}) + \alpha_2 \times SPEC_{i,j,t-1} + \alpha_3 \times SPEC_{i,j,t-1} \times RUST_{dummy} + \alpha_4 \times URB_{i,t-1} + \alpha_5 \times URB_{i,t-1} \times RUST_{dummy} + \varepsilon_{i,j,t} \quad (2.2)$$

其中，$Output_{i,j,t}$ 表示 t 年 i 城市二位码产业 j 的产出。$RUST_{dummy}=1$ 表示该城市为识别的“铁锈”城市。$\varepsilon_{i,j,t}$ 为残差项。

式(2.2)中，我们考虑了两个表示外部经济的指标，分别是表示专业化经济的指标 $SPEC$ 和表示城市化经济的指标 URB。两者构造如下：

$$SPEC_{i,j,t} = \frac{E_{i,j,t}}{\sum_i E_{i,j,t}} \Bigg/ \frac{\sum_j E_{i,j,t}}{\sum_{i,j} E_{i,j,t}} \quad (2.3)$$

$$URB_{i,t} = \sum_j \left(\frac{E_{i,j,t}}{\sum_j E_{i,j,t}} \right)^2 \quad (2.4)$$

式(2.3)和(2.4)中，$E_{i,j,t}$ 表示 t 年 i 城市 j 产业的就业人数。根据理论假设，专业化经济和城市化经济对产出增长都有正向作用，式(2.2)中的估计参数 $\hat{\alpha}_2$ 和 $\hat{\alpha}_4$ 均应该为正。而“铁锈”城市外部经济不发达，相对于全国平均而言，专业化经济和城市化经济对这些城市的产出作用应该较弱。因此，式(2.2)中的估计参数 $\hat{\alpha}_3$ 和 $\hat{\alpha}_5$ 均应该为负。表2.8报告了估计结果，证实了上述假设。在表2.8的列(1)和列(2)中，$\log(Output_{i,j,t-1})$

表 2.8 估计结果：面板固定效应模型

	被解释变量：$\Delta Output_{i,j,t}$	
	(1)	(2)
$\log(Output_{i,j,t-1})$	-0.452^{***} (0.003)	-0.452^{***} (0.003)
$SPEC_{i,j,t-1}$	0.019^{***} (0.002)	0.018^{***} (0.002)
$SPEC_{i,j,t-1} \times RUST_{\text{dummy}}$		-0.007(0.268)
$URB_{i,j,t-1}$	1.055^{***} (0.073)	0.974^{***} (0.076)
$URB_{i,j,t-1} \times RUST_{\text{dummy}}$		-1.071^{***} (0.272)
常数项	5.528^{***} (0.040)	5.52^{****} (0.399)
城市/产业固定效应	是	是
时间固定效应	是	是
样本数	107 305	

注：括号里的值为标准差。***，** 和 * 表示在1%，5%和10%的水平下统计显著。

的估计系数为负且在 1%水平下是统计显著的，表示增长方程收敛。$SPEC_{i,j,t-1}$ 和 $URB_{i,j,t-1}$ 的估计系数均为正且统计显著，符合理论假设。列(2)中两者和 $RUST_{dummy}$ 的交互项均为负，前者统计不显著，后者在 1%统计水平下显著，证实了两类型外部经济对“铁锈”城市产出的积极作用较弱。

2.4　城市化再增长：大城市是重要推动力，但不是唯一

在政府层面上，中国城市化的目标已经确定，即到 2050 年之前，使城市化率提高到 70%。这意味着，城市化率平均每年要增加近一个百分点，每年约有 1 200 万人从乡村转移到城市。如何实现城市化的稳步增长并有效解决其所带来的经济、社会和环境压力，是下一个阶段中国城市化再增长的重要问题。基于对前 40 年城市化发展实践的总结，作者分别从区域、规模等级和城乡分布三个视角提出未来 20 年中国城市化发展的政策建议。

2.4.1　提升中西部中心大城市的外溢效应

和全球其他经济体一样，中国大城市的集聚效应同样对区域经济增长具有非常重要的作用(余壮雄和杨扬，2014)。改革开放以来，中国的城市规模分布逐渐由中小城市主导转变成大城市主导。Xu 和 Zhu(2009)研究了中国城市分布体系，发现 1990—2000 年间中国中小城市的增长速度快于大城市，中国不是一个大城市主导的城市分布体系。依据他们的思路，图 2.6 描述了普查年份中国城市人口规模。数据显示，从 1990—2010 年中小城市人口不断下降，而大城市的人口处于不断上升的态势 。大城市和中小城市人口增长的两极分化趋势，使得中国的大城市逐渐确立在城市规模体系中的主导地位。

但是，从区位分布上来说，大城市主要位于沿海省份。而且更需要值得重视的是，中西部地区大城市的外溢效应不足。Ke(2010)考察了西部省份大城市的“中心性”，即其增长对周边城市的溢出效应。其发现西部地区大城市对周边地区的辐射效应要远远低于东部地区的中心城市。

所以，一方面要继续鼓励内陆地区有集聚经济优势的城市的增长，另一方面更需要提升这些大城市对周边地区的溢出能力。提高内地中心城市的市场可进入性，提升城市间的合作分工水平是提升中国未来 20 年城市化质量和缩小地区间城市化差

异的重要问题。除了继续投入交通基础设施建设，构建区域性城市交通网络外，作者认为提高跨地区间劳动力流动也是值得鼓励的措施。Robert 等(2012)评估了过去 20 多年中国高速公路网络对地区间经济发展差距的作用。他们的研究发现，从短期效果来说，高速公路交通网提高了中国的人均收入水平，但对缩小地区间收入差距的作用有限。他们认为，如果跨地区人口流动程度大幅提高，高速交通网络对中西部地区经济发展的推动作用将显著提高。

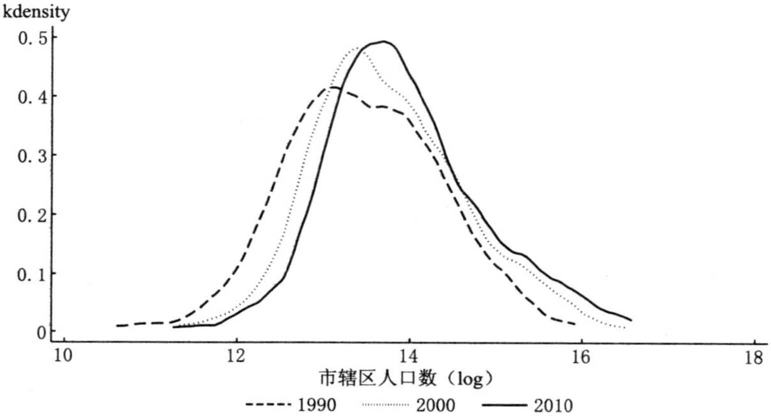

图 2.6　普查年份(1990 年、2000 年、2010 年)城市分布体系

资料来源：四普、五普和六普人口调查(地级市)。

2.4.2　不可或缺的中小城市

从城市规模分布的角度来说，虽然大城市在中国城市体系中的重要性越来越强。但是，基于中国这样的人口大国，下一阶段不能忽视中小城市的发展。UN-Habitat (2016)研究了发展中国家的城市化趋势。他们认为当这些国家的城市规划越来越重视超级大城市的发展问题，就不可避免会带来城市首位度的不断提升，即人口和经济活动越来越集中到首位城市，造成负外部性较大的“大城市病”。因此，发展中国家要重视中小城市增长。

表 2.9 描述了 1995—2015 年间，中国非农业人口 200 万人以上的大城市和 200 万人以下的中小城市在城市个数、人口比例和 GDP 比重三个维度的发展走势。从数据来看，尽管人口和 GDP 的比重在下降，中小城市依然占中国城市个数的 80%。

表 2.9　不同规模城市指标比较(1995—2015 年)

年　份		1995	2000	2005	2010	2015
城市数量（个）	大城市	18	25	45	46	46
	中小城市	240	237	239	241	240
人口比例（%）	大城市	16.4	19.2	29.0	28.1	28.3
	中小城市	83.6	80.8	71.0	71.9	71.7
GDP 比重（%）	大城市	26.5	33.2	45.6	45.0	45.4
	中小城市	73.5	67.8	54.4	55.0	54.6

资料来源:历年中国城市统计年鉴。

中小城市在城市体系中担当起消费中心或者制造业中心的作用。从政策层面上来说,中国政府一直采取“限制大城市的发展,鼓励中小城市特别是小城镇的发展”的政策。但是改革开放以来,尤其是 2000 年以后,大城市对劳动力和人口的吸引力不断增强,充分证实利用行政手段鼓励中小城市发展是没有效果的。鼓励中小城市增长还是需要尊重市场原则。在前面的讨论中,我们认识到外部经济,包括专业化和城市化经济对经济增长的重要性。作者认为,要通过提供足够的公共品如基础设施和社会服务部门到中小城市,创造更多的城市化经济来推动农村城市化和平衡人口分布。譬如,研究者发现本地发达的专业化经济、接近大都市的位置条件和足够的教育资源提升韩国不少中小城市对人口的吸引力,使得韩国 20 世纪 70 年代中期人口再分配较少集中在一两个大城市(UN-Habitat, 2008)。

2.4.3　城乡间的要素双向流动

要从根本上解决中国城市化发展不均衡问题,还需要通过制度创新,让资本等要素在城乡间双向流动,实现城乡一体化。从历史经验来看,城市的发展并没有过分拉大城乡差距。在明清时代的江南地区,城市和乡村之间在经济上保持较高的双向流动关系:一方面,上海等城市的人口增加需要周边的农村向其输入更多的农村剩余劳动力,以维持城市的生存和发展需要;另一方面,原有的狭小内需市场不能满足城市再发展的需求,客观上要求城市资本去开拓更广阔、更有吸引力的农村市场。

表 2.10 列举了自 1978 年以来中国城镇居民可支配收入和农村居民可支配收入及其比例。从时间维度来说,从 1978—2007 年,中国的城乡收入差距一直呈现扩大趋势,之后城乡收入差距逐渐回落。但至今,城乡收入差距还是保持在 2.8 左右。

Banerjee 等(2012) 认为地区间资本缺乏流动限制了道路等基础设施对于中国县级经济增长的主促进作用。因此，通过制度上的创新，重视要素在城乡之间的双向流动，才能缩小城市间收入差距，实现不同规模城市的均衡发展。作者认为，让城市资本重回农村市场可以从以下路径着手：(1)挖掘当地历史基础和要素禀赋，让城市消费和本地人的服务变成城市开发的一部分，实现房地产价值与本地居民的利益共享。(2)通过户籍制度和农村土地制度，尤其是私有产权保护制度改革的推进，为城市资本介入新的生产方式、寻找新的投资空间并提供更好的保障。

表 2.10 1978—2017 年中国城镇和农村居民可支配收入

年　份	城镇居民人均可支配收入(元)	农村居民人均纯收入(元)	城乡收入比
1978	343.40	133.60	2.57
1980	477.60	191.30	2.50
1985	739.10	397.60	1.86
1990	1 510.20	686.30	2.20
1991	1 700.60	708.60	2.40
1992	2 026.60	784.00	2.58
1993	2 577.40	921.60	2.80
1994	3 496.20	1 221.00	2.86
1995	4 283.00	1 577.70	2.71
1996	4 838.90	1 926.10	2.51
1997	5 160.30	2 090.10	2.47
1998	5 425.10	2 162.00	2.51
1999	5 854.02	2 210.30	2.65
2000	6 280.00	2 253.40	2.79
2001	6 859.60	2 366.40	2.90
2002	7 702.80	2 475.60	3.11
2003	8 472.20	2 622.20	3.23
2004	9 421.60	2 936.40	3.21
2005	10 493.00	3 254.90	3.22
2006	11 759.50	3 587.00	3.28
2007	13 785.80	4 140.40	3.33
2008	15 780.76	4 760.62	3.31
2009	17 174.65	5 153.17	3.33

续表

年　份	城镇居民人均可支配收入（元）	农村居民人均纯收入（元）	城乡收入比
2010	19 109.44	5 919.01	3.23
2011	21 809.78	6 977.29	3.13
2012	24 564.72	7 916.58	3.10
2013	26 955.10	8 895.91	3.03
2014	28 844.00	10 489.00	2.75
2015	31 195.00	11 422.00	2.73
2016	33 616.00	12 363.00	2.72
2017	33 834.00	11 969.00	2.83

资料来源：历年中国统计年鉴。

参考文献

白重恩、杜颖娟、陶志刚、仝月婷：《地方保护主义及产业地区集中度的决定因素和变动趋势》，《经济研究》2004 年第 4 期，第 29—40 页。

贺灿飞、谢秀珍、潘峰华：《中国制造业省区分布及其影响因素》，《地理研究》2008 年第 27 卷第 3 期。

路江涌、陶志刚：《我国制造业区域集聚程度决定因素的研究》，《经济学（季刊）》2007 年第 3 期。

路江涌、陶志刚：《中国制造业区域聚集及国际比较》，《经济研究》2006 年第 3 期。

王俊松：《集聚经济、相关性多样化与城市经济增长——基于 279 个地级及以上城市面板数据的实证分析》，《财经研究》2016 年 第 42 卷 5 期。

文玫：《中国工业在区域上的重新定位和聚集》，《经济研究》2004 年第 2 期。

吴建峰、符育明：《经济集聚中马歇尔外部性的识别——基于中国制造业数据的研究》，《经济学（季刊）》2012 年第 2 期。

余壮雄，杨扬：《大城市的生产率优势：集聚和选择》，《世界经济》2014 年第 10 期。

张晓军、潘芳、张若曦和齐元静：《我国特大城市发展的状况、特征及问题刍议》，《城市发展研究》2009 年第 5 期。

Amiti, Mary, 1999, "Specialization Patterns in Europe", *Weltwirtschaftliches Archiv*, 135(4): 573—593.

Anderson, Gordon, and Ying Ge, 2004, "Do Economic Reforms Accelerate Urban Growth? The case of China", *Urban Studies*, 41(11):2197—2210.

Au, Chun-Chung, and J.Vernon Henderson, 2006, "Are Chinese Cities Too Small?", *Review of Economic Studies*, 73(3):549—576.

Banerjee, Abhijit, Esther Duflo, and Nancy Qian, 2012, "On the Road: Access to Transportation Infrastructure and Economic Growth in China", NBER Working Paper 17897.

Bao.C., Z.Chen, and J.Wu, 2013, "Chinese Manufacturing on the Move: Factor Supply or Market Access", *China Economic Review*, 26:170—181.

Catin, M., X.Luo, and C.V.Huffel, 2005, "Openness, Industrialization and Geographic Concentration of Activities in China", World Bank Policy Research Working Paper 3706.

Dekle, Robert, and Jonathan Eaton, 1999, "Agglomeration and Land Rents: Evidence from the Prefectures", *Journal of Urban Economics*, 46:200—214.

Foreign Policies, 2010, The Global City Index 2010, Accessed Online.

Fujita, M., and D.Hu, 2001, "Regional Disparity in China 1985—1994: The Effects of Globalization and Economic Liberalization", *Annals of Regional Science*, 35:3—37.

Gao, Ting, 2004, "Regional Industrial Growth: Evidence from Chinese Industries," *Regional Science and Urban Economics* 34:101—124.

Glaeser, Edward.L., Hedi D.Kallal, José Scheinkman, and Amdrei Shleifer, 1992, "Growth in cities", *Journal of Political Economy*, 100(1):126—152.

Henderon, J.Vernon, and Hyoung Gun Wang, 2005, "Aspects of the Rural-urban transformation of countries", *Journal of Economic Geography*, 5(1):23—42.

Henderson, J.Vernon, Ari Kuncoro, and Matthew Turner, 1995, "Industrial development in cities", *Journal of Political Economy*, 103(5):1067—1090.

Ke, Shan-Zi, 2010, "Determinants of Economic Growth and Spread-backwash Effects in Western and Eastern China", *Asian Economic Journal*, 24(2):179—202.

Kim, Sukkoo, 1995, "Expansion of Market and the Geographic Distribution of Economic Activities: The Trends in U.S.Regional Manufacturing Structure, 1860—1987", *Quarterly Journal of Economics*, 110:881—908.

Kim, Tschangho, and Gerrit Knaap, 2001, "The Spatial Dispersion of Economic Activities and Development Trends in China: 1952—1985", *Annals of Regional Science*, 35:39—57.

Lin, Shuanglin, and Shunfeng Song, 2002, "Urban Economic Growth in China: Theory and Evidence", *Urban Studies*, 39(12):2251—2266.

Lu, Jiangyong, and Zhigang Tao, 2009, "Trends and Determinants of China's Industrial Agglomeration", *Journal of Urban Economics*, 65:167—180.

Lucas, Robert E., 2004, "Life Earnings and Rural-urban Migration", *Journal of Political Economy*, 112(1):29—59.

Madariaga Nicole, and Sandra Poncet, 2007, "FDI in Chinese Cities: Spillovers and Impact on Growth", *The World Economy*, 30(5):837—862.

McKinsey Global Institute(MGI), 2009, Preparing for China's Urban Billion. Research Report, Accessed Online.

OECD, 2015a, *OECD Urban Policy Review: China 2015*, OECD Publishing, Paris, Accessed Online.

OECD, 2015b, *OECD Economic Surveys China*, OECD Publishing, Accessed Online.

Robert, M., U.Deichmann, B.Fingleton, and T.Shi, 2012, "Evaluating China's Road to Prosperity: A New Economic Geography Approach", *Regional Science and Urban Economics*, 42(4):580—594.

Rosenthal, Stuart S., and Willam C.Strange, 2004, "Evidence on the Nature and Sources of Agglomeration Economies", in Henderson, J.Vernon., and Jacques-François Thisse(Eds.), *Handbook of Regional and Urban Economics*, vol.4, Amsterdam: Elsevier:2119—2272.

Su, Yaqin, and Zhiqiang Liu, 2016, "The Impact of Foreign Direct Investment and Human Capital on Economic Growth: Evidence from Chinese Cities", *China Economic Review*, 37:97—109.

UN-Habitat, 2008, *State of the World's Cities 2008—2009: Harmonious Cities*, Earthscan: London, Accessed Online.

UN-Habitat, 2016, *Urbanization and Development: Emerging Futures, World Cities Report 2016*.

United Nations Department of Economic and Social Affairs(UNDESA), 2014, *World Urbanization Prospects: The 2014 Revision*, Accessed Online.

Wei, Shang-Jin, 1995, "The Open Door Policy and China's Rapid Growth: Evidence from City-Level Data", NBER Chapters, in *Growth Theories in Light of the East Asian Experience*, NBER-EASE Volume 4:73—104, National Bureau of Economic Research, Inc.

Wen, M., 2004, "Relocation and Agglomeration of Chinese industry", *Journal of Development Economics*, 73:329—347.

World Bank, 2014, *Urban China: Toward Efficient, Inclusive, and Sustainable Urbanization*, The World Bank: Washington, Accessed Online.

Xu, Zelai, and Nong Zhu, 2009, "City Size Distribution in China: Are Large Cities Dominant?", *Urban Studies*, 46(10):2159—2185.

第3章

改革开放中的户籍制度：历史、当下与未来

陈　钊 | 复旦大学经济学院

3.1 引　言

尽管中国已经从一个贫穷落后的农业国，转变成一个工业大国，并且在国际制造业分工体系中占有举足轻重的地位。但是，传统发展经济学用来分析这一劳动力从传统落后的农业部门向现代发达的工业部门进行转移的"二元经济理论"（刘易斯，1989），却很难与中国城市化过程中的重要事实完全匹配。中国的城乡政策体现了城市与农村之间的利益博弈，但在这场博弈中，城市更能影响城乡政策的制定，因而中国的城乡政策带有城市偏向的特点，相关政策的出台也不得不考虑对城市利益的影响。只有通过这样的"政治经济学"视角，我们才能更全面地理解中国的城乡经济发展和城市化进程，才能更为科学地回答中国的城市化可能形成怎样的局面，并进一步提出对于中国城市化实践有现实指导意义的政策建议。

结合现有文献，本文首先回顾中国城市化与城乡发展过程中重要的特征性事实，然后对以户籍制度为核心的城乡分割的政策演变及相关后果加以概念性分析。在此基础上，从政治经济学的视角，说明城乡分割对中国城乡发展的影响机制，以及未来可能的从城乡分割向城乡整合的演变。最后是总结全文。

3.2　中国城乡发展中的特征性事实

伴随工业的快速发展，大量的农村剩余劳动力向城市流动。但是，中国的城市化又有着独特的表现，本文将其归纳为以下三点特征：城市化进程滞后于工业化、城市内部形成“二元社会”分割、城市化过程中城乡差距不断扩大。

3.2.1　城市化进程滞后于工业化

在一份关于中国城市化政策的研究报告中，Henderson(2009)将城市化速度的滞后作为中国城市发展中的第一项重要特征加以指出：中国城市人口的年均增长率仅为 3.5%左右，明显低于其他发展中国家经济高速增长期 5%—6%的城市人口增长率；当中国的城市化水平为 46%时，与中国有着相同实际人均收入的代表性国家的城市化水平已达到 55%，发达国家的城市化水平则达到 70%—85%，中国的城市化水平明显偏低。

如何理解中国偏低的城市化水平呢？把中国的城市化与工业化一起加以比较，我们会进一步发现中国的城市化滞后于工业化的特征。如果用第二产业占 GDP 的比重来衡量工业化水平，用城镇人口占总人口的比例来衡量城市化水平，那么中国城市化进程在改革后相当长一段时间内始终滞后于工业化。如果将第三产业的比重也计入“工业化”的指标，那么，中国的城市化与工业化之间的差距就更大了(见图 3.1)。

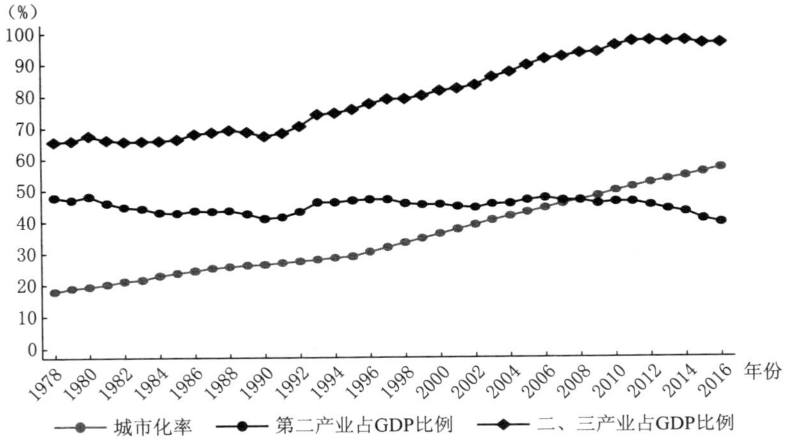

图 3.1　中国的工业化与城市化水平(1978—2016 年)

资料来源：《中国统计年鉴》，中国统计出版社 2017 年版。

中国城市化水平滞后于工业化的特征还可以通过与其他国家的比较进一步得到印证：俄罗斯、巴西、墨西哥、韩国的城市化水平均远远超出其工业化水平，孟加拉国的城市化与工业化水平始终较为接近。①换言之，与其他国家相比，中国有更多的人不能充分分享工业化带来的好处。但考虑到处于不同发展阶段的国家的城市化与工业化水平的关系未必完全可比，因此需进一步考察经济发展阶段城市化水平之间的关系（见图 3.2）。由图 3.2 中中国位于拟合线之下可知：相对于中国的经济发展水平，中国的城市化率依然偏低。图中根据人均 GDP 水平预测的中国城市化水平应为 62%，而实际仅为 57%，两者相差高达 5%。

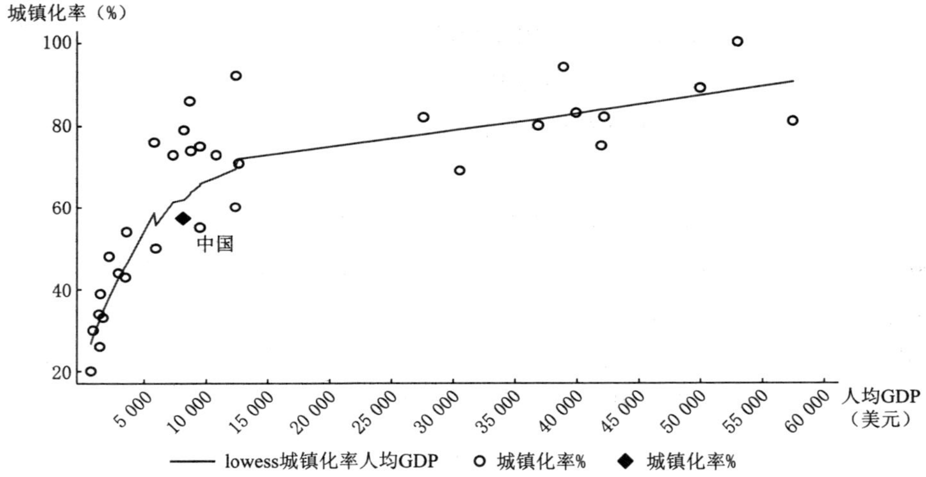

图 3.2　经济发展水平与城市化水平——国别比较

资料来源：城市化率数据来自《中国人口和就业统计年鉴 2017》，人均 GDP 数据来自世界银行数据库。

城市化滞后于工业化直接反映出人口向城市的转移并没有与城市工业的发展同步。显然，这并不是因为中国城市工业的发展没有采用劳动密集的生产方式，问题的关键只是城市在吸纳农村剩余劳动力就业的同时，并没有让这群人扎根城市成为真正的“城里人”。外来人口难以在城市真正落户，他们向城市的流动就必然是不充分的。与此同时，城市户籍人口的自然增长又是缓慢的。图 3.3 和图 3.4 以典型大城市上海和深圳为例证明了这一现象。

① 这些国家工业化与城市化的数据，可从中国国家统计局官方网站上获得。

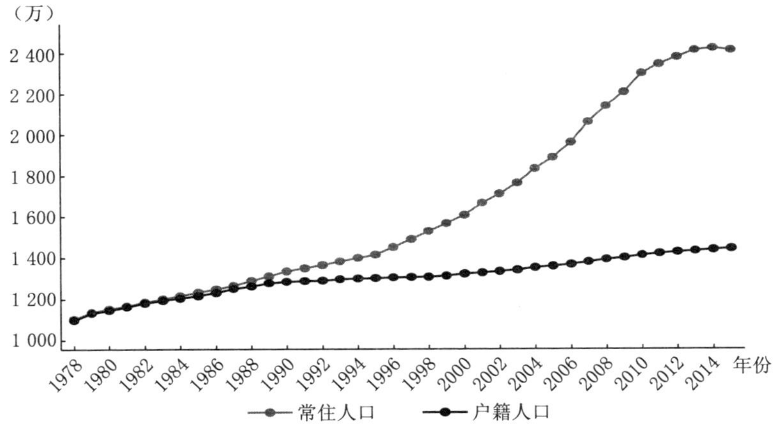

图 3.3　上海市常住人口与户籍人口增长趋势对比（1978—2015 年）

资料来源：《上海统计年鉴》(2016)。

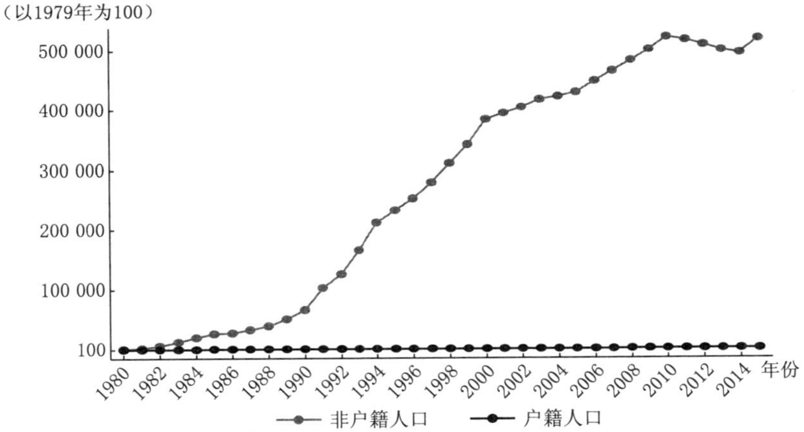

图 3.4　深圳市户籍人口与非户籍人品指数（1980—2015 年）

资料来源：《深圳统计年鉴》(2016)。

相应地，中国的城市化过程也不是人口增长驱动的，而是由行政区划变更来推动的。这也就隐含着各地政府为了追求城市化的速度而导致城市地域规模的扩大与本地人口密度和产业发展脱节的可能（严伟和江楠，2007）。由于存在大量因行政区划变更而产生的并无规模经济的小城市，城市的集聚效应没有得到充分的发挥（Au and Henderson，2006a、2006b）。陆铭(2011)发现，中国城市间的用基尼系数度量的 GDP

规模差距一直处于稳步上升的趋势，而城市间人口规模的差距却变化缓慢，反映出了人口集聚未与经济集聚同步的现象。

3.2.2 城市内部形成“二元社会”分割

户籍制度对进城农民的影响远不只是“难以真正市民化”可以概括，事实上，户籍制度已经导致城市内部形成了“二元社会”分割的现象。这种新的“二元社会”分割在城市内部的居住空间上、劳动力市场上，甚至是在心理层面上广泛存在。

城市内部二元社会分割在居住空间上的集中体现就是所谓的“城中村”(urban village)的存在。城中村本身便是城乡分割制度的产物。由于农村与城市土地制度的不同，当快速的城市化借助土地使用权转换产生大量的城市用地，且这些用地又开始包围原来的乡村时，乡村的土地在功能上就已经接近城市用地，但事实上却仍然处于原先集体土地制度的管理之下。于是，城中村就开始出现了。脏乱的城中村，密布其间、拥挤不堪却又廉价的住房，这自然而然地就成为低收入的外来务工者的居住地，因此，城市内部不同户籍人口在居住空间上的分割就鲜明形成了。

即使没有城中村，城市内部不同户籍人口的居住地分割仍然存在。由于城里的农民工属于低收入群体，他们在居住地选择上也往往集中于城乡接合部以及城区内环境差、建筑密度高的低成本社区，久而久之，城市内部的居住区分割(residential segregation)现象也自然就会加剧。在这种居住区分割的状态下，低收入者聚居的社区内，居民间的相互影响就可能使社区内产生相对严重的失业、贫困和犯罪等各种社会问题，为城市的治理带来极大困难。对上海小区居民的抽样调查已经发现，有无当地户籍的人口存在着不容忽视的居住区分割现象(陈钊、陆铭、陈静敏，2012)。

城市内二元社会分割的另一个体现是劳动力市场上的种种分割或歧视。例如，外来人口从事稳定性更差的工作(Knight and Yueh, 2004)，工作选择更少而搜寻以及失业的成本更高(Zhang, 2010)。蔡昉等(2003)发现，劳动力市场上由城乡身份差异而导致的歧视可以解释农村迁移劳动力和城市本地劳动力的工资差异中的76%。这就意味着，在现有制度下，提高农民工的教育水平并不能完全消除农村移民与城市居民的工资差距。相反，由于存在劳动力市场上的分割，户籍劳动力和非户籍劳动力之间的差距反而可能持续扩大。从20世纪90年代中期算起，在农村劳动力开始大量进城务工的这十年间，一些相对发达地区的进城农民工的工资却没有太大的变化(张晓晖，2004)，但是在城市内部，1994—2004年间，城市职工的实际平均工资从

4 538元增长到了11 902元（1994年不变价格）①。Meng和Bai（2007）利用对广东7家企业2000—2004年间的工资单数据进行分析发现，农民工的工资和广东省的职工平均工资差距一直在扩大，其间，民工工资上涨并不明显。严善平（2007）利用对上海市的4次大型调查数据进行分析发现，在1995—2003年之间，外来劳动力与本地居民的人力资本收益率上升速度不同，两者的差距甚至有扩大的趋势。Zhang和Meng（2007）对比1999年和2002年两年的数据也表明，农村移民和城市居民的工资差距在扩大，并且主要是由农民工的教育回报相对下降导致的。这些都说明城市内部户籍身份不同的劳动力之间的收入差距扩大并不只是人力资本的差距造成的，在一定程度上还与人力资本回报的差距扩大有关。

除了工资和人力资本回报上的差异之外，中国的城市劳动力市场还存在着职业、岗位和行业等方面的二元分割。Meng和Zhang（2001）的研究发现，在外来人口与城市居民之间存在着明显的职业状态及工资水平的差异，并且这种差异大部分不能由两类人群的劳动力与生产率相关的差异来解释。利用第五次人口普查的微观数据和在五个城市进行的劳动力抽样调查数据，王美艳（2005）的研究显示，外来劳动力与城市本地劳动力的工资差异，59%是由就业岗位间的工资差异引起的，41%是由就业岗位内的工资差异引起的，而工资差异的43%又是由歧视等不可解释的因素造成的。这反映出外来人口所进入的是收入相对较低的岗位。陈钊等（2009）则发现，社会关系网络、父亲的教育和党员政治身份以及城镇户籍也是有利于劳动者进入高收入行业的因素。因此，与户籍相关的劳动力市场的分割在行业层面同样存在，并且这种分割在市场化程度较高的地区并没有相应减弱。章元等（2008）以及章元和陆铭（2009）的研究发现，社会网络主要起到了帮助民工在城市里更快找到工作的作用，但是对于提高工资的作用则十分有限。事实上，进城农民工的社会网络与城市本地人口的社会网络可能是截然不同的。与城市内部的二元社会分割相伴随的将是进城的农民工群体难以在城市建立起新的城乡融合的社会关系网络，这甚至可能导致城乡居民间互不信任的结果。

汪汇等（2009）基于上海市的小区居民抽样调查数据分析了居民信任水平的决定因素，并重点研究了户籍身份对居民信任水平的影响。该研究发现，在其他条件保持不变的情况下，没有本地户籍的居民更加不信任小区的邻居和社会上的大部分人，对

---

① 数据来自《中国统计年鉴》（2005）。

政府的信任水平也更低。并且，户籍分割对信任水平的不利影响并不会随着非本地户籍人口收入和教育水平的提高而减少或消失。这就是说，我们不能以为只要设置一定的门槛，让教育或技能水平相对较高的外来人口进入大城市就业，就能够解决城市内部可能出现的社会不和谐问题。事实是，即便外来人口能够获得比本地居民更高的收入，但是如果不赋予他们同等的市民待遇，那么这部分人群的信任水平仍然会显著低于具有同样特征的城市本地人口。

现有研究认为，信任有利于提高政策的执行效率，有利于公共品的提供，有利于社会的融合，促进合作与和谐，有利于提高个人对生活的满意度（Delhey and Newton，2003），因而信任在促进城市的和谐与可持续发展方面有着不容忽视的作用。以信任为例，我们就可以看到城市内部由户籍所产生的二元分割对于城市和谐发展的不利影响。但户籍对城市和谐发展的影响并不限于此。利用中国的省级面板数据，陈硕（2012）的研究发现，在控制城市化水平的前提下，外来人口比率显著增加了犯罪率。换句话说，如果没有因户籍造成的本地人和外地人的分别，那么，城市化水平本身并不显著影响犯罪率。Glaeser（2014）在《穷国大城：贫穷国家城市化的来龙去脉》中的“罪与罚：何以治之”部分指出：大城市的犯罪率与政府治理能力有关，城市人口规模上升导致犯罪率上升是在存在制度缺陷的情形下发生的。而城市的发展也包括政府治理能力的提高。因此，政府企图通过限制人口规模来控制犯罪率的做法是以放弃城市发展为代价的因噎废食。这就意味着从防范犯罪的角度来说，在城市内取消户籍的二元分割也对城市的和谐稳定至关重要。此外，有关个人满意度的研究也发现，非本地户籍对个人的满意度有显著的不利影响（陈钊、徐彤、刘晓峰，2012；何立新和潘春阳，2011；Jiang et al.，2012）。城市中外来常住人口的幸福感不仅显著低于城市户籍人口（Jiang et al.，2012），而且也显著低于留在农村的居民（Knight et al.，2010）。

然而，城市和谐发展的需要让城市内部不同户籍身份群体间的融合显得十分迫切。在经济快速发展的一些新兴城市，外来常住人口的规模已经超过了本地户籍人口，二元社会的持续存在对于这些城市的和谐发展将是一个极大的隐患。数量上占大多数的外来群体，在城市中的权利却因户籍而受到限制，在这样的环境下，一些纯属个案性的突发事件也很可能会演变成群体间的矛盾与冲突，从而引发危害社会的群体性事件。即使是在外来人口并不占多数的大城市，由二元社会分割所导致的不信任、不满意，也直接增加了城市的治理成本。

事实上，这种分割不仅会损害外来农民工的利益，同样也会使城市的利益受损。

在招工难、民工荒频繁出现之际，一些制造业企业试图以更好的员工福利来吸引外来务工人员，也有些企业不得不因招不到人而搬迁他处。那么，城市政府在试图留住GDP、留住税源之时，是否也应该考虑通过平等地提供城市公共服务来为企业留住包括农民工在内的各种人才呢？城市已经离不开所谓的低端人才，没有他们提供各种服务，所谓高端人才在城市的生活质量将显著下降，城市对他们的吸引力也将降低。而这种分割还会影响中国经济整体上的发展：城市内部的“二元社会分割”还制约了居民消费的增长，加剧了中国经济增长依赖投资和出口推动的问题。陈斌开等(2010)基于中国社科院的微观家庭调查(CHIPS)数据的研究发现，如果不考虑政策调整的一般均衡效应，放松户籍限制可以使2002年移民人均消费水平提高20.8%，居民总体消费水平提高2.2%，这可以抵补2002—2003年间我国居民消费率下降的47.1%。

此外，城市内部的“二元社会分割”也不利于全球化背景下中国的产业升级和国际竞争力的提升。中国的城市，特别是大城市，正面临着劳动力成本上升的巨大压力。城市内部的二元分割，阻碍劳动力供给增加、加剧成本上升。考虑到大城市劳动力成本的上升是个必然的趋势，最根本的应对之道是通过提高劳动生产率来增加产品附加值，实现大城市的产业升级。为此，中国制造业劳动力的技能水平需要全面提升，这就要求员工在稳定的岗位上借助“干中学”机制进行长期的人力资本积累。近来农民工在城市的就业特征变化也的确显示出这样的趋势，即就业形式日趋稳定、劳动力流动“家庭化”、在流入地居住趋于长期化。①然而，户籍制度却没能及时顺应这一来自现实的迫切需要，大城市的户籍门槛仍然阻碍着进城农民的市民化，这使他们缺乏在城市进行长期人力资本积累的激励。不仅如此，城市内部分割对进城农民工子女受教育权利的有形或无形的歧视(崔世泉、王红，2012；谢建社等，2011)，使得这些“农二代”们即使居留于城市，也不能充分利用城市良好的教育条件来为今后的职业生涯寻找一个良好的开端。如果新一代的农民工和今天仍然未成年的农村孩子不能得到良好的教育和技能培训，他们就将难以适应未来中国制造业和服务业的产业升级对劳动力越来越高的要求，成为失业和收入差距扩大问题的隐患。

城市内部出现的“二元社会”分割之所以重要，也是因为它具有一定的自我强化

---

① 《我国农民工工作“十二五”发展规划纲要研究》课题组：《中国农民工问题总体趋势：观测“十二五”》，《改革》2010年第8期，第5—29页。

的特点。也就是说，“二元社会”分割一旦形成，就可能持续存在，并给未来的城市和谐发展带来威胁。因为虽然各级政府都已经做了多方面的努力，外来务工者在城市仍有两项重要权利无法平等分享。其一，是子女受教育的发展权利，特别是子女在当地城市参加高考的权利。其二，是享受城市的保障性政策的权利。①试想一下，如果外来的劳动力在城市里不能平等地享受教育、医疗等公共品，那么这种社会分化就会在代际传递下去，中国社会代际的收入流动性也将降低。

3.2.3 城市化过程中城乡收入差距的扩大

改革开放以来，中国农业部门的市场化改革使农业发展取得了巨大的成功，这些改革主要包括农村土地制度的改革以及与之相关的农产品价格改革（许庆，2008）。然而，与粮食产量或农业增加值的较快增长形成鲜明对比的，却是农民的人均收入增长相对较慢的事实，城市的人均年可支配收入始终超出农村人均年纯收入（见图 3.5）。

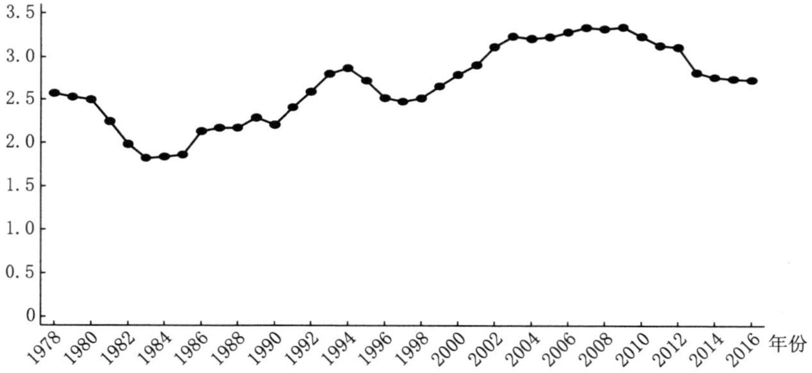

图 3.5 城乡人均可支配收入之比（1978—2016 年）

资料来源：据历年《中国统计年鉴》计算，2012 年后统计口径发生变化。

事实上，城乡间的收入差距也已经成为中国地区间收入差距的最主要原因，因为中国相对较落后的中西部地区的城市化水平比东部地区更低，那里的农村居民比重更高。从数量上来看，如果假设每个省都由一个农村地区和一个城市地区构成，那

① 需要指出的是，虽然本报告主要针对我们通常称为农民工的外来务工者，但事实上，不能平等分享城市公共服务的群体并不一定限于这一群体。下文讨论中会涉及这一点。

么，在用泰尔指数表示的中国地区间收入差距的构成中，城乡收入差距的贡献自20世纪90年代后期开始就扩大，并占到地区间收入差距大约70%—80%的比例。这意味着如果政府可以消除城乡收入差距的话，那么，地区间差距将自动降低70%—80%。在导致中国的地区发展差距的因素中，城乡差距的重要性远远大于东、中、西部地区差距的重要性（Wan，2007）。

城市倾向的经济政策被认为是形成城乡收入差距的重要原因。李实（2003）认为，以下几个方面对于形成巨大的城乡收入差距是不容忽视的：第一，政府对农副产品价格的控制；第二，农村居民承受了不合理的税费负担；第三，城乡劳动力市场的分割和城市劳动力市场的封闭；第四，社会福利和社会保障的歧视性。不少文献都指出，中国城乡间的收入差距与城市倾向的经济政策有关（例如Yang，1999；Chen，2002；陆铭和陈钊，2004；Lu and Chen，2006）。事实上，李实（2003）所指出的几点因素都可以作为城市倾向的经济政策的具体表现。杨涛也认为中国自1978年改革开放以后伴随着经济快速增长而出现的不平等程度加剧的一个重要原因在于中国政府实施的城市倾向政策和体制，包括对劳动力流动的限制、有利于城市居民的福利体系，以及有利于城市部门的包含通货膨胀补贴和对城市部门的投资贷款的金融政策（Yang，1999）。章莉等（2014）关于通过户籍政策保护本地劳动力的实证研究表明，仅仅因为是阻碍劳动力从农村向城市转移的户籍职业选择歧视，就会使城市人的收入增加3.5%。章元等（2011）也得出了类似的结论。而吴贾等（2015）的实证结果发现：从动态角度看，户籍的工资溢价和低失业率效果正在逐年加强。亦即，户籍对城市劳动力的保护是不断增强的。我们自己的研究发现，中国改革以来的一系列经济政策（如经济开放）都使得城市部门获益更多，具有扩大城乡收入差距的作用（陆铭和陈钊，2004；Lu and Chen，2006）。Tian（2001）以及Yang和Zhou（1999）的研究认为，改革之后中国的城乡收入差距扩大的原因之一在于金融体制中的城市倾向，更多的金融资源被配置到了城市。Knight和Song（1993）认为城市倾向政策下存在对农村劳动力向城市的流动所产生的限制，这导致了中国的贫困问题主要体现为农村贫困。户籍制度赋予了城市居民在住房、医疗、养老及教育等方面的利益，这些因素都造成了城乡收入差距，即使取消了户籍制度对劳动力流动的限制，这些倾向性政策也会使流动到城市后的农村居民面临更高的生活成本，所以劳动力的流动依然难以缓解城乡收入差距（Yang，1999；Yao，2000）。另外，杨涛认为中国实行的城市倾向政策由于部门倾斜的收入转移以及在健康、住房和教育方面的支出不仅会扭曲这些部门中的工人的激励，而且也将影响到他们子女的人力资本投资，并进一步扩大城乡收入差距，这些都将对中国未来的经济增长不利（Yang，1999）。的确，由于经济增长的主要来源是城市部门，因而在财政分权体制下，地方政府存在着优先发展城市、更多考虑城市利益和实施城市倾向的经济政策的激励，这一点也得到了实证研究的支持。Yao（2005）利用2002年县级转移支付数据研究了现行的财政体制对地区间财政收入差异的影响。该研究发现，现有的财政转移体制下，并不存在地区间财政收入的均等化。事实上，财政收入较少的农村地区为了获得更多的转移支付反而会降低增加税基的努力，而富裕的城市地区由于获得了来自项目资助的转移支付，反而会进一步增加财政收入。两者共同作用下的结果是，财政分权体制反而会加剧城乡的不均等。

3.3 户籍制度的形成及城乡分割的演变

通过上一节的分析，我们可以看到，中国城市化过程中影响城乡发展的三大特征都与城乡分割和户籍制度密切相关。也就是说，对中国城乡发展的全面理解，必须从户籍制度入手，深刻分析由此形成的城乡分割及其后果，以及今后可能的制度变迁。传统的发展经济学在关于城市化的理论中，只是分析了劳动力从农村向城市的转移，却没有充分注意到城市化过程本身可能是在城乡分割的条件下进行的，也没有注意到“发展”的内涵还包括移民与城市原有居民之间的权利平等和社会融合问题，事实上，只有解决了这些问题的城市化才可以说是实现了真正的发展。下面我们将从历史的角度对户籍制度的产生及其变化加以梳理，并归纳出城乡分割在不同层面上的演进，也以此为未来需要的制度改进提供思路。

户籍制度的产生有其历史原因。然而，当户籍制度的实施逐渐形成了城市与农村两大利益群体之后，户籍制度就难以在短期内消除。虽然户籍制度造成的城乡分割的形式在不同阶段有所变化，但其背后不变的则是城市出于自身利益而实施的城市倾向政策。

3.3.1 户籍制度的形成

表3.1是对新中国户籍制度变迁大事记的一个整理。可以看到，从新中国成立到1957年底之前，政策对于人口迁移并没有特别的限制，只要求办理相关手续，主要是

出于人口管理以及对犯罪活动的打击。相应地，1949 年到 1958 年就成为新中国成立以后户口迁移最频繁的时期。当时的一项研究指出了城镇单位从农村招用临时工的数目日趋扩大："从近几年的情况看，每年不下二百万人次，1956 年达到三百余万人次，是一个不小的数目。过去由于对招工的程序、手续规定得不够严格，产生了不少弊病。例如有些单位本来有多余人员或者当地其他单位有多余人员，需用临时工的时候不从现有人员中调剂解决而却另从社会上招用；有些单位往往过多地招用，造成严重的窝工现象……"(马文瑞，1958)。从表 3.1 中可以看到，1957 年底中央开始了对农村户籍人口流动的控制。1957 年 12 月出台的《关于制止农村人口盲目外流的指示》，明确使用了"制止"这样的词语。而这里所谓"盲目外流"的农村人口并非真正毫无目的、没有归宿地盲目流动，事实上他们多以临时工的形式被城镇单位所招用。所以，真正要阻止"盲流"，就得管理城镇单位的用工制度。1957 年 12 月出台的《关于各单位从农村招用临时工的暂行规定》，便是出于这一目的，规定单位的用人必须由劳动部门统一调配。紧接着 1958 年 1 月，中央又出台了《中华人民共和国户口登记条例》，该条例正式确立了户口迁移审批制度和凭证落户制度，由此，1954 年宪法赋予的居住和迁徙的自由事实上首次以法规的形式受到限制，并且在 1975 年宪法中也已被删除，农村人口迁往城镇从此以后变得难上加难。

表 3.1　新中国户籍制度变迁大事记

时　　间	事　　　件
1954 年 9 月	第一届全国人民代表大会第一次会议通过的我国首部《宪法》，其中规定公民有"居住和迁徙的自由"
1954 年 12 月	内务部、公安部、国家统计局发出联合通知，要求建立农村户口登记制度
1956 年 3 月	全国第一次户口工作会议要求在短时期内建立一套比较严密的户口管理制度，以便"发现和防范反革命和各种犯罪分子活动"
1957 年 12 月	中共中央、国务院发布《关于制止农村人口盲目外流的指示》，要求进一步加强户口管理，控制人口流动
1957 年 12 月	《关于各单位从农村招用临时工的暂行规定》指出单位用人必须由劳动部门统一调配
1958 年 1 月	《中华人民共和国户口登记条例》正式确立户口迁移审批制度和凭证落户制度，首次以法规形式限制农村人口迁往城镇
1962 年 4 月	公安部发出《关于处理户口迁移问题的通知》，指出"对农村迁往城市的，必须严格控制；城市迁往农村的，应一律准予落户，不要控制"

续表

时　间	事　件
1975 年 1 月	第四届全国人大第一次会议通过的《中华人民共和国宪法》删除了“居民有居住和迁徙的自由”的条款
1977 年 11 月	国务院批转《公安部关于处理户口迁移的规定》，强调“从农村迁往市、镇，由农业户口转为非农业户口”。从此，“农转非”一词开始流行起来
1984 年 1 月	《中共中央关于一九八四年农村工作的通知》开始了我国小城镇户籍制度改革，允许务工、经商、办服务业的农民自理口粮到集镇落户
1985 年 7 月	公安部决定对流动人口实行《暂住证》《寄住证》制度，允许暂住人口在城镇居留
1985 年 9 月	全国人大常委会颁布实施《中华人民共和国居民身份证条例》，规定凡 16 岁以上的中华人民共和国公民，均须申领居民身份证
1992 年 8 月	公安部下发了《关于实行当地有效城镇居民户口制度的通知》，开始实行“蓝印户口”
2001 年 10 月	公安部规定全国小城镇中有固定住所和合法收入的外来人口均可办理小城镇户口
2003 年 6 月	十届全国人大常委会第三次会议通过了《中华人民共和国居民身份证法》，中国的户籍管理开始向信息化管理、身份证管理迈进
2008 年 10 月	中央提出，统筹城乡社会管理，推进户籍制度改革，放宽中小城市落户条件，使在城镇稳定就业和居住的农民有序转变为城镇居民
2011 年 9 月	《国务院办公厅关于积极稳妥推进户籍管理制度改革的通知》提出要保证已落户城镇的农村人口与当地城镇居民同等的权益
2014 年 7 月	《国务院关于进一步推进户籍制度改革的意见》取消农业与非农和衍生的蓝印户口，统一为居民户口；大城市实行积分落户；严控特大城市人口规模；建立《居住证》制度，完善公共服务
2016 年 9 月	国务院《推动 1 亿非户籍人口在城市落户方案》完善进城落户农民保障体系，纳入城镇住房保障、城镇基本医疗保险，子女平等享有受教育权利

资料来源：表中大部分内容来自《求是论坛》，该页链接为：http://bbs.qstheory.cn/action-model-name-bianti-itemid-8.html。2008 年起数据来自北大法宝数据库。

为何会出现以户籍为基础的城乡分割制度？Yang 和 Cai(2000)认为，从历史上看，中国政府的赶超战略成为导致城乡分割政策的一个重要原因。赶超战略使发展工业特别是重工业就为国家的战略性手段。在经济基础尚很薄弱的新中国，这就需要更多的资源由农业转移到工业，于是，实行工农业产品价格“剪刀差”成为形成城市倾向政策的通常政策手段。这种扭曲的价格体系需要农业部门为工业的发展做出巨大的牺牲，因此，以农业补贴工业的模式仅仅依靠扭曲的产品价格体系还难以长期维持，必须从制度上阻止劳动力要素从相对受损的农村地区向受益的城市地区自由转移。于是，一个必要的措施就是实行严格的户籍制度管理，把农民限制在土地上。而户籍制度正是城乡分割政策赖以存在的基础，城乡分割制度应运而生。

此外，人口多、农村土地少、城市资本少的现状也使得城市部门希望实施城乡分割的政策。只有这样，农村的大量剩余劳动力才不会涌入城市，加剧城市中本来就已经存在的失业或隐性失业的问题。如前所述，随着城市招用临时工现象的普遍出现，在1956年前后，政府就感到了在城市内部安排就业的压力，希望减轻城市的就业压力，后来提出的"上山下乡"的号召正说明了这一点。与此同时，政府加强了对农民进城的限制，对盲目进城者的措施从起初的"劝止"转变为"收容""遣返"。随着改革开放的推进，上述导致户籍制度产生的理由似乎已经不再成立。例如，人民公社制度早已取消，价格体系已经不再受政府的控制，赶超战略基本上得到了矫正，城市的冗员问题由于国有企业改革而得到基本解决，城市也建立起比较完善的失业保障制度。但是，户籍制度并没有因此相应消失。

改革开放之后，户籍制度继续存在与事实上形成了城市与农村两大利益群体有关。城市是受益者，农村是受损者，城市作为既得利益者希望继续借助户籍制度来维护自己的利益。这个解释与Lipton(1977)、Bates(1981)等人的观点一致，他们指出，大多数发展中国家的政治结构造成城乡居民在谈判地位和政策影响力上存在严重的不对等。杨涛和蔡昉也认为，在政府放弃了赶超战略之后，城市居民仍然给政府施加了压力以保持其相对福利水平不下降(Yang and Cai, 2000)。此外，在改革开放过程中实施的经济分权模式也是导致城乡分割得以维持的重要原因之一。首先，在分权体制下，地方政府都片面追求以GDP总量为指标的经济增长速度，因而对于更能拉动地方经济增长的工业发展更为关心，忽视了对农业的支持和对农村的建设，政府支出中用于农业的比重在21世纪到来之前呈急剧下降的趋势(Lu and Chen, 2006)。其次，在现有的分权和市管县的体制下，地方的利益与本地的经济发展更为相关，因此地方政府更多地考虑本地利益，而不是全局利益。于是，城乡分割这种被认为有利于城市居民但对总体经济发展有所损害的政策易于被地方政府所采纳(陈钊和陆铭,2008)。最后，在经济分权下，地方政府出于发展经济的目标，更倾向于维护在当地投资设厂的资本拥有者的利益，忽视劳动者(特别是不拥有本地户籍的外来农民工)的利益。相应地，我们看到，城市对户籍制度的放松都往往是出于城市发展的需要或城市居民的整体利益，在这一过程中，城乡分割也就体现为不同的形式。例如，近来重庆等地在农民以土地换保障（市民身份）的方面都有一些创新性的尝试。虽然具体操作起来各地有所不同，但背后均反映出城市的发展受到建设用地指标上的制约，而从农民手中“购买”建设用地指标（主要指宅基地对应的建设用地指标）则成为缓解城市发展瓶颈的主要办法。

此外，与户籍制度有一定关联的是城乡土地制度的二元化。农村土地集体所有，根据现有法律，商业性的开发都需要事先经过将土地性质变更为国有这一步骤。而这样的商业开发产生的利益往往是由于城市化过程中农村土地的升值所致，但由于集体土地不能直接商业化，农民就无法在土地的商业化过程中分享土地升值的好处。也就是说，这种土地制度上的二元化特征使农民无法充分分享城市化的好处。这也成为城市化过程中城乡收入差距不断扩大的重要制度根源之一。于是，虽然实证研究发现，城市化进程本身有利于吸收农村剩余劳动力，有利于缩小城乡收入差距，但是，由于政府支出用于农业的比重明显下降，没有市民化的农民并没有能够充分地分享经济发展的成果，于是城乡收入又被城市倾向的经济政策扩大了（陆铭和陈钊，2004；Lu and Chen，2006）。

3.3.2 城乡分割的演变

在陈钊和陆铭（2008）的分析中，曾把城乡融合分为空间意义上的融合、社会意义上的融合与政治意义上的融合。也就是说，户籍政策所造成的城乡分割在不同阶段有着不同的表现。类似地，我们将城乡分割区分为地理上的分割、劳动力市场上的分割、城市公共服务上的分割，以及政策话语权上的分割。

地理上的城乡分割是指，在相当长的一段时期内，农民被束缚在土地上，不能进城务工。最初，户籍制度的实行与农业补贴工业的赶超战略相适应，农村人口必须以计划低价向城市供应粮食。与此同时，城市的消费品供应也受到各种票证配额的控制，最为重要的便是所谓的“粮油关系”——粮油关系依附于户籍制度之上，城镇居民在变更户籍时必须同时迁移粮油关系。在城市内部，企业除了与职工保持工资就业关系之外，还向职工提供医疗、住房、养老等各方面的福利，由于不同性质企业提供的福利有所不同，因此劳动力在城市内部不同企业之间的流动也变得相当困难。而作为占人口绝大多数的农村人口，更是被完全排除在了这种福利保障制度之外。由于票证这一城市稀缺资源分配凭证的存在，相比之下，劳动力从农村流入城市更是难上加难。农民要进城必须先换到粮票，出省还要获得全国粮票。由于在城市内部没有粮油关系，并且无法获得住房、副食品、燃料供应等福利保障，农村人口即便进了城也难以久留。至于农民想进城获得城市户口，那更是难上加难。1977年《公安部关于处理户口迁移的规定》明确指出，要严格控制由农业人口转为非农业人口以及从其他城市迁往北京、上海、天津这三个城市，至于从镇迁往市、从小市迁往大市、从一般农村迁往市郊的人口迁移，也被要求适当控制。在户籍制度以及与之相配套的统购统销制度下，人民公社制度更是将国家权力深入农村，对农村社会实行组织化的严格控制，农民被彻底束缚于土地之上。

随着20世纪80年代乡镇企业的快速发展，农村经济结构中非农产业的比重相应上升，政府开始提倡农民"离土不离乡，进厂不进城"，政策上也对农民进城尤其是进入小城镇有所放宽。始于1984年的小城镇户籍制度改革允许务工、经商、办服务业的农民自理口粮到集镇落户。进入90年代，在经历连续三年卖粮难之后，政府开始允许农民"自带口粮"进城经商务农。1993年前后，全国各地先后取消粮票，农民进城的障碍进一步被消除。从此，我们就看到了规模一年比一年大的"民工潮"。但我们必须看到，允许农民工进城其实也符合城市的利益。90年代以来，中国的城市经济和制造业发展迅速，相应地需要大量的劳动力。但城市本地的户籍人口大部分并不愿意从事某些工作，至少他们的要价更高，所以，农民工就填补了这个空缺。事实上我们也看到，大量的一线建筑工人和工厂里的工人都来自农村的进城务工人员，而城市餐饮等服务业的发展也是因为吸纳了大量的农民工。

但是，农民工进入城市就业之后，地理上的城乡分割并没有完全消失。首先，如上所述，"城中村"鲜明地体现了在现有的城乡不同土地制度下，城市内部仍然存在着空间意义上的城乡二元分割。其次，由于在居住区选择上，外来人口更倾向于选择在外来人口比例高的小区居住，因此形成了一定的居住区分割，这是城市内部地理意义上的城乡分割的一种间接体现（陈钊、陆铭、陈静敏，2012）。

随着大量农民工进城，劳动力市场上的城乡分割也开始有所表现，先前对此已经有所论述。外来人口由于不拥有本地户籍，因而在收入、就业行业、职业、岗位等方面都处于劣势。这种体现劳动力市场分割的歧视现象甚至可能体现为地方法规的形式。早期进城的农民工还受到城市部门对外来人员的严格管理，当时如果没有暂住证，就很可能被城市管理部门收容遣送。有些大城市曾明确向雇用农民工的单位征收外来人口管理费，而该费用被用于充实本地的社会保障基金。显然，这又是城市政府从城市本地人口利益出发制定城乡政策的一个证据。2003年1月，国务院办公厅颁布了《关于做好农民工进城务工就业管理和服务工作的通知》，要求各地清理并取消对农民工就业的不合理限制。此后，各地相应出台了相关法规，要求取消对各类企业使用农民工的行政审批，取消对农民进城务工就业的职业工种限制，取消所有专为农民进城务工就业设置的审批、登记项目等。当然，基于户籍的工资歧视仍然存在，尽管劳动力市场上有形的歧视容易消失，但无形的歧视很可能还会长期存在。

城乡分割还体现在户籍与居民所能享有的公共服务的联系上，即在公共服务上的城乡分割。在农民工进城的初期，城市的发展规划根本没有将农民工的住房、子女教育、社会保障等需求纳入城市公共品提供的考虑范围之中。而且，人们担心由于城市公共服务能力有限，外来人口的分享将导致本地户籍人口所能享有的公共服务被稀释，来自户籍人口的抱怨对本地政府产生压力。事实上，一个较为普遍的情况是，各地在对农民工的子女教育、妇幼保健、社会保障等方面或多或少地都存在着制度性的歧视。在中国的特大城市，虽然进城农民工也被纳入社保体系①，但是其子女受教育的发展权利仍受到限制。一方面，虽然义务教育阶段的农民工随迁子女可以在本地的中小学申请借读②，2003 年《关于做好农民工进城务工就业管理和服务工作的通知》出台后，一些地方性法规中也出现了诸如"农民进城务工就业与社会保障等方面要与城镇居民同等对待""要采取多种形式，接收他们的子女在当地全日制办中、小学入学，在入学条件等方面与当地城镇居民学生一视同仁"这样的规定，但事实上差异仍然存在。大量的经验事实告诉我们，农民工子女想要拥有平等的入学权利并不容易(李晓丽，2007；崔世泉、王红，2012；谢建社等，2011)。一些地方的公办学校对义务教育年龄的农民工子女仍然要收更多的借读费、赞助费，或者干脆将这些农民工子女推向市场化办学机构，或是条件简陋的民办简易学校。另一方面，对于高中阶段适龄人口，如果没有本地的户籍，他们想就地入学也会面临各种困难。以在这方面政策相对较为宽松的上海为例，非本地户籍的常住人口想参加上海市的高考，需要满足《居住证》持有人的分值条件等规定。虽然农民工往往更多地从事作业条件较为艰苦的工作，但工伤保险、医疗保险等急需的社会保障也只是覆盖了少数的农民工群体。更为重要的是，由于户籍制度的存在，他们无法在城市养老，如果城乡分割的制度安排

---

① 但保障力度仍有一定差异。

② 2006 年 4 月 1 日起试行的《上海市中小学学籍管理办法》规定，"借读生是指非本市户籍、但具备在本市中小学就读条件的学生，即本市蓝印户口；持有一年及以上《上海市居住证》，且在有效期内人员的义务教育阶段适龄子女；持有效期内《上海市居住证》的引进人才高中阶段适龄子女"。

不被改变，那么在不远的将来，在他们为城市的发展奉献青春之后，他们的养老将得不到保障。例如，在社会保障方面，实际的情况往往是“同城不并轨，异地难衔接”。也就是说，外来人口的社会保障水平要低于城市本地户籍人口。更为重要的则是社会保障异地难以衔接的问题。直到本文写作时，农民工若在一地交纳养老保险未满15年，则在离开当地时，不能带走用人单位为其交纳的保险金积累，而只能带走自己交纳的部分。在子女入学方面，最近几年，各地政府逐渐开始由本地财政出资为外来农民工子女提供基础教育，但想要进入城市办学质量较好的公办学校，外来人口还是会因为户籍问题而面临巨大的困难，也可能因此而要支付更高的“赞助费”或托关系。

虽然以上方面的确对外来人口平等享有城市本地的公共服务造成一定障碍，但是，公共服务上的城乡分割最为关键的一点表现却是高考名额或高考资格问题。我们知道，每所高校都会给所在地的考生分配更多的入学名额，而中国最好的大学都集中于大城市，特别是外来人口较为集中的长三角、珠三角以及北京等地集中了大量的名牌高校，这些地区恰恰也是外来人口流动的主要目的地。外来人口在此就业、纳税、缴纳社会保障，但他们的子女却必须回到户口所在省份参加高考，难以享有本地考生易于被本地高校录取的“特殊优待”。这一制度背后所反映的恰恰是对稀缺的优质教育资源享有权利可能被稀释的担忧。在这一点上，上海的做法略有突破，但仍存在类似的政策阻碍。上海人事局和教育局文件规定，持有人才引进类居住证的外来人才子女，属于高中生的可以转学到上海居住证所属地区普通高中或重点高中就读，参加高考的可报考任何外地大学在上海招生的学校，并享受20分加分政策①，同时也可报考上海任何一所部属院校，享受与上海户籍学生其他同等的高考政策待遇。在这一规定中，我们可以看到，非部属的本地高校，似乎理所当然地被视为本地的一种公共资源，即使是仅占非户籍人口少数的引进人才，其子女也被排除在这一稀缺资源之外。

我们看到，城乡分割的种种表现都对进城打工的农民不利，这背后所反映的事实是，与城市人口相比，他们这一群体相对缺乏政策话语权。这就是话语权上的（或政治上的）城乡分割，是导致一系列其他城乡分割形式的最为根本的原因所在。

在中国的政治体制之下，公众影响政策的一个重要渠道是各级人民代表大会制度。然而，在人民代表大会制度中，农民代表的比例严重偏低。历史上，农民与城市

---

① 从历年情况来看，上海本地的高中毕业生，不太愿意报考在上海招生的外地大学。

人口长期难以做到“同票同权”。1995年修改后的《选举法》规定，按照农村每一代表所代表的人口数4倍于城市每一代表所代表的人口数的原则分配名额。中共十七大报告中提出“建议逐步实行城乡按相同人口比例选举人大代表”。到了2010年，这一“同票同权”的转变终于得以实现。这表明，中国正沿着在政治上城乡融合的正确方向前进。当然，实际的道路还很漫长。在做到同票同权之后，能否选出真正代表广大农民群众利益的代表？这是向城市融合继续迈进的第一步。而更为重要的则是第二步：农村户籍的代表是否真的是农民，还是已经长期生活在城市里的农民？他们能否真正替城市里的务工者和农民说上话？按照现在的选举办法，进城务工的农民工只能选举其户籍所在地农村的人大代表，如此产生的代表，除非当到比较高的级别，否则难以真正通过参政议政影响城市的政策。一个更能实现政治上或政策话语上城乡融合的做法则是，城市的人大代表不按户籍而是由全体常住人口选举产生，使异地进城务工人员在其居住和工作地行使其政治权力。这样做才能真正体现城市政府是城市全体常住人口的服务者这一性质。

3.4 理解中国的城乡发展：政治经济学的视角

城市化滞后于工业化、城市内部存在“二元社会”分割现象、城乡收入差距不断扩大，这些都与传统发展经济学理论的描述完全不同。经典的发展经济学理论表明，经济发展就是城市化、工业化和城乡差距缩小的过程（Lewis，1954；Mas-Colell and Razin，1973；Lucas，2004）。解开这个“谜”的关键在于我们应当从政治经济学的视角去理解中国的城市化过程。下面，我们首先从这一逻辑起点出发，建立一个理论框架来描述中国的城市化过程，并相应对中国城市化过程中的特征性事实加以解释。然后，我们也将进一步回答，从城乡分割到城乡融合的变化能否自发实现？

3.4.1 中国城乡劳动力流动的政治经济学背景

如前所述，在中国的城市化过程中，政策话语权上的城乡分割始终存在。这就必然导致城市的政策制定仍然只是出于城市户籍人口的利益。宋洪远（2004）指出，中国有关城乡劳动力流动的政策一直是城市对农村劳动力的流动进行限制和管理的政策。蔡昉等（2003）也认为，城乡劳动力流动政策的城市倾向性，是在城市居民出于保护自己利益而影响政府决策的机制下形成的。所以，把城市政策的目标界定为城市本地户籍人口利益的最大化就是一个分析中国城乡政策的合理起点。这就使中国的城乡政策制定具有鲜明的政治经济学色彩——城市与乡村成为两个不同的利益群体，前者能主动地制定有利于自身的政策，而后者更多只是被动地接受既定的制度安排。这是我们以下从理论层面探讨城乡问题的基本出发点。①

我们假定，城市只进行工业生产，工业生产使用劳动力与资本，并且存在动态的资本积累过程。农村只进行农业生产，农业生产只使用土地与劳动力，并且不存在要素的积累。接下来的问题则是，农村劳动力的流动决策如何做出。很简单，农民会根据他们实际收入的高低在“农村务农”与“进城务工”两者之间进行选择。这里，我们进一步假定务农的农民每个人只能获得农业的平均产出，这便是农民进城务工时的保留工资。我们假定农民在城市只能得到其保留工资，而城市户籍人口的工资却等于其劳动生产率。于是，两者的差别工资就出现了。这符合有关户籍工资歧视的实证发现。也许有人会存有这样的疑问，企业之间不是会为雇用农民工而产生相互竞争吗？这种竞争难道不会使农民工的工资上升，高于其保留工资吗？对此，不妨从以下两个方面加以解释。第一，对农民工工资的歧视性规定是城市政府从整体上施加的，如早期的外来务工人员管理费，这相当于以一种垄断性力量压低了农民工的工资。第二，我们先考虑这种工资歧视的影响，再进一步考察如果不存在工资水平上的差异，公共服务上的差异又会导致怎样的结果。

接下来的问题是，城市所制定的城乡政策如何体现？我们将其抽象为城市对农村向城市的劳动力流动规模进行控制。这是从结果或效果上来对城乡政策进行衡量，因为不论采取怎样的城乡政策，其最终效果都会体现为农民进城务工能得到多少“实惠”。所以，这样的城乡政策可以体现为行政手段上的控制，如以票证制度或严格的户籍管理制度(如遣返回乡)等形式使农民进城的成本足够高，这样就在事实上完全禁止了从农村向城市的劳动力流动。像这样的城乡政策也可以借助经济的手段，如通过征收管理费或实行差别的社会保障待遇来改变支付农民工的实际工资等。现有的关于工资的户籍歧视的研究已经证明了这一点。在这一部分，我们暂且把讨论的情况限定为城市可以对不同户籍劳动力支付差别化的工资。②在这样的分析框架下，控制城市内部不同户籍劳动力工资的差距，与控制来自农村的劳动力流动规模，

① 关于这部分模型的详细内容可参见陈钊和陆铭(2008)。

② 之后我们会进一步讨论不针对工资而只是针对公共服务的户籍歧视。

两者其实是一回事。前者是手段，而后者是体现在农民工流动决策上的结果。

这个关于城乡劳动力流动的分析还有一个特点，我们假定城市内部不同户籍人口之间由于存在着基于身份的收入差距而产生的两类人群之间的社会矛盾，并因此导致城市资源损耗。这个损耗与在城市中的外来人口规模正相关。这种因城市居民与农村移民间的社会矛盾对城市资源的消耗表现为：第一，这种矛盾可能使移民对城市的资源造成破坏；第二，出于对移民的防范，这种矛盾的存在会导致城市居民把一部分资源用于产权保护，但这种投入是非生产性的，因此也是一种对产出的损耗。以上两种机制中，前一种可以是违法犯罪活动对城市财产的直接损失，后一种尽管能够避免违法犯罪，但却不能避免资源损失，无论哪一种机制会产生作用，结果都是将城市居民与农村移民间的冲突转化为了产出的损失。①

3.4.2 城市政府的决策及其后果

从以上背景出发，我们需要知道城市政府将如何实施其城乡劳动力流动的政策。这是一个随着城市资本积累而发生变化的过程，其基本的历程如下。在改革的早期，城市资本少，劳动力多，此时并不缺劳动力。于是，一个必然的结果是城市禁止农村劳动力流入城市。随着城市资本积累的增加，劳动力开始短缺，或者说，劳动的边际产出显著增加。这时，让一个农村劳动力进入城市，对城市户籍人口的边际效益而言是福利改善的。这是因为，一方面，农业因大量过剩劳动力的存在而只有很低的人均产出，因此，农民工进城的保留工资非常低，低于城市的劳动边际产出。于是，即使算上因城市内部社会冲突而产生的资源损耗，从边际效益角度看，让农民工进城也是符合城市户籍人口的利益的。

于是，随着资本积累，就不断会有更多的外来务工者在城市从事工业生产，这就解释了中国城乡劳动力流动规模从无到有、不断扩大的事实。但是，城市的城乡劳动力流动政策同时又对农民工进城的规模有所限制。这仍然是出于城市利益的考虑。限制农民工进城规模给城市带来的好处主要体现在以下两个方面：第一，因为农村滞

① 实际上，我们的这个假设是很容易成立的。一方面，随着移民规模的增加，违法犯罪活动的总量可能增加。陈硕(2012)发现，在存在户籍制度的条件下，外来人口比重提高会增加犯罪。另一方面，即使违法犯罪活动总量不随移民量增加，只要新闻媒体和城市政府提供的“证据”使得城市居民认为失业、犯罪和环境恶化都是外来民工造成的，城乡人群间的社会矛盾就会上升，城市非生产性的产权保护和相应的资源消耗就会增加。

留了更多的农民，压低了农业的人均收入，从而压低了进城农民的保留工资，让城市获得更多的剩余价值；第二，限制农民工进城规模也减少了城市因社会冲突所产生的资源消耗。这种从制度上限制农民工进城的一个后果却是，城市工业快速发展的同时，城市化进程是受阻的，农村的剩余劳动力没有被充分地吸纳到城市的工业化过程中去。这与我们一开始所提出的中国城市化过程中城市化滞后于工业化这一事实相一致。这一分析框架还有一个重要的结论，那就是，城市工业部门劳动力边际产出的增加快于进城务工者工资的增长，这就解释了城市化过程中城乡收入差距扩大的事实，其背后的原因恰恰就是城市对于农村劳动力流入的种种限制。由此，我们可以看到，只要把中国的城乡发展放到城市政府从自身利益出发制定城乡政策这一政治经济学背景下加以分析，那么中国城乡发展中的那些特征事实就能够很好地得到解释。

3.4.3　从分割到融合：城乡政策的内生变迁

进入21世纪以来，面对持续扩大的城乡差距，农村发展和城乡融合成为中国政府的工作重点。如果不加快实现城乡融合，那么，滞后的城市化将不利于城市集聚效应的充分发挥，长期的城乡分割更是会给未来城市的发展埋下隐患。今天，中国的城市政府和居民面对的是一场智慧的考验。我们必须明白，如果说城乡分割曾经是优先发展城市工业、维护城市居民利益的一种手段；那么，持续的城乡分割伤害的就不仅只是农村居民，城市居民的利益也会由此受到不利影响。在城乡分割的制度背景下，传统发展经济学所强调的劳动力从传统落后的农业部门向现代发达的工业部门的转移并不是经济、社会全面和谐发展的全部含义。

然而，一个很现实的问题是，我们能否实现从城乡分割到城乡融合的转变？从前面的分析我们已经看到，城市自身发展的需要的确成为城乡融合的动力。从地理上的分割看，至少部分的城乡融合已经实现。在劳动力市场上，虽然城乡分割仍然存在，但劳动力供求关系的变化可能在未来成为促成城乡融合的动力。设想一下，如果农村的剩余劳动力被城市部门吸纳得所剩无几，那么伴随农业产出的提高，农民的保留工资就会增加，此时，城市以及城市内的企业之间争夺劳动力的竞争就会加剧，制度就有可能朝着有利于城乡融合的方向转变。与前述陈钊和陆铭（2008）理论模型的思想相比较，这就引发了一个新的问题：如果未来劳动力市场上实现了城乡间的融合，那么城乡的经济发展模式将是怎样的？刘晓峰等（2010）对此提供了解答，下面我们同样将对该模型思想加以简述。现在我们只考虑劳动力市场之外城市内部不同户籍人口在城市公共服务上的城乡分割。此时，虽然城市内部不同户籍人口的工资相等，但本地户籍人口由于能够享有城市的公共服务而具有更高的人均福利水平。①与本节前面的假设类似，城市内部不同户籍人口的收入差距会导致城市的资本损耗，这里我们将其进一步明确为：该资本损耗随着外来人口数量以及人均福利水平差距的增加而加速上升。这相当于是说，城乡收入差距的扩大会通过减少资本程度而损害经济的增长。在理论上，收入差距也的确可以通过很多机制影响经济的增长。例如，收入差距的升高会引起社会和政治的动荡，恶化社会投资环境，同时，就如上文所提及的，将有更多的资源被用于保护产权，而具有生产性的物质资本积累将相应地降低（例如 Benhabib and Rustichini，1996）。城乡收入差距对投资和经济增长有负面影响的判断也得到了来自中国数据的实证研究支持（陆铭等，2005；Wan et al.，2006）。

现在，我们需要回答，仅仅是公共服务上的差别化待遇，将导致怎样的城乡经济发展路径演变。由于让更少的农民工进城既有利于减少城市的资本损耗，又有利于城市通过压低工资而获得更多的资本利得，所以，与陈钊和陆铭（2008）的发现相类似，我们依然会得到城市政府会倾向于通过政策来限制外来人口的流入。这样，我们仍然可以解释前述有关中国城市化的几个重要特征事实。

刘晓峰等（2010）研究的这个理论模型的贡献在于回答了公共服务上的城乡分割能否自发地向城乡融合转变。因为上述分析都是城市政府只在公共品提供上实行城乡分割的前提下进行的。一个可能的问题是，即使是出于城市人口利益的考虑，到一定时候，向外来人口提供平等的公共品服务，是否会是更好的选择呢？这就是对城乡分割制度向城乡融合转变的内生机制的考察。该理论研究的结果表明，如果公共品提供实行城乡分割，那么随着城市内部外来人口越来越多，由两种户籍人口间人均福利水平差距所引发的资本损耗或社会不和谐程度也不断增加，到了一定阶段，城市政府将发现，让外来人口平等地享有城市的公共服务反而是增进城市人口利益的做法。这是因为，虽然这样做一个直接的影响是城市人口所能享有的公共服务被更多人分摊，但间接带来的好处却超过了上述影响给城市户籍人口造成的损失。这里，间接的好处来自两个方面。第一，公共服务的均等化彻底消除了城市因两种户籍人口间的不和谐而造成的资本损耗。第二，城市待遇的提高使更多农民工进城工作，城市的经

---

① 假设城市的资本利得全部转化为城市户籍人口的公共服务。

济增长速度相应提高，城市可用于公共服务的资源总量也必然相应提高。这就在理论上给出了现有制度框架下，城乡分割向城乡融合自发演变的一种可能性。

在实践上，我们可以从近来政策的调整中明显感觉到中央政府对进城农民工相关利益的重视。2000年，中央政府对农民工的政策有了更为积极的调整，在《国民经济和社会发展“十五”计划纲要》中，政府提出了“打破城乡分割体制”“改革城镇户籍制度，形成城乡人口有序流动的机制，取消对农村劳动力进入城镇就业的不合理限制”。2001年3月底，国务院批转的公安部《关于推进小城镇户籍管理制度改革意见》中规定，在县级市市区、县人民政府驻地镇及其建制镇，只要有“合法固定的住所、稳定的职业或生活来源的人员及与其共同居住生活的直系亲属，均可根据本人意愿办理城镇常住户口。”同时，还规定要切实保障在小城镇落户人员“在入学、参军、就业等方面与当地原有城镇居民享有同等权利，履行同等义务，不得对其实行歧视性政策。”

当然，现实中上述积极的政策调整在大城市推广会有更大的难度①，但也的确已经有一些城市开始主动从制度上加大对农民工利益的保护。例如，在2006年12月，作为全国吸纳农民工最多的城市之一的深圳市发布实施了首个推动农民工工作的综合性文件《深圳市人民政府关于进一步加强农民工工作的意见》，提出在农民工子女教育、住房、维权、社会保障、技能培训等方面，实现户籍居民与农民工平等待遇的长期目标。

2011年以来，在推进城乡融合方面一个较为显著的变化就是城市公共租赁房开始向非本地户籍人口开放。例如，上海最近就正式出台了《贯彻〈本市发展公共租赁住房的实施意见〉的若干规定》这一新政，新政将公共租赁住房的准入条件确定为：“持有《上海市居住证》应达到两年以上，并且连续缴纳社会保险金（含城镇社会保险）应达到一年以上。”并且，“各区（县）制定具体准入条件时，申请人员与本市就业单位签订劳动或工作合同的年限可设定不同标准，对具有本市常住户口的申请人员可根据工作性质设定年限标准，对持有《上海市居住证》人员可根据居住证类型设定年限标准。”这至少意味着，外来人口在享有城市低收入者的住房保障政策上，也开始有了盼头。而2018年的两会报告中提到的“超大特大城市要探索租房常住人口落户”，则表明在开放户籍最为困难的超大特大城市的户籍改革也在进一步迈进。

---

① 从刘晓峰等(2010)的理论模型来看，公共服务的均等化应当首先发生在大城市，但事实并非如此。我们对此的解释是，现实中，大城市由于公共服务均等化而被分摊掉的利益会更多，本地人很可能只注意到这一明显的不利因素，却更少意识到因城市和谐及经济增长而带来的潜在利益。

3.5 总结与未来研究方向

长期以来，传统的"二元经济理论"被用于理解中国的城乡经济发展。这个理论认为工业化是城市化的基础，正是现代工业的发展才使劳动力能够从传统农业生产中解放出来，进入城市的制造业和服务业从事生产活动。但是，这一传统的"二元经济理论"对于中国的城市内部正在形成的"二元社会"分割无从解释，也难以回答中国城乡经济发展过程中城市化进程滞后于工业化，以及城乡差距不断扩大这些重要的特征性事实。

理解中国的城市化与城乡发展，需要借助政治经济学的视角，需要从中国城乡分割的体制背景出发。中国的城乡分割是以户籍制度为基础的，其诞生有着特殊的历史背景。但这一制度的长期存在则是因为城市已然成为既得利益者。尽管城乡分割有着不同的表现形式，但从最初地理上的分割，到其后劳动力市场上的分割、城市公共服务上的分割，这些无不体现了城市从自身利益出发对城乡政策的单方面掌控，其背后更为根本的则是城乡居民在政策话语权上的不对等。

虽然，自从城乡间地理上的分割被打破以来，中国城乡劳动力流动的规模越来越庞大，中国的劳动力市场也往往被认为是最为灵活且市场化的。但是，当城市作为一个既得利益主体单方面制定着城乡政策时，看似竞争性的劳动力市场却在某种意义上处于城市的掌控之中。由于户籍政策的存在，农村剩余劳动力进入城市工作却不能真正在城市安家落户。于是，一部分农村剩余劳动力仍然被滞留在土地上，农业现代化的步伐受到阻碍，农业的人均产出仍然徘徊于低水平之上，农民进城的保留工资就被制度化地人为压低。这是理解城市化水平相对滞后、城乡收入差距不断扩大以及城市内部始终存在城乡二元社会分割的关键。

本章还从理论上探讨了这种城乡分割的制度自发向城乡融合的制度进行转化的可能性。因为日益扩大的城乡收入差距会对城市自身的和谐发展产生不利影响，那么终有一天，与由此引发的城市居民的福利损失相比，取消户籍分割让外来人口平等分享城市公共服务对城市居民的福利摊薄更小，制度的内生变迁就自然发生了。

我们不妨从具体的政策目标出发，尝试提出城市新移民与原城市户籍人口共同构建和谐城市的四条标准：利益诉求有机制、社会保障广覆盖、公共服务无歧视、发展机会均等化。所谓"利益诉求有机制"是说要让弱势群体有利益代言人，使他们的意愿能够直接影响政府的决策，使他们在利益受损或受到不平等对待时拥有利益诉求的渠道。“社会保障广覆盖”是指基本的社会保障制度应该将城市内的常住人口全部纳入其中，不论居民是否拥有本地户籍或是否拥有城市户籍。“公共服务无歧视”要求政府加大公共财政投入，无歧视地提供公共服务，特别是在子女受教育方面。“发展机会均等化”意味着即使人与人的身份、收入有差异，但每个人的发展机会（特别是人力资本投资和劳动力市场待遇）在制度上应该均等。

最后也需要指出，中国的城乡发展仍然留给我们巨大的研究空间。至少，在以下几方面我们还需要更多的研究提供解答。第一，不可否认，早期的城乡分割政策在客观上具有促进城市发展的作用，那么，中国的这种从城乡分割到城乡融合的发展路径，是否有可能是一个发展的最优路径？第二，本章从政治经济学角度出发，讨论基于城乡分割的城市化理论，虽然讨论的背景是中国的故事，但其背后的社会融合与经济增长之间的互动机制却具有一般的理论意义。在这个研究方向下，未来是否能够有更为一般性的理论同时刻画城市化进程、经济增长、城乡收入差距的变化以及城乡分割政策的转变，这将是一个富有挑战性的研究方向。第三，从城乡分割到城乡融合的演变，是否就为“库兹涅茨曲线”的存在提供了一个基于中国实践的例证？本章的分析从城市化的角度一定程度上给出了肯定的回答，更进一步的实证研究也是值得期待的。第四，城乡融合和劳动力更为充分的流动的确更有利于经济的集聚。一方面，要素收入在地区间会均等化，另一方面，城市的规模经济效应也在发挥更大作用。这种变化对区域间的发展差距有何影响？特别是，这种影响又是如何发生的，在经济总量、人均水平等不同维度上分别产生怎样的影响，这种影响又与哪些政策性的条件有关？这些问题也需要进一步的解答。

参考文献

蔡昉、都阳、王美艳：《劳动力流动的政治经济学》，上海三联书店、上海人民出版社2003年版。

蔡昉、林毅夫：《中国经济》，中国财政经济出版社2003年版。

陈斌开、陆铭、钟宁桦：《户籍制约下的居民消费》，《经济研究（消费金融专辑）》2010年1月刊，第62—71页。

陈硕：《转型期中国的犯罪治理政策：堵还是疏？》，《经济学（季刊）》2012年第2期。

陈钊、陆铭：《从分割到融合：城乡经济增长与社会和谐的政治经济学》，《经济研究》2008年第1期。

陈钊、陆铭、陈静敏：《户籍与居住区分割：城市公共管理的新挑战》，《复旦学报》2012年第5期。

陈钊、陆铭、佐藤宏：《谁进入了高收入行业？——关系、户籍与生产率的作用》，《经济研究》2009年第10期。

陈钊、徐彤、刘晓峰:《户籍身份、示范效应与居民幸福感——来自上海和深圳社区的证据》,《世界经济》2012 年第 4 期。

崔世泉、王红:《建立农民工子女义务教育经费保障机制的思考——以广州市为例》,《教育发展研究》2012 年第 7 期。

何立新、潘春阳:《破解中国的"Easterlin 悖论"——收入差距、机会不均与居民幸福感》,《管理世界》2011 年第 8 期。

李实:《中国个人收入分配研究回顾与展望》,《经济学(季刊)》2003 年第 2 卷第 2 期。

李晓丽:《城市化进程中的农民工市民化问题研究——以济南市为例》,山东大学硕士论文,2007 年。

刘晓峰、陈钊、陆铭:《社会融合与经济增长——城市化和城市发展的内生政策变迁理论》,《世界经济》2010 年第 6 期。

刘易斯:《二元经济论》,施炜等译,北京经济学院出版社 1989 年版。

陆铭、陈钊、万广华:《因患寡,而患不均:中国的收入差距、投资、教育和增长的相互影响》,《经济研究》2005 年第 12 期。

陆铭、陈钊:《城市化、城市倾向的经济政策与城乡收入差距》,《经济研究》2004 年第 6 期。

陆铭:《建设用地使用权跨区域再配置——中国经济增长的新动力》,《世界经济》2011 年第 1 期。

马文瑞:《关于"国务院关于各单位从农村中招用临时工的暂行规定"的说明》,《山西政报》1958 年第 1 期。

宋洪远:《关于农村劳动力流动的政策问题分析》,载姚洋主编:《转轨中国:审视社会公正和平等》,中国人民大学出版社 2004 年版,第 307—335 页。

汪汇、陈钊、陆铭:《户籍、社会分割与信任:来自上海的经验研究》,《世界经济》2009 年第 10 期。

王美艳:《城市劳动力市场上的就业机会与工资差异——外来劳动力就业与报酬研究》,《中国社会科学》2005 年第 5 期。

吴贾、姚先国、张俊森:《城乡户籍歧视是否趋于止步——来自改革进程中的经验证据:1989—2011》,《经济研究》2015 年第 11 期。

谢建社、牛喜霞、谢宇:《流动农民工随迁子女教育问题研究——以珠三角城镇地区为例》,《中国人口科学》2011 年第 1 期。

许庆:《家庭联产承包责任制的变迁、特点及改革方向》,《世界经济文汇》2008 第 1 期。

严善平:《人力资本、制度与工资差别——对大城市二元劳动力市场的实证分析》,《管理世界》2007 年第 6 期。

严伟、江楠:《加快城市化进程必须严格节约用地》,《社会科学报》2007 年 8 月 9 日。

张晓晖:《廉价劳动力并非无限供给:珠三角民工荒真相调查》,《中华工商时报》2004 年 10 月 20 日。

章莉、李实、William A.Darity Jr、Rhonda Vonshay Sharpe:《中国劳动力市场上工资收入的户籍歧视》,《管理世界》2014 年第 11 期。

章元、李锐、王后、陈亮:《社会网络与工资水平——基于农民工样本的实证分析》,《世界经济文汇》2008 年第 6 期。

章元、陆铭:《社会网络是否有助于提高农民工的工资水平?》,《管理世界》2009 年第 3 期。

章元、王昊:《城市劳动力市场上的户籍歧视与地域歧视:基于人口普查数据的研究》,《管理世界》2011 年第 7 期。

Au, Chun-Chung, and J.Vernon Henderson, 2006a, "Are Chinese Cities Too Small?", *Review of Economic Studies*, 73(3):549—576.

Au, Chun-Chung, and J. Vernon Henderson, 2006b, "How Migration Restrictions Limit Agglomeration and Productivity in China", *Journal of Development Economics*, 80(2):350—388.

Bates, Roberts, 1981, *Markets and States in Tropical Africa*, Berkeley, California: University of California Press.

Benhabib, J., and A. Rustichini, 1996, "Social Conflict and Growth", *Journal of Economic Growth*, 1(1):129—146.

Chen, Aimin, 2002, "Urbanization and Disparities in China: Challenges of Growth and Development", *China Economic Review*, 13:407—411.

Delhey, Jan, and Newton, Kenneth, "Who Trusts? The Origins of Social Trust in Seven Nations", *European Societies*, 2003, 5(2):93—137.

Glaeser, E L., 2014, "A World of Cities: The Causes and Consequences of Urbanization in Pooper Countries", *Journal of the European Economic Association*, 12(5):1154—1199.

Henderson, J. Vernon, 2009, "Urbanization in China: Policy Issues and Options", report for China Economic Research and Advisory Programme.

Jiang, Shiqing, Ming Lu, and Hiroshi Sato, 2012, "Identity, Inequality, and Happiness: Evidence from Urban China", *World Development*, 40(6):1190—1200.

Knight, J., and R. Gunatilaka, 2010, "Great Expectations? The Subjective Well-being of Rural-Urban Migrants in China", *World Development*, 38(1):113—124.

Knight, John, and Lina Song, 1993, "The Spatial Contribution to Income Inequality in Rural China", *Cambridge Journal of Economics*, 17:195—213.

Knight, John, and Linda Yueh, 2004, "Job Mobility of Residents and Migrants in Urban China", *Journal of Comparative Economics*, 32:637—660.

Lewis, W. A., 1954, "Economic Development with Unlimited Supplies of Labour", *The Manchester School*, 22(2):139—191.

Lipton, M., 1977, *Why Poor People Stay Poor: Urban Bias in World Development*, Cambridge, MA: Harvard University Press.

Lu, Ming, and Zhao Chen, 2006, "Urbanization, Urban-Biased Policies and Urban-Rural Inequality in China: 1987—2001", *Chinese Economy*, 39(3):42—63.

Lucas, R. E., 2004, "Life Earnings and Rural-Urban Migration", *Journal of Political Economy*, 112(1):29—59.

Mas-Colell, A., and A. Razin, 1973, "A Model of Intersectoral Migration and Growth", *Oxford Economic Papers*, 25(1):72—79.

Meng, Xin, and Junsen Zhang, 2001, "The Two-Tier Labor Market in Urban China Occupational Segregation and Wage Differentials between Urban Residents and Rural Migrants in Shanghai", *Journal of Comparative Economics*, 29:485—504.

Meng, Xin, and Nansheng Bai, 2007, "How Much Have the Wages of Unskilled Workers in China Increased: Data from Seven Factories in Guangdong", in Ross Garnaut and Ligang Song (eds.), *China: Linking Markets for Growth*: 151—175, Asia Pacific Press.

Ravallion, Martin, and Shaohua Chen, 2007, "China's (Uneven) Progress against Poverty", *Journal of Development Economics*, 82(1):1—42.

Tian, Qunjian, 2001, "China's New Urban-rural Divide and Pitfalls for the Chinese Economy", *Canadian Journal of Development Studies*, 22(1):165—190.

Wan, Guanghua, 2007, "Understanding Regional Poverty and Inequality Trends in China: Methodological Issues and Empirical Finding", *Review of Income and Wealth*, 53(1):25—34.

Wan, Guanghua, Ming Lu, and Zhao Chen, 2006, "The Inequality—Growth Nexus in the Short and Long Runs: Empirical Evidence from China", *Journal of Comparative Economics*, 34(4): 654—667.

Yang, Dennis Tao, 1999, "Urban-Biased Policies and Rising Income Inequality in China", *Amer-*

ican Economic Review, 89(2):306—310.

Yang, Dennis Tao, and Fang Cai, 2000, "The Political Economy of China's Rural-Urban Divide", Working Paper No.62 of Center for Research on Economic Development and Policy Reform, Stanford University.

Yang, Dennis Tao, and Hao Zhou, 1999, "Rural-Urban Disparity and Sectoral Labor Allocation in China", *Journal of Development Studies*, 35(3):105—133.

Yao, Shujie, 2000, "Economic Development and Poverty Reduction in China over 20 Years of Reform", *Economic Development and Cultural Change*, 43:447—474.

Yao, Yi, 2005, "Equalizing or Not? Assessing the Intergovernmental Grants and Their Incentive Effects in China's Fiscal Reform", working paper accepted by Far Eastern Meeting of the Econometric Society, July 9th—12th, 2006, Tsinghua University, Beijing, China.

Zhang, Dandan, and Xin Meng, 2007, "Assimilation or Disassimilation? —The Labour Market Performance of Rural Migrants in Chinese Cities", paper presented at the 6th conference on Chinese economy, CERDI-IDREC, Clermont-Ferrand, France, Oct.18—19.

Zhang, Huafeng, 2010, "The Hukou System's Constraints on Migrant Workers' Job Mobility in Chinese Cities", *China Economic Review*, 21:51—64.

第4章

“垂直结构”下的国有企业改革*

| 王　勇 | 北京大学新结构经济学研究院 |

4.1　引言

2008年全球金融危机以来，受外部市场需求长期疲软以及自身发展阶段的结构性诸多因素影响，我国经济从高速增长转向中高速增长的“新常态”。在经济持续下行的背景下，我国国有企业普遍面临产能过剩、利润率下降、杠杆率上升等问题，尤其在钢铁、煤炭、水泥等行业最为突出。与国有企业债务不断上升相对应，民营企业杠杆率则出现了持续下降，我国国企杠杆率不断上升，这与2001—2007年工业中的国有企业整体利润率（利润与营业收入之比）高于民营企业整体利润率的情形完全不同。尤其是2012年以后我国经济进入下行期，经常账户盈余占GDP的比例已经从危机前2007年的7.56%下降到2016年的不足3%。2016年净出口对经济增长的贡献率变为−6.8%，表明出口已经不是拉动经济增长的主要驱动力。

在这一新常态下，如何正确处理国企与民企的关系？如何理解2008年后国企整体利润率出现反转开始低于民企利润率？如何解释改革开放以来国有企业和民营企业之间此消彼长的相对变化？如何推动当前的国有企业改革？客观准确地回答这些问题，对于深化我国正在推进的供给侧结构性改革，提高经济活力和长期经济增长潜

* 本文基于为中央财经领导小组办公室委托的“国有企业与民营企业关系”的研究课题报告修改而成。发表于《国际经济评论》2017年第5期。

力，具有重要的现实意义和政策指导含义。

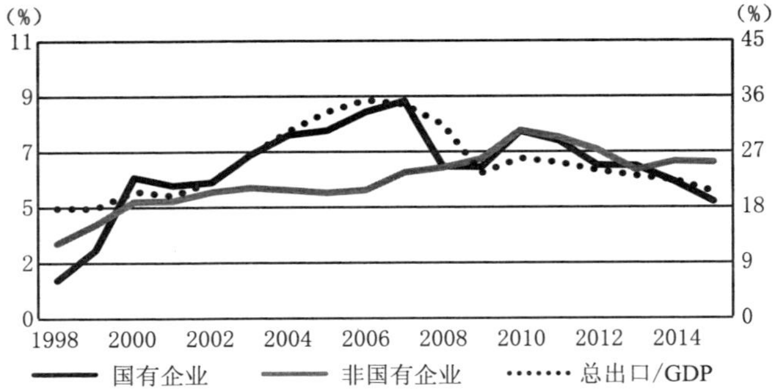

图 4.1　中国工业企业中的国企与非国企的利润率(总利润/总产出)趋势图

资料来源:中国国家统计局历年统计年鉴。

如图 4.1 所示,国有企业与民营企业的经济绩效在不同时期表现出不同特征。以利润与营业收入的比值衡量,20 世纪 90 年代,我国工业企业中国有企业利润率显著低于非国有企业,而 2001—2007 年间,国有企业利润率高出民营企业近 2 个百分点。然而,2008 年后,国企利润率不断走低,尤其在 2013 年后,国企利润率出现显著下降。2015 年,国企利润率已低于民企 1.6 个百分点(如图 4.1)。同时,自 2001 年加入世界贸易组织之后,我国国有企业利润率与出口率(总出口与 GDP 之间的比值)之间表现出较强的协同性。总出口占 GDP 中的比重与国有企业的利润率之间呈现出较强的同步变动。然而数据显示,该段时期内,我国国企的直接出口量一直远远低于非国企的直接出口量,而且国企出口比重在总出口中的比重一直在不断下降,2012 年以后已经降到 14%以下。尽管如此,与民营企业利润率相比,国企利润率与出口的相关性却更高。

我们认为,在改革开放进程中,国企与民营之间关系经历了动态调整和变化。20 世纪 90 年代的国企改革,使得国有企业逐渐从直接面向消费者的制造业(比如服装业、家电产业,等等)与消费型服务业(比如酒店、餐饮、娱乐,等等)这些下游产业中退出,而在能源、金融、电信等生产中间产品和中间服务的这些关键的上游产业中依然处于主导甚至垄断的地位,从而形成了上游由国有企业主导、下游由民营企业主导并且更加开放的“垂直结构”。在这个“垂直结构”中,上游国企向下游的民营企业提供不可贸易的(或者虽然可贸易但是受到政策规制的)中间品或者中间服务,而下游民营企业则向国有企业购买这些关键的中间品与中间服务，并利用其他可贸易的中间品生产最终产品。

经过20世纪90年代在下游产业的“国退民进”，到了2000年左右，“垂直结构”基本形成。与此同时，我国也正好处在劳动力从农业部门向非农业部门不断转移的结构转型过程（主要是工业化）以及1992年邓小平南方谈话以后重新开启的积极参与到世界贸易体系中去的贸易全球化过程，尤其是2001年12月我国加入世界贸易组织（WTO）以后，处于下游的民营企业更是充分利用我国劳动力成本优势，发展劳动密集型产业，在国家出口导向型的政策环境下，出口与产出都迅速扩张，推动了整个国家的经济增长。而正是由于前文所述的这种“垂直结构”，处于上游的国企能够利用自己的垄断优势在这个工业化与贸易全球化的过程中向下游的民营企业销售更多的中间产品与中间服务，从而能够不断获得整个生产过程中更大比例的利润。因此，也就出现了图4.1所示的相比民企，国企利润与我国出口相关度更高的事实。也就是说，由于产业价值链的关系，上游国企可以通过下游的民企实现间接出口，而且上游的垄断使得国企能够从下游的出口中得到比下游民企更多的利润。

以上这种“垂直结构”的逻辑阐述最早是由李系、刘学文和王勇（2014）提出并且系统论证的。迄今为止，基于这种垂直的产业结构特征来分析国企民企关系的视角尚未引起学术界与政策界足够的重视。本文将重点根据这篇论文以及杜巨澜与王勇（2015）这两篇论文的核心思想来进一步阐述2007年之后这种“垂直结构”对国企与民企绩效变化的解释，强调的是经济结构与发展阶段的重要性，是新结构经济学的研究方法的一个具体应用（王勇，2017）。

2007年的美国次贷危机引发了2008年全球金融危机，使得国际市场对中国产品的需求降低，加上人民币升值等诸多因素，使得中国的外需相对下降。在内需增长缓慢的背景下，外需下滑限制了下游产业的产量扩张，同时劳动力与土地成本的上升、人民币的升值等也在不断挤压下游产业中的民营企业的利润空间，进而又通过产业链导致对上游企业产品和服务需求的下降，而上游国企征收的是垄断加成价格，所以当需求量下降时，收入以及利润的下降幅度甚至要高于下游的民企。这就是为何图4.1中2007年之后，国企与民企利润率普遍下降，前者甚至下降得更快。同时，根据这个“垂直结构”的分析，与下游民企相比，上游国企的供给由于生产周期更长，生产计划调整更加缓慢，从而更容易出现产能过剩以及“僵尸企业”的现象，这个推论与相关数据也是一致的。

本文正是试图从这种上、下游产业链的角度，解释我国目前国企和民企之间“垂直结构”的关系，研究以促进竞争、提高效率为主要目标的国有企业改革对资源配置效率、去“过剩产能”以及要素市场等领域的影响，并在此理论基础上，对我国国有企业改革提出针对性的建议。

本文的其他部分安排如下：第二部分更加详细地论述我国国有企业与民营企业之间关系的变化，提供国企与民企之间的“垂直结构”的数据证据，并且充分阐述其内在逻辑；第三部分论述这种“垂直结构”的危害性以及相关国企改革的必要性与切迫性；第四部分讨论按照这一思路推进国企改革将会带来的经济效果；第五部分进一步提出如何推进国企改革的有关建议；第六部分是结语。

4.2 我国国有企业与民营企业的关系演变

改革开放以来，由于较为宽松的经济环境及巨大的劳动力成本优势，在生产消费品及消费服务的下游产业中，民营企业大量出现并快速发展。与此同时，在政府“抓大放小”的国企改革政策下，除了烟酒等价格替代弹性低从而有利于征税的少数产业以外，很多下游产业中的国企都失去原先的垄断主导地位，且由于承担了额外的社会性及政策性负担，加上产权引起的公司治理问题及外部竞争的加剧，这些国企纷纷亏损、倒闭、转制，从下游产业中逐渐退出。

20 世纪 90 年代中后期的国企改革主要是发生在下游产业中。随着这些下游产业的市场化放开，其市场竞争性也越来越强，国有企业不断退出，而民营企业，包括外资企业不断进入，即所谓的“国退民进”。国企与民企在这些下游产业中直接竞争，而国企失去了之前所享受的各种保护与补贴，在日益激烈的市场竞争中经济效益变差，很多破产重组。另外，为了维持社会稳定，降低失业率，下游产业有些亏损较大的国企依旧被不断补贴，从而拉低了这个时期整个国有部门的利润率。

2001 年我国加入 WTO 后，在经济贸易全球化和工业化的结构转型的过程中，下游民营企业利用中国廉价劳动力的比较优势和国内外市场迅速扩张壮大。而国有企业逐渐集中于上游的关键产业（比如能源、金融、通信等产业）。随着外需的扩大，下游产业（比如，酒店、宾馆等消费型服务业和生产生活用品的轻工业）对于上游产业生产的中间品与中间服务需求猛增，而上游这几个核心产业却是由国有企业垄断的，因此这些上游产业中的国有企业就可以通过对下游产业的民营企业攫取垄断

“租金”来获得更高的利润率。下游民营企业发展得越好，上游国有企业的利润就越高。而在2008年国际金融危机以后，外需相对下降，下游部门的出口受到很大抑制，导致下游部门对于上游产业的引致需求也随之下降，进而引起国企的利润下降幅度更大。

可见，在改革开放过程中，随着国企改革的推进，国企与民企之间的关系主要经历了:20世纪90年代上游产业由国企垄断，而下游产业不断引入竞争，民企不断壮大，国企逐渐退出，到21世纪后国有企业主要集中于上游产业并提供不可贸易的中间品，而民营企业集中于下游产业，并向上游购买不可贸易的中间品的关系。利用中国规模以上工业企业数据库的研究也表明，在价值链上游的企业中，国有企业的比重远超非国有企业，而下游企业中，大多以非国有企业为主，进而形成了国有企业居上游提供中间品，下游民营企业依赖上游国企提供的中间品完成生产活动使用的“垂直结构”。

目前对国有企业与民营企业之间关系的研究主要关注水平结构，即(潜含)假设国企与民企是在同一个产业内竞争，或者是在横向的可替代产业间竞争，这是20世纪90年代中后期国企改革抓大放小的情形。然而对当下的国企改革问题，更加重要的却是垂直结构的分析视角，它主要是基于产业价值链，对国有企业与民营企业所主要占据的产业从生产的投入产出表的垂直角度进行了划分。

迄今为止，基于这种垂直的产业结构特征来分析国企民企关系的视角尚未引起学术界与政策界足够的重视。此外，2001年中国加入世界贸易组织之后，自由贸易为下游的产业带来了更高的利润，这使得上游产业中的国有企业从全球化中间接地抽取了更高的利润。这同时也有助于解释国有企业的利润率与出口和GDP比率的相互关系，尽管国有企业在总出口中的比重低，但其仍然与GDP的增长比例同步。

本文对1998年以来国有企业与非国有企业在“垂直结构”中的特征进行了量化分析，并提供了我国国有企业在过去20年的“垂直结构”发展的详细证据。根据利润率(即公司收益率)将工业部门分为两类，即处于上游的高利润产业和处于下游的低利润产业。图4.2显示，国企份额随着改革在不断降低，国企主要集中在上游高利润产业，而在下游低利润产业中国企所占份额已经很低。如果观察国企份额在两类产业中的趋势，可以发现国企在下游的低利润产业中份额下降得更快。图4.3显示，如果以1999年作为基准点，在低边际利润组中，国有企业比重下降更明显。这种不平衡的组成变化表明，部门不对称是国有企业与非国有企业的相对绩效的重要方面。

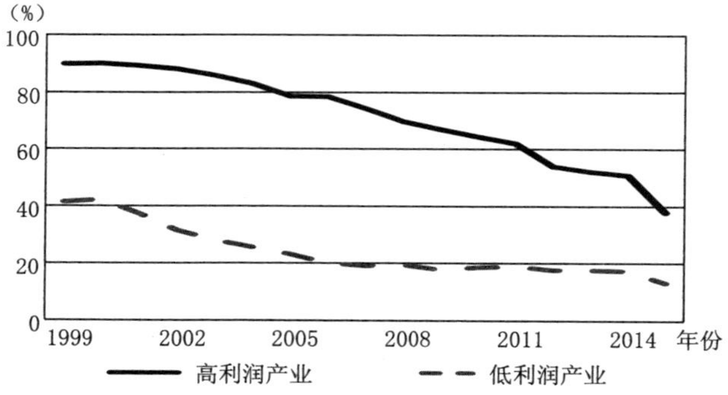

图 4.2 国企在不同产业中的产出份额

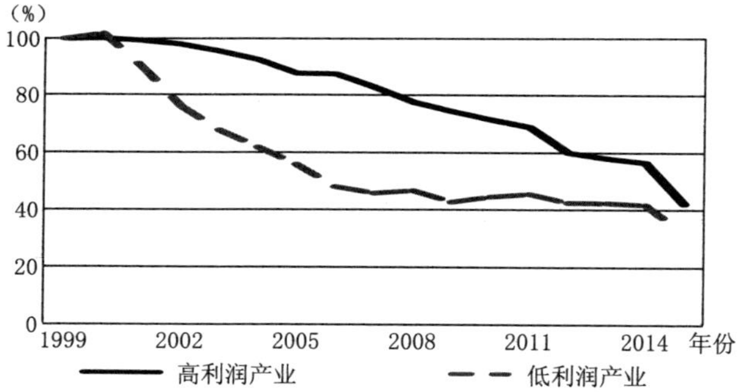

图 4.3 国企在不同产业中的产出份额趋势图

资料来源：中国国家统计局历年统计年鉴。

为了进一步探讨国有企业和非国有企业在不同行业的分布，我们根据 Antras 等(2012)提出的算法，利用我国投入产出表将行业划分为上游和下游行业。虽然评分在不同年份之间略有不同，但上游和下游产业的分类保持相对稳定。图 4.4 表明，在工业企业中，虽然上、下游中的国企比例都随着改革不断下降，但是在上游产业中国有企业的比重超过 50%，要远远高于在下游产业中国有企业所占的比重(2007 年就已经降到 10%以下)。图 4.5 则以 1995 年作为基准年，显示在工业企业里，下游产业的国企比例下降的幅度要大于上游产业的国企的下降幅度。

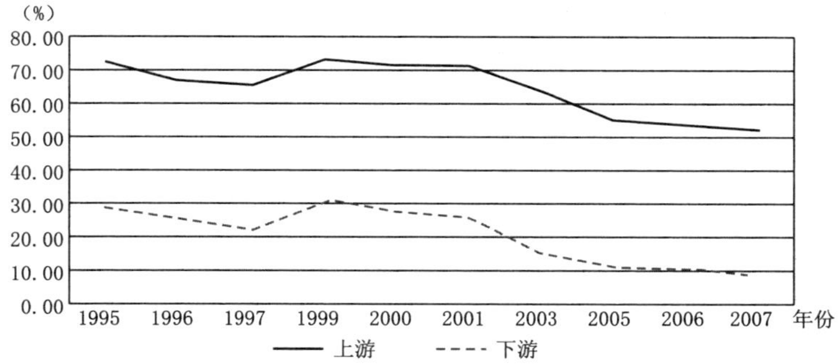

图4.4 工业中国企在上下游产业中各自所占的附加值比重的趋势图

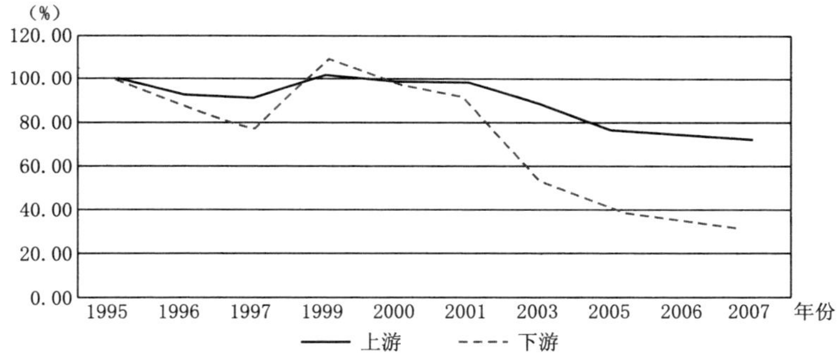

图4.5 工业中国企在上下游产业中各自所占的附加值的比重的相对变化(1995年=100)

以上是在工业部门中的国企在上下游的分布变化图,显示出上游由国企主导,下游由民企主导的“垂直结构”模式。这样的分布态势对于包括了服务业以后的全行业也是如此。图4.6显示在全行业中,国有企业在上游产业中所占的固定资产投资份额远远高于国企在下游产业中所占的固定资产投资份额。

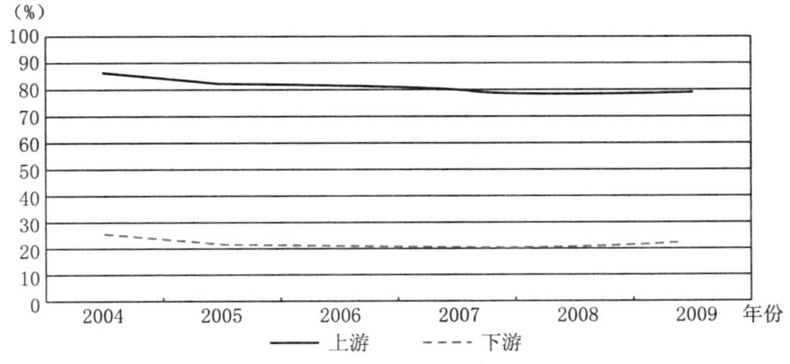

图4.6 2004—2009年全行业中国有企业所占的固定资产投资份额

国有企业的资本密集度通常要高于民营企业，但是国有企业与民营企业是否仅仅是按照产业的资本密集度大小分布的呢？表4.1的回归分析结果表明，即使在控制了行业的资本密集度以后，国有企业所占的份额仍然非常显著地更多地集中在上游行业（产业的上游虚拟变量的符号始终显著为正），说明国企主导上游产业而民企主导下游产业的这种“垂直结构”并非是因为产业的资本密集度造成的，而是根据上下游的价值链呈非对称分布的。

表4.1 国有企业份额与上游指数

国有企业份额	(1) 工业产出	(2) 员工人数	(3) 工业增加值	(4) 销售收入	(5) 固定资产	(6) 总资产
上游虚拟变量	0.117 5***	0.199***	0.183***	0.188***	0.233***	0.223***
	(3.232)	(3.531)	(3.344)	(3.491)	(4.093)	(3.962)
资本密集度	0.001***	0.001***	0.001***	0.001***	0.001**	0.001**
	(3.171)	(2.493)	(2.711)	(3.302)	(2.164)	(2.101)
常　数	0.297***	0.339***	0.314***	0.289***	0.392***	0.388***
	(9.383)	(10.252)	(9.763)	(9.144)	(11.712)	(11.773)
样本数量	373	407	373	407	407	407

注：括号内为 t 统计值，*，**，*** 表明在10%、5%、1%的显著水平上显著。

21世纪初，生产力水平低的国有企业大部分已经从自由化程度更深的下游产业撤出，而一些关键性的上游产业仍然被国有企业所占据，当竞争性更强的下游企业通过生产力水平的提高和资本的积累而扩张时，对中间产品和服务的需求增加，而这些中间产品和服务正式被上游国有企业所垄断，因此，即使上游国有企业没有任何生产率的提高，它们也将获得更高的利润。虽然“垂直结构”的租金提取机制适用于封闭经济和小国经济，但贸易开放和丰裕的劳动力资源都对其起着重要的增强作用。假设没有国际贸易带来的外部需求扩大，那么对上游国有企业产品与服务的需求将不会增加得那么多、那么快。假设中国是小国，从而没有这么充裕的劳动力，那么上游国有企业将不能保持这么持久的高利润率，因为工资将会上升得非常快，这不仅会抑制对上游中间投入品与中间服务的诱致需求，而且还会限制由上游国有企业收取的垄断加价的规模和下游行业的国际竞争力。

4.3 经济新常态下推进国有企业改革的必要性

第一,国有企业与民企之间的“垂直结构”增加了民营企业的生产成本,降低了我国产品的国际竞争力。民营企业不但创造了较大比例的就业机会,而且通过增加出口提升了经济活力。民营企业在生产过程中,除了使用可贸易的中间品,还需依赖国内上游国有企业提供的能源、金融、通信、交通等不可贸易的中间产品或服务。由于上游的垄断性质,增加了民营企业中间产品的生产成本,从而压低了民营企业的利润空间,也降低了这些产品在国际上的竞争力。

第二,国企与民企之间的“垂直结构”在我国外需疲弱的情况下导致了国有企业所处的上游产业出现产能过剩,抑制技术创新。2001年到2007年,凭借内外需持续走强及劳动力成本优势,下游民营企业在产量及数量上出现扩张,对上游国企产品和服务的需求随之上升,从而上游国有企业利润率上升。2008年国际金融危机的爆发使得国际市场对中国产品服务的需求降低,加上人民币升值等诸多因素,中国的外需因而相对下降。在内需增长缓慢的背景下,外需下滑限制了下游产业的产量扩张,同时劳动力与土地成本上升,人民币升值等也在不断挤压下游产业的利润空间,导致对上游企业产品和服务需求的下降,而上游国企的供给由于生产周期长,未能及时调整生产计划,出现了产能过剩及利润率下降的现象。垄断利润的存在,也会让国企从事技术进步和创新活动的主动性和积极性降低,不利于整个经济的产业升级和效率提升。

第三,国有企业中的僵尸企业增加“去产能”难度并导致金融风险上升。由于上游产业征收的是垄断加成价格,所以面对同样一单位的需求量的下降,所对应的营销收入的下降幅度会比下游的更大,所以利润率也下降得更快。另一方面,下游部门的民营企业一旦亏损就会较快地退出市场,而中上游的国企即使亏损却仍旧得到政府的很多保护与补贴,因此从僵尸企业的产业分布来看,明显看到中、上游产业中的僵尸企业所占比例要比下游高,国企中的僵尸企业的比例也要远远高于民企中的僵尸企业比重。连续亏损的企业要持续运营,必然会增加银行贷款等外部融资,导致金融体系不良资产增加,风险上升。

第四,现有的“垂直结构”阻碍了经济结构转型,抑制了经济增长,降低了社会平均福利水平。即使没有2008年的国际金融危机的负面冲击,如果不对现有的“垂直结构”加以改革,那么随着经济的发展,我国的劳动力成本与土地成本的不断上升,人民币的升值，下游民营企业的生产成本也会越来越高，在国际市场上与其他发展中国家竞争的时候，我国民营企业所必须支付的上游关键中间品与中间服务的高昂成本也会让民营企业逐渐丧失竞争力。而如果下游民企的增长遇到瓶颈，上游国有企业的发展也将会遭遇困境。危机前我国国有企业在这一阶段的繁荣背后其实反映出来的是市场化的渐进改革的不彻底性，这种上游国企的行政垄断间接地扭曲了要素相对价格，阻碍了整个宏观经济的结构转型，抑制了 GDP 的增长，降低了社会平均福利水平。

4.4 推进上游国有企业改革的经济效果

4.4.1 国企改革有利于提高民营企业产品的国际竞争力

自 20 世纪末以来，政府实施“抓大放小”的企业所有制改革战略，国有企业改革逐渐开展。然而，一个产业中企业的规模分布并不是完全外生给定的，而是内生于产业特性、生产率与市场结构。而且，政府“抓大放小”的本质并非仅仅是主导经营规模较大的企业，私有化规模较小的企业。政府所抓之“大”还包含了其在价值链或投入产出关系中扮演的重要角色。比如，金融、电力、石油和通信等提供原材料，中间品或生产性服务的部门行业，依然以国有企业为主导。

中国加入 WTO 后，最直接的改变在于我国出口面临的海外关税与非关税壁垒下降，同时降低了关税政策的不确定性。我国产品得以进入国际市场的同时，世界庞大的最终品需求也向中国敞开。由于国内外市场对最终品的需求提高，我国下游民营企业相应提高供给，由于上下游的投入产出关联，下游民营企业对于上游中间品的需求也随之急剧提高，这时，享有市场垄断地位的上游国有企业可以分享市场规模扩大带来的红利。研究还发现，上游部门垄断程度越高，其可获得的利润水平也越高。

开放我国上游产业的进入门槛，降低中间品的成本，有利于弥补由于生产要素价格上升带来的成本增加，保持我国最终产品的国际竞争力。21 世纪初期以及之前，由于我国劳动力、土地等生产要素相对较为廉价，中间品成本对生产的抑制性影响尚未浮出水面。若生产中间品的上游部门依然维持垄断，那么随着劳动力成本持续上升，下游企业不再享受低廉劳动力价格，所以中间品价格对下游民企的抑制作用将愈加凸显。这是因为，目前我国最终品面临巨大的国际市场需求主要得益于价格优势，而价格优势的本质是劳动力相对充裕带来的劳动力成本优势。当劳动力低廉的比较优势逐渐丧失，中间品价格依然居高不下，下游最终品的价格将慢慢提高，渐渐丧失在国际市场的竞争力。我国生产的最终品的需求下降，也将降低上游国有企业的垄断利润。研究表明，如果上游部门放开进入门槛，引入更多的竞争，那么由中间品价格导致的下游企业发展瓶颈将一定程度上被消除。此外，中间品价格的下降将部分抵消劳动力价格的上升，这将维持下游民营企业的竞争力。消除上游产业垄断，促进上游产业内竞争，将降低民营企业生产成本，促进民营企业的研发创新与产品质量提升。上游企业生产的中间品价格是下游生产投入要素的成本，所以上游价格如果提高，那么下游民营企业生产的最终品的平均生产成本也会提高，从而在国际市场上竞争力就会降低，企业利润就会下降。值得强调的是，上游的金融、电力和通信等生产性服务的可贸易性较低，所以国内下游企业对这类中间服务的需求主要由来自国内上游企业的供给来满足。因此，虽然随着贸易自由化的进程，中国进口中间品关税大幅下降，使得国内提供中间品的厂商面临国际竞争，不得不降低价格，然而这对于不可贸易部门的定价的影响却十分有限。当上游部门继续享受垄断租金，从而使得下游部门的生产成本位于高位，所生产产品的价格随之居高不下，进而抑制下游产品的国际竞争力。

如果上游产业提供的中间品的价格越低，那么潜在的能够进入下游市场的企业数目就会越多，下游市场竞争就会越激烈，所以下游企业的平均生产率也就越高。反之，如果中间品价格较高，那么能够进入最终品市场的企业数量就较少，这样就不利于鼓励民营企业相互竞争，积极研发创新，提高产品质量。研究表明，如果上游部门垄断程度降低，引入更多竞争，上游中间品价格将下降，下游生产成本下降，下游市场进入门槛降低，最终品市场竞争将会加剧，最终品价格将会下降。当上游市场垄断程度较高，上游产品价格自然居高不下，抑制下游市场企业进入和促进下游市场竞争。如果要提高下游企业生产率，消除上游垄断，促进上游市场竞争势在必行。

4.4.2 国企改革促进“僵尸企业”退出市场以提高“去产能”效率

2015 年，李克强在国务院常务会议上强调，要对持续亏损三年以上且不符合结构调整方向的企业采取资产重组、产权转让、关闭破产等方式予以“出清”。僵尸企业的大量存在极大阻碍了经济的发展，有关研究发现，根据 Caballero，Hoshi 和 Kashyap 等(2008)的研究(以下简称 CHK)，日本银行将资金持续借给那些无力偿还债务的企业，在很大程度上造成了20世纪90年代日本宏观经济的停滞。因此，对僵尸企业的研究在当前中国的经济发展状况下显得尤为重要。本文从企业在产业价值链中的位置作为出发点，描述僵尸企业的分布、成因和影响。

根据维基百科，僵尸企业是指虽然可以产生现金流，但是扣除运营成本和固定成本之后，最多只能支付贷款利息，而无力偿还贷款本金的负债企业。这意味着这些企业是没有自生能力的企业，仅仅依靠政府补贴和银行贷款勉强维持生存。学术界公认的僵尸企业识别方法是FN-CHK方法。其中CHK方法认为，如果一个企业为自己的债务所支付的利息非常低，甚至低于采用市场最低利率所要支付的利息，那么这个企业与银行之间的借贷关系就是非正常的，这个企业极有可能是依靠银行贷款才能生存的"僵尸企业"。Fukuda和Nakamura(2011)改进了CHK方法，引入了"盈利标准"和"持续信贷标准"，能够更为准确地识别僵尸企业的数目。

利用CHK方法，我们将央行基准利率的90%定义为最惠利率，并利用我国2013年工业企业数据库，测算了处于价值链不同位置的产业在2013年僵尸企业的比例。结果显示，上游产业中僵尸企业的比例最高，为9.1%；中游产业中僵尸企业的比例为7.53%；下游产业中僵尸比例最小，占6.55%。僵尸企业最多的产业分别是水的生产和供应业(25.99%)，电力、热力的生产和供应业(19.14%)和石油加工、炼焦及核燃料加工业(14.46%)，这些产业均处于整个产业链的中上游。而僵尸企业最少的产业基本处于产业链的中下游，如木材加工及水、竹、藤、棕、草制品业(3.37%)，农副食品加工业(4.92%)等。此外，我们的研究还发现国有企业中僵尸企业的比重远超过民营企业和外资企业。

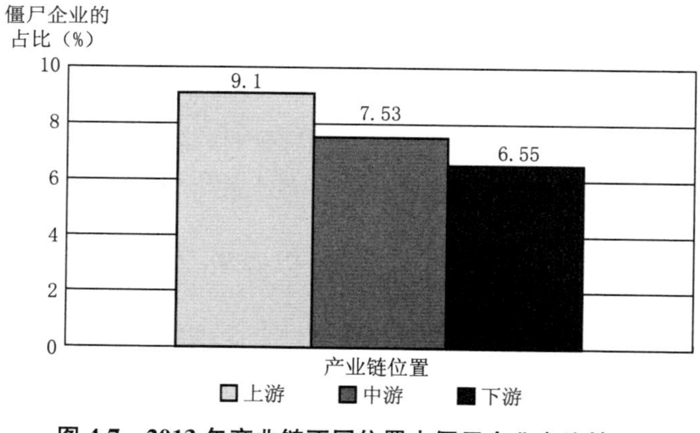

图4.7　2013年产业链不同位置中僵尸企业占比情况

资料来源：中国工业企业数据库，李系、刘学文、王勇(2014)。

利用国企与民企的“垂直结构”可以很好地解释僵尸企业在国有部门和上游部门中占比较高的现象。在2008年金融危机之后，由于来自国外的需求下降，导致处于产业链下游的私营企业利润下降。由于国有部门多分布在上游，民营部门多分布在下游，国有部门借助于垄断力量向下游部门征收垄断价格获取超额利润。由于价格垄断，当受到金融危机的冲击时，面对同样一单位的需求量的下降，上游产业所对应的营销收入的下降幅度会比下游的更大，因此上游部门的利润也随之大幅下降。

当利润不足以支付工人的工资和资本的租金时，市场化的企业会选择倒闭。但是在企业退出行为上，处于上游的国有企业和处于下游的民营企业有着完全不同的机制。当净利润为负时，民营企业会选择解雇工人，变卖机器设备和厂房及时止损。但是国有企业除了盈利的市场化目标以外，还具有其他政策性负担，比如把控关系国计民生的重要产业的命脉，维持当地就业规模等，这使得国有企业即使在利润为负的情况下也有可能继续留在产业中。为了维持企业的正常经营，负利润的上游企业必须依赖于银行的贷款和政府的补贴。由于隐形担保、刚性兑付等原因，国有银行也愿意借贷给国有企业，这就形成了上游国企僵尸企业比例高的状况。

由于国有企业和民营企业之间特有的上下游产业结构分布的“垂直结构”，使得国有企业在经济体面临负向冲击时受到的影响更大，同时由于国有企业的政策性负担，政府通过国有银行对其实施补贴，或者通过增发货币的方式使得这些本应该解雇工人、减少市场份额的僵尸企业得以生存下来，这不但恶化了资源配置的效率，而且也给政府与社会带来了巨大的财政负担。特别是在中国经历了“刘易斯拐点”之后，劳动力成本急剧上升，这会进一步加重对经济的负向冲击，使得僵尸企业的问题更为严重。

只有去除上游国企垄断地位，并且消除国有企业的政策性负担，才能从根本上解决僵尸企业的问题。除了少数真正直接关系国防安全的战略性重要产业以外，应该力图降低对其他上游产业的进入壁垒，消除行政垄断，允许民营企业的进入，将国有企业的政策性负担剥离以后将其放到完全竞争的市场环境中与民营企业一起接受市场的优胜劣汰，才能从根本上解决僵尸企业的问题。当然，还应该同时辅以银行部门的配合，通过对不良贷款的价值进行重估实现银行贷款显性化，阻止银行对负盈利国企的借贷行为。

4.4.3 国企改革有利于提高要素市场配置效率

在产品市场上，国企与民企之间是上下游价值链关系。但是，在生产要素市场上，国企与民企之间依然是互相竞争的关系，因为无论劳动力还是资本都是有限的稀缺资源。这部分主要从要素市场的角度，来研究国有企业与非国有企业各自在出口前后的要素密集度的变化，并以此分析要素市场配置效率问题。

出口一直是我国经济增长的重要动力，而国有企业对我国出口的贡献正在迅速衰减。图 4.8 给出了 1994—2015 年不同所有制企业在我国出口中所占的比例。其中，国有企业对出口的贡献由 1994 年的 70%下降到了 2015 年的 11%；外资企业对我国出口的贡献则由 1994 年的不足 30%提高到了 2015 年的接近 45%；民营企业对出口的贡献则由 1994 年的不足 1%提高到了 2015 年的接近 45%，并且还在快速增长。毫无疑问，我国出口迅速增长的原动力是外资和民营出口企业的高速增长。我们不禁要问，国有企业在拥有融资便利、税收优惠、补贴等诸多优势的情况下为什么出口越来越差？在本节中我们用企业层面的数据来比较出口企业与非出口企业资本密集度的差别，结合国有企业和非国有企业的垂直产业结构来回答这一问题。

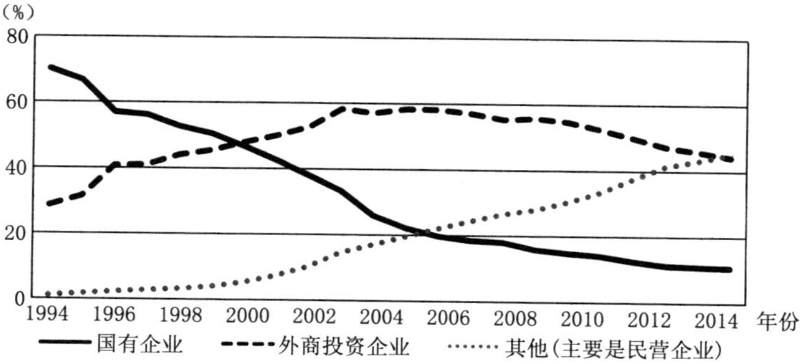

图 4.8 不同所有制企业出口占总出口比例(1994—2015 年)

资料来源：历年商务部综合司《中国对外贸易发展情况》。

20 世纪 90 年代的国有企业改革使得国有企业慢慢向上游产业靠拢，从而给下游产业留下了广阔的市场空间。再加上中国廉价的劳动力优势，这一改革窗口很快被外资和民营企业利用起来。在下游的劳动密集型产业中，外资企业建立大量的加工贸易企业，而加工贸易企业出口曾一度占到我国出口总额的近 50%。随着国有企业不断退出下游产业，其出口份额急剧下滑，民营企业迅速崛起填补了这一市场空缺。90 年代中后期开始的国有企业改革之后的十多年间，外资和民营企业在下游产业中把中国推向了“世界工厂”的地位。而国有企业不断向上游靠拢，其资本密集度也不断提高，使其失去了比较优势，出口份额急剧下跌。图 4.9、图 4.10 和图 4.11 中我们比较了制造业企业中不同所有制出口企业与对应非出口企业的资本密集度。其中，外资和民营出口企业呈现出相同的特征，出口企业的资本密集度显著低于非出口企业，而国有企业则呈现出相反的特征，出口企业的资本密集度大大高于非出口企业。

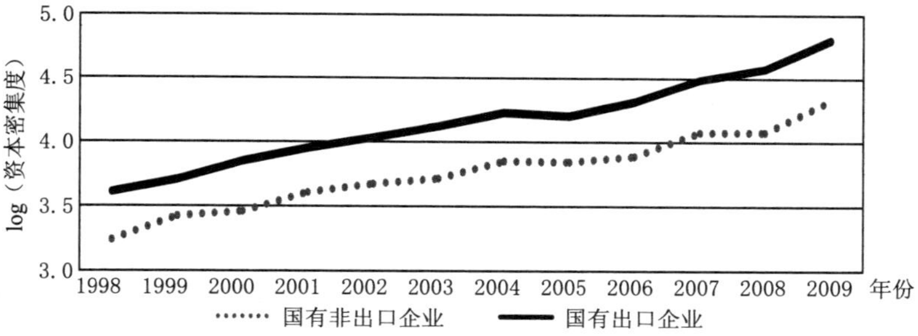

图 4.9 国有出口与非出口企业资本密集度(对数)比较(1998—2009 年)

资料来源:中国工业企业数据库(1998—2009 年)。

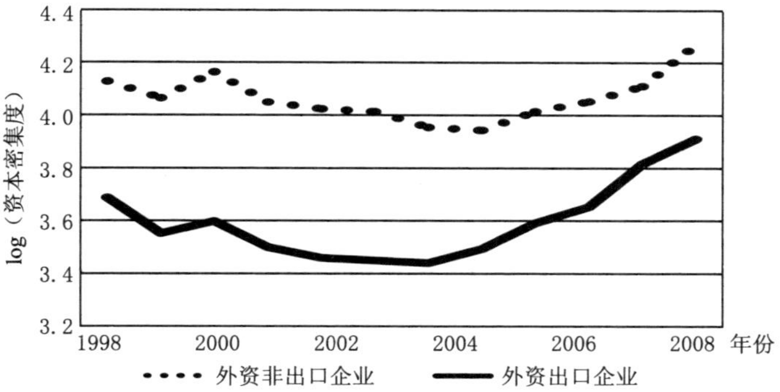

图 4.10 外资出口与非出口企业资本密集度比较(1998—2009 年)

资料来源:中国工业企业数据库(1998—2009 年)。

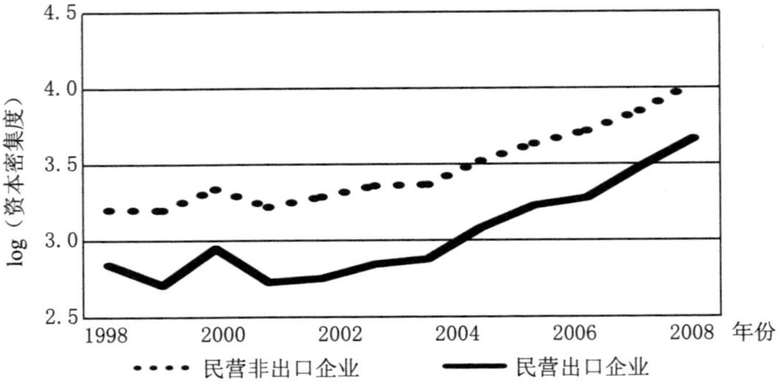

图 4.11　民营出口与非出口企业资本密集度比较(1998—2009 年)

资料来源：中国工业企业数据库(1998—2009 年)。

利用工业企业数据库数据进行的实证检验结果表明，在控制了生产率、企业规模、平均工资、企业年龄等因素的情况下，国有出口企业在出口前一年资本密集度比国有非出口企业平均高 10%，这一结论在加入 WTO 前后以及排除掉加工贸易企业之后都是显著的。进一步分析发现，国有出口企业在出口后资本密集度又显著低于非出口企业，这意味着国有企业出口后调整了其出口的资本密集度。这一结果也印证了比较优势理论。中国作为一个农业大国，在人均资源和人均资本存量很低的情况下，大量廉价的劳动力是中国最大的优势。而国有企业出口资本密集型产品是违背比较优势的，在与国外企业的竞争中不得不调整产品结构，降低资本密集度，其带来的是企业发展速度的减缓和资源浪费。

国有企业的资本密集度越来越高，其根本原因是我国要素市场的扭曲和国企民企之间垂直产业结构的形成。首先，国有企业改革后，大量国有企业退出下游产业，留下来的国有企业大都集中在上游资本密集型产业中，使得国有企业整体资本密集度提高；其次，与民营企业相比，国有企业在土地使用、融资成本、税收和补贴等方面具有天然的优势。加上巨额的垄断利润，国有企业通过不断地购买资本来进行扩张。由于 20 世纪 90 年代国企改革红利的存在，这一现象在相当长一段时间内被掩盖了，中国出口也迎来了高速发展的黄金时期。但是，要素市场扭曲的后果也是显而易见的，通过比较图 4.9 至图 4.11，国有、外资和民营企业的资本密集度可以看出，民营企业的资本密集度显著低于国有企业。这说明民营企业依然集中在劳动密集型产业中，在要素市场扭曲的情况下，其资本积累相对困难，产业升级速度受到了影响。随着我国劳动力成本比较优势的消失，劳动密集型产业对出口的拉动正在放缓。数据显示，出口增速由2007年的16%下降到了2015年的−2%，出口占GDP的比重也由2007年的37%下降到了2015年的21%。在要素市场扭曲和国有企业获取巨额垄断利润的情况下，民营企业产业升级成功率会下降，出口企业倒闭潮可能会加速到来。

总的来说，国有企业出口资本密集型产品是违反比较优势的，体现了要素市场的扭曲和巨额垄断利润的存在。粗放式的资本积累使得国有企业忽视了中国所处的发展阶段，造成了资源误配，也不利于国有企业从根本上提高竞争力。这一现象的直接后果是一方面国有企业"走出去"的表现越来越差，市场份额不断萎缩；另一方面则造成民营企业资本积累困难，产业升级缓慢，只能继续大量聚集在低利润的下游产业。因此，改革的主要方向是：第一，消除要素市场扭曲，减少给予国有企业的税收减免、政策倾斜、财政补贴等一系列的优惠措施，用市场机制实现优胜劣汰，促使国有出口企业提高效率，出口符合中国比较优势的商品，从而达到资源的最优配置；第二，降低上游产业市场准入门槛，让民营企业充分参与竞争，一方面可以降低国有企业的垄断力量，降低中间品价格，另一反面，良好的竞争环境可以进一步淘汰低效的企业，从根本上提高企业竞争力。当然，我们必须强调，改革的目的是让市场机制发挥作用，淘汰低效的企业，是市场化改革而非所有制改革。

4.5 进一步推进国企改革的政策建议

为使国有企业摆脱困境，以及为民营企业创造更加广阔的发展空间，促进整体宏观经济的健康发展，有必要对国有企业进行结构性改革，以顺应经济环境的变化。我们建议如下：

第一，要认清当前国企改革与90年代国企改革的关键性特征差异。20世纪90年代中后期的国企改革主要是发生在下游产业内的国退民进，国企与民企在同一产业内进行水平结构下的竞争，民企生产率提高会降低国企的利润率。但是当前的国企改革，面对的情况则是国企与民企存在于不同的产业中，是垂直结构，下游民企生产率的提高反而会增加上游国企的利润率。而且，我们必须跳出企业微观绩效的层次，跳出单个产业本身，需要从更加宏观的角度认清国企与民企在不同产业中的分布特性，不同产业的市场结构特性，以及不同产业之间的价值链关系，需要从经济结构的视角来认识国企改革对于整体经济的必要性和重要性。相关改革必须充分考虑到跨部门之间的一般均衡效应。

第二，国企改革应循因施策，分部门具体分析，避免“一刀切”。尽管对于某些上游产业应该尽快消除国企的行政垄断，但是也必须避免“一刀切”形式的放开。在少数涉及国防安全、航空航天等部门，本身就不应该作为纯盈利性的机构或产业来对待，而且我国当前高等教育科研机构都以国有事业单位为主，在此制度环境下，在国防安全、航空航天产业这些部门仍旧维持一定数量的国企存在还是非常必要的。在研发周期长、投资大和风险大的核心技术研发上，国有企业要充分发挥其在人才储备、技术积累和成本压力较小的比较优势，更多地主导和参与技术研发，更好地服务国家与社会的发展需要。还有一些提供公共基础设施等公共产品与公共服务的部门，因为要克服外部性，也需要一定的政府补贴与干预。

第三，要把控好国企改革的速度与次序。国企改革与金融体系改革、土地与住房体制改革、汇率改革、劳动力市场改革、政治体制改革、法治建设、养老体制、失业保障体制、医疗体制、教育体制改革等是互相联系的整体。即使明确了国有企业改革的方向，也要注意与其他配套改革的次序。比如，养老体制和失业保障体制等的尽快完善将更加有利于国企改革所带来的人员下岗问题的解决。同时，也要把控适当的改革速度，一方面要防止过于盲目急躁的休克疗法，而应当循序渐进地推进，避免对社会造成的冲击过大，但是另一方面，也必须稳中求进，防止改革空转。从当前的实际情形来分析，我们认为我国国企改革已经被一再拖延，需要适当加速。

第四，引入竞争机制，降低上游产业进入壁垒，打破国企行政垄断。对于不涉及国防安全的上游部门，打破其行政垄断，允许民营企业的市场准入，要比直接将这些部门中的国企改革更加重要。在“垂直结构”下，国有企业整体处于上游产业中，凭借其拥有的行政垄断地位而获利。由于是行政垄断，民营企业就无法进入这些由国有企业主导的上游领域，因此使得上游这些产业缺乏有效的竞争刺激，从而导致上游国有企业通过技术创新提高利润率的意愿不足。在垂直结构中的上游垄断性产业中适当引入竞争机制，允许部分实力雄厚且责任意识强的非国有企业进入钢铁、煤炭、电力等若干垄断领域，同时允许部分非战略性国有企业按照市场规律扩大规模或倒闭，按照市场价格雇用职业经理人，有利于提高国有企业的危机意识，增强上游产业的整体效率。从长期看，降低上游的进入壁垒并且引入竞争机制不仅有利于上游国有企业本身的发展，同时也将放松对下游民营企业的发展的遏制性约束，促进整体经济的发展。

第五，顺应市场需求环境变化，适度调整上游国有企业的产能结构以提高国有企业整体效率。国有企业在市场经济中也具有一定的自发性、盲目性和滞后性。因此，需要顺应市场经济环境的变化尤其是需求环境的变化对国有企业的产能结构进行适度调整，以提高上游国有企业的整体效率。调整产能的主要方法是在宏观把握的前提下进行分类改革。首先要把国有企业或国有企业内部不同的生产部门按照是否存在过剩产能进行分类，对于不存在过剩产能，且依然具有自然垄断或行政垄断性质的高利润国有企业或企业部门，应鼓励其通过技术研发、管理革新、开拓海外市场等手段进一步降低成本，增加产品销售量，继续维持较高利润；而对于存在过剩产能的低利润国有企业，在销售端应考虑通过开拓海外市场等手段消化过剩产能，在生产端则应该采取裁汰落后产能、勒令整改，甚至合并重组或停业整顿等手段为国有企业“瘦身”。调整上游国有企业产能结构的目标，应该使得全部国有企业作为一个整体，在生产效率和利润上有所提高，同时在当前的垂直结构下形成一个与整体国民经济环境相协调的产能结构。

第六，逐渐剥离国有企业的政策性负担。国有企业的政策性负担主要包括战略性政策负担与社会性政策负担。战略性负担是为服从国家战略发展大局而对我国不具有比较优势的产业进行投资或补贴而形成的负担，社会性负担则是由于国有企业承担了冗员、职工养老等社会性职能而形成的负担。要剥离社会性政策负担，一是需要在经济好转时裁汰冗员，选择适当的时机为企业“瘦身”，二是将子女教育、职工养老等社会性职能从国有企业自身的职能中剥离出去，归入全国统一的教育体系或社会保障体系之中。承担战略性政策负担的国有企业，主要生产国防产品与基础设施等公共产品，一般生产投资周期时间长且利润较低，无法通过自由市场来提供。因此要剥离战略性政策负担，则应通过一个长期的发展规划来实现，但在短期内仍应将这些国有企业作为“幼稚产业”，继续通过国家补贴或支持的形式逐渐培养企业的生产能力，提高技术水平和劳动生产率，降低企业生产成本，以避免国际竞争。在垂直结构下，剥离国有企业的政策性负担，可以有效提高国有企业的市场竞争力，同时增大了其向下游民营企业让渡利润的空间。总体而言，应尽量减轻国有企业的社会性政策负担，特别是减员增效以及剥离职工的养老和子女教育负担，让国有企业尽快摆脱历史包袱，轻装上阵，稳步提高国有企业的盈利能力。另外，可以考虑逐步加大国有企业上缴的利税对全民养老保险的投入，以使全民共享国企改革发展的成果。

4.6 结 语

本文基于我国的改革开放以来国有企业与民营企业的经济绩效在不同时期所表现出来的不同特征，从上、下游产业链的角度，提出“垂直结构”理论，解释我国为何国企和民企的相对利润率呈现一波三折的态势，并且分析在这个过程中国企与民企之间的互动关系。我们认为，20世纪90年代的国企改革使得国有企业逐渐从不具备竞争优势的酒店、餐饮等消费性服务业与消费品制造业等下游产业中退出，民营企业不断进入，所以国企在下游产业的开放过程中利润率普遍低于民企。到2001年中国加入世界贸易组织以后，下游产业基本已经由民营企业主导，但是国企仍旧在能源、金融、电信等生产中间产品和服务的上游产业中占据垄断地位，从而形成了上游部门的垄断型国有企业向市场化程度较高的下游部门的民营企业出售不可贸易的中间品的“垂直结构”。2001—2007年期间，下游民营企业迅速在工业化与贸易全球化过程中发展壮大，在推动整体经济增长的同时也大大促进了对上游国企垄断产品与中间服务的需求，所以这种垂直结构使得上游国企的利润率反而超过下游民企。2008年国际金融危机以后，外需相对下降，下游部门的出口受到很大抑制，导致下游部门对于上游产业的引致需求也随之下降，进而引起国企的利润下降幅度更大。与此同时，“僵尸企业”大规模出现。而且面对负面冲击，由于国企的生产计划调整速度不如民营企业灵活，所以导致上游产业中僵尸企业的比重高于下游产业中僵尸企业的比重。

基于上述“垂直结构”的逻辑，我们认为，如果不尽快对上游国企进行改革，那么随着劳动力成本、土地成本的不断提高，人民币的升值，下游民营企业的成本优势将不断丧失，它们被迫承担的支付给上游金融、能源等中间服务与中间产品的成本将会成为压垮下游民营企业总体绩效的“最后一根稻草”，进而损害上游国企本身的盈利能力，拖垮整体经济的增长。因此，本文建议，国企改革刻不容缓并且应该循因施策，认清当前国企改革与20世纪90年代国企改革的关键差异，把控好国企改革的速度和次序；应引入竞争机制，降低上游产业进入壁垒，打破国企行政垄断；适应市场环境调整上游国有企业的产能结构并且需要逐渐剥离国有企业的政策性负担。

参考文献

杜巨澜、王勇:《如何进一步改革中国国有企业》,载张军主编《中国尚未完成的改革》,格致出版社 2015 年版。

李系、刘学文、王勇:《一个中国经济发展的模型》,《经济学报》(清华大学)2014 年第 4 期。

林毅夫、蔡昉、李周:《充分信息与国有企业改革》,上海人民出版社、上海三联书店 1997 年版。

林毅夫:《解读中国经济》(增订版),北京大学出版社 2012 年版。

Antras, P., D.Chor, T.Fally, and R.Hillberry, 2012, “Measuring the Upstreamness of Production and Trade Flows”, *American Economic Review P&P*, 102:412—416.

Caballero, R.J., T.Hoshi, and A.K.Kashyap, 2008, “Zombie Lending and Depressed Restructuring in Japan”, *American Economic Review*, Vol.98, No.5:1943—1977.

Fukuda, S., and J.Nakamura, 2011, “Why Did ‘Zombie’ Firms Recover in Japan”, *World Economy*, Vol.34, No.7:1124—1137.

Li, X., X.Liu, and Y.Wang, 2016, “A Model of China's State Capitalism”, HKUST working paper.

附表:全部产业的上下游分类表

产	业	上游指数
	上游产业	
7	石油天然气开采	5.83
8	黑色金属矿的开采与加工	5.60
41—45	电力、热力、燃气的生产和销售	5.22
43	废物回收处理	5.16
25	石油加工,炼焦,核燃料加工	4.91
26/29	化工原料及化工产品制造	4.71
33	化工原料及化工产品制造	4.58
22/23/24	纸和纸的生产/印刷和记录/制造的文章,文化/教育和体育活动媒体	4.42
10	非金属矿的开采与加工	4.23
34	金属制品制造	4.11
	中游产业	
46	自来水生产与销售	3.71
51—55	铁路运输/道路运输/城市公共交通/水	3.63
57—58	交通/运输/装卸、拆除、与其他交通的	
68—71	交通/运输/装卸、拆除、与其他交通的	3.62
73	租赁	3.60
59	邮政业务;邮政服务	3.44

续 表

	产　　业	上游指数
	中游产业	
20—21	木材加工，木材，竹，藤，棕榈草编制品/家具制造业	3.43
39	机电设备制造	3.35
1	农业	3.17
35—36	通用机械制造/特种制造	3.09
41	测量仪器及铜的目的/制造机械	
31	非金属矿产品的制造	3.30
	下游产业	
63—65	批发贸易/零售业	2.94
37	交通运输设备	2.75
66—67	住宿、餐饮	2.67
42	艺术品及其他制造业的制造	2.66
60—62	电信及其他资讯传送服务/电脑服务	2.62
82—83	居民服务/其他服务	2.58
13—15	农产品加工/食品制造/饮料制造业	2.57
18—19	纺织品，服装，鞋类，帽子/皮革制造	2.48
92	娱乐	2.48
72	房地产	1.76
47—50	装饰/其他施工建筑和土木工程师	1.06

说明：本表利用中国投入产出表数据，根据 Antras 等(2012)的方法计算出各个产业的上游指数(如果指数越高则表示越上游)，然后根据上游指数的高低将行业划分为上游、中游和下游行业。

资料来源：李系、刘学文与王勇(2014)。

第 5 章

产权保护视角下的官商关系和民营经济：中国改革开放以来的经验和启示*

章　奇　复旦大学经济学院中国经济研究中心

5.1　产权保护：重要性和现有问题

在现代经济学中，产权被定义为和特定的人、事、物的所有和使用等权利有关的各种关系（Furubotn and Pejovich, 1972）。产权的存在和表现形式可以是复杂多样的（Barzel, 1989），包括对物品和财产的所有权、使用权、转让和售卖权，及其之间的各种关系，等等。产权的运行方式则取决于其所处的制度和社会环境，例如对有关公司治理、企业创建和破产、物权、契约等方面的正式和非正式的制度和社会约定，包括法律和社会习惯。

很多学者都注意到了产权的保护以及产权安全性对经济发展和增长的重要性。例如，诺贝尔经济学奖得主诺思（North）指出，西方的崛起在很大程度上要归功于西北欧等地产权保护的相对完善所带来的有保障的产权。近年来的很多研究也指出，产权是否有保障会直接影响到投资者对投资未来的收益预期，从而影响到他们的行为和决策。最终，产权的安全性和经济增长、投资、人均财富的增长是紧密相关的（Barro, 1997; Johnson, McMillan and Woodruff, 2002; Kaufmann, Kray and Zoido-Laboton, 1999）。

---

* 本文写作得到国家自然科学基金项目“中国的省级政治治理结构和地方经济治理模式：理论和经验证据”（项目批准号：71773019），以及“复旦大学理论经济学Ⅰ类高峰计划项目”的资助，特此表示感谢。

不过，从我国的经济改革和发展历史来看，产权保护和经济发展，尤其和包括个体经济、私营经济在内的各种非国有经济的发展之间的关系并不是简单的线性关系。一方面，从宏观角度来看，从改革开放初到如今，对民营经济的管制总体上不断放松，市场经济范围不断扩大，民营经济的法律地位和经营环境不断改善。例如，从 20 世纪 70 年代末开始，随着经济体制改革的深入，政府开始逐步改善个体经济和私营经济的政策空间和经营环境，市场因素也逐渐替代国家计划并在资源配置方面起到更大的作用。同时，从 80 年代初至 2004 年，尤其是随着 90 年代社会主义市场经济体制的建立和完善，私营经济的重要性和法律地位最终获得了承认，并且从法律上明确了要保护私人合法财产（表 5.1）。

表 5.1　改革开放以来有关民营经济的政策和制度环境

年　份	政策和制度环境
1979	经国务院同意，正式允许有一些城市户口的待业人员从事修理服务和手工业的个体劳动，但不准雇工。这是社会主义工商业改造后，城市地区正式允许个体经济发展
1978—1981	各省市陆续重新开放农村集市，国务院放宽对农村集市贸易的限制。除棉花外，社队在完成国家统购和派购任务之后，可以把农副产品拿到集贸市场销售，在集市经营餐饮业和买卖贩运大牲畜；机关和企事业单位经批准可参与农村集市采购农副产品。同时放宽对城市集贸市场的控制，允许在市区建立永久性的农贸市场，建成室内商场或顶棚市场，并纳入城市网点
1979—1984	开始试行"双轨制"并于 1984 年发布《进一步扩大国营企业自主权的暂行规定》，正式承认了市场价格，从而在工业生产资料上形成了双轨制：一是国家统一定价，二是计划外价格即市场价格
1982	鼓励实行包产到户和包干到户（统称"家庭联产承包责任制"）
1984	国务院批转《关于当前城市商业体制改革若干问题》，决定改革商品流通体制。1985 年，商务部将上海等 19 个工业品一级批发站下放给当地城市。各城市则逐步建立开放的城市贸易中心，即日用工业品批发市场，允许各种所有制性质的工商企业和外地企业进入贸易中心从事批发经营，自由购销计划外的工业产品
1984—1985	逐步取消对农产品的统购和派购，农村人民公社体制解体
1987	中共中央发布《关于把农村改革引向深入》，认可私营经济是社会主义经济的补充
1988	宪法修正案指出"私营经济是社会主义公有制经济的补充。"从立法上突破了多种经济成分并存的禁区，明确了私营经济的法律地位。同年，国务院颁布《中华人民共和国私营企业暂行条例》，私营企业可以按照政府制定的法律和规章，注册登记和从事经营活动
1992	中共十四大报告提出"建立社会主义市场经济体制"

续表

年　份	政策和制度环境
1993	宪法修正案将“在社会主义公有制基础上实行计划经济”修改为“国家实行社会主义市场经济”，并规定“国家加强经济立法，完善宏观调控”。以此为依据，全国人大出台了一系列的法律，包括公司法、合伙企业法、消费者权益保护法、拍卖法、担保法、票据法、保险法、仲裁法等，明确了各类市场主体的合法地位，保障其公平参与市场竞争，确立了公平竞争的市场规则，体现了市场经济公平、公正、公开、效率的原则，逐步形成全国统一、开放的市场体系
1997	中共十五大报告认为私营经济是社会主义市场经济的重要组成部分，政府要鼓励和引导私营经济健康发展。之后，开始从战略上调整国有经济布局，集中控制国民经济的战略产业和关键领域。对在一般竞争性行业的国企，大部分通过破产、兼并和改制，改造成民营性质的股份公司。在一般竞争性行业，基本放开竞争，鼓励私营企业发展，放开并推行私营企业党建
2004	宪法修正案规定“公民的合法的私有财产不受侵犯”，并在 2007 年通过的《物权法》中得到了体现
2005、2009	国务院先后分别出台了《非公经济三十六条》和《关于鼓励和引导民间投资健康发展的若干意见》(“新 36 条”)，强调对民营经济的市场开放
2016	中共中央和国务院联合发布《关于完善产权保护制度依法保护产权的意见》
2017	中共中央和国务院联合发布《关于营造企业家健康成长环境弘扬优秀企业家精神更好发挥企业家作用的意见》

随着宏观环境的改善，包括个体、私营经济在内的整个民营经济也蓬勃发展。到 2005 年底，整个民营经济部门已经拥有近 3 000 万家企业、超过 2 亿多的员工，生产了近一半的 GDP 。①到 2014 年底，全国实有各类企业 1 927.6 万户，注册资本金 136.3 万亿元，其中私营企业 1 653.8 万户（占 58.8%），注册资金 69.3 万亿元（占 50.8%）。②随着民营经济不断壮大，其发展质量也不断提高。③许多民营企业已经发展为世界级

① 参见《中国日报》(*China Daily*)在 2005 年 2 月 14 日的报道。由于中国并没有对民营经济部门做全面的统计，因此这里引用的数字只是简单表明其发展趋势和成就。实际上，根据不同的数据来源和不同的假设，对民营经济规模的估计会有不同。

② 转引自张伟(2015)。

③ 例如，在有关国有经济和非国有经济的对比中，大部分的研究者均发现非国有经济的效率更高，效益更好。例如，姚洋和章奇(2001)、刘小玄(2003)、杨记军等(2010)在不同的数据基础上均发现，非国有企业比国有企业的技术效率(technical efficiency)更高，财务绩效也更佳。Brandt 和 Zhu(2010)的论文则指出，在 1998—2006 年期间，如果资源能从低效率的国有企业向高效率的民营企业流动，那么这种资源重置将进一步提高中国企业的全要素生产率(total factor productivity, TFP)。有关这一类文献的一个综述性梳理，可参考刘瑞明(2013)。

的公司，享有较高的声誉并拥有较强的技术开发和创新能力。例如，制造业的吉利、华为、小米，IT和网络行业的阿里巴巴、腾讯、网易，等等。而那些为数众多的中小企业，绝大多数都是民营企业，它们不仅是我国最主要的就业创造者，也是税收和出口的主要贡献力量。

但另一方面，虽然迄今为止民营经济保持了继续增长的态势，但其进一步的发展及其可持续性所面临的政策和制度约束却出现令人担忧的局面，从而使民营经济的进一步发展面临严重的挑战。例如，从90年代就开始的对国有经济的战略性布局和对国有企业的重组，使国有企业在战略性行业和经济领域占据了牢不可破的垄断地位，并通过国家对财政和金融资源的倾斜性大力支持，从21世纪初开始重新扩张国有资本和国有企业，进一步强化了民营经济和资本在国有企业和国有资本面前的弱势地位。而在这一大背景下，民营企业融资难和贷款难问题，以及民营企业的内部管理水平和技术创新能力总体相对有限、官商腐败现象等，也开始不断凸显并引起社会的极大关注。这些问题的产生和很多因素都有关，例如我国的金融体制特点所导致的融资所有制和规模偏好、人力资本水平较低、知识产权保护不力、官员权力过大，等等。但这些因素归根到底都和一个问题紧密联系，即我国目前对民营经济产权保护仍然存在不完善的地方。而造成目前产权保护不完善的原因有很多，但根本原因在于产权保护的一个悖论，即一方面，产权保护和产权安全离不开一个强大的政府来实施产权保护及其他公共物品；但另一方面，如果一个政府足够强大以至于具有能够保护产权的能力，那么它也有足够的能力来侵犯产权。这里政府的公权力对产权安全的威胁，可以来自主权国家政府(sovereign state)，也可以来自其在地方的代理人即地方政府(Markus, 2012)。

现实中，政府的权力过大导致产权被损害的案例有很多。这导致民营经济发展到一定程度，其经营和投资回报均面临来自制度或者政策上的不确定性大大增加，从而不仅给企业的正常经营和发展带来了不确定性和束缚，甚至对企业家关于未来投资前景的预期产生了消极的影响。

另一个反映产权保护程度的指标是政府收入的增长。在正常情况下，政府收入随经济增长而增加无可厚非，但如果政府收入相对于经济增长而言增加过快，说明政府对经济主体的汲取程度大大加深，经济主体的产权受到了一定的损害。为反映这种情况，本章作者构造了省的税负沉重指数，计算方式为：

$$\text{一省的税负沉重指数}=\frac{\text{一定时期内一省政府财政收入(含税收和非税收收入)的增长速度}}{\text{同一时期该省 GDP 的增长速度}}\times 100\%$$

该指数越大，说明这一时期税负增长速度相对于经济增长速度更快。①我们以2010—2016 年第一季度(前 3 个月)的税负沉重指数为例(不包括港澳台地区)。税负最为沉重的是山西省，该指数竟然高达 16，意味着税收增长速度是同期 GDP 增速的16 倍。排第二位的是黑龙江省，该指数为 5.9。接下来是河北省，该指数为 4.65。这么高的税负沉重指数，意味着政府收入的增长在很大程度上加重了经济增长的负担，基本上是不可持续的。

另外值得注意的是，税负沉重指数也反映了政府收入中非税收入的增长，后者可能更近似地反映了产权受侵害的程度。图 5.1 是 2010—2016 年间，税负沉重指数和非税收入在政府总收入中所占比例的散点图。可以看出，两者之间呈现较明显的正相关关系，说明一省税负越重，其政府收入中非税收入比例越高。显然，一个税收结构中非税收入比例越高，其产权保护存在缺陷的可能性就越大。

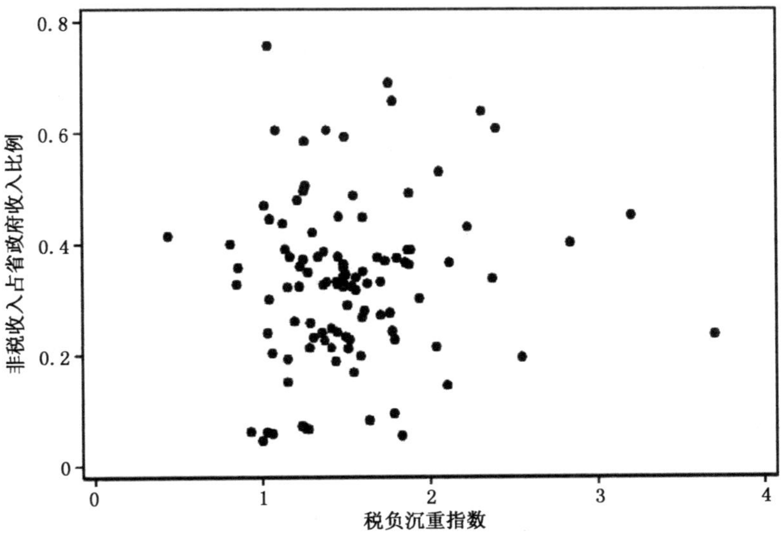

图 5.1　税负沉重指数和税收收入中非税收入比例之间的关系

---

① 这里的税负指的是宽口径意义下的政府财政总收入，包括一般意义上的税收收入和非税收收入。

以上事实似乎呈现出了一个悖论：一方面，改革开放以来民营经济所处大环境的不断改善和民营经济总体的快速成长之间的一致性，表明了产权保护对民营经济的重要性；但另一方面，民营经济所处的法律和制度环境的改善并不能一步到位，而是一个逐步的过程。例如，直到 1988 年，私营企业的合法地位才通过对宪法的修正案予以承认，在这之前对私有产权的保护在相当长的时间内基本处于缺位状态。①即使在改革开放近 40 年后的今天，对民营企业的产权保护也仍然存在很大的改善空间，这可以从中共中央和国务院在 2016 年和 2017 年连续发文，强调对民营企业的产权保护和改善其经营环境这一事实窥见一斑。而根据传统观点，如果投资者认为政府手中的权力被用来保护产权的可能性比较小，但却有很大的可能被利用来侵犯产权，那么投资者就不会有足够的信心来进行投资，从而对经济增长不利。但经济改革的实践却表明，即使在民营经济因为产权保护不完善而面临着严重的不确定性和风险（包括来自政治环境和意识形态收紧、法律和政策不完善所带来的风险，等等）的情况下，民营经济也不会必然停滞，而是可以在一定程度上突破这些不确定性和风险所带来的政策和资源约束，从而实现相当的发展甚至不断壮大。

换言之，现实情况说明，即使是在产权保护存在缺陷的环境中，投资和经济增长也仍然有可能发生。事实上不仅中国如此，即使从世界范围来看，现实情况是，在法制相对完善的发达国家里产权保护情况相对会更好，但许多国家仍然可以在产权安全存在明显缺陷的条件下获得一定的经济增长。这种产权保护和经济增长之间并不完全同步的现象之所以会产生，其原因主要有以下两点。一个原因是即使经济活动所处的制度环境存在很大缺陷，但投资者的预期也和这种制度的变化及其性质有很大关系。仍以中国为例，中国的制度环境不完善是一个一直存在的现象，但同时中国经济改革所坚持的市场化方向也一直没有发生根本性变化，并且市场化程度在稳步推进中。换言之，只要投资者相信制度环境在边际上会不断改善，那么即使其绝对水平存在缺陷，这种正向的预期也足以推动投资者进行一部分投资以把握这种制度上的边际变化所带来的投资机会（Huang, 2008）。不过，这种解释对投资者所处的政策环境的稳定性和政策趋势的明确程度均做出了很强的假定，因此对现实的解释力受

① 1982 年《宪法》第 11 条规定了城乡个体经济是社会主义公有制经济的补充，从根本上否定了私营经济的存在；到 1988 年《宪法修正案》第 1 条、第 5 条、第 8 条，1993 年《宪法修正案》第 10 条分别规定了私营经济和城乡个体经济是社会主义公有制经济的补充。

到很大的限制。①

另一个重要的原因就是当正式制度环境存在缺陷时，经济中的参与者会采取各种策略来降低产权被侵犯的风险，从而在一定程度上达到保护产权的目的。这种方式相当于是对正式制度不完善的一种补充和替代，但其作用却是不容忽视的，同时其表现形式也十分丰富。在本章中，我们主要从中国的现实出发，探讨其中一种比较明显和重要的表现形式，即官商合谋(collaboration)。本章把官商合谋看作是企业家通过和政府官员结成某种利益合作关系来达到保护产权的一种实现形式。通过结成这种利益合作关系，企业家和官员之间达成了一个隐性协议：官员承诺向企业家提供一定程度的产权保护，而企业家则向提供这种服务的官员输送利益。给定缔结这种利益共同关系的各种参数不变，那么存在着一种利益分配方案，使得双方实现共同利益最大化，从而使得这种利益合作关系构成稳定的均衡。从合约的角度上来讲，这种稳定的均衡意味着合约具有自我实施的机制，即合约中一方为对方承诺所提供的利益是足够大并且是可置信的，因此若任何一方不履行这一隐性契约中自己所做出的承诺，那么自己的利益就会受到损失。

进一步地，根据合约中双方所提供利益的实现方式，本文把官商合谋分为两类：一类是官商勾结(collusion)，即企业家和官员主要通过私人物品的方式向对方输送利益。另一类是官商合作(cooperation)，即企业家和官员主要通过公共物品的方式向对方输送利益。我们将主要比较这两类不同的官商合谋之间的差异，分析其实现方式对资源分配效率和治理的影响，并在此基础上，进一步分析形成不同的官商合谋方式的原因及其影响因素。

在下一节，我们将主要介绍一下产权保护产生的各种机制，这些机制主要讨论政府或其代理人保护产权的承诺是否可置信(credible commitment to property rights security)及其影响因素。在此基础上，我们将主要分析官商合谋这种方式所产生的制度环境和作用条件。这将有利于我们理解官商合谋存在对经济增长产生的正反两方面的作用，以及应该如何通过进一步的改革和政策措施来应对官商合谋现象。

5.2　产权保护可置信的机制及其条件

产权保护及其所带来的产权安全不仅仅是一个静态的法律意义上的规定，而是

① 有关这一问题的分析，可参见章奇和刘明兴(2016)对政治和政策不确定性及其影响的分析。

取决于对产权的规定及其实施。尤其是产权的实施，不仅取决于政府对产权的规定和实施，也取决于经济主体对产权安全性的评估和反应。换言之，产权保护的实际效果取决于政府和经济主体之间的互动。因此，一个法律意义上并不保护产权的制度环境也可能因为现实中政府和经济主体的互动而实际上使得产权安全得到一定程度的安全性。反过来说，在一个即使法律上承诺保护产权的制度环境下，也可能出现实际上没人相信产权会得到保护的情况，并且最终也没有任何意义上的产权安全。归根到底，产权保护是否存在以及在多大程度上存在，取决于政府和经济主体之间关于产权安全的契约在多大程度上是可置信的。

许多学者对这一问题从各个角度进行了探讨。基本上，针对产权安全的可置信问题的解决机制可以大致分为两类：一类是自上而下由政府主导实施的产权保护机制；另一类是自下而上的由经济主体主动实施的产权保护机制。在现实世界中，这两类机制并不是互相排斥的，可以是各种程度的结合。

5.2.1 自上而下的政府主导产权保护机制："光荣革命"机制

此类机制反映的实际上就是主要的发达国家产权保护出现的历史路径，即通过逐步的民主化所建立起的针对政治精英之间的权力制衡机制。通过对权力的制约，来达到客观上没有任何一种势力有意愿并且拥有足够的实力来侵犯产权。

这种机制的主要案例就是英国的光荣革命。根据 North 和 Weingast(1989)的研究，"光荣革命"前的英国面临着典型的产权保护承诺的可置信问题：英国的君主明白保护产权具有十分重要的意义，但由于其权力过大，足以通过侵犯他人产权来获得财产，因而其对保护产权所做出的承诺却不是可信的。这导致投资者没有足够的信心进行投资。例如，当国王需要向私人借贷来为战争融资时，却发现无法借贷足够多的钱，因为人们担心国王借钱不还，同时一旦国王拒绝还债，他们也没有能力来强迫他履行还钱的义务，因此导致很少有人愿意向国王借贷。但 1688 年的"光荣革命"带来的一系列制度上的变化使得国王不再有动机和能力来违背自己所订下的契约，从而解决了产权安全的可置信问题。这些制度变化的根本出发点，不是依靠国王的美德来保护产权，而是通过一系列的制度对国王进行限制，使得国王无法也无力侵犯产权。具体而言，主要的制度变化包括：首先是确立了议会在政治生活中的最高权力地位，规定国王不得随意召开或解散议会。除此之外，议会还掌握了财政权，包括对财政资金的使用进行审计的权力。而王室的特权大大缩小，同时还撤销了特权法庭（该法庭以贯彻国王懿旨为宗旨)。确立了司法独立,法律和法官不再是国王意志的体现以及执行者。

North 和 Weingast 进而指出,“光荣革命”之后,议会有能力惩罚国王的违约行为,但同时社会力量的对比使得议会不会也没有意愿来取代国王的角色。这样一来,议会和王权之间就形成了一种相互制约的关系,并且它们之间的力量对比使得无论是王权还是议会都不会有能力来单方面侵犯产权。因此,在“光荣革命”后所形成的制度就构成了一种得以自我实施(self-enforcing)的可信赖的产权保护机制。

显然,以英国“光荣革命”的道路为代表的产权保护机制,实际上就是通过发达国家历史上所发轫,并经由之后漫长历史演化而不断制度化的产权保护机制。这里面,固然离不开中世纪后在西方社会不断高涨并最终成为主导意识形态的自由和民主,但其背后的根本保证机理,是在这一过程中(尤其是通过民主化)所形成的社会各集团力量之间的相互平衡和制约。这一机制的一个主要表现,就是形成并通过一个有限政府(limited government)来承担保护产权和行使产权的责任,同时又避免了政府过于强大从而能够侵犯产权:政府的权限由法律确定;各个社会主体一旦超越自己的权利范围和权限,也由法律确定如何进行惩罚,包括惩罚的形式和内容。

5.2.2　自下而上的主动实施的产权保护机制

和自上而下的“光荣革命”道路所产生的产权保护机制不同,自下而上的产权保护机制的产生,是在正式制度和法律体系对产权保护不足的情况下,经济主体面临掠夺之手的威胁,出于自我保护产权的目的实施替代性策略所形成的产权保护机制。这些替代性策略的出现,其直接动因和目的,并不是为了取代正式的制度和法律体系,而是出于自我保护的目的,在现有正式制度和法律框架下,通过各种方式来减小缺乏产权保护所带来的负面作用,从而实现自己的利益最大化。

自下而上的产权保护机制表现形式多种多样。例如在改革开放早期就普遍被中国个体和私营经济所采用的“戴红帽子”,即私营企业主把自己的企业注册成为集体企业或挂靠在国有企业或事业单位之下(Oi and Walder, 1999;曹正汉,2006)。其他的例子包括地下金融(Tsai, 2004)或参与政治(例如参选政协委员、人大代表、在企业内部成立党组织)以减小风险和获得政治上的保护(曹正汉,2006;李汉林和魏钦恭,2014; Li et al., 2007)。除此之外,企业家也可能利用现有政策的漏洞或灰色地带来保护产权。例如黄亚生(Huang，2007)指出，在20世纪80年代中后期和90年代中早期，由于私营企业和外资企业相比地位更低下，政府更青睐外资而不是国内民营企业，因此为有效改善自己的经营环境，国内私营企业往往采取先向国外转移资产，然后又以外资身份把资本转回国内投资的策略，这样就可以以外资身份在国内展开经营，获得以前私营资本所无法享受到的政策待遇甚至财产安全。

不过，这些方式虽然能在一定程度上改善企业的产权安全，却无法在根本上解决产权保护的可置信承诺问题。换言之，所有这些应对策略的有效性在很大程度上不仅依赖于整体的宏观环境，且都依赖于政府(主要是当地政府)官员和干部的默认或配合。而一旦政府官员因为某种原因而撤回原先承诺所提供的默认和配合，那么不仅企业家会因此遭受损失，而且他们也无法通过独立的第三方裁决机构来对违约方(政府官员)进行制裁。因此，如果这些保护性策略所依赖的政府承诺实际上是不可置信的，那么企业家和政府官员之间也就无法形成稳固的合作关系。

例如，从中国经济改革和发展的历程来看，简单的"戴红帽子"策略就很可能因为政府产权保护承诺的可置信问题而产生了很高的风险和成本。早期的"戴帽子"企业，往往就因为这种策略内在的产权不清晰问题而承担了很大的财产风险。①尤其是当企业成长到一定规模后，一旦政府对原有的利益分配可能不再满意，就有可能单方面背约，而企业家在这一过程中基本上毫无招架之力，成为产权缺乏保护的最大牺牲者。

针对这一问题，一些学者指出，为了增强产权保护的可信性，一个比较有效的策略是企业家能够发起集体行动，增强企业家在政府面前的谈判能力，提高政府侵犯产权所需要承担的成本。例如Radnitz(2012)指出，在哈萨克斯坦，当政府更多地扮演了

---

① 例如，80年代中期，浙江省乐清县柳市镇两位民营企业家合伙投资办了一家企业，并挂靠在一家集体企业名下(即所谓的挂靠企业)。但当企业获得利润之后，两个投资人把名义上属于集体企业的税后利润8.6万元分掉，导致次年6月被刑拘，并很快因贪污罪获刑。此案在当地民营企业中引起极大震动和不安，因为这种挂靠经营的做法在当时已经是约定俗成的普遍做法，一旦案子坐实，无疑是打破了当时民营企业和集体企业之间的隐性契约，构成对事实上的私有产权的一个极大威胁。所幸的是，温州市委书记董朝才经过考虑，最终决定不能把个人合伙企业当传统意义上的集体企业处理。法院即改判柳市"红帽子企业"的两合伙人无罪，以判例形式承认新生股份合作经济的合法性。这也是温州第一次正式认可了挂靠企业的合法地位。黄晓阳(2007)，第31—32页；同时可参见新闻报道《33年"体制变迁"与温州兴衰：体制围城重现》，《东方早报》2012年1月19日，网址：http://money.163.com/12/0119/04/7O3S189J00253B0H.html。关于其他一些代表性的案例介绍，可参考曹正汉(2006)、李汉林和魏钦恭(2014)。

掠夺之手角色时，那些产权受到威胁的商业精英就会通过动员其所在地区或社区的群众发起集体行动，以抵抗来自政府的压力，甚至通过足够大的街头抗争和动员来迫使政府更迭。而Markus(2012)针对俄国和乌克兰的研究则表明，面对腐败的地方官员，企业家的一个策略是引入国外的战略投资者，让后者成为自己企业的股东，通过构建利益共同体来增强自己在地方官员面前的谈判实力。因为这样一来，官员对企业财产的侵犯就很可能面对国外投资者的抗议和压力，从而也就提高了其侵犯产权的成本。如果这一成本足够高，就足以阻止官员对企业产权的侵犯，从而也就达到了保护产权的目的。

5.3　官商合谋的两种形式：官商勾结和官商合作

本节重点分析的是官商合谋现象。和前两种机制相比，尤其是和自下而上的保护机制相比，官商合谋中官商关系并不主要表现为两者之间的对抗性关系或简单的突出某一方的单方面谋利策略，而是企业家和官员互相输送利益(包括政治和经济利益)来达成一个利益共同体。由于这个利益共同体的形成本身就是在现有条件下的双方利益最大化，因此这种非正式的契约关系仍然具有自我实施机制的性质。根据其利益提供和交换的方式，官商合谋可分为官商勾结和官商合作两种表现形式。

5.3.1　官商勾结

从官商合谋的利益输送的实现形式来看，可以将官商合谋分为两类：一类是官商勾结，即官商双方主要通过私人物品的方式向对方输送利益。其特点是，无论是利益的输送方还是接受方都是特定的个人或者以少数人为核心的关系网络，这使得官商勾结下利益输送的对象和范围都十分明确且可控，即双方都能够保证自己的利益输送能够且仅能够输送给特定的个人或以少数人为核心的关系网络，从而使自己的利益输送的价值对受惠人而言实现了最大化。反过来说，对原有的受惠人而言，除非官商勾结的利益输送规模变大(此时利益输送提供方的成本会相应上升)，否则一旦受惠人或其网络的规模扩大，则这一官商勾结下每一个受惠人所获得的利益均变得更小。一般而言，官商勾结的利益实现形式包括可以定向输送的政治或经济利益，例如优惠的银行贷款或财政补贴、转移支付，政府和商业合同、贿赂、对官员或商人的政治庇护或政治支持，等等。①

显然，官商勾结更接近于传统的庇护关系（patron-client relationship），其利益交换关系明显呈现出个人和小集团所特有的排他性和封闭性，从而也更容易滋生传统意义上的腐败。但从效率的角度来看，官商合谋并不一定意味着低效率。在产权保护极度缺乏的情况下，官商合谋作为产权保护的一种替代方案，客观上起到了保护部分企业家的人身和财产安全的作用，从而有助于提高投资回报的预期并实现资源的优化配置。另外，政府官员在形成官商合谋关系时，也会考虑和什么样的企业家进行利益合作能给自己带来最大收益。如果这种利益共同体需要通过企业家在市场竞争中胜出来获得利益，那么官员就有内在动力来挑选能力更强的企业家来形成利益共同体。这样，官商合谋的过程实际上就是官员把资源配置给能力更高的企业家的实现过程。只有当利益共同体不需要企业家的才能而是凭借官员权力直接获得租金，官员才没有足够的动力来和高能力的企业家形成利益共同体，从而也就不会推动资源的有效配置。

另一个影响官商勾结效果的因素是对这一利益共同关系稳定性的预期。具体而言，官商勾结首先使得官员（可以包括其家属成员甚至直接利益相关者，例如官员的亲信）可以分享企业家所创造的租金。如果官员背弃了和企业家所达成的隐性契约而侵犯了后者的财产，那么也就意味着官员放弃了官商合谋所带来的租金。如果这一租金对官员而言是极为重要的（例如这些租金是满足官员财富甚至政治需要的必要条件），且官员无法找到企业家的替代者，那么他们就不会主动去侵犯企业产权，从而使得官商合谋形成一个可自我实施的合约，而此时企业产权也具有一定的可信度。但如果这一利益共同体可持续的概率较低，那么双方都会有行为短期化的倾向以实现短期利益最大化而不是长期利益最大化。从中国的现实情况出发，更可能的是官员出现短期行为现象，因为相对而言，企业家对官员进行违约在一般情况下成本会更高。②在这种情况下，要么官员可能会退出利益共同体从而导致契约失效，要么官员会从利益共同体中要求有一个更高的回报即风险溢价。在产权保护不力的大环境下，前一种情况会直接带来效率损失；后一种情况的效应会更复杂些：一方面，官员可

① 例如关于企业融资和财政补贴方面的研究，可参见罗党论和甄丽明（2008）、余明桂和潘红波（2008）、余明桂等（2010）等研究。有关矿难中的官商关系的研究，可参见聂辉华（2013）。

② 这可能有多重原因，例如官员可以给企业家背约行为进行惩罚，而后者对前者进行惩罚的可能性则相对较小。

以通过和更有能力的企业家结成利益共同体，这意味着和原来的均衡点相比，新的均衡下更有能力的企业家获得了更多的产权保护和资源，这有利于资源的优化配置；另一方面，官员也可能在现有利益共同体基础上直接要求一个更高的回报率，这种效应相当于利益共同体产生的收益进一步向官员倾斜。由于官员并不能直接带来投资和效率改进，因此这种效应无疑是一种效率损失。究竟哪一种效应最后占据主导地位，则取决于官商勾结发生的具体环境。

从企业家的角度看，官商勾结所具有的产权保护功能是选择性的，并不具有公共物品的性质。它作为企业家和官员之间利益输送的实施形式，受益的只是进入这个利益共同体的企业家个人（以及和个人有紧密关系的人或群体），而不是按照法治下的无歧视原则以公共物品的形式向所有企业家提供产权保护。同时，由于官商勾结这种产权保护提供机制的动力首先在于其所能给官员提供的好处，而不是根据提供产权保护的强制性和公共性，因此这种产权保护机制从本质上来看仍然具有很大的不稳定性，一旦这种好处由于外部参数的变化（例如官员调任、政治运动或反腐败）或（官商勾结）内部的变化而出现变动，那么原有的官商勾结的合约就会失效而不再具有可信性。

在外部环境参数不发生变化的情况下，官商勾结的均衡结果及其效率含义具有以下特点：(1)因为官商勾结所提供的产权保护是一种私人物品而不是范围更大的公共物品，因此，相对于有限政府以无歧视的公共物品的方式提供产权保护的方式，以官商勾结这种方式提供产权保护的效率无疑是相对较低的；(2)官商勾结的均衡结果反映的是官商双方的利益最大化。从企业家的角度来看，只有当与官员形成利益共同体的收益大于不参与形成共同体所获得的收益时，才会选择加入官商勾结。对官员而言也是如此；(3)官商勾结所形成的利益共同体的收益反映的是风险折算后的收益，即考虑了合约可执行性风险后的收益。对企业家而言，这一风险反映的是官员背约所导致的风险。因此，这一风险越高，企业家所要求的风险溢价就越高。对这一风险溢价的支付，可以表现为对资源或行业性的垄断经营或特许权，也可以表现为诸如廉价银行贷款或财政补贴之类的优惠政策，等等；(4)对官员而言，他所考虑的主要问题不是企业家会主动违约①，而是究竟该选择什么样的企业家达成官商勾结。如果

① 从理论上讲，企业家也可能主动违约。但考虑到中国更普遍的情况是在政府面前企业家往往处于弱势地位，且为简化起见，我们这里不考虑企业家主动违约的情况。

官商勾结的利益主要来自企业家在市场竞争中所获得的收益，那么显然能力越高的企业家就越能带来更多的利益，企业家会在官商勾结的谈判中处于优势地位。如果官商勾结的利益主要来自官员手中掌握的资源，那么对企业家的能力的考虑就不会占据主要地位，官员则会在官商勾结的谈判中处于相对优势地位。前一种情况下，能力越高的企业家会在官商勾结中获得更多的利益，并且官员也愿意和能力更高的企业家形成利益共同体。而这种官商勾结对效率不仅没有负面效果，且由于其局部产权保护和对高能力企业家能力的选择而有利于资源配置效率的提高；在后一种情况下，官员而不是企业家在官商勾结中获得更多利益，并且由于对企业家能力不重视，高能力的企业家从官商勾结中所获得的好处变小，最终官员会选择能力较低的企业家形成官商勾结。这种官商勾结从保护产权的角度来讲效益有限，因为它并没有把资源更多地配置到能力更高的企业家手中。

不管最终均衡结果如何，一旦均衡形成，那么这种保障官商勾结利益最大化的利益共同体就具有一定的稳定性，因为这种利益最大化具有自我实施的性质，不需要独立第三方的监督和保证实施。但是，如果一些外在参数发生变化，那么原有官商勾结合约就有可能不再符合合约一方甚至合约双方的利益最大化，从而面临着产权保护可置信的问题。从目前看来，这种外在参数的变化，可能主要来自中央或上级的反腐力度。给定任何一个官商勾结，反腐力度的加大意味着官商勾结被发现的可能性上升，从而减少官员通过官商勾结来获得的收益。在这种情况下，官员可能会要求提高从官商勾结中所获得的收益份额，甚至可能完全退出官商勾结。但反腐的效率含义却比较复杂。如果官商勾结中利益主要来源于官员手中掌握的资源，那么反腐力度加大，只会导致官员的利益受损，但由于整体产权保护环境不变，因此实际上对效率的影响不大。但如果官商勾结利益主要来自企业家的才能，那么反腐力度加大，会导致官商勾结的利益分配向官员倾斜，或者官商勾结解体，其产权保护功能消失，无论哪种情况发生，实际上都会造成效率的损失。

5.3.2 官商合作

官商合谋的另一类表现形式是官商合作，即官商双方通过公共物品的方式向对方输送利益。其特点是，由于所提供的利益形式是公共物品，因此官商合作下的利益输送对象不会也无法局限于特定的个人或者以少数人为核心的关系网络。尤其是，对原有的受惠人而言，因为官商合作下利益输送是具有非排他性和非竞争性的公共物品，因此受惠人规模的扩大并不会造成自己的利益损失，而利益提供者的边际成本也不会因此而变大。官商合作下的利益实现形式因而主要体现为按一定规则进行公共物品分配或集体行为，例如官员可提供良好而开放的经商秩序和环境（包括对官僚行为的自我约束、稳定的征税、合理的市场监管和政府服务、适度的基础设施投资），而企业家群体则可提供的是稳定的就业和税收收入以及对官员群体的政治支持。

从产权保护的角度来看，官商勾结是一部分官员通过向少数特定的商人或企业家提供产权保护，包括提供排他性的合同、资源甚至特权，并从中获得政治或经济利益。而官商合作则是官员通过为尽可能多的商人和企业家提供开放和普惠式的产权保护（作为一种公共物品），从中获得回报，并且这种回报也不会仅流向少数特定的官员或其网络，而是以公共资金或其他形式惠及官员群体。因此，官商合作下的官商关系则更开放，具有更广泛的社会容纳性，从而也就允许更广泛和充分的竞争。

从我国的经济发展历程来看，真正对民营企业的健康发展和培育企业家精神有促进作用的，是官商合作而不是官商勾结。例如，改革开放早期，无论农村的包产到户还是城市的个体或私营企业，因为意识形态的原因都不得不在地下状态存在。如果这些活动仅是个人行为，那么其影响和作用都会很有限，且更多地是建立在个人利益交换基础上的违法行为；但如果是在政府官员默许甚至支持下的集体行为，就更接近于突破性的基层群众试验和创新，其生命力会更顽强，影响范围和作用都会大很多。例如，针对改革初期农民自发的包产到户现象的研究表明，凡是出现大范围和持久性的农民自发包产到户的现象，几乎无一例外都是在政府官员对大范围农民自发性的包产到户实践普遍予以默许和支持的情况下发生的。而如果是个别官员或个别农民的自发行为，那么往往会出现人亡政息的现象，即随着干部的调动或升降，新上任的干部对自发包产到户的态度发生了很大的改变，因此包产到户的命运也随之发生转折。①

类似地，在私营部门的发展过程中，存在一个官商合作的环境也对私营经济的助益极大。例如，在温州经济发展过程中，虽然宏观经济和政策环境在整个80年代末至1992年之前出现过多次反复甚至挫折，但温州地区的民营经济仍然茁壮成长。原因之一就是即使在政治压力很大的情况下，温州各地各级领导干部均对当时在意识形态上比较敏感的各种基层政策创新给予极大的容忍和支持，并且这种支持和鼓励，

---

① 对这一问题的详细叙述和分析，可参阅章奇和刘明兴(2016)一书的第3章和第5章。

并非局限于个别特殊行业或特权企业，而是面向整个地区的所有民营企业和行业。① 因而，即使民营部门在整体产权保护有缺陷的情况下，仍然可以得到相对稳定的经营环境并获得相应的发展。

即使在90年代开始全面建设有中国特色的社会主义市场经济体制之后，官商合作仍然在发挥重要的作用，且和90年代之前相比，有了一些新发展和特点。这里以浙江省台州市的黄岩市撤市并区事件为例说明。1994年，在浙江省政府的支持下，台州地委决定将黄岩市撤市并区并通过了“撤市并区”的决议。根据该决议，这意味着黄岩市政府的行政和财政权力将大部分被上收到市一级，从而会极大损害黄岩的地方政治精英的利益。这首先导致了黄岩本地精英的抵制。当年4月，黄岩市人大会议期间，160名人大代表（占总数的70%）联名上书党中央、国务院和民政部，要求撤销台州地委将黄岩“撤市并区”的决议。大惊之下的台州地委动用行政手段，通过其在黄岩市人大的代理人强行通过该决议，但随后此决议却被该市众多人大代表以各种方式抵制，包括集体罢会，甚至最终罢免了市人大主任，造成骑虎难下的局面。这也开启了随后长达八年的抵制活动，使得台州市难以将黄岩的各项财政行政权力上收。最终，台州市做出了一定的妥协，即在黄岩撤市并区后，在财权和事权方面均向黄岩做出很大的让步。

在最近十多年以来，以黄岩事件为典型代表，地方政治精英以集体性抗争的方式抵制来自上级对自己利益的损害，已经变得非常多见。其中，地方政治精英正是通过对社会力量的动员发起集体行动，从而成功地捍卫了自己的利益。而在这一过程中，作为一个社会阶层的企业家群体发挥了很大的作用。他们或借助于自己的人大或政协代表身份进行呼吁，或再借助自己的社会资源和网络动员更多的力量参与集体行动，从而能够为其背后的地方政治精英提供很大的支持。例如，企业家组织和参与了各种行业协会和企业家俱乐部，定期或不定期地举办各种活动，彼此进行业务信息交流或就政企关系进行协商，从而以集体行动的方式向政府传达自己的声音并影响政策制定。这反映了企业家群体作为一个社会阶层，其可支配的资源和社会影响力是不可小觑的。

更重要的是，企业家群体并不是孤军作战，在他们的背后往往可以看到更广泛的社会组织和社会性力量的参与。它们彼此之间互相呼应和支持，协调一致行动，从而

---

① 对这一问题的详细叙述和分析，可参阅章奇和刘明兴(2016)一书的第3章和第5章。

大大增强了自己的谈判能力，这说明民营企业的发展和社会资本的发达存在密切的关联。例如，根据新近的调研发现，当民营企业家和商人具备了一定的经济实力之后，往往会率先承担起对社会性的公共物品进行投资的责任。在民营资本的支持下，更多的民间社会组织也不断涌现，例如各地各具特色的老人协会、民俗协会、地方性舞蹈协会，等等。这些社会性的民间组织，通过其日常运作，大大推动了各种社会力量的融合交流，对各方社会利益起到了调节和整合的作用，极大地丰富了本地社会资本，增强了社会的聚合和团结。除此之外，当这些社会组织容纳了许多退休甚至在职的政府官员时，就进一步起到了联结社会和政府的作用，使得这些在职或退休的政府官员深度嵌入(embedded)自己所处的社会中，使得政府和社会之间的沟通更加通畅和顺利。①这保证了无论是官员还是包括企业家在内的社会力量，均能够有效地通过集体行动向对方提供支持，自然其回报也不能流向少数个人或其网络，而是以公共物品或准公共物品的形式实现利益均沾。

和官商勾结相比，官商合谋所形成的利益共同体对其产权安全的保护机制不仅更为公平和开放，并且更加稳定。这是因为官商合作中，双方主要是通过集体行动为对方提供利益，即使个别的官员或企业家有退出合约的动机和行为，也不会对官商合作的运行造成明显的影响。因此除非发生非常大的变动(例如全局性的政治运动)从而导致其中一方完全丧失集体行动能力，否则官商合作的稳定性不会轻易发生变化。

除此之外，和官商勾结相比，官商合作也更有利于人力资本积累和技术进步。这和前文所提及的企业所使用的生产要素的投入性质及其对官商合谋的稳定性有关。从政府官员的角度来看，如果企业生产依赖的主要是传统资源(例如土地和自然矿藏)或非常成熟的技术，那么企业的未来发展轨迹基本上就是可预计的，其要素投入需要依赖政府官员持续提供的保护甚至是排他性特权，或者企业在可预见的将来不可能通过技术突破而发展出新的盈利模式，从而对原有政商合谋的相互需求关系不会产生很大的变化，因此官员就无需担心企业家会主动背弃现有的政商合谋关系。相反，如果企业主要依靠人力资本作为要素投入或使用特定甚至前沿的技术，那么企业家相对于政府的信息优势就十分明显，政治精英对企业的可控程度就相应减弱。因此，政治精英具有内在的动机不鼓励企业进行技术升级或创新，甚至可能会主动采

① 参见Tao(2015)。以埃文斯(Peter Evans)等人为代表的学者运用“嵌入性自主”的概念来分析政企关系和政府—社会关系，和本文的分析有相似之处。但本文这里的分析(包括后文的分析)更着重不同政商关系的产权保护含义，尤其是能够形成不同官商合谋关系的驱动原因。

取策略性行动，来阻止企业进行人力资本投资或采用新技术。

尽管如此，在官商合作中官员提供的是公共物品和服务，这种利益提供方式使得官员缺乏足够的手段来阻止企业采用新技术或技术革新。不仅如此，包括产权保护在内的公共产品和服务往往为企业试验新技术提供了一个良好的治理环境和基础设施条件，因此实际上这反而会有利于企业采用新技术和新的商业模式。同时，如果企业所处的宏观环境并不能提供一个完美的产权保护环境，那么其所处的官商合作的小环境反而不具有可替代性，因为在发展中国家良好的治理尤其是产权保护往往是稀缺品。这就使得那些密集使用人力资本和新技术、新生产方式的企业很难在现有的官商合作关系之外找到合格的替代品。因而，也就使得官商合作关系中的政治精英并不会强烈反对企业对人力资本和新技术的投资。相反，在官商勾结中，官员提供的是排他性的产权保护甚至特权，而新技术和新商业模式的引进，意味着官员所提供的私人物品价值的降低以及企业对官员私人物品的依赖度降低。这也就意味着他们会对任何有可能导致对这种排他性私人物品产生替代的新技术和新商业模式产生强烈的警惕和排斥。同时，和官商合作相比，由于官商勾结关系中官员提供的是排他性的私人物品，这意味着企业对这些排他性私人物品的依赖度更强，而官员也因此掌控着对企业至关重要的资源，从而也就更有能力采取行动来阻止企业采用新技术和新的商业模式。

以上分析在很大程度上能够解释为什么那些具有活力的商业模式和技术进步（尤其是那些和创意、信息技术相关的人力资本密集型技术和商业模式）主要从那些民营企业发达的东南沿海一带集中涌现出来，例如阿里巴巴、腾讯、顺丰、小米、大疆等新技术和新商业模式的代表性企业主要集中在江浙一带和广东等沿海省份。而这些地方的民间社会和民间资本也非常成熟和活跃。我们的分析表明，这并不是巧合，而是官商合作和官商勾结不同路径的必然结果。

5.4 官商勾结还是官商合作：影响因素

以上分析表明官商勾结和官商合作的性质存在很大的差异。在现实中，究竟官商合谋是以官商勾结还是以官商合作的形式存在，取决于很多外在条件。

首先，从供给端来看，官员是否拥有足够多的权力和资源是一个非常重要的因素。如果官员能够掌握和支配的资源较少，通过提供私人物品向对方提供利益的成本就会很高，也不会具有可持续性，此时通过提供公共物品的方式输送利益就成为更可行的选择。

除了资源丰裕程度外，权力和资源在官员之间的分布也是一个重要影响因素。如果权力和资源主要集中在少数几个官员手里，这些官员就可以且能够向他们的潜在支持者提供排他性的私人物品，包括保护网、特权（例如合同或优惠贷款）和其他利益，并且后者也仅需向这些官员提供回报而无需和其他的官员进行分享。换言之，如果权力和资源的分布越集中于少数政治精英手上，那么官员对官商勾结的偏好就越强烈，形成官商勾结的能力也越强。

对企业家及其网络而言，其内部资源的分布和集体行动的能力对他们究竟会以什么样的形式进行官商合谋也很重要。在其他条件相同时，如果企业家群体乃至包括其所在的社会环境的社会资本薄弱，从而彼此缺乏沟通和协调，彼此被原子化了，这就会导致自己作为一个整体的集体行动能力不强，而其作为一个群体成为官员相互合作的盟友的价值和可能性均会大大降低。并且，他们也只能依靠官员而不是依靠自己的力量来对企业家群体进行组织和动员，从而对官员的依赖度就会上升。这样一来，他们面对官员时的谈判能力就会变弱，在官商合谋中所获得的利益也会缩小。进一步地，如果企业家群体内部的资源分布大幅度集中于少数几个企业家或商人而不是在企业家群体内部较为均匀地分布，那么官员则不会有通过提供包括产权保护在内的公共物品的方式向企业家提供利益，因为在现有条件下不需要把资源在更大范围的群体内进行分配，只需要把那些更具有重要性的少部分企业家或是商人笼络到自己的官商勾结关系下进行利益交换就足够了。

以上分析表明，在社会资本比较成熟、政治精英资源垄断性较弱的情况下，更容易出现官商合作而不是官商勾结的情况，这事实上也意味着好的政府治理和包容性的经济增长往往是同时出现的。另一方面，和完善的产权保护一样，成熟的社会资本、政府官员无法垄断社会资源以及政府官员内部的资源分布分散这些更容易产生官商合作的条件也并不是那么容易具备的。只有在特定的历史和社会背景下，这种良好的外在条件才可能存在并进一步发育成熟。

例如，章奇和刘明兴(2016)针对 1949 年后浙江民营经济发展的研究表明，只有当一部分政治精英在体制内的权力结构中因为特定的历史原因而结构性地处于权力边缘地位从而远离权力中心时，他们才可能具有从体制外寻求有力支持的动力。并且因为这些政治上被边缘化的官员在体制内的弱势地位，他们也没有足够多的资源来构建官商勾结的网络，即以私人物品的方式向自己的潜在支持者输送利益，而只能通过官商合作的形式，即向普通民众提供产权保护这样的公共物品和服务的方式向基层支持者让渡利益，从而换取后者对自己的支持。这也是改革前，企业家精神和民营经济的火种一直在部分地方得到保存的原因。由于那些被边缘化的政治精英主要分布在一些特定的地方，因此在该研究中这一民营经济发展主要也表现为浙江部分地区民营经济极具韧性，从而这一保护民营经济产权安全的机制也被称为"地方化的产权保护机制"。在改革后，随着宏观环境的逐步改善，官商合作关系得到进一步发展：就像黄岩事件和其他散布在全国各地的类似事件一样，地方政治精英面临着政治不确定性时，可以通过动员自己的支持者的集体行动来达到目的。而越是那些相对边缘化从而比较弱势的地方官员和干部，才有动力把更多的利益留给包括企业家在内的社会力量，以此来深度动员并换取整个社会力量的支持，从而使自己有足够的实力来面对政治不确定性对自己利益的侵蚀。

换言之，产生保护民营经济产权安全的逻辑，同样也解释了为什么社会资本也同时能够得到比较好的发育。相反，越是在那些官员比较接近权力中心从而非常强势的地方，这些官员和干部也就掌握了大量的资源，他们也就更倾向于通过构建官商勾结的网络来进行利益交换，这是这些地方社会资本发育弱小，但裙带资本主义和腐败却可能非常普遍的深层原因。从更广泛的意义上讲，这种不同官商合谋模式之间的差异及其驱动因素，也是各地经济发展模式互不相同之表象后的深层原因。①

需要指出的是，随着经济的增长和发展，不同地方即使起始条件类似，在经济发展的内生动力驱动下，也可能产生不同的发展路径和轨迹。例如在经济发展初期，企业无论是规模大小还是技术水平都不会有很大差异。但随着经济的增长和竞争的加剧，由于企业家的智力、见识和经营水平的差异，企业间无论规模还是技术水平之间的差异可能越来越大。如果差异足够大，导致部分企业甚至在地方市场获得了近乎垄断性的地位，且这时政治精英之间的资源分布也呈现明显的集中趋势，出现政商勾结的可能性就会越来越大，即政治精英和部分大企业之间形成政商勾结关系网，使得资源更多地向少数大企业进行倾斜。因此，企业之间的异质性以及企业家才能之间的异质性有可能成为导致政商勾结的土壤。并且，完全也可能产生如下情况，即少数

---

① 限于篇幅，本章并不对这地方经济发展模式差异的问题进一步展开分析。

大企业相对政治精英的谈判能力和优势更明显①，因此在政商勾结中，利益分配向这些大企业而不是政治精英进行倾斜。在这种情况下，政治精英更像是少数大企业的政治代理人和代言人。

5.5　官商合谋：如何治理和改进

从上文的分析已经可以看出，官商合谋不应该被简单看成是一种腐败。在产权保护环境存在缺陷的情况下，官商合谋也可以是经济主体为了寻求产权安全而和官员所形成的一个利益共同体，以此来实现局部产权安全。在这种情况下，对官商合谋的治理，实际上不能脱离产权保护这个大背景。同时，官商合谋的表现形式不同，说明官商合谋的性质也不同。

从现实情况和发展阶段来看，对官商合谋的治理，首先应该是对官商勾结的防范和治理，因为官商勾结是腐败和不公正现象的温床。同时，即使是对官商勾结的治理也不应该使用一刀切的运动式打击，而应该有所重点和针对性。换言之，在现阶段，如果要通过反腐来遏制官商合谋，需要注意到合谋的异质性，即官商勾结和官商合作的区别。因此，应该把反腐的主要战场放在那些官员容易利用手中的稀缺资源来形成官商勾结的地方或行业，例如自然资源丰富的地方（这些地方的主管官员）、垄断部门和行业，以及资金密集型的传统行业。

而在那些市场竞争比较激烈、盈利模式更加依靠人力资本和技术创新的地方和行业，官商合谋更多地体现为官商合作，这里面当然也不会缺乏权钱交易这样的不合理现象，但却不宜过多地部署反腐资源或进行运动式的反腐。这是因为官商合作更多的是一种局部产权保护机制，那么在整体产权保护环境没有得到根本改善的前提下，运动式的反腐虽然对腐败有所打击，但同时也会对官商合作客观上所带来的产权保护功能造成冲击，并且这种对产权保护功能的打击所造成的效率损失，可能会超过打击腐败所带来的收益。

对官商合作，更应该从大环境入手，从导致官商合作存在的前提入手，增强民营企业对产权安全的信心。这包括以下内容：

---

①　这和政治精英比较弱势，且其集体行动能力不强有很大的关系。限于篇幅，本文不对此进一步展开分析。

1. 依法治国，真正尊重和保护私有产权

官商合谋作为正式产权保护的一种替代，实际上表明根本问题在于正式的产权保护制度和环境仍然存在着一定的缺陷，而官商合谋只能部分替代正式的产权保护，其作用终究有限。因此，解决官商合谋的关键和根本在于采取措施，从本质上提高产权安全，从而提高企业家对产权安全的信心。笔者认为，这需要从以下几个方面入手，全面展开、循序渐进地加强产权保护，提高企业家的信心。

第一，从典型案例出发，纠正一些民营企业产权明显受到侵犯的大案要案。目前，全国各地均积累了不少民营企业产权明显受到侵犯的大案要案，但都处于待纠正状态，甚至还没有启动复查。这说明决策者还没有认识到这些案件对损害企业家投资信心及其对未来投资环境判断的危害性。通过复查并纠正大案要案，并且及时显著地在全国范围内宣传其效果，对在短期内恢复企业家对产权保护环境的信心会起到很大的作用。①

第二，全面梳理和改革经济法和刑法中有关产权保护的条款，为市场经济的良性运行奠定基础。现有法律中，有关市场经济秩序的法律条款不断增多。这些条款，有些构成了对产权自由运行的障碍，有些则过于细化，成为随时套在民营企业家头上的“口袋”，同时增强了官员利用这些条款随时给企业家定罪的工具。②需要系统梳理这些条款，按照平等和公正的原则，减少对民营企业家经营的限制和歧视。同时也要从限制公权部门权力入手，防止他们利用现行法律的漏洞或灰色地带，随意给民营企业家设置罪名，不仅侵犯了私人产权，更可能侵犯企业家的人身安全。

2. 通过减少垄断和管制、增加经济自由度，增大民企经济产权的运行空间，减小官员设租的空间

目前，我国的各种法律法规中，还有很多对正常的市场经济行为设置的各种限

---

① 一个例子就是当年邓小平对“傻子瓜子”案件的处理。1981 年 7 月，国务院下发《关于城镇非农业个体经济若干政策性规定》，准许个体经营户请一至两个帮手；技术性较强或有特殊技艺的，可以带两三个最多不超过五个学徒。但雇工问题并没有得到根本解决，企业自主用工仍然受到很大限制，尤其是意识形态和法律的限制。在这方面，“傻子瓜子”事件堪称典型。改革开放初期，“傻子”年广久通过雇工经营，企业越做越大。许多人“不舒服”，主张“动他”。1984 年 10 月，邓小平在中顾委第三次全体会议上谈及此事，他说：“前些时候那个雇工问题，相当震动呀，大家担心得不得了。我的意见是放两年再看。……你解决了一个‘傻子瓜子’，会牵动人心不安，没有益处。”就这样，雇工渐被认可，不属违法之列了。

② 在司法不完善的条件下，过细的法律条款使得司法部门和政府官员随时可以动用公权力去侵犯产权，谋取私利。有关这方面的案例介绍，可参考陈有西：《市场经济的确立与经济刑法重构》。

制，其目的是维持一些领域的国有行政垄断或限制私人资本的活动空间。例如，在铁路、电信、航空、公用事业（水务、电力等）等行业设置行业准入壁垒，对非法经营罪的规定，涉及包括烟草、证券、外汇、电信等各种经济业务的限制和管制，等等。尽管这些规定有可能对维护正常的市场经济秩序产生一定作用，但同时也极大地损害了市场经济的自由公正基础，例如破坏契约自由、交易不自主、割裂了市场自由流通，从而对民营经济产权造成了侵害。无疑，这也是滋生官商合谋的一个重要渠道。

这里需要特别强调的是减少国家的金融垄断和对民间金融的打击。本来企业与银行应是相辅相成、互惠互利的平等市场关系。但在目前金融业几乎均为国有或国有控股的情况下，金融机构尤其是银行的地位天然高于民营企业，两者的交易处于高度不对等状态。在我们的分析中，官商合谋中官员可以提供的除了局部性的产权保护外，还有其可以用来交易的特殊资源，包括不按市场价格进行交易的金融资产（例如银行贷款）。而如果企业的预算在很大程度上受到金融体系的限制，那么就更有动力通过官商合谋来放松预算约束，这也是官员利用自己对资源的垄断来提高自己在官商合谋中谈判地位的一个重要渠道。

现有的金融体系及国家管制在两方面加重而不是放松了企业的负担：一是从正规融资的角度来看，企业的大部分融资需求依靠银行贷款来满足。但银企关系的市场地位不对等，造成在实际的借贷关系中，银行往往要求企业提供数倍于资产的抵押、担保，甚至购买保险，追求自身利益最大化的同时把风险向企业转移。反之，企业则需承担抵押、担保、评估、保险等各种手续费以及利息，甚至万一出现的罚息，所有的风险和费用全部由企业来承担。如果商业环境好，企业经营得利，则银行稳赚，反之则银行将企业资产没收；如果企业经营微利，则利润全归银行。而银行贷款利息高、门槛高、手续费高是众所周知的事实，随着经营成本大幅上升，微利企业越来越多，“三高”之忧凸显。这些问题的存在，迫使民营企业，尤其是中小民营企业很难享受到银行贷款，不得不转向黑市高息融资，致使民企融资成本居高不下，极大地加重了企业的负担。在这种情况下，很多企业不得不转向利率很高的民间融资。但即使是民间融资，也受到管理当局的极力压制。不仅民间融资基本上不受法律保护，且很大程度上受到禁止，甚至被视为犯罪。在无论正规融资还是民间融资都受到很大压制的情况下，企业转向官商合谋以应对并不令人意外。

3. 加强政府的社会治理水平，加强社会力量的自我管理和服务的力量，培育社会资本

我们的分析表明，民营经济的发展和民营企业的壮大，和所处地方的社会资本的

发达程度有密切关联。它们的共同发展和繁荣，有助于产生和维系一个平衡良性的官商合作关系。这样一种官商合作关系不仅有利于民营经济的产权保护，而且因为各方力量比较均衡，因而利益分配也比较平衡，这对促进官民关系和谐乃至整个社会的和谐都不无裨益。因此，有必要从顶层设计的思路出发，继续发展和完善党的十六大以来促进社会统筹发展的战略思路，从战略发展的高度强调和理顺政府治理和社会治理的平衡关系，以政府治理水平的改善和提高作为加强社会治理水平的前提，以社会治理水平的上升作为提高政府治理水平的推动力，从而在发展中加强和完善产权保护机制，促进我国民营经济的可持续健康发展。

参考文献

曹正汉：《从借红帽子到建立党委：温州民营大企业的成长道路及组织结构之演变》，载《中国制度变迁的案例研究（浙江卷）》，中国财政经济出版社 2006 年版。

黄晓阳：《温州人：策划中国》，江苏文艺出版社 2007 年版。

李汉林、魏钦恭：《嵌入过程中的主体和结构：对政企关系变迁的社会分析》，中国社会科学出版社 2014 年版。

刘瑞明：《国有企业的双重效率损失与经济增长：理论和中国的经验证据》，格致出版社 2013 年版。

刘小玄：《中国转轨经济中的产权结构和市场结构——产业绩效水平的决定因素》，《经济研究》2003 年第 1 期。

罗党论、甄丽明：《民营控制、政治关系与企业融资约束》，《金融研究》2008 年第 12 期。

聂辉华：《政企合谋与经济增长：反思"中国模式"》，中国人民大学出版社 2013 年版。

吴晓波：《大败局》，浙江人民出版社 2011 年版。

杨记军等：《国有企业的政府控制权转让研究》，《经济研究》2010 年第 2 期。

姚洋、章奇：《中国工业企业效率分析》，《经济研究》2001 年第 10 期。

余明桂、回雅甫、潘红波：《政治联系、寻租与地方财政补贴有效性》，《经济研究》2010 年第 3 期。

余明桂、潘红波：《政治关系、制度环境与民营企业贷款》，《管理世界》2008 年第 8 期。

张伟：《市场与政治：中国民商阶层脸谱》，中央编译出版社 2015 年版。

章奇、刘明兴：《权力结构、政治激励和经济增长：基于浙江民营经济发展经验的政治经济学分析》，格致出版社 2016 年版。

Barro, R. J., 1997, *Determinants of Economic Growth: A Cross-Country Empirical Study*, Cambridge, Mass: MIT Press.

Barzl, Yoram, 1989, *Economic Analysis of Property Rights*, Cambridge University Press.

Brandt, Loren, and Xiaodong Zhu, 2010, "Accounting for China's Growth", Working Paper 395, Department of Economics, University of Toronto, Toronto.

Evans, Peter, 1995, *Embedded Autonomy*, Princeton University Press.

Furubotm, Erik, and Svetozar Pejovich, 1972, "Property Rights and Economic Theory: a Survey of Economic Literature", *Journal of Economic Literature*, 10(4):1137—62.

Huang, Yasheng, 2007, "Ownership Biases and FDI in China: Evidence from Two Provinces",

Business and Politics, 9(1):1—45.

Huang, Yasheng, 2008, *Capitalism with Chinese Characteristics: Entrepreneurship and the State*, Cambridge: Cambridge University Press.

Johnson, Simon, John McMillan, and Christopher Woodruff, 2002, "Property Rights and Finance", *American Economic Review*, 92(December):1335—1356.

Kaufmann, Daniel, Aart Kray, and Pablo Zoido-Laboton, 1999, "Governance Matters", Policy Research Working Paper 2196, World Bank, Washington, DC.

Li, Hongbin, PakWai Liu, Junsen Zhang, and Ning Ma, 2007, "Economic Returns to Communist Party Membership: Evidence from Urban Chinese Twins", *Economic Journal*, 117(523): 1504—1520.

Markus, Stanislav, 2012, "Secure Property as a Bottom-Up Process: Firms, Stakeholders, and Predators in Weak States", *World Politics*, 64(2):242—247.

North, D.C., and B.R.Weingast, 1989, "Constitutions and Commitment: The Evolution of Institutions Governing Public Choice in Seventeenth-Century England", *The Journal of Economic History*, 49(4):803—832.

North, D.C., W. R. Summerhill, and B. R. Weingast, 2000, "Order, Disorder, and Economic Change: Latin America versus North America", pp. 17—58 in *Governing for Prosperity*, ed., B. Bueno de Mesquita and H.L.Root, New Haven, Conn: Yale University Press.

North, Douglass C., and Robert Paul Thomas, 1973, *The Rise of the Western World: A New Economic History*, New York: Cambridge University Press.

Oi, Jean, and Andrew G.Walder, 1999, *Property Rights and Economic Reform in China*, Stanford: Stanford University Press.

Radnitz, Scott, 2012, *Weapons of the Wealthy: Predatory Regimes and Elite-Led Protests in Central Asia*, Ithaca, N.Y.: Cornell University Press.

Stephen, Haber, 2003, *Crony Capitalism and Economic Growth in Latin America*, Hoover Institute Press.

Tao, Yu, 2015, "Enemies of the State' or 'Friends of the Harmonious Society'? Religious Groups, Varieties of Social Capital, and Collective Contention in Contemporary Rural China", Ph.D. thesis, Oxford University.

Tsai, Kellee, 2004, *Back-Alley Banking: Private Entrepreneurs in China*, Cornell University Press.

第6章

改革年代的中国城市和产业创新力

寇宗来　刘学悦　朱智豪(Angus C.Chu) | 复旦大学经济学院

6.1 引　言

过去40年,中国的创新性不断增强,逐步成长为一个创新型国家。一方面,从创新投入角度来看(如图6.1所示),中国研发支出占GDP的比例从1998年的0.51%提升到2016年的2.11%。另一方面,从创新产出角度看,从1998—2016年,中国的专利申请数量从12万件增长至346万件,并且从2011年开始,中国国家知识产权局成为全球接受专利申请数量最多的机构。这些增长可以部分归因于知识产权保护程度的上升,即自20世纪90年代初期开始,中国实施了一系列强化专利保护的政策改革。

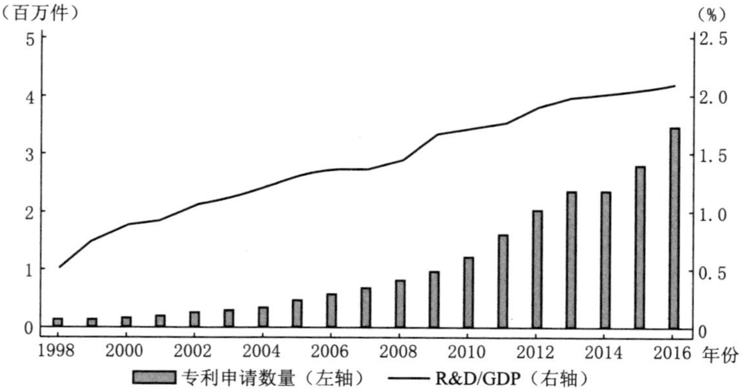

图6.1　中国研发强度和专利申请数量

资料来源:国家统计局。

1992年,中国发明专利的保护期限由15年延长至20年,实用新型专利和外观专利的保护期限也从5年延长至10年。这次专利法改革同时也扩大了专利申请主体的适用范围。在加入世界贸易组织(WTO)之前,为适应WTO关于知识产权的TRIPS协定,中国于2000年又一次修改了专利法。这次改革的内容包括:(1)专利权人可以在提起诉讼前获得对侵权行为的禁止令;(2)规定了计算侵权损失额度的标准;(3)强调了国有与非国有企业享有同等的专利权;(4)简化了专利申请、审查和转移的程序,并建议了统一的专利申请制度。Hu和Jefferson(2009)的研究表明,2000年的专利法改革是中国之后专利数量激增的重要动因。之后,中国在2008年通过了第三次专利法修改方案,并于2009年开始正式实施,此次修改的主要目的是,在2020年之前建成知识产权得以完善保护的创新型国家。Yang和Yen(2010)对中国第三次专利法修改进行了综述,总体而言,这次专利法修改旨在:(1)促进专利申请;(2)鼓励开发共有专利权;(3)提高专利授予的门槛;(4)提高专利侵权的法定损失和行政罚金;(5)明确专利实施的强制许可规范;(6)建立对遗传资源的保护制度。

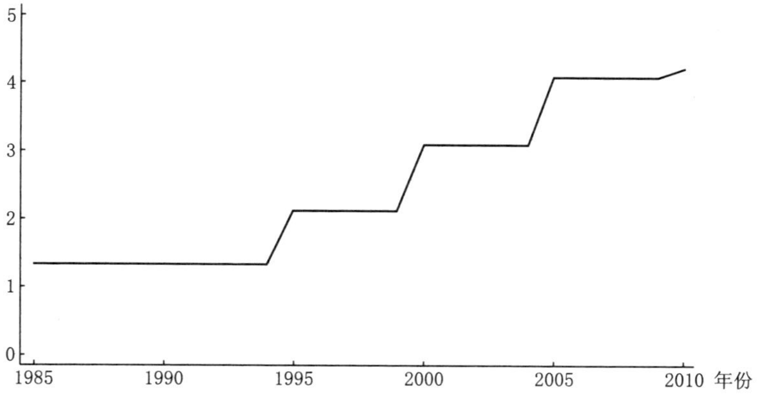

图6.2　中国的专利权指数

资料来源:根据Ginarte和Park(1997)文中相应数据计算。

根据Ginarte和Park(1997)构造的衡量知识产权保护的专利权指数,如图6.2所示,中国从1985年的1.3上升到2010年的4.2。受中国专利制度演进的启发,Chu等(2014)采用熊彼特增长模型来分析这个问题。在他们的模型中,发展中国家面临着自主创新和国外技术转移的权衡。更为重要的是,伴随着经济体越来越接近世界技术前沿,自主创新和国外技术转移的相对重要性也会发生变化。他们的研究发现,国家的最优专利保护程度受其技术发展阶段的影响。具体而言，在一国的技术发展早期，应该实施较弱的专利保护以促进国外技术向本国转移；而当一国的技术水平较高时，应当实施较强的专利保护以激励自主创新。因此，当国家的技术水平越来越接近世界前沿时，最优专利保护程度也随之上升。这点也和中国的渐进式改革思路一致。Chu 等(2014)也提供了支持他们理论模型结果的经验证据。他们发现，当一国远离世界技术前沿时，专利权对经济增长的作用是负面的；而当一国接近世界技术前沿时，专利权对经济增长有正面作用。

虽然上文已经清晰展现出，通过实施恰当的政策，中国正在变得更具创新性，但这些加总数据只能从宏观层面描述中国的创新活动。从技术领域、行业类别以及城市层面理解中国的创新行为也非常重要，因此，在本文中，我们将从微观层面构造一系列创新指数来描述中国的创新活动。

本文的后续部分安排如下：第 2 节简要介绍改革开放以来中国的创新政策；第 3 节给出了创新指数的计算方法；第 4—6 节分别描述了中国地区、产业和企业层面的创新特征事实；第 7 节为本文结论。

6.2 中国的创新政策

中国正在逐渐建设成一个创新型国家，除了得益于市场化改革之外，这还与政府制定的一系列以促进创新为导向的法律法规与政策有关。为了理解这一点，我们必须对过去近 40 年中国经济高速增长背后的创新政策有一个清楚的认识。通过对国家层面典型的创新政策梳理，我们将 1978—2016 年中国的创新政策梳理于表 6.1 中。

表 6.1 中国的代表性创新政策

时间	核心内容	政策文件
1978 年 3 月	对“文革”的“拨乱反正”和计划体制框架下的“休养生息”	《1978—1985 年全国科学技术发展规划纲要》
1985 年 3 月	改革对研究机构的拨款制度，按照不同类型科学技术活动的特点，实行经费的分类管理	《关于科学技术体制改革的决定》
1985 年 4 月	建立专利制度，保护专利权人的合法权益，鼓励发明创造，推动发明创造的应用，提高创新能力	《专利法》(于 1992 年 9 月、2000 年 8 月和 2008 年 12 月分别进行过 3 次修订)

续表

时　间	核　心　内　容	政　策　文　件
1986年2月	加强基础研究和部分应用研究工作，逐步试行科学基金制	《国务院关于成立国家自然科学基金委员会的通知》
1987年1月	进一步放活科研机构，促进多层次、多形式的科研生产横向联合；进一步改革科技人员管理制度，放宽放活对科技人员的政策	《国务院关于进一步推进科技体制改革的若干规定》
1987年6月	建立技术市场，保障技术合同当事人的合法权益，维护技术市场秩序	《技术合同法》
1988年1月	落实《技术合同法》	《技术合同管理暂行规定》
1989年3月	落实《技术合同法》	《中华人民共和国技术合同法实施条例》
1991年12月	贯彻"经济建设必须依靠科学技术，科学技术工作必须面向经济建设"的战略方针，坚持"科学技术是第一生产力"	《中华人民共和国科学技术发展十年规划和"八五"计划纲要》
1996年3月	确定"科教兴国"战略为基本国策	《关于国民经济和社会发展"九五"计划和2010年远景目标纲要及关于〈纲要〉报告的决议》
1996年5月	全面落实科学技术是第一生产力的思想	《中共中央、国务院关于加速科学技术进步的决定》
1996年5月	促进科技成果转化为现实生产力，规范科技成果转化活动	《中华人民共和国促进科技成果转化法》(于2015年8月进行过一次修订)
1996年9月	坚持在面向经济建设和社会发展主战场、发展高技术和建立高新技术产业、加强基础性研究三个层次上进行科技体制改革	《关于"九五"期间深化科学技术体制改革的决定》
1999年3月	落实《中华人民共和国促进科技成果转化法》	《关于促进科技成果转化的若干规定》
1999年8月	促进技术产业化	《中共中央、国务院关于加强技术创新，发展高科技，实现产业化的决定》
2000年6月	促进软件产业和集成电路产业的技术产业化	《鼓励软件产业和集成电路产业发展的若干政策》

续表

时　间	核　心　内　容	政　策　文　件
2006年2月	确定“自主创新，重点跨越，支撑发展，引领未来”的发展方略；全面推进中国特色国家创新体系建设	《国家中长期科学和技术发展规划纲要（2006—2020年）》
2015年3月	指导深化体制机制改革，加快实施创新驱动发展战略	《中共中央国务院关于深化体制机制改革加快实施创新驱动发展战略的若干意见》
2015年9月	深化科技体制改革，建立技术创新市场导向机制，构建更高效科研体系，促进科技与金融结合，改革人才评价激励机制	《深化科技体制改革实施方案》
2016年5月	确定创新驱动发展为我国面向未来的一项重大战略，进一步加快实施国家创新驱动发展战略	《国家创新驱动发展战略纲要》
2016年8月	明确“十三五”时期科技创新的总体思路、发展目标、主要任务和重大举措	《“十三五”国家科技创新规划》

资料来源：根据国务院出台的相关法律法规和政策文件整理。

根据中国的代表性创新政策（表6.1），可以将其发展历程大致分为4个阶段。

第1阶段：1978—1984年。这个阶段的创新政策开始逐步扩大科研机构的自主权，鼓励发展横向联系，开始试点推行科研责任制和合同制，初步发展了技术市场和技术贸易。

第2阶段：1985—1995年。这一阶段开始于《关于科学技术体制改革的决定》的颁布，它构成了此后多年中国制定创新政策的基本框架。此阶段主要改革了科研经费拨款制度，试图促进技术市场的建立和技术成果的市场转化。具体而言，包括如下举措。第一，在技术的需求面，政府让企业成为其经营决策的剩余所有者，从而为他们引入新技术和提高经营效率提供激励。第二，在技术的供给面，政府大幅度削减了给予研究所的财政拨款，迫使研究所为维持生计而寻求外部的产业资金，其中包括技术合同转让费、技术咨询费、技术培训费，等等；而研究所为了获得这些外部资金，他们就必须关注其他基本行为人（如企业或者消费者）所遇到的各种技术问题（Gu，1999）。在此阶段，《专利法》于1985年颁布实施，中国的专利制度也开始形成。

第3阶段：1996—2005年。此阶段创新政策的目标集中于逐步落实“科教兴国”

战略。在这个阶段,中国政府进行了大规模的科研机构转制,借此推进科技成果的转化,并开始着眼于国家创新体系的建设。同时,政府也推出了一系列的促进技术产业化的创新政策,这些政策决定对于相关产业的发展起到了巨大的推动作用。在第 3 阶段之前,中国的创新主要依赖中科院系统、国防科工委系统、高等院校和地方科研单位这"四路大军"。而进入此阶段后,许多科研机构转制成为企业,一大批优秀的"高新技术"企业就此涌现出来,其中的明星企业包括华为、中兴通讯、联想和海尔等。企业开始逐渐成为中国创新的主力军。

第 4 阶段:2006 年至今。以国务院发布《国家中长期科学和技术发展规划纲要(2006—2020 年)》开始。此阶段的改革主要包括以下几个方面:第一,支持鼓励企业成为技术创新主体;第二,深化科研机构改革,建立现代科研院所制度;第三,推进科技管理体制改革;第四,全面推进中国特色国家创新体系建设。在这个阶段,企业的创新活力进一步被激发。相比 2006 年之前,中国的专利申请数量进一步爆炸式增长,研发强度(R&D 支出占 GDP 的比例)也快速增长。在 2012 年党的十八大明确提出"创新驱动发展"战略后,中共中央、国务院于 2015 年和 2016 年陆续出台《中共中央国务院关于深化体制机制改革加快实施创新驱动发展战略的若干意见》《深化科技体制改革实施方案》和《国家创新驱动发展战略纲要》等,开始贯彻实施"创新驱动发展"国家战略。并且在 2016 年 8 月,国务院出台《"十三五"国家科技创新规划》,明确"十三五"时期科技创新的总体思路、发展目标、主要任务和重大举措,旨在进一步建成创新型国家。

6.3　测量城市和产业的创新力

经济学理论和经验事实均表明,技术进步和创新是一个经济体实现长期可持续经济增长的关键。为度量创新活动或技术进步,既有研究主要使用三类指标:TFP(全要素生产率)、研发投入(R&D 支出)和专利。TFP 使用非常广泛,其核心思想是将经济增长进行分解,并将其中无法被要素积累解释的部分归因为技术进步。其不足之处是,在不完全竞争市场上,使用 TFP 衡量创新水平存在较大的误差。①在现代经济发展中,绝大多数创新都是人们有意识投资的结果,故 R&D 支出是反映市场创

① 参见 Hall(1988);Klette 和 Griliches(1996);Klette(1999)。

新激励的合理指标。但在中国，使用 R&D 支出有两个方面的主要问题，一是数据的可获得性比较差，二是因为会计制度不够完善，R&D 支出虚报问题比较严重。①本章通过创新力指数来测量中国不同地区和产业的创新水平，其中创新力指数主要基于中国专利数据计算得到。用专利度量创新活动有许多好处②，包括：首先，专利数据公开、客观，被人为操纵的可能性比较低；其次，专利信息更新及时，能够比较准确地反映技术变化趋势；最后，专利数据提供了专利技术类别与申请人等各种基本信息，可以直接使用专利数据对比不同城市、产业的结构差异。

在专利数据的使用上，与直接用专利数量作为创新绩效的普遍做法不同，本章充分考虑了不同年龄专利的价值差异，通过计量方法估计了不同年龄专利的平均价值，并以此为基础构建各个维度的创新指数。考虑到专利并非保障创新收益的唯一方式，本章的另一大特色是利用新注册企业数据构建城市层面的创业指数。下面详细介绍指数的构造方法。

本章基于国家知识产权局的专利数据、国家工商局的企业注册资本数据这两部分微观大数据，计算中国 2001—2016 年各维度的创新力指数。由于我们只有工商局 2005—2016 年的新成立企业数据，并且此数据没有企业的行业信息，故本章在计算城市创新力指数和产业创新力指数时会有所差异。创新力指数的计算过程主要分以下 3 步：

(1) 创新指数的计算。在中国国家知识产权局申请的专利主要包括发明专利、实用新型和外观设计三种，其中发明专利需要满足实用性、新颖性和创造性这三个特性，而另两种专利只需满足一定的实用性与新颖性即可。因此，相比实用新型和外观设计，发明专利的价值更能代表创新能力。另外，专利持有者需要缴纳年费来更新专利的存续期，一般而言，专利的存续年龄越大，私人价值也越大。因此，直接使用专利数量来衡量创新力既不准确、也不合理。本章将使用中国国家知识产权局的发明授权专利，通过专利更新模型估计其价值。在此基础上，一方面将每个专利的价值加总到城市层面，得到城市创新指数；另一方面，将每个专利的价值加总到产业层面，得到产业创新指数。为了便于比较，本章将 2001 年全国专利价值总量标准化为 100，计算得到 2001—2016 年的城市创新指数和产业创新指数。(创新指数的详细计算方法，参见《中国城市和产业创新力报告 2017》。)

---

① 根据对中国某高新区的调研发现，基于减税目的，许多企业(尤其是非上市企业)都倾向于高报 R&D 支出。

② 参见 Aghion 等(2005)；Griliches(1990)；Griliches 等(1986)。

（2）城市创业指数的计算。本章以各城市新成立企业数据来衡量其他形式的创新产出，同时，城市新成立企业数据也代表着城市的创业情况。考虑到不同企业的规模差异较大，仅用新成立企业数量去衡量城市的创业情况还不够准确，故本章将各城市所有新成立企业的注册资本金加总得到城市创业指数。为了便于比较，本章将 2005 年全国新成立企业注册资本总额标准化为 100，计算得到 2005—2016 年的城市创业指数。

（3）城市创新力指数和产业创新力指数。从经验的角度来看，很难测量出专利与其他创新产出（其他知识产权与商业秘密）价值的相对比例，故直接将城市创新指数和城市创业指数按照某个权重加权是不合理的。从简洁和实用性出发，本章分别对各城市创新指数和创业指数进行排名，然后计算两个指数排名的平均值，此平均值越小，城市的创新力指数排名越高。①

因此，城市创新力指数是一个相对值，数值越小，城市创新力相对越强。按照这一方法，本章计算了 2005—2016 年全国 338 个城市的创新力指数。②而产业创新力指数仅通过专利数据计算得到，即第一步中计算得到的产业创新指数。具体地，原始专利数据中并不直接提供行业信息，但会提供专利的 IPC 分类号（international patent classification, IPC），本章将专利的 IPC 分类号对应到国民经济行业，从而计算出 2001—2016 年产业创新力指数（包括二位码产业和四位码产业）。③

相比既有研究，本章的主要特色如下：

（1）创新产出，而非创新投入。本章的创新力指数旨在比较不同城市和产业的创新能力，因此，使用专利这类创新产出端数据比 R&D 支出、研发人员数量这类创新投入端数据更加合理。

（2）微观大数据，而非宏观数据。考虑到传统的宏观统计数据更新时间相对滞

---

① 当两个城市的创新指数和创业指数排名平均值相等时，创新指数排名靠前的城市，其创新力指数排名也靠前。

② 338 个城市包括 4 个直辖市和所有地级市、地级区域。由于 2001—2016 年中国进行多次行政区划调整，我们将专利和新成立企业的地址信息都调整到了 2016 年版的中国地级市行政区划代码。

③ IPC 分类号和国民经济行业代码（GB4754-2011）的对应关系表，参见中国国家知识产权局《专利统计简报》2015 年第 23 期，http://www.sipo.gov.cn/tjxx/zltjjb/201512/t20151210_1215698.html。由于技术分类和产业分类并不是一一对应的，IPC 号和国民经济四位码行业是 $m:n$ 型的映射关系，故当 1 个专利的 IPC 分类号对应 n 个四位码行业时，我们把它对应到这 n 个相关四位码行业上，并且其计算权重为 $1/n$。值得一提的是，一个企业也可能拥有多个行业的专利。

后，为了保证指数的即时性和前瞻性，以便于在宏观统计数据公布之前进行计算与预测，本章使用国家知识产权局和国家工商局的微观大数据计算指数。

（3）专利价值，而非专利数量。鉴于不同专利的价值差别较大，使用专利数量代表城市或产业的创新力会存在较大误差。例如，普遍而言，相比一般的专利，标准必要专利的私人价值明显更大。①为了修正这种误差，本章使用专利更新模型估计每类专利的平均价值，并在此基础上计算指数。②

（4）创新加创业，而非仅限于创新。专利只是创新产出的一种，创新主体还可能将创新产出以著作权、商标权等其他知识产权的形式持有，甚至不公开，保留为商业秘密。由于其他形式创新产出数据可得性较差，并且这部分创新产出的价值需要创新主体通过企业经营活动来实现，因此在计算城市创新力指数时，本章还使用各城市新成立企业注册资本总额来衡量作为其他形式的创新产出。③

6.4 地区创新的特征事实

本节将详细介绍中国地区层面创新的特征事实，具体安排如下：首先，选取部分代表性城市，依次对比城市创新指数、创业指数和创新力指数的变化趋势；其次，通过城市创新指数的计算结果，描述中国各区域的创新集聚情况；最后，介绍中国的 8 个创新极。（所有城市的创新力指数结果，参见《中国城市和产业创新力报告 2017》。）

首先，将所有城市的创新指数和创业指数加总到全国，如图 6.3 所示，令两个指数在 2005 年的数值分别标准化为 100，以对比它们的增长趋势。其中，创新指数呈指数化增长，尤其自 2006 年国务院发布《国家中长期科学和技术发展规划纲要（2006—2020 年）》后，全国各地陆续出台了一系列以专利促进为导向的创新政策，创新指数的增长进一步加快。而在 2005—2014 年间，全国创业指数的变化相对较小。但 2014 年全国进行了商事制度改革，将注册资本实缴登记制改为注册资本认缴登记制，放宽了企业登记成立的准入条件。得益于此次改革，全国创业指数于 2014 年开始激增，并

---

① 标准必要专利（standard essential patents）是技术标准要求使用的专利，企业想要达成技术标准就必须获得该专利的许可。一项专利成为标准必要专利后能够给专利权人带来很大的利益，即便存在替代性的专利时也是如此。可见，标准必要专利较之一般专利有着极高的市场价值。

② 参见 Pakes 和 Schankerman（1984）。

③ 工商局的新成立企业数据只有企业的经营范围信息，没有行业信息，因此在计算产业创新力指数时，本章并未使用新成立企业数据。

且在 2014—2016 年间保持了较高的增长率。在过去 10 多年间，相比创业的增长，中国专利创新的增速显著更快。

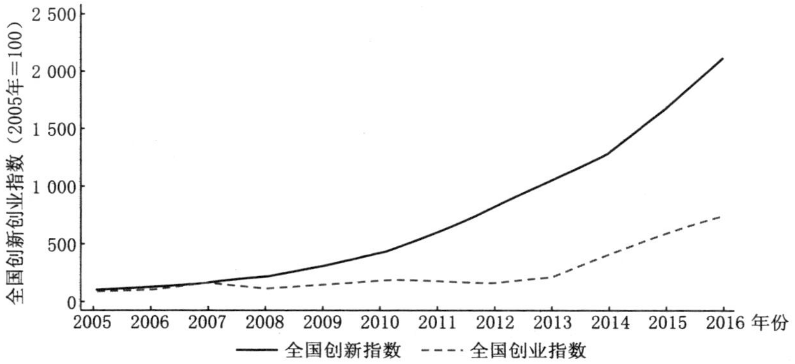

图 6.3　全国创新指数和创业指数比较

6.4.1　城市创新力指数

从城市层面来看，2016 年创新指数的前 3 名为北京、深圳和上海，这 3 个城市属于创新指数里的第一梯队，其他城市和它们的差距相对较大(图 6.4)。即使在这前 3 个城市内部，北京也是独占鳌头，其创新指数接近深圳和上海的总和。第 4—10 名依

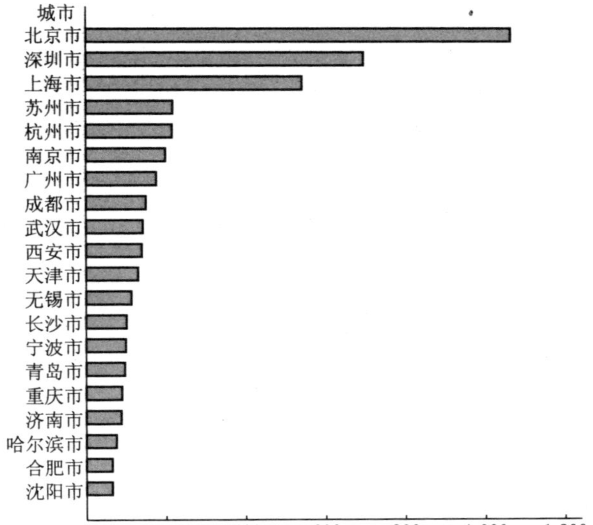

图 6.4　2016 年城市创新指数前 20 名

次为苏州、杭州、南京、广州、成都、武汉、西安。在创新指数前20名城市中，有13个来自东部地区，4个来自中部地区，3个来自西部地区；其中来自江苏省的城市最多，共3个；而广东、浙江、山东次之，分别有2个城市上榜。

表6.2展示了12个一、二线城市在部分年份的创新指数。在2001—2016年间，4个一线城市创新指数的增长趋势差别较大：深圳的平均增速最快，过去16年增长了550倍，增速远快于其他一线城市；上海和广州在过去16年的平均增速分列第二、三位；尽管北京创新指数增长最慢，但这个城市集中了许多大企业的总部，总部经济效应使得北京拥有了最好的发展基础，所以创新指数能够一直居于领先地位。在4个具有代表性的东部二线城市中，可能得益于苏州开发区的成功，苏州的创新指数在2001—2016年间的增速相对最快，16年间增加了434倍，远快于杭州、南京和天津。而在2001—2016年间，4个中西部二线城市的创新指数平均增速从高到低依次为：长沙、西安、武汉、成都。

表6.2　12个代表性城市的创新指数

城　市	2001年	2006年	2011年	2016年	2016/2001
北京市	20.28	84.75	321.96	1 061.37	52.33
深圳市	1.26	20.04	230.75	694.05	549.84
上海市	6.01	42.35	181.51	541.33	90.15
苏州市	0.51	3.64	31.57	219.39	433.59
杭州市	1.70	11.71	72.25	219.19	128.93
南京市	2.27	11.76	55.99	200.63	88.43
广州市	2.36	12.79	51.51	179.66	76.18
成都市	2.60	10.41	39.46	152.15	58.61
武汉市	2.43	12.72	42.00	144.60	59.52
西安市	1.90	7.64	37.81	141.48	74.33
天津市	2.53	13.66	48.58	133.80	52.79
长沙市	1.34	5.72	35.4	104.54	77.88

注：最后一列表示2016年与2001年创新指数的比值。

从创业指数方面来看，2016年排全国前3名的为北京、上海和深圳，这3个城市属于创业指数里的第一梯队，其他城市和它们差距较大（图6.5）。其中，北京的创业指数遥遥领先，超过了上海和深圳的创业指数总和。创业指数排第4—10名的城市依次为天津、成都、海口、杭州、南京、重庆、郑州、西安。在创业指数前20名的城市中，有12个来自东部地区，4个来自中部地区，4个来自西部地区，其中广东、江苏、福建是上榜城市最多的省份，各有2个城市上榜。

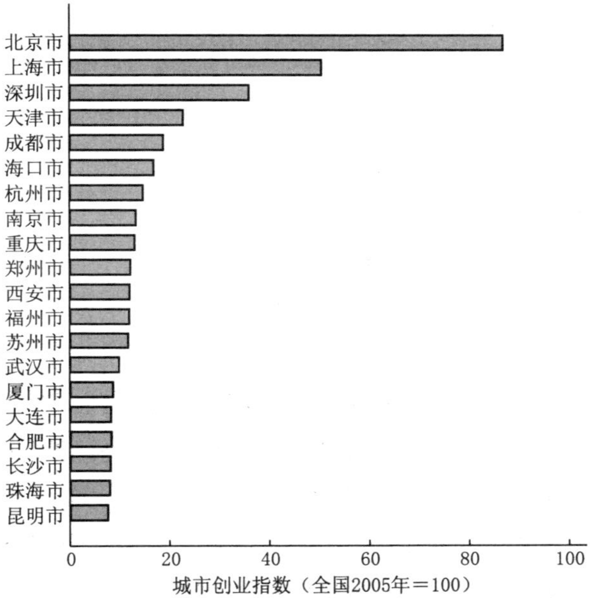

图6.5　2016年城市创业指数前20名

表6.3展示了12个一、二线城市在部分年份的创业指数。2005—2016年间，在4个一线城市中，深圳的创业指数增速最快，而广州排在一线城市的末端。在4个东部二线城市中，南京的增速相对最快，苏州相对最慢。而在4个中西部二线城市中，西安的增速超过其他城市，武汉的增速相对最慢。

表6.3　12个代表性城市的创业指数

城　市	2005年	2006年	2011年	2016年	2016/2005
北京市	9.48	8.11	15.50	86.71	9.15
上海市	10.24	7.50	10.59	50.45	4.93
深圳市	2.40	2.17	4.04	35.89	14.97
天津市	2.47	3.35	6.57	22.87	9.25
成都市	1.87	2.41	4.87	18.7	9.99
杭州市	1.77	2.14	3.04	14.75	8.36
南京市	1.12	1.70	2.72	13.29	11.91

续表

城　市	2005 年	2006 年	2011 年	2016 年	2016/2005
西安市	1.00	1.13	3.23	12.13	12.13
苏州市	2.38	2.75	4.79	11.83	4.98
武汉市	2.68	1.30	2.40	10.00	3.74
长沙市	0.75	0.90	2.10	8.16	10.84
广州市	1.39	2.40	1.97	6.09	4.36

注：最后一列表示 2016 年与 2005 年创业指数的比值。

基于城市创新指数和创业指数的排名，可以进一步计算得到各城市的创新力指数。表 6.4 展示了 2016 年中国 30 个城市的创新力指数。从表 6.4 中可以看到，北京、深圳和上海的创新力指数位列前三。第 4—20 名的城市分别为杭州、成都、南京、天津、苏州、西安、武汉、重庆、长沙、无锡、广州、合肥、大连、福州、郑州、青岛、宁波。其中有 13 个城市来自东部地区，4 个城市来自中部地区，3 个城市来自西部地区。在这 20 个城市中，北京、深圳、上海、杭州、成都、南京这 6 个城市的创新指数和创业指数排名都相对较高（两个指数都排进全国前 10），可以称为典型的"双创城市"；苏州、西安、武汉、广州这 4 个城市仅仅是创新指数排名相对较高（创新指数排进全国前 10），可以称为典型的"创新城市"；天津、重庆、郑州这 3 个城市仅仅是创业指数排名相对较高（创业指数排进全国前 10），可以称为典型的"创业城市"；而长沙、无锡、合肥、大连、福州、青岛、宁波这 7 个城市的创新指数和创业指数排名都相对不高（两个指数均未排进全国前 10）。

表 6.4　2016 年 30 个城市的创新力指数

城　市	创新力指数	创新指数排名	创业指数排名
北京市	1	1	1
深圳市	2	2	3
上海市	3	3	2
杭州市	4	5	7
成都市	5	8	5
南京市	6	6	8
天津市	7	11	4
苏州市	8	4	13
西安市	9	10	11

续表

城　市	创新力指数	创新指数排名	创业指数排名
武汉市	10	9	14
重庆市	11	16	9
长沙市	12	13	18
无锡市	13	12	22
广州市	14	7	28
合肥市	15	19	17
大连市	16	21	16
福州市	17	25	12
郑州市	18	27	10
青岛市	19	15	23
宁波市	20	14	29
济南市	21	17	26
沈阳市	22	20	24
厦门市	23	29	15
哈尔滨市	24	18	34
昆明市	25	32	20
太原市	26	33	21
珠海市	27	38	19
长春市	28	28	30
常州市	29	23	38
南通市	30	30	33

6.4.2　创新在区域的集聚

根据城市创新指数的结果，可以发现，中国的创新行为在区域分布上很不平衡，呈现出在东部地区集聚的特征。东部地区受益于地理位置上的优势，贸易开放程度更高，技术水平也相对较高，其创新指数占全国的比例一直较高。在过去 15 年间，东部地区创新指数占比从 2001 年的 62%上升到 2016 年的 75%；而中部地区占比从 2001 年的 21%下降到 2016 年的 14%；与之相似，西部地区占比也从 2001 年的 17%下降到 2016 年的 11%(图 6.6)。

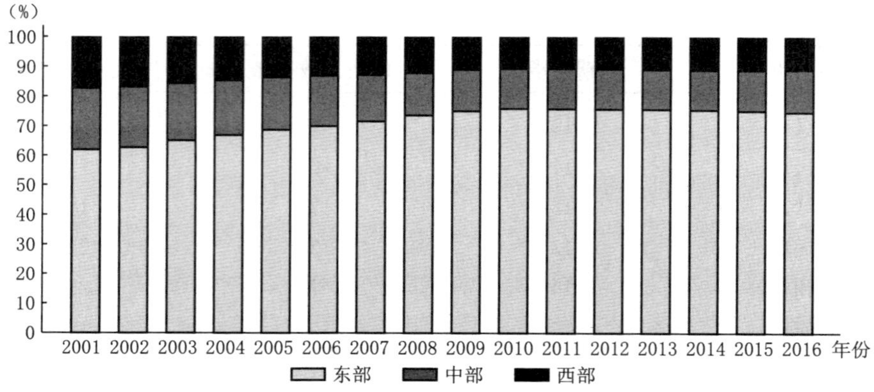

图 6.6　创新在东部地区集聚

为了更加直观地描述中国创新在区域集聚的变化趋势，本章构造了地区创新基尼系数来衡量中国创新在区域分布上的不平衡程度。地区创新基尼系数越大，创新行为越集中于少数地区。（地区创新基尼系数的计算细节，参见《中国城市和产业创新力报告 2017》。）

如图 6.7 所示，在 2001—2016 年间，中国的城市创新基尼系数一直大于 0.76，处于较高的位置，这表明中国的创新行为在城市分布上是高度集中的，即创新主要集聚于少数城市。尽管省级创新基尼系数低于城市创新基尼系数，但在过去 16 年间一直保持在 0.48 以上，也就是说，从省级层面来看，中国的创新行为也是高度集聚的。值得一提的是，无论是城市创新基尼系数还是省级创新基尼系数，2001—2009 年都处于上升趋势，说明在这 9 年间中国的创新行为越来越集中于少数区域。然而，在 2010—2016 年间这两个地区的创新基尼系数变化不大，甚至有缓慢下降的趋势。一种可能的原因是，在 2006 年国务院发布《国家中长期科学和技术发展规划纲要(2006—2020 年)》后，为了建设创新型国家，全国各地区陆续推出一系列创新政策，鼓励企业申请专利，导致了各地区间的“创新锦标赛”，这会降低区域上的创新集聚程度。①

以 4 个一线城市为例，在 2001—2016 年间它们的城市创新指数占全国的比例处于 30%—45%之间，这也说明中国的创新行为主要集中在经济发展水平较高的城市。对照图 6.8 可以发现，在 2001—2016 年间，4 个一线城市创新指数占比的变化趋势也

① 本国申请人在国家知识产权局申请发明专利时，从申请到授权平均需要 3 年时间，而创新指数在计算时只包括被授权的发明专利，所以创新指数的变化会相对政策实施滞后 3 年左右。

是呈倒U形的，即在2001—2009年间上升，但在2010—2016年间下降，这一现象进一步表明近几年中国的创新行为在区域上的集聚程度正不断降低。

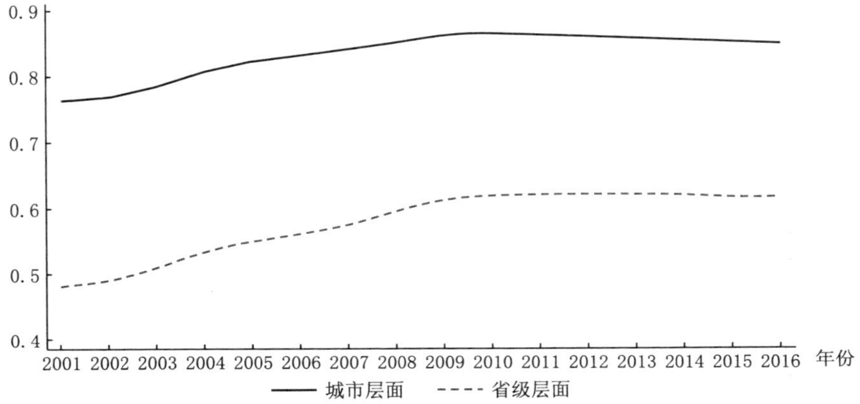

图6.7　地区创新基尼系数

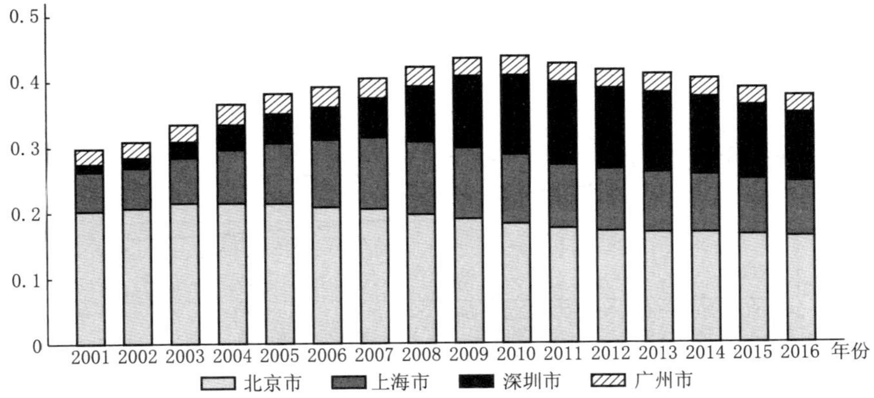

图6.8　一线城市创新指数占比

6.4.3　创新极

考虑到中国创新行为在区域上的集聚特征，本节将比较中国8个创新极的创新指数。(8个创新极所包含城市的详细信息，参见《中国城市和产业创新力报告2017》。)

如图6.9所示，在2016年，长三角、珠三角和环渤海这3个创新极的创新指数占全国的比例超过73%，目前中国的创新行为主要在这3个创新极集聚。在2001—2016年间，只有长三角和珠三角这2个创新极的创新指数占比在不断上升，长三角创新极的创新指数占比从 2001 年的 15%上升到 2016 年的 29%，珠三角创新极的创新指数占比从 2001 年的 4%上升到 2016 年的 16%。而环渤海、海西、东北、中部、大西南、西北这 6 个创新极的创新指数占比均呈下降趋势，其中环渤海创新极的创新指数占比在 16 年间下降最多，达到了 12 个百分点。

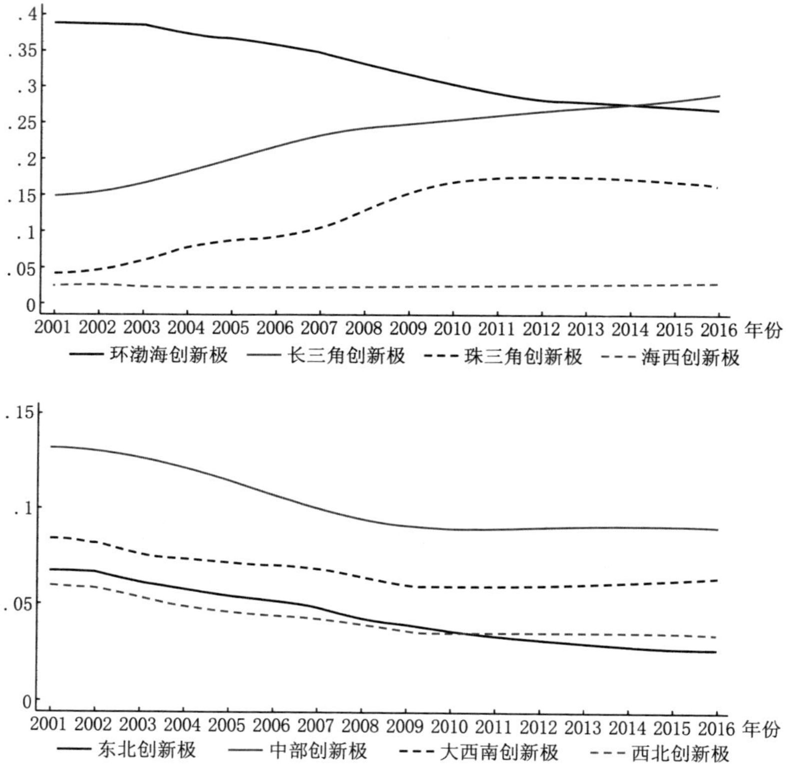

图 6.9　8 个创新极的创新指数占比

接下来进一步计算 8 个创新极各自的创新基尼系数。从图 6.10 可以看出，环渤海和西北这 2 个创新极的创新基尼系数较高，这表明，它们各自内部的创新集聚程度都较高，环渤海创新极的创新行为主要在北京集聚，而西北创新极的创新行为主要集中于西安。在 2001—2016 年，长三角、珠三角、中部、大西南这 4 个创新极的创新基尼系数也呈倒 U 形，在 2009 年后，这 4 个创新极各自内部的创新集聚程度都在不断下降。有趣的是，过去 16 年间，东北创新极的创新基尼系数在不断下降，其内部的创新行为越来越集中于哈尔滨、沈阳、大连、长春这 4 个城市。而海西创新极的创新基尼系数一直相对最低，即其内部创新的集聚程度相对较低。

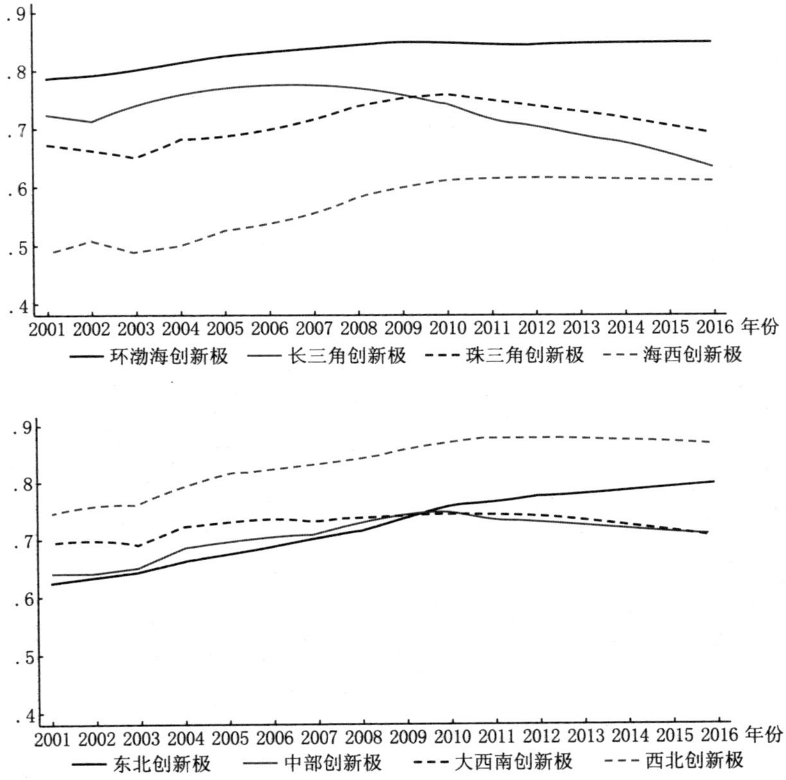

图 6.10　8 个创新极的创新基尼系数

6.5　产业创新的特征事实

中国具有门类齐全、功能完整的产业体系，本节将从产业层面来介绍中国的创新特征事实。首先，选取部分代表性二位码行业，对比产业创新力指数的变化趋势；其次，以“产业—城市”视角比较创新指数，计算各城市在不同行业的技术位次；最后，介绍新经济行业的创新力指数。（所有二位码、四位码行业创新力指数的结果，参见《中国城市和产业创新力报告 2017》。）

在介绍产业创新力指数的结果之前，先从大类产业角度来看中国的产业创新力指数分布。如图 6.11 所示，在 2001—2016 年间，中国的专利创新主要集中于制造业，其创新力指数占所有行业的比例高达 87%—95%。近年来，信息传输、软件和信息技术服务业的创新力指数占比持续上升，从 2001 年的 0.3%上升到 2016 年的 4.9%，提高了 4.6 个百分点。但总的来说，中国的创新行为主要集中于制造业。

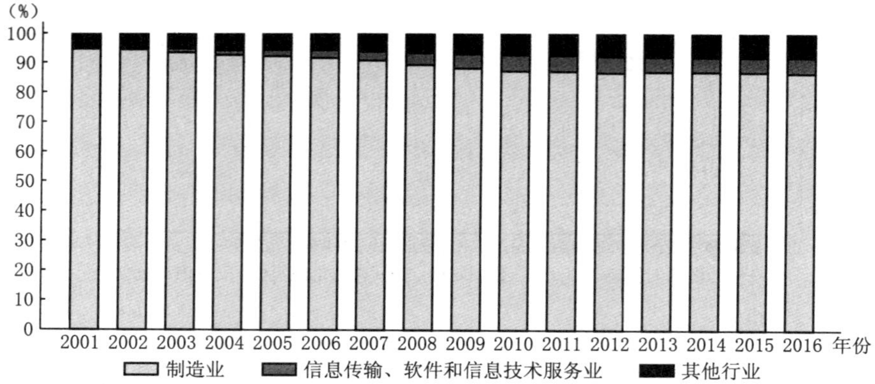

图 6.11 大类产业的创新力指数占比

6.5.1 产业创新力指数

图 6.12 展示了 2016 年创新力指数排在前 10 位的二位码行业。前 5 名行业是：专用设备制造业(35)，化学原料和化学制品制造业(26)，计算机、通信和其他电子设

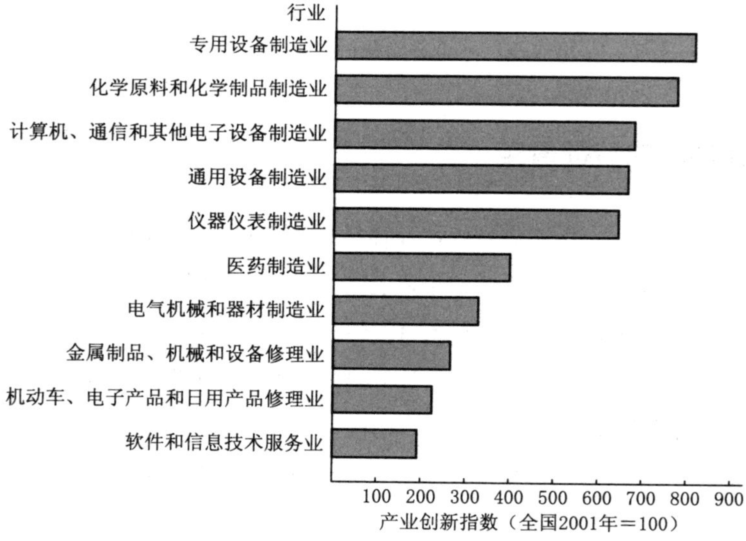

图 6.12 2016 年二位码行业创新力指数前 10 名

备制造业(39),通用设备制造业(34),仪器仪表制造业(40)。第6—10名分别为医药制造业(27),电气机械和器材制造业(38),金属制品、机械和设备修理业(43),机动车、电子产品和日用产品修理业(80),软件和信息技术服务业(65)。其中,前5名行业的创新力指数均超过600,而第6—10名行业的创新力指数均不足400,与前5名的差距较大。在这10个行业中,有7个属于第二产业,并且都是重工业行业,另外3个属于第三产业。

表6.5展示了10个二位码行业在部分年份的创新力指数。在图6.12的前5名行业中,化学原料和化学制品制造业的创新力指数一直保持着领先地位,但在2016年被专用设备制造业反超;并且在2001—2016年间,计算机、通信和其他电子设备制造业创新力指数的平均增速相对最快;尽管仪器仪表制造业,通用设备制造业的创新力指数一直相对较低,但它们的增速也较快。在图6.12的第6—10名行业中,医药制造业的创新力指数相对最高,但其增速在过去16年间相对较慢;另外4个行业的创新力指数相对较低,但它们的增速都比较快;值得一提的是,软件和信息技术服务业的增速远大于其他行业,这在一定程度上说明中国的信息产业正逐渐"软化",软件类产业的技术水平正在赶超硬件类产业。

表6.5　10个代表性二位码行业的创新力指数

行业代码	行　业	2001年	2006年	2011年	2016年	2016/2001
35	专用设备制造业	13.96	51.65	216.23	815.15	58.41
26	化学原料和化学制品制造业	20.36	79.97	234.41	777.05	38.17
39	计算机、通信和其他电子设备制造业	3.83	27.32	206.58	681.46	178.05
34	通用设备制造业	7.72	28.20	154.88	663.82	86.02
40	仪器仪表制造业	4.72	25.36	163.70	644.37	136.38
27	医药制造业	18.27	58.99	171.08	399.51	21.87
38	电气机械和器材制造业	2.79	14.16	90.78	330.15	118.29
43	金属制品、机械和设备修理业	2.43	10.27	66.25	263.75	108.39
80	机动车、电子产品和日用产品修理业	0.50	5.44	61.42	225.45	450.23
65	软件和信息技术服务业	0.18	6.07	49.28	193.6	1 072.00

注:最后一列表示2016年与2001年创新力指数的比值。

6.5.2 城市在各产业的技术位次

基于产业创新指数和城市创新指数的结果，本节构造一个“城市—产业”双重维度的矩阵，以定量考察各城市在不同二位码行业上的技术位次，从而更科学地评价各城市的产业创新能力。

图 6.13 是 2016 年化学原料和化学制品制造业技术位次前 10 的城市的分布情况，北京排名第一，其创新力指数远高于其他城市。上海的创新力指数远低于北京，但又显著高于其他城市，为第二梯队。技术位次排第 3—10 名的城市为第三梯队，依次为：南京、杭州、广州、天津、苏州、深圳、西安、成都。

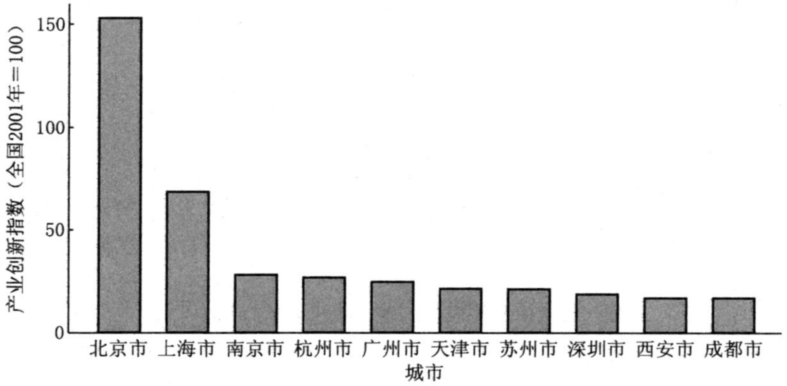

图 6.13 2016 年化学原料和化学制品制造业创新力指数排前 10 的城市

如图 6.14 所示，在计算机、通信和其他电子设备制造业内，2016 年各城市的技术位次相比化学原料和化学制品制造业发生了明显的变化。前 10 名的城市可以分成四个梯队：深圳、北京、上海分别为前三个梯队，它们的创新力指数远高于其他城市。第四梯队的城市依技术位次为：杭州、南京、广州、成都、苏州、西安、武汉。

像北京、上海、深圳这样在许多产业的创新指数都拥有绝对优势的城市只是少数，因此对大多数城市而言，应该根据自身在不同产业的创新力比较优势来进行决策，以进一步提高相关产业的创新能力。

以计算机、通信和其他电子设备制造业以及化学原料和化学制品制造业这两个行业为例，图 6.15 比较了 12 个具有代表性的一、二线城市在这两个行业上的创新力比较优势，纵轴为各城市在计算机、通信和其他电子设备制造业的创新力指数与其在化学原料和化学制品制造业的创新力指数的比值。以化学原料和化学制品制造业为基准，深圳在计算机、通信和其他电子设备制造业的比较优势相对其他城市都较强；除去北京、上海、深圳这 3 个城市，成都在计算机、通信和其他电子设备制造业的比较优势相对其他城市更强；而天津在计算机、通信和其他电子设备制造业的比较优势相对其他城市更弱，换言之，以计算机、通信和其他电子设备制造业为基准，在这 12 个城市中，天津在化学原料和化学制品制造业的比较优势相对更强。故在以上两个产业中选择一个去发展创新能力时，成都应该选择计算机、通信和其他电子设备制造业，而天津应该选择化学原料和化学制品制造业。

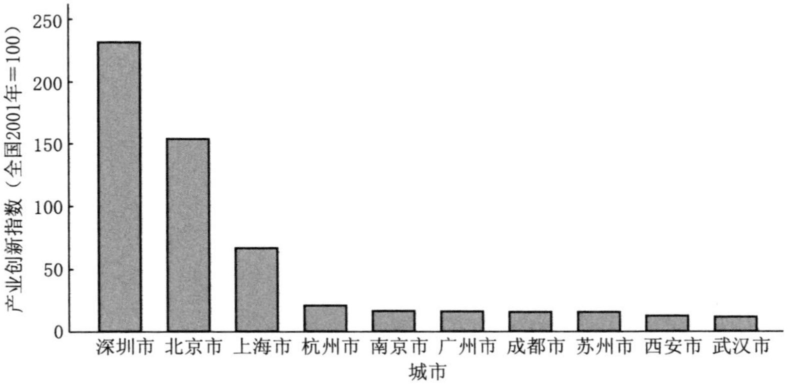

图 6.14　2016 年计算机、通信和其他电子设备制造业创新力指数排前 10 的城市

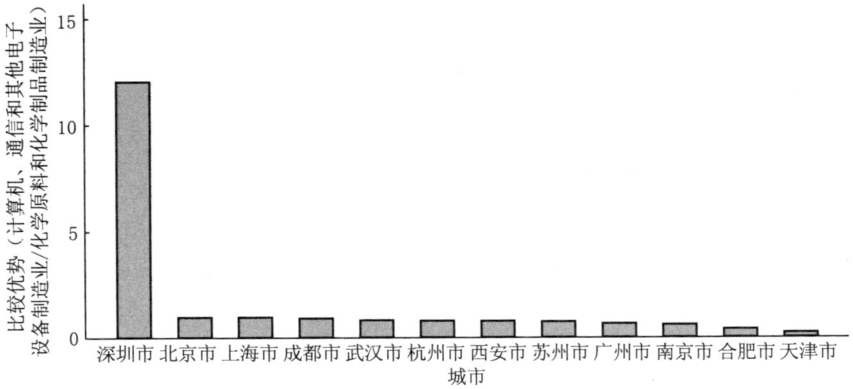

图 6.15　2016 年代表性城市在两个行业的比较优势

6.5.3　新经济行业的创新力指数

相比过去，经济已进入"新常态"的中国更加关注经济增长的质量，希望通过技术创新来优化经济结构，从“中国制造”转变为“中国创造”。在此背景下，中国经济逐渐从要素扩张和投资拉动转向创新驱动，政府也越来越强调“新经济”的重要性，在2016年十二届全国人大四次会议上，政府报告更是首次提及“新经济”。

关于“新经济”的定义，学界目前还没有统一标准的概念，一般将具有新产业、新业态、新商业模式的行业定义为“新经济”行业。“新经济”行业往往具有如下特征：首先，具有高人力资本投入、高科技投入和轻资产的特点；其次，具备可持续快速增长的特征；最后，属于国家产业政策所支持的行业。①这7个“新经济”行业是：节能与环保业、新一代信息技术与信息服务产业、生物医药产业、高端装备制造产业、新能源产业、新材料产业、新能源汽车产业。（专利IPC分类号与“新经济”行业的对应关系表，参见《中国城市和产业创新力报告2017》。）

从图6.16中可以看出，在2001—2016年间，中国的“新经济”行业创新力指数在整个经济中的占比稳定在16%—26%。其中，2001—2010年处于上升趋势，于2010年达到区间极大值26%。在2010年之后变化相对不大。

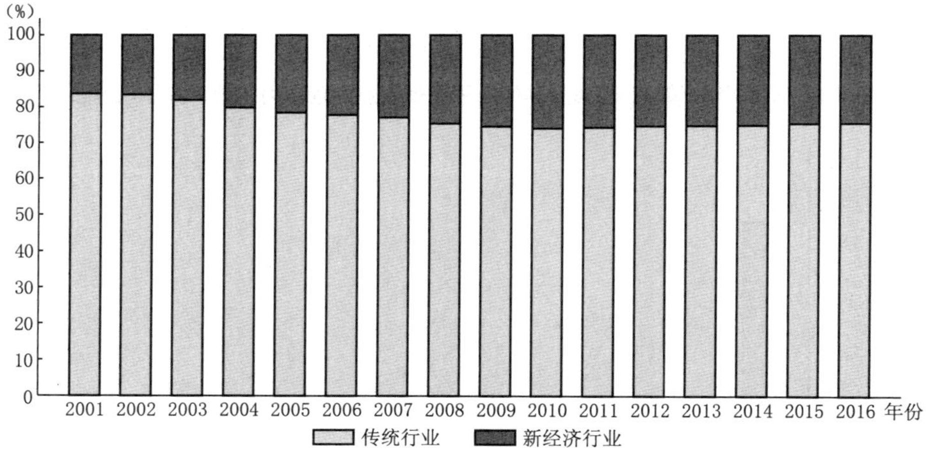

图6.16　2001—2016年新经济行业创新力指数占比

① 参见Shen等(2016)，以及陈沁、沈明高、沈艳：《财智BBD中国新经济指数技术报告》。他们将110个四位码行业对应到9个“新经济”行业，其中既包括制造业，也包括服务业。九个“新经济”行业如下：节能与环保业、新一代信息技术与信息服务产业、生物医药产业、高端装备制造产业、新能源产业、新材料产业、新能源汽车产业、高技术服务与研发业、金融服务与法律服务业。由于高技术服务与研发业、金融服务与法律服务业这两个服务业的行业特性，它们的知识产权主要包括软件著作权和商标权，并没有发明专利，故本章只分析其余7个“新经济”行业的创新特征。

图6.17进一步深入分析了这7个“新经济”行业的创新力指数变化。在所有“新经济”行业中，新一代信息技术与信息服务产业一枝独秀。2001—2016年间，“新经济”行业创新力指数在所有行业中占比的上升主要是由新一代信息技术与信息服务产业拉动的。生物医药产业，新能源产业的创新力指数分列第二、三位，但它们的占比相对较低。过去16年中节能与环保产业、高端装备制造产业、新材料产业、新能源汽车产业这4个“新经济”行业创新力指数占比变化不大，基本上不足2%。但值得一提的是，从2014年开始节能与环保产业、高端装备制造产业创新力指数的增速较快，有较强的发展潜力。

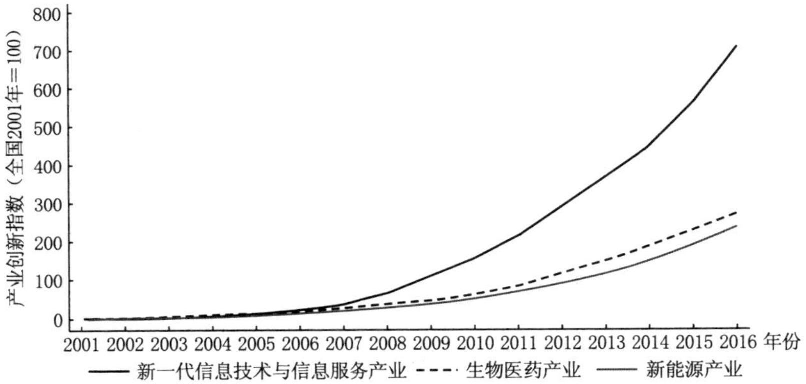

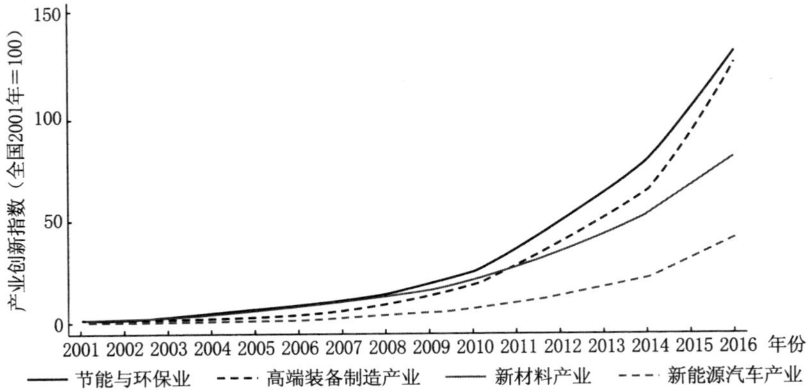

图6.17　2001—2016年各新经济行业创新力指数占比

6.6 企业创新的特征事实

企业既是申请专利的主体，也是专利市场化的主体。在计算城市和产业创新力指数的同时，本章也根据专利权人信息比较了各企业的创新能力水平①，本节将描述企业层面创新的特征事实。本节内容如下：首先，选取部分代表性企业，介绍它们的创新指数变化趋势；其次，选取部分代表性城市，展示其创新能力较强的企业；最后，针对所有二位码行业、专利的技术领域，介绍其创新能力较强的企业。

6.6.1 企业的创新能力排名

图 6.18 列示了 2016 年创新能力排前 20 名的企业。其中，华为技术有限公司、中兴通讯股份有限公司和中国石油化工股份有限公司高居前 3 位，它们的创新指数远高于其他企业。在这三家创新龙头企业中，华为技术有限公司和中兴通讯股份有限公司均为民营企业，属于 ICT 产业，并且均来自深圳。而中国石油化工股份有限公司是国有企业，属于化工行业，位于北京。在 2016 年创新能力排前 20 的企业中，有 10

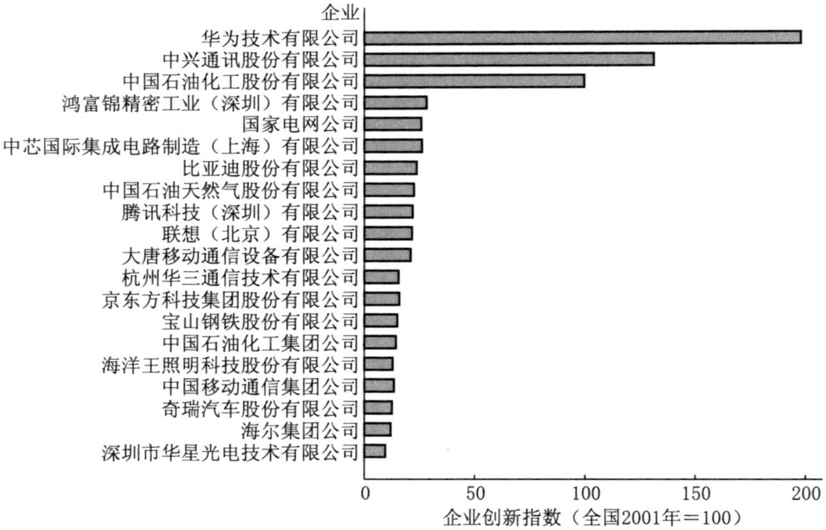

图 6.18　2016 年企业创新指数前 20 位

① 专利权人类别主要包括个人、企业、大专院校、科研机构、其他组织机构等。当某个专利有多个专利权人时，本章以主申请人的信息为准。

家属于 ICT 产业，这进一步说明了创新在 ICT 产业中的重要性。而在地域分布方面，这 20 家企业有 8 家来自北京，7 家位于深圳，上海有 2 家，杭州、青岛和芜湖各 1 家。从企业层面也可以看出，中国的创新行为也是高度集聚的，主要集中在北京和深圳。

接下来进一步对比华为技术有限公司、中兴通讯股份有限公司、中国石油化工股份有限公司、鸿富锦精密工业（深圳）有限公司、国家电网公司这 5 家企业在 2001—2016 年间创新指数的变化（图 6.19）。从 2005 年开始华为一直处于领先地位；而中兴于 2010 年反超中石油成为第二，并且对华为有追赶趋势；中石油的增速较为稳定，近年来保持在第三的位置；鸿富锦精密近两年的创新指数甚至有所下降，技术水平发展出现滞后；国家电网在近 5 年的增速非常快。

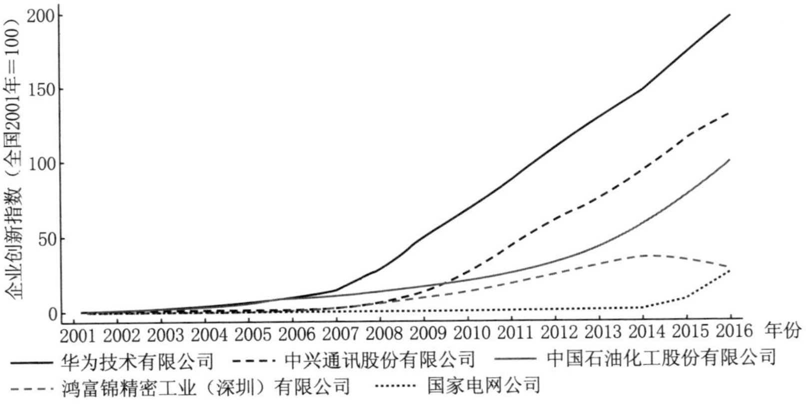

图 6.19　2001—2016 年代表性企业的创新指数

6.6.2　各城市的企业创新能力排名

表 6.6 展示了 2016 年北京、上海和深圳企业创新指数排前 5 名的企业。可以发现，不同城市创新能力较强企业的差异性较大。北京创新能力排前 5 的企业全都是中央企业（或其控股的公司）；上海创新能力排前 5 的企业中，既有宝山钢铁股份有限公司这样的国有企业，还有上海华虹 NEC 电子有限公司等中外合资企业；而在深圳创新能力排前 5 的企业中，主要以私营企业为主。

表 6.6 2016 年北上深前 5 企业的创新指数

城 市	排序	企 业 名 称	创新指数
北京市	1	中国石油化工股份有限公司	99.58
	2	国家电网公司	25.80
	3	中国石油天然气股份有限公司	22.39
	4	联想(北京)有限公司	21.80
	5	大唐移动通信设备有限公司	20.73
上海市	1	中芯国际集成电路制造(上海)有限公司	25.69
	2	宝山钢铁股份有限公司	15.11
	3	上海华虹 NEC 电子有限公司	9.41
	4	上海贝尔股份有限公司	7.29
	5	上海微电子装备(集团)股份有限公司	5.32
深圳市	1	华为技术有限公司	197.74
	2	中兴通讯股份有限公司	131.11
	3	鸿富锦精密工业(深圳)有限公司	27.91
	4	比亚迪股份有限公司	23.57
	5	腾讯科技(深圳)有限公司	21.90

6.6.3 分产业、技术领域的企业创新能力排名

2016 年，从二位码行业角度来看，在计算机、通信和其他电子设备制造业，仪器仪表制造业，电信、广播电视和卫星传输服务，互联网和相关服务，软件和信息技术服务业，机动车、电子产品和日用产品修理业这些涉及 ICT 产业技术的行业中，华为技术有限公司和中兴通讯股份有限公司都是行业创新的领头羊。而在石油加工、炼焦和核燃料加工业，化学原料和化学制品制造业，化学纤维制造业，橡胶和塑料制品业，专用设备制造业这些涉及化工技术的行业中，中国石油化工股份有限公司是创新的龙头。

从技术领域角度来看，2016 年，在视听技术、电信、数字通信、基础通信处理、计算机技术这 5 个技术领域里，华为技术有限公司和中兴通讯股份有限公司是创新龙头。中国石油化工股份有限公司是有机化学、高分子化学、基本材料化学、化学工程、环保技术这 5 个技术领域的领先者。在电机装备、管理信息技术、测量仪器、控制调节这 4 个技术领域，国家电网公司的创新能力最强。在光学仪器、其他特殊机械这 2 个技术

领域，鸿富锦精密工业（深圳）有限公司是创新领军。在半导体、微观结构和纳米技术这2个技术领域，中芯国际集成电路制造（上海）有限公司的创新能力最强。而在装卸运输、机械零件这2个技术领域，中联重科股份有限公司是创新龙头。宝山钢铁股份有限公司是材料与冶金、机床这2个技术领域的领先者。

其他技术领域的龙头都是一些耳熟能详的企业：生物化学领域的深圳华大基因科技有限公司，食品化学领域的内蒙古伊利实业集团股份有限公司，表面涂层技术领域的比亚迪股份有限公司，发动机、泵、涡轮机领域的奇瑞汽车股份有限公司，热处理与燃烧设备领域的珠海格力电器股份有限公司，交通运输领域的奇瑞汽车股份有限公司，家具、运动娱乐领域的乐金电子（天津）电器有限公司，其他消费品领域的海尔集团公司。（分产业、技术领域企业创新指数的结果，参见《中国城市和产业创新力报告2017》。）

6.7　结论与政策建议

2008年金融危机后，中国经济增速开始放缓，逐渐进入“新常态”。所谓“新常态”，就是不再过度追求经济增长速度，而是更加关注经济增长质量。提高经济增长质量，本质上是要提高技术进步对经济增长的贡献度，从要素扩张和投资拉动转换到创新驱动，实现经济结构的不断优化，从“中国制造”转变为“中国创造”。相应地，2012年党的十八大明确提出“创新驱动发展”战略，将科技创新上升到国家战略层面。2016年5月，中共中央、国务院出台《国家创新驱动发展战略纲要》。2017年10月，党的十九大进一步强调创新驱动发展战略的重要性，指出创新是引领发展的第一动力，是建设现代化经济体系的战略支撑，2035年我国将跻身创新型国家前列。

中国是一个大国，地区间经济发展水平差异较大，同时也拥有门类齐全的产业体系。本章从城市和产业两个方面构造了两个维度的创新力指数。与既有研究和报告不同的是，本章主要使用专利这一创新产出来衡量创新能力，并且充分考虑了不同年龄专利的市场价值差异。

从地区层面来看，中国的创新行为在区域分布上极不平衡，主要集聚在东部沿海地区，尤其是长三角、珠三角和环渤海这3个创新极，而北京、上海和深圳则是中国城市创新的龙头。不过有趣的是，从2009年开始，创新在区域上的集聚程度开始逐渐下降。

从产业层面来看，专用设备制造业，化学原料和化学制品制造业，计算机、通信和其他电子设备制造业，通用设备制造业，仪器仪表制造业这5个二位码行业的创新水平较高。而在四位码行业层面，化学试剂和助剂制造，炼油、化工生产专用设备制造，通信系统设备制造，其他仪器仪表制造业，通用设备修理这5个行业的创新能力较强。以上主要行业中，深圳在计算机、通信和其他电子设备制造业中的技术位次最高。除这类ICT产业外，北京在其他所有行业的技术位次几乎都位于第一。在2001—2016年间，中国新经济行业的创新能力也获得了较大程度的提升，但新经济行业的增长主要依靠新一代信息技术和信息服务产业的增长。

过去16年间，中国各地区、产业的创新能力都实现了令人惊叹的快速增长。为落实创新驱动战略，实现从"中国制造"到"中国创造"的伟大转变，政府必须通过积极有为的政策措施培育良好的创新环境，尤其是需要强化知识产权保护，尊重知识产权，"为天才之火添加利益之油"。

企业是创新的主体。创新作为一种投资活动，只有收益高于成本时才会有企业愿意进行创新活动。按此逻辑，创新政策可以分为两大类，一类是旨在降低创新成本或风险的"投入端"激励政策，另一类是旨在提高创新收益的"产出端"激励政策。

长期以来，中国各级政府都侧重于"投入端"创新激励政策，最典型也最常用的手段就是对企业的研发支出进行财政补贴或者税收减免。尽管此类政策有效降低了受补贴企业的研发成本和研发风险，但实践中仍然存在诸多亟待解决的问题。首先，也是最为突出的一个问题就是，面对变幻莫测的市场和技术环境，政府实际上难以准确遴选那些真正具有发展前景的产业和企业进行补贴，由此就有可能造成巨大的资源浪费。其次，根据《国务院关于深化预算管理制度改革的决定》以及《国务院关于清理规范税收等优惠政策的通知》，今后地方政府直接对特定企业进行研发补贴将会面临巨大的政策限制。最后，利用财政资金对特定企业进行直接补贴，既容易诱发腐败，也会扭曲企业行为，使它们为获得政府资金而偏离主业，过多地从事所谓的"非生产性努力"。

与"投入端"创新激励政策不同，"产出端"创新激励政策具有更加明确的市场导向，其本质是通过提高创新收益而拉动市场的创新投入。与"投入端"激励政策相比，"产出端"创新激励政策最为显著的一个好处是放松了政府所面临的信息难题。此时，政府无需遴选所谓的战略性新兴产业和企业，因为只有那些符合市场需求的创新产品和服务才能真正获得丰厚的创新收益。所以，今后政府需要更加重视"产出端"

激励政策来鼓励技术创新，而其中一个重要环节就是强化知识产权保护。针对强化知识产权保护，本章从两方面为政府提供具体的政策意见。

第一，切实加强专利保护，让创新者获益。

专利是政府赋予创新者一定时间内排他性生产某种产品和服务的权利。在美国等发达国家中，专利保护被公认为是鼓励技术创新最重要的制度安排。但在中国，对于是否应该加强专利保护还存在争议。反对强化专利保护的主要顾虑是，中国还是一个发展中国家，整体上还是一个先进技术的净进口国，因而强化专利保护主要提高了跨国公司在华的垄断力量，同时也会提高中国企业的技术模仿成本。

在改革开放初期，弱专利保护可能有利于以较低成本引入国外先进技术，但在新形势下继续维持弱专利保护将会严重制约中国经济的长期发展。首先，随着中国成为世界第二大经济体，发达国家已经将中国视为强有力的挑战者，即便中国企业出高价，它们也不愿意出售核心技术。所以，中国企业要真正具备国际竞争力，就必须通过自主创新来获得核心技术，而没有专利保护，这是很难想象的。其次，随着人均收入提高，中国民众对高质量产品和服务的需求也日益增加。但受制于国内创新不足，很多高端需求都“溢出”到发达国家。所以，为了鼓励中国企业通过技术创新来提供高端产品和服务，客观上也需要更强的专利保护。

实际上，单纯从法律条文来看，中国的专利保护尽管还有一定的缺陷，但已经不算很弱。所以，强化专利保护的关键在于落实，没有落实，法律条文只是一纸空文。在现实中，专利持有者面临的主要困难就是面对潜在侵权者难以维护自己的合法权益。一方面，诉讼程序非常繁琐，成本也很高；另一方面，即便胜诉，也很难执行。

在落实专利保护方面，政府可以通过多种方式降低诉讼成本，如承担那些进行专利维权诉讼并胜诉的企业在诉讼期间需支付的各类诉讼成本，甚至进一步提供奖励资助。这些措施，既能够有效提高企业进行专利维权的积极性，也能够向市场明确展示政府强化专利保护的态度。

当然，保护的前提是企业已经拥有专利。但在现行专利制度下，专利注册和维护程序都比较繁琐，这极大地降低了许多中小微企业申请专利或者对专利进行维权的积极性。简化专利注册和维护程序，提高审批效率，也将为大量科技创新企业的知识产权保护提供便利。

同时，由于专利权是一种无形资产，其市场价值与市场范围成正比，所以，消除区域间市场分割和进入壁垒也是提高创新收益的重要举措。

第二，切实加强品牌保护，让创新者"有恒产者有恒心"。

如果说专利保护的目的是让创新企业获得一定的市场竞争优势，那么，品牌就是企业竞争优势长期积累的自然结果。对于科技创新型企业而言，只有持续的技术创新才能在市场上形成有影响力的知名品牌。因此，政府加强对科技创新型企业市场品牌的保护，事实上就是在更好地守护科技创新的成果。

没有强有力的品牌保护，品牌企业就会面临严重的"山寨"威胁。"山寨"行为会给创新带来两个方面的不利影响。其一，与创新者相比，"山寨"企业的成本更低，因而会让创新者处于市场竞争的不利地位，进而极大地压抑创新行为。其二，面对"山寨"威胁，创新企业为了尽可能收回创新成本，也往往被迫采取一些以次充好的短期化行为，而这又会进一步阻碍企业形成有价值的市场品牌。由此可见，为了形成有序的创新环境，政府必须严厉打击各种"山寨"行为，让创新者"有恒产者有恒心"，愿意为建立和维护市场品牌做长期努力。

参考文献

寇宗来：《中国科技体制改革三十年》，《世界经济文汇》2008 年第 1 期。

寇宗来、刘学悦：《中国城市和产业创新力报告 2017》，复旦大学产业发展研究中心，2017 年。

Aghion, P., N.Bloom, R.Blundell, R. Griffith, and P. Howitt, 2005, "Competition and innovation: An inverted-U relationship", *The Quarterly Journal of Economics*, 120:701—728.

Aghion, P., and P. Howitt, 1990, "A Model of Growth through Creative Destruction", The National Bureau of Economic Research.

Chu, A., G.Cozzi, and S. Galli, 2014, "Stage-dependent Intellectual Property Rights in China", *Journal of Development Economics*, 106:239—249.

Ginarte, J., and W. Park, 1997, "Determinants of Patent Rights: A Cross-national Study", *Research Policy*, 26: 283—301.

Griliches, Z., 1990, "Patent Statistics as Economic Indicators: A survey", National Bureau of Economic Research.

Griliches, Z., A. Pakes, and B. H. Hall, 1986, "The Value of Patents as Indicators of Inventive Activity", National Bureau of Economic Research.

Grossman, G. M., and E. Helpman, 1991, "Trade, Knowledge Spillovers, and Growth", *European Economic Review*, 35: 517—526.

Gu, S., 1999, *China's Industrial Technology: Market Reform and Organisational Change*, Routledge.

Hall, R. E., 1988, "The Relation between Price and Marginal Cost in US industry", *Journal of Political Economy*, 96: 921—947.

Hu, A., and G.Jefferson, 2009, "A Great Wall of Patents: What is behind China's Recent Patent Explosion?", *Journal of Development Economics*, 90:57—68.

Huang, C., 2012, "Estimates of the Value of Patent Rights in China", UNU-MERIT, Maastricht Economic and Social Research Institute on Innovation and Technology.

Klette, T. J., 1999, "Market Power, Scale Economies and Productivity: Estimates from a Panel of Establishment Data", *The Journal of Industrial Economics*, 47: 451—476.

Klette, T. J., and Z. Griliches, 1996, "The Inconsistency of Common Scale Estimators When Output Prices are Unobserved and Endogenous", *Journal of Applied Econometrics*, pp.343—361.

Lanjouw, J. O., 1998, "Patent Protection in the Shadow of Infringement: Simulation Estimations of Patent Value", *The Review of Economic Studies*, 65: 671—710.

Lucas, R. E., 1988, "On the Mechanics of Economic Development", *Journal of Monetary Economics*, 22: 3—42.

Pakes, A., and M. Schankerman, 1984, "The Rate of Obsolescence of Patents, Research Gestation Lags, and the Private Rate of Return to Research Resources", chapter in *R&D, Patents, and Productivity*, University of Chicago Press:73—88.

Romer, P. M., 1986, "Increasing Returns and Long-run Growth", *Journal of Political Economy*, 94:1002—1037.

Schankerman, M., and A. Pakes, 1985, "Estimates of the Value of Patent Rights in European Countries During the Post-1950 Period", National Bureau of Economic Research.

Shen, Y., M. Shen, and Q. Chen, 2016, "Measurement of the New Economy in China: Big Data Approach", *China Economic Journal*, 9: 304—316.

Yang, W., and Y. Yen, 2010, "The Dragon Gets New IP Claws: The Latest Amendments to the Chinese Patent Law", IPO Articles and Reports.

第 7 章

中国地方政府债务的违约风险：事实与成因

王永钦 复旦大学中国社会主义市场经济研究中心
陈映辉 中南财经政法大学会计学院
杜巨澜 香港中文大学经济系
徐鸿恂 复旦大学经济学院

7.1 引 言

政府债券在一个国家的金融体系中往往发挥了基础性作用，比如，为经济体提供基准利率，从而可以实现对不同风险程度的金融合约进行差别性的定价；如果没有正确定价的政府债券市场，则很难想象一个经济体中最重要的价格——利率——能够有合理的范围和结构，从而不可避免会造成资源的严重误配。对于中国这种金融体系不健全的新兴市场经济体来说，运行良好的政府债券市场尤其重要。

近年来，债务违约往往是金融危机的源头。不论是 2007 年美国的次贷危机，还是 2008—2009 年的美国影子银行体系的危机，抑或是后来的欧洲主权债务危机，债务违约风险都是问题的核心。中国作为世界第二大经济体，近年来其政府债券市场（包括地方政府债券市场，简称地方债市场）的规模扩张迅猛，中国地方政府债务的违约风险已成为国内外密切关注的重要问题。中国地方政府债务的违约风险究竟有多大？中国的政府债券市场（包括地方债市场）的运作效率如何？其中的违约风险是否被正确地定价（priced in）了？这一系列问题受到国内外政商学界的高度关注，亟待解答。

中国地方政府债务的违约风险主要是在 1994 年分税制改革以后才逐渐凸显出来。根据十四届三中全会的决定，分税制改革时把税基厚、税源广、易征收的税种划归中央政府，使得地方政府和中央政府在财权和事权上的关系发生了变化，即财权重心上移而事权重心下移，这导致地方政府的财权和事权严重失衡。但另一方面，地方政府虽然收入降低了，却拥有了更多的自由来发展当地经济。很多地方政府在实践中很快发现，通过城市化将农地转变为建设用地，靠卖地来增加地方财政收入的办法最简便，也最有效。在城市化过程中，地方政府当然必须承担一些公共设施的建设职责，因而举债融资的需求旺盛。但是在现行投融资体制下，金融资源的控制权集中于中央。1995年版的《预算法》规定："除法律和国务院另有规定外，地方政府不得发行地方政府债券"；同时，《贷款通则》规定地方政府不能作为借款人直接向银行贷款；《担保法》还规定地方政府不得为任何社会机构的借贷行为提供担保。这样一来，地方政府尽管有发展本地经济的动力，却无法直接向公众或者银行融资，也无法通过提供担保来间接获取资金。为了解决这种矛盾，地方政府创新出了很多融资模式，如BOT模式、TOT模式、PPP模式、PFI模式、ABS模式等(王铁军，2006)。其中最为主要的创新融资模式就是组建融资平台，以公司的形式，为各种基础设施建设融资。尤其是在1997年亚洲金融危机之后，中国政府大力实施扩张的财政政策，对于大量的基础设施建设，在中央政府提供一定的中央财政支持外，地方政府还必须安排配套资金作配合。在巨大的融资压力下，地方政府的融资平台(即各种城投公司)得到了大力的发展，并且已经成为各地政府筹集发展资金的主要力量。

城投债的发行主体即为城投公司，而城投公司的经营和人事安排都受到地方政府的干预，因此城投公司可以被看作地方政府债券的代理发行机构或授权机构，其中绝大多数是地方政府或其部门机构为筹集市政建设资金而设立的融资平台。城投公司的主营业务是地方政府的城市基础设施建设，城投公司通过发行城投债来融资就是为城市基础设施建设项目服务，城投债的最终偿债资金也与地方政府债务相关联。所以，我们可以认为城投债能够很好地与地方政府相关联。而且，类比国外的市政债券，城投债还有另外一个名称——"准市政债券"(周沅帆，2010)。这些都说明对城投债的违约风险的研究可以用来充分度量中国地方政府债务的违约风险。

在2008年年末中央政府"四万亿经济刺激计划"出台的大背景下，全国各地兴起的地方性建设项目和融资载体——地方政府的融资平台公司，如雨后春笋般冒出来。不少地方政府的众多投资项目都在千亿元以上，有的地方政府的投资计划甚至达到了万亿元的规模，是地方财政收入的数倍甚至几十倍不等。根据媒体的报道，在较短的时间内有近24个地方城市启动了超百亿的投资项目，初步估计总投资规模达到

5 000 亿元。从 2007 年末至 2013 年，地方政府融资平台的债务体量从不足 5 万亿元上升到 18 万亿元。①中国地方政府债务规模的急速膨胀，加剧了人们对地方政府债务的违约风险的忧虑。不少悲观者认为，地方政府债务体量庞大，很多债务对应的资产的收益率低下，中国的地方政府债务面临着违约风险[《金融时报》(中文网)，2014]。相反，有些乐观者则认为，中国地方政府债务虽然余额较大，但审计署根据 2013 年底的《全国政府性债务审计结果》，最后确定全国需要财政资金买单的政府性债务占 GDP 的比重仅为 39.4%，因此地方政府的资产负债表还比较健康(徐高，2013)。

中国地方政府债务的违约风险问题的焦点是，一旦地方融资平台违约，地方财政将难以填补窟窿，地方政府与商业银行必将陷入危机，从而促使中央政府救援，其结果无非是通过各种方式(比如，向银行系统注入资本金；成立新的资产管理公司以帮助银行剥离不良资产，甚至帮助地方政府还款)，将地方政府债务与商业银行不良资产，转变为地方政府的当期财政赤字与中央政府的累积政府债务，这会为地方和全国的经济发展带来深远的负面影响。换言之，地方政府债务违约风险的实质是债务从地方向中央的转嫁造成中央和地方的财政关系和银行体系中的软预算约束。

事实上，中央政府清醒地意识到这一问题的严重性。2010 年 6 月，国务院发布《关于加强地方政府融资平台公司管理有关问题的通知》，要求清理核实和妥善处理地方融资平台的债务，对融资平台公司进行清理规范，并且要求地方政府不得以财政性收入和国有资产为融资平台公司的融资行为进行担保。在认识到由于地方财政失衡的压力，地方政府债务的违约实际上难以禁止的客观情况后，中央政府“以疏代堵”，改变 1994 年《预算法》禁止地方债存在的规定，于 2014 年 3 月修订《预算法》，允许地方政府依法适度发债，同时对发债的主体、用途、规模、程序、监督和问责等方面作了严格规定。基于“量入为出、收支平衡”的预算编制原则，新《预算法》明确了地方政府的还债责任，要求“举借的债务应当有偿还计划和稳定的偿还资金来源”。同时，提出“国务院建立地方政府债务风险评估和预警机制、应急处置机制以及责任追究制度”，高度重视风险防控。

---

① 见中华人民共和国审计署 2013 年第 32 号公告《全国政府性债务审计结果》(2013 年 12 月 30 日公告)。

作为新《预算法》的配套文件，国务院于2014年8月发布《关于加强地方政府性债务管理的意见》，着重强调了应建立债务风险应急处置机制，要求硬化预算约束，防范道德风险，并明确地指出地方政府对其举借的债务负有偿还责任，中央政府实行不救助原则。地方政府出现偿债困难时，要通过控制项目规模、压缩公用经费、处置存量资产等方式，多渠道筹集资金以偿还债务。但是，中央政府并非一概不予救助。"地方政府难以自行偿还债务时，要及时上报，本级和上级政府要启动债务风险应急处置预案和责任追究机制，切实化解债务风险，并追究相关人员责任。"这说明了中央政府希冀通过加强地方政府债务违约的政治问责来强化预算约束，尽量减少地方政府债务违约情况的发生。在理论上，这是符合我国政治和经济管理体制的一个举措。

从人大和中央政府的立法和行政监管条例的演变轨迹中我们可以看到，预期中央政府会救助地方政府以免其债务违约这一软预算约束所造成的道德风险是地方政府债务违约风险的核心问题。本文的主旨就在于通过考察地方政府债务的违约风险的决定因素来探究中央政府对于地方政府债务是否存在无限责任，债券市场中是否普遍抱有中央政府救助违约的地方政府的预期，从而加深我们对于中国地方债违约风险的本质的认识。在中国独特的经济分权、政治集权的格局下，想要直接估算地方政府债务的违约风险，不管从理论还是从实证入手，其机制都很复杂，而且地方债的数据透明度低，不同的口径得出来的数据差别甚大，从而难免带有较强的主观性。本文选取了一个独特的角度来研究中国地方政府债务的违约风险问题。具体来说，由于中国实际上已经存在着一个比较成熟的交易城投债的金融市场，因而我们可以通过研究金融市场对城投债的风险是否被正确定价来估算地方政府债务的违约风险，并检验地方债是否存在软预算约束问题；在识别策略方面，我们则利用货币政策变动、汇率变动和金融危机这些对于地方政府而言外生的冲击，通过双重差分(Difference-in-Difference)的方法来解决实证中的内生性问题，确立因果关系。

本文的学术贡献主要体现在以下三个方面：第一，最近的全球性金融危机爆发以来，虽然有很多的文献研究了美国和欧洲的债券市场(包括政府债券市场)的违约风险，但鲜有文献关注中国等新兴市场经济体的政府债券的违约风险，本文则比较早地关注这个问题；第二，由于中国的地方债数据的可得性低、透明度低、口径庞杂，中央和地方政府的关系复杂，直接估算中国地方债的违约风险和软预算约束程度比较困难，因而本文选取了从交易城投债的金融市场这个独特的视角来估算地方债的违约风险和软预算约束程度，从而解决了这个难题；第三，在最新文献的基础上，本文将地方债的收益率价差分解为流动性风险价差和违约风险价差，并通过几种外生的冲击对因果关系进行了识别。

从政策层面来讲，考虑到城投债实际上是一种准地方政府债券，本文的研究有助于从市场的角度来理解和识别中国地方政府债务的软预算约束和违约风险问题；城投债也为中国将来全面推行地方政府债券提供了一个很好的“实验”，本文的实证发现将有助于对有关中国未来的地方政府债券的制度设计进行思考。

本文其余部分的结构安排如下：第二部分系统地介绍改革开放以来中国地方债问题的制度沿革，并提供一些特征性事实；第三部分介绍相关的文献；第四部分介绍数据与实证策略；第五部分为实证结果分析；第六部分总结全文并提出相应的政策建议。

7.2 中国地方债务的制度背景和特征性事实

7.2.1 1978以来的制度和政策历史沿革

自从1978年我国开始改革开放以来，从十一届六中全会提出的“以计划经济为主，市场调节为辅”，到十四大确立“建立社会主义市场经济体制”的经济体制改革目标，再到十八届三中全会提出的“使市场在资源配置中起决定性作用”，社会主义市场经济体制逐步发展和完善。伴随着社会主义市场经济理论的不断发展，商品市场和金融市场从无到有，规模持续增长。在这种大环境之下，地方债作为资源配置的一种工具，也经历了从小到大、从萌芽到快速发展的过程。

从改革开放后地方债的初步萌芽到融资平台的兴起，从法律禁止地方政府发债到地方政府债缓慢开闸，中国地方债经历了从缓慢增长、快速无序增长到逐步规范的过程。按照对地方债发行主体和形式产生重大影响的法律法规实施节点，改革开放以后地方债的发展大致可以分成四个阶段。

1. 地方债务萌芽阶段（1979—1994年）

我国地方政府负有偿还责任的债务最早产生于1979年，当年有8个县区举借了政府负有偿还责任的债务；1981—1985年间，超过七成省级政府（含计划单列市）开始举债；市级和县级政府的举借债务起始年份集中在 1986—1996 年期间。根据审计署《全国地方政府性债务审计结果》(2011 年第 35 号)公布的数据，图 7.1 绘制了首次举借政府债务的地区数量占比。该数据显示，在国内产生地方债之初，只有不到 2%的市县级地方政府进行了举债，随后举债的省级政府数量快速增长。截至 1996 年所有省级政府均有过举债行为，超过九成的市级政府和八成的县级政府发生过举债。

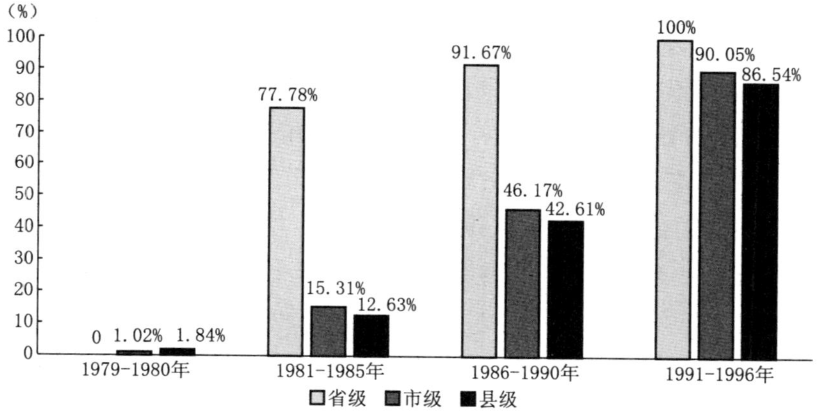

图 7.1　首次举借政府债务的地区数量占比

资料来源：审计署《全国地方政府性债务审计结果》(2011 年第 35 号)。

在这段时期内，国务院于 1991 年颁布、1992 年开始实施的《国家预算管理条例》，是我国第一部对政府预算进行规制的行政法规，该条例对政府预算管理的原则进行了规定。根据该条例，政府的"经常性预算不列赤字。"另外还规定，"中央建设性预算的部分资金，可以通过举借国内和国外债务的方式筹措，但是借债应当有合理的规模和结构；地方建设性预算按照收支平衡的原则编制。"该条例对预算的规定相对比较严格，不允许财政预算出现赤字，对政府举债的限制程度也比较高，体现出较强的计划经济特征。

2. 禁止地方政府发债阶段(1995—2004 年)

1994 年颁布、1995 年开始实施的《中华人民共和国预算法》(老预算法)，将对政府预算的规制提高到立法层面。老预算法除了沿袭了《国家预算管理条例》关于各级预算不列赤字的规定，还首次明确规定了"除法律和国务院另有规定外，地方政府不得发行地方政府债券"。

尽管如此，这并不意味着地方没有办法举借政府负有偿还义务的债务。相反，地方政府可以通过设立融资平台的方式，间接为地方政府的资金需求进行融资，但在2004年以前，发行企业债的主体仅限于中央企业、省、自治区和直辖市企业。另外，1998年，财政部印发《国债转贷地方政府管理办法》（财预字〔1998〕267号），中央政府开始发行国债并由财政部转贷给省级（包括计划单列市）地方政府，标志着国债转贷这种地方政府融资形式开始逐步发展。

3. 融资平台发展阶段（2005—2009年）

2005年，国家发改委启动地方企业债券发行，融资平台的发债主体因此扩容。同年5月，中国人民银行发布并实施《短期融资券管理办法》，标志着短期融资券作为一种新的债券品种开始推出。虽然这一管理办法的实施并非专门针对地方政府及其融资平台，但这在客观上为融资平台的债务融资提供了新的工具，并且根据管理办法，企业在银行间债券市场发行短期融资券采用备案制，相比采用审批制的企业债，发行程序更加简化。由于主体和工具的双重扩容，融资平台发行债券数量和金额快速增长。

2008年1月，国家发改委发布《关于推进企业债券市场发展、简化发行核准程序有关事项的通知》（发改财金〔2008〕7号），“对企业债券发行核准程序进行改革，将先核定规模、后核准发行两个环节，简化为直接核准发行一个环节”，审批制改为核准制之后，发行程序大大简化，企业债发行的政策空间显著增加。

2008年10月，为了应对席卷全球的金融危机，中国政府推出了“四万亿计划”扩大内需、促进经济平稳较快增长，在一揽子计划需要的四万亿投资中，新增中央投资1.18万亿，包括地方财政预算、中央财政代发地方政府债券、企业（公司）债券等来源在内的其他投资2.82亿元。为了满足这一刺激计划的资金需求，2009年一季度中国人民银行和原银监会联合发布《关于进一步加强信贷结构调整促进国民经济平稳较快发展的指导意见》（银发〔2009〕92号），“鼓励地方政府通过增加地方财政贴息、完善信贷奖补机制、设立合规的政府投融资平台等多种方式，吸引和激励银行业金融机构加大对中央投资项目的信贷支持力度”；“支持有条件的地方政府组建投融资平台，发行企业债、中期票据等融资工具，拓宽中央政府投资项目的配套资金融资渠道”，明确表示对地方政府设立融资平台募集投资项目配套资金的支持。

如图7.2所示，在这一时期内，地方政府融资平台每年发行债券的数量从17只增加到了162只，增加幅度超过8倍，发行规模从2005年的242亿元增长到2009年的

2 821 亿元，更是增长了超过 10 倍。

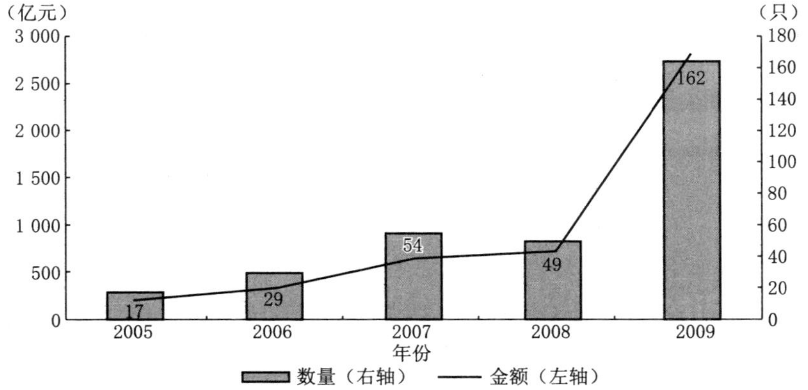

图 7.2　地方政府融资平台债券发行量

4. 地方政府债券逐步放开阶段(2010 年至今)

2010 年开始，在地方融资平台经历了爆发式增长之后，债务风险也逐步积累，最典型的案例就是 2011 年爆发的云南城投债兑付危机。虽然后来危机解除了，但这一事件给市场发出了一个信号，即平台公司发行的债券同样存在信用风险。随着平台公司债务的风险逐渐暴露，和地方债相关的制度初衷也从稳增长转向了防风险。2010 年 6 月国务院发布《关于加强地方政府融资平台公司管理有关问题的通知》(国发〔2010〕19 号)，明确指出了平台公司规模迅速膨胀、运作不规范、偿债风险增大等问题，并要求地方政府对平台公司债务妥善处理，对平台公司清理规范。在国发 19 号文发布之后，发改委、财政部、原银监会等部门出台了一系列文件，主要内容都是化解平台债务风险、规范平台融资行为。

就在国务院与各部委密集出台针对融资平台的文件的同时，国务院办公厅于 2011 年 2 月下发《关于做好地方政府性债务审计工作的通知》，由审计署牵头，对全国地方政府性债务情况进行了全面审计，摸清了地方政府性债务的规模、结构、类型、成因和管理情况。

在摸清地方债务情况的背景之下，针对地方债，监管的思路是“开前门、堵后门”。既然地方政府有发债的需要，与其让地方政府在直接发债不合法的情况下被迫通过隐性的渠道发债掩盖了风险，不如让其在纳入政府预算的框架内筹措债务，这样能够做到对风险的事前识别与防范。虽然 2009 年开始，地方政府已有小规模的债券代发代还、试点自发代还，但由于财政部代为归还本息，因此不能算真正意义上的地方政府债券。2014年5月，财政部印发《2014年地方政府债券自发自还试点办法》（财库〔2014〕57号），上海、浙江、广东、深圳、江苏、山东、北京、江西、宁夏、青岛试点地方政府债券自发自还，随后同年8月颁布的新《预算法》，从立法层面为地方政府直接发债开了前门。

2014年国务院发布《关于加强地方政府性债务管理的意见》（国发〔2014〕43号，后称"43号文"），旨在加强对地方政府债务的监管，杜绝地方政府违规发债、违规担保行为。"43号文"明确要求政府"不得违法为任何单位和个人的债务以任何方式提供担保""不得强制金融机构等提供政府性融资"，同时也要求强化债权人约束，要求债权人"不得违法违规向地方政府提供融资，不得要求地方政府违法违规提供担保"等，这些规定都明确指向一个结论，即政府不再对未设定担保义务的债券承担兜底、救助义务，地方政府剑走偏锋式的债务融资工具不再拥有特殊身份，金融机构等债券投资人也应该摈弃政府对企业债务实施隐性担保的不合理预期。"43号文"的实施，旨在堵住地方违规发债的后门。

这一系列旨在提高地方债透明度的"开前门"措施，与防范违规举债、隐性举债的"堵后门"规定一起，形成了规范地方政府债务融资的一套体系。

表7.1对改革开放以来与地方债相关的法律法规和部门规章，从中可以看到政府对地方债态度的变迁。

表7.1 改革开放以来与地方债相关的法律法规和部门规章

时间	规定	主要内容
1992年1月	国务院《国家预算管理条例》	经常性预算不列赤字。中央建设性预算的部分资金，可以通过举借国内和国外债务的方式筹措，但是借债应当有合理的规模和结构；地方建设性预算按照收支平衡的原则编制
1995年1月	《中华人民共和国预算法》	除法律和国务院另有规定外，地方政府不得发行地方政府债券
1998年8月	财政部《国债转贷地方政府管理办法》	增发一定数量的国债由财政部转贷给省级（包括计划单列市）政府，用于地方的经济和社会发展建设项目
2005年5月	中国人民银行《短期融资券管理办法》	满足《办法》条件的非金融企业可以在境内发行短期融资券，成为平台企业债务新的融资渠道

续表

时 间	规 定	主 要 内 容
2008 年 1 月	发改委《关于推进企业债券市场发展、简化发行核准程序有关事项的通知》	企业债发行由审批制改为核准制，简化了发行审核流程
2009 年一季度	中国人民银行、原银监会《关于进一步加强信贷结构调整促进国民经济平稳较快发展的指导意见》	为了配合“四万亿”计划，鼓励地方政府通过设立合规的政府投融资平台发行企业债、中期票据等融资工具，拓宽中央政府投资项目的配套资金融资渠道
2010 年 6 月	国务院《关于加强地方政府融资平台公司管理有关问题的通知》	指出融资平台公司举债融资规模迅速膨胀，运作不够规范、地方政府违规或变相提供担保，偿债风险日益加大的问题，要求地方政府抓紧清理核实并妥善处理融资平台公司债务
2010 年 8 月	原银监会办公厅《关于地方政府融资平台贷款清查工作的通知》	进一步核清平台贷款的详细数据，逐户建立台账，进而对不同类别的平台贷款进行定性甄别、分类处置，以有效缓释和化解平台贷款风险
2010 年 11 月	发改委办公厅《关于进一步规范地方政府投融资平台公司发行债券行为有关问题的通知》	继续支持符合《国务院关于加强地方政府融资平台公司管理有关问题的通知》(国发〔2010〕19 号)文件规定、符合企业债券发行条件的投融资平台公司发行企业债券，提高直接融资的比重；申请发行企业债券的投融资平台公司，其偿债资金来源 70%以上(含 70%)必须来自公司自身收益
2010 年 12 月	原银监会《关于加强融资平台贷款风险管理的指导意见》	金融机构应统筹考虑融资平台公司整体偿债能力及贷款项目本身偿还贷款本息的能力后发放贷款；合理评估融资平台公司的整体偿债能力，对融资平台贷款进行准确分类和动态调整合理计提贷款损失准备，确保贷款损失准备能够覆盖融资平台贷款的潜在损失
2011 年 2 月	国务院办公厅《关于做好地方政府性债务审计工作的通知》	决定审计署统一组织全国各级审计机关对全国地方政府性债务情况进行一次全面审计，以摸清全国地方政府性债务的规模、结构、类型、成因和管理情况
2012 年 12 月	财政部、发改委、中国人民银行、原银监会《关于制止地方政府违法违规融资行为的通知》	除法律和国务院另有规定外，地方各级政府及所属机关事业单位、社会团体等不得以委托单位建设并承担逐年回购(BT)责任等方式举借政府性债务；地方政府对融资平台公司注资必须合法合规，不得将政府办公楼、学校、医院、公园等公益性资产作为资本注入融资平台公司

续表

时间	规定	主要内容
2014年5月	财政部《2014年地方政府债券自发自还试点办法》	试点地方政府自发自还债券，地方政府以自身财政收入作为偿债来源进行债务融资开了口子
2014年10月	国务院《关于加强地方政府性债务管理的意见》	赋予地方政府依法适度举债融资权限，加快建立规范的地方政府举债融资机制；坚决制止地方政府违法违规举债；地方政府不得违法为任何单位和个人的债务以任何方式提供担保，不得强制金融机构等提供政府性融资；不得授权融资平台公司承担土地储备职能和进行土地储备融资；不得出具担保函、承诺函、安慰函等直接或变相担保协议
2014年10月	财政部《地方政府存量债务纳入预算管理清理甄别办法》	对于截至2014年12月31日尚未清偿完毕的存量债务，地方各级政府要认真甄别筛选融资平台公司存量项目，对适宜开展政府与社会资本合作（PPP）模式的项目，要大力推广PPP模式；明确政府和企业的责任，企业债务不得推给政府偿还，切实做到谁借谁还、风险自担
2015年1月	新《预算法》	经国务院批准的省、自治区、直辖市的预算中必需的建设投资的部分资金，可以在国务院确定的限额内，通过发行地方政府债券举借债务的方式筹措
2015年12月	财政部《关于对地方政府债务实行限额管理的实施意见》	加强地方政府债务限额管理，地方政府债务总限额由国务院根据国家宏观经济形势等因素确定，并报全国人民代表大会批准，严格按照限额举借地方政府债务
2017年3月	财政部《新增地方政府债务限额分配管理暂行办法》	对新增地方政府债务限额的分配原则和方式进行规定，体现正向激励原则，财政实力强、举债空间大、债务风险低、债务管理绩效好的地区多安排，财政实力弱、举债空间小、债务风险高、债务管理绩效差的地区少安排或不安排
2017年4月	财政部、发改委、司法部、中国人民银行、原银监会、证监会《关于进一步规范地方政府举债融资行为的通知》	加强融资平台公司融资管理，融资平台公司在境内外举债融资时，应当向债权人主动书面声明不承担政府融资职能，并明确自2015年1月1日起其新增债务依法不属于地方政府债务；规范政府与社会资本方的合作行为，严禁地方政府利用PPP、政府出资的各类投资基金等方式违法违规变相举债

7.2.2　特征性事实

王永钦等(2016)利用度量债券二级市场流动性指标的 Amihud 测度将城投债的风险利差进一步分解成流动性风险利差和违约风险利差，估计了作为地方政府债务表现形式的城投债的违约风险。运用相同的方法对市场上各种不同主体发行的信用债利差进行分解，可以得到不同债券在每个时间点上的违约风险利差。

1. 违约风险利差在不同时点上的变化

图 7.3 绘制了中央国有企业、地方国有企业、平台公司和非国有企业的违约风险利差中位数从 2011 年到 2016 年的变化趋势。

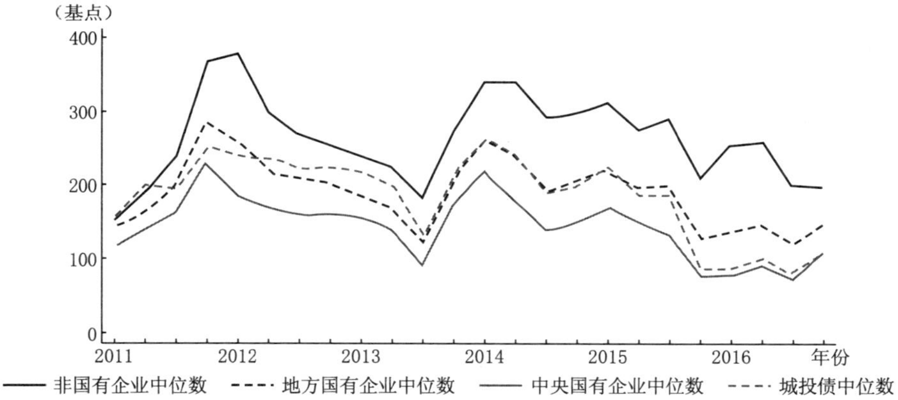

图 7.3　不同类型主体违约风险利差中位数

从图 7.3 中可以看出，在几类主体中，中央国有企业发行的债券违约利差水平最低，非国有企业发行的债券违约利差水平最高，城投债违约利差水平则与地方国有企业比较接近，基本位于中央国有企业和非国有企业之间。过去由于地方政府不能发债，政府融资平台实际承担了大量为地方政府进行债务融资的职责，通常这种债券被视为地方债，其质量应该仅次于国债和政策性金融债，低于企业债，进而违约风险利差也应当是在所有类型的债券中最低的。但是城投债违约风险利差要高于中央国企债券。事实上城投债的发行主体是融资平台，而融资平台不是上市公司，不需要向外界披露公司的财务状况、经营信息等，也与要按时公布政府工作报告、财政收支状况等的地方政府不同。这提高了融资平台的信息不对称程度，因此其违约风险利差并不是所有信用债中最低的，说明市场对于地方政府设立的融资平台偿债风险有着一定程度的预期，并不因为城投债的实际融资人是地方政府而使其获得较高的评价。这也从另一方面暗示着，我国地方债的风险水平并不低。

从时间变化趋势上看，2011 年，城投债违约风险利差上升，随后回落，2013 年出现“V”形反转，2014 年下半年又有一次上升，随后回落到低点，2016 年后又出现上升。

2011 年，云南省城投公司发生信用事件，城投债危机爆发，曾经被市场认为“金身不破”的城投债坠下神坛，市场对债券的违约风险会不会集中暴露产生担忧，因而债券遭到抛售，导致当年城投债的违约风险利差高于所有其他类型主体发行的债券。而其他信用债由于与城投债之间存在一定替代品关系，同样未能幸免，利差也有所上升。

图 7.4 将云南省城投债的违约风险利差与所有城投债的利差进行了比较，可以看出在城投债总体违约风险走高的时候，云南省城投债违约风险利差会显得更高，说明市场对于云南省城投债的风险敏感程度更高。

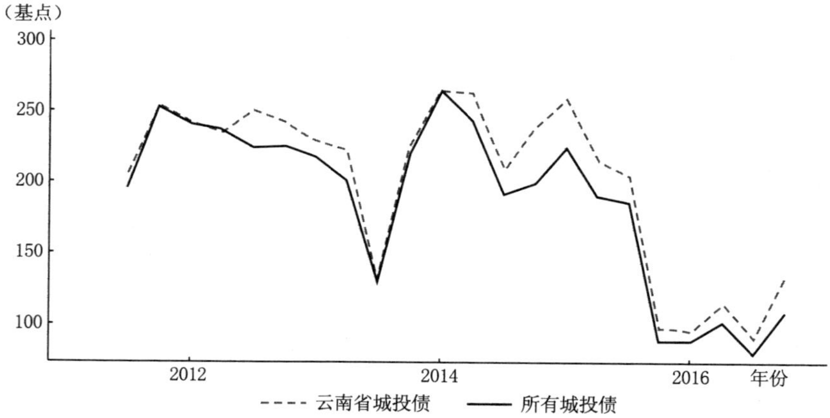

图 7.4 云南省城投债违约风险利差

随着城投债危机的影响逐渐消失，城投债的违约风险利差不断下降。2013 年 6 月，国内债券市场发生“钱荒”，波及所有类型债券，城投债违约风险利差也上升超过 100 个基点。

2014 年“43 号文”实施后，地方政府举债的后门逐渐被堵上，地方政府融资的主要形式——城投债的违约风险利差出现了接近 50 个基点幅度的上升。

2016 年，随着信用债违约事件开始出现，并且违约事件波及了地方国有企业和中央国有企业，城投债无法独善其身的预期也开始增强，其违约风险利差在当年下半年出现明显的上升。

2. 不同信用评级债券的违约风险利差

图 7.5 绘制了 AAA、AA+、AA 和 AA-四类评级主体发行的债券违约风险利差中位数从 2011 年到 2016 年的变化趋势。图 7.6 则是 AA+级及以下评级债券与 AAA 级债券的相对违约风险利差，相对利差更能反映市场对债券发行主体评级差异的态度。

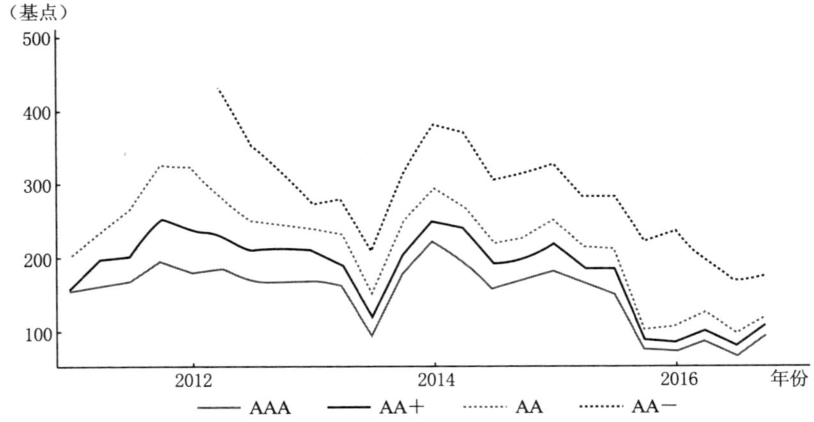

图 7.5　不同主体评级城投债违约风险利差

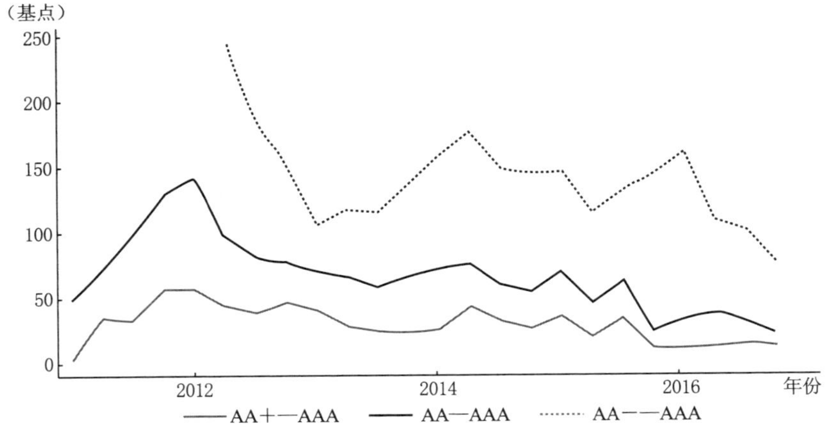

图 7.6　不同主体评级城投债相对 AAA 级城投债违约风险利差

2012 年以前，所有城投债的主体评级均不低于 AA 级，但这并不意味着城投债违约风险不高，相反这是评级虚高的结果。2011 年发生的城投债危机表明城投债的违约风险离我们并不遥远，从相对利差的变化中也能看出，城投债危机发生前，AA+债券与AAA级债券的违约风险利差几乎没有差异，AA级与AAA级也只相差50个基点，处在相对较低的位置。在城投债危机发生后，AA+级债券与AAA级债券的相对利差上升到超过50个基点，AA级的相对利差更是上升到接近150个基点，城投债的风险开始在定价中得到反映。

另一方面，在2012年首次出现评级为AA－的城投债债务主体时，其违约风险利差相对于AAA级存在250基点的价差，说明评级虚高、风险低估的问题有了一些改善。虽然近年来AA－级债券的相对违约风险利差有所下降，但与评级更高债券的相对利差依然较大，市场对评级较低债券有着更高的回报要求，AA－级债券已经在事实上被市场参与主体视作了垃圾债券。

3. 不同地区债券的违约风险利差

如果按照债券发行人所在的华东、华南、华中、华北、东北、西北、西南七大区域进行划分，可以绘制出不同区域城投债违约风险利差随时间变化的情况。由于不同区域的经济发展水平存在固有差异，如果取所有债券的利差中间值进行比较会产生偏差。为避免评级与地区之间的相关性带来的偏差，图7.7按不同区域绘制了主体评级为AA级的城投债违约风险利差变化趋势，这样可以看出相同评级、不同区域的城投债违约风险的差异。

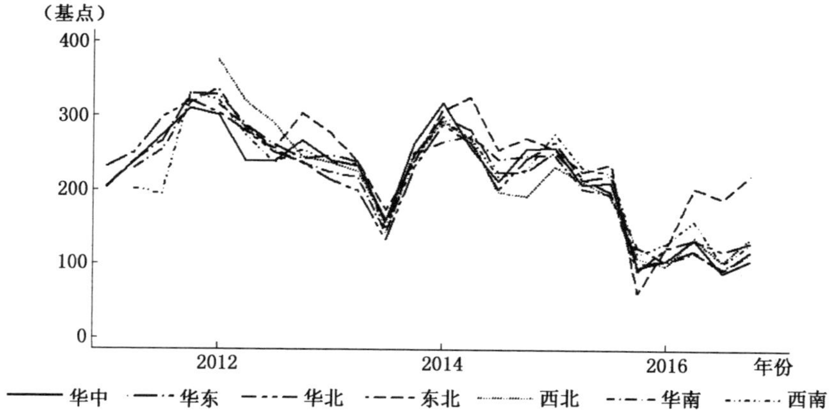

图7.7　不同区域城投债违约风险利差

根据图7.7，在总体上，各区域城投债违约风险利差中位数在多数时段都比较接近，但进入2016年后，东北地区城投债违约风险利差中位数相较于其他地区有明显的上升。

在 2015 年底，地方经济数据造假开始浮出水面，其中又以惊动中央巡视组的东北三省经济数据造假现象最为突出。如果某个地区实际的 GDP(actual GDP)比之前公布的 GDP 要低，会降低市场对这一地区政府财政状况以及偿付能力预期，进而影响到城投债的定价；另一方面，实施造假行为和造假被曝光的深层次原因，很可能是地方政府认为经济状况比较糟糕并且已没法继续隐瞒，从而提高债券的信息敏感度。价格下降的同时，市场参与人也会预计其他投资人看到了这个负面信息后会争相进行抛售，故而所有市场参与人都会有提早进行抛售的欲望，引发价格下跌。

7.3　相关文献综述

与本文研究密切相关的有四类文献，我们分别加以综述。

7.3.1　西方市政债券与我国城投债市场

地方政府债券也被称为市政债券，是指地方政府根据信用原则，以承担还本付息责任为前提而筹集资金的债务凭证。地方政府债券所筹资金一般用于交通、通信、住宅、教育、医院和污水处理系统等地方性公共设施的建设。在西方发达国家，市政债券是一种成熟的融资工具，已有 100 多年的历史。欧美等国家的城市基础设施建设及其融资的成功，很大程度上依赖于发达的市政债券市场。

对市政债券风险的实证研究表明，地方政府的地理位置、债务/估价、人口数量对市政债券的风险都有显著影响。Morris(1960)对于货币政策冲击下的美国市政债券的实证研究表明，市政债券对货币政策冲击具有一定的敏感性，尤其表现在货币紧缩期，在货币宽松期，市政债券的发行量并没有显著增量。综合来说，在研究样本的选取期间，货币政策不存在对市政债券的完全“窒息式”影响；并且当融资的资金被投向一些高度社会优先的市政项目如教育、城市排水设施时，市政债券会表现出对货币政策的高度独立性，其违约风险在货币紧缩期保持不受影响。除此之外，市政债券具有同时被经济因素与政治因素影响的属性(Vijayakumar, 1995)。存款准备金率、债券发行规模与发行期限、剩余年限、政治竞争环境，以及地方政府的财务报表与信息披露制度均对市政债券的违约风险具有显著影响。分析信用评级调整时期市政债券价格波动的实证研究表明，市政债券与企业债的制度差异性使得市政债券的信用评级具有更高的社会效用并能够传递更多信息(Ingram et al.，1983)。最新的文献开始区分地方政府债务的流动性风险和违约风险，如Schwert(2015)研究了美国市政债券的流动性风险和违约风险，发现地方政府债务的违约风险都反映在市政债券的收益率价差中。

除了地方债价格，在当前国家推动去杠杆、审计署排摸地方债规模的背景之下，对地方债规模形成的研究也是重点方向。Chen等(2017)对“四万亿”刺激计划与中国城投债市场的实证研究表明，“四万亿”刺激计划实施之初地方政府主要通过银行贷款进行融资，2013年这部分贷款偿还压力上升，为了缓释这一风险，地方政府债务置换工作由此启动，从而造成2012年以来地方政府债、城投债规模的快速增长。

7.3.2 外部冲击与违约风险的识别

通过研究(对经济主体而言)外生的外部冲击(如货币政策变动、实际有效汇率变动、金融危机等)的效应，可以较好地识别因果关系。从理论上来说，由于金融市场中存在信息不对称和各种摩擦(使得外部融资成本提高)，货币政策会通过资产负债表渠道和银行贷款渠道来影响企业的生产与投资决策，最终传导到实体经济。比如，在货币紧缩期，企业资产负债表会受到负面冲击，外部融资能力大大减弱，从而影响实体经济活动。Kiyotaki和Moore(1995)的模型表明，信贷约束强的企业在货币紧缩期受到的负面影响显著大于信贷约束较弱的企业，从而会提高企业和经济体的违约风险，并表现在债券市场上。文献主要集中于考察货币政策如何影响不同信用等级债券的到期收益率，Beckworth等(2010)就曾利用VAR模型对此进行实证研究，结果显示货币供应量的预期增加将会缩小BAA级和AAA级债券的到期收益率之差。Cenesizoglu和Essid(2010)进一步在区分经济周期不同阶段的情况下发现，非预期的紧缩性货币政策在经济衰退期会带来债券收益率价差的扩大，而在经济繁荣期则会带来债券收益率价差的收窄，并且发现这一相反的变动主要是受经济向好时投资者预期的影响。Jensen等(1996)利用代表货币政策的指数，揭示了货币宽松期的债券收益率要高于货币紧缩期的债券收益率，并且在货币紧缩期的解释力更强。

在利用实际有效汇率的变动作为外生冲击来识别因果关系方面，Bruno和Shin(2015)研究了实际有效汇率变动的外生冲击对企业套利行为(carry trade)的影响。在利用金融危机作为外生的冲击方面，Gorton和Metrick(2012)、Dang等(2013)与Park(2013)利用最近全球性金融危机的外生冲击来识别影子银行体系中不同证券的收益率价差和信息敏感度；Acharya 等(2015)则利用最近的全球性金融危机的外生冲击来识别银行的行为。由于这些文献都充分利用了对于经济主体来说外生的变化，因此在识别策略方面运用了广义的双重差分方法。这些文献的识别策略也为本文的识别策略提供了很好的参考。

7.3.3　地方政府债务的违约风险

国内外众多学者对地方政府信用风险的形成原因、产生机理与传导机制进行了分析论证：各种形式的地方政府债务是导致地方政府信用风险的重要原因，特别是一些隐性的或有债务，对地方财政安全构成了潜在威胁(Brixi, 1998)；美国市政债券市场形成了三个重要制度以反映和控制市政债券的违约风险，即信用评级制度、信息披露制度以及债券保险制度；另外免税也可以被看作美国市政债券市场成功的最重要因素之一，因其大大降低了政府的融资成本。其中已经有一些定量研究发现，地方政府的地理位置、债务/估价等因素对市政债券的风险都有显著影响，如 Horton(1970)。最近几年来，开始有学者试图从实证上分解债券的流动性风险和违约风险，Dick-Nielsen 等(2012)研究了 2008 年金融危机前后美国市政债券的流动性风险和违约风险，Schwert(2015)运用类似的分解方法研究了美国市政债券的流动性风险和违约风险，这些实证方法为本文的研究提供了方法论基础。

7.3.4　经济和金融体系的软预算约束问题与隐性担保问题

“软预算约束”原来指的是传统计划经济中的国有企业一旦发生亏损，政府事后常常要追加投资、增加补贴，将企业拯救出来的现象(Kornai, 1986)。现在，软预算约束则泛指所有内生于经济和金融体系的事前事后“时间不一致的”动态金融承诺现象：越集权的经济越容易出现软预算约束，越分权的经济越不容易出现软预算约束(Dewatripont and Maskin, 1995; Kornai, Maskin and Roland, 2003)。然而，中国虽然是一个经济上相当分权的国家，但同时也是一个政治上集权的国家(王永钦等，2007; Xu, 2011)，对于地方政府的债务，还是存在着中央政府的隐性担保(implicit guarantee)的可能。究竟是否存在着软预算约束与隐性担保以及这些现象有多严重，是一个需要在实证上回答的问题，这也是本文关注的核心问题之一。在实证上，如果地方政府的债务存在严重的软预算约束与隐性担保，那么地方政府债务的违约风险就不会在金融市场被定价，反之则反是，我们可以通过实证来加以确认。

类似地，在美国等发达经济体中，也存在大型的金融机构由于政府的隐性担保而“大而不倒”(too big to fail)现象。Acharya 等(2016)通过研究美国不同金融机构发行的债券的收益率价差，发现大的金融机构发行的债券的收益率价差的确对风险不敏感，而其他的金融机构发行的债券的收益率价差则对风险比较敏感。可见政府的隐性担保和软预算约束是一个世界范围内普遍存在的现象，虽然表现形式不同。①

7.4 数据和实证研究设计

7.4.1 数据来源与变量选取

1. 城投债数据

城投债的数据来自 Wind 数据库，包括了债券发行主体、债券发行规模、息票率、久期(Macaulay duration)、历史主体信用评级、GICS 行业等信息。②城投债样本由 2 724 只债券的季度数据组成，这些债券于 2007 年 1 月份至 2014 年 12 月份处于上市状态，我们剔除了距到期时间不足 1 个月的债券，同时也剔除了含权及可转换债券。其中，最短的债券发行期限为 3 年，最长的为 20 年，大部分债券的发行期限在 7—10 年之间，占总样本的 85.12%。这些债券的地理分布涵盖了除西藏以外的所有省份、自治区及直辖市。其中江苏省发行的债券数量最大，多达 412 只，样本占比 15.12%；浙江省的发行量亦较大，达 240 只债券，样本占比 8.81%；而宁夏回族自治区的发行量最小，共计 11 只债券，样本占比 0.40%；青海省的发行量亦较小，共计 12 只债券，样本占比 0.44%。大部分城投债于银行间市场挂牌交易，上述 2 742 只债券中有 1 673 只于银行间挂牌市场交易，样本占比 61.42%；其余债券在上海证券交易所或深圳证券交易所交易，其中 1 035 只债券在上海证券交易所挂牌，样本占比 38%；而余下 16 只在深圳证券交易所挂牌，样本占比 0.59%。城投债的交易在银行间市场和交易所市场是相通的，因此可以看成是一个整合的市场。③

---

① Strahan(2013)对金融体系的“大而不倒”现象的文献进行了全面的综述；朱宁(2016)则对中国经济和金融体系中存在的形形色色的软预算约束现象进行了全面的讨论。

② 全球行业分类系统(GICS)是由标准普尔公司(S&P)与摩根士丹利公司(MSCI)于 1999 年 8 月联手推出的行业分类系统。该标准为全球金融业提供了一个全面的、统一的经济板块和行业定义。

③ 基于银行间市场和交易所的子样本所做的回归结果是类似的；由于篇幅所限略去。

样本的基本数据结构为非平衡面板数据，由19 184个债券—季度观察值构成，剔除数据信息不完整因素后，一部分回归模型的样本由19 603个债券—季度观察值构成；一部分回归模型的样本由14 658个债券—季度观察值构成；一部分回归模型的样本由18 449个债券—季度观察值构成；还有一部分回归模型的样本由14 167个债券—季度观察值构成；详见相关表格。

债券价格、到期收益率、最高价、最低价、交易量等数据均为日数据。本文通过日数据计算相关变量如收益率价差、日高低价差等，然后将这些变量转换为季度均值。如上所述，由于大部分债券的发行期限为7—10年，故而本文选取10年期国债的到期收益率作为基准无风险收益率，将城投债到期收益率与国债到期收益率之差定义为城投债的收益率价差（yield spread）。本文选取城投债发行主体季度末的评级作为评级变量以控制信用风险，样本数据的主体信用评级范围为A、A＋、AA－、AA、AA＋、AAA－、AAA七个等级。我们将上述七个等级依次转换为1—7七个整数值，数值越大，评级越高，理论上债券的质量也越高，或者说其违约风险也应该越低。城投债主要由大公国际资信评估有限公司、中诚信国际信用评级有限公司、联合资信评估有限公司这三家处于国内行业龙头的评级公司进行评级。评级公司对城投债进行评级的主要依据是城投企业的财务数据及地方政府的财政数据及地方经济发展状况。①因此，城投债评级的关键因素是地方政府的财政状况如收入支出比以及地方经济状况，特别是考虑到很多地方融资平台由于“因发行城投债而成立”其成立时间较晚致使其历史财务数据不可得。但上述评级公司给出的城投债评级，是否能够真正反映其违约风险尚待检验。

2. *地方政府数据*

地方政府的财政数据及宏观数据来自历年《中国统计年鉴》。地方政府数据主要包括实际GDP增长率、人均GDP、地方政府财政收入与财政支出之比、地方房地产固定资产投资或土地出让金收入与GDP之比、房地产GDP贡献值对GDP的比值等变量。上述数据均为省层面年度数据，应用于季度面板回归时，我们取上述年度值做季度值使用。我们可以用上述变量度量地方经济的景气程度（如实际GDP增长率），地方房地产市场的发展状况，地方财政的偿债能力等。总之，以上变量是地方风险大小

① 如2008年常城建这只债券的主题评级报告中写到“常州市持续增强的财政实力以及对公司支持力度具有持续性，为公司发展及信用基本面提供了重要支撑……”，参见http://money.finance.sina.com.cn/bond/notice/sh122996.html（访问时间：2016年1月18日）。

的测度，如果地方风险被纳入城投债定价的话，那么我们预期地方风险越小，城投债价格越高，从而城投债的违约价差越小。

值得指出的是，地方政府的财政数据和地方的经济发展表现较为集中地反映了地方政府债务的风险水平，是风险评估的主要依据。评级机构对债券的评级主要就是依据对地方财政收入以及项目的营利性和地方或项目债务量的比较来确定债券的违约风险的。在这个意义上，地方经济数据和评级都反映了地方层面的违约风险。我们的研究着重考察这些地方层面的异质性风险因素和国家层面的总体风险因素在债券价差中是否得到反映，从而判断投资者对地方债违约风险的预期。

3. 货币政策及其他国家层面宏观经济数据

本文采用货币供应量 $M2$ 同比增速的季度均值来衡量货币政策的松紧。我们设置一个虚拟变量 $M2$，如果季度增速均值同比下降取值为 1，反之取值为 0。货币供应量增速下降后，金融市场资金面趋于紧张，地方政府和城投公司融资能力下降，不能还债的风险加大。同时货币紧缩，总体经济增长预期减速，总体风险加大。另外，本文也考虑来自实际有效汇率变动对实体经济的外生冲击。名义有效汇率等于人民币与所有贸易伙伴国货币双边名义汇率的加权平均数，如果剔除通货膨胀对各国货币购买力的影响，就可以得到人民币实际有效汇率（将 2010 年标准化成 100）。本文实际有效汇率（FX）是指上述实际有效汇率的季度均值。实际有效汇率越高，说明人民币汇市越紧，金融市场人民币资金面趋紧，违约风险上升，同样会导致债券利差增大的趋势。同时汇率上升可能不利于净出口增长，总体经济增长减速风险加大。本文定义关于实际有效汇率的虚拟变量 DFX，如果季度间实际有效汇率均值上升，则该变量取值为 1；否则取值为 0。这些数据都来自历年《中国统计年鉴》。最后，我们定义被解释变量 $D0809$ 为一虚拟变量，当时间区间位于 2008—2009 年之间时，其值为 1；否则，其值为 0；用以识别 2008—2009 年金融危机对中国债市造成的外生冲击。

此外，本文亦考虑宏观经济预警指数、宏观经济一致指数、通货膨胀率、中国 GDP 增长率等度量宏观经济状况的变量，这部分数据来自国家统计局。国家统计局发布的宏观经济预警指数由 10 个指标构成，包括工业生产指数、固定资产投资、金融机构各项贷款、工业企业利润、海关进出口、$M2$、消费品零售、城镇居民人均可支配收入、居民消费价格指数、财政收入等。预警指数是把经济运行的状态分为 5 个级别，“红灯”表示经济过热，“黄灯”表示经济偏热，“绿灯”表示经济运行正常，“浅蓝灯”表示经济偏冷，“蓝灯”表示经济过冷。用于衡量一定时期内的经济状况。指数值越高，说明经济越繁荣，进而市场风险越小。一致指数，是反映当前经济的基本走势，由工业生产、就业、社会需求（投资、消费、外贸）、社会收入（国家税收、企业利润、居民收入）等 4 个方面合成。同理，该指数值越大，表明经济状况较佳，从而市场风险较小。①另外，本文考虑将中国 ETF 波动率指数（*VXFXI*）②纳入分析，该变量来自芝加哥期权交易所，用以度量中国市场的波动程度。波动率一般用来衡量标的资产价格或回报率波动的剧烈程度；波动率指数则是通过一定的计算方法得到的衡量市场风险的指标。理论上，市场波动越剧烈，风险越大，进而投资者要求更多的风险补偿，也就是风险溢价，这意味着更大的违约价差，本文利用该测度进行稳健性检验。

7.4.2　识别策略与实证模型

本文首先将城投债到期收益率价差进行分解，将其分解为流动性价差及违约价差两部分。由于中国城投债市场上并没有足够的违约案例③，所以我们无法直接估计城投债券的违约风险。因而我们的策略是先进行流动性价差估计，而后从总的城投债收益率价差中剔除流动性价差部分，这样总的城投债收益率价差的剩余部分，便可看作其违约价差部分。理论上我们有如下方程：

$$y_{it} = r_t + \gamma_{it} + \varphi_{it} \tag{7.1}$$

这里，y_{it} 代表债券 i 在季度 t 的到期收益率，r_t 代表无风险利率，γ_{it} 代表违约风险溢价，φ_{it} 代表流动性风险溢价。为了测度流动性风险的重要性，我们对收益率价差和债券流动性进行如下随机效应面板数据回归④：

$$\begin{aligned} yield\ spread_{it} = \alpha + \beta liquidity_{it} + credit\ controls \\ + other\ controls + \mu_t + \varepsilon_{it} \end{aligned} \tag{7.2}$$

此处 $yield\ spread_{it}$ 定义为 y_{it} 与 r_t 之差，而 r_t 由国债到期收益率来度量。$liquidity_{it}$

---

① 参见中国经济景气监测中心网站 http://www.cemac.org.cn/（访问时间：2016 年 1 月 18 日）。

② 该指数自 2011 年 3 月始有数据，故应用该数据进行分析时，我们的样本期为 2011 年第二季度到 2014 年末。参见 http://www.cboe.com/micro/VIXETF/VXFXI/（访问时间：2016 年 2 月 18 日）。

③ 事实上，城投债市场上并没有违约案例，2011 年的云南路投违约事件最后由于政府出面被化解。关于这一事件，参见 http://bond.hexun.com/2011-08-10/132300054.html（访问时间：2016 年 2 月 18 日）。

④ 我们也尝试了固定效应面板模型回归，得出的实证结果与来自随机效应模型的实证结果完全一致。为了节省空间，这里我们仅报告来自随机效应面板数据的结果（我们也进行了 Hausman 检验，检验结果表明我们不能可置信地在统计学意义上拒绝随机效应模型）。

是债券流动性风险测度变量，本文采用三种不同的流动性测度以加强实证结果的稳健性。μ_t 为时间固定效应，用以控制各时段的特征和可能的时间趋势。根据传统金融学文献以及中国市场的数据可获得性，我们引入 Amihud 测度、高低价差（high-low）和换手率（turnover）三个常用的流动性风险度量。Amihud 测度是在金融文献中最广为使用的流动性测度之一，这一指标由 Amihud(2002)构建，定义为 $(\sum_t |R_{it}|/Vol_{it})/N_{iq}$，此处 R_{it} 为城投债 i 在日期 t 的日回报率；Vol_{it} 为城投债 i 在日期 t 的交易量；N_{iq} 为城投债 i 第 q 季度的交易天数，意在捕获由绝对回报率与交易量之比决定的价格效应。这一测度衡量的是交易量对价格的冲击力度，流动性越大的债券，在相同的交易量下，价格所受冲击便越小；因此，Amihud 测度的值越大，则该债券的流动性越低；其优势在于计算简单并与回报率正相关。高低价差是买卖(ask-bid)价差的一个粗略估计。很多情况下由于数据的不可得性，在没有买卖价差数据可用时，学者们用高低价差代表买卖价差。总之，上述两个流动性测度均为较为直接的流动性测度。换手率本质上是债券交易活跃程度的测度，因而金融学文献中在研究流动性问题时通常将其作为控制变量，有时也将其作为间接地流动性测度。①此外，以往文献（如 Dick-Nielsen et al., 2012）通常认为换手率是流动性的潜在度量（latent liquidity measure）。这里 Amihud 测度及高低价差的值越高，说明债券的流动性越差；而换手率的值越高，说明债券交易越活跃，因而通常流动性较强。我们将城投债发行主体的信用评级（*credit controls*）作为控制变量以避免或减缓可能的删失变量有偏问题。参照以往文献（如 Longstaff et al., 2005; Houweling et al., 2005; Chen et al., 2007），我们同时考虑到通货膨胀率以及债券自身的一些特征（如债券发行规模、息票率及久期等）等理论上会对城投债收益率价差产生影响的变量作为控制变量（*other controls*）纳入回归方程。根据前述模型的回归结果，我们可以确定城投债的流动性风险是否被定价，而我们的实证结果表明流动性风险确实为市场所定价（见表 7.1）。基于该结果，我们分季度对债券收益率价差对流动性的敏感性进行最小二乘回归，回归方程如下：

$$yield\ spread_{it} = \alpha + \beta_t\ liquidity_{it} + credit\ controls + other\ controls + \varepsilon_{it} \quad (7.3)$$

尽管信用评级变量能够识别不同债券之间的信用风险差异，但我们不能排除存在某些信用评级变量无法控制的债券间的信用风险变异，特别是当我们考虑到评级公司

① 例如，Schwert(2015)。

可能为了迎合债券发行主体的需要而有意无意地膨胀了债券发行主体的信用评级水平。流动性风险与违约风险是正相关的，因此无法被信用评级变量捕捉到的违约风险将部分会被系数 β_t 所吸收，这会导致该系数的估计向上有偏。因而当解释本文发现时，我们必须要说明的是我们的流动性价差估计包含了一部分违约价差，所以最安全的解释是我们的流动性价差估计是真实流动性价差的上界，而违约价差的估计是真实违约价差的下界，这会强化本文的结论。

基于上述分季度回归所得到的每个季度的系数 β_t，我们分别定义 Amihud 测度及高低价差的 0.1 百分位数和换手率的 99.9 百分位数为非常具有流动性的城投债券标杆，表示为 $liquidity_{01p}$。然后，我们定义城投债的季度流动性价差为：

$$\varphi_{it}=\beta_t(liquidity_{it}-liquidity_{01p}) \tag{7.4}$$

根据前文所述的城投债收益率价差分解公式，我们估计债券 i 的违约价差作为城投债收益率价差剔除上述流动性价差后的剩余部分：

$$default\ spread_{it}=yield\ spread_{it}-\varphi_{it} \tag{7.5}$$

由此，我们间接地识别出了城投债的违约风险。①如前文所述，我们采用了三种不同的流动性测度，因而此处违约价差 $default\ spread_{it}$ 也是由不同的流动性测度估计得出，从而得到三个不同的违约价差估计。为行文简洁起见，本文只报告用城投债收益率价差减去由 Amihud 测度估计出的流动性价差作为违约价差的实证结果。同时为了加强本文实证发现的稳健性，我们也对另外两个违约价差测度进行了同样的实证分析并得出与文中所报告的实证分析一致的结果，文中不再赘述。接下来我们试图探索城投债券违约风险的决定因素，将考虑外生冲击，如货币政策变动、2008—2009年金融危机，以及实际有效汇率变化等对违约价差的影响，同时也考虑省级层面的地方风险以及国家层面的主权风险对违约价差的影响。对于这一部分分析，我们采用固定效应的面板数据模型(standard errors clustered at bond level)：②

$$default\ spread_{it}=\alpha_i+\beta shock+\gamma X_{it}^{c}+\delta X_{it}^{l}+\mu_t+\varepsilon_{it} \tag{7.6}$$

这里 $shock$ 表示外生冲击变量，X_{it}^{c} 为国家层面变量向量，X_{it}^{l} 为地方层面变量向量。关于所有变量的定义，见表 7.A1。本文除了应用三个主要的外生冲击变量($M2$、

① 确切地说，应该是识别出了城投债违约风险的下界，详见前文解释。

② Hausman 检验结果拒绝随机效应假设。

$D0809$、DFX）来测度外生冲击外①，在稳健性检验过程中，还考察了其他外生冲击测度。为了考察违约价差的地域异质性及行业异质性，我们按地理分布将整个中国分为中部、西部及沿海三个区域，并用分类变量 GEO 来表示。由于理论上公共事业行业的收益率较低，因而本文引入公共事业行业虚拟变量 $public$ 。②本文进而检验这两个变量与外生冲击变量的交互作用，以识别可能存在的异质性。相关实证模型如下：

$$Default\ Spread_{it} = \alpha + \beta_1 shock + \beta_2 GEO(public) + \theta shock \times GEO(public) \\ + \gamma X_{it}^{c} + \delta X_{it}^{l} + \mu_t + \varepsilon_{it} \tag{7.7}$$

此处我们应用随机效应模型，其原因在于变量 GEO 和 $public$ 为时间不变变量，固定效应模型无法识别时间不变变量，而随机效应模型能够识别时间不变变量。运用类似的方法，我们还将考察其他维度的异质性对违约风险的影响。θ 这个双重差分(DID)的估计系数，是我们感兴趣的系数。

7.5 实证结果

7.5.1 描述统计量

如表 7.2 所示，我们将主要变量的均值（mean）、中位数（medain）、标准差（Std.）、1/10 位数（P10）及 9/10 分位数（P90）列于 Panel A 中，将城投债发行主体信用评级的相对频数置于 Panel B 中。由 Panel A，我们发现和与之相匹配的国债相比，城投债券平均赚取了大约 25 个基点的风险溢价，而中位数价差约为 10.5 个基点。此外，城投债的平均票面利率为 6.8%，平均久期为 4.3 年。而用来度量城投债流动性的 Amihud 测度的季度均值为 0.012%，考虑到城投债交易活跃度较差③的特征，根据变量 Amihud 测度的定义，该变量取较低数值并不奇怪。另外，高低价差及换手率的均值分别为 0.56 元和 52.08%。Panel B 报告的关于城投债发行主体信用评级的相对频数的信息表明，绝大部分城投债发行主体的信用评级落在 AA 档，其中 AA 级评级的比

---

① 相关变量的定义，见表 7.A1。

② 我们也检验了其他行业如金融业与外生冲击的相互作用，并未发现异质性证据。为简洁起见，这里我们仅报告有关公共事业行业的结果。

③ 在我们的样本期内，大部分城投债的交易都比较稀疏（thin）。具体来说，很多债券甚至一个月都没有交易，债券的季度平均交易天数约为 14.3 天。

例为 61.86%。如果将 AA－、AA＋及 AA 级加总，那么其比例为 93.85%。另一方面，城投债评级低于 AA－的比例非常低，为 1.2%。造成这种信用评级分布的可能原因有二：一种可能是城投债信用质量非常高，以至于大部分债券的评级都很高；另一种可能是存在较为普遍的城投债评级膨胀现象。笔者倾向于第二种解释，这也可由下面关于城投债流动性风险定价的实证结果得到侧面佐证。

表 7.2 描述统计量

Panel A 主要变量的描述统计量					
变　量	均　值	中位数	P10	P90	Std.
yield spread（bps）	24.861	10.522	1.664	63.534	35.349
inflation	7.899	7.059	4.568	14.438	3.807
issue size（log）	2.459	2.485	1.946	2.996	0.423
coupon	6.803	6.900	5.500	8.130	0.990
duration	4.308	4.082	2.761	6.037	1.500
warning index	86.428	90.700	73.300	98.700	12.232
GDP growth	9.480	9.258	7.418	11.956	1.917
GDP per capita（log）	10.462	10.486	9.860	11.005	0.454
fiscal ratio	0.616	0.582	0.391	0.854	0.187
land cost	13.278	11.800	8.743	20.522	4.518
real estate GDP	4.273	3.973	2.579	5.800	1.332
Amihud 测度（%）	0.012	0.000	0.000	0.001	0.081
high-low	0.560	0.005	0.000	1.212	1.778
turnover（%）	52.080	12.067	0.295	134.750	110.956

Panel B 信用评级的相对频数分布							
信用评级	A	A＋	AA－	AA	AA＋	AAA－	AAA
频数（%）	0.140	1.060	17.230	61.860	14.760	0.020	4.920

7.5.2 流动性风险与收益率价差

如前文所述，估算地方债违约风险的一个关键是将城投债的风险分解成流动性风险和违约风险。流动性风险的收益率价差是对缺乏流动性的补偿，违约收益率价差则是对违约风险的补偿。因此，我们首先应用随机效应模型检验流动性因素是否被定价。①表 7.3 的回归结果清楚地表明，不管我们用哪种流动性指标，流动性风险都显著地反映在收益率价差中。我们还同时考察了城投债的评级是否也被反映在收益率价差中，表 7.3 表明，城投债的评级信息没有被反映在价差中，这从侧面说明城投债评级可能存在较为普遍的膨胀现象，从而导致市场对城投债信用评级没有显著的反应。②

表 7.3　城投债流动性与收益率价差

变　量	*yield spread*	*yield spread*	*yield spread*
	(1)	(2)	(3)
Amihud 测度	4.028***		
	(19.108)		
high-low		4.613***	
		(19.908)	
turnover			−1.132***
			(−4.615)
A+级	1.939	22.304	6.172
	(0.118)	(1.366)	(0.311)
AA−级	2.085	23.403	4.523
	(0.127)	(1.436)	(0.230)
AA 级	2.671	24.071	5.466
	(0.162)	(1.477)	(0.278)
AA+级	7.272	28.437*	9.662
	(0.441)	(1.740)	(0.491)
AAA−级	21.861	19.495	25.697
	(0.973)	(0.873)	(1.008)
AAA 级	5.169	25.519	7.220
	(0.311)	(1.549)	(0.364)
inflation	9.736	10.330	9.007
	(1.213)	(1.286)	(1.116)
issue size	−10.003***	−9.925***	−11.055***
	(−6.934)	(−6.988)	(−7.337)
coupon	−1.580**	−1.533**	−2.337***
	(−2.237)	(−2.203)	(−3.168)

① 固定效应模型的回归结果类似。

② 就这一问题，我们在后文中也尝试探索城投债信用评级是否反映了地方及国家层面的风险因素。在此，我们十分感谢审稿人提出的建设性意见，使得我们能够更深入地挖掘市场未对债券评级做出敏感反应的原因。

续表

变　量	*yield spread*	*yield spread*	*yield spread*
	(1)	(2)	(3)
duration	−0.494	−0.630	−0.744
	(−0.997)	(−1.291)	(−1.397)
常　数	39.248	15.314	46.049
	(0.963)	(0.376)	(1.087)
quarter FE	Yes	Yes	Yes
N	18 449	18 449	14 167
Within R^2	0.268	0.269	0.257
Between R^2	0.225	0.236	0.176
Overall R^2	0.265	0.270	0.238

注：***、** 和 * 分别表示 1%、5%和 10%的显著性水平，括号中是估计参数的 t 统计量。

7.5.3　外生冲击与城投债的违约价差

为了缓解和消除内生性问题、更好地识别违约风险，我们需要考察（对于地方政府来说）外生的冲击是如何影响城投债的违约风险的。内生性问题可以表现在很多方面，如有些地方政府官员与中央政府或者机构投资者有很强的政治关系，而作为研究者却观察不到这些关系，这样就会造成结果的偏误，等等。在实证估计中，我们使用对中国经济整体层面的冲击和对地方经济的冲击来识别中国国家层面的风险和地方层面的风险是否被定价。

在中国经济整体的风险方面，我们利用了中国的货币政策冲击、2008—2009 年的全球金融危机、实际汇率冲击；我们还控制了市场预期（用预警指数来度量）、经济增长趋势。地方层面的风险方面，我们控制了财政收支情况、土地价格和产业结构等信息。理论上来说，更宽松的货币政策和更有竞争力的实际汇率，会促进经济发展，并降低违约风险，而金融危机则会增大违约风险，外生于地方政府行为的金融危机、汇率和利率的变动这种外部冲击将对经济基本面强弱程度不同的地方政府有不同的影响（differential effects），这种识别方法是一种广义的双重差分法。双重差分法一方面可以有效地控制不随时间变化的不可观察变量（time-invariant unobservables）的影响，另一方面也可以吸收同时期对经济主体的宏观影响，因此可以比较有效地识别出有意义的因果关系（如 Acharya et al.，2015）。

表 7.4 的回归结果表明，外生冲击稳健地被定价了，并反映在了收益率价差中，市场预期也是如此。①为了考察地方债用途和去向（即投向不同的行业）是否也被定价，我们进一步引入了“*public*”这个虚拟变量来表示该地方债是否被用于公共事业，表 7.5 前两列的回归结果表明，行业特征并没有被定价。综上，回归结果表明，地方性的信息，如地方经济的增长、财政状况、土地和房地产市场状态、产业结构等方面的信息，并没有被定价和反映在收益率价差中。这也初步表明，中国的地方债存在较严重的软预算约束问题，金融市场并没有将不同的地方债区别对待。

表 7.4 外生冲击与城投债违约价差

变量	*default spread*		*default spread*		*default spread*	
	(1)	(2)	(3)	(4)	(5)	(6)
M2	5.296***	5.296***				
	(12.903)	(12.904)				
D0809			15.452***	15.412*		
			(3.021)	(1.833)		
DFX					6.357***	6.358***
					(11.896)	(11.862)
warning index		−0.924**		−0.937**		−0.870**
		(−2.442)		(−2.479)		(−2.317)
GDP growth		64.879		64.506		65.136
		(1.064)		(1.062)		(1.072)
GDP per capita		−0.000		−0.000		−0.000
		(−0.443)		(−0.445)		(−0.447)
fiscal ratio		16.401		16.601		16.447
		(0.474)		(0.480)		(0.475)
land cost		−0.330		−0.328		−0.324
		(−0.888)		(−0.884)		(−0.872)
real estate GDP		0.686		0.699		0.660
		(0.537)		(0.547)		(0.518)
常数	6.635*	106.228	9.935***	110.937	8.361**	101.455
	(1.729)	(1.538)	(2.596)	(1.608)	(2.157)	(1.477)
bond FE	Yes	Yes	Yes	Yes	Yes	Yes
year FE	Yes	Yes	Yes	Yes	Yes	Yes
N	19 063	19 063	19 063	19 063	19 063	19 063
Adj. R^2	0.172	0.172	0.166	0.167	0.172	0.172

注：***、** 和 * 分别表示 1%、5%和 10%的显著性水平，括号中是估计参数的 *t* 统计量；流动性指标用 Amihud 测度。

① 用另外两个违约价差测度进行同样的分析，我们得到了相似的结果。

表 7.5 行业分布、地理区域分布与城投债违约价差

变 量	*default spread*	*default spread*	*default spread*	*default spread*
	(1)	(4)	(5)	(6)
M2	5.624***		5.293***	
	(12.534)		(7.566)	
DFX		6.764***		6.387***
		(11.953)		(8.670)
public	−0.494	0.130		
	(−0.135)	(0.026)		
middle			−1.579	−1.500
			(−0.651)	(−0.623)
west			−0.451	−0.714
			(−0.161)	(−0.260)
M2 public*	−3.373			
	(−1.012)			
DFX public*		−3.957		
		(−0.807)		
M2 middle*			0.532	
			(0.439)	
M2 west*			0.107	
			(0.091)	
DFX middle*				0.355
				(0.290)
DFX west*				0.374
				(0.312)
常数	82.733***	78.097***	84.290***	79.722***
	(12.693)	(11.725)	(11.271)	(10.686)
controls	Yes	Yes	Yes	Yes
bond FE	No	No	No	No
year FE	Yes	Yes	Yes	Yes
N	19 063	19 063	19 063	14 658
Within R^2	0.172	0.173	0.172	0.173
Between R^2	0.178	0.179	0.178	0.179
Overall R^2	0.184	0.184	0.184	0.184

注：***、** 和 * 分别表示 1%、5%和 10%的显著性水平，括号中是估计参数的 t 统计量。

7.5.4 地区异质性与城投债的违约价差

为了更好地识别违约风险的异质性和软预算约束，我们在回归中控制了地理区域特征，及其与外生冲击的交互项。由于这些冲击对于地方政府来说是外生的，交互项的估计等价于双重差分的估计，可以较好地解决内生性问题，表 7.5 后两列的回归结果表明，地理区域特征在地方债的定价中并不重要，没有被反映在价差中，这也进一步表明中国的地方债存在软预算约束问题。表 7.6 和表 7.7 通过外生冲击与地方信息的交互项系数进一步表明①，其他地方层面的信息包括经济发展程度、财政状况、房地产部门和土地市场的状况等都没有在地方债的定价中得到反映，这进一步说明了中国的地方政府债务存在比较严重的软预算约束问题。

表 7.6 地方风险与城投债违约价差(I)

变 量	*default spread*	*default spread*	*default spread*	*default spread*
	(1)	(2)	(3)	(4)
M2	5.854***	5.528***	4.197***	3.624**
	(3.323)	(3.168)	(3.518)	(2.277)
M2 fiscal ratio*	−0.918			
	(−0.325)			
M2 GDP per capita*		−0.000		
		(−0.133)		
M2 land cost*			0.082	
			(0.952)	
M2 real estate GDP*				0.393
				(1.085)
warning index	−0.925**	−0.925**	−0.925**	−0.919**
	(−2.436)	(−2.428)	(−2.444)	(−2.436)
GDP growth	64.867	64.919	64.473	64.668
	(1.064)	(1.064)	(1.057)	(1.062)
GDP per capita	−0.000	−0.000	−0.000	−0.000
	(−0.444)	(−0.448)	(−0.445)	(−0.431)
fiscal ratio	16.966	16.352	16.306	16.078
	(0.496)	(0.470)	(0.471)	(0.463)

① 表 7.6 和表 7.7 仅报告了以 Amihud 测度定义流动性所得出的违约价差为因变量的结果，与以其他两个测度定义流动性所得出的违约价差为因变量得出的结果是相似的；篇幅所限，此处略去。

续表

变　量	*default spread*	*default spread*	*default spread*	*default spread*
	(1)	(2)	(3)	(4)
land cost	−0.334	−0.333	−0.398	−0.324
	(−0.894)	(−0.892)	(−1.052)	(−0.869)
real estate GDP	0.721	0.701	0.678	0.317
	(0.545)	(0.529)	(0.531)	(0.248)
常数	105.946	106.160	107.377	107.112
	(1.543)	(1.544)	(1.552)	(1.545)
bond FE	Yes	Yes	Yes	Yes
year FE	Yes	Yes	Yes	Yes
N	19 063	19 063	19 063	19 063
Adj. R^2	0.172	0.172	0.172	0.172

注：***、** 和 * 分别表示 1%、5%和 10%的显著性水平，括号中是估计参数的 *t* 统计量。

表 7.7　地方风险与城投债违约价差(II)

变　量	*Default Spread*	*Default Spread*	*Default Spread*	*Default Spread*
	(1)	(2)	(3)	(4)
DFX	6.591***	5.571***	4.041***	5.822***
	(3.660)	(3.402)	(2.733)	(3.443)
DFX * fiscal ratio*	−0.385			
	(−0.132)			
DFX * GDP per capita*		0.000		
		(0.515)		
DFX * land cost*			0.175*	
			(1.689)	
DFX * real estate GDP*				0.125
				(0.330)
warning index	−0.870**	−0.876**	−0.873**	−0.870**
	(−2.313)	(−2.345)	(−2.328)	(−2.316)
GDP growth	65.131	65.322	63.912	65.117
	(1.072)	(1.075)	(1.050)	(1.071)
GDP per capita	−0.000	−0.000	−0.000	−0.000
	(−0.444)	(−0.485)	(−0.440)	(−0.446)

续表

变　量	*Default Spread* (1)	*Default Spread* (2)	*Default Spread* (3)	*Default Spread* (4)
fiscal ratio	16.724	16.366	14.927	16.580
	(0.478)	(0.473)	(0.434)	(0.479)
land cost	−0.324	−0.325	−0.458	−0.325
	(−0.871)	(−0.873)	(−1.203)	(−0.874)
real estate GDP	0.663	0.666	0.564	0.573
	(0.520)	(0.524)	(0.438)	(0.433)
常　数	101.148	102.691	104.664	101.693
	(1.467)	(1.509)	(1.536)	(1.480)
bond FE	Yes	Yes	Yes	Yes
year FE	Yes	Yes	Yes	Yes
N	19 063	19 063	19 063	19 063
Adj. R^2	0.172	0.172	0.172	0.172

注：***、** 和 * 分别表示 1%、5%和 10%的显著性水平，括号中是估计参数的 t 统计量。

7.5.5　城投债信用评级与地方风险因素

诚如前文所述，实证证据表明城投债的信用评级普遍较高，并且表 7.3 中的结果说明城投债市场参与人对债券评级的反应并不敏感；换句话说，信用评级并没有在债券价格中得到反映。那么，一个自然而然的问题是，我国的债券评级机构给出的债券评级是否有效地反映了债券所含风险？为了尝试回答这一问题，我们将债券评级作为被解释变量，将国家层面及地方层面风险因素作为解释变量进行有序 logit 回归，回归结果如表 7.8 所示。表 7.8 中的结果清楚地表明，城投债信用评级的确反映了国家整体经济风险及一些地方的经济风险因素。国家总体经济风险越小，地方经济增长率越高，地方人均 GDP 越高，土地出让收入越高，地方发行的城投债信用评级越高。由此我们发现我国信用评级机构并非严重缺乏评级能力，它们和国际信用评级机构一样从反映经济基本面的一系列指标，特别是地方经济的差异性表现入手，测算违约风险，并给予相应的评级。造成信用评级未被定价的主要原因当为市场对城投债的评级不敏感。这里可能有几种原因。其一，城投债市场投资参与人可能认为城投债信用评级存在普遍膨胀的现象，难以为其提供较为精确的定价信息，因而对其不甚在意。其二，投资者认识到城投债本质上是地方政府债，有中央政府兜底，因此并不关心基于国家整体和地方财政及经济发展指标做出的信用评级水平。我们认为后一种原因应该是最主要的原因。城投债评级普遍高估虽是事实，但是不同债券的信用评级仍然存在差异，这种差异反映了不同地方的城投债的违约风险的异质性，如果投资者真的担心城投债违约风险，市场仍然应该将评级以及地方经济指标的差异纳入定价中。

城投债的信用评级和市场违约风险定价中对于地方异质性经济风险因素处理过程中的重大差异为我们理解地方债市场软预算约束提供了独特的视角。信用评级机构按照经济学原理和行业常规，不仅考虑总体经济风险，而且考虑了地方经济风险的差异性，从而区分了不同城投债的违约风险。但是，债券市场投资者不相信这种从本本主义出发的风险评估，对中央政府兜底怀有强烈的预期，从而只考虑总体经济风险，忽略了地方经济风险的差异性。毋庸置疑，投资者行为和市场定价提供的信息更为真实地反映了市场的软预算约束预期。信用评级机构的评级在信用评级普遍高估这方面可能部分反映了软预算约束预期，但是难以真正全面反映软预算约束，这是由其行业特性决定的。试想一下，如果信用评级机构从中央政府兜底的预期出发，消弭了不同债券的风险差异，信用评级机构还有存在的价值吗？

表 7.8　城投债信用评级与地方风险

变　量	评　级	Z 统计量
	(1)	(2)
warning index	0.034***	(5.056)
GDP growth	13.16***	(3.194)
GDP per capita	0.847***	(3.146)
fiscal ratio	0.038	(0.050)
land cost	0.016*	(1.696)
real estate GDP	0.010	(0.143)
N	18 939	
Pseudo R^2	0.018	

注：***、**和*分别表示 1%、5%和 10%的显著性水平，括号中是估计参数的 Z 统计量。

7.5.6 稳健性检验

在稳健性检验部分，我们还通过考察反映中国经济整体风险水平的宏观经济变量，包括考察了反映中国主权信用风险的变量的影响，包括中国 GDP 的增长率和其他经济景气变量，来看中国的经济风险是否被定价。表 7.8 前两列的回归结果表明，中国的整体经济风险被反映在收益率价差中；表 7.8 的后两列进一步考察了国际上通用的反映对中国经济恐慌程度的中国 ETF 波动率指数(CBOE China ETF Volatility Index) *VXFXI* 是否被定价，该指数则反映了对中国经济整体风险程度的担心程度(fear)。该表第(3)列及第(4)列的回归结果表明，对中国经济整体风险的担心被反映在收益率价差中。①

表 7.9 主权信用风险、外生冲击与城投债违约价差的稳健性检验

变量	*default spread*	*default spread*	*default spread*	*default spread*
	(1)	(2)	(3)	(4)
M2	5.296***	5.296***		
	(12.904)	(12.904)		
coincident index	−5.709**			
	(−2.442)			
GDP growth (country)		−14.786**		
		(−2.442)		
VXFXI			0.439***	
			(6.976)	
FX				0.678***
				(6.410)
常　数	582.727**	156.779*	125.034***	263.688***
	(2.225)	(1.760)	(3.863)	(6.612)
controls	Yes	Yes	Yes	Yes
bond FE	Yes	Yes	Yes	Yes
year FE	Yes	Yes	Yes	Yes
N	19 063	19 063	17 458	19 063
Adj. R^2	0.172	0.172	0.247	0.170

注：*** 、** 和 * 分别表示 1%、5%和 10%的显著性水平，括号中是估计参数的 t 统计量。

① 如果将外生冲击变量换为中国 ETF 波动率指数及实际有效汇率虚拟变量(用实际有效汇率的季度均值变化度量外生冲击)，得到的结果是类似的。为简洁起见，此处略去。

7.5.7 地方债违约风险的时间趋势

以上的面板数据分析表明，通过分离出流动性风险，中国金融市场的城投债收益率价差比较有效地反映了中国经济整体的违约风险，而并没有有效地反映地方政府和地方经济层面的违约风险。这意味着中国的地方债存在较普遍的、严重的软预算约束问题；反映了金融市场的一种共识，即使地方债的违约程度千差万别，但金融市场认为最后都会由中央政府来纾困(bail out)，因此金融市场对所有的地方债一视同仁；这意味着中国并不存在真正的地方债，所有地方债均被金融市场视为国家债。

那么，中国地方债的整体违约风险随着时间的推移会如何改变呢？我们进一步考察了2007年以来中国地方债违约风险的变化趋势。图7.8是包含了流动性风险和违约风险的城投债收益率价差的演变趋势，图7.9和图7.10分别是控制住Amihud测度流动性和高低价差流动性后的违约风险趋势图。以上三张图比较清楚地表明了，2008年全球性金融危机爆发之后直到2012年，随着中国的“四万亿”等经济刺激项目的出台，中国地方债的整体违约风险实际上下降了；但2012年是一个转折点，中国地方债的违约风险有了很大的上升。我们猜测，这很可能与2012年中国GDP增长率首次跌落8%有关，8%是中国政府长期坚持的底线增长率。2012年中国经济增长率首次“破八”以及其后经济增长率的逐年下降所引发的对中国地方政府债务违约风险的担忧，已经反映在地方债的收益率价差中。Chen等(2017)的研究则说明了另外一种可能性，2008年开始的“四万亿”刺激方案向地方政府投放了大量的信贷，2012年达到了还债高峰期。

图7.11则是用换手率作为流动性指标度量的违约风险的趋势图。该图形态与图7.9和图7.10看上去差异较大，一方面是由于该图所示违约价差时间序列控制住换手率度量的流动性风险后的违约价差，而换手率本身是债券交易活跃度的度量，从而是流动性因素的一个间接度量，不如另外两个流动性测度那么直接。而且，我们在模型识别策略部分已经说明我们的违约价差估计实际上是对违约价差下界的估计，这就有可能导致该图形出现2008年一季度出现的价差倒挂的现象。而在地方债市场上是否真的存在这种价差倒挂现象呢？答案是肯定的，例如王永钦等(2015)指出在地方债发行初期由财政部代发的上海市地方债一度出现利率低于国债利率的情况，2013年由山东省地方政府自行发行的债券利率也低于国债利率。此外，截至2014年8月底，已发行的8只地方债的利率均低于或等于国债利率。对该图2008年

一季度出现价差倒挂现象的另外一种可能的解释是，在 2008 年金融危机爆发后的关键时期，地方机构投资者可能迫于地方政府的政治影响力而出高价购买城投债券。另一方面，该图所反映的总体趋势与图 7.9 和图 7.10 是一致的：同图 7.9 和图 7.10 一样，违约价差均在 2008 年下半年后转入谷底而后上升，并于 2010—2014 年间趋于平稳。转入谷底的原因可能是在 2008 年下半年的时候投资者有政策预期，而随后便有了“四万亿”政策的出台，这极大地降低了债市风险。另一个原因可能在于“转投安全资产”(flight-to-quality)效应：由于金融危机导致股票市场风险大幅增加，这使得投资者转向更为安全的金融工具进行投资，从而抬高了城投债价格，进而降低了其到期收益率。

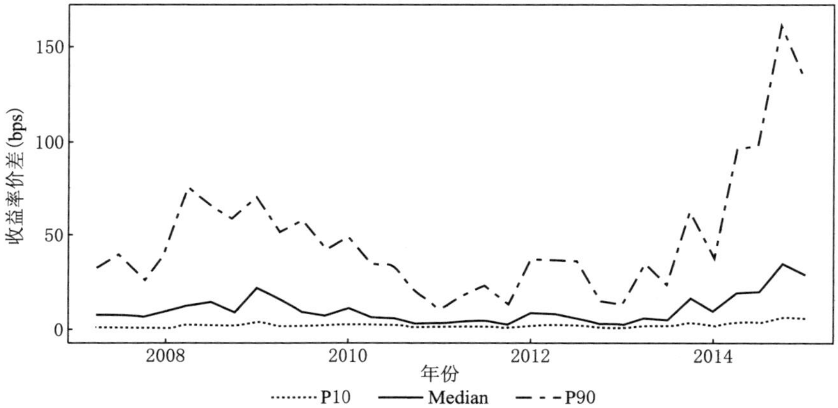

图 7.8 城投债收益率价差的时间演化

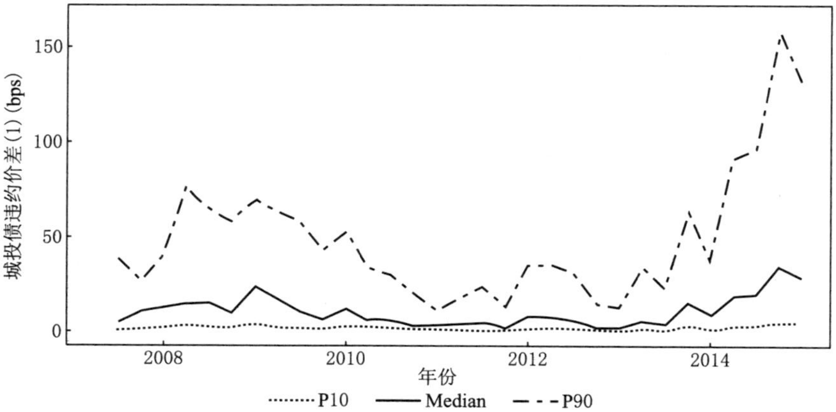

图 7.9 城投债违约价差(1)的时间演化

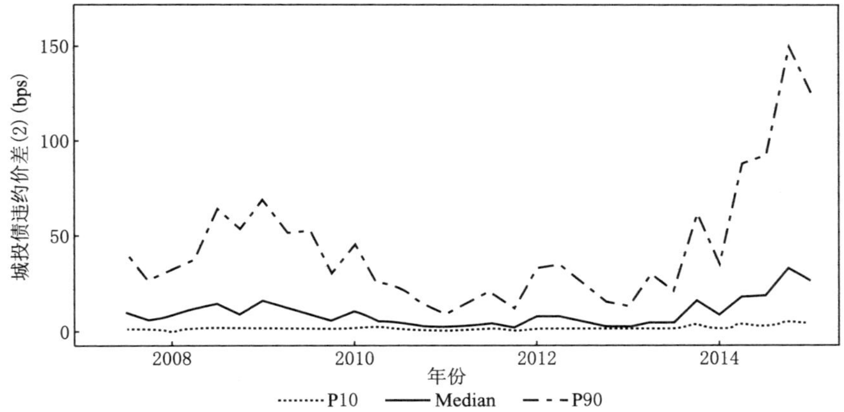

图 7.10　城投债违约价差(2)的时间演化

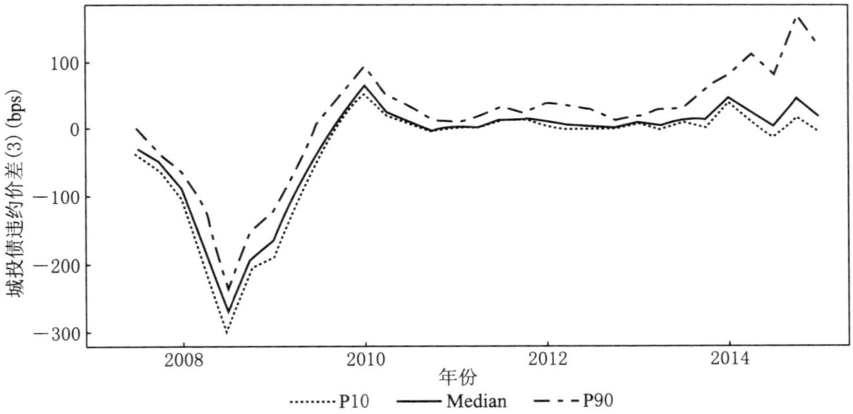

图 7.11　城投债违约价差(3)的时间演化

7.6　结论和政策含义

政府债券市场在金融体系的有效运行和资源配置中发挥着重要的作用，债券的违约风险也是最近的全球性金融危机和欧债危机的核心问题。中国地方债的违约风险也是近年来举世瞩目的问题；由于数据的不透明性和中央—地方关系的复杂性，对中国的地方债违约风险的估算一直难以取得进展。本文在系统梳理改革开放以来中国地方债务问题的制度沿革和特征性事实的基础上，选取了从金融市场这个独特的角度来估算地方债的违约风险，来进一步识别地方政府债务的软预算约束成因。本文发现，地方政府层面的违约风险并没有被定价，而中国经济的整体违约风险则被正确地定价了，这反映了金融市场将地方债视为国家债的共识；这意味着中国的地方债存在严重的软预算约束。我们的发现具有以下直接的政策含义。

第一，中国并没有形成一个有效率的地方债市场。在发达国家的金融体系中，地方政府的层面的信息都会被正确地定价，收益率价差会反映地方债的异质性违约风险，从而可以对地方政府的行为形成一种强有力的市场约束（market discipline）。中国的地方债市场的收益率价差基本上没有反映地方层面的信息，这对整个金融体系的定价效率和资源配置必然造成严重的扭曲。在发达经济体，政府债券作为一种可以保值和充当抵押品的安全资产（safe asset），会提高金融体系的运行效率；中国的政府债反而降低了中国金融市场的效率。因此，未来金融改革的一个重要内容是形成一个有效的政府债券市场。

第二，中国的地方债存在严重的软预算约束问题。地方债市场缺乏定价效率的根源是地方债面临的软预算约束，金融市场预期到中央政府最后会纾困，就不会将地方政府的违约风险考虑进去。这种软预算约束现象不仅存在于中国的地方债市场，也存在于中国的其他金融市场（如公司债市场和证券化市场）。①政府的隐性担保会对经济和金融体系的有效运行造成损害，美国政府的隐性担保导致了近期美国的次贷危机并引发了全球性金融危机（Acharya et al.，2011；Rajan，2010）。当然，中国的地方债违约风险问题未必会引发美国式的金融危机，但也可能会以降低资源配置效率和降低经济增长速度为代价。由于软预算约束，地方政府在发债时并没有将债券对经济体和金融体系的负外部性考虑在内，在均衡中会有过多的债务，地方债变成了一种公害（public bads）；2012 年中国经济中所有债务的应付利息，首次超过名义 GDP 的增量（Shih，2014），中国经济的增长率也首次跌落 8%的底线，以后更是逐年下跌，中国经济 2012 年以来整体风险的上升在我们的实证中也得到了验证。

第三，地方债的设计中的关键是硬化地方政府的预算约束。金融市场中交易的城投债为未来中国地方政府债券的设计提供了一个“实验”。如果不消除地方政府的软预算约束，未来的地方政府债券市场将如城投债市场一样面临着软预算约束，不仅不会改进地方政府的融资体系和金融体系，反而会增加更多的扭曲和金融风险。硬化地方政府的预算约束需要中央政府的切实承诺，如通过立法的形式规定地方政府的债务上限和惩罚措施、债务重组的程序和破产机制等，这方面有很多国际经验值得学习。②只有

---

① 参见朱宁(2016)。

② 马骏(2014)对硬化地方政府预算约束的金融和制度设计提供了很好的讨论。

硬化地方政府的预算约束，地方政府债券的市场才会起到约束地方政府行为的作用；也只有硬化了地方政府的软预算约束，评级体系和地方政府的资产负债表和信息披露才会起到真正的作用。这样，地方债市场和金融体系的定价效率才会提高。从国际经验来看，中国的政府债券市场亟待大力发展和改进，这对提高中国金融体系的效率和中国经济的发展具有重要的意义。①

第四，从系统性风险的角度来看，在地方债的治理方面，要做好信息准确度管理。一蹴而就地过分增加信息准确度会引发金融市场的逆向选择，使得原来对信息不敏感的资产突然变得对信息敏感起来，会在短期内造成流动性的枯竭和市场流动性的枯竭(market freeze)，就像美国 2008 年爆发的金融危机中所发生的那样(Gorton，2012)。我们的建议是，给定中国经济的基本面在未来若干年内还比较稳健，在抵押品价值还相对比较高的情况下，不宜过早地增加信息准确度。尤其是，由于部分地方债已经被信托公司等金融机构证券化了，所以中国实际上已经存在一个规模庞大的影子银行体系。这种情况下，最优准确度管理政策就变得更加重要了。对影子银行的挤兑使得美国陷入了 2008 年的金融危机。雷曼兄弟公司倒闭作为一个坏的消息(bad news)，使得原来对信息不敏感的资产突然变得对信息敏感起来，流动性就会突然枯竭起来，经济中的各个部门纷纷开始去杠杆化，使得经济陷入恶性循环(Geanakoplos，2010)。

表 7.A1　变量定义及数据来源

变　量	定　义	数据来源
Amihud	Amihud 流动性测度：定义为 $\frac{1}{N_{iq}}\sum_t \frac{\mid R_{it} \mid}{Vol_{it}}$，此处 R_{it} 为城投债 i 在日期 t 的日回报率；Vol_{it} 为城投债 i 在日期 t 的交易量；N_{iq} 为城投债 i 在第 q 季度的交易天数	原始数据来自 Wind 数据库，该指标为作者根据原始数据自己计算得出
high-low	城投债日最高价与最低价的季度均值	原始数据来自 Wind 数据库，该指标为作者根据原始数据自己计算得出
turnover	换手率：定义为城投债季度交易量与其流通数量的比率	原始数据来自 Wind 数据库，该指标为作者根据原始数据自己计算得出
ratings	A 级、AA 级等为城投债发行主体季度末的信用评级变量，依升序定义为 1，2，…，7	Wind 数据库

① 王永钦等(2015)对中国地方债发行方式的设计进行了深入的理论分析。

续表

变　量	定　义	数据来源
issue size	债券发行规模(亿元)的对数	Wind 数据库
coupon	债券息票金额	Wind 数据库
duration	债券麦考雷(Macaulay)久期	Wind 数据库
yield spread	收益率价差：城投债到期收益率与10年期国债到期收益率的季度均值	原始数据来自 Wind 数据库，该指标为作者根据原始数据自己计算得出
default spread	通过每一季度的最小二乘回归剔除掉以 Amihud 测度定义的流动性价差后得到的季度违约价差的估计值	依据回归估计得出
M2	*M2* 同比增速季度均值的虚拟变量：如果季度均值下降，取值为1，其他情况，取值为0	《中国统计年鉴》
D0809	金融危机虚拟变量：如果年度为2008年或2009年，取值为1，否则，取值为0	自定义
FX	实际有效汇率季度均值	《中国统计年鉴》
DFX	实际有效汇率虚拟变量：如果实际有效汇率的季度均值上升，取值为1，其他情况，取值为0	自定义
VXFXI	中国 ETF 波动率指数(CBOE China ETF Volatility Index)	芝加哥期权交易所(CBOE)
warning index	宏观经济预警指数	《中国统计年鉴》
coincident index	宏观经济一致指数	《中国统计年鉴》
inflation	季度通货膨胀率	《中国统计年鉴》
GDP growth (Country)	国家层面的实际 GDP 增长率	《中国统计年鉴》
GDP growth	省层面的实际 GDP 增长率	《中国统计年鉴》
GDP percapita	各省人均 GDP	《中国统计年鉴》
fiscal ratio	各省财政收入与财政支出之比	《中国统计年鉴》
land cost	各省房地产固定资产投资或土地出让金收入与 GDP 之比	《中国统计年鉴》与国土资源部
real estate GDP	各省房地产 GDP 贡献值与该省 GDP 之比	《中国统计年鉴》

续表

变　量	定　义	数据来源
GEO	区域分布。其中：*Middle* 是中部地区虚拟变量；*West* 是西部地区虚拟变量；*Costal* 是沿海地区虚拟变量	原始数据来自 Wind 数据库，该分类变量为自定义
public	公共事业行业虚拟变量（GICS 行业分类）	原始数据来自 Wind 数据库，该分类变量为自定义

参考文献

龚强、王俊、贾坤：《财政分权视角下的地方政府债务研究：一个综述》，《经济研究》2011 年第 7 期，第 144—156 页。

金融时报（中文网）：《中国须戒“信贷瘾”》，2014 年 1 月 17 日社论。

马骏：《如何硬化地方政府的软预算约束》，http://m.ftchinese.com/story/001056430，2014 年。

徐高：《审计署报告表明地方债务风险整体可控》，《华尔街日报》（中文网）2013 年 12 月 31 日。

王永钦、陈映辉、杜巨澜：《软预算约束与中国地方政府债务违约风险：来自金融市场的证据》，《经济研究》2016 年第 11 期。

王永钦、戴芸、包特：《财政分权下的地方政府债券设计：不同发行方式与信息准确度》，《经济研究》2015 年第 11 期，第 65—78 页。

王永钦、张晏、章元、陈钊、陆铭：《中国的大国发展道路：论分权式改革的得失》，《经济研究》2007 年第 1 期，第 4—16 页。

王铁军：《地方政府融资 22 种模式》，中国金融出版社 2006 年版。

周沅帆：《城投债：中国式市政债券》，中信出版社 2010 年版。

朱宁：《刚性泡沫》，中信出版社 2016 年版。

Acharya, V. V., M. Richardson, S. Van Nieuwerburgh, and L. J. White, 2011, *Guaranteed to Fail: Fannie Mae, Freddie Mac, and the Debacle of Mortgage Finance*, Princeton University Press.

Acharya, V., G. Afonso, and A. Kovner, 2015, “How Do Global Banks Scramble for Liquidity? Evidence from the Asset-Backed Commercial Paper Freeze of 2007”, *Journal of Financial Intermediation*, forthcoming.

Acharya, V., D. Anginer, and A. Warburton, 2016, “The End of Market Discipline? Investor Expectations of Implicit Government Guarantees”, NYU, working paper.

Amihud, Yakov, 2002, “Illiquidity and Stock Returns: Cross-section and Time-series Effects”, *Journal of Financial Markets*.

Beckworth, D., K. P. Moon, and J. H. Toles, 2010, “Monetary Policy and Corporate Bond Yield Spread”, *Applied Economics Letters*, 17(12): 1139—1144.

Brixi, H. P., 1998, “*Contingent Government Liabilities: A Hidden Risk for Fiscal Stability*”, World Bank.

Bruno, V., and H. Shin, 2015, “Global Dollar Credit and Carry Trades: A Firm-Level Analysis”, BIS, working paper.

Cenesizoglu, T., and B. Essid, 2010, “The Effect of Monetary Policy on Credit Spreads“, Cahier de recherche/Working Paper, 10, 31.

Chen, L., D. A. Lesmond, and J. Wei, 2007, “Corporate Yield Spreads and Bond Liquidity”, *Journal of Finance*, 62(1): 119—149.

Chen, Z.,Z.He, and C.Liu, 2017, "The Financing of Local Government in China: Stimulus Loan Wanes and Shadow Banking Waxes", NBER working paper No.23598.

Dang, T., B.Holmstrom, and G.Gorton, 2013, "Haircuts and Repo Chains", working paper, Yale University.

Dewatripont, M., and E.Maskin, 1995, "Credit and Efficiency in Centralized and Decentralized Economies", *Review of Economic Studies*, 62(4):541—555.

Dick-Nielsen, J., P.Feldhütter, and D.Lando, 2012, "Corporate Bond Liquidity before and after the Onset of the Subprime Crisis", *Journal of Financial Economics*, 103(3):471—492.

Geanakoplos, J., 2010, "The leverage cycle", *NBER Macroeconomics Annual*, 24(1), pp.1—66.

Gorton, G.B., 2012, *Misunderstanding Financial Crises: Why We Don't See Them Coming*, Oxford University Press.

Gorton, G., and A. Metrick, 2012, "Securitized Banking and the Run on Repo", *Journal of Financial Economics*, 104(3):425—451.

He, D., and L.L.Pauwels, 2008, "What Prompts the People's Bank of China to Change Its Monetary Policy Stance? Evidence from a Discrete Choice Model", *China & World Economy*, 16(6):1—21.

Horton, J.J., 1970, "Statistical Classification of Municipal Bonds", *Journal of Bank Research*, 1(3):29—40.

Houweling, P., A.Mentink, and T.Vorst, 2005, "Comparing Possible Proxies of Corporate Bond Liquidity", *Journal of Banking & Finance*, 29(6):1331—1358.

Ingram, R.W., L.D.Brooks, and R.M.Copeland, 1983, "The Information Content of Municipal Bond Rating Changes: A Note", *Journal of Finance*, 38(3):997—1003.

Jensen, G.R., J.M.Mercer, and R.R.Johnson, 1996, "Business Conditions, Monetary Policy, and Expected Security Returns", *Journal of Financial Economics*, 40(2):213—237.

Kiyotaki, N., and J.Moore, 1995, "Credit Cycles", National Bureau of Economic Research, No.w5083.

Kornai, J., 1986, "The Soft Budget Constraint", *Kyklos*, 39(1):3—30.

Kornai, J., E.Maskin, and G. Roland, 2003, "Understanding the Soft Budget Constraint", *Journal of Economic Literature*, 41(4):1095—1136.

Longstaff, F.A., S.Mithal, and E.Neis, 2005, "Corporate Yield Spreads: Default Risk or Liquidity? New Evidence from the Credit Default Swap Market", *The Journal of Finance*, 60:2213—2253.

Morris, F.E., 1960, "Impact of Monetary Policy on State and Local Governments: An Empirical Study", *Journal of Finance*, 15(2):232—249.

Park, S., 2013, "The Design of Subprime Mortgage-backed Securities and InformationInsensitivity", *International Economic Journal*, 27(2):249—284.

Rubinfeld, D.L., 1973, "Credit Ratings and the Market for General Obligation Municipal Bonds", *National Tax Journal*, 26(1):17—27.

Rajan, R., 2010, *Fault Lines: How Hidden Fractures Still Threaten the World Economy*, Princeton University Press.

Shih, V., 2014, "Estimation of China's Debt"(内部稿), UCSD.

Schwert, M., 2015, "Municipal Bond Liquidity and Default Risk", working paper, Stanford University.

Strahan, P.E., 2013, "Too Big to Fail: Causes, Consequences, and Policy Responses", *Annual Review of Financial Economics*, 5(1):43—61.

Vijayakumar, J., 1995, "An Empirical Analysis of the Factors Influencing Call Decisions of Local Government Bonds", *Journal of Accounting and Public Policy*, 14(3):203—231.

Xu, C., 2011, "The Fundamental Institutions of China's Reforms and Development", *Journal of Economic Literature*, 49(4):1076—1151.

第 8 章

新旧动能转换期的中国金融体系：回顾、现状、风险与展望

Franklin Allen	伦敦帝国学院商学院
钱　军	复旦大学泛海国际金融学院
顾　弦	中央财经大学金融学院

8.1 引言

中国经济在过去的几十年飞速增长，但同时也涌现出诸多难解之题。其中之一就是中国如何在金融体系不完善的不利背景下取得了经济上的繁荣增长。改革开放已 40 年，然而金融部门的发展仍旧落后于整体经济部门。之前的研究表明，金融体系结构与实体经济增长之间的关系在各国之间存在着显著差异。本文对中国金融体系进行了全面的回顾，并将之与其他国家的金融体系进行横向比较，研究金融体系在支持经济增长方面的作用。①我们主要研究了金融体系的两大部门：正规部门(Formal Sectors)以及替代性金融部门(Alternative Finance Sectors)。其中，正规部门包括大型金融中介部门(如大部分国有银行和其他金融机构)，以及自 1990 年成立以来快速发展的股票市场。替代性金融部门主要指游离于市场和正规机构之外运作的部门，主要是指非银行、非市场等替代性融资渠道。此外，我们剖析了中国金融体系可能面临的挑战，并针对如何进行进一步改革以阻止金融危机的发生这一问题展开了深入探讨。

---

① 全球金融危机之后，中国经济增长率仍高于其他国家。据世界银行 2014 年发布的 *International Comparison Program* 报告披露，中国该年的 GDP 购买平价水平(PPP)超过美国。

本文的主要结论有四点：

第一，与其他发达经济体和新兴经济体相比，中国的金融体系一直以大型银行体系为主导。“四大”银行以及其他大型金融机构近年来已在中国A股市场或者中国香港、美国等发达市场陆续上市。尽管如此，跨境在中国香港、美国上市的金融机构，其最大股东仍为政府，政府对其仍然具有控制权。这些国有银行在为国有企业以及大型政府项目(如基础设施建设)提供融资方面发挥了重要作用，并为“投资驱动型”增长模式提供强有力的支持。在2007—2009年全球金融危机时期，发达国家主要金融机构遭遇了严重的创伤，而中国上市银行因其特有的所有权结构抵挡了金融危机的冲击。另一方面，企业与地方政府所承担的高额债务，以及与之伴随而来的银行表内和表外的风险累积，都对银行业的稳定构成了威胁。国有银行对国有部门不良贷款(NPLs)聚积，导致银行部门存在严重的不良贷款问题。20世纪90年代末，中国遭遇亚洲金融危机，银行业不良贷款高企，约占当时GDP的20%，中国政府在当时积极采取财政手段，有效缓解了银行业高额不良贷款的现象。展望未来，中国政府应当能够再度采取相应的财政措施以解决目前再次出现的高额不良贷款问题。

第二，关于中国金融市场。股票市场现在已有超过3 000家公司在沪深两所交易所上市并交易，从总市值来看，中国A股市场位居全球第二，仅次于美国股票市场。债券市场近年来也在快速增长，主要发行和交易政府债券和公司债券。其中公司债券的发行人一般是大型国有企业和其他信用评级较高的大型企业。金融市场也服务于国有部门：大量国有企业和其他政府下属企业可通过发行股票和债券的方式筹集资金。Allen，Qian，Shan和Zhu(2017，后文简称为AQSZ)指出，A股市场的关键结构性问题是上市企业中非国有企业比重过少，主要原因是首次公开募股(IPO)/上市程序以及退市程序存在缺陷。相对于发达经济体和新兴经济体的股票市场，以及在境外上市的中国企业(包括在中国香港、新加坡、美国上市的中国企业)，中国股票市场表现不佳，其主要原因就是股票市场的制度问题。健全发展中国股票市场仍然是当前中国金融体系的一项重要任务。股票市场应当为私人部门提供更多支持，并为个人投资者带来比投资债券市场更稳定与高额的回报。

第三，替代性金融部门为私营部门与居民部门的增长提供了重要支持，为经济增长做出了重要贡献。Allen，Qian和Qian(2005，后文简称为AQQ)认为，在支持整体经济增长方面，金融体系中最成功的部分不是正规金融部门(即银行和金融市场），而是替代性金融部门（包括非正规金融中介、内部融资和商业信用，以及企业、投资者与地方政府之间其他各种形式的融资渠道）。这种替代性金融部门支持了各种所有权结构形式的“混合部门”（Hybrid Sector）的增长，这一部门的增速远快于国有部门（即所有国有企业）和所有 A 股上市的企业。①未来，这个部门和正规金融部门应协同发展，为私营部门和家庭提供更多支持，并提高整个经济的资源配置效率。

第四，中国金融体系面临的重大挑战是如何避免出现严重破坏经济增长与稳定的金融危机。这些危机事件既包括传统的金融危机——不良贷款累积以及银行利润的剧烈下滑导致的银行业危机，或者是房地产市场中由投机性资产泡沫破裂导致的金融危机及经济崩溃；也包括诸如 2015 年年中出现的“股灾”。自中国 2001 年加入世界贸易组织（WTO）以来，其金融体系和整体经济与世界其他国家的融合加速，但与此同时，大规模、突然性的资本流动和外国投机资本进入也提高了货币危机和“双重危机”（货币与银行危机同时出现）发生的可能性。是否能避免类似危机的发生，将取决于政府和中央银行的反应。自人民币加入特别提款权（SDR）以来，中国应继续提高人民币作为真正全球货币的地位，而不是退出或者减缓资本账户开放的进程。目前，金融体系中最大的不稳定因素之一，是企业与地方政府杠杆高企的情况下，是否会出现大面积违约，以及多个地区是否会同时出现房价大幅下跌。我们将讨论房地产和地方政府部门应该如何防止此类危机的发生。

综上所述，金融体系正规部门在支持国有部门融资以及投资驱动型的旧增长模式方面发挥了关键作用，但未能满足私营部门和居民部门的投融资需求，而这些部门恰恰是中国经济长期增长的关键引擎，在过去，其资金需求主要是通过市场和正规金融机构之外运营的替代性金融部门提供。展望未来，金融市场亟需进一步发展，在经济增长转型的背景下，为包括科技行业和服务业在内的私营部门提供更多的支持。正规部门和替代性金融部门应当通力合作，提高资源配置效率，以更好地支持消费和创新驱动型新增长模式；同时，应当继续推进金融改革，以减少发生破坏性金融危机的可能性。

本文其余部分架构如下：第二部分简要回顾中国金融体系发展的历史，并提供有

① 本文对混合部门的定义如下：混合部门包括所有非国有、非上市公司（包括私人或个人所有制公司）以及由部分地方政府所有的公司（如乡镇企业，Township Village Enterprises，简称为 TVE）。

关中国金融体系近年的发展状况；第三部分将回顾中国银行业与非银行金融中介机构以及近期影子银行体系的发展状况；第四部分简要考察包括股票市场、债券市场、房地产市场和上市公司在内的金融市场的发展状况，并以此提出有利于发展金融市场以及改善公司治理的建议；第五部分主要讨论影子金融部门，包括替代性融资渠道和治理机制；第六部分将分析不同类型的金融危机及其对未来中国金融体系的潜在影响；第七部分为全文总结。

本文中涉及的人民币与美元的兑换以2005年为时间节点进行划分：2005年以前发生的交易与事项，以1美元＝8.28元人民币的汇率进行核算；2005年以后发生的各项活动，以每年年末的即期汇率进行核算。

8.2 中国金融体系概况

8.2.1 金融发展与经济增长

金融发展和经济增长紧密相连，其主要原因是金融体系使得家庭和企业能够进行跨期平稳支出并进行风险分担。一方面，通过获取信息和分配资本，金融体系可以改善对潜在投资项目的事前评估水平，并通过促进技术创新来刺激经济增长(Allen and Gale，1999)。另一方面，金融系统可以实现风险(尤其是可分散风险)的最优分配。例如，金融市场可以通过诱导投资组合转向预期收益较高的项目来缓解风险多样化(Greenwood and Jovanovic，1990；Obstfeld，1994)。一国的国际贸易使得该国国际金融市场的风险分散程度更高，从而促进经济增长(Helpman and Razin，1978)。

大量的实证研究表明，金融发展与经济增长之间存在正相关关系(Goldsmith，1969；King and Levine，1993；Levine and Zervos，1998)。Rajan 和 Zingales(1998)通过对42个国家的36个行业进行微观层面的分析，证实了金融发展与经济增长的关系；同时也表明，在金融市场更发达的国家，依赖外部融资程度更高的行业发展速度过快，与金融市场的发展不成比例。20世纪90年代末，经济学家还提出了法律、政治、社会或文化等制度对国家长期经济增长的影响(Robinson et al.，2004)。La Porta 等(1997，1998)通过研究证实，法律起源差异化对解释金融发展中的跨国差异有着很重要的作用(另请参阅文章：Beck et al.，2001；2005)。此外，La Porta 等(2002)通过研究政府参与金融部门的行为证明，公有制程度越高，银行业发展水平越低，经济增长越缓慢。

此外，由于银行业与股票市场在金融市场上扮演着不同的角色，大量学者也进行了关于金融结构与经济结构之间关系的实证研究。但是这方面的文献并没有统一的结论。Beck 等(2001)指出，一国经济增长与该国的金融体系是以市场为基础还是以银行业为基础无关，而与金融部门的整体发展和相关法律制度的有效性有关。Tadesse(2002)发现，金融部门与经济增长之间的关系取决于金融部门和实体经济的整体发展水平。进一步来说，一方面，以市场为基础的体系在金融体系较发达的国家表现较好；另一方面，以银行为基础的金融体系在金融体系欠发达的国家表现较好。Levine 和 Zervos(1998)也发现，股票市场的初始交易比率和银行业发展水平显著影响经济增长；但他们强调，股票市场的规模并不重要，重要的是市场的活跃程度。

然而，正如 AQQ(2005)所述，中国是金融发展与经济增长关系文献中发现的重要反例。尽管法律或金融体系有待完善，中国也一直是全球发展最快的经济体之一。近年来，影子银行体系在中国发展迅猛，其通过向实体部门提供资金以及支持经济增长，来弥补正规金融部门在支持经济增长方面的缺陷[Allen, Qian, Tu and Yu(后文简称 AQTY)，2016; Acharya et el., 2016]。尽管中国的经济增速在过去两三年内略微放缓，增长进入"新常态"，但其成功为我们提供了研究金融发展与经济增长的新思路。

8.2.2　中国金融体系历史简要回顾

中国的金融体系在 1949 年以前已经发展得较为成熟。①1949 年中华人民共和国成立后，所有 1949 年以前的私有制公司和机构在 1950 年均被国有化。1950 年至 1978 年间，中国的金融体系是单一银行制。中国人民银行由中央人民政府完全控股并统一领导，接受财政部的指导。中国人民银行是当时中国的中央银行和商业银行，其控制着中国约 93%的金融资产，并且承担国家几乎所有的金融交易。

中国银行业的首次重大结构变革始于 1978 年，终于 1987 年。1979 年底，中国人

---

① 有关中国金融体系在 1949 年前的历史的详情介绍，请参见 AQQ(2008)；有关同期中国金融系统的更多轶事证据，请参见 Kirby(1995)以及 Lee(1993)。

民银行正式脱离财政部，成为独立个体。与此同时，三家国有银行接管了中国人民银行的部分商业银行业务：中国银行①专门从事与外贸和投资有关的交易；中国人民建设银行，最初成立于1954年，主要负责处理与固定投资（尤其与制造业相关的固定投资）有关的交易；中国农业银行，成立于1979年，负责处理农村地区的所有银行业务；中国人民银行正式成为中国的中央银行，并形成了两级银行体系。第四家国有商业银行是中国工商银行，其成立于1984年，接管了中国人民银行其余的商业交易。1987年，交通银行重新建立，成为了第五家国有商业银行。20世纪80年代，中国金融体系的发展可概括为：除“五大”银行（即中国工商银行、中国银行、中国人民建设银行、中国农业银行以及交通银行）之外，其他金融中介机构发展迅猛。在此期间，地区性银行，农村信用合作社，城市信用合作社和其他非银行金融中介机构（如信托公司）逐渐崭露头角并迅速发展。

20世纪90年代，中国金融体系最重要的事件是中国股票市场的成立和发展。1990年，上海证券交易所以及深圳证券交易所这两个国内证券交易所相继成立，并发展迅猛。在股票市场发展的同时，中国房地产市场也逐渐从无到有，迅速发展。2007年，中国的房地产市场已经发展至与股票市场规模相当。②由于股票市场和房地产市场的相应法律法规及机构的发展落后于其他机构部门的发展，这两个市场表现出了高波动性，且市场中的诸多投资者都存在短期投机性行为。有关金融市场的现状和问题详见第四部分。

继1997年亚洲金融危机之后，金融部门改革重点放在了国有银行以及不良贷款问题。为了加强银行业的监管与发展，中国银行业监督管理委员会（简称“银监会”）应运而生。我们将在第三部分进一步讨论银行业的相关问题。2001年12月中国加入世界贸易组织标志着新时代的开始，可以预见的是，中国金融市场将会面临外资金融机构日益激烈的竞争以及更频繁和更大规模的资本流动。该部分内容我们将在第六部分进行详细探讨。

图8.1为当前整个中国金融体系的结构。在后文中我们将深入探讨金融体系的各个主要部门。除了考察银行业、非银行中介以及金融市场的正规部门外，我们还将

---

① 中国银行是目前历史最悠久的银行，其前身可追溯到1912年成立的一家私人银行。该私人银行专门从事外币关联交易。

② 截至2007年末，两个国内交易所（上海证券交易所和深圳证券交易所）的总市值约为4.5万亿美元，而房地产市场的总投资额约为3.12万亿美元。

陈述影子金融部门对实现实体经济高速增长的重要性。

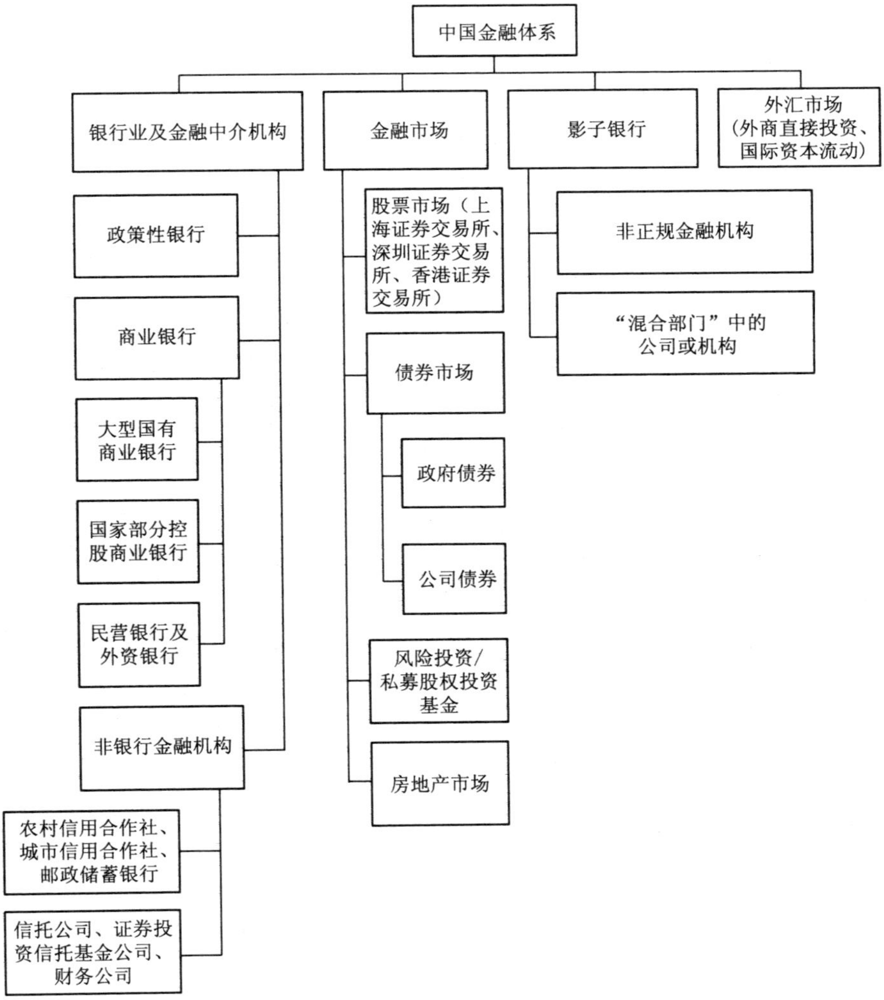

图 8.1　中国金融体系概览

8.3　银行业与非银行金融机构

本节重点考察中国的银行业和非银行金融机构。从中国银行业发展近况看，在过去，高额不良资产率一直是中国银行业面临的最严重的问题。但在 21 世纪初期、2008 年金融危机之前，该问题大体上得到了有效控制。然而近年来，银行业高不良贷款余额高企这个问题卷土重来，重新成为银行业目前最棘手的问题。最后，我们将回顾非国有银行、其他金融中介机构以及近期兴起的影子银行业务的发展状况。

8.3.1 银行业发展近况

与其他亚洲经济体情况相似，中国的家庭储蓄率在过去几十年一直处于高位。其主要原因在于急速增长的经济和个人收入与有限的投资机会不匹配。

在表 8.1 中，我们从期限、贷款目的和借款人类型三个维度入手，分析了 1994 年至 2013 年期间中国的银行贷款状况。①与上文第 2 节的总体发展情况以及下文公司层面的证据一致，我们发现银行贷款一直是混合部门公司的重要融资来源之一。据中国人民银行统计，截至 2010 年底，银行贷款余额达到 302 914 亿元，其中 52.2%流向国有部门。到 2014 年底，流向国有企业的银行贷款余额占比虽一路下降至 47.6%，但仍然保持在较高水平。与此同时，8%的银行贷款余额流向集体所有制企业，44.4%流向民营企业（表 8.2）。②如表 8.1 所示，混合部门（包括乡镇企业，民营企业、集体所有制企业以及合资企业）的贷款规模远小于国有企业在制造业领域的贷款规模。此处，国有企业在制造业领域的贷款包括工业贷款及商业贷款。研究人员认为，国有部门和混合部门之间的贷款不均衡反映了政府通过国有银行将财富从混合部门转向国有部门（Brandt and Zhu，2000）。

表 8.1　银行贷款余额（年末数；单位：十亿元）

年份	各项贷款合计	短期贷款	工业贷款	商业贷款	建筑业贷款	农业贷款	乡镇企业贷款	私营企业及个体贷款	合资企业贷款
1994	3 997.60	2 694.87	994.83	1 050.98	61.72	114.39	200.24	15.59	79.23
1995	5 054.41	3 337.20	1 177.47	1 283.71	79.93	154.48	251.49	19.62	99.91
1996	6 115.66	4 021.00	1 421.33	1 533.26	97.38	191.91	282.19	27.98	134.63
1997	7 491.41	5 541.83	1 652.66	1 835.66	159.11	331.46	503.58	38.67	189.10
1998	8 652.41	6 061.32	1 782.15	1 975.24	162.87	444.42	558.00	47.16	248.75
1999	9 373.43	6 388.76	1 794.89	1 989.09	147.69	479.24	616.13	57.91	298.58
2000	9 937.11	6 574.81	1 701.93	1 786.85	161.71	488.90	606.08	65.46	304.98

① 2010 年，针对银行贷款的划分，中国人民银行在贷款用途和借款人种类上进行了再定义，因此 2010 年后的数据无法按照之前的分类依据进行划分。

② 不同行业（包括国有企业、集体所有制企业以及私营部门）的贷款流向比例计算依据中国人民银行发布的《金融机构贷款投向统计报告》。

续表

年份	各项贷款合计	短期贷款	工业贷款	商业贷款	建筑业贷款	农业贷款	乡镇企业贷款	私营企业及个体贷款	合资企业贷款
2001	11 231.47	6 732.72	1 863.67	1 856.34	209.96	571.15	641.30	91.80	326.35
2002	13 129.39	7 424.79	2 019.05	1 797.31	274.80	688.46	681.23	105.88	269.74
2003	15 899.62	8 366.12	2 275.60	1 799.44	300.21	841.14	766.16	146.16	256.94
2004	17 819.78	8 684.06	2 389.66	1 707.41	278.01	984.31	806.92	208.16	219.84
2005	19 469.04	8 744.92	2 251.67	1 644.76	298.37	1 152.99	790.18	218.08	197.53
2006	22 534.72	9 853.44	2 865.4	1 667.15	361.26	1 320.82	622.20	266.76	183.27
2007	26 169.09	11 447.79	3 362.33	1 783.33	374.19	1 542.93	711.26	350.77	206.91
2008	30 339.46	12 518.17	3 614.29	1 773.22	368.46	1 762.88	745.4	422.38	227.08
2009	39 968.48	14 661.13	3 876.92	1 948.33	364.68	2 162.25	902.9	712.10	218.03
2010	47 919.56	16 623.34	—	—	—	—	—	—	—
2011	54 794.67	20 313.26	—	—	—	—	—	—	—
2012	62 990.96	24 827.28	—	—	—	—	—	—	—
2013	71 896.15	29 023.78	—	—	—	—	—	—	—

资料来源：中国统计年鉴；全球经济数据库（CEIC）（1985—2013）。

表 8.2　国有部门与私营部门银行贷款余额

	年份	国有企业	集体所有制企业	民营企业	总计
贷款余额（单位：十亿元）	2010	15 823.50	2 843.84	11 624.15	30 291.49
	2011	17 094.66	3 497.98	14 424.30	35 016.94
	2012	18 689.85	3 638.98	16 954.17	39 282.99
	2013	20 465.74	3 648.51	19 904.98	44 019.22
	2014	24 830.06	4 185.14	23 147.23	52 162.42
流向各部门贷款余额占比（%）	2010	52.24	9.39	38.37	100.00
	2011	48.82	9.99	41.19	100.00
	2012	47.58	9.26	43.16	100.00
	2013	46.49	8.29	45.22	100.00
	2014	47.60	8.02	44.38	100.00

资料来源：中国人民银行《金融机构贷款投向统计报告》（2011—2015）。

8.3.2　不良资产分析与银行业深化改革

中国的银行业主要以大型国有银行占主导地位，即中国工商银行、中国银行、交

表 8.3　银行业金融机构总资产情况表(依照银行类型划分)(单位：十亿元)

年份	大型商业银行	股份制商业银行	城市商业银行	农村合作银行	农村商业银行	农村信用社	外资银行	新型农村金融机构和邮政储蓄银行	政策性银行及国家开发银行
2003	16 051.17	2 959.86	1 462.17	0.00	38.48	2 650.93	415.97	898.44	2 124.70
2004	17 981.67	3 647.60	1 705.63	0.00	56.54	3 077.10	582.29	1 084.96	2 412.25
2005	21 005.00	4 465.49	2 036.69	275.04	302.89	3 142.70	715.45	1 378.68	2 928.32
2006	24 236.35	5 444.59	2 593.79	465.36	503.81	3 450.28	927.87	1 612.20	3 473.23
2007	28 500.00	7 274.20	3 340.50	646.00	609.70	4 343.40	1 252.50	1 768.70	4 278.10
2008	32 575.10	8 833.70	4 132.00	1 003.30	929.10	5 211.30	1 344.80	2 216.30	5 645.40
2009	40 799.80	11 818.10	5 680.00	1 279.10	1 866.10	5 494.50	1 349.20	2 704.50	6 945.60
2010	46 894.30	14 903.70	7 852.60	1 500.20	2 767.00	6 391.10	1 742.30	3 510.10	7 652.10
2011	53 633.60	18 379.40	9 984.50	1 402.50	4 252.70	7 204.70	2 153.50	4 353.60	9 313.30
2012	60 040.10	23 527.10	12 346.90	1 283.50	6 275.10	7 953.50	2 380.40	5 351.10	11 217.40
2013	65 600.50	26 936.10	15 177.80	1 232.20	8 521.80	8 595.10	2 562.80	6 210.00	12 527.80
2014	71 014.10	31 380.10	18 084.20	957.00	11 527.30	8 831.20	2 792.10	7 098.10	15 614.00
2015	78 163.00	36 988.00	22 680.20	762.50	15 234.20	8 654.10	2 680.80	8 302.40	19 284.70

资料来源：中国银行业监督管理委员会。

通银行、中国农业银行和中国建设银行这五大银行。五大银行占主导也意味着中国银行业内部的竞争程度一直很低。①截至 2015 年底，五大银行总资产占整体银行业资产的 40.5%(表 8.3)。2014 年，银监会批准在中国首设五家民营银行。②但是，大多数商业银行的多数股权都归中央或地方政府所有，或政府为最终控股方。在过去的十年中，中国银行业乃至整个中国金融体系面临的最严重的问题是不良贷款余额高企，五大银行尤为显著。在全球金融危机之后，五大行为了刺激经济复苏而承担了大量的投资项目。降低不良贷款余额至正常水平是当前中国金融体系亟待解决的首要问题。

1. 不良贷款新近发展概况

表 8.4 中，我们比较了 1998—2013 年期间，中国、美国及其他亚洲主要经济体的不良贷款情况。不良贷款余额以十亿美元为单位，并同时在括号内标明了其占当年 GDP 的比重。从表中可以看出，2000—2007 年，中国的不良贷款率最高，在 2000 年及 2001 年分别高达 GDP 的 22.5%及 20.0%。之后呈现明显下降趋势；不良贷款总额也在 2000 年至 2011 年期间逐年下降。事实上，在大多数发达国家银行业陷入全球金融危机的同时，中国的银行业却表现良好。2010 年中国的不良贷款总额为 681 亿美元，仅为美国的 1/7，中国不良贷款率占 GDP 的比重也低于美国。然而，继 2009 年“四万亿”财政刺激方案之后，不良贷款占 GDP 的比重再次上升。一些学者认为，表 8.4 所示的中国早期高额不良贷款余额可能并不代表当时的实际情况，实际情况是中国银行体系内的不良贷款余额极有可能被严重低估，真实数字应远超于表上数据。③

---

① 然而在过去的十几年中，随着多家非国有银行和金融中介机构涌入中国金融市场，银行业在整个金融机构的集中度持续急剧下降。Demirgüç-Kunt 和 Levine(2001)以五大银行在整个银行业的资产占比为对象，比较了五家银行在行业的集中度。研究发现，20 世纪 90 年代，中国银行业高度集中，是当时世界上银行业集中度最高的国家之一。1997 年底，中国银行业集中度已高达 91%。在这之后，中国银行业迅速发展，随之而来的是行业集中度下降。

② 截至 2017 年 4 月，中国总共只有 6 家经批准的民营银行。中国商业银行全名可在银监会网站查询：http://www.cbrc.gov.cn/chinese/jrjg/index.html。

③ 详情请参阅 Allen，Qian 和 Gu(2015 年，后文简称为 AQG)。Lardy(1998)在这之前也已得出相似结论，其认为如果以国际标准考量不良贷款余额，截至 20 世纪 90 年代中期，中国国有银行的不良贷款余额足以导致这些银行的净资产总值为负，进而使得整个国有银行体系资不抵债，彻底崩溃。

表 8.4　各国(地区)不良贷款规模(单位:十亿美元)

年份	中国		美国		日本		韩国		印度		印度尼西亚		中国台湾	
		—	66.9	(0.8%)	217.4	(5.1%)	16.2	(3.1%)		—	0.2	(0.1%)	19.6	(6.5%)
1998	20.5	(2.0%)	71.3	(0.8%)	489.7	(12.7%)	23.2	(6.7%)	12.7	(3.1%)	5.5	(5.2%)	21.8	(7.9%)
1999	105.1	(9.7%)	72.2	(0.8%)	547.6	(12.6%)	54.4	(12.2%)	14.0	(3.2%)	3.2	(3.8%)	27.2	(9.1%)
2000	269.3	(22.5%)	90.1	(0.9%)	515.4	(11.1%)	35.5	(6.9%)	12.9	(2.8%)	6.3	(2.7%)	33.2	(10.3%)
2001	265.3	(20.0%)	108.4	(1.1%)	640.1	(15.6%)	12.2	(2.5%)	13.2	(2.8%)	4.3	(1.7%)	37.9	(13.0%)
2002	188.4	(13.0%)	107.8	(1.0%)	552.5	(14.1%)	9.9	(1.8%)	14.8	(3.0%)	3.3	(2.0%)	30.7	(10.4%)
2003	181.2	(11.0%)	95.9	(1.0%)	480.1	(11.3%)	11.7	(1.9%)	14.6	(2.5%)	4.7	(1.5%)	23.1	(7.7%)
2004	207.4	(10.7%)	81.3	(0.9%)	334.8	(7.3%)	10.0	(1.5%)	14.4	(2.2%)	3.8	(2.1%)	26.4	(5.1%)
2005	164.2	(7.3%)	84.6	(0.7%)	183.3	(4.0%)	7.6	(1.0%)	13.4	(1.7%)	6.0	(1.5%)	11.2	(3.2%)
2006	157.4	(5.9%)	103.8	(0.8%)	157.8	(3.6%)	8.2	(0.9%)	11.2	(1.3%)	5.2	(1.4%)	11.3	3.1%
2007	166.8	(5.1%)	168.1	(1.2%)	148.6	(3.4%)	8.3	(0.8%)	13.6	(1.2%)	4.5	(1.0%)	10.0	2.6%
2008	80.6	(1.9%)	328.7	(2.3%)	190.8	(3.7%)	13.0	(1.4%)	15.4	(1.3%)	4.3	(0.8%)	9.0	2.3%
2009	72.6	(1.5%)	477.5	(3.3%)	188.45	(3.63%)	13.9	(1.5%)	18.2	(1.3%)	4.6	(1.0%)	6.7	(1.8%)
2010	68.1	(1.1%)	423.4	(2.9%)	208.70	(3.82%)	26.8	(2.6%)	20.7	(1.2%)	4.3	(0.6%)	3.8	(0.9%)
2011	67.9	(0.9%)	359.0	(2.4%)	213.0	(3.6%)	13.4	(1.2%)	22.4	(1.2%)	5.4	(0.6%)	3.1	(0.7%)
2012	79.1	(1.0%)	351.6	(2.2%)	219.5	(3.7%)	14.6	(1.3%)	29.4	(1.6%)	5.4	(0.6%)	3.2	(0.7%)
2013	96.3	(1.0%)	260.0	(1.5%)	180.9	(3.7%)	15.8	(1.2%)	31.4	(1.6%)	5.6	(0.6%)	3.0	(0.6%)

注:括号内表示不良贷款余额占当年 GDP 的比重。

资料来源:中国国家统计局、中国人民银行、中国银行业监督管理委员会、美国联邦储备银行理事会、美国统计摘要、日本统计局、韩国财政部、韩国银行、韩国统计信息系统、国际货币基金组织、世界银行、印度尼西亚银行、印度财政部、Bloomberg 等。

国有银行(特别是五大银行)中的大部分不良贷款主要源于对国有企业的贷款决策不佳,而这其中的一些贷款决策是迫于政治因素或其他非经济因素。因而,政府最终将承担减少不良贷款的重担。如上所述,中国的大多数商业银行均属国有。历史上,为了支持当时的经济增长模式,国有银行基本上以资助国有企业和政府项目为主要职责。银监会统计数据显示,不良贷款总额中,33.8%来自制造业;批发零售业排名第二,占 31.4%。根据银监会公布的行业不良贷款情况以及按行业划分的国有公司与该行业上市公司的个数占比,我们粗略估算,在 2008 年,国有企业不良贷款占全国总不良贷款的 61.3%;2015 年,该占比下降至56.8%。①中国将不良资产当作财政问题处理,意味着解决高额不良资产问题最终需依靠中国的整体经济增长。②只要经济保持强劲的增长势头,税收就会相应增加,政府就可以在不对经济产生重大影响的情况下,承担存量和新增的不良贷款。表 8.5 比较了政府债务。各国(地区)政府债务总额计算方式不尽相同:美国、日本以及印度以国内外所有类型债务总额为衡量标准;其余国家(地区)以当年未偿还政府债券进行衡量。

表 8.5　政府债务余额(单位:十亿美元)

年份	政府债券余额(中国)	全部政府债务(美国)	全部政府债务(日本)	未偿还国债余额(韩国)	全部公共债务(印度)	政府债券余额(印度尼西亚)	政府债券余额(中国台湾)
1997	66.5	5 802.8	4 254.0	5.3	—		
1998	93.8	5 788.8	4 858.0	14.4	178.4		
1999	127.3	5 822.7	6 053.1	28.5	260.2	34.1	36.6
2000	165.1	5 612.7	6 209.8	32.7	232.4	45.1	45.1
2001	188.6	5 734.4	6 036.0	39.8	225.4	43.5	52.4
2002	233.5	6 169.4	6 321.3	45.2	250.2	42.1	61.5
2003	273.0	6 789.7	6 852.9	67.9	259.7	48.0	72.8
2004	311.3	7 335.6	7 446.6	107.0	299.6	44.7	81.8
2005	350.0	7 809.5	8 299.5	165.5	347.1	39.9	93.7
2006	364.6	8 451.4	7 587.1	216.7	375.2	45.7	99.7
2007	599.8	8 950.7	7 707.7	245.0	472.0	51.8	103.8
2008	701.6	9 985.8	8 966.2	217.8	496.4	52.8	114.5
2009	753.6	12 867.5	9 466.8	290.9	556.6	52.5	116.0

① 然而,与非上市公司以及小型公司相比,上市公司(无论国有企业还是非国有企业)更有可能从银行获得贷款,这有可能导致国有企业不良贷款占全部不良贷款的比例被低估。

② 请参阅 Perkins 和 Rawski(2008)基于事实和数据,对中国长期经济增长的回顾和前景预测。

续表

年份	政府债券余额(中国)	全部政府债务(美国)	全部政府债务(日本)	未偿还国债余额(韩国)	全部公共债务(印度)	政府债券余额(印度尼西亚)	政府债券余额(中国台湾)
2010	805.3	14 551.8	11 284.9	329.4	643.6	68.4	133.0
2011	1 128.5	15 248.0	12 334.5	349.7	640.9	72.2	153.4
2012	1 220.2	16 458.0	11 521.9	397.1	742.1	75.9	161.6
2013	1 406.7	17 376.5	9 667.1	439.7	748.0	71.7	170.5

资料来源：同表8.4。

中国地方政府债务近年来增长迅速，另一个主要原因是2008年金融危机后，中国对大量基础设施进行固定资产投资，以期刺激经济增长。截至2013年6月底，地方政府债务总额达17.89万亿元，政府负责偿还其中10.89万亿元的债务。根据2011年发布的审计报告，截至2010年，地方政府债务总额达到10.72万亿元。①据此可得，2011年至2013年，地方政府债务总额的年均增长率在22.7%左右。地方政府的主要资金来源是银行贷款、信托、租赁融资以及发行债券。在债务的使用方面，大部分资金用于市政建设、交通运输、土地检修和保护。

由于不良贷款最终可能成为政府重担，如果将不良贷款和政府债务的总和记为政府债务，那么中国政府负担的总债务处于世界排名的中间梯队。第一梯队为日本、美国和印度，这些国家政府负债最高；第二梯队除了中国，还有韩国；第三梯队仅为印度尼西亚。但是，对于这一结论需持谨慎怀疑的态度：首先，中国政府近期大规模的经济刺激计划导致2008—2009年期间新增贷款大幅增加，其中包括许多向地方政府提供的可疑类贷款，因此中国新增不良贷款增速可能要远超其他国家。②其次，养老金计划和其他社会福利计划等领域需要更高的财政支出，中国这一部分政府债务目前所占份额较少，但在近期可能会急剧增加。

中国政府已经认识到减少不良贷款的必要性并采取了多项措施，例如：向五大银

---

① 国家审计署发布的《2011年地方政府性债务审计报告》详见下述网站：http://www.audit.gov.cn/n1992130/n1992150/n1992500/2752208.html。

② 据银监会高层官员透露，中国银行业在向全国地方政府提供的77 000亿人民币(11 350亿美元)贷款中，超过五分之一的贷款面临违约风险。这些贷款大部分用于区域基础设施项目(《金融时报》，2010年8月1日)。2011年7月，据穆迪预估，中国地方政府贷款可能高达14.2万亿元人民币，中国银行业的不良贷款率可能为8%—12%(《路透社》，2011年7月5日)。

行注入大量外汇储备，为上市做好准备；建立四家国有资产管理公司以及地方资产管理公司，以承接并清算四大银行（中国银行，中国建设银行，中国农业银行和中国工商银行）积累的不良贷款。①以上措施保证了中国银行业的不良贷款在全球金融危机之前已经大幅减少。在此之后，不良贷款又重返上升趋势，不良贷款高企再次成为银行业最严重的问题之一。如果这一问题持续，政府很可能会设立更多的地方资产管理公司来清理不良贷款。另一方面，如果经济能够保持目前的增长速度，政府就可以处理大部分存量和新增的不良贷款，以避免中国经济出现严重问题。但是，如果经济增速显著放缓，而不良贷款继续积累，那么就会致使银行业出现问题，进而导致金融危机。这可能会蔓延到其他经济部门，导致经济增长放缓，甚至经济衰退。

2. 提高国有银行的效率

为了提高银行业效率，监管部门在过去几十年提出了一系列提高行业竞争的措施。如上文所述，银行业不良贷款的规模严重依赖于银行的效率。例如，国有银行在对国有企业贷款积极进行风险管控的同时，会通过增加个人消费类贷款来改善贷款结构，实现多元化发展。②20 世纪 90 年代，监管部门还对银行的组织结构进行了改革，为银行及其员工提供了更多的激励措施。③2001 年中国加入世贸组织后，许多国有银行在 2002 年开始实施新的贷款政策，以应对即将面临的来自包括外资银行在内的竞争对手的压力。这些新政策赋予了从事信贷业务各个环节的工作人员更多的权限，但如果业绩不佳，这些贷款经手人也要在事后对其负责的部分承担责任；而诸如贷款合同的最终批准等这一类的裁定权则由高级管理人员负责（Qian et al.，2015）。

提高银行业效率最重要的步骤之一就是平权制度改革，主要包括国有银行的上市。中国大型国有银行的首次公开发行，使得其在募集资金总额方面大获成功，并且在首次公开发行日就吸引了大量外资。④但与此同时，两个迫在眉睫的问题随之而

---

① 有关五大银行上市进程的更多内容，请参阅 AQG(2015)和 Allen，Qian，Shan 和 Zhao(2012，后文简称 AQSZ)。

② 根据中国人民银行发布的《中国季度货币政策执行报告》，所有银行消费类贷款占存余贷款总额的比例从 1998 年的 1%上升到 2013 年的 17%。截至 2014 年 9 月，14.75 万亿人民币（约 23 972 亿美元）的银行存余贷款总额来自消费类贷款。

③ 20 世纪 90 年代中期进行的银行业改革为当地银行提供了更多的自主权。1994 年改革后，专业银行贷款限额的审批实行“以存定贷”，而不是之前固定的指令性计划。这一政策使得这些银行能够更加灵活地运用银行内部转账来调整资金分配。

④ 有关中国国有银行首次公开发行成功的更多详情，请参阅 AQSZ(2012)。

来。第一个问题与银行业结构有关。国内外非国有银行和中介机构涌入中国金融市场，来自这些金融机构的竞争是否有利于提高五大银行和整个金融部门的效率？① 第二个问题是政府兼具监管者和大股东的双重角色。这两种角色相互冲突，政府在实施任何一种角色的时候，都需要考虑其另一重角色，这就可能导致其效率均被削弱。在下文的第四部分中，我们将会探讨非流通国家股在上市公司之间相互转让流通的政策是否可以应用到许多国有银行或机构的改制过程中去。只有银行的大部分股权由非政府实体和个人拥有后，银行才能无条件地执行提高利润和效率的措施。然而另一方面，之前发达国家的几所大型金融机构由于过度从事高风险业务以及风险监管不力，导致整个金融体系基本崩溃。考虑到这些前车之鉴，目前中国大型银行的所有权结构依然以政府为主，这样可以加强国家对大型金融机构的监管，有助于防范中国和其他新兴经济体的银行业危机和金融危机。

妨碍银行提高效率的最大问题之一，是破产法和债权人保护制度不一致以及二者实际执行力度不够。中国虽然在 1986 年已经通过第一部破产法，但其仅适用于国有企业且在实践中影响不大。新版破产法于 2006 年 8 月颁布，并于 2007 年 6 月 1 日生效，该法案适用于除合伙制企业以及独资企业以外的所有企业。新颁布的破产法在许多方面与发达国家的破产法相似。例如新法规定了破产管理人的职责：在法院接受破产申请后负责管理债务人的资产。此外法律还规定，这些破产管理人员应该是独立的专业人士（例如法律事务所或会计师事务所的相关工作人员）。尽管法律规定了所有的程序，但在执行法律方面仍然存在问题。许多陷入困境和资不抵债的公司都继续保持运营状态，几乎所有申请破产的上市公司最终都实行重组计划，而这些公司却很少被除牌退市。②

3. 利率市场化改革

自 1996 年 6 月 1 日银行同业拆借利率实施市场化以来，利率市场化已经基本完成。1996—2004 年，中国人民银行持续放开货币市场和债券市场的利率、外币的银行

---

① Berger 等（2009）以国有银行和非国有银行为样本进行检验，发现将外资引入银行所有权结构会显著提高银行效率。

② 根据国家发改委的统计，2008 年上半年有 67 000 家中小企业关闭，但同年全国仅 2 955 家企业提交了破产申请。当一家上市公司陷入困境时（即被标为“ST”股），通常其他非上市公司将投资并重组该 ST 公司，以避免其退市。这是因为公司申请首次公开发行困难重重且价格昂贵，这样一来濒临破产的公司的 IPO 这层壳就显得颇具价值。因此，多数非上市公司希望“借壳上市”。有关破产法执行不力的更多细节，请参阅 Garnaut 等（2004）以及 Fan 等（2008）。

存贷款利率以及人民币协议存款利率。之后，利率市场化步伐放缓。但自 2011 年以来，利率市场化进程再次加快，同时，公司债券和银行理财产品迅速发展。2013 年 7 月，中国人民银行取消了贷款利率下限（在这之前，贷款利率下限设为贷款基准利率的 70%），并宣布贷款利率应该由市场供求关系设定，同时需要综合考虑信用风险。2015 年 5 月 1 日，《存款保险条例》正式实施，并规定存款保险实施限额偿付，最高限额为人民币 50 万元，这也相当于为 99.77%的存款人提供了全额保护。2015 年 10 月 24 日，中国人民银行对商业银行和农村合作金融机构取消存款利率浮动上限，标志着利率市场化进程基本完成。

8.3.3 非国有金融中介机构的增长

近年来，中国的非国有银行和其他金融机构发展迅速。这些部门的发展不仅在资金层面支持了混合部门的发展，同时也促使中国在未来建立更加稳定和有效的银行体系。

1. 其他非国有银行的发展情况

2001—2013 年，尽管五大银行在银行业的各个方面占据主导地位，但其他银行在整个银行业中的作用仍不容忽视。截至 2013 年，其他银行（包括外资银行）和信用社的总资产占五大银行总资产的 70%以上（由于各类存款机构信息披露不完善，实际占比可能会更高）；同样的，总存款以及贷款余额也呈现类似的情形。此外，相比最大的国有银行而言，这些银行和机构的不良贷款更少。表 8.3 显示了 2003 年以来其他金融机构的总资产增长情况。总体而言，自 20 世纪 90 年代末以来，这些非银行金融中介机构的增长非常瞩目。其中，其他商业银行（大多数为国有银行）、农村信用合作社和信用担保公司占据总资产份额最多；尽管现在来看，外资银行和证券投资信托基金公司的资产规模（注：证券投资信托基金公司未在表中列出）微不足道，但它们很可能是将来发展的重点对象。为了加大对民间投资的融资支持力度，同时提高银行体系整体竞争力，银监会于 2012 年 5 月提出，支持民间资本与其他资本按同等条件进入银行业，这表明民营企业可通过发起设立、认购新股、受让股权、并购重组等多种方式投资银行业金融机构。此外，银监会还支持民间资本投资信托公司、融资租赁公司以及汽车金融公司。2013 年 11 月，中共十八届三中全会后，中央政府进一步提出，允许符合一定条件的民间资本设立中小银行和其他金融机构。本节中的非银行金融机构不包括各类非正规金融中介机构，尽管这些机构为混合部门内的公司提供了大量的融资，相关内容将在第四部分详细讨论。

2. 影子银行

自2009年以来，实体经济对资本的强劲需求与传统银行体系有限的贷款额度不能相互匹配，这导致其他金融机构和影子银行（特别是信托机构和其他小额信贷公司）的快速增长。Allen, Gu, Qian 和 Qian（2017，后文简称 AGQQ）表明，自2012年以来，信托业已超过保险业，成为中国最大的非银行金融行业。截至2015年年底，信托机构总资产规模已达16.7万亿元人民币，占当年GDP的23.7%。表8.6为2002年至2013年中国社会融资总量的具体明细。①2006年至2013年，信托贷款和委托贷款的年均增长率排名在前两位，分别为55.8%和37.8%。2013年年末，新增委托贷款和新增信托贷款的占比虽然只有14.7%和10.6%，但从趋势上来看仍处于上升态势。除此之外，自2010年以来，小企业贷款也迅速增长。截至2014年9月，小额信贷公司贷款余额为9 079亿元，2010年至2014年的季均增长率为13.2%。②其他替代性融资渠道，如关系贷款或私人（非官方）信贷机构贷款等替代性融资渠道不属于标准金融机构，应当归为影子银行业务，我们将在第五部分详细阐述。

表8.6 中国社会融资规模总量（单位：十亿元）

年份	社会融资规模总量	人民币贷款	外币贷款	委托贷款	信托贷款	未贴现的银行承兑汇票	企业债券	非金融企业境内股票
2002	2 011.2	1 847.5	73.1	17.5		(69.5)	36.7	62.8
2003	3 411.3	2 765.2	228.5	60.1		201.1	49.9	55.9
2004	2 862.9	2 267.3	138.1	311.8		(29.0)	46.7	67.3
2005	3 000.8	2 354.4	141.5	196.1		2.4	201.0	33.9
2006	4 269.6	3 152.3	145.9	269.5	82.5	150.0	231.0	153.6
2007	5 966.3	3 632.3	386.4	337.1	170.2	670.1	228.4	433.3
2008	6 980.2	4 904.1	194.7	426.2	314.4	106.4	552.3	332.4
2009	13 910.0	9 594.2	926.5	678.0	436.4	460.6	1 236.7	335.0

① 据中国人民银行定义，“社会融资总量”（TSF）指的是一定时期内实体经济从金融体系中获得的全部资金总额。它衡量的是中国实体经济从境内获得的融资总量，包括境内的金融机构，居民部门和非金融机构。因此，它是一种流动性测算工具，它包括人民币贷款、外币贷款、委托贷款、信托贷款，未贴现银行承兑汇票，企业债券以及非金融企业境内股票。中国人民银行在2011年1月发布的《2010年第四季度中国货币政策执行报告》中详细阐述了社会融资总量的统计方法、细节以及含义。

② 由于小额贷款公司增长迅速，中国人民银行自2010年第四季度开始发布小额贷款公司季度报告。

续表

年份	社会融资规模总量	人民币贷款	外币贷款	委托贷款	信托贷款	未贴现的银行承兑汇票	企业债券	非金融企业境内股票
2010	14 019.0	7 945.1	485.5	874.8	386.5	2 334.6	1 106.3	578.6
2011	12 829.0	7 471.5	571.2	1 296.2	203.4	1 027.1	1 365.8	437.7
2012	15 763.0	8 203.8	916.3	1 283.8	1 284.5	1 049.9	2 255.1	250.8
2013	17 316.8	8 891.7	584.9	2 546.6	1 840.3	775.6	1 811.2	221.9

资料来源：由中国人民银行以及全球经济数据库(CEIC)整合而成(2002—2013)。

近年来关于中国影子银行的研究逐渐增多(Dang et al., 2016; AQTY, 2016; Chen et al., 2017)。总体而言，中国其他金融机构和影子银行信贷规模快速增长主要受以下因素驱动：第一，历史上，由于存贷款利率均受到监管，银行贷款利率低于产出增长率，导致其对融资的需求较高。政策方面促使中国影子银行业发展的原因是：在规定存款利率上限的前提下，严格规定贷款余额与存款余额的比例(LTD)不得超过75%(Hachem and Song, 2016; Acharya et al., 2016)。第二，中国人民银行通过对商业银行进行窗口指导，在一些限制性领域(例如房地产行业和产能过剩行业)实施了贷款限额(AGQ, 2018)。由于政府对房地产业和地方政府融资平台的贷款进行了严格监管，这些地区较高的融资需求与银行能提供的有限的贷款额度之间存在较大差距。因此，这些房地产公司只能通过信托贷款或其他渠道获得融资。第三，自1979年开始(除去1984—1986年、1988年以及1997年这三个时期以外)，长期以来银行存款的增长率远远低于银行贷款增长率；但是这种情况从2009年开始出现了反转，与之前相反的增长态势开始呈现。出现这样的局面，一方面是由于存款利率受到限制而中国居民部门对金融资产要求的回报率要求相对较高。另一方面是由于2009年之后，贸易顺差和资本流入减少。因此，外汇结算所得的存款开始增加下降。为了符合贷存比的要求，银行必须通过发行理财产品来筹集资金。从2010年年底到2013年，银行理财产品资金余额由22 650亿元上涨到95 000亿元(图8.2)，平均回报率在2.5%至5.5%之间。①

① 银行理财产品的平均回报率由中国社会科学院金融研究所发布。货币市场紧缩时，市场上一年期理财产品的平均回报率曾飙升至7.0%左右。在中国人民银行暂停回购交易的特殊时期，股份制商业银行发行的理财产品的平均回报率甚至更高。有关银行理财产品定价的更多细节，请参阅Acharya等(2016)以及Hachem和Song(2016)。

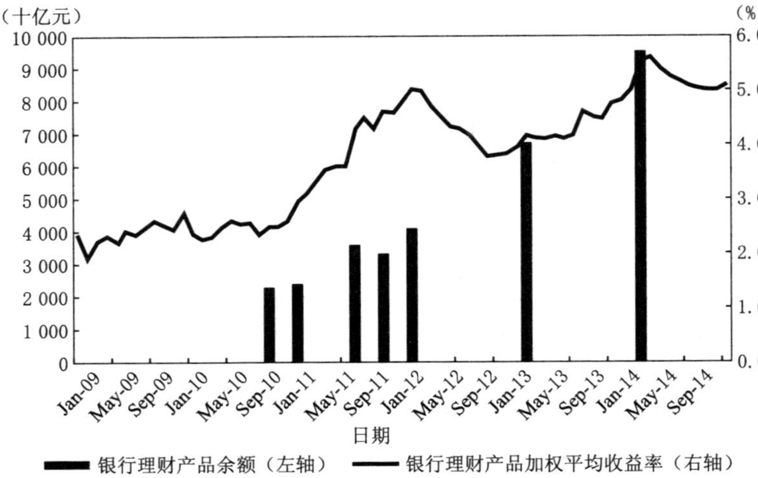

图 8.2　银行理财产品发展情况(2009—2014 年)

资料来源：全球经济数据库，https://www.ceicdata.com/。

8.4　金融市场

本节主要考察中国的金融市场，包括股票市场、债券市场、房地产市场和资产管理行业。首先讨论在 2008 年全球金融危机之后，快速增长的债券市场与资产管理行业，股票市场的发展较为曲折；然后对金融市场的进一步发展、上市公司的业绩情况以及公司治理做详细讨论。

8.4.1　股票市场

经过不到 30 年的发展，中国股票市场已跃然成为全球市值最大的股票市场之一。然而在过去的几十年中，股市增长极其不平稳。图 8.3 显示了股票市场从 1992 年以来的走势，其中，中国股票市场用上证指数(SSE index)表示。由图可见，中国股票市场在 20 世纪 90 年代保持高速增长，并在 2000 年底达到高位；在随后的 5 年内，股票市场经历了一次大幅调整，股票市值下降了将近一半；2006 年底，股市复苏，并在 2007 年底达到高峰值；2008 年，随着全球金融危机的爆发，加上国内高通胀的影响，市场在 2008 年底前损失了四分之三的市值；2013 年起，经济增长复苏，中国股市也随之逐渐回温并在 2015 年上半年一路飙升。紧随其后的是 2015 年夏季的“股灾”。

图 8.3 以 1992 年 12 月至 2014 年 12 月期间的“买入并持有策略”回报率来衡量股市的表现，也就是，1992 年底，分别投入 1 单位的投资到各个指数中，直到 2014 年底所获得的总回报，并进行基于通胀率的调整。比较图 8.3 中全球几大股票市场的走势，根据价值加权后的上证指数（深证指数的计算与之相似）整体低于德国的 DAX 指数和美国的标普 500 指数，与英国的 FTSE 指数和法国的 CAC 指数持平，高于日本的日经（Nikkei）指数，日经指数样本内表现最差。据世界交易所联合会（World Federation of Exchanges）统计，截至 2013 年底，上交所市值名列全球第七，深交所名列第十一位。港交所排名世界第六位，中国内地部分企业也在港交所挂牌交易。毋庸置疑，中国金融市场将在世界金融市场中发挥越来越重要的作用。

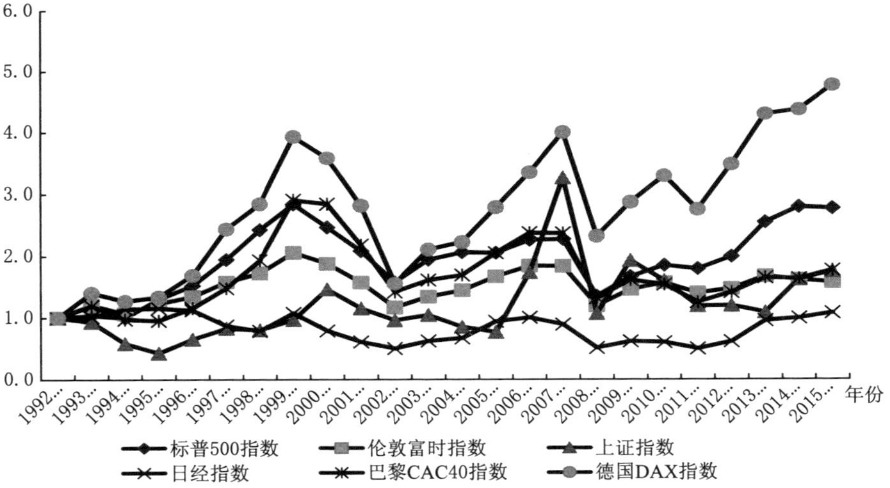

图 8.3　主要股票指数趋势比较

注：本图纵轴表示 1992—2015 年 1 个投资单位“买入并持有”策略的收益，已调整通胀。
资料来源：全球经济数据库，https://www.ceicdata.com/。

为了补充两个主板市场，中国还另外成立几个交易市场。首先是二板市场，成立于 2004 年 6 月，该交易市场实现全电子化交易（又名“二板市场”，类似于纳斯达克市场），以中小企业（SMEs）为主体，旨在降低中小企业的融资准入门槛，尤其是新成立的高科技公司。其次是三板市场，主要服务于退市公司的代办股份转让以及其他柜台交易（OTC）。自 2001 年以来，一些在上交所和深交所上市的公司，因为不再符合上市标准被摘牌后，其股权交易已转向了该三板市场。2006年，新三板市场成立，主要服务于北京中关村科技园区的非上市股份有限公司的股权交易。经中国证监会的批准，新三板市场上的公司可以转板到创业板市场(GEM)或中小板(Small and Medium-sized Plate)。2009年10月23日，中国纳斯达克式创业板市场正式启动(简称“创业板”)，主要为中小民营企业，特别是高科技和电子企业提供融资。2010年6月和8月，深交所开始发布创业板指数(ChiNext)和创业板综合指数(ChiNext Composite)。2012年以后，中国股市发展加速，2012年7月8日，政府批准设立全国中小企业股份转让系统，将新三板市场的范围拓展至北京、天津、上海、武汉等全国市场。2013年12月14日，新三板市场彻底开放，允许各类中小企业在该市场进行股权交易。新三板市场被视为深交所创业板和中小板的“孵化器”。近期，股票市场在其他方面也继续发展，包括优先股的试点，以及IPO机制可能由核准制向注册制转变。

尽管中国股市近期发展迅速，但仍有大量证据表明市场价格并非有效，投资者行为并非由上市公司的基本面价值驱动。Morck等(2000)发现，相对于发达国家，包括中国在内的新兴经济体之间的股票价格变动更具同步性，即股价同时上涨和下跌。他们将这一现象归因于对中小投资者的保护较为薄弱，以及新兴市场的监管不完善。此外，还有多起针对内幕交易和市场操纵的诉讼(AQQ，2008)。发达市场中，安然公司及其他一些知名企业因使用复杂的会计和财务手段来掩盖公司亏损，但公司丑闻最终被公之于众。然而，不同于上述发达国家的公司，中国绝大多数公司的管理层和其他内部员工没有通过复杂的手段掩盖公司亏损(即使按照中国的标准衡量)。这些案例表明，中国股市低效率的部分原因可能是监管制度薄弱且低效。我们在下面的部分将讨论有关监管、市场效率和中国金融市场的进一步发展等问题。

8.4.2 债券市场

表8.7显示了中国债券市场从1990年至2013年间的发展。从新发行债券来看，1990—2013年期间，政府债券市场年化增长率为22.3%。2013年年末，发行在外的债券总额达到了95 471亿人民币(折合15 651亿美元)①。债券市场的第二大组成部分为“政策性金融债”(Policy Financial Bonds)。2011年底，发行在外的政策性金融债

① 2007年7月26日，穆迪上调了中国政府债券的评级，由A2上调至A1，至今保持不变。2009年11月，中国主权评级展望从稳定上调至正面。穆迪对中国政府债券的评级要优于对其他大多数新兴经济体政府债券的评级。

表 8.7　1990—2013 年中国债券市场(单位：十亿元)

年份	国　债			政策性金融债			公司债		
	发行量	赎回量	余额	发行量	赎回量	余额	发行量	赎回量	余额
1995	151.09	49.70	330.03	—	—	170.85	30.08	33.63	64.66
1996	184.78	78.66	436.14	105.56	25.45	250.96	26.89	31.78	59.77
1997	241.18	126.43	550.89	143.15	31.23	362.88	25.52	21.98	52.10
1998	380.88	206.09	776.57	195.02	32.04	512.11	15.00	10.53	67.69
1999	401.50	123.87	1 054.20	180.09	47.32	644.75	15.82	5.65	77.86
2000	465.70	152.50	1 367.40	164.50	70.92	738.33	8.30	0.00	86.16
2001	488.40	228.60	1 561.80	259.00	143.88	853.45	14.70	0.00	100.86
2002	593.43	226.12	1 933.60	307.50	155.57	1 005.41	32.50	0.00	133.36
2003	628.01	275.58	2 260.36	456.14	250.53	1 165.00	35.80	0.00	169.16
2004	692.39	374.99	2 577.76	414.80	177.87	1 401.93	32.70	0.00	201.86
2005	704.20	404.55	2 877.40	585.17	205.30	1 781.80	204.65	3.70	401.81
2006	888.33	620.86	3 144.87	898.00	379.0	2 300.80	393.83	167.24	553.29
2007	2 313.91	584.68	4 874.10	1 109.02	413.36	2 992.68	505.85	288.09	768.33
2008	855.82	753.14	4 976.78	1 082.30	406.38	3 668.6	843.54	327.78	1 285.06
2009	1 792.70	707.15	5 795.00	1 167.80	374.53	4 481.88	1 662.90	440.00	2 440.59
2010	1 977.83	1 004.34	6 768.49	1 319.27	564.84	5 236.32	1 549.15	509.92	3 467.18
2011	1 710.01	1 095.85	7 382.65	1 997.27	731.70	6 501.88	2 354.80	1 021.56	4 645.68
2012	1 615.42	1 798.71	7 199.36	2 141.50	—	—	3 736.55	—	7 771.00
2013	2 023.00	899.60	9 547.10	1 981.10	—	—	3 679.17	—	9 324.20
年度增长率	22.30%	23.05%	22.54%	28.28%	26.79%	37.20%	28.08%	26.18%	30.76%

注：该表展示了中国债券市场的发展。“政策性金融债”由政策性银行(隶属于财政部)发行，债券发行所得用于政府项目投资，如基础设施建设(类似于美国的市政债券)。

资料来源：中国人民银行 2000—2013 年的汇总统计数据；《中国统计年鉴》(2000)。

总余额为 65 019 亿人民币(折合 10 272 亿美元)。此类债券由政策性银行发行，而政策性银行受财政部监督。与美国的市政债券类似，中国政策性金融债券的发行收入用于投资政府项目和基础设施建设等。全球金融危机之前，与政府债券市场相比，公司债的市场规模相对较小。然而近年来公司债市场规模急剧增长。从发行增量来看，自 2011 年以来，公司债的市场规模超过了国债市场。2012 年 5 月，非上市公司及中小企业已获准在交易所发行公司债券。2015 年 1 月，中国证监会颁布有关公司债市场的新的改革措施，取消发行公司债券的保荐制度和发审委制度。自此，公司债券的发行机制系已经非常接近于“注册制”，其发行量增加了 7 倍。①截至 2016 年 7 月底，中国国内债券市值为 41.63 万亿人民币(折合 6.28 万亿美元)，国内股票市值(上交所与深交所合计)为 46.32 万亿人民币(折合 6.99 万亿美元)，以市值衡量的两个市场规模已经非常接近。

中国和亚洲其他地区的债券市场发展水平一直以来相对较低，原因包括多方面(Herring and Chatusripitak，2000)。第一，缺乏健全的会计、审计制度和高质量的债券评级机构。②在中国和其他大多数的新兴经济体，由于对债权人的保护程度低以及法院效率低下，债券持有人遇到违约情况，能回收的本金很低，这反过来导致国内外投资者降低了对中国债券市场的投资；第二，过去，中国缺乏架构完整的收益率曲线，这是因为公开交易的国债市场规模小，历史价格信息缺乏。上述情况在近年来有所改善——中国国债的交易品种增加，期限从 1 个月到 30 年不等；2009 年 12 月，中国首个 50 年期国债在银行间市场和证券交易所债券市场同时亮相，这类债券的发行进一步完善了债券的收益率曲线。

8.4.3 上市部门

本部分主要探讨中国的上市公司。在实际操作中，由于上市标准和流程的执行力度较弱，混合部门中的公司进入股权市场的门槛远高于国有企业。AQQ(2005)发现，在 1 100 多家的上市公司研究样本中，80%的公司是从过去的国有企业转变而来

---

① 根据上交所和深交所的统计，2014 年公司债券发行总额(不包括企业债券和在银行间市场发行的中期票据)约为 1 450 亿人民币，2015 年约为 10 310 亿人民币。

② 大公国际评级公司是中国最权威的信用评级机构之一。它最近发布了第一份国家主权评级报告，报告中中国和德国主权债务的评级为 AA+、展望为稳定，高于美国、英国和日本的 AA 级主权债务评级以及负面的展望评级(*China Daily*，2010，http://www.China daily.com.cn/china/2010-07/12/content_10092373.htm)。

的。近年来，政府试图通过放松对混合部门公司的监管，来改变上市公司的构成配比，例如，创业板市场的成立等。

2005 年的股权分置改革之前，中国的上市公司可同时发行流通股和非流通股。关于股权分置改革的具体内容见本节第六部分。非流通股股份由政府或其他国有法人实体（即其他上市或非上市的国有性质公司或组织）持有。2009 年，非流通股占全部股份的一半左右①，但这一比例在 2010 年至 2012 年期间迅速下降。截至 2012 年底，非流通股占全部股份的 24%左右，其余大部分流通股为 A 股。在流通股中，A 股和 B 股在上交所或深交所上市交易。A 股面向境内投资者发行交易；B 股面向境外投资者发行交易，包括中国台湾和中国香港的投资者以及合格境外机构投资者（QFIIs）等。由同一公司发行的 A 股和 B 股本应具有相同的股东权利（例如投票权和股息分配权）。然而相对于 A 股而言，B 股交易时折价幅度大，且交易频率低。②2001 年，中国证监会允许中国公民利用外币账户投资和买卖 B 股，B 股折价交易的情形因此大幅减少。此外，H 股是指注册地在内地，经中国证监会批准在港交所上市并交易的股票。N 股和 S 股分别指在美国和新加坡的证券交易所上市，但在中国经营的公司发行的股票。我们在此不讨论这类股票，因为它们没有在国内交易所上市。股权改革之后，政府股份成为 G 股，并且可以进行交易，第六部分将具体讨论该内容。

总体而言，中国的上市公司内外部治理都相对薄弱。第一，根据 2005 年版《公司法》规定，上市公司采用双层董事会结构，包括董事会（5—19 人）和监事会（至少 3 人）；监事级别高于董事。监事会的主要职责是监督公司的运营、高管人员和董事的行为；董事会履行的职责和美国上市公司董事会应履行的职责一致，包括任命和解聘首席执行官（CEO）。③由于 2005 年版《公司法》没有明确规定董事会的每个成员都必须在股东大会上由股东选举产生，所以在实际操作中，一些董事成员是由该公司的母公司提名和任命的，而且提名程序通常保密。这样的情况过去在国有企业中非常常见。由于并非所有董事会成员都由股东选举产生，CEO 的签约和任命便成为了存在于董事会结构里的主要问题。Fung 等（2003）以及 Kato 和 Long（2006）通过对公司层

① 据中国证监会统计，非流通股约占全部股份的 53%，http://www.csrc.gov.cn。

② B 股折价的原因包括：(1)相较于境内投资者，境外投资者面临更糟糕的信息不对称问题；(2)B 股价格折价发行可以弥补由于交易量过低导致的流动性不足的问题；(3)A 股溢价发行反映了境内投资者投资过程中的投机性泡沫。详情请参见 Chan 等(2008)和 Mei 等(2009)。

③ 有关监事会和董事会结构的更多详细内容，请参见 AQQ(2005)。

面的薪酬数据研究发现上市公司并没有向 CEO 或董事会成员提供股票期权。现在情况有所改变，在境外上市的国有企业中，行使股票期权的障碍已经被解除，部分高管人员已获得股票期权。①然而，CEO 的现金报酬水平仍远低于发达国家，而且特权消费（例如，公车消费）现象普遍存在。

第二，现有的股权结构特点是含有大量的非流通股，这些非流通股包括上市公司和机构交叉持有的股份。这样的股权结构使得增值并购难以实现。China Venture Source 的数据显示，2010 年共有 2 656 宗涉及上市公司并购的交易，总额达 1 696 亿美元，仅占并购市场总值的一小部分。在很多交易中，混合部门的非上市公司收购由国有企业转变而来的上市公司。但在交易后，国家对该公司持有的大量非流通股的股份仍保持不变。②这种收购可以成为低质量的非上市公司绕过上市标准，进入金融市场的手段（Du et al.，2008）。

第三，由于缺乏机构投资者（包括非存款性金融中介），上市公司无法避免出现公司丑闻。专业投资者不会轻易地被公司的信息误导或者欺骗。导致公司发生丑闻的另一个因素是法律的执行存在问题，而这是主要是由于缺乏法律专业人员和机构。

第四，政府同时担任上市公司的监管者和大股东的双重角色。中国证监会的主要职责是监督和规范股票交易和上市公司。由于国资委和部分国有企业持有上市公司的大部分非流通股，政府可以通过国资委和这些国有企业间接行使自己的股东控制权。然而考虑到国资委的高层人员是政府官员，他们的薪酬并非激励导向型，因此他们是否会履行受托人的责任，对控股股东负责仍值得怀疑。另一方面，即使他们的报酬与绩效挂钩，也可能因为缺乏相关专业知识而不能做出正确的战略决策。此外，政府扮演的双重角色可能会导致在处理上市公司相关事宜时，两个角色的目标相互冲突，也就是说，在追求股东角度的股东利益最大化目标的同时，也追求监管角度的社会福利最大化目标，这种双重目标会反过来同时削弱两个角色的有效性。③Fan 等

---

① 例如，中海油前董事长魏留成和中国银行（香港）前董事长刘明康等就获得了丰厚回报。

② 如果纳入母公司与子公司之间的跨境并购和交易，2000 年总额将增至 470 亿美元，2001 年为 140 亿美元，2002 年为 290 亿美元，2003 年前三季度为 240 亿美元。68%的并购交易（若以美元计算，则占比为 66%）由混合部门的公司发起，剩余的 29%和 3%分别由前国有企业和外国公司发起（以美元计算，占比分别为 27%和 7%）。地区来看，沿海地区的并购比较活跃；行业来看，机械、信息技术、零售、天然气和石油等行业的并购最为活跃。

③ 关于各个监管机构和中央政府部门之间的复杂关系，以及这些关系如何影响法规和执法的决策过程，请参见 Pistor(2010)。

(2007)选取了 625 家公司做为样本，其中 28%的 CEO 曾经担任过政府官员或是现任政府官员。研究发现，样本公司 IPO 后的三年平均股票收益率比市场平均水平低了 20%，而具有政治关联背景的 CEO 所在的公司的股票收益率，相比于没有政治关联的 CEO 所在的公司低约 30%。

8.4.4　房地产市场

与其他经济部门相同，中国房地产市场长期以来在政府计划和市场导向体系的“双轨”下运作。1998 年以前，政府控制占主导地位，住房抵押贷款不对零售客户和家庭开放。在政府、国有企业和国营组织的工作人员，可以以低于市场价的价格购买房产，差价源于雇主的补贴。1998 年房地产市场改革，旨在终止雇主分配财产，并建立起新的住房融资和市场体系。随后，由于住房改革、个人抵押贷款增长、家庭部门收入上涨以及对高质量住房的日益增长需求等几方面因素的影响，房地产业迅猛发展。图 8.4 显示了 1996 年至 2015 年间房地产投资总额及其资金来源的变化情况。1996 年，房地产总投资额为 3 210 亿元，占全国固定资产投资的 12%；到 2013 年，房地产总投资额增加到 8.6 万亿元，约占全国固定资产投资的 19%。大部分投资资金都来源于国内，而银行贷款是房地产融资最重要的来源。中国经济的持续增长(特别是私营部门的增长)、城市化和工业化的进程加快、有限的土地供应、日益增长的外国直接投资和机构投资，这些都将进一步提高中国房地产资产的流动性，助力开拓其长期前景。

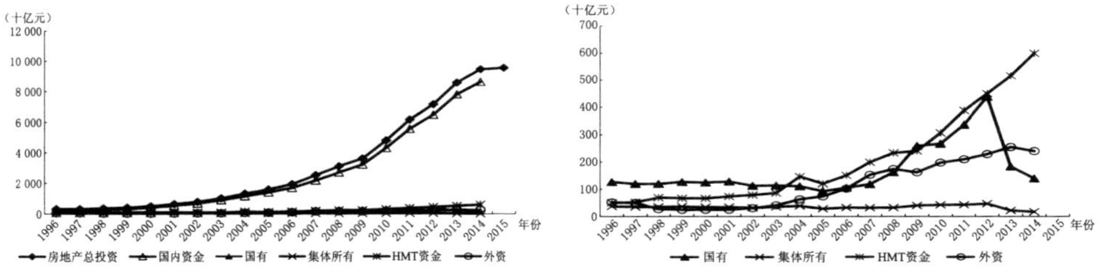

(a) 房地产投资(1996—2015)　(b) 房地产总投资图(1996—2015)中的底部数据

图 8.4　房地产总投资及其来源(1996—2015 年)

注：第一张图中底部的数据在第二张图中放大显示。图中所示为 1996—2015 年房地产投资的资金来源。

资料来源：全球经济数据库，https://www.ceicdata.com/。

主要城市的房地产价格近年来大幅上涨。房价是否存在“泡沫”，如何给房地产市场降温，这些都是近年来学术圈和政策制定者广泛关注的问题。本文提供一些简单的分析，更详细和深度的分析请参见 Deng 等（2012a），Fang 等（2015）的研究。图 8.5 显示了 2002—2014 年期间，全国平均房价的增长率和可支配居民收入的增长率。图中，实际房价（每平方米的人民币价格）和可支配收入已经过标准化处理，并在 2002 年以 100 作为起始点；纵轴衡量增长率，价格和收入的所有数据均经通货膨胀调整。数据显示，总体来看，可支配收入与房地产价格稳步增长但两者增长率差距的不断扩大，反映了房地产市场存在潜在泡沫。全国层面来看，两者增速并无明显差距，显示房地产市场并没有出现泡沫。然而，北京、上海和深圳等少数一线城市的情况却不尽相同（Fang et al.，2015）。北京和上海的人均可支配收入与房价之间的差距在 2008 年至 2012 年间不断扩大，但自 2012 年以来呈下降趋势；而深圳二者的差距仍然越来越大，这表明一些一线城市可能已经出现房地产泡沫。

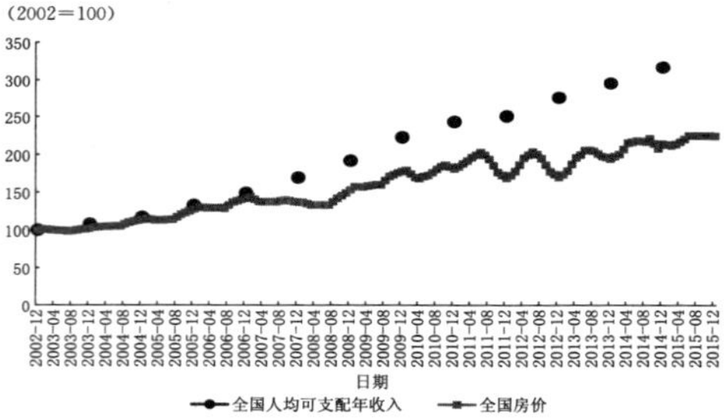

（a）全国房价与家庭可支配收入的对比

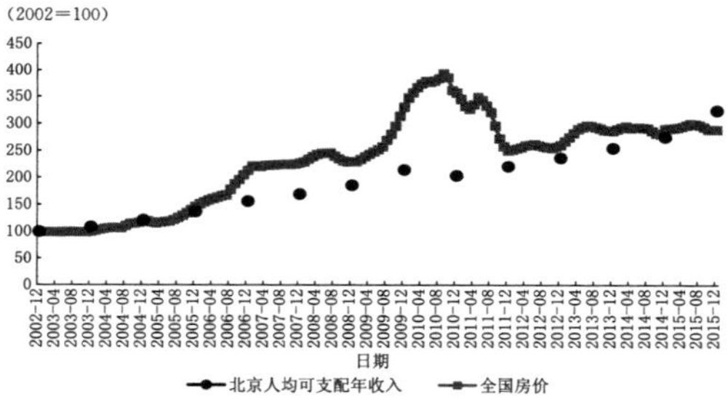

（b）北京房价与家庭可支配收入的增长情况

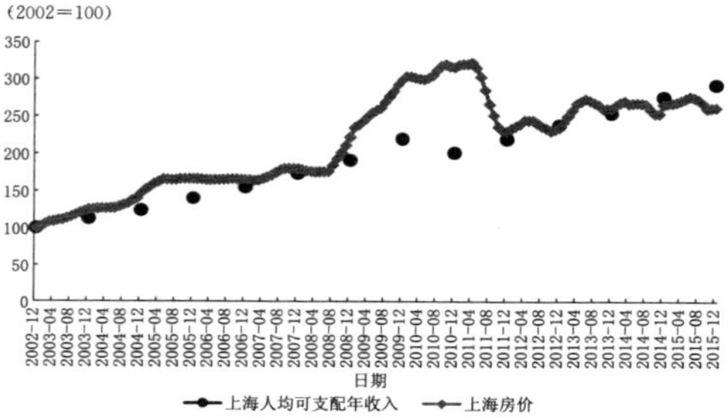

（c）上海房价与家庭可支配收入的增长情况

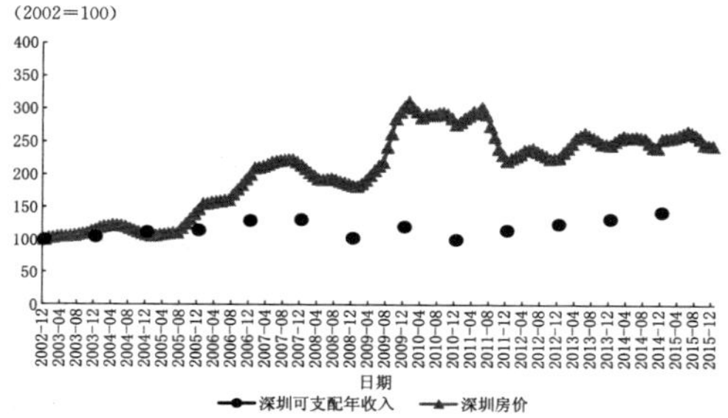

（d）深圳房价与家庭可支配收入的增长情况

图 8.5　全国及各地平均房价与居民可支配收入增长情况

资料来源：全球经济数据库，https://www.ceicdata.com/。

为了应对房价的高速上涨，自 2004 年以来，中国政府一直采取积极措施。例如，最频繁使用的政策之一就是中国人民银行上调存款准备金率。2010年至2013年，为遏制一线城市过快上涨的房价，政府推出“国十条”等干预措施：90平方米以上的首套住房的贷款首付比例从20%增加到30%，第二套住房的贷款首付比例从40%上调至60%—70%不等①；基于房产购置价格和销售价格之间的差异，严格执行二手房交易需交纳20%的个人资本利得税的政策，以及直接进行可开发土地量和可供住房套数的行政调控。②但是这些措施对房地产市场的影响非常有限。正如一些学者所言，其中一个原因是，各类政府机构和官员在发展“商业地产”方面发挥了主要作用，重大房地产市场调整并不能契合他们的最大利益。Deng等(2012a)为这种观点提供了一些证据支持。他们发现，引起房价上涨的主要原因是土地价值的升值。通过对北京的土地拍卖数据分析，他们还发现对于同一地块，中央政府控制的国有企业比其他竞标者支付的价格高出27%。由于房地产市场崩溃会给很多政府官员带来损失，因此一些人认为新的政策(包括拟议的征收财产税在内的新政策)不会得到有效执行，这种观点也可以解释为什么投机资本会继续进入房地产市场。

应该指出，本文关于房价分析的结论是基于简单的方法判断。Deng等(2012a)通过使用更复杂的指标和回归来控制可能影响房价的其他因素，结果表明，北京、上海和深圳等一线城市可能存在潜在的房地产泡沫。也有一些证据显示，流入中国的投机性外资(又称“热钱”)是房地产市场加速上涨的部分原因(Chu and Sing, 2004; Guo and Huang, 2010)。然而，一些研究表明，尽管房地产价格大幅度上涨，但本质上，中国房地产业的繁荣与美国和日本的房地产泡沫有所不同。例如，从需求方面来看，Fang等(2015)使用一家中国大型商业银行2003年至2013年的综合抵押贷款数据，构建了一套中国120个主要城市的房价指数，数据表明随着中国的银行实行扣除住房抵押贷款30%及以上的款项的相关条例，即使在大规模的房地产市场崩溃的情况下，银行也不会受到借款人违约风险的影响。此外，由于资产证券化程度相对较低，因此发放贷款的银行可以对款项实施监督和有效回收。从供应方面来看，Deng等(2016)表明，尽管一些中小城市的房产库存量很大，但一二线城市房产供给不足。房

① 第二套住房的贷款首付比例在全国各地不同。2013年3月初“新国五条”发布后，北京、上海、广州和杭州等城市的所需比例提高到70%；沈阳所需比例为65%；深圳、南京、武汉等其他城市的所需比例为60%。

② 详情请参阅2009年12月14日的《国务院常务会议公报》，《国务院关于坚决遏制部分城市房价暴涨的通知》(2010年4月17日，国发〔2010〕10号)，以及Deng等(2012a)。

价在某些地区下跌，可能导致许多居民的家庭财富下降(Deng et al.，2012b)。

8.4.5 资产管理行业

中国证券投资信托基金行业主要经历了三个发展阶段。第一阶段是 1992 年至 1997 年。1992 年，中国第一支基金——淄博基金成立；1997 年，第一版《证券投资基金管理暂行办法》由中国证监会起草并通过。图 8.6 显示了中国公募基金行业从 1998 年以来的发展情况。1998 年，中国仅有少数几只基金；然而截至 2013 年第四季度，中国已有 65 家基金公司，1 621 只基金。总资产净值从 1998 年的 110 亿人民币(折合 13 亿美元)增加到 2014 年第一季度的约 4.74 万亿人民币(折合 7 757 亿美元)。其中，开放式基金的发展是基金行业高速增长的主要原因。截至 2013 年第一季度，我国有 1 621 只开放式基金，136 只封闭式基金，其中开放式基金总值占全部基金总值的 94.5%。最主流的投资方式是积极性基金管理(以国内股票为主)，少数选择指数基金管理以及交易型开放式指数基金管理(ETFs)。许多基金公司都是证券公司与其他金融机构的子公司。

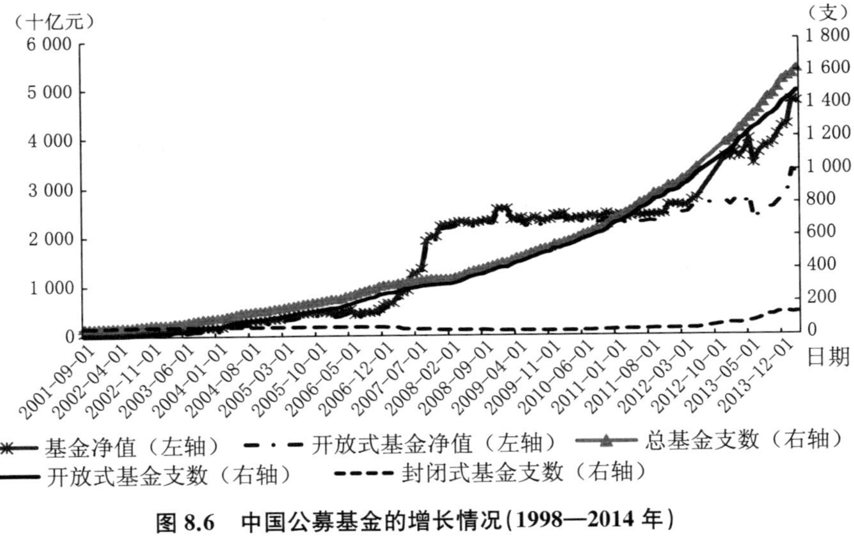

图 8.6 中国公募基金的增长情况(1998—2014 年)

资料来源：全球经济数据库，https://www.ceicdata.com/。

由合格境外机构投资者(QFII)管理的首只基金于 2002 年成立。国家外汇管理局(SAFE)是管理 QFII 资金的政府代理机构。《合格境外机构投资者境内证券投资管理暂行办法》允许外国投资者投资中国证券，目的是将成熟的外国投资者引入中国市场，从而提高上市部门的市场效率和公司治理水平。2006 年 8 月，证监会修订了《合格境外机构投资者境内证券投资管理办法》，以吸引更多外国投资者参与证券市场的投资。根据新规定，外国投资者申请 QFII 配额的数量大幅增加。截至 2013 年 11 月，共有 251 家 QFII 经批准在中国运营，核准的投资配额达 491 亿美元。随着部分资本项目的开放，2011 年 8 月，国务院批准允许以人民币合格境外机构投资者方式(RQFII)投资境内证券市场，但额度需经审核。2012 年 1 月，初始额度为 200 亿元，2013 年 11 月增至 1 446 亿元。

2006 年 7 月，国务院在批准 QFII 之后，又批准了合格境内机构投资者(QDII)投资境外市场。QDII 基金可投资于纽约、伦敦、东京和香港等市场的股票、债券、房地产投资信托以及其他主流金融产品。与 QFII 类似，QDII 也属于过渡性安排。当所在国家或地区的货币不能自由兑换，并且资本流动受限的情况下，QDII 为境内投资者进入境外市场提供了有限的机会。截至 2013 年 11 月，QDII 获准投资额度为 814 亿美元。随着未来国内市场向境外投资者的进一步开放，中国资产管理行业有望继续保持快速增长态势。经济的进一步发展以及养老金体系的持续改革将为该行业带来更多的资金需求和供给。

8.4.6　金融市场的监管及演化方向

尽管金融市场迅速发展，但金融体系仍然以大型银行为主导。展望未来，随着中国政府逐渐深化金融改革，金融市场将会迎来更为长足的发展。新推出的金融产品和更加发达的市场可以提高中国金融机构和企业的风险管理能力。此外，深度和高效的市场也可以为银行筹集大量资本提供新的渠道。如上文所述，中国股票市场的发展较为波折。自 2014 年全球金融危机以来，中国实体经济的表现尚且稳健。但即便如此，相对于发达经济体(美国)和大型新兴经济体(巴西、俄罗斯、印度和南非)而言，中国股市的糟糕表现依然引得世人瞩目(AQSZ, 2017)。我们认为这由于多种因素造成，包括：自我监管以及正式监管有限；政府实体持有股票过多；混合部门的上市公司缺乏；相对于个人投资者，机构投资者较少；以及金融市场和金融产品较为有限。尽管这些问题正在逐步被克服但完全解决仍需时日。

1. 监管

市场的监管方式主要包括两种，一是依靠市场力量自律监管，二是政府管制，两者各有优缺点。一个通过市场力量和自律监管来进行市场监管的非常成功的案例是19世纪和20世纪初期的英国资本市场(Michie, 1987)。在该市场中,政府监管和干预的作用很小。尽管政府监管比较少,伦敦的金融市场却表现得非常好,甚至成为了世界金融中心。来自世界各地的公司和国家在这里筹集了大量的资金。而声誉和信任是这些市场顺利运转的重要因素(Franks et al., 2009)。本文随后讨论中国的混合部门是市场力量发挥效用的另一种情况。该部门中,正式的监管渠道与法律保护没有起到显著的作用,但融资和治理机制却非常有效。我们将会看到,在这种情况下,竞争、声誉和信任似乎起到了作用。

另一方面,正如本节第一部分所指出的那样,欺诈、其他市场操纵问题以及市场效率低下的案例表明,在中国正规的金融市场中,这些市场自律监管的替代机制并不适用。尽管从长期来看,我们应向19世纪和20世纪初伦敦金融市场的成功案例学习,大力发展这类机制;但是短期来看,中国现阶段的金融市场可能更适合采用政府管制。关于这方面的例子可参见美国。美国于20世纪30年代引入政府管制,以应对经济大萧条以及1929年开始的股市崩溃。许多国家的证据表明,这种类型的正式管制是有效的(La Porta et al., 2006)。

2. 上市公司出售政府(国有)股份

中国股票市场近年来面临的主要问题之一就是,政府和政府机构拥有大量上市公司的股票。政府曾试图在1999年和2001年出售部分公司的国有股,但在股价暴跌、投资者对整个市场产生恐慌心理后搁浅了。

2005年政府宣布进行“完全浮动”的国有股的计划。根据该计划,上市公司剩余的国有股份转换为G股。中国证监会制定了对现有股东的补偿方式;同时证监会对可交易的G股能够立即出售的数量进行锁定和限制。具体来说,该计划规定G股在股权分置改革实施后12个月内不得交易或转让。持有股份比例超过5%的原非流通股股东,仅可在一年内交易少于5%的股份,两年内交易少于10%。G股交易的限制条件旨在降低股价的下行压力,保持市场稳定并保护公众投资者的利益。一个公司的“国有股完全浮动计划”实施细则必须获得公司2/3A股股东的批准,细则内容包括:对每个A股股东授予的G股数量、G股变得完全浮动的时间窗口期(例如1—3年)。股权分置改革始于2005年4月,起初仅有4家公司参与试点。截至2006年底,96%的上市公司已完成股权分置改革;到2007年底,只有少数几家公司没有就改革条款与股东达成协议。①

3. 证券市场金融产品多样化以及新近发展

金融产品多样化可以使投资者构建多元化的投资组合，而不仅局限于股票。如上所述，在破产法和债券评级机构强有效的执行力保证下，公司债市场提供了另一类区别于股票的金融资产。更多衍生证券产品的引入，如远期协议、期货和商品期权以及其他证券产品，丰富了投资者和公司的风险管理工具。2010 年 4 月 16 日，中国发行了指数期货，其标的为上海沪深 300 指数（即沪深证券交易所中的 300 个上市公司 A 股指数）。指数发行首日就交易了四份合约。截至 2010 年 5 月 4 日，共开设了 2 200 个指数期货账户，其中 95%为个人账户，其余为机构投资者账户。指数期货的启动是中国资本市场的一步重要改革，为市场引入了一种新型风险管理工具。随着指数期货的推出，保证金交易和股票卖空交易也得到获准。

另一方面，保险公司扩大其覆盖范围和产品（如财产险、车险、人身保险和医疗保险）；金融服务公司引入并发展资产抵押债券（Asset-backed Security, ABS）及其他结构的金融产品。如此，金融产品的供给得到进一步丰富。2005 年 3 月，国务院批准了资产证券化实施的试点，包括中国的银行间市场的信贷资产证券化以及证券公司的企业资产证券化。2013 年 8 月，国务院发布声明，扩大银行间市场优质银行贷款的资产证券化试点，该政策成为金融市场自由化的一部分。鉴于 2008 年全球金融危机之后，银行资产负债表已经大幅扩张，资产证券化是中国的银行体系向外分散信贷风险的重要一步，同时也是为银行腾出空间接纳新贷款的一种方式。

8.5 影子金融部门以及关于混合部门公司的证据

8.5.1 混合部门、国有部门和上市部门的比较

调查数据与实证研究表明，混合部门比国有部门和上市部门更富有生产

① Hwang 等（2006）研究表明，股权分置改革提高了换手率，尤其针对那些改革前流动性较低的公司；而改革同时也降低了投机性交易。虽然股价在股票供应增加的当天大幅下跌，但股东财富总体增长了 15%。Bortolotti 等（2011）指出，在股改宣告日，存在 8%的异常收益。Liao 和 Liu（2008）指出，市场对股权分置改革的反应与上市公司的质量（以公司披露的信息来考量）正相关，因此该文为股改提高市场效率提供了证据。

力。①从产出来看，混合部门的产出从1998年到2012年稳步增加，并且在1998年超过了国有部门与上市部门，见图8.7(a)。2011年混合部门的总产值接近114 440亿美元，而国有和上市部门的总产值合计约为48 120亿美元。②1998年至2011年期间，混合部门以每年超过30%的速度增长，而同期，国有和上市部门的复合增长率约为20%。③在对整体经济的贡献方面，国有部门、上市部门和混合部门发生了根本性转变：1980年，国有部门为中国贡献2/3以上的GDP，混合部门中，非农民营企业对GDP的贡献可以忽略不计；但2011年，国有部门的产出仅占GDP的15%(参见《中国统计年鉴》，1998—2012年)。事实上，Liu和Siu(2011)及Dollar和Wei(2007)通过对大量不同所有制结构的企业进行分析，都发现了非国有部门的资本回报率远高于国有部门，将资本从国有部门重新配置到私营部门会带来更高的经济增长。Fan等(2008)以及Li等

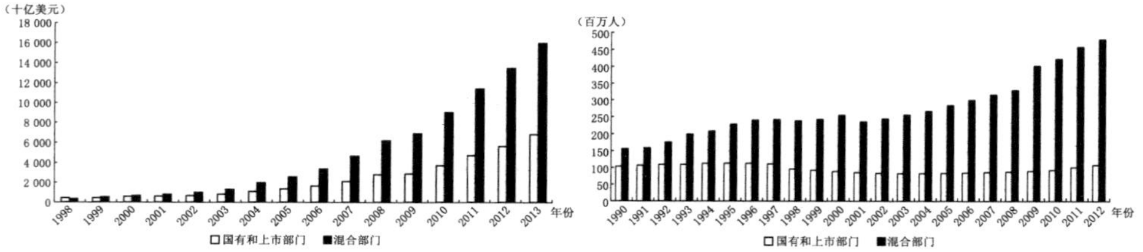

(a) 部门比较—工业产值　　(b) 部门比较—就业

图8.7　国有部门、上市部门及混合部门工业产值及就业情况比较

注：图(a)绘制了2000—2011年的国有部门(国有企业)和上市部门(上市公司)的工业总产值，并与混合部门(剩余其他公司)的情况做对比。图(b)绘制了1990—2012年的国有部门(国有企业)和上市部门(上市公司)的雇用工人总数，并与混合部门(剩余其他公司)的情况做对比。

资料来源：全球经济数据库，https://www.ceicdata.com/。

---

① 包括混合部门公司在内的所有公司，都必须向当地的工商局披露会计和财务信息，并且大部分报告都要经过审计。然而这些公司层面的数据经加总以总量形式记录于统计年鉴中并向公众披露，公司层面的具体数据并没有向公众公布。

② 由于数据缺乏，我们的计算结果低估了国有部门和上市部门的产出。我们将国有企业和国有股占比超过50%的上市公司的产出加总，用来表示总产出，但这一计算不包括非国有股东控制的上市公司的产出；混合部门的产出是总产出与上述两部门的产出之间的差额。然而如上所述，只有约20%的上市公司的大股东不是国家，因此这些公司的总产出不可能改变我们得出的整体结论，即混合部门超过另外两个部门，占据主导地位。

③ 国有企业改制的进程正在进行。由于部分企业正在从国有部门转向混合部门，这可能会使混合部门的增长率偏高。然而2004年之前，绝大多数国有企业已经通过上市这一主要渠道实现了部分民营化，因此国有企业改制过程不可能改变上述结果的有效性。

(2009)的研究显示，中国的国有企业比非国有企业更容易进入债务市场，因此国有企业杠杆率更高。由于来自政府的支持，国有企业更容易获得银行贷款，特别是来自国有银行的信贷；同时，国有企业的破产成本和财务困境成本要低得多。

8.5.2　关于影子金融部门如何运作的探究

混合部门增长的资金需求主要依赖于替代性融资渠道。本部分主要讨论混合部门的投融资方式和公司治理。

第一，从融资方式来看，一旦企业成立后并且运营良好，内部融资方式就可以为企业增长提供必要的资金。AQQ(2005)发现，混合部门筹集的资金大约有 60%来自内部融资，包括来自家人和朋友的资金，以及来自私人(非官方)信贷机构的贷款(Tsai，2002)。还有证据表明，在金融市场和房地产市场发展的早期阶段，很多公司通过非法渠道进行融资，例如走私、贿赂、内幕交易和投机等。除了上述非法融资渠道，其他地下融资方式和非官方商业活动也在积累创业资本(也即种子资本)方面发挥了关键作用。

第二，混合部门的公司治理。对混合部门来说，最重要的公司治理机制是行业竞争，存在产品和原材料市场等各个方面。这个机制在发达国家和发展中国家都同样有效(McMillan，1995，1997；Allen and Gale，2000b)。从 AQQ(2005)中所示的被调查企业，以及温州混合部门的成功经验中可以看出，只有那些在本地该行业中竞争优势最强的企业才能生存和发展。与行业竞争有关的一个因素是新企业的进入壁垒，较低的进入壁垒会促进竞争。Djankov，La Porta，Lopez-de-Silanes 和 Shleifer(后文简称为 DLLS，2002)研究了 85 个国家的进入壁垒，发现市场进入管制越严的国家，政府腐败程度越高，非官方经济规模更大；市场进入管制越轻的国家，政府更加民主，政府作用更加有限。管制较严的国家本应有较高的进入壁垒，然而中国虽对市场进入管制较严，但与其他人均 GDP 在一个梯队的国家相比，中国的进入壁垒反而很低。由此，中国再次成为 DLLS 研究样本中的一个"异常值"。AQQ(2005)的研究结论表明，中国影子部门的存在在一定程度上消除了进入壁垒，这样就可以解释这些看似矛盾的事实。

对混合部门来说，另一个公司治理机制是声誉、信任和关系。Greif(1989，1993)认为，11 世纪时，贸易商形成的组织之所以能够克服信息不对称、解决因欠缺法律和合同执行机制而发生的问题，是因为他们已经建立了基于声誉、隐性契约关系以及联盟的制度。这些制度的演进在一定意义上与中国相似：例如中国在1949年以前为促进商业和金融体系运转而采用的制度与之类似(Kirby，1995)；近些年非标准金融部门为了促进公司从投资者和商业伙伴处进行融资并签订合约方面而制定的制度也与之类似(AQQ，2005)。此外，Greif(1993)以及Stulz和Williamson(2003)还指出了文化和宗教信仰对制度发展、法律体系和投资者保护的重要性。

此外，混合部门还有一些其他的有效公司治理机制。第一，在中小股东保护力度弱的国家，家族企业将成为所有权结构的主要表现形式；而在保护力度强的国家，受职业经理人管理的企业则是最佳的所有制形式(Burkart et al.，2011)。AQQ(2005)对于混合部门的调查研究，结合Claessens等(2000，2002)以及Allen，Chakrabarti，De，Qian和Qian(2012，后文简称ACDQQ)对上市部门的实证研究，可以表明，在中国和其他亚洲国家，家族企业形式非常普遍且经营良好。第二，如果不同供应商之间存在必要合作，而且所有供应商都能从公司良好经营中获益，那么没有外部治理的有效均衡是可能存在的，因为内部相互监督可以确保达到最佳效果(Allen and Gale，2000a)。AQQ(2005)和ACDQQ(2012)提供了商业信用是混合部门企业融资的重要形式的证据。即便缺乏外部监督和合同执行机制，只要存在可以使用的资金，那么合作和相互监督就可确保商业伙伴之间的结算万无一失。商业信用在其他新兴经济体[如ACDQQ(2012)对印度的研究]和发达国家[如Burkarte等(2011)对美国的研究]中也扮演了重要角色。

8.6 金融危机

本节探讨金融危机在中国爆发的可能性。通常来说，金融危机往往伴随着金融体系的发展而发生。传统观点认为金融危机只有负面影响。因为在美国大萧条时期，金融危机破坏了生产并降低了社会福利，因此金融危机通常被认为能带来恶劣影响。但是，Ranciere等(2003)实证结果显示，偶尔发生经济危机的国家的平均增长速度较没有经历危机的国家要快。①鉴于目前中国银行业不良贷款率高企、房地产价格偏高以及资本账户开放加速，任何典型的银行危机、货币危机或双重危机的爆发都是

---

① 请参见Allen和Oura(2004)关于经济增长和金融危机的文献综述；Allen和Gale(2004a)关于金融危机可能产生最佳效应的言论；Allen和Gale(2007)以及Benoit等(2017)关于危机的文献综述。

有可能的，并且，这些危机更可能属于破坏经济和社会稳定的破坏型危机，而不是帮助经济增长的温和型金融危机。因此在实施金融改革促进金融部门发展的同时，需要考虑如何防范危机的发生。

8.6.1　银行危机和市场崩溃

在传统的金融危机中，银行业恐慌往往具有很强的破坏性。银行业恐慌的发生往往由于银行缺乏流动资产，不能完全满足可以预见的或意料之外的提款需求。近年来，银行危机往往在房地产或股票市场异常涨价(即价格泡沫)之前发生。直到某个时点价格泡沫破裂，资产市场随即崩溃。在很多情况下，银行和其他金融中介过度暴露于股票和房地产市场中，因此随着资产市场的崩溃，银行业危机随之而来。Allen 和 Gale(2000c)基于代理问题，提出了关于泡沫和危机的理论。针对投机性投资提供的信贷额度是影响资产价格的关键性因素。通过扩大信贷额度，金融自由化与代理问题相互作用，导致了资产价格出现泡沫。

在中国，可能引发银行危机的因素主要包括，首先，正如前面所讨论的，如果不良贷款继续积累或经济增长明显放缓，银行可能会面临大量资金撤回，这可能会导致中国发生银行业危机。其次，除了不良贷款高企之外，银行与房地产部门之间关联紧密也可能带来严重问题。随着房地产市场的蓬勃发展，将有更多投机性资金涌入房地产市场，而大部分投机性资金来源于银行。存在于房地产贷款和上述投资中的代理问题会进一步恶化该问题。如果房地产市场在短期内大幅下跌，银行贷款违约率上升，可能引发银行业恐慌和危机。鉴于政府部门与银行部门之间关系密切，政府可以通过法规以及以股东身份直接干预，以此控制银行的风险承担行为。事实上，2007—2009 年的全球金融危机对中国银行业和金融市场的影响并不大。当前银行业的不良贷款问题，政府可能以设立更多的地方资产管理公司来解决。尽管我们在上文中提到，政府身兼监管者和大股东的双重身份可能会导致激励上的冲突，但是这样的双重身份有利于预防和应对危机。

8.6.2　资本账户自由化、双重危机与传染

以史明鉴，金融自由化可能会导致新兴市场经济体出现问题。Kaminsky 和 Reinhart(1999)发现，20 世纪 80 年代许多经济体实施金融自由化，资本自由流入和流出、外国投资者和金融机构持续涌入本国并参与市场竞争，导致这些国家发生了银行

业和货币的双重危机。在新兴市场经济体中，由于政府需要在降低利率以缓解银行业危机以及提高利率以巩固本国货币之间进行抉择，汇率危机经常伴随着双重危机而发生，最终导致产出大幅下降，经济进入衰退期。

近些年以来，政府在人民币国际化与加速资本账户开放方面展开了相当大的努力。例如，2010 年 7 月，中国人民银行和香港金融管理局（HKMA）联合宣布，建立以人民币计价的人民币离岸市场（CNH），允许人民币在香港交易。2013 年 9 月下旬，中央政府启动上海自由贸易试验区试点，重点探索便利投融资汇款的方式，促进资本项目兑换，促进人民币跨境使用，使试点区的企业和人员以更灵活的方式利用人民币进行跨境贸易。2015 年 8 月 11 日，中国人民银行宣布“8·11 汇改”，调整人民币对美元的汇率中间价报价机制。①改革之后，市场供求关系对确定中间价汇率起到了决定性作用。当日，人民币中间价上涨 200 个基点，标志着中国人民银行尝试听取市场价格，尽管人民银行仍然密切监控外汇市场，并稳定市场预期。2016 年 10 月 1 日，人民币联同美元、欧元、日元和英镑，正式加入国际货币基金组织的特别提款权篮子中，成为人民币国际化路途上的关键一步。

另一方面，在 2008—2009 年金融危机之前的数十年，中国的出口一直保持着强劲增长势头，这也使得其海外资产有了大量积累。然而随着资本外流和更加灵活的人民币汇率制度，货币当局必要情况下需要通过出售美元以及购买人民币来维持本币的价值，这就导致外汇储备负向流动，外汇储备迅速下降。2014 年 6 月，中国外汇储备为 3.99 万亿元，2017 年 1 月降至 2.99 万亿元（见图 11.8）。②之后，中国人民银行收紧资本管制，遏制资本外流，外汇储备流动在 2017 年 2 月之后回归正向。资本账户开放带来的影响是双重的，一方面，资本账户开放可吸引更多的外国资本流入国内；另一方面，大规模、突然性的资本流动和外国投机显著增加了双重危机发生的可能性。一个关键问题在于：一个国家开放其资本账户以及让汇率浮动的时机为何时、程度为多大？Chang 等（2015）利用校准中国和全球数据的 DSGE 模型进行研究，结果表明虽然完全开放资本管制或汇率目标可以促进宏观经济稳定并提升福利，但是资

---

① 在市场开盘前，做市商向中国外汇交易中心（CFETS）报告的中间价每日报价，指的是上一个交易日银行间外汇市场的收盘汇率。同时，外汇市场的供求情况、主要货币的汇率变动也应该纳入考虑范围。更多信息详见 AGQ(2018)。

② 一方面，人民币已成为 SDR 篮子中的一员；另一方面，习近平 2017 年 1 月在达沃斯论坛承诺中国将保护和引领全球贸易和一体化。鉴于上述两方面，中国资本流动一旦稳定，资本账户自由化的进程便不会停止。

本账户部分开放与浮动汇率相结合的机制表现最好。Alessandria 和 Qian(2005)使用内生金融中介模型进行研究,并表明在金融自由化之前,金融部门有效既不是金融自由化成功的充分条件,也不是必要条件。将这些理论应用到中国,尽管中国银行业的整体效率与国际标准相比仍然较低,但资本账户开放后,银行将会更积极地通过监督和设计贷款合同(例如,自主调整利率水平和贷款期限)抑制借款人进行投资项目决策时可能出现的道德风险。在这种情况下,银行业的效率能够得以提高。此外,由于竞争增强有助于刺激银行控制其投资过程中的风险,金融自由化行为(例如允许外资金融机构进入中国贷款市场)可以进一步改善福利。

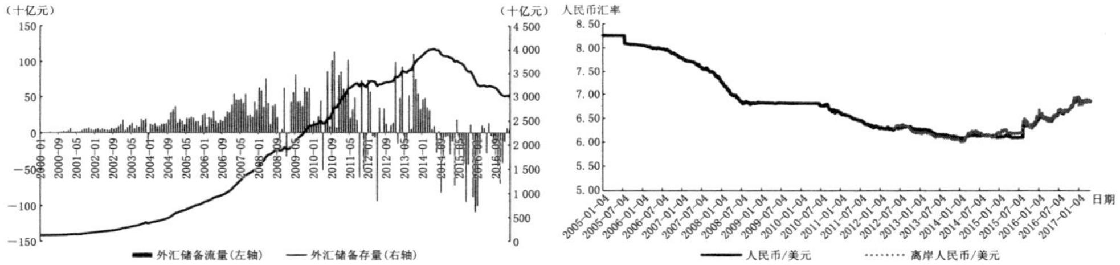

(a) 外汇储备流量及其存量　　　　　(b) 汇率

图 8.8　我国外汇储备流量、存量及汇率情况

资料来源:中国人民银行;ICAP。

考虑到外汇储备的波动加大,以及人民币升值预期下投机性资本的大幅流入流出,发生货币危机、进而触发银行危机是可能存在的。如何防范危机的发生,取决于政府和中央银行如何应对。如果它们允许货币浮动以避免消耗外汇储备,那么人民币汇率随时下跌的情形很可能快速发生,这有可能进一步限制资本外流。如果它们试图限制汇率变动,那么可能会出现典型的货币危机。此时,如果银行大量资金被提取,那么货币危机会进一步引发银行业危机。为了避免这样的双重危机,可以迅速采取全浮动的机制,而由货币危机引致的总体经济成本也会随之降低。①

伴随危机出现的另一个现象是金融危机的传染性,这在 1997 年亚洲金融危机中

① Chang 和 Velasco(2001)通过对 Diamond 和 Dybvig(1983)的银行运行模型进行改进,构造了一个双重危机模型。他们将货币引入代理人的效用函数中,同时中央银行控制货币与消费的比率。在一些机制下,存在两种均衡:"良好"均衡指的是早期消费者从短期资产中获得收益,而晚期消费者从长期资产中获得收益;"坏"均衡指的是每个人都认为危机会发生的,而这些观念也会自我实现。不良均衡一旦发生,双重危机便也随之出现。

有所体现。一个最初只影响特定地区或部门的小冲击，可能会传导至银行体系或资产市场，进而蔓延到其他金融部门，最后扩散至整个经济体和其他经济体（Allen and Gale，2000d；Allen and Gale，2004b）。在中国目前的金融体系下，是否可能出现由于银行间市场上合约相互关联，或者强制平仓后资产价格下降而导致的金融传染？中国银行间市场自 1981 年成立以来增长迅速。相应地，政府和中国人民银行通过限制非银行金融机构的参与以及限制利率的变动来加强监管。1996 年，全国性银行间市场（全国银行间同业拆借中心）成立。2006 年，中国人民银行上海总部开始负责管理该中心的准入资质、配额以及信息披露。截至 2016 年 11 月，中心成员数增加到 1 602 家机构。如果一个地区或部门出现危机，机构或者合约之间的相互关联性可能会导致金融危机进一步相互传染。例如，2013 年 6 月，银行间市场信用紧缩，七天银行间回购利率飙升至 11.62%，这是自 2003 年以来最高的日收盘率。最终，中国人民银行通过向银行间市场注资以及重建市场信心的方式平息了市场混乱。之后，人民银行引入了新的货币政策流动性工具，包括公开市场短期流动性调节工具（SLO）和常备借贷便利（SLF）等，用于短期流动性管理（AGQ，2018）。另一方面，资产快速清算会导致流动性供给不足，进而导致资产价格崩溃。2015 年“股灾”时就发生了上述情况。自 2008 年全球金融危机至 2014 年中期，中国股市增长疲弱，从 2014 年下半年起，沪深 300 指数从 2 050 点上涨至 5 178 点高位，但随后在 20 天内崩盘并下挫 34%，其中仅一周内下跌了近 1 000 点。中国人民银行、中国证监会和中国证券金融股份有限公司等多个部门联合干预，使得这次“股灾”得以结束。AGQ（2018）详细地回顾了货币当局与不同部门在此次事件中的协调合作，并得出结论：在市场崩溃期间，虽然使用反复试错的方式来实施这些政策会使得不确定性或波动性增加，但事后来看，中国人民银行以及其他机构的救援计划有助于稳定市场。更严峻的威胁可能发生在房地产市场，如果住房价格大幅下跌，破产和强制出售随之发生，那么房地产市场将面临严峻困境。由于房地产市场和银行业之间存在着盘根错节的关联，房地产市场的危机会进一步导致系统性风险的发生。如上所述，如果没有适当的政府干预，房地产市场的崩溃很可能会成为中国金融危机的根源。

8.7 结论

本章探讨了中国金融体系的发展，以及中国金融部门与实体经济之间的联系。

与金融市场相比，在过去几十年，以国有银行为主导的大银行体系为不同类型的公司提供了融资渠道并以此促进实体部门的增长；与此同时，非正规金融部门和影子银行体系也为经济增长贡献了积极作用。影子金融部门依赖于替代性融资渠道，包括内部融资以及基于信任、声誉和关系的替代治理机制。未来，我们仍需进行大量的理论与实证研究去探索，与西方法律制度相比，这些替代性融资机制在支撑中国经济高速增长过程中表现出来的利弊。政府与相应监管部门一直在进行金融改革，相应的，未来一个重要的研究领域是总结与反思过去的金融改革过程中的成就与不足。金融开放也是未来应该坚持的方向，但仍需要研究，中国金融体系开放过程将对自身，以及世界其他国家产生怎样的影响？对这一问题的理论及实证方面的研究将会极具意义。最后，展望未来，中国金融体系及其改革仍将面临各种不稳定因素的挑战，我们需要进行更多的研究来理解中国金融体系的脆弱性。

参考文献

Acharya, Viral, Jun Qian, and Zhishu Yang, 2016, "In the Shadow of Banks: Wealth Management Products and Issuing Banks' Risks in China", Working Paper, New York University.

Alessandria, George, and Jun Qian, 2005, "Endogenous Financial Intermediation and Real Effects of Capital Account Liberalization", *Journal of International Economics*, 67:97—128.

Allen, Franklin, and Douglas Gale, 1999, "Diversity of Opinion and Financing of New Technologies", *Journal of Financial Intermediation*, 8:68—89.

Allen, Franklin, and Douglas Gale, 2000a, *Comparing Financial Systems*, MIT Press, Cambridge, MA.

Allen, Franklin, and Douglas Gale, 2000b, "Corporate Governance and Competition", in *Corporate Governance: Theoretical and Empirical Perspectives*, Xavier Vives, ed., Cambridge University Press, London: 23—94.

Allen, Franklin, and Douglas Gale, 2000c, "Bubbles and Crises", *Economic Journal*, 110: 236—255.

Allen, Franklin, and Douglas Gale, 2000d, "Financial Contagion", *Journal of Political Economy*, 108:1—33.

Allen, Franklin, and Douglas Gale, 2004a, "Financial Intermediaries and Markets", *Econometrica*, 72:1023—1061.

Allen, Franklin, and Douglas Gale, 2004b, "Financial Fragility, Liquidity and Asset Prices", *Journal of the European Economic Association*, 2:1015—1048.

Allen, Franklin, and Douglas Gale, 2007, *Understanding Financial Crises*, Clarendon Lectures in Finance, Oxford University Press.

Allen, Franklin, and Hiroko Oura, 2004, "Sustained Economic Growth and the Financial System", *Monetary and Economic Studies*, *Bank of Japan*, 22 S-1:95—119.

Allen, Franklin, Jun Qian, and Meijun Qian, 2005, "Law, Finance, and Economic Growth in

China", *Journal of Financial Economics*, 77:57—116.

Allen, Franklin, Jun Qian, and Meijun Qian, 2008, "China's Financial System: Past, Present, and Future", Chapter 14 in *China's Great Economic Transformation*, L. Brandt and T. Rawski, Eds., Cambridge University Press.

Allen, Franklin, Jun Qian, and Xian Gu, 2015, "China's Financial System: Growth and Risk", *Foundations and Trends in Finance*, 9(3—4):197—319.

Allen, Franklin, Jun Qian, Chenyu Shan, and Lei Zhu, 2017, "Dissecting the Long-term Performance of the Chinese Stock Market", working paper.

Allen, Franklin, Jun Qian, Chenyu Shan, and Mengxin Zhao, 2012, "The IPO of Industrial and Commercial Bank of China and the 'Chinese Model' of Privatizing Large Financial Institutions", *European Journal of Finance*, 20:599—624.

Allen, Franklin, Rajesh Chakrabarti, Sankar De, Jun Qian, and Meijun Qian, 2012, "Financing Firms in India", *Journal of Financial Intermediation*, 21:409—445.

Allen, Franklin, Xian Gu, and Jun Qian, 2018, "The People's Bank of China: From 1948 to 2016", Chapter 13 in R. Edvinsson, T. Jacobson and D. Waldenstrom(eds.), *Sveriges Riksbank and the History of Central Banking*, Cambridge University Press.

Allen, Franklin, Xian Gu, Jun Qian, and Yiming Qian, 2017, "Implicit Guarantee and Shadow Banking: The Case of Trust Products", Working Paper.

Allen, Franklin, Yiming Qian, Guoqian Tu, Frank Yu, 2016, "Entrusted Loans: A Close Look at China's Shadow Banking System", Working Paper.

Beck, T., A. Demirgüç-Kunt, and V. Maksimovic, 2005, "Financial and Legal Constraints to Growth: Does Firm Size Matter", *Journal of Finance*, 60:137—177.

Beck, Thorsten, Asli Demirguc-Kunt, Ross Levine, and Vojislav Maksimovic, 2001, "Financial Structure and Economic Development: Firm, Industry and Country Evidence", In Asli Demirguc-Kunt and Ross Levine(eds.), *Financial Structure and Economic Growth: A Cross Country Comparison of Banks, Markets and Development*, New York: Oxford University of Press.

Benoit, S., J-E. Colliard, C. Hurlin, and C. Pérignon, 2017, "Where the Risks Lie: A Survey on Systemic Risk", *Review of Finance*, *Forthcoming*.

Berger, Allen, Iftekhar Hasan, and Mingming Zhou, 2009, "Bank Ownership and Efficiency in China: What will Happen in the World's Largest Nation?", *Journal of Banking and Finance*, 33: 113—130.

Bortolotti, Bernardo, Andrea Beltratti, and Marianna Caccavaio, 2011, "The Non-tradable Share Reform in the Chinese Stock Market", ECB Working paper No.1339.

Brandt, Loren, and Xiaodong Zhu, 2000, "Redistribution in a Decentralized Economy: Growth and Inflation in China under Reform", *Journal of Political Economy*, 108:422—439.

Burkart, Mike, Tore Elligensen, and Mariassunta Giannetti, 2011, "What You Sell is What you Lend? Explaining Trade Credits Contracts", *Review of Financial Studies*, 24:1261—1298.

Chan, Kalok, Albert Menkveld, and Zhishu Yang, 2008, "Information Asymmetry and Asset Prices: Evidence from the China Foreign Share Discount", *Journal of Finance*, 63:159—196.

Chang, Chun, Zheng Liu, and Mark M. Spiegel, 2015, "Capital Controls and Optimal Chinese Monetary Policy", *Journal of Monetary Economics*, 74:1—15.

Chang, Roberto, and Andres Velasco, 2001, "A Model of Financial Crises in Emerging Markets", *Quarterly Journal of Economics*, 116:489—518.

Chen, Zhuo, Zhiguo He, and Chun Liu, 2017, "The Financing of Local Government in China: Stimulus Loan Wanes and Shadow Banking Waxes", Chicago Booth business School Working Paper.

Chu, Yongqiang, and Tien Foo Sing, 2004, "Inflation Hedging Characteristics of the Chinese Real Estate Market", *Journal of Real Estate Portfolio Management*, 10:145—154.

Claessens, Stijn, Simeon Djankov, and Larry Lang, 2000, "The Separation of Ownership and Control in East Asian Corporations", *Journal of Financial Economics*, 58:81—112.

Claessens, Stijn, Simeon Djankov, Joseph Fan, and Larry Lang, 2002, "Expropriation of Minority Shareholders in East Asia", *Journal of Finance*, 57:2741—2771.

Dang, Tri Vi, Hongling Wang, and Aidan Yao, 2016, "Chinese Shadow Banking: Bank-Centric Misperceptions", Columbia Business School Working Paper.

Demirgüç-Kunt, Asli, and Ross Levine, 2001, *Financial Structure and Economic Growth: Cross-country Comparisons of Banks, Markets, and Development*, Cambridge, Massachusetts: MIT Press.

Deng, Yongsheng, Joseph Gyourko, and Jing Wu, 2012a, "Evaluating Conditions in Major Chinese Housing Markets", *Regional Science and Urban Economics*, 42:531—543.

Deng, Yongsheng, Joseph Gyourko, and Jing Wu, 2012b, "Land and House Price Measurement in China", NBER Working Paper No.18403.

Deng, Yongsheng, Joseph Gyourko, and Jing Wu, 2016, "Evaluating the Risk of Chinese Housing Markets: What We Know and What We Need to Know", *China Economic Review*, 39: 91—114.

Diamond, Douglas, and Philip Dybvig, 1983, "Bank Runs, Deposit Insurance, and Liquidity", *Journal of Political Economy*, 91:401—419.

Djankov, Simon, Rafael La Porta, Florencio Lopez-de-Silanes, and Andrei Shleifer, 2002, "The Regulation of Entry", *Quarterly Journal of Economics*, 117:1—37.

Dollar, David, and Shang-jin Wei, 2007, "Das (Wasted) Kapital: Firm Ownership and Investment Efficiency in China", IMF Working paper 07/9.

Du, Julan, Oliver Rui, and Sonia Wong, 2008, "Financing Motivated Takeovers: The Case of China", Working paper, Chinese University of Hong Kong.

Fan, Joseph, Huang Jun, and Zhu Ning, 2008, "Financial Distress without Bankruptcy: The Case of China", available at http://ihome.cuhk.edu.hk/~b109671/wp/Distress-090408.pdf.

Fan, Joseph, Oliver Rui, and Mengxin Zhao, 2008, "Public Governance and Corporate Finance: Evidence from Corruption Cases", *Journal of Comparative Economics*, 36(3):343—364.

Fan, Joseph, T. J. Wong, and Tianyu Zhang, 2007, "Politically-connected CEOs, Corporate Governance and Post-IPO Performance of China's Partially Privatized Firms", *Journal of Financial Economics*, 84:330—357.

Fang, Hanming, Quanlin Gu, Wei Xiong, and Li-An Zhou, 2015, "Demystifying the Chinese Housing Boom", NBER Working Paper No.21112.

Franks, Julian, Colin Mayer, and Stefano Rossi, 2009, "Ownership: Evolution and Regulation", *Review of Financial Studies*, 22(10):4009—4056.

Fung, Peter, Michael Firth, and Oliver Rui, 2003, "Corporate Governance and CEO Compensation in China", Working paper, Chinese University of Hong Kong.

Garnaut, Ross, Song Ligang, and Yao Yang, 2004, "SOE Restructuring in China", Stanford Center for International Development Working Paper No.204.

Goldsmith, Raymond W., 1969, *Financial Structure and Development*, New Haven, CT: Yale University Press.

Greenwood, Jeremy and Boyan Jovanovic, 1990, "Financial Development, Growth, and the Distribution of Income", *Journal of Political Economy*, 98:1076—1107.

Greif, Avner, 1989, "Reputation and Coalitions in Medieval Trade: Evidence on the Maghribi Traders", *Journal of Economic History*, 49:857—882.

Greif, Avner, 1993, "Contract Enforceability and Economic Institutions in Early Trade: The Maghribi Traders' Coalition", *American Economic Review*, 83:525—548.

Guo, Feng, and Ying Sophie Huang, 2010, "Does 'Hot Money' Drive China's Real Estate and Stock Markets?", *International Review of Economics & Finance*, 19:452—466.

Hachem, Kinda, and Zheng Michael Song, 2016, "Liquidity Regulation and Unintended Financial Transformation in China", NBER Working Paper No.21880.

Helpman, Eihanan, and Assaf Razin, 1978, *A Theory of International Trade under Uncertainty*, Academic Press.

Herring, Richard, and Nathporn Chatusripitak, 2000, "The Case of the Missing Market: The Bond Market and Why it Matters for Financial Development", Working paper, Wharton Financial Institutions Center.

Hwang, Chuan-Yang, Shaojun Zhang, and Yanjian Zhu, 2006, "Float Liquidity, Speculation, and Stock Prices: Evidence from the Share Structure Reform in China", Nanyang Technological University Working Paper.

Kaminsky, Graciela, and Carmen Reinhart, 1999, "The Twin Crises: The Causes of Banking and Balance-of-payments Problems", *American Economic Review*, 89:473—500.

Kato, Takao, and Cheryl Long, 2006, "Executive Compensation, Firm Performance, and Corporate Governance in China: Evidence from Firms Listed in the Shanghai and Shenzhen Stock Exchanges", *Economic and Development and Cultural Change*, 54(4):945—983.

King, Robert G., and Ross Levine, 1993, "Finance and Growth: Schumpeter Might be Right", *Quarterly Journal of Economics*, 32:513—542.

Kirby, William, 1995, "China Unincorporated: Company Law and Business Enterprise in Twentieth-Century China", *Journal of Asian Studies*, 54:43—63.

La Porta, Rafael, Florencio Lopez-de-Silanes, and Andrei Shleifer, 2002, "Government Ownership of Commercial Banks", *Journal of Finance*, 57:265—301.

La Porta, Rafael, Florencio Lopez-de-Silanes, and Andrei Shleifer, 2006, "What Works in Securities Laws?", *Journal of Finance*, 61:1—32.

La Porta, Rafael, Florencio Lopez-de-Silanes, Andrei Shleifer, and Robert W. Vishny, 1997, "Legal Determinants of External Finance", *Journal of Finance*, 52:1131—1150.

La Porta, Rafael, Florencio Lopez-de-Silanes, Andrei Shleifer, and Robert W. Vishny, 1998, "Law and Finance", *Journal of Political Economy*, 106:1113—1155.

Lardy, Nicholas R., 1998, *China's Unfinished Economic Revolution*, Washington D. C.: Brookings Institution Press.

Lee, Tahirih V., 1993, "Risky Business: Courts, Culture, and the Marketplace", *University of Miami Law Review* 47:1335—1414.

Levine, Ross, and Sara Zervos, 1998, "Stock Markets, Banks and Economic Growth", *American Economic Review*, 88:537—558.

Li, Kai, Heng Yue, and Longkai Zhao, 2009, "Ownership, Institutions, and Capital Structure: Evidence from China", *Journal of Comparative Economics*, 37(3):471—490.

Liao, Li, and Bibo Liu, 2008, "Moral Hazard, Information Disclosure and Market Efficiency: Evidence from China's Share Reform", Working paper, Tsinghua University.

Liu, Qiao and Alan Siu, 2011, "Institutions, Financial Development, and Corporate Investment: Evidence from an Implied Return on Capital in China", *Journal of Financial Quantitative Analysis*,

46(6):1831—1863.

McMillan, John, 1995, "China's Nonconformist Reform", *Economic Transition in Eastern Europe and Russia: Realities of Reform*, ed. Edward Lazear, Stanford: Hoover Institution Press: 419—433.

McMillan, John, 1997, "Markets in Transition", Ch.6 of *Advances in Economics and Econometrics*, Vol.2, David M. Kreps, and Kenneth F. Wallis, eds., Cambridge: Cambridge University Press: 210—239.

Mei, Jianping, Jose Scheinkman, and Wei Xiong, 2009, "Speculative Trading and Stock Prices: Evidence from Chinese A-B Share Premia", NBER Working Paper No.11362, May.

Michie, Ranald C., 1987, *The London and New York Stock Exchanges 1850—1914*, London: Allen & Unwin.

Morck, Randall, Bernard Y. Yeung, and Wayne Yu, 2000, "The Information Content of Stock Markets: Why do Emerging Markets Have Synchronous Stock Price Movement?", *Journal of Financial Economics*, 58:215—260.

Obstfeld, Maurice, 1994, "Risk-Taking, Global Diversification, and Growth", *American Economic Review*, 84:1310—1329.

Perkins, Dwight, and Thomas Rawski, 2008, "Forecasting China's Economic Growth to 2025," Ch.20 in *China's Great Economic Transformation*, L. Brandt and T. Rawski, eds., Cambridge University.

Pistor, Katharina, 2010, "The governance of China's finance", Ch.1 of *Capitalizing China*, Joseph P. H. Fan and Randall Morck, eds., University of Chicago Press: 35—60.

Prasad, Eswar and Shang-Jin Wei, 2007, "The Chinese Approach to Capital Flows: Patterns and Possible Explanations", Ch.11 of *Capital Controls and Capital Flows in Emerging Economies*, ed. Sebastian Edwards, Chicago: University of Chicago Press.

Qian, Jun, Phillip Strahan, and Zhishu Yang, 2015, "The Impact of Incentives and Communication Costs on Information Production: Evidence from Bank Lending", *Journal of Finance*, 70(4): 1457—1493.

Rajan, Raghuram, and Luigi Zingales, 1998, "Financial Development and Growth", *American Economic Review*, 88:559—586.

Ranciere, Romain, Aaron Tornell, and Frank Westermann, 2003, "Crises and Growth: A Reevaluation", NBER Working Paper 10073.

Robinson, James, Daron Acemoglu, and Simon Johnson, 2004,"Institutions, Volatility and Crises", in *Growth and Productivity in East Aisa*, ed., Takatoshi Ito, and Andrew K. Rose: 71—108, University of Chicago Press.

Stulz, Rene, and Rohan Williamson, 2003, "Culture, Openness, and Finance", *Journal of Financial Economics*, 70:261—300.

Tadesse, Solomon, 2002, "Financial Architecture and Economic Performance: International Evidence", *Journal of Financial Intermediation*, 11:429—454.

Tsai, Kellee, 2002, *Back-alley Banking*, Ithaca, NY: Cornell University Press.

第9章

像中国那样出口：中国对外贸易发展40年回顾

| 马 弘 | 清华大学经济管理学院 |

9.1 引言

工业化是发展中国家摆脱贫困、发展经济、实现可持续增长的必由之路。然而，在工业化的初期，很多发展中国家，往往受制于产能和内需不足而难以再进一步。产能不足是供给上的限制，主要是缺乏资金和技术。没有产能就难以实现规模经济来降低单位成本。内需不足是需求上的限制：人均收入增长缓慢，城市化率低，交通不便，区域间市场分割等种种因素导致支付能力不足、市场缺乏活力。要摆脱贫困陷阱，必须发展制造业，实现工业化。要突破工业化产能和需求的瓶颈，对外开放贸易是必然的选择。

1978年的中国，本质上是一个封闭的农业经济体(Chan，Henderson and Tsui，2008)。实行中央计划经济，人均收入低于印度，城市化率以人口比例计不足20%。同时，第二产业占GDP的比重不到30%，缺乏大规模制造的资金、技术和原材料供应，符合一个工业化早期阶段发展中国家的基本特征。从那时起，通过出口导向的发展模式，一方面引进外资和先进技术解决供给上的约束①，另一方面鼓励出口解决需求上的约束，在不到40年的时间里，中国就跃升为世界第二大经济体和最大的货物贸易出口国。

---

① Manova和Wei(2015)提供证据表明在中国的外资出口企业受到的融资约束更少。

图 9.1 展示了按照 2016 年货物贸易出口总值排序的世界前五大出口国出口总值的历史变化。中国在 1991 年超过韩国，2004 年超过日本，2007 年超过美国，而最终在 2009 年超越德国成为世界最大的货物贸易出口国。2017 年中国的全年货物贸易出口值达到 2.26 万亿美元，分别是美国、德国、日本和韩国的 1.46、1.56、3.24 和 3.95 倍。这样的出口规模和增长速度，一方面成就了中国"世界工厂"的美誉，另一方面也对世界其他国家形成巨大的挑战：与中国出口相似产品的发展中国家，出口需求下滑(Utar and Ruiz, 2013)；而从中国进口大量产品的发达国家，面对进口竞争的压力出现制造业失业增加、工资增长停滞等一系列问题(Autor et al., 2013; Pierce and Schott, 2016)。①"中国冲击"(China shock)也成为近年来"逆全球化"(de-globalization)现象表面上的重要原因之一。

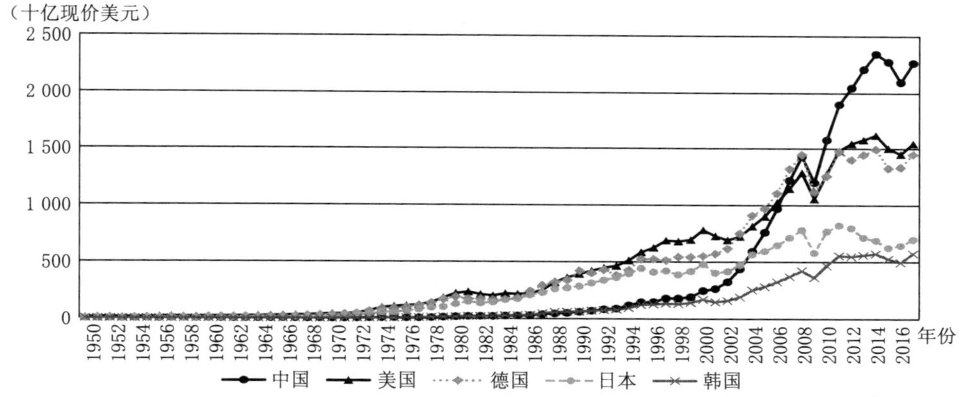

图 9.1 前五大出口国历年出口总值变化

资料来源：UN-Comtrade。

"中国冲击"的另一面是中国进口需求的激增。图 9.2 展示了按照 2016 年货物贸易进口总值排序的世界前五大进口国进口总值的历史变化。从 2009 年起，中国就成为仅次于美国的世界第二大货物进口国。中国需求一方面推高了全球市场上原材料和资源产品的价格，另一方面也给众多国外出口商带来机遇(Costa et al., 2016)。

① 这一结论仍富有争议：Wang, Wei, Yu 和 Zhu(2017)认为 Autor 等人的研究忽略了价值链上的投入产出关系，特别是进口中间品对下游服务业就业的促进作用。Feenstra, Ma 和 Xu(2017)估计了出口对美国制造业就业的促进作用，他们发现这一效应完全抵消了中国进口对美国就业产生的负向冲击。

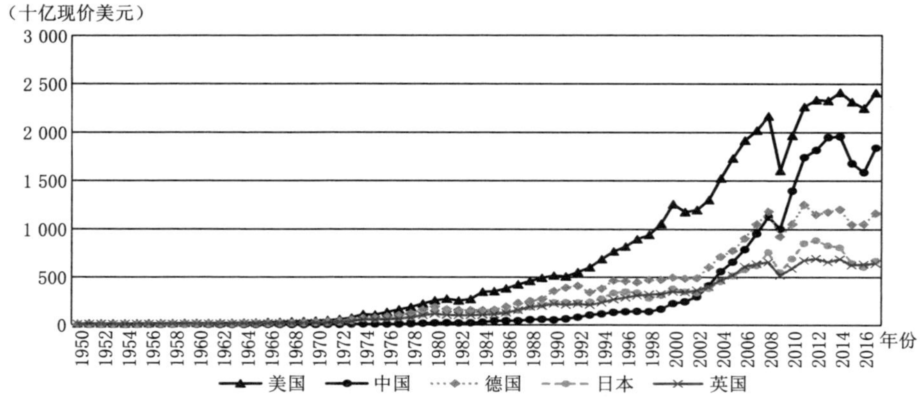

图 9.2 前五大进口国历年进口总值变化

资料来源：UN-Comtrade。

20 世纪 90 年代以来，中国融入世界贸易体系是全球经济发展最重要的事件之一(Branstetter and Lardy, 2008)。快速增长的对外贸易，毫无疑问是中国经济腾飞的最重要因素之一。同时，中国冲击也对全球经济产生了复杂深远的影响(Hanson, 2012)。本章通过回顾 1978—2018 这 40 年间中国贸易的基本格局、趋势和政策背景，探讨贸易开放的中国特色和普遍规律。

9.2 中国贸易开放的历史进程

中国 40 年的贸易开放，大体上从 1979 年中美正式建交，互相给予贸易"最惠国"的待遇开始，可以粗略分为 4 个阶段。图 9.3—图 9.8 分别从进出口总值、贸易依存度、贸易平衡、汇率变动、进口关税税率，以及进出口年增速的角度刻画了这 40 年贸易开放的演进过程。

(1) 1978—1991 年：出口导向的试点开放。这一阶段的对外开放，带有鲜明的渐进和实验的特点。即在有限的范围和领域内，通过给予试点城市和地区特殊政策的方式开放。1980 年，中国在深圳、珠海、汕头以及厦门这 4 个沿海城市设立了经济特区。1984—1985 年，又相继开放 14 个沿海港口城市和 3 个沿海经济开放区(长江、珠江和闽南三角洲)。1988 年海南全岛成为经济特区。1990 年，中央政府决定开放开发上海浦东新区。这些试点城市，都分布在中国的东部沿海，通过给予税收等优惠政策来吸引港台资金和外资来投资设厂，进行加工贸易，再通过港台商人和外商的渠道打开国际市场①，形成以点带面，"经济特区—沿海开放城市—沿海经济开放区—内地"的逐步推进格局。图 9.3 按照年度展示了这些重要政策的开展和相对应的进出口总值。在这一阶段，出口仅占国内生产总值的 10%左右（见图 9.4），出口的主要目的之一是创汇，进而能够进口机器设备和紧缺物资。因此，在大多数年份，国际收支（出口—进口）处于逆差状态（见图 9.5）。

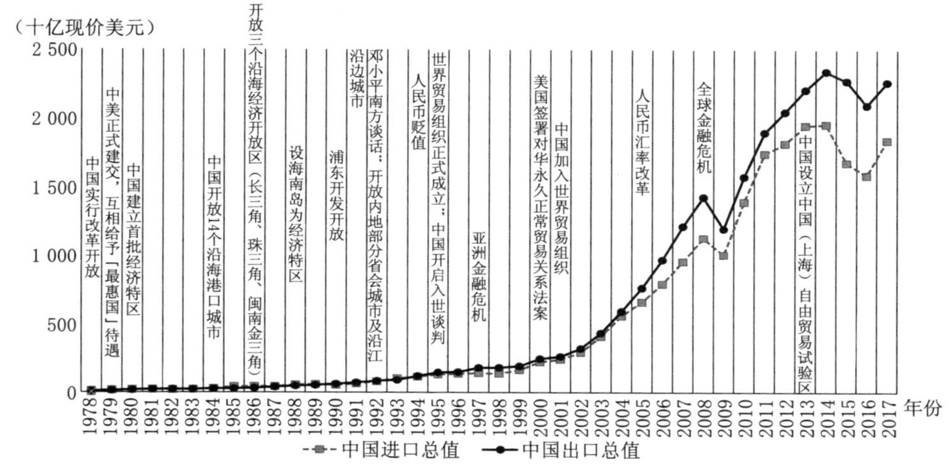

图 9.3　中国开放政策与进出口值(1978—2017 年)

(2) 1992—2001 年：复关/入世的准备期。1992 年邓小平南方谈话和中共十四大确立的建立社会主义市场经济体制的经济体制改革目标，为深化改革和扩大开放扫清了思想障碍和制度障碍。直接促成"复关"（即恢复关贸总协定缔约国地位）进入实质性谈判阶段，并在 1995 年后转化为加入世界贸易组织（WTO）谈判。为适应经济全球化和加入世贸组织的新形势，中国政府主动推行了一系列的市场化改革和贸易自由化措施。第一，1994 年进行外汇体制改革，取消双重汇率，形成外汇市场，人民币一次性对美元贬值至 8.7∶1，形成事实上单一钉住美元的固定汇率（见图9.6）。②第二，进口关税大大降低，如图 9.7 所示，加权平均关税从 1992 年的 32.2%迅速下降至 1997 年的 15.2%，其后缓步降至 2001 年 13.4%的水平。③第三，非关税壁垒大幅减少：需要

---

① Wang(2013)发现经济特区和开发城市有效地吸引了外资，促进了出口，同时并没有挤出本地投资。

② 从 1995 年至 2005 年 7 月，人民币兑美元汇率稳定在 8.3∶1 的水平（即 1 美元兑换 8.3 元人民币）。

③ 事实上，考虑到加工贸易减免关税以及偷税漏税等因素，关税的实际征收率要远低于按照海关税则计算的加权平均关税(Branstetter and Lardy, 2008；翟凡、李善同，1996)。

配额或进口许可证的商品占总进口的份额从1990年的50%左右，大幅降低到2001年8.5%左右的水平(Lardy, 2002)。第四，逐步放开对企业外贸经营权的管制，1985年中国仅有800家企业直接从事国际贸易(Lardy, 2002)，而根据海关统计，到2001年，有超过6.8万家企业直接从事出口业务。第五，清理、修改了大量法律法规，确保符合WTO规则。最后，地方政府对本地企业的地方保护也大大减少(Branstetter and Feenstra, 2002)。从国际竞争上看，1997年亚洲金融危机重创了东亚和东南亚新兴工业化国家。中国制造凭借低廉的劳动力成本以及稳定(并低估)的人民币汇率，迅速占领市场，取代这些国家的出口地位。这一阶段的中国外贸对国民经济的拉动作用逐渐增强，吸纳了大量农村剩余劳动力进入沿海城市的制造业部门就业。一方面贸易依存度(即进出口总值占GDP的比重，见图9.4)达到40%以上，另一方面，国际收支连年顺差，外汇短缺的局面得到缓解(见图9.5)。

(3) 2002—2011年：入世十年的外贸大发展。1999年11月中美双边达成协议，为中国入世扫清最大障碍。加入WTO，按照国际规则参与国际市场的竞争，促进了国内市场经济体制的完善，给予中国企业前所未有的活力。按照WTO规则，中国在2004年中基本放开企业外贸自营权，直接参与出口的企业迅速从2000年的6.2万家增加到2011年的25万余家。同时，按照入世承诺，中国进一步降低了进口关税，取消了绝大部分的进口配额和许可证等非关税壁垒。2006年中国进口商品关税总水平为9.9%，按进口额加权则低至4.3%(见图9.7)，基本完成入世承诺。最重要的是，为了加入WTO，中国在法律、税收、财政、外贸、外汇体系等方面做了大量的改革，对入世后中国经济的高速增长产生了积极而深远的影响。①江泽民同志在2002年中共十六大报告中对中国加入WTO的意义进行了总结，指出加入WTO将促使中国“在更大范围、更广领域和更高层次上参与国际经济技术合作和竞争，充分利用国际国内两个市场，优化资源配置，拓宽发展空间，以开放促改革促发展。”拥抱全球化，利用对外开放和国际竞争来推动国内市场经济改革，成为中国领导层的共识。事实上产生的效果甚至远超预期：入世前的2000年，中国货物出口总值2 490亿美元，进口2 250亿美

---

① Handley和Limao(2017)，以及Feng, Li和Swenson(2016)指出美国授予中国永久正常贸易关系(Permanent Normal Trade Relationship)消除了中国出口商出口美国的政策不确定性，大大提高了中国对美国的出口。在更宏观的层面上，中国加入WTO做出市场化承诺，以及与其配套的一系列政策，也消除了外资企业和民营企业在中国经营的不确定性，促使他们扩大投资、引进技术和提高生产率。

元，到入世10周年的2011年，分别增长到1.90万亿美元和1.74万亿美元(均以当年价格计算)。年均名义增长率除了少数年份(2001年，以及2009年)以外基本保持在20%以上(见图9.8)。外贸依存度在2007年达到顶峰(63%)，之后由于中国经济规模的迅速增长逐渐下降(见图9.4)。另一方面，贸易顺差迅速增长，2007年全年中国贸易顺差达到创纪录的3 000亿美元，占当年GDP的7.5%(见图9.5)。

(4) 2012—2018年：新常态下的结构调整。2012年以来，中国经济增速放缓，进出口增速也迅速下降。根据图9.8所示，最近的几年(2015年，2016年)，在没有大的外部冲击的情况下，进出口连续出现了负增长，过去依靠价格优势扩张规模的外贸发展模式难以为继。

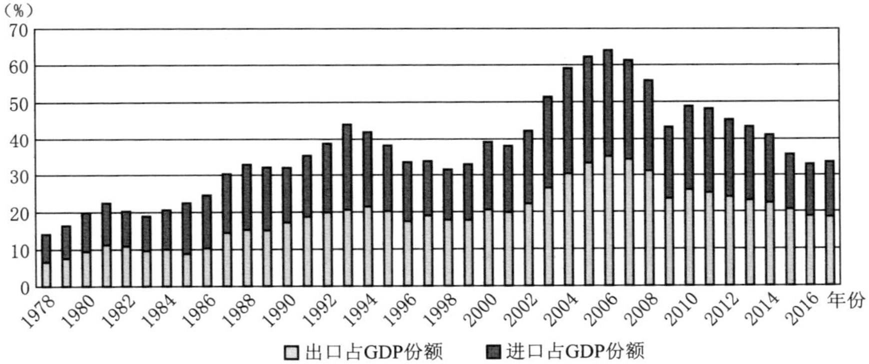

图9.4　中国的外贸依存度

资料来源：UN-Comtrade，World Bank。

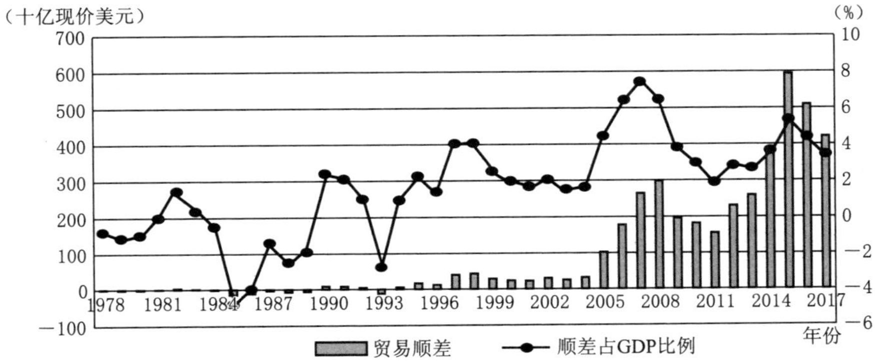

图9.5　中国的贸易顺差

资料来源：UN-Comtrade。

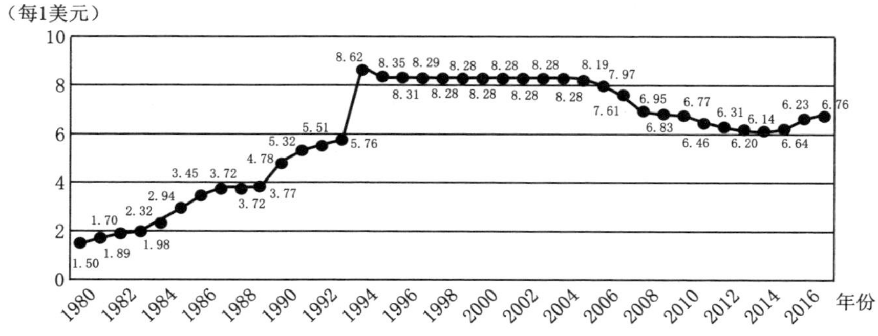

图 9.6　人民币汇率变化

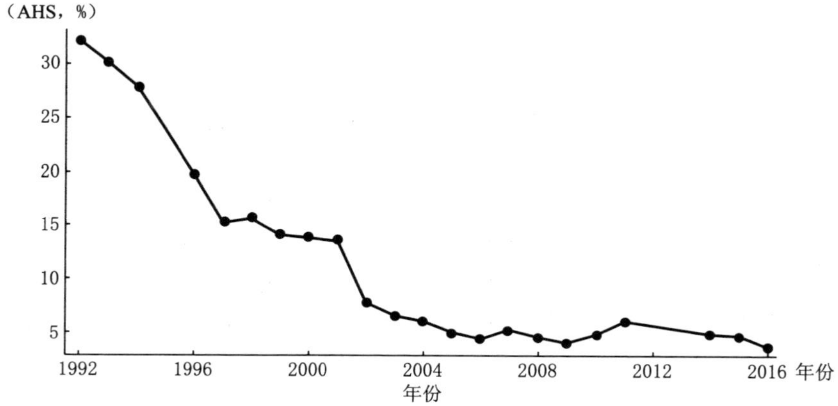

图 9.7　中国进口关税变化(加权平均)

注：1995、2012、2013 年数据丢失。

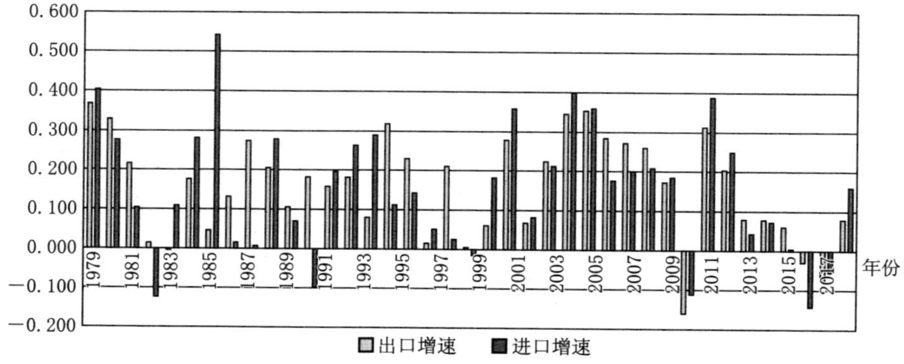

图 9.8　中国进出口增速

资料来源：UN-Comtrade。

回顾40年的历程，应该说，中国贸易开放本身就是一个渐进的改革过程。从早期通过特区进行的试验性开放，到运用关税、补贴、高新技术开发区等措施针对特定行业的特惠式开放，再到主动加入WTO，寻求利用国际法规、制度来约束政府计划和管控的冲动，利用外部竞争压力倒逼内部市场化改革。贸易开放，特别是加入WTO所带来的一系列改革，大大促进了中国经济的发展。对于这一事实的经济学分析主要聚焦在几种具体的作用机制上：首先，关税减让等贸易自由化措施促进了进口，一方面进口竞争减少了企业利润加成(markup)，提高了企业生产率(Yu，2015；Brandt et al.，2017)，以及行业利润加成的分布，即减少了错配(Lu and Yu，2015)；另一方面，进口中间品关税的降低提高了利润加成和生产率(Brandt et al.，2017)，还提高了出口产品的质量(Fan，Li and Yeaple，2015，2018)。其次，贸易自由化促进了出口的增长，创造了就业(Feenstra and Hong，2008)；产生"规模经济"降低了企业成本；又通过"学习效应"(learning-by-exporting)提高了生产率(Park et al.，2010)①；根据Melitz(2003)，生产率更高的企业选择出口，因此贸易开放会导致更多的资源配置到效率更高的出口部门，进而带来部门总体生产率的提高。②贸易自由化还减少了制度性壁垒对生产力和贸易的阻碍(Khandelwal et al.，2013)。

9.3　中国贸易开放的结构和趋势

9.3.1　进出口的国别结构

图9.9汇报了中国对主要出口伙伴的货物贸易出口份额分布，包括美日韩、欧盟12国、东盟10国，以及中国香港和中国台湾地区③。根据中国海关统计，这些国家和地区在1993年占中国全部货物出口总值的83%，到2016年这一份额下降为70%。

① Bai，Krishna和Ma(2017)发现直接出口相比间接出口的学习效应更为显著，通过反事实检验，他们发现自营出口权的放开对中国出口增长有非常大的促进作用。

② Lu(2010)分析工业企业数据发现中国出口企业的生产率并不显著高于不出口企业。Dai等(2016)指出这完全是因为加工贸易企业的生产率更低。

③ 东盟10国包括：马来西亚、印度尼西亚、泰国、菲律宾、新加坡、文莱、越南、老挝、缅甸、柬埔寨。欧盟12国包括：法国、意大利、荷兰、比利时、卢森堡、德国、爱尔兰、丹麦、英国、希腊、葡萄牙、西班牙；这12个国家加入欧盟时间均早于1993年。

这首先反映了中国出口分布的多元化。从1999年起，美国取代中国香港成为中国出口的第一大目的地，占中国出口总值的21%（1999—2006年）到18%左右（2007—2016年）。①日本占中国出口份额大幅下降，从1993年的17%降到2016年的6%。东盟10国所占份额则稳步上升。中国香港所占份额从24%降至13%，反映了其作为转口贸易港口地位的下降。欧盟份额则先升后降，到2016年占中国出口的13%，仍然是中国最重要的出口市场之一。

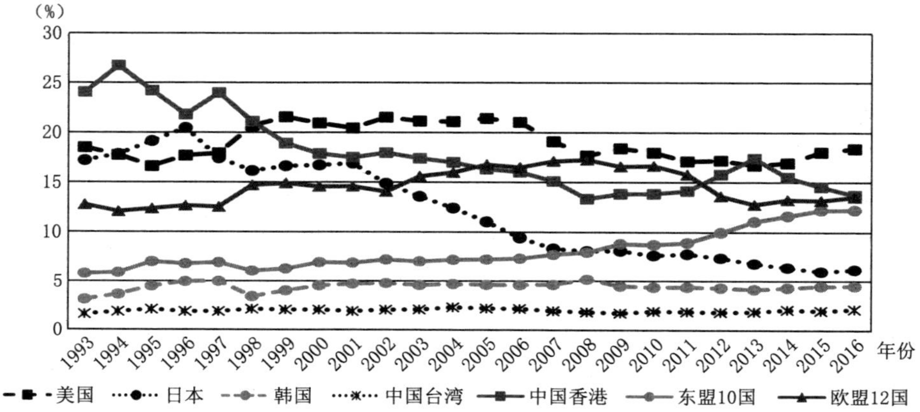

图9.9 各国或地区占中国总出口份额

资料来源：UN-Comtrade。

相应的，图9.10汇报了中国主要进口来源地分布。1993年，日本是中国的第一大进口来源地，占进口总额的22.5%。接下来依次是欧盟12国（14%），中国台湾（12.4%），美国（10.3%），东盟（6.1%），韩国（5.2%），以及中国香港（1%）。到2016年，东盟成为中国第一大进口来源地，占进口总额的12.4%。欧盟12国位居第2（11.1%）。韩国对中国出口大幅上升，占进口总额的10%。日本地位下降，仅占9.2%。中国台湾紧随其后，占8.8%。美国占8.5%左右。

对比中国出口和进口的变化，可以看到：美欧仍然是中国最主要的出口市场。特别是中美贸易在过去的40多年里增长迅猛。根据联合国商品贸易数据库（UN Comtrade

① 即使在1999年之前，中国内地出口到中国香港的货物中相当部分通过转口贸易最终转运至欧美等国（Feenstra et al.，1999）。而2013年中国香港短暂反超美国主要是由于人民币汇差引起的套利行为。

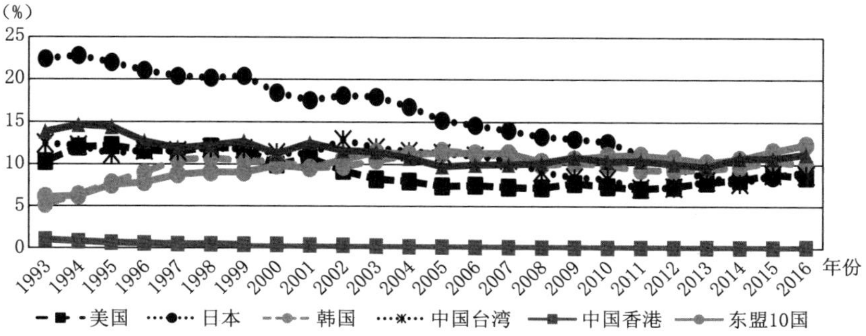

图 9.10 各国或地区占中国总进口份额

资料来源：UN-Comtrade。

Database)统计①：从1984年到2015年，美国从中国进口的商品总值从33亿美元增加到5 026亿美元，年平均增长高达18.7%，占美国全部进口货物价值的22%。而反过来，尽管中国从美国进口商品总值从39亿美元增加到1 505亿美元，美国商品占中国进口的份额则逐步降低(见图9.11)。因此中美双边贸易严重不平衡，中国对美国存在巨额贸易顺差。其次，尽管日本对中国出口大幅下降，中国的其他亚洲近邻，包括韩国、东盟对中国的出口显著上升。这反映了在全球价值链生产安排下，中国进口上游零附件和原材料加工装配出口欧美市场的格局。这一点，从图9.12所示的中国贸易收支的地区构成上也能够看得比较清楚。

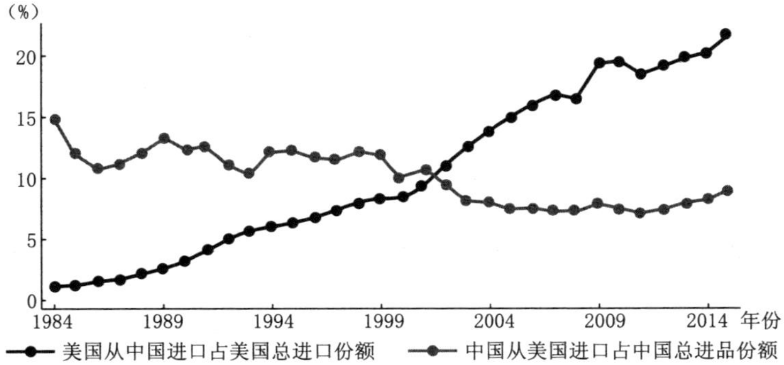

图 9.11 中美双边商品贸易进口份额

资料来源：UN-Comtrade。

---

① 注意：Comtrade数据按照进口国汇报数据进行统计，美方汇报从中国进口总额远高于中国汇报的对美国出口总额，这主要是因为美方统计的中国进口还包括了通过中国香港转口贸易的部分货值(Feenstra et al., 1999)。

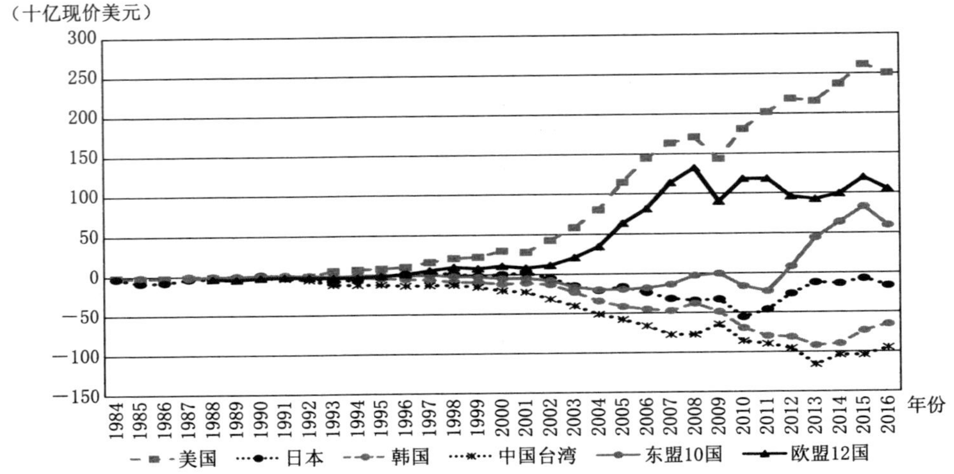

图 9.12　中国贸易顺差的重要组成

资料来源：UN-Comtrade。

9.3.2　一般贸易与加工贸易

在引言中我们提到，发展中经济体要发展制造业，需要开放贸易。在缺乏技术、资金和境外市场渠道的情况下，通过优惠条件吸引外资在沿海特区和开放城市进行加工贸易，是一个非常有效的机制设计。加工贸易的特点是原材料和市场“两头在外”。实质上是一种“贸易便利化”(trade facilitation)的措施，通过对进口原材料免征关税增值税或先征后退的方式，鼓励加工装配产业的发展，充分利用了中国充裕的劳动力要素。加工贸易的固定成本更低，有助于企业解决融资约束(Manova and Yu，2016)。通过鼓励外商独资或者合资，又能够在很大程度上解决不完全契约所导致的激励问题(Feenstra and Hanson，2005)。最后，加工贸易生产的产品不允许在境内销售，避免了对境内产业的冲击。

从外部条件上看，随着技术进步，全球化不仅表现为国际市场的一体化，也体现在生产步骤在全球范围的分割(Feenstra，1998)。技术发展强化了生产的垂直分工，在这种模式下，发达国家和地区的企业可以将不同技术水平和不同要素密集度的零附件，根据禀赋决定的比较优势分散外包到不同国家和地区进行生产，在进入市场销售前再集中进行装配。产业内贸易不再仅仅是发达国家和地区之间不同种类(variety)最终商品的水平交换，而是同一商品从设计、研发到零附件制造再到加工装配，最后上市销售的价值链不同组成部分的整合。中间品贸易成为世界贸易的主流，占全世界贸易总值的三分之二（Johnson and Noguera，2012）。全球价值链（Global Value Chain，GVC）成为跨国生产的主流方式。

全球价值链的发展和中国对加工贸易的鼓励政策加速了发达国家制造业向“中国加工厂”的外包，大进大出成为中国外贸的重要特点。表9.1列出了1988—2013年间，中国年度进出口总值、一般贸易和加工贸易进出口总值，以及所占比例。①从表中可以看到，加工贸易在中国进出口中的比例从1988年起逐年上升，到1998年顶峰时期一度占出口总值的57%和进口总值的49%。入世之后，加工贸易持续稳定在出口总值的55%和进口总值的40%左右。由于加工贸易大量使用进口中间品和原材料，其出口的国内增加值远低于一般贸易（Koopman，Wang and Wei，2012）。据估计，2007年中国出口的国内增加值比例大约在60%左右（Ma et al.，2015）。在电子和信息技术行业，国内增加值比例仅为15%（Branstetter and Lardy，2008）。这一特点具有非常重要的政策启示：第一，全球价值链下大进大出的贸易模式意味着贸易政策的影响更为复杂，比如对进口工业品加征关税一方面保护本国厂商免于竞争压力，但另一方面也会提高下游行业（包括服务业）使用进口投入的成本，降低其竞争力。类似地，还包括汇率的影响。人民币升值一方面提高了中国企业出口的价格条件，但另一方面也降低了加工贸易出口商进口中间品的成本。第二，传统的贸易统计方式可能过高地估计了部分国家之间的贸易不平衡。比如Johnson和Noguera（2012）就发现扣除贸易中的外国投入之后，中美之间的贸易顺差会减少40%。校准全球各国之间的增加值贸易在去全球化（de-globalization）和中美贸易冲突升级的时期显得尤为重要。第三，加工贸易本质上作为一种发达国家研发中心和发展中国家生产企业在同一个产品制造过程中的合作过程，加速了技术的转移。空间分布如何影响研发与生产之间的合作与互补关系值得进一步研究。

随着劳动力成本和土地成本的上升，劳动密集型的加工贸易逐渐失去吸引力。加工贸易型企业在生产率、盈利能力、工资水平等方面也落后于一般贸易企业和非贸易企业（Dai，Maitra and Yu，2016）。中国政府开始有意识地通过产业政策引导加工贸易向高技术、高附加值方向发展。在广东等地，在“腾笼换鸟”实现产业升级的思想

---

① 篇幅所限，入世前的数据我们采取隔年汇报的方式。全部年份的表格数据可以在mahong.weebly.com下载获得。

指导下，地方政府也不再青睐低附加值、低技术含量的加工贸易。另一方面，本土零部件供应商生产率和工艺水平不断提高（这其中相当一部分来自国外上游零附件生产商的产能转移或外包）。体现在数据上，从 2006 年开始加工贸易占比逐渐下降。① 到 2013 年，加工贸易占全部出口的 39%，全部进口的 25%。同时，中国出口的国内增加值也有所上升（Kee and Tang，2015）。

表 9.1 加工贸易与一般贸易总值(1988—2013 年)

年度	出口（十亿美元）			进口（十亿美元）			出口比例		进口比例	
	总值	一般贸易	加工贸易	总值	一般贸易	加工贸易	一般贸易	加工贸易	一般贸易	加工贸易
1988	47.5	32.6	14.1	55.3	35.2	14.8	0.69	0.30	0.64	0.27
1990	62.1	35.5	25.4	53.3	26.2	18.8	0.57	0.41	0.49	0.35
1992	84.9	43.7	39.6	80.6	33.6	31.5	0.51	0.47	0.42	0.39
1994	121.0	61.6	57.0	115.6	35.5	47.6	0.51	0.47	0.31	0.41
1996	151.0	62.8	84.3	138.8	39.4	62.3	0.42	0.56	0.28	0.45
1998	183.8	74.2	104.4	140.4	43.7	68.6	0.40	0.57	0.31	0.49
2000	249.2	105.2	137.6	225.0	100.0	92.6	0.42	0.55	0.44	0.41
2001	267.1	112.4	147.7	243.9	113.7	94.1	0.42	0.55	0.47	0.39
2002	325.6	136.2	180.0	295.2	129.0	122.3	0.42	0.55	0.44	0.41
2003	438.4	182.1	241.8	413.1	187.9	163.0	0.42	0.55	0.45	0.39
2004	593.7	243.7	328.3	560.9	247.7	221.8	0.41	0.55	0.44	0.40
2005	756.8	313.7	412.9	657.1	278.4	273.4	0.41	0.55	0.42	0.42
2006	969.0	416.2	510.4	791.5	333.1	321.5	0.43	0.53	0.42	0.41
2007	1 220.1	539.8	617.6	956.2	428.7	368.5	0.44	0.51	0.45	0.39
2008	1 430.7	662.9	675.1	1 132.6	572.1	378.4	0.46	0.47	0.51	0.33
2009	1 201.6	529.8	586.9	1 006.0	534.5	322.3	0.44	0.49	0.53	0.32
2010	1 577.8	720.6	740.3	1 396.3	769.3	417.5	0.46	0.47	0.55	0.30
2011	1 898.4	917.0	835.3	1 743.9	1 008.0	469.8	0.48	0.44	0.58	0.27
2012	2 048.7	987.9	862.7	1 818.0	1 022.0	481.3	0.48	0.42	0.56	0.26
2013	2 210.5	1 088.0	860.8	1 950.6	1 110.0	497.0	0.49	0.39	0.57	0.25

资料来源：根据中国海关数据测算。

9.3.3 贸易的所有制结构

由于贸易自营权的限制，改革开放的初期，国有企业在进出口贸易中处于垄断地

① 值得注意的是，一般贸易和加工贸易之和占全部出口的比例逐年下降，2013 年为 88%。这主要是因为近年来保税仓库进出境和保税区仓储转口贸易迅速增长。

位。为了扩大出口，增加外汇收入，政府给予外资企业进出口经营权。表9.2显示，1988年，外资企业贡献了中国当年总出口的5%和总进口的11%。之后其规模和占比不断扩大。到2000年，国有和外资企业在中国出口中各占一半，在进口中外资则更胜一筹，占52%。入世之后，外资企业的贡献继续增加，在2006年前后一度占到中国进出口总值的60%。其中，外商独资企业的比例也不断增加。客观上，外资企业在出口上的表现，得益于政策上的大量优惠，实质上享受了"超国民待遇"。特别是在税收上，内资企业所得税税率为33%，而外资企业在特区享有15%的税率，在沿海开放城市税率则为24%。从2008年开始，内外资企业税收并轨，均为25%。外资企业在进出口贸易中所占份额也有所下降，目前稳定在50%左右。

根据WTO规则，所有企业都应享有自营出口的权利，这给中国的民营企业带来了广阔的市场机会。从2000年起，民营企业在中国外贸中的占比从零起步，迅速增加。到2013年，民企贡献了中国出口总值的39%和进口总值的22%。

表9.2　贸易的所有制构成

年度	出口				进口			
	国有	外资	其中:独资	民营	国有	外资	其中:独资	民营
1988	0.94	0.05	0.01	0.00	0.88	0.11	0.01	0.00
1990	0.87	0.13	0.02	0.00	0.76	0.23	0.03	0.00
1992	0.79	0.20	0.05	0.00	0.65	0.33	0.07	0.00
1994	0.71	0.29	0.09	0.00	0.53	0.46	0.12	0.00
1996	0.59	0.41	0.16	0.00	0.44	0.54	0.18	0.00
1998	0.56	0.44	0.20	0.00	0.44	0.55	0.22	0.00
2000	0.51	0.48	0.24	0.01	0.47	0.52	0.24	0.01
2001	0.48	0.50	0.26	0.02	0.46	0.52	0.25	0.01
2002	0.44	0.52	0.30	0.04	0.42	0.54	0.31	0.03
2003	0.37	0.55	0.33	0.08	0.38	0.56	0.34	0.06
2004	0.31	0.57	0.36	0.12	0.35	0.58	0.36	0.07
2005	0.27	0.58	0.38	0.15	0.33	0.59	0.39	0.08
2006	0.24	0.58	0.39	0.18	0.31	0.60	0.41	0.09
2007	0.22	0.57	0.39	0.20	0.31	0.59	0.41	0.10
2008	0.22	0.55	0.38	0.23	0.34	0.55	0.38	0.11
2009	0.19	0.56	0.40	0.25	0.31	0.55	0.38	0.14
2010	0.18	0.55	0.39	0.27	0.30	0.53	0.37	0.15
2011	0.17	0.52	0.37	0.31	0.31	0.50	0.34	0.17
2012	0.15	0.50	0.35	0.35	0.29	0.48	0.32	0.19
2013	0.14	0.47	0.33	0.39	0.27	0.45	0.30	0.22

资料来源：根据中国海关数据测算。

9.3.4 行业结构

从出口商品的结构来看，中国出口在20世纪80年代实现了从以初级产品为主到以工业品为主的转变。由于其劳动密集、技术含量相对较低的特点，轻纺产品成为中国出口的主力，吸纳了大量劳动力就业。1993年，纺织衣物鞋帽产品占总出口的近40%。随后其比例逐渐降低，机电产品成为中国出口的主要成分。到2013年，纺织衣物鞋帽仅占中国出口总值的17%，而机械电子行业占到43%。

表9.3　中国出口的行业结构

年份	农业食品	矿物木材	化工塑料	纺织衣物鞋帽	金属制品	机械电子	交通运输	杂项
1993	0.12	0.10	0.07	0.39	0.05	0.15	0.02	0.10
1995	0.09	0.10	0.09	0.33	0.08	0.19	0.03	0.10
1997	0.08	0.09	0.08	0.33	0.07	0.21	0.03	0.10
1999	0.07	0.08	0.08	0.30	0.06	0.27	0.03	0.11
2001	0.06	0.08	0.08	0.26	0.06	0.32	0.04	0.10
2002	0.05	0.07	0.08	0.25	0.06	0.36	0.03	0.10
2003	0.05	0.07	0.07	0.23	0.06	0.39	0.04	0.09
2004	0.04	0.07	0.07	0.20	0.07	0.42	0.04	0.09
2005	0.03	0.07	0.07	0.19	0.08	0.42	0.04	0.10
2006	0.03	0.06	0.07	0.19	0.09	0.43	0.04	0.09
2007	0.03	0.06	0.07	0.17	0.09	0.43	0.05	0.09
2008	0.03	0.06	0.08	0.16	0.10	0.43	0.05	0.09
2009	0.03	0.06	0.07	0.18	0.06	0.45	0.05	0.10
2010	0.03	0.06	0.08	0.17	0.07	0.44	0.06	0.09
2011	0.03	0.07	0.09	0.17	0.08	0.42	0.06	0.09
2012	0.03	0.07	0.08	0.16	0.07	0.42	0.05	0.10
2013	0.03	0.08	0.08	0.17	0.07	0.43	0.05	0.10

资料来源：根据中国海关数据测算。

从纺织到机电，表9.3反映了中国出口的产业升级。图9.13展示了这个变化，可以清楚地看到，纺织业占比逐渐降低的同时，伴随着机电行业的兴起。Rodrik (2006)和Schott(2008)认为中国的出口复杂度超越了中国所在人均收入水平国家通常的出口能力，越来越接近发达国家水平。Rodrik(2006)认为这并不符合中国的比较优势，是政府的产业政策起到了重要作用。重要的是，Hausmann, Hwang和Rodrik(2007)进而提出：生产和出口什么类型的产品是一个“自我发现”的学习过程，能够产生可观的知识溢出效应，从而影响一国未来的经济增长。通过构造中国省级层面的出口复杂度指数，Jarreau 和 Poncet(2012)证实了这一想法。但是，值得注意的是，机电行业迅速发展的 1993—2007 年，正是产业内垂直分工，机电行业的加工装配转移至中国的阶段。一个简单的例子是在深圳设厂的台湾富士康公司为苹果公司代工生产的 iPad，尽管 iPad 本身体现了很高的技术水平，但这些更复杂、更先进的零附件(比如芯片)却是从美国、日本、韩国等进口的，并不能体现中国厂商自身的技术能力。图 9.13 同时展示了纺织和机电行业内部加工贸易的份额。很明显，绝大部分的机电产品出口是加工贸易项下进行的。

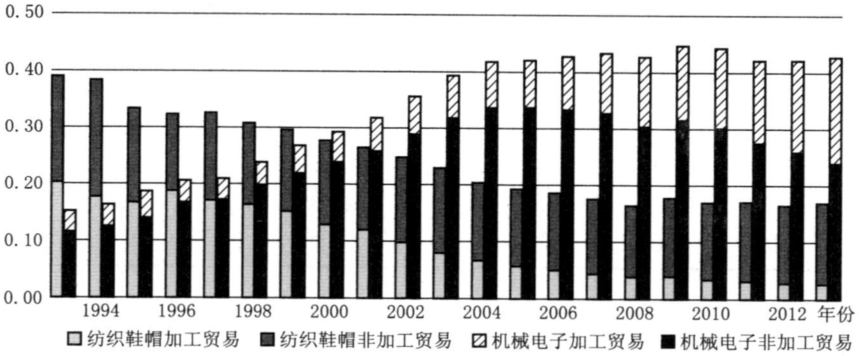

图 9.13　纺织和机电行业出口占比

资料来源：根据中国海关数据测算。

正是这个原因，我们也可以从表 9.4 的中国进口结构中看到，机电产品大致占全部进口的三分之一：这一比例在 2003 年一度增加到 43%，其后逐渐下降至 2013 年的 31%。相比之下，纺织业的进口份额则从 1993 年的 12%逐渐下滑到 2013 年的 3%。中国的矿物(包括石油)、木材等的进口规模迅速上升，到 2013 年已经占到全部进口额的 28%。中国对原材料和大宗商品的需求，不可避免地会对全球市场产生压力。除此之外，其他行业的进口份额基本保持稳定。

表 9.4　中国进口的行业结构

年份	农业食品	矿物木材	化工塑料	纺织衣物鞋帽	金属制品	机械电子	交通运输	杂项
1993	0.03	0.11	0.11	0.12	0.16	0.34	0.08	0.04
1995	0.07	0.10	0.15	0.14	0.09	0.36	0.04	0.04
1997	0.05	0.15	0.15	0.14	0.09	0.33	0.04	0.04
1999	0.04	0.14	0.16	0.10	0.09	0.38	0.04	0.04

续表

年份	农业食品	矿物木材	化工塑料	纺织衣物鞋帽	金属制品	机械电子	交通运输	杂项
2001	0.04	0.15	0.15	0.08	0.09	0.40	0.04	0.05
2002	0.03	0.13	0.15	0.07	0.09	0.43	0.04	0.05
2003	0.04	0.13	0.14	0.06	0.10	0.43	0.04	0.07
2004	0.04	0.16	0.13	0.05	0.09	0.42	0.03	0.08
2005	0.03	0.18	0.14	0.04	0.09	0.41	0.03	0.08
2006	0.03	0.19	0.13	0.04	0.08	0.41	0.04	0.08
2007	0.03	0.20	0.13	0.03	0.08	0.40	0.04	0.08
2008	0.04	0.26	0.12	0.03	0.07	0.36	0.04	0.07
2009	0.05	0.23	0.13	0.03	0.09	0.37	0.04	0.07
2010	0.04	0.25	0.12	0.03	0.07	0.35	0.05	0.07
2011	0.04	0.28	0.12	0.03	0.07	0.32	0.05	0.06
2012	0.05	0.28	0.11	0.03	0.06	0.31	0.05	0.06
2013	0.05	0.28	0.11	0.03	0.05	0.31	0.05	0.06

资料来源：根据中国海关数据测算。

分析进口商品结构的另一个角度是看其进口的用途。正如前文所述，改革开放伊始，我国缺乏进行大规模工业生产所必需的资金和技术设备，因此通过鼓励外资企业进口国外先进技术装备是一个可行的办法。在《90年代国家产业政策纲要》中就明确指出："国家鼓励进口新技术和相关的关键设备、关键零部件"。同时，为了节约外汇等原因，"国家不鼓励高档消费品的进口"。一方面，加工贸易进口的原材料和中间投入不计征关税和进口环节增值税，另一方面，对国家鼓励发展的国内投资项目和外商投资项目进口设备，免征关税和进口环节增值税。

表9.5按照进口产品的类别统计了进口占比和相应的加权关税水平。可以看到进口中间品和资本品始终在全部进口额中占据很高的比例（2016年这个比例是65%），再加上原材料。事实上中国进口中的消费品比例在近20年间仅占10%—12%。表9.5的后半部分列出了各种类别进口产品的加权平均关税。与进口占比格局一致的是，原材料、中间产品、资本品在2001年加入WTO之后都经历了关税的大幅减让，到2016年，这三者按照6位HS代码产品进口价值加权平均的关税分别仅为1.4、3.3和2.4。而反观消费品进口，尽管关税水平在入世后也有所下降，到2016年仍然维持在10.8的水平。表9.5的数据从另一个侧面也说明了尽管已经成为一个生

产大国，中国并没有成为相匹配的消费大国。对消费品进口过高的限制部分地造成同样商品的国内价格远高于其在欧美国家的价格（比如汽车），另一方面，也在一定程度上导致国际收支失衡，特别是近年来作为争议焦点的中美双边贸易顺差：出口导向的生产模式下，进口中间品和原材料越多，则出口越多，顺差相应扩大。随着中国经济的发展和收入的提高，中产阶层群体的壮大，消费品进口关税有望进一步下降①，消费品进口规模则将大大增加。

表9.5　分类别的产品进口和关税水平

年份	1996	2001	2007	2016
进口占比（%）				
原材料	10.4	13.2	20.5	18.7
中间产品	40.3	33.0	22.4	22.5
资本品	38.7	44.4	47.2	42.5
消费品	10.6	9.4	9.5	12.4
加权平均关税（%）				
原材料	26.4	27.1	2.2	1.4
中间产品	20.0	12.7	5.6	3.3
资本品	15.1	11.7	5.1	2.4
消费品	29.23	18.9	9.63	10.8

资料来源：WITS，经作者统计所得。

9.3.5　地理分布与政策区

中国出口导向的发展模式决定了沿海和内地经济在外贸发展上的差异。一打开国门，劳动密集型产业就开始向沿海城市集聚。主要有两个原因：一是政策，早期的经济特区和开放城市都设在沿海；二是地理，东南和东部沿海地区更靠近香港和台湾地区，出口的物理距离和信息成本都远低于内地。在这些因素作用下，越靠近沿海的地区，出口在地方经济中所占的比例越高，出口中劳动密集型产业的比例也越高。贸易成本的降低（比如运输费用降低）或者贸易自由化的政策（比如出口关税或配额减

① 事实上，自2017年12月起，国务院批准进一步降低了消费6品进口关税，涵盖食品、保健品、药品、日化用品、衣着鞋帽、家用设备、文化娱乐、日杂百货等各类消费品，共涉及187个8位税号，平均税率由17.3%降至7.7%。2018年7月起又进一步将汽车整车关税税率降为15%，零部件关税税率降至6%。

少)，对沿海和内陆的福利效应大不相同(Cosar and Fajgelbaum, 2016)，也加剧了沿海和内陆经济发展的不平等程度。沿海地区越来越专业化生产劳动密集型的出口产品(中国的比较优势)，人口向这些地方集聚。农民工通过向沿海城市的迁徙分享贸易开放的收益。而内陆因为那些流动性差的要素(比如土地、老人或是留守儿童)则福利受损。

表 9.6 汇报了中国进出口的区域地理分布。按照国务院发展研究中心的做法，我们将中国大陆地区划分为八大经济区域：(1)东北，包括辽宁、吉林、黑龙江；(2)北部沿海，包括北京、天津、河北、山东；(3)东部沿海，包括上海、江苏、浙江；(4)南部沿海，包括福建、广东、海南；(5)黄河中游，包括陕西、山西、河南、内蒙古；(6)长江中游，包括湖北、湖南、江西、安徽；(7)西南，包括云南、贵州、四川、重庆、广西；(8)西北，包括甘肃、青海、宁夏、西藏、新疆。如表 9.6 所示，与经济地理理论一致的是，沿海地区基本上贡献了中国出口和进口总值的 80%以上。特别是东部沿海(江浙沪)和南部沿海(广东、福建、海南)地区。在出口上，北部沿海地区(北京、天津、山东、河北)的地位不断下降；而在进口上，北部沿海地区的份额从 1988 年的不到 6%，强势增长到超过全部进口的 30%。另一个值得注意的是，传统重工业基地——东北地区——制造业出口的衰落趋势非常明显。贸易开放也造就了一批明星城市。2000 年，有 5 座城市的出口超过了 100 亿美元，到 2010 年，这个出口规模的城市增加到了 29 座，无一例外都在沿海。

表 9.7 进一步探讨特殊的政策区在中国出口中的作用。Wang 和 Wei(2008)认为政策区(而不是加工贸易)解释了中国出口复杂度的上升。我们重点关注了 4 类政策区：经济特区、高新技术区(包括经济技术开发区和高新技术产业开发区)、保税区(包括保税区、保税港区/综合保税区、保税物流园区)和出口加工区。第一，政策区对出口的作用不断上升，合计占全部出口额的比例从 1997 年的 20%一路上升到 2013 年的 33%。第二，加工贸易在经济特区的出口中的比重大幅下降，从 1997 年的 82%下降到 2013 年的 25%，反映了经济特区城市化后的禀赋变化导致其比较优势不再是劳动密集型的加工贸易。第三，高新技术区作为中央或地方政府设立的税收优惠"飞地"，占出口总额的比例先升后降，2013 年为 12%。保税区所占比例则先降后升，2013 年为 13%。第四，加工贸易并不主要集中在出口加工区内进行，这一点和其他加工贸易比较重要的国家(比如墨西哥)不同。事实上，根据 2013 年的统计，加工贸易占所有高新技术区出口的 52%，更是占到全部政策区外出口的三分之一。

表 9.6 中国贸易的区域分布

年份	出口								进口							
	长江中游	东北	东部沿海	黄河中游	北部沿海	西北	南部沿海	西南	长江中游	东北	东部沿海	黄河中游	北部沿海	西北	南部沿海	西南
1988	0.053	0.117	0.187	0.031	0.154	0.012	0.347	0.036	0.019	0.028	0.087	0.010	0.057	0.003	0.325	0.019
1990	0.046	0.115	0.171	0.028	0.132	0.010	0.406	0.039	0.017	0.037	0.099	0.013	0.056	0.004	0.413	0.020
1992	0.043	0.104	0.166	0.028	0.110	0.011	0.456	0.034	0.021	0.053	0.119	0.015	0.064	0.006	0.456	0.020
1994	0.042	0.072	0.181	0.026	0.159	0.009	0.476	0.036	0.023	0.059	0.146	0.015	0.246	0.011	0.467	0.033
1996	0.033	0.071	0.216	0.025	0.166	0.007	0.453	0.029	0.022	0.057	0.200	0.015	0.246	0.006	0.427	0.026
1998	0.030	0.053	0.231	0.021	0.161	0.008	0.470	0.027	0.019	0.048	0.215	0.015	0.231	0.007	0.446	0.020
2000	0.028	0.054	0.283	0.020	0.160	0.009	0.424	0.022	0.017	0.049	0.256	0.017	0.254	0.006	0.386	0.015
2001	0.026	0.053	0.298	0.018	0.164	0.006	0.413	0.021	0.019	0.051	0.269	0.016	0.251	0.007	0.372	0.016
2002	0.023	0.050	0.307	0.018	0.153	0.007	0.420	0.022	0.018	0.046	0.288	0.014	0.224	0.007	0.389	0.015
2003	0.021	0.045	0.340	0.019	0.145	0.010	0.399	0.021	0.019	0.045	0.335	0.013	0.213	0.007	0.354	0.015
2004	0.021	0.041	0.369	0.020	0.146	0.009	0.374	0.019	0.019	0.042	0.351	0.013	0.221	0.007	0.331	0.016
2005	0.021	0.042	0.381	0.018	0.151	0.010	0.360	0.018	0.019	0.038	0.350	0.014	0.237	0.007	0.320	0.015
2006	0.023	0.041	0.387	0.017	0.147	0.011	0.356	0.019	0.020	0.037	0.348	0.014	0.244	0.006	0.313	0.016
2007	0.024	0.042	0.391	0.019	0.147	0.012	0.345	0.020	0.022	0.037	0.349	0.017	0.244	0.007	0.305	0.019
2008	0.027	0.044	0.393	0.020	0.152	0.016	0.324	0.023	0.025	0.040	0.321	0.018	0.293	0.007	0.274	0.022
2009	0.026	0.038	0.395	0.014	0.144	0.011	0.344	0.027	0.024	0.044	0.335	0.021	0.274	0.007	0.284	0.010
2010	0.031	0.040	0.400	0.016	0.139	0.011	0.334	0.029	0.027	0.042	0.327	0.019	0.283	0.008	0.269	0.024
2011	0.036	0.039	0.389	0.019	0.136	0.012	0.330	0.039	0.027	0.048	0.314	0.022	0.301	0.008	0.254	0.027
2012	0.041	0.038	0.371	0.024	0.130	0.014	0.329	0.052	0.024	0.048	0.295	0.024	0.304	0.007	0.264	0.034
2013	0.043	0.040	0.354	0.026	0.126	0.015	0.338	0.059	0.026	0.047	0.280	0.025	0.309	0.006	0.271	0.036

表 9.7 政策区在中国出口中的作用

年份	经济特区	其中:加工贸易比例	高新技术区	其中:加工贸易比例	保税区	出口加工区	政策区外	其中:加工贸易比例
1997	0.01	0.82	0.08	0.53	0.11	0.00	0.80	0.54
1998	0.01	0.82	0.09	0.59	0.10	0.00	0.80	0.55
1999	0.02	0.86	0.10	0.61	0.10	0.00	0.79	0.55
2000	0.09	0.55	0.11	0.71	0.02	0.00	0.78	0.53
2001	0.09	0.55	0.12	0.71	0.03	0.00	0.77	0.52
2002	0.08	0.53	0.13	0.71	0.03	0.01	0.75	0.52
2003	0.07	0.51	0.15	0.70	0.04	0.02	0.72	0.50
2004	0.06	0.49	0.16	0.71	0.04	0.04	0.70	0.50
2005	0.06	0.47	0.16	0.71	0.04	0.05	0.69	0.48
2006	0.06	0.44	0.16	0.70	0.04	0.06	0.69	0.45
2007	0.06	0.40	0.15	0.67	0.04	0.06	0.69	0.44
2008	0.06	0.34	0.13	0.62	0.04	0.07	0.71	0.41
2009	0.06	0.30	0.13	0.62	0.04	0.08	0.69	0.43
2010	0.06	0.30	0.12	0.60	0.04	0.08	0.70	0.41
2011	0.05	0.30	0.12	0.57	0.06	0.05	0.71	0.38
2012	0.05	0.30	0.12	0.53	0.10	0.04	0.68	0.36
2013	0.05	0.25	0.12	0.52	0.13	0.03	0.67	0.34

9.3.6 服务贸易的发展

传统国际贸易学研究中，往往忽视服务贸易①，这主要是因为服务通常被认为是不可贸易的。然而在现代经济中，随着信息技术的进步，服务变得越来越可贸易化，跨境服务贸易的规模也越来越大。美国是世界上最大的服务市场，同时也是全球最大的跨境服务出口商和进口商。如图 9.14 所示，从规模上看，中国跨境商业服务贸易出口规模目前仍落后于美国、英国、法国、德国。

图 9.15 展示了中国服务贸易年度进出口数据。从 2009 年起，中国服务贸易的进口开始持续超过出口，近年来服务贸易逆差规模加速扩大。2016 年中国服务贸易进口是出口值的 2 倍多，逆差高达 2 426 亿美元，作为比较，当年中国的货物贸易顺差总值近 5 100 亿美元，因此服务贸易逆差的规模已经接近货物贸易顺差的 50%。

---

① 比如人们在讨论中美贸易巨额顺差的时候，指的实际上是中美之间在货物贸易上存在巨额顺差。在服务贸易上，中美之间存在着近 400 亿美元的逆差(2017 年数据)。

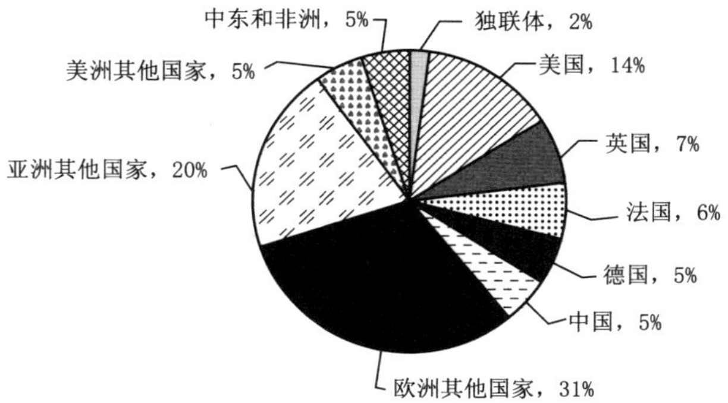

图 9.14　2014 年全球服务贸易出口总计 4.9 万亿美元

资料来源：WTO，International Trade Statistics 2015(表 A8)。

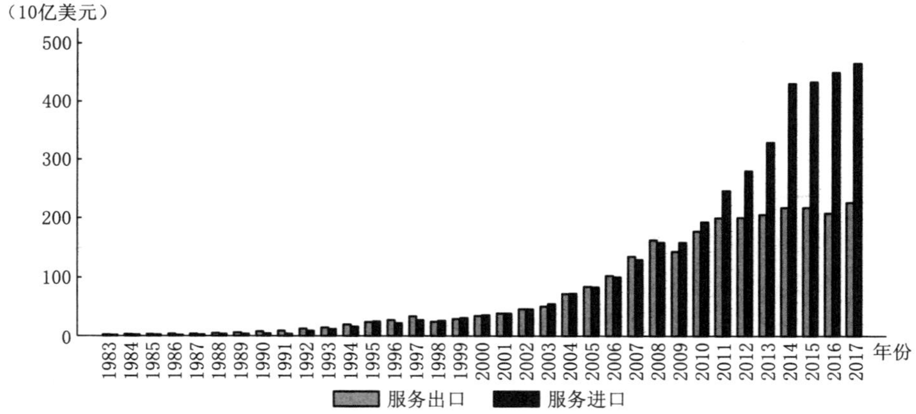

图 9.15　中国服务贸易年度进出口

资料来源：中国商务部。

从服务贸易的行业分布来看，中国服贸出口按照规模排序主要集中在旅游、运输、通信和信息服务，以及其他服务上(图 9.16)，这几项在 2015 年出口均超过 200 亿规模。从服务进口(图 9.17)看，主要是旅游、运输两大类服务。特别是出境旅游一项就占全部服务贸易进口的 57%。咨询、专利使用和特许费的服务进口也较多。事实上，2017 年中国为进口专利授权支付了近 300 亿美元，在 10 年里增长了近 4 倍，这也证明了中国在知识产权保护上的力度在不断增强。

除了直接的跨境商业服务外，服务贸易还包括境外消费、商业存在和生产者自然人流动。其中，以商业存在为提供方式的服务贸易(即服务业 FDI)是服务贸易的主要

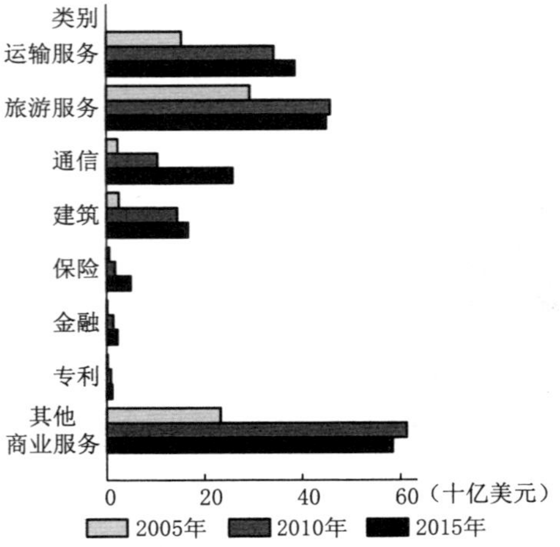

图 9.16　中国服务贸易年度出口

资料来源：中国商务部。

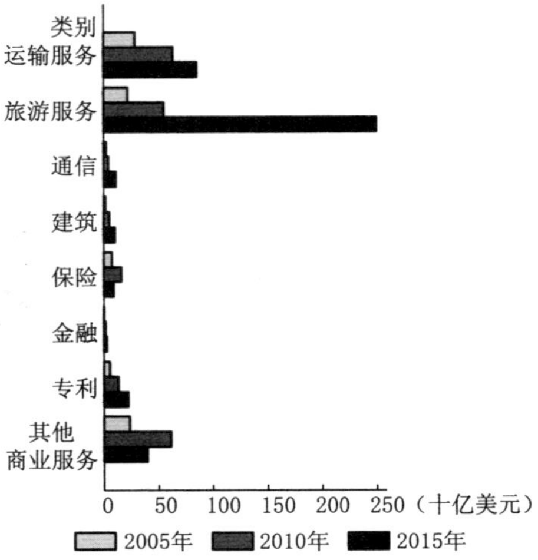

图 9.17　中国服务贸易年度进口

资料来源：中国商务部。

方式，占全部服务贸易总值的60%左右。这一方面是因为直接的跨境服务贸易的成本远高于货物贸易成本，另一方面，诸多服务需要提供方和购买方在地域上靠近。因此，服务业开放最重要的内容是对外资商业存在开放。2015年，我国实际利用外商直接投资中服务业占比已经达到67%。总体来说，中国对于服务开放做出的承诺远高于其他发展中国家(盛斌，2002)。然而，近10年来，中国服务贸易开放的步伐较慢。特别是在对外资服务企业的直接投资上，仍然存在较大的限制，尤其是在股权限制与合资要求方面。图9.18根据OECD数据库总结了各国在服务贸易限制和商业存在(FDI)限制的程度。中国(CHN)在这两个维度上都处于限制过高的水平。与发达国家相比，中国的服务业相对发展水平低，垄断程度高，缺乏高质量的服务供给。中共十九大报告提出要放宽服务业准入限制，扩大服务业对外开放。大力发展服务业，提高服务业在国民经济中的占比，将会是目前经济发展的一个重要方向。在过去40年的改革开放进程中，制造业对外开放对提高生产效率，创造就业、发展经济起到了巨大的促进作用，要打破服务业的相对垄断，也需要进一步地对外开放，降低服务贸易壁垒，鼓励外资进入生产性服务领域。服务业的进一步开放将有助于破除垄断、鼓励竞争，从而提高服务效率和质量。同时，对使用生产性服务要素的制造业企业而言，上游服务业的开放可以提高下游制造业的生产效率(马弘、李小帆，2018)。

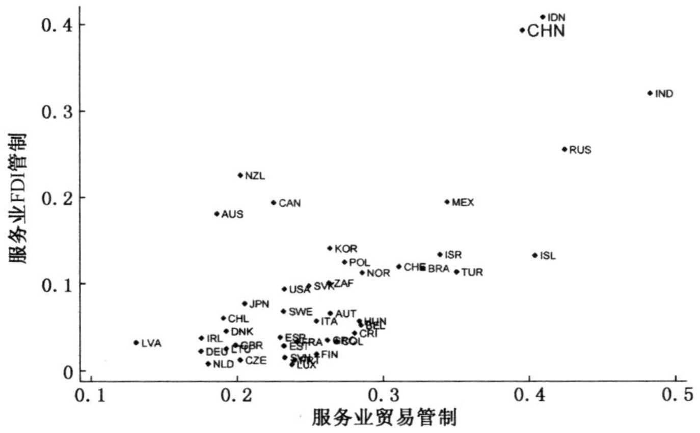

图 9.18　服务贸易和 FDI 限制指数的跨国比较

9.4　中国贸易增长的分解

本节对中国贸易增长进行简单的分解。为了简化，我们将数据样本期间(1988—2013 年)分为 5 个五年区间。表 9.8 的第二行列出了这 5 个区间分别的年均出口增长率。可以看到，在改革开放的大部分时间段里，中国出口维持了 20%以上的年均名义增长率，在入世后到全球金融危机的这一区间(2003—2008 年)，出口增长更是达到了年均 45%的速度。而在 2008 年之后，出口增长开始减速，甚至在若干年份出现负增长的情况。

我们将出口增长按照下面的公式进行分解：

$$g_t = \frac{X_t - X_t - 1}{X_{t-1}} = \sum_j s_{jt-1} \times g_{jt} \tag{9.1}$$

在式(9.1)中，g_t 表示出口在 t 和 $t-1$ 期的增长率(X_t 即 t 期的出口值)，g_{jt} 则代表类别 j 的出口增长率，s_{jt-1} 表示 j 类别在基期($t-1$ 期)的出口份额。通过这个公式，我们就可以计算出每一种类别出口增长对中国出口总增长的贡献率。

在表 9.8 中，我们分别按照贸易模式、企业所有制、出口目的地和产品生产地区对每个五年区间的中国出口增长进行了分解。首先，从贸易模式上看，加工贸易在改革开放的早期对出口的增长贡献率达到 2/3，但其重要性逐渐下降，到 2003—2008 年，其增长贡献率约为 44%。到 2008—2013 年，更大幅下降到 24%左右。一方面，一般贸易对增长的贡献增大，另一方面，其他形式的出口(特别是保税区转口贸易)发挥了更大的作用。

第二，从企业所有制形式来看，1988—1993年间，国有企业和外资企业（包括港澳台）分别贡献了一半的出口增长，1992年邓小平南方谈话后，外资企业所占比例进一步扩大。民营企业则等到入世前后部分取得自营出口权后，在境外市场的激励下迅速成长。在2003—2008年间，民营企业贡献了全部出口增长的30%。特别是2008年全球金融危机之后，在外部需求萎缩的情况下中国出口在2009年出现大幅下跌，其后的恢复反弹主要来自民营企业的贡献。从表9.8可以看出，2008—2013年间，民营企业贡献了2/3的出口增长，外企贡献了1/3，国有企业出现了负增长。

表9.8　出口增长分解

期间 年均增长率	1988—1993年 18.6%	1993—1998年 20.1%	1998—2003年 27.7%	2003—2008年 45.3%	2008—2013年 10.9%
贸易模式					
一般贸易	24.0%	33.6%	42.4%	48.5%	54.5%
加工贸易	68.2%	65.3%	54.0%	43.7%	23.8%
其他	7.8%	1.0%	3.6%	7.9%	21.7%
企业所有制					
国有	48.2%	39.0%	24.0%	15.0%	−1.7%
外资	51.5%	60.6%	62.5%	55.5%	32.6%
民营	0.3%	0.3%	13.5%	29.3%	69.6%
出口目的地					
美国	30.7%	22.8%	21.4%	16.1%	14.9%
欧盟12国	15.8%	16.6%	16.2%	18.0%	4.5%
中国港澳台地区	12.0%	21.0%	16.9%	13.4%	26.9%
日韩	24.1%	18.9%	17.1%	11.1%	6.6%
东盟	5.4%	6.2%	7.8%	8.4%	16.7%
其他	12.1%	14.5%	20.5%	32.8%	30.8%
产品生产地区					
长江中游	2.6%	1.9%	1.5%	3.0%	7.0%
东北	5.3%	1.8%	3.9%	4.4%	3.1%
东部沿海	14.1%	29.3%	41.9%	41.6%	28.2%
黄河中游	1.9%	1.5%	1.7%	2.1%	3.8%
北部沿海	15.6%	16.2%	13.4%	15.4%	7.8%
西北	0.6%	0.7%	1.1%	1.9%	1.3%
南部沿海	57.1%	46.6%	34.8%	29.1%	36.3%
西南	2.8%	2.1%	1.6%	2.4%	12.4%

资料来源：根据中国海关数据测算。企业所有制分解中1988—1993年区间未考虑国营贸易公司的贡献。

第三，从出口目的地来看，1988—1993 年间，中国出口增长主要来自对美国、日本、欧盟的出口，美国一国就贡献了出口增长的 30%。到 2008—2013 年间，对美国出口增长的贡献降到 15%，欧盟 12 国的贡献缩减到 10 年前的 1/3，对日韩出口增长贡献缩减近 3/4。另一方面，中国对东盟国家出口增长迅速。

第四，从产品生产地区看，出口增长主要来自沿海地区。由于改革开放初期经济特区和沿海开放城市多设立于南部沿海，1988—1998 年的 10 年间南部沿海对出口增长的贡献达 50%左右。其后东部沿海地区（包括江浙沪地区）的贡献迅速增加，到 2003—2008 年间已经贡献了出口增速的 41.6%。北部沿海地区的贡献则稳定在 15%左右。在所有年份区间，广东省是毫无疑问的增长冠军。而在 2008—2013 年，西南省份出口大幅增长，主要来自重庆和四川两地，北部沿海和东部沿海地区出口增长的贡献率则大幅降低。

无论从哪个维度观察中国出口的增长，都可以很明显地看到 2008 年前后，中国出口的动能结构发生了巨大的变化。这一变化既有外部冲击的因素，特别是 2008—2009 年的全球金融危机；也有内部政策的作用，包括 2008 年的新劳动法等；还有部分中部省份出口导向政策的效应（比如河南、重庆、四川）。这些变化是否存在深远的影响，以及其具体的影响机制，还有待更为细致的分析。

更进一步，我们从出口企业层面出发，对 2000—2013 年出口的年度增长进行分解，表 9.9 总结了分解结果。首先，从出口企业数目看，入世之后，民营企业获得自营贸易权，出口企业的数目迅速增加，从 2000 年到 2007 年，参与出口的企业年均增长 11%。2008 年之后企业数目增速放缓。

表 9.9　企业层面出口增长分解

指标	企业数目		新企业比例		出口值		增长	出口值增长分解		
单位	数目（家）	增长（%）	数目（%）	出口额（%）	总额（十亿美元）	企业均值（百万美元）	（%）	持续企业（%）	新企业（%）	退出企业（%）
2000	62 771	—	—	—	249	4.0	—	—	—	—
2001	68 487	9.1	23.6	5.6	267	3.9	6.9	52.5	83.9	−36.4
2002	78 612	14.8	27	5.9	326	4.1	19.8	77	32.9	−9.9
2003	95 688	21.7	28.4	6.6	439	4.6	29.5	79.2	25.5	−4.7
2004	120 590	26	31.2	6.6	594	4.9	30.1	79.4	25.4	−4.8
2005	144 030	19.4	27.8	5.4	757	5.3	24.2	81.6	25.3	−6.9
2006	171 310	18.9	27.1	6.3	969	5.7	24.6	78.7	28.8	−7.6

续表

指标 单位	企业数目		新企业比例		出口值		增长 (%)	出口值增长分解		
	数目 (家)	增长 (%)	数目 (%)	出口额 (%)	总额 (十亿美元)	企业均值 (百万美元)		持续企业 (%)	新企业 (%)	退出企业 (%)
2007	193 567	13	23.8	4.6	1 220	6.3	22.9	87.3	22.6	−9.8
2008	206 529	6.7	19.5	4.4	1 431	6.9	15.9	84.1	29.9	−13.9
2009	216 230	4.7	19.6	5.0	1 202	5.6	−17.4	108.4	−26.3	17.9
2010	234 386	8.4	20.2	4.4	1 578	6.7	27.1	89.3	18.6	−8
2011	254 654	8.6	19.1	7.1	1 898	7.5	18.4	68.7	41.8	−10.5

资料来源：根据海关企业数据整理计算。

其次，新企业的数目占全部企业数目的20%左右，在入世初期新企业比例达到近30%。新企业相对规模更小，占总出口额的5%—6%。从企业平均出口值看，企业出口规模在不断变大。

最后，我们将出口总值的年增长率分解，除少数年份外，新进入的出口企业贡献了出口增长的23%—42%，而主要的增长贡献依然来自在位企业(incumbent firms)。这主要是因为新进入的出口企业通常规模较小。

9.5 小结

在本章中，我们回顾了中国贸易在改革开放40年间的发展历程、结构和趋势。在这40年中，中国从一个基本封闭的农业经济体发展成为世界最大的货物贸易出口国和第二大进口国，产品基本上覆盖了所有的制造业门类。可以说，中国贸易增长的奇迹，是外部环境和内部因素共同作用的结果。从外部环境上讲，冷战后全球政治形势和缓，美国等西方国家相继与中国建交，开展经济贸易往来。运输成本大幅降低和信息技术的进步促进了产业链分割外包的生产方式，为中国参与全球化和产业内垂直分工准备好了技术条件。从内部因素上看，自1978年以来中国循序渐进地采取了一系列市场化的改革措施，通过各种政策激励执行出口导向的发展战略。在市场配置资源的前提下，发达国家的逐利资本和技术与中国近乎“无限供给”的廉价劳动力资源一拍即合。

在改革开放的初期，市场化改革为开放提供了条件，通过提供“特惠”式的政策资源一方面引进外资解决资金和技术的瓶颈，另一方面扩大出口解决内需不足和劳动力就业。这些特惠政策包括政策区（特区和开发区）、加工贸易免税、对外资企业的税收优惠、外商投资行业指导目录、出口补贴，等等。开放又反过来促进了改革，一方面，市场化的力量不断壮大，拥抱全球化产生了巨大的“红利”；另一方面，进一步扩大开放又要求中国变革体制，从政策型开放转向制度上的开放，从“特惠”转向“普惠”。中国在2001年加入世界贸易组织，承诺的逐步建成公平竞争的市场化经济，为外国投资者和本国民营企业家创造了确定可预期的市场环境，极大地促进了经济增长。中国的对外开放承诺，既包括作为生产者参与国际市场竞争的开放，也包括作为消费者对外国厂商开放市场。应该承认，两种开放的发展程度并不均衡，出口部门的开放水平远高于国内市场的开放水平。这不仅给全球经贸体系的运行带来了一定的压力，也造成中国内部经济结构的失衡。2012年以来，中国出口面临增长乏力的困难，2015—2016年连续出现了出口的负增长，近年来又叠加主要国家间贸易摩擦加剧的风险，习近平在十九大报告上提出构建“全面开放新格局”，这要求中国进一步开放市场，消除垄断，不仅要对外开放，也要对内开放，通过开放促进改革，改善贸易结构和平衡，谋求经济发展再上新台阶。

参考文献

马弘、李小帆：《服务贸易开放与出口附加值》，《国际经济研究》2018年第2期。

盛斌：《中国加入WTO服务贸易自由化的评估与分析》，《世界经济》2002年第8期。

翟凡、李善同：《中国的关税现状：水平、结构与关税减免》，《管理世界》1996年第5期。

Autor, David H., David Dorn, and Gordon H. Hanson, 2013, “The China Syndrome: Local Labor Market Effects of Import Competition in the United States”, *American Economic Review*, 103(6):2121—68.

Bai, Xue, Kala Krishna, and Hong Ma, 2017, “How Do You Export Matters: Choice of Export Modes and the Evolution of Productivity”, *Journal of International Economics*, vol. 104(1): 122—137.

Brandt, Loren, Johannes Van Biesebroeck, Luhang Wang, and Yifan Zhang, 2017, “WTO Accession and Performance of Chinese Manufacturing Firms”, *American Economic Review*, 107(9): 2784—820.

Branstetter, L., and N. R. Lardy, 2008, “China's Embrace of Globalization”, Cambridge University Press.

Branstetter, L., and R.C.Feenstra, 2002, “Trade and Foreign Direct Investment in China: A Political Approach”, *Journal of International Economics*: 335—358.

Chan, Kam Wing, J. Vernon Henderson, and Kai Yuen Tsui, 2008, “Spatial Dimensions of Chinese Economic Development”, in *China's Great Economic Transformation*, edited by Loren Brandt and Thomas G. Rawski, 776—828, Cambridge: Cambridge University Press.

Cosar, Kerem, and Pablo Fajgelbaum, 2016, "Internal Geography, International Trade, and Regional Specialization", *American Economic Journal: Microeconomics*, 8(1):24—56.

Costa, Francisco, Jason Garred, and Joao Paulo Pessoa, 2016, "Winners and Losers from a Commodities-for-Manufactures Trade Boom", *Journal of International Economics*, 102:50—69.

Dai, Mi, Madhura Maitra, and Miaojie Yu, 2016, "Unexceptional Exporter Performance in China? The Role of Processing Trade", *Journal of Development Economics*, 121:177—189

Fan, Haichao, Yao Amber Li, and Stephen R. Yeaple, 2015, "Trade Liberalization, Quality, and Export Prices", *Review of Economics and Statistics*, 97(5):1033—51.

Fan, Haichao, Yao Amber Li, and Stephen R. Yeaple, 2018, "On the Relationship between Quality and Productivity: Evidence from China's Accession to the WTO", *Journal of International Economics*.

Feenstra, Robert C., 1998, "Integration of Trade and Disintegration of Production in the Global Economy", *Journal of Economic Perspectives*, Fall: 1—50.

Feenstra, Robert C., and Chang Hong, 2008, "China's Exports and Employment", in *China's Growing Role in World Trade*, edited by Robert Feenstra and Shang-Jin Wei, The University of Chicago Press.

Feenstra, Robert C., and Gordon H. Hanson, 2005, "Ownership and Control in Outsourcing to China: Estimating the Property-Rights Theory of the Firm", *The Quarterly Journal of Economics*, 120(2): 729—761.

Feenstra, Robert C., Hong Ma, and Yuan Xu, 2017, "US Export and Employment", NBER Working Paper 24056.

Feenstra, Robert C., Wen Hai, Wing T. Woo, and Shunli Yao, 1999, "Discrepancies in International Data: An Application to China-Hong Kong Entrepot Trade", *American Economic Review*, May: 338—343.

Feng, Ling, Zhiyuan Li, and Deborah L. Swenson, 2017, "Trade Policy Uncertainty and Exports: Evidence from China's WTO Accession", *Journal of International Economics*, 106:20—36

Handley, Kyle, and Nuno Limao, 2017, "Policy Uncertainty, Trade, and Welfare: Theory and Evidence for China and the United States", *American Economic Review*, 107(9):2731—2783.

Hanson, Gordon, 2012, "The Rise of Middle Kingdoms: Emerging Economies in Global Trade." *Journal of Economic Perspectives*, 26(2):41—64.

Hausmann, Ricardo, Jason Hwang, and Dani Rodrik, 2007, "What You Export Matters", *Journal of Economic Growth*, 12(1):1—25.

Jarreau, Joachim, and Sandra Poncet, 2012, "Export Sophistication and Economic Growth: Evidence from China", *Journal of Development Economics*, 97:281—292.

Johnson, Robert, and G. Noguera, 2012, "Accounting for Intermediates: Production Sharing and Trade in Value Added", *Journal of International Economics*, 86(2):224—236.

Kee, Hiau Looi, and Heiwai Tang, 2015, "Domestic Value Added in Exports: Theory and Firm Evidence from China", *American Economic Review*, 106(6):1402—1436.

Khandelwal, Amit, Peter Schott, and Shang-Jin Wei, 2013, "Trade Liberalization and Embedded Institutional Reform: Evidence from Chinese Exporters", *American Economic Review*, 103(6): 2169—2195.

Koopman, Robert, Zhi Wang, and Shang-jin Wei, 2012, "Estimating Domestic Content in Exports When Processing Trade is Pervasive", *Journal of Development Economics*, 99:178—189.

Lardy, N., 1992, *Foreign Trade and Economic Reform in China, 1978—1990*, Cambridge: University Press, Cambridge.

Li, Hongbin, Hong Ma, and Yuan Xu, 2015, "How do Exchange Rate Movements Affect Chinese Exports: A Firm-Level Investigation", *Journal of International Economics*, Vol. 97(1): 148—161.

Lu, Dan, 2010, "Exceptional Exporter Performance? Evidence from Chinese Manufacturing Firms", Chicago University, Mimeo.

Lu, Yi, and Linhui Yu, 2015, "Trade Liberalization and Markup Dispersion: Evidence from China's WTO Accession", *American Economic Journal: Applied Economics*, 7(4):221—53.

Ma, Hong, Zhi Wang, and Kunfu Zhu, 2015, "Domestic Value-Added in China's Exports and Its Distribution by Firm Ownership", *Journal of Comparative Economics*, 43:3—18.

Manova, Kalina, and Zhihong Yu, 2016, "How Firms Exports: Processing VS. Ordinary Trade with Financial Frictions", *Journal of International Economics*, 100:120—137.

Melitz, Marc J., 2003, "The Impact of Trade on Intra-Industry Reallocations and Aggregate Industry Productivity", *Econometrica*, 71(6):1695—1725.

Park, Albert, Dean Yang, Xinzheng Shi, and Yuan Jiang, 2010, "Exporting and Firm Performance: Chinese Exporters and the Asian Financial Crisis", *Review of Economics and Statistics*, Vol.92(4).

Pierce, Justin R. and Peter K. Schott, 2016, "The Surprisingly Swift Decline of US Manufacturing Employment", *American Economic Review*, 106(7):1632—1662.

Rodrik, D., 2006, "What's So Special About China's Exports?", *China & World Economy*, 14: 1—19.

Schott, Peter, 2008, "The Relative Sophistication of Chinese Exports", *Economic Policy*, 23(53):5—49.

Utar, Hale, and Luis Torres Ruiz, 2013, "International Competition and Industrial Evolution: Evidence from the Impact of Chinese Competition on Mexican Maquiladoras", *Journal of Development Economics*, 105:267—287.

Wang, Jin, 2013, "The Economic Impact of Special Economic Zones: Evidence from Chinese Municipalities", *Journal of Development Economics*, 101:133—147.

Wang, Zhi, and Shang-Jin Wei, 2008, "What Accounts for the Rising Sophistication of China's Exports?", in *China's Growing Role in World Trade*, edited by Robert Feenstra and Shang-Jin Wei, The University of Chicago Press.

Wang, Zhi, Shang-Jin Wei, Xinding Yu, and Kunfu Zhu, 2017, "Re-examining the Impact of the China Trade Shock on Local US Labor Markets: A Supply Chain Perspective", Columbia University, working paper.

Yu, Miaojie, 2015, "Processing Trade, Tariff Reductions, and Firm Productivity: Evidence from Chinese Firms", *Economic Journal*, 125:943—988.

第10章

改革开放40年：从利用外资到资本"走出去"*

罗长远 | 复旦大学世界经济研究所

在改革开放40年的历史进程中，对外资的积极利用在中国经济发展中扮演了重要角色。在改革开放初期，资金和技术缺口都很大，外资引入对于缓解这两方面的缺口都十分宝贵；在经济快速发展时期，外资是助推器和催化剂；在经济转型的当下，外资仍然是经济稳定和健康发展极为重要的因素。

在保持受青睐的投资目的地的同时，中国正逐渐成为全球最重要的资本来源地之一。在并不长的时间里，中国对外投资的规模快速跃居至世界前列，投资的目的地也正趋于多元化，投资的行业构成也保持弹性并处在动态调整的过程中。在"一带一路"倡议付诸实施的背景下，中国对外投资有望找到新的增长点，也有望在中国和伙伴国之间找到利益的对接点，以达到双赢的局面。

2008年席卷全球的金融危机已过去近十年，不少国家都陷入经济低迷的困境。与其他国家相比，中国当下的经济增长率依然处于世界前列，但与20世纪90年代相比却逊色了不少。作为一个处在中等收入水平的国家，在克服各种结构性难题的同时保持经济持续快速增长是必要且有可能的。在这一大背景下，如何保持资本"引进来"与"走出去"的平衡是非常重要的，这也是过去几年在继续鼓励对外投资的同时，又重新强调招商引资重要性的原因所在。

* 该研究得到国家"万人计划"（青年拔尖人才）、国家自然科学基金面上项目（71873037）、教育部人文社会科学重点研究基地重大项目（13JJD790004、16JJD790010）、复旦大学理论经济学I类高峰计划项目的资助，吴思怡、左旭、王超参与了资料搜集、文献梳理和初稿的写作，一并表示感谢。

在改革开放 40 周年的背景下，这一章将聚焦这些问题，探索从利用外资到资本“走出去”的轨迹，并思考一个中等收入国家如何在引进外资与对外投资之间保持平衡。这一章余下的内容包括：在第一节，我们将梳理中国外资利用的典型事实；在第二、第三节，我们将分析外资进入的决定因素和效应；在第四节，我们将跟踪从吸引外资到鼓励资本“走出去”的政策转变；在第五至第七节，我们将考察资本“走出去”的现状、动因和效应；在最后一节，我们将结合全球金融危机以来的外资政策调整诠释中国在“引进来”与“走出去”之间保持平衡的尝试。

10.1　外资利用的典型事实

10.1.1　外资的总量及其变化

根据国际货币基金组织的数据，中国的外资利用存量在近年来总体上呈现出逐年增长的态势。2005—2016 年，中国外资存量如表 10.1 所示。

表 10.1　2005—2016 年中国的外资存量(单位：亿美元)

年份	2005	2006	2007	2008	2009	2010
外资总量	8 159.71	10 506.22	12 284.63	14 632.40	19 463.85	24 308.27
年份	2011	2012	2013	2014	2015	2016
外资总量	30 460.84	33 467.43	39 901.13	48 355.52	44 829.98	46 660.27

资料来源：IMF，International Financial Statistics Yearbook 2017。

其更为直观的变化趋势如图 10.1 所示：

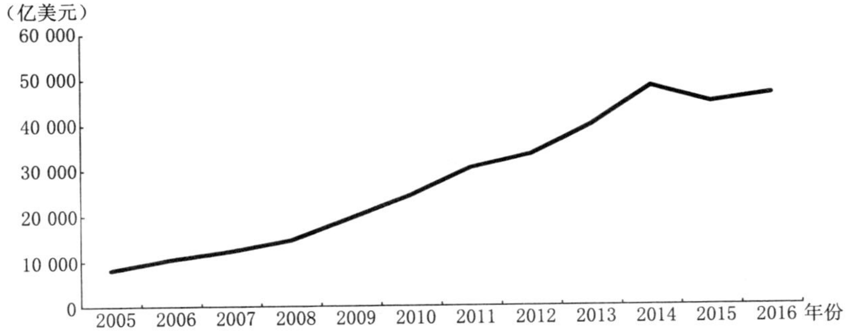

图 10.1　中国的外资存量

资料来源：IMF，International Financial Statistics Yearbook 2017。

由表 10.1 和图 10.1 可以直观地看出，中国外资存量在 2014 年之前增长迅速，并在 2014 年达到峰值。在中国外资高速增长的背后，既有外国资本对中国经济发展前景的乐观展望，也有中国加入 WTO 带来的利好。2015 年中国外资总量有所回落，但 2016 年又出现回升。

10.1.2 FDI 的总量、比例及其变化

根据国际货币基金组织的分类，外资利用通常可以分为以下三种类型，即外商直接投资(FDI)、证券投资(FPI)和其他投资。FDI 是指投资人在其所在国之外的国家经营企业而拥有持续利益的投资，且对所经营的企业拥有控制权。外国证券投资指投资人投资于中长期外国债券或外国企业股票的投资，与外国直接投资不同之处在于其对所投资企业没有控制权。外国直接投资是外资利用中历史最为悠久，涉及范围最为广泛，经济影响最为深刻的一类外资利用类型。外国证券投资的历史相对较短，投资范围相对较小，但随着金融自由化与经济全球化，正在发挥出日益重要的作用。2005—2016 年，中国的 FDI 存量一直稳步增长，如表 10.2 所示。

表 10.2 2005—2016 年中国的 FDI 存量(单位：亿美元)

年份	2005	2006	2007	2008	2009	2010
FDI	4 715.49	6 143.83	7 036.67	9 155.24	13 147.71	15 696.04
年份	2011	2012	2013	2014	2015	2016
FDI	19 069.08	20 680.00	23 312.38	25 991.02	26 963.44	28 659.41

资料来源：IMF，International Financial Statistics Yearbook 2017。

更直观的增长趋势如图 10.2 所示：

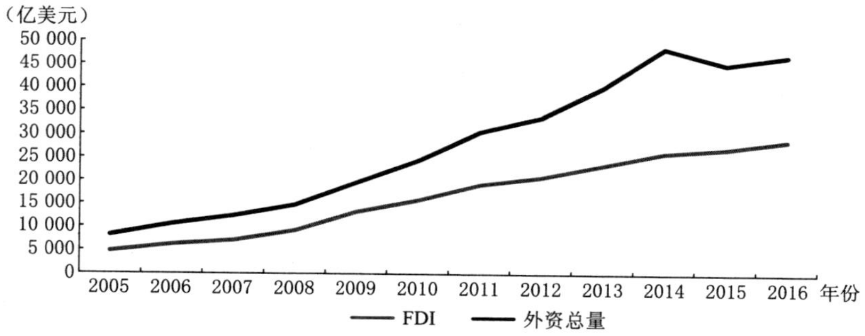

图 10.2 中国的外资和外商直接投资

资料来源：IMF，International Financial Statistics Yearbook 2017。

由图 10.2 不难看出 FDI 作为外资的最重要组成部分，其增长趋势极为稳定，在 2015 年中国外资存量开始回落时，FDI 的存量依然保持上行态势。此外，从图 10.2 中也可以得到以下信息：在 2005—2010 年期间，中国 FDI 总量与外资总量增长速度几乎保持一致；2010 年以后中国外资存量的波动较大，但 FDI 增速基本不变。换言之，在 2010 年以后，FPI 及其他外资的波动较大。

FDI 占外资存量比例的时序特征如图 10.3 所示：

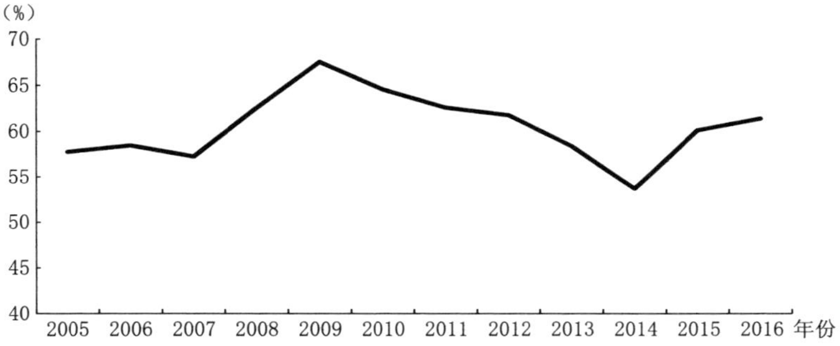

图 10.3　中国 FDI 存量占外资存量的比例变化

资料来源：IMF，International Financial Statistics Yearbook 2017。

由图 10.3 可知，根据 IMF 的统计，多年来中国 FDI 存量占中国外资存量的比例多处于 60% 上下，在个别年份(2009 年)甚至接近 70%。在此之后，随着 FPI 及其他类型外资增速加快，FDI 所占的比重逐年下降，至 2014 年降至近 50%。2014 年之后，该比例又有所回升。总体而言，FDI 在中国外资存量中始终占有最大的比重(超过 50%)，这也进一步说明 FDI 在中国外资总量中的重要地位。

10.1.3　外资在经济总量指标中的地位

1. 外资在 GDP 中的比重

根据外资的统计数据，外资存量占中国 GDP 的比重，最高年份超过 45%，最低年份也在 30% 以上。在 2005—2016 年，中国外资存量占 GDP 比例如图 10.4 所示：

与外资存量占 GDP 较大比重的事实相吻合的是，多年来，我国的 GDP 与 GNP 均存在较大的差额。每年投资所创造的财富有相当部分并未体现为我国国民的收入与福利水平，而是流向外商直接投资的来源地。外资利用对经济发展固然有帮助，但过高的外资依赖，也会增加经济运行的不确定性因素。

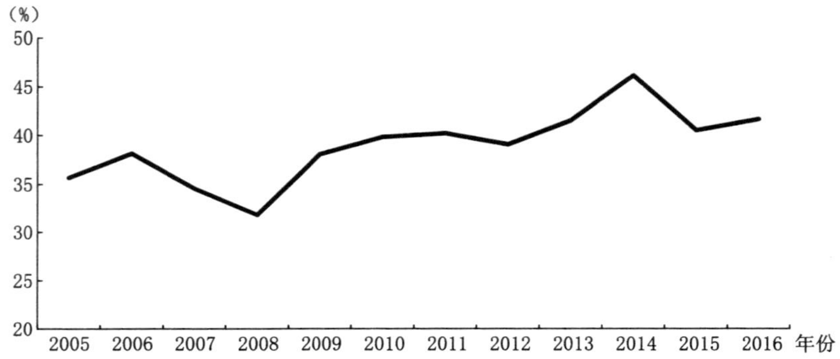

图 10.4 中国外资存量占 GDP 比例

资料来源：IMF，International Financial Statistics Yearbook 2017。

2. 实际利用外资金额

根据国家统计局外资统计的数据，截至 2017 年实际使用外资的存量金额已经达到 18 936.78 亿美元。在 1984—2017 年，实际利用外资金额具体变化趋势如图 10.5 所示：

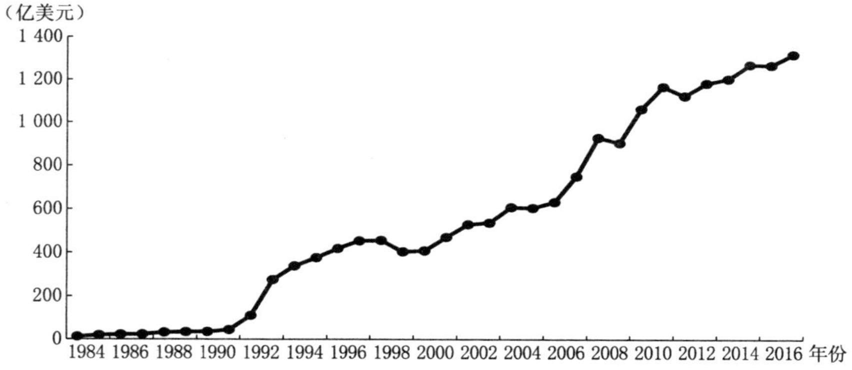

图 10.5 实际利用外资金额

资料来源：国家统计局、Wind 数据库。

由图 10.5 可以看出，1984—1991 年是外资利用的起步阶段，实际利用外资的规模较小，增长较慢。到 1992 年，由于国内外形势的变化，尤其是在邓小平南方谈话之后，国内政策稳定性增强，外国资本对中国市场信心增加，实际利用外资金额开始大幅上升，外资利用迎来高速发展的时期。1992—1998 年，每年实际利用外资金额快速上涨。1999—2000 年，实际利用外资小幅下降，这与 1997 年亚洲金融危机的后续影响有关。2001 年起，凭借加入世界贸易组织的东风，实际利用外资金额快速上升。至 2008 年，当年实际利用外资金额已超过千亿美元，达 1 083.12 亿美元。2009 年受到全球金融危机等因素影响，实际利用外资金额出现小幅下降。2010—2017 年，实际利用外资金额总体上稳步上升，个别年份有小幅下降。

3. 实际利用外资占固定资产投资比重

固定资产投资是以货币形式表现的在一定时期内完成的建造和购置固定资产的工作量以及与此有关的费用的总称。在中国，固定资产投资是经济增长的一个主要推动因素。固定资产投资不仅能够促进消费、提供就业岗位，而且能够形成未来的生产和服务能力。1992—2016 年，实际利用外资占全社会固定资产投资的比例如图 10.6 所示：

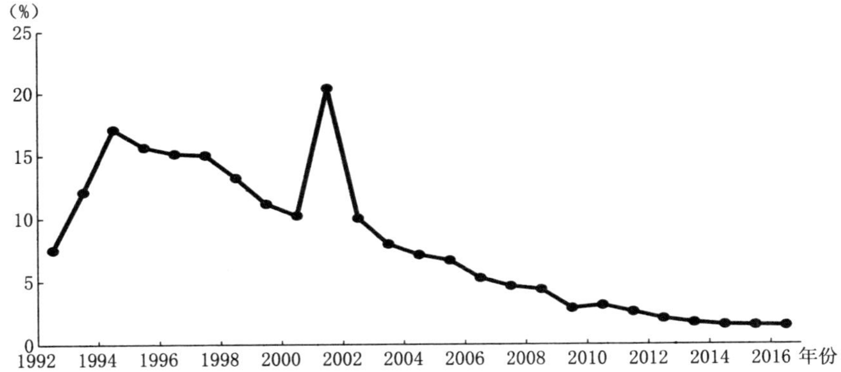

图 10.6 实际使用外资金额占全社会固定资产投资比重

资料来源：商务部外资统计。

由图 10.6 可知，实际利用外资占固定资产投资的比重逐年下降，说明外资在中国固定资产投资的重要性在逐年下降。在改革开放初期，外资对我国的固定资产投资贡献较大。随着经济的不断发展和自身资本的不断积累，外资对固定资产投资的贡献逐年回落。1992—1994 年，实际利用外资占全社会固定资产投资的比重快速上行。1994 年之后，实际利用外资占全社会固定资产投资的比重总体上处于下降状态。2001 年曾出现一个异常的峰值，与加入世界贸易组织有关。

与此同时，1992—2016 年我国全社会固定资产投资总额如图 10.7 所示：

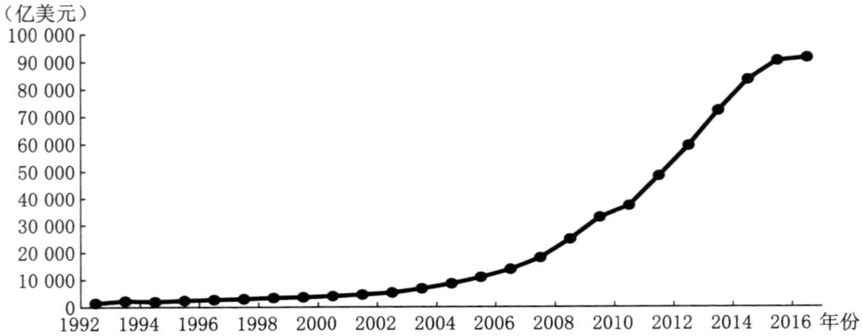

图 10.7 中国全社会固定资产投资总额

资料来源：商务部外资统计。

由图 10.7 可知，1992—2016 年，我国的全社会固定资产投资总额呈不断上升的态势。在 2001 年之后，我国全社会固定资产投资进入飞速发展的时期。结合外资利用占固定资产投资的比重逐年下降的事实，可以看出国内资本在固定资产投资中的主导性日益增强，固定资产投资对外资的依赖逐年下降。

10.1.4 外资的行业分布

外商直接投资的行业分布处在持续变化的过程中。第一产业的外资比例比较稳定，第二产业的外资比例从高位下行，第三产业的外资比例持续上升。2016 年，外资利用的行业分布如表 10.3 所示。

表 10.3 2016 年外资在三次产业的占比

产业名称	实际利用外资金额(亿美元)	金额所占比重(%)
第一产业	18.98	1.42
第二产业	402.13	30.07
第三产业	916.01	68.51

资料来源：商务部外资统计。

由表 10.3 可知，2016 年外商直接投资在第一产业(农、林、牧、渔)的金额相对较少，所占比重有限。外资更为集中地分布在第二产业和第三产业，但在时序上则表现为相反的变化趋势。

在时序上，1992—2016 年间，外商直接投资的行业分布发生了明显的变化，具体如图 10.8 所示：

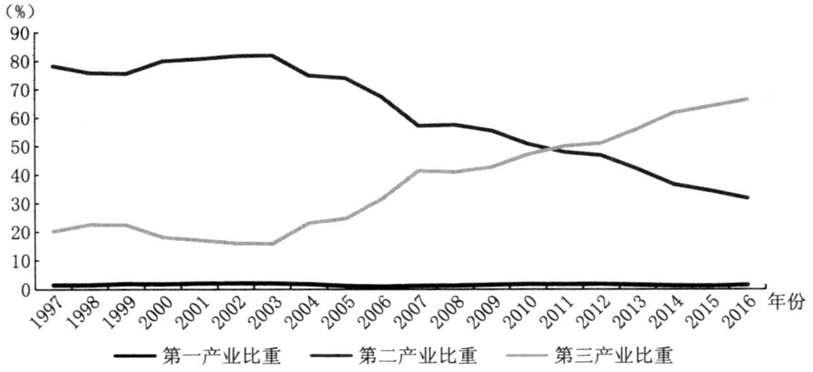

图 10.8　三次产业实际利用外资金额占比的变化

资料来源：国家统计局、Wind 数据库。

由图 10.8 可知，外商直接投资在第一产业的比重几乎没有变化，一直维持在 1%—2% 的水平。第二产业和第三产业则此消彼长，第二产业的外资占比由 78.25% 下降至 31.91%，而第三产业的外资占比由 20.24% 升至 66.58%。两个产业实际利用外资的变化，反映了我国产业结构的深刻变化。随着消费升级和供给侧改革的推进，第二产业和第三产业的消长趋势还将继续，以现代服务业为代表的第三产业将占据更高的比重。

1. 外资在第二产业的分布

2016 年，外商直接投资在第二产业的分布如表 10.4 所示：

表 10.4　2016 年外资在第二产业各行业分布情况

第二产业行业	实际利用外资金额(亿美元)	比重(%)
采矿业	0.96	0.24
制造业	354.92	88.26
电力、燃气及水的生产和供应业	21.47	5.34
建筑业	24.77	6.16
合　计	402.13	100

资料来源：商务部外资统计。

由表 10.4 可知，2016 年外商直接投资在第二产业绝大部分集中在制造业，占比高达 88.26%，这与中国作为“世界工厂”的地位是相称的。在“世界工厂”和“中国制造”的背后，外资的身影随处可见。

2. 外资在第三产业的分布

2016 年，外商直接投资在第三产业的分布如表 10.5 所示：

表 10.5　2016 年外商直接投资在第三产业各行业分布情况

第三产业行业	实际利用外资金额(亿美元)	比重(%)
房地产业	196.55	21.46
租赁和商务服务业	161.32	17.61
批发和零售业	158.7	17.33
交通运输、仓储和邮政业	50.89	5.56
金融业	179.99	19.65
信息传输、计算机服务和软件业	84.42	9.22
科学研究、技术服务和地质勘查业	65.2	7.12
居民服务和其他服务业	4.9	0.53
住宿和餐饮业	3.65	0.40
水利、环境和公共设施管理业	4.22	0.46
文化、体育和娱乐业	2.67	0.29
卫生、社会保障和社会福利业	2.54	0.28
教育	0.94	0.10
合计	916.01	100

资料来源：商务部外资统计。

由表 10.5 可知，2016 年外商直接投资在第三产业的分布主要集中在金融业、房地产业、租赁和商务服务业，以及批发零售业。其中，房地产业以 21.46% 的占比和 196.55 亿美元的金额高居榜首。位居第二、第三位的金融业及租赁和商务服务业的占比分别为 19.65% 和 17.61%。高房价是近年来我国经济生活中的重要话题，上述数据提醒我们，外资在房地产泡沫的形成中或许扮演了推波助澜的作用。

10.1.5　外资的区域分布

在中国，外资的区域分布具有鲜明的特征。总体而言，外资大部分集中在东部地区，中部地区次之，西部地区相对较少。按照《中国外资统计 2016》的口径，东部地区包括北京、河北、天津、辽宁、上海、江苏、浙江、福建、山东、广东、海南。中部地区包括吉林、黑龙江、山西、安徽、江西、河南、湖北、湖南。西部地区包括四川、重庆、贵州、云南、广西、陕西、甘肃、内蒙古、青海、宁夏、新疆、西藏。

1. 外资在东部、中部和西部的分布

截至 2016 年底，外资利用存量的地区分布如表 10.6 所示：

表 10.6　截至 2016 年底外资的地区分布情况

地　　区	实际使用外资金额(亿美元)	比重(%)
东部地区	20 331.25	72.36
中部地区	5 348.09	19.03
西部地区	1 874.46	8.61
合　　计	28 097.88	100

资料来源：商务部外资统计。

由表 10.6 可知，1979—2016 年，接近 3/4 即 72.36% 的外资集中在东部地区，19.03% 分布在中部地区，仅有 8.61% 分布在西部地区。外资的区域分布也从一个侧面反映了我国经济发展的区域不均衡问题。在过去 40 年，各地的经济都有长足的发展，但地区之间的差异也进一步扩大。

从时间序列上看，外资在各个区域的占比也处在一个动态变化的过程中，在东部地区和中部地区存在一定的此消彼长趋势，如图 10.9 所示：

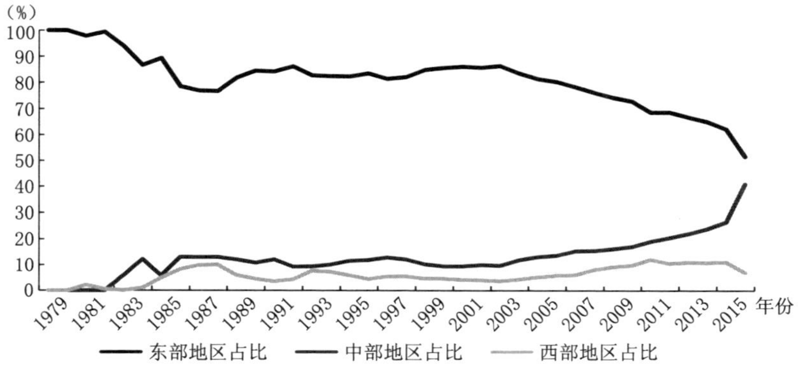

图 10.9　实际利用外资的区域占比变化

资料来源：国家统计局、Wind 数据库。

如图 10.9 所示，在 1979—2016 年间，实际利用外资在东部地区的占比始终最高，但总体上处于缓慢下行的趋势。与此同时，中部地区的占比缓慢上升。近年来，东部地区占比下降的趋势更加明显，而中部地区占比的上升趋势则是日趋显现。相对来说，西部地区占比上升较为缓慢，甚至有波动向下的势头。

2. 外资在各省的分布

截至2016年底，各省利用外资的情况如表10.7所示：

表10.7 截至2016年底各省利用外资情况

省　市	利用外资金额(亿美元)	比重(%)
广　东	4 008.49	14.55
江　苏	3 993.59	14.49
辽　宁	2 085.1	7.57
上　海	1 876.14	6.81
浙　江	1 762.87	6.40
山　东	1 706.94	6.19
天　津	1 519.41	5.51
福　建	1 296.52	4.71
北　京	1 143.91	4.15
河　南	1 114.77	4.05
安　徽	889.05	3.23
湖　南	885.17	3.21
湖　北	793.34	2.88
江　西	777.01	2.82
四　川	719.83	2.61
河　北	672.02	2.44
黑龙江	422.93	1.53
重　庆	392.7	1.43
内蒙古	359.73	1.28
陕　西	350.06	1.27
海　南	266.27	0.97
吉　林	244.28	0.89
山　西	221.55	0.80
广　西	184.35	0.66
云　南	178.56	0.65
贵　州	115.97	0.42
新　疆	35.49	0.13
青　海	28	0.10
宁　夏	27.02	0.10
甘　肃	19.16	0.07
西　藏	7.67	0.03
合　计	28 097.9	100.00

资料来源：商务部外资统计(未包含港澳台地区)。

由表 10.7 可知，在这一时期，吸收外资最多的是广东省，占比达 14.55%，紧随其后的是占比达到 14.49% 的江苏。由于临近香港的地理优势和政策因素，广东从改革开放之初便是外资利用的重镇，江苏则表现出后来居上的势头。青海、宁夏、甘肃及西藏则属于外资利用较少的省份。吸收外资最少的是西藏，占比仅有 0.03%，占比 0.10% 及以下的还包括宁夏、甘肃和青海。

10.1.6　外资进入模式

外国直接投资的最大特点是对所投资的企业拥有控制权。这种对投资企业的控制权主要通过两种方式来实现：一是跨国并购；二是绿地投资。两种方式各有优缺点，在不同的投资目的地有不同的表现。

跨国并购是指外国投资人如外国公司遵循我国的相关法律法规及有关规范性文件，收购我国境内的现存企业的部分或全部所有权的投资活动。通过这种直接的并购，外国投资人可以直接控制我国境内的已有企业，从而实现控制原材料产地、扩展销售渠道和网络、绕开某些行业壁垒、实现经营范围和资产配置的多元化等目标。如根据《关于外国投资者并购境内企业的规定》收购我国境内现有的公司，或根据《外国投资者对上市公司战略投资管理办法》，对上市公司进行中长期战略性并购投资并取得该上市公司的 A 股股份(李善民，2013)。

在 1992—2016 年，外资对中国企业的跨国并购金额及案例数量如图 10.10 所示：

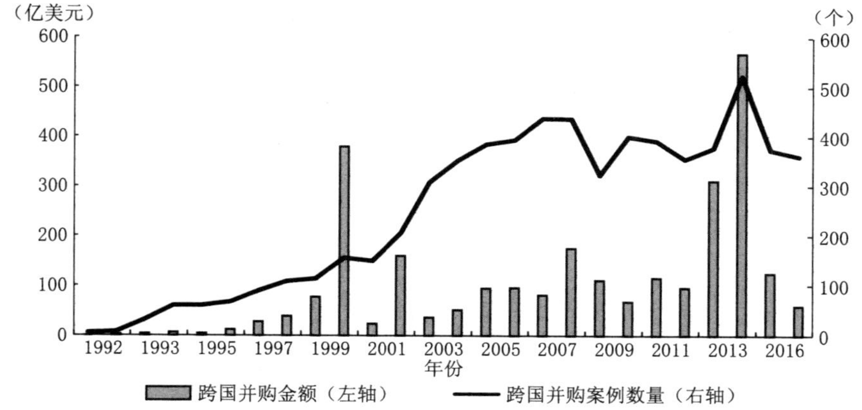

图 10.10　跨国并购金额和案例数量

资料来源：Wind 数据库。

由图10.10可以看出，在1992—2016年这个时期，跨国并购金额在2000年和2014年出现两个高峰。跨国并购案例数量一直波动上升，并在2014年达到顶峰，随后有所下降。

绿地投资也称为创建投资，是指外国投资人如外国公司依据我国相关法律法规和有关规范性文件直接在我国创建部分或全部资产归外国投资人所有的企业。如根据《中华人民共和国中外合资经营企业法》创建设立中外合资企业，外国投资人与中国境内的公司、企业或其他经济组织共同举办合营企业；根据《中华人民共和国中外合作经营企业法》创建设立中外合作企业，与包括不具有法人资格的中国企业等经济组织合作，方式更为灵活；或是根据《中华人民共和国外资企业法》设立外商投资企业，这种企业的全部资本由外国投资人所有，外国投资人在我国境内自负盈亏，自担风险。

在2003—2016年，绿地投资的金额及案例数量如图10.11表示：

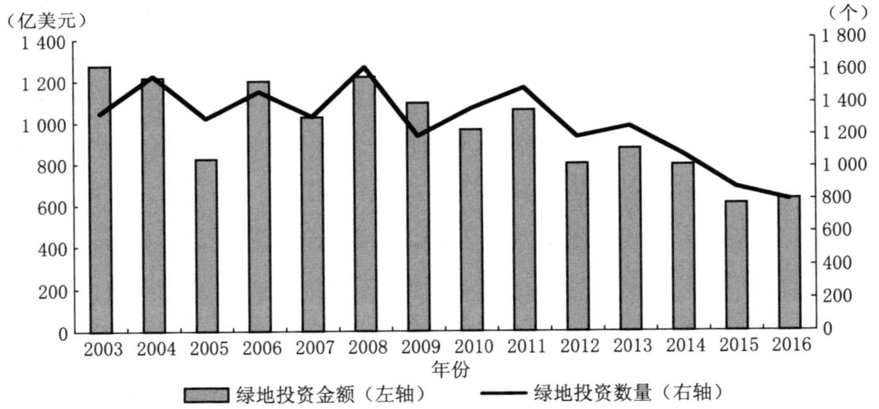

图10.11　绿地投资金额和案例数量

资料来源：Wind数据库。

从图10.11可以看出，在2003—2016年间，绿地投资在金额及数量上都处于下降的趋势。在2009年之后下降趋势尤为明显。随着针对外资优惠政策的减少以及劳动力、土地等成本的上升，绿地投资金额及数量的下降不难理解。

一般认为，跨国并购具有容易实现范围经济、市场进入灵活以及融资便捷等优势，因为跨国并购现存的企业，可以较为完整地继承原企业在国内的商业资源、市场份额、供销渠道、管理资源以及金融联系。同时，并购也存在原企业受到的诸多限制。而绿地投资的优势则在于自主性强、灵活性高以及可以更好实现整体布局等优势。由于无须在现有企业中寻找标的，因而在区位选择、商业模式等方面可以根据投资人自身的全球布局灵活配置。同时，绿地投资的投资成本较高，投资时间较长。

10.1.7 外资来源地

1. 来自中国港澳台地区的直接投资

在港澳台地区对内地的直接投资中，来自香港地区的占绝大多数，其次是台湾地区，最后是澳门地区。

截至 2016 年底，来自港澳台地区的实际利用外资情况如表 10.8 所示：

表 10.8 截至 2016 年底来自港澳台地区实际使用外资存量

外资来源地区	实际使用外资金额(亿美元)	比重(%)
香 港	9 147.9	92.12
台 湾	646.52	6.51
澳 门	136.03	1.37
合 计	9 930.45	100.00

资料来源：商务部外资统计。

如表 10.8 所示，在来自港澳台地区的资本中，绝大多数来自香港地区 (92.12%)。香港地区是区域性的金融中心，有诸多便利条件及优惠政策，占据对内地投资的龙头地位是可以预期的。1986—2017 年，来自香港地区的直接投资金额总体上呈现逐年上升的态势。1987—1991 年为起步阶段，金额较小，速度较慢。从 1992 年起，实际利用港资的金额快速上升，但在 1999—2000 年间小幅回落。2001 年起再度快速上升，尤其是 2006 年之后增幅加快。受 2008 年全球金融危机的影响，个别年份的港资有所下滑，但整体上保持稳步增长的势头。来自台湾地区的直接投资金额从 1992 年起急速上升，这与邓小平南方谈话和 1992 年海峡两岸达成的“九二共识”有着密不可分的关系。总体来看，来自台湾地区的直接投资金额强烈地受到两岸政治环境的影响。1997—2016 年，来自澳门地区的直接投资额总体上处于上升趋势，但部分年份波动较大，特别是在全球金融危机后下降趋势明显。总体上看，来自澳门地区的直接投资金额并不大，这与澳门地区的经济体量是吻合的。

2. 来自日本的直接投资

截至 2016 年底，来自日本的直接投资存量为 1 049.21 亿美元。在中国的实际利用外资金额中，日本居东亚国家和地区的首位。来自日本的直接投资金额总量较大，波动也比较大。1986—1991 年，在《国务院关于鼓励外商投资的规定》出台的影响下，日本对中国的投资处于稳步发展阶段。1992—1995 年，在邓小平南方谈话的影响下，日本对中国的投资高速上升。1996—1999 年，受到亚洲金融危机等因素影响，日本对中国的投资受到较大的负面影响。在 2000 年之后，随着中国加入 WTO，日本对中国的投资进入新的高速发展阶段。总体而言，来自日本的直接投资呈现鲜明的阶段性特征(改革杂志社专题研究，2011)。

3. 来自新加坡的直接投资

截至 2016 年，来自新加坡的直接投资存量为 852.68 亿美元。新加坡作为区域性的金融中心，以严格的金融监管和廉洁的政府闻名，是中国重要的外资来源地。来自新加坡的直接投资金额在除中国香港地区以外的亚洲国家或地区中位列第二，仅次于日本，超过来自中国台湾地区和中国澳门地区的总和。来自新加坡的直接投资金额总体处于上升趋势。在 1998—2000 年略有下降，此后直至 2006 年几乎没有增长。在 2006 年之后，来自新加坡的直接投资金额开始快速增长。2008 年全球金融危机之后有短暂回落，此后大幅上升。2013—2016 年间则波动较大。

4. 来自韩国的直接投资

截至 2016 年，来自韩国的直接投资存量为 686.97 亿美元。韩国对中国的直接投资规模不容小觑，主要集中投资于山东等省的劳动密集型企业，后来则转向江苏等省的高新技术企业。来自韩国的直接投资金额从 2000 年起开始快速上升，至 2004 年达到峰值，此后逐渐下降，2012 年起再度缓慢上升。

5. 来自美国的直接投资

截至 2016 年，来自美国的直接投资存量为 798.56 亿美元。在亚洲之外，来自美国的直接投资金额位居第一，超过来自韩国的直接投资存量。

1986—2017 年，来自美国的直接投资经历了一个快速上升然后波动下降的过程。1986—1991 年间缓慢上升，1992 年起进入快速上升的区间，2002 年达到峰值，此后逐渐波动下降。近年来总体呈缓慢下降趋势，且一直处于上下波动之中。

6. 来自欧盟的直接投资

截至 2016 年，来自欧盟的直接投资情况如表 10.9 所示。

表 10.9　截至 2016 年来自欧盟及其主要成员国的实际利用外资情况

欧盟主要国家	实际使用外资金额(亿美元)	比重(%)
德　国	281.77	25.53
英　国	210.53	19.08
荷　兰	160.43	14.54
法　国	157.29	14.25
意大利	68.86	6.24
卢森堡	44.88	4.07
瑞　典	43.45	3.94
西班牙	35.18	3.19
丹　麦	32.2	2.92
奥地利	19	1.72
爱尔兰	16.85	1.53
比利时	16.62	1.51
芬　兰	13.56	1.23
葡萄牙	1.99	0.18
希　腊	0.96	0.09
合　计	1 103.57	100

资料来源：国家统计局、Wind 数据库。

欧盟作为中国重要的贸易伙伴，其对中国的直接投资存量达 1 103.57 亿美元。在欧盟成员国中，德国、法国、英国、荷兰所占比重均超过 10%。德国以 25.53% 的占比高居榜首，金额达到 281.77 亿美元。1987—2017 年，来自欧盟的直接投资总体上处于上升趋势。

7. 来自离岸金融中心的直接投资

截至 2016 年，来自离岸金融中心的直接投资的情况如表 10.10 所示：

表 10.10　截至 2016 年来自离岸金融中心的外资实际利用情况

离岸金融中心	实际使用外资金额(亿美元)	比重(%)
英属维尔京群岛	1 559.13	66.02
开曼群岛	353.24	14.96
萨摩亚	262.14	11.10
毛里求斯	141.76	6.00
巴巴多斯	45.36	1.92
合　计	2 361.63	100

资料来源：国家统计局、Wind 数据库。

至2016年，离岸金融中心对中国的直接投资存量达到2 361.63亿美元。其中，英属维尔京群岛占比高达66.02%，其后是开曼群岛及萨摩亚。来自离岸金融中心的直接投资金额从2000年起快速上升，至2008年达到峰值。此后受到全球金融危机的影响，快速下降。2015年起又逐渐回升。

10.2 外资进入的决定因素

改革开放以前，我国经济环境相对封闭，招商引资的规模非常有限。而自1979年推行改革开放政策以来，我国利用外商直接投资迅猛增长，仅经历了20多年的时间，FDI流入量便跃居世界前列，成为世界上吸引FDI最多的发展中国家，被外商投资者视为最具潜力的东道国之一。当前，经济全球化不断深化，金融危机后全球投资温和复苏，中国吸金水平依然喜人，在2016年，是全球第三大外资流入国。2016年《世界投资报告》指出，中国FDI已连续24年居发展中国家首位。

一直以来，对外直接投资的区位选择都是学术界探讨的热点话题，以往的研究从市场、制度、成本、经济集聚等角度进行了探讨。庞大的市场规模、低廉的劳动力成本、较为完善的基础设施、对外资相对宽松的政策环境等，都成为改革开放以来中国吸引外商直接投资的积极因素。与此同时，随着中国经济的迅速发展，居民生活水平与劳动力成本不断提高，昔日“世界工厂”的劳动力价格优势逐渐式微。此外，市场扭曲、效率低下等因素也对中国对外资持续的吸引力造成了潜在的挑战。

10.2.1 市场规模

跨国公司的投资受到市场规模大小、扩张速度、需求结构变化等因素的影响。外国投资者在选择投资目的地时，往往青睐市场规模与增长潜力较大的国家，因为这意味着产品将有更大的潜在市场需求。

GDP是衡量一个国家经济实力和市场规模的重要指标。自中国实行改革开放政策以来，国内生产总值呈指数式增长，进入21世纪后仍然保持着较高的增长速度。针对FDI区位选择的研究大多对市场规模的效应有所提及，衡量市场规模的指标包括GDP、GDP增长率、人均收入等。我国的市场规模对吸引FDI起到了强大的推动作用。

一些研究者指出，在诸多因素中，市场规模对FDI有重要影响。相对于其他因素而言，市场规模与FDI的相关性在检验中表现得更为稳健，影响也更大。Chakrabarti

(2010)使用极值边界分析(Extreme Bound Analysis)考察相关因素的效应是否对于条件信息集的微小变化稳健，实证结果支持 FDI 与市场规模(以人均 GDP 衡量)之间稳健的相关性。东道国市场规模越大，对 FDI 的吸引力越大。Chantasasawat 等(2010)使用 1985—2001 年 18 个亚洲经济体和 16 个拉美经济体的数据，考察 FDI 的驱动因素。结果显示，东道国市场规模(以 GDP、GDP 实际增长率与人均收入实际增长率等来衡量)、政策、制度、劳动力市场状况、全球 FDI 总量等都影响着一国 FDI 的流入量，但市场规模的作用较其他因素而言更加突出。

具体到针对中国的研究，Amiti 和 Javorcik(2008)、何兴强和王丽霞(2008)等均发现我国市场潜力与 FDI 之间的正向关系。然而，Amiti 和 Javorcik(2008)仅考虑了国内市场潜力，忽略了各省面临的国际市场潜力对其引进 FDI 的影响。在此基础上，Tokunaga 和 Jin(2011)将市场潜力分为国内和国外两部分，周犀行和欧阳溥蔓(2013)又进一步将国内市场潜力分为省内和省外两部分。他们发现一个城市面临的国内市场潜力和国外市场潜力都对该城市吸收 FDI 具有显著的促进作用，但前者的影响更大。此外，聚焦我国市场潜能对 FDI 区位选择影响的研究还有罗伟和葛顺奇(2013)、颜银根(2014)等。

有研究认为，中国凭借庞大的市场规模对亚洲其他国家的 FDI 产生了“挤出效应”(crowding-out effect)。Mercereau(2005)基于 1984—2002 年 14 个亚洲经济体的数据，研究中国的崛起对于亚洲 FDI 流向的影响。结果表明，中国对于其他国家的 FDI 并没有明显影响。与中国竞争低廉劳动力成本的低收入国家，以及教育水平较低或科技发展水平低的国家，FDI 流入量似乎并没有受到明显的影响。Eichengreen 和 Tong(2007)的分析表明，中国作为 FDI 的目的地，对不同国家吸引 FDI 的能力的影响有所不同。一方面，中国经济的快速增长在提升自己对于 FDI 吸引力的同时，也会鼓励 FDI 流向其他亚洲经济体，因为这些经济体属于同一个供应链。另一方面，也有证据表明，由于投资者倾向于在最终销售的市场附近进行生产，导致 OECD 国家 FDI 的转移。Liu, Chow 和 Li(2007)运用引力模型对东亚地区 FDI 的决定因素进行分析，研究结果显示，东盟四国(印尼、马来西亚、菲律宾和泰国)在控制了经济基础变量之后，从 OECD 高收入国家中获得了高于平均值的 FDI。相比之下，中国从 OECD 高收入国家获得的 FDI 相对于其经济基本面而言低于平均水平。因此，很难说中国对于毗邻国家存在 FDI 的挤出效应。Salike(2010)应用动态面板模型分析行业层面的数据，研究了日本在中国的 FDI 对亚洲其他经济体的影响。结果表明，中国对亚洲其他国家的 FDI 挤出效应显著，在所分析的 12 个行业中，有 9 个行业出现了挤出效应，包括电子与电气（日本对外 FDI 规模最大的行业），2 个行业出现了互补效应（complementary effect），1 个行业没有明显效应。

综上所述，市场潜力或市场规模反映着市场需求，它们与 FDI 的流入呈正相关关系。改革开放以来，中国的经济总量从全球第 15 位跃升为第 2 位，这对于中国引进外资是强大的推动力。

10.2.2 劳动力成本

中国将扩大世界贸易参与度作为增长的主要推动力。过去几十年来，廉价劳动力在吸引外资、增加出口等方面发挥了重要作用。

1. 工资水平低

在改革开放的相当长一段时间里，低廉的劳动力成本是中国制造业竞争的比较优势之一。1980 年全国职工的年均工资是 762 元，远低于当时世界的平均水平；随着经济的迅速增长与人民生活水平的不断提升，我国劳动力成本也随之提高。在 2015 年，我国职工的平均工资已达 61 240 元，30 多年间，工资的涨幅超过了 80 倍。

Ceglowski 和 Golub(2012)的研究指出，在改革开放之初，中国的平均工资水平仅为美国的 3%，也显著低于菲律宾、泰国等相邻的亚洲国家。2000 年代初，中国单位劳动力成本约为美国劳动力成本的 25%—40%，与欧盟、日本、墨西哥、韩国以及其他多数新兴工业化国家相比也相对较低。中国的成本优势源自钉住汇率制之前的大规模货币贬值，以及 1995 年以来生产率的快速增长。近年来人民币相对美元汇率升值，但这对于中国相对美国的单位劳动力成本的影响较小。其他研究也有类似的结论，即中国制造业单位劳动力成本低，对于吸引外资起到了关键的促进作用（如 Makin，2008；Ferguson and Schularick，2007）。杨海生、聂海峰和徐现祥(2010)以及田素华和杨烨超(2012)等利用中国的地区数据研究也均发现，劳动力成本与 FDI 流入呈现负向关系。

2. 工资增长较缓

从工资水平的增长率来看，在改革开放的头 20 年，中国城市地区工人工资的增长速度很低。依据《中国统计年鉴》的数据，中国全国职工平均工资在 1980—2000 年间的年均增长率为 13.4%，低于中国在这 20 年的年均 GDP 增长率 18.0%。Chen，Wu 和 Ark(2009)以国内两次人口普查数据为基础，对 1995—2004 年我国 29 个省份

28个制造行业的平均劳动报酬、劳动生产率和单位劳动力成本的趋势进行了研究。结果表明，在总体水平上，劳动生产率的增长速度快于平均劳动报酬增长率。因此，我国所有地区的单位劳动力成本都显著下降。此外，相对于较发达地区，欠发达地区的生产率增长相对于劳动力成本的增长则更为强劲。

然而，中国的工资增长在20世纪90年代末开始加速。1998年，以美元计算的实际工资增长了14.1%，标志着工资快速增长时代的开始。从1998年到2010年，实际工资的年均增长率为13.8%，超过了12.7%的实际GDP增长率。

3. 劳动力成本优势削弱

近年来，随着人口红利的渐趋消逝，劳动力成本呈现波动性上涨。依据《中国人口和就业统计年鉴》，城镇单位就业人员平均实际工资上涨幅度在考察期内(1990—2012年)，最低只有1.8%，最高达到16.2%，年均增长基本维持在8%左右的涨幅水平。Erin和Judith(2009)指出，在2002—2006年间，我国制造业就业人数与补贴成本都迅速上升。在这四年中，就业人数增加了10%，达到1.12亿，而补偿成本则增加了40%，达到0.81美元/小时。Li等(2012)将工资增长与劳动生产率的增长进行比较发现，中国劳动力成本在20世纪90年代前期低廉，但自90年代后期开始逐渐上升。90年代末以来，中国城市工资的快速增长部分源于90年代中期国企改制、劳动力市场重建、劳动力增长放缓、农民工转移放缓等。近年来，中国出现"民工荒"现象，许多学者认为"刘易斯拐点"已经悄然到来。蔡昉(2007)等学者主要从劳动力总量和结构等供给侧角度给出了解释。依据《中国人口和就业统计年鉴2013》和《中国统计摘要2014》，我国15—64岁的可劳动力人口占比，在近些年已开始出现负增长，从2010年的74.5%下降至2012年的74.1%。蔡昉(2014)指出，我国15—59岁的可就业人口从2011年开始下降，到2012年下降了345万，且后续还在不断减少。任志成(2008)指出，在相当长的一段时间里，国际产业资本向中国转移的重要诱因是中国充裕的农业剩余劳动力。当前，农业剩余劳动力正在快速减少。靠低端"打工"维持的比较优势无法持续。Li等(2013)的研究显示，中国在20世纪80年代和90年代经历的非农就业增长在21世纪的头十年仍然持续。然而，当前我国农业部门中多为年龄较大的劳动者，他们不愿意接受低工资和劳动密集型的工作，这标志着从农业部门到非农部门关键部分的劳动力转移已经接近完成。因此，由于青壮年劳动力的紧缩、独生子女政策以及其他人口过渡等相关因素，预计我国工资水平也将进一步上涨。

劳动力成本迅速上升和人民币逐渐升值，削弱了中国制造业的成本优势。伴随人口红利的渐趋消逝和劳动力成本的波动性上涨，我国的引资状况也正发生着一些新的变化。马飒和黄建锋(2014)的研究表明，劳动力成本上升目前尚未削弱中国的引资优势，因为我国市场规模竞争力很强，政府效率及基础设施的竞争力逐步上升，且劳动力成本要素对中国引资的作用明显低于其他引资要素。进一步地，冯伟、浦正宁和徐康宁(2015)提出了劳动力成本的门槛效应，他们发现，无论是在全国层面还是在沿海和内陆地区，单位劳动力成本对外商直接投资均具有门槛效应，且沿海地区的门槛值要低于内陆地区，这意味着沿海地区更需要转换劳动力优势以此来保持引资的可持续性。通过提高劳动力质量、增强劳动者技能等方式，我国沿海地区需及时转换劳动力成本优势，努力将人口红利优势转换成人才红利优势，促进引资的可持续性。

总体而言，低廉的劳动力成本一度使我国成为外来资本青睐的目标市场。然而，随着劳动力成本的持续增长，中国招商引资的能力受到了挑战。针对我国低廉的人力成本优势的不可持续性，可以通过提高劳动力质量、促进人力资本积累等方式提升对 FDI 的吸引力。

10.2.3 开放度

1. *贸易依存度*

研究者常用国际贸易与 GDP 之比来衡量一国经济的开放程度。改革开放以来，由于对外贸易的速度超过 GDP 增速，中国的外贸依存度不断增加。从 1978 年的 10%提高至 1990 年的 30%，2005—2007 年达到峰值，超过 60%。根据世界银行的统计，在 1975—1979 年间，我国贸易依存度是有记载的 120 个经济体中最低的。而 1990—1994 年，这一比例上升至 36%，中国已成为世界贸易依存度排名第三的贸易大国。

东道国开放程度对吸引 FDI 有着积极作用。Gastanaga 等(1998)针对发展中国家的政策对 FDI 的影响进行了研究，结果显示，在所考察的经济体中，东道国开放程度都是决定 FDI 流入的重要因素。针对中国的文献也表明，中国出口贸易的蓬勃发展是改革开放以来我国经济发展与 FDI 流入的一个重要因素。祖强和刘海明(2009)通过对加工贸易与 FDI 的时间序列数据进行协整分析，得出的结论是，FDI 的利用对我国加工贸易的发展有着很强的推动作用。同时，加工贸易的良性发展又能够进一步反作用于 FDI。安虎森和颜银根(2011)从新经济地理视角对中国 1983—2006 年的数据进行的经验研究显示，FDI 的净流入与中国的工业化、贸易自由化的程度等正相关。彭星和李斌(2015)则指出，中国工业化的推进与对外开放程度的提升，促进了我国充分发挥比较优势，深度融入以贸易与 FDI 为主要载体的全球价值链分工体系。

出口导向的增长模式，快速拉抬了中国的贸易依存度，带动了 FDI 的流入。

2. 关税

为了吸引外资和发展对外贸易，国务院于 1985 年实施了《中华人民共和国进出口关税条例》与《中华人民共和国海关进出口税则》，并于 1991 年重新颁布和实施了新的《海关进出口税则》。我国关税政策的调整与改革为推动出口、吸引外资奠定了良好的基础。

许多研究强调了在跨国公司水平和垂直专业化的背景下，关税对于 FDI 的影响。垂直 FDI 的典型特征表现为产业链上下游，产品生产不同阶段的专业化。通过将生产阶段进行划分，母公司与子公司可以在不同的国家享受要素价格优势。水平 FDI 则意味着每一个子公司都会参与相似的生产阶段。水平 FDI 瞄准东道国市场，主要目的是为了减免贸易成本。Brainard(1997)及 Carr，Markusen 和 Maskus(2001)指出，建立垂直生产网络的跨国公司将可能选择在关税较低的国家进行投资和生产，从而减少中间产品的进口成本。与此相反，在高关税壁垒下，企业则倾向于采用水平 FDI 的形式，通过建立国外子公司，在国外进行生产来替代出口。刘可等(2006)使用产量竞争模型研究了外资与关税之间的内生关系，提出 FDI 的大小与该行业的最优贸易保护关税水平正相关。进一步地，黄静波和孙晓琴(2008)指出，我国作为发展中国家，可以通过设置最优关税与专利保护期的组合策略，吸引 FDI 并使国家整体社会福利最大化。

3. 非关税壁垒

跨国公司以 FDI 的形式进入，不仅可以避免关税带来的贸易成本，也能避开一些非关税贸易壁垒。张菀洺(2006)的研究表明，当东道国对某些进口产品实施反倾销后，出口企业采取规避反倾销的措施，增加对东道国的直接投资。如果东道国政府提高对其产品的反倾销税税率，跨国公司对东道国的直接投资比例也相应提高。祝福云和冯宗宪(2006)将反倾销调查与 FDI 的关联途径解释为三种：外国企业通过直接投资规避反倾销壁垒；外国企业通过一定方式主动寻求特定的反倾销保护水平，而 FDI 成为达成这个目标的手段；反倾销措施以及涉案产品部门的外商直接投资通过

“波纹效应”引发非涉案产品部门外商直接投资的变动。

随着开放程度逐渐提高，我国进出口总额由1978年的355亿元增长至2016年的243 386.46亿元，这对于深入参与全球价值链、鼓励FDI积极入流起到了重要作用。

10.2.4 基础设施

基础设施是指为社会生产和居民生活提供公共服务的物质工程设施，也是社会进步与发展的一般物质条件。改革开放以来，我国基础设施建设成就斐然，对经济和社会发展的支撑能力大大提高。基础设施作为生产成本与效率的重要决定因素，在FDI流入的区位选择中扮演着重要角色。Wheeler和Mody(1992)针对美国跨国公司在20世纪80年代的制造业投资所做的研究显示，短期激励对FDI的区位选择影响明显有限，而规模较大的国内市场、完善的基础设施和专业化的生产商则对外资的吸引作用更大。Urata和Kawai(2000)分析了吸引日本中小企业FDI的东道国因素。他们发现，对发展中国家而言，完备的基础设施是吸引投资的重要的供给侧因素之一。姜巍和陈万灵(2016)基于东盟7个发展中国家2000—2013年的面板数据建立了固定效应回归模型，实证检验了基础设施发展对FDI流入区位选择的影响效应。结果表明，基础设施的有效供给对FDI流入的影响效应最大。

Cheng和Kwan(2000)分析了1985—1995年我国29个地区FDI的决定因素，基础设施是作为考察的对象之一，并通过三个维度来加以衡量：(1)单位土地面积中公路的里程；(2)单位土地面积中高等公路的里程；(3)单位土地面积中铁路的里程。研究发现，地区基础设施状况是外国投资者选址决策的重要决定因素之一。基础设施越完善，对FDI的吸引作用越强。陈建军和胡晨光(2007)以长三角地区1981—2005年的数据为样本，并在向量误差修正模型(VECM)中引入时间趋势，研究发现：长三角地区的基础设施投资与FDI流入存在一种体现政府宏观调控“逆向选择”特征的负向协整关系；无论是短期还是长期，该地区基础设施投资都是吸引FDI流入的原因。刘琳和赵博(2015)基于1997—2010年我国30个省的实际FDI和协议FDI数据研究发现，基础设施建设与外资到位率呈显著正相关关系。

总体而言，基础设施作为东道国市场经济活动的基础条件之一，有助于提升投资效率，对FDI区位选择具有显著的正向效应。改革开放40年来，我国基础设施建设取得的飞跃，为FDI的流入提供了强大的推动力。

10.2.5　知识产权保护

知识产权保护是促进技术进步的重要制度安排，它影响到一国自主创新、国际技术转移和外商投资等诸多方面。改革开放以来，我国不断加强知识产权保护。从 1980 年加入世界知识产权组织(World Intellectual Property Organization，WIPO)后，中国相继制定了商标法、专利法、技术合同法、著作权法、计算机软件保护条例等，形成了比较完整的知识产权法律保护体系。世界知识产权组织发布的《世界知识产权指数 2016》指出，2015 年全球专利、商标、工业设计申请量同比均有不同幅度的增长，而中国是增长的主要动力。这在一定程度上反映出我国在知识产权保护方面的努力和成效。

知识产权保护作为东道国制度环境的一部分，对 FDI 有着重要的影响。朱东平(2004)构建了技术内生化双寡头垄断竞争模型，验证了东道国加强知识产权保护会促进 FDI 流入。杨全发和韩樱(2006)构建了一个三方参与的两阶段动态博弈模型，分析东道国知识产权保护对于 FDI 的影响。结果表明，东道国提供适度且有效率的知识产权保护，可以增加 FDI 的流入量，还可以引进较为先进的技术，实现东道国社会福利的最大化。Du，Lu 和 Tao(2008)针对 1993—2001 年美国 6 288 家在中国投资的跨国公司数据研究发现，美国跨国公司更愿意投资在知识产权保护更有力的地区。柒江艺和许和连(2011)借助系统 GMM 和分位数估计，提供了知识产权保护促进外资企业技术水平的证据，适度技术水平的外资企业更能够受益于我国知识产权制度的完善。Lu，Png 和 Tao(2013)通过世界银行对中国 18 个城市 1 566 家制造业企业的调查发现，知识产权保护对企业生产率具有显著的积极影响。但仅当流入的 FDI 为市场导向型时，才会改善当地的社会福利。王平和田彬彬(2011)进一步从 FDI 质量的角度指出，中国知识产权保护的提高对于技术和资本密集型的 FDI 有较大的促进作用。知识产权保护水平的提高起到了改善中国 FDI 质量和优化 FDI 结构的作用。

加入世界贸易组织以来，我国修改和完善了知识产权法律和法规，以遵守世贸组织关于知识产权贸易方面的协议，这对于增强对 FDI 的吸引力发挥了重要作用。

10.2.6　腐败

有观点认为，中国经济在过去 40 年的惊人增长与制度发展的状况相矛盾。尽管有法律约束，但造假与侵权行为仍屡见不鲜。腐败、地方保护主义等也削弱了司法的权威和效力（Blanchard and Kremer，1997；Rodrik，2004a，2004b；Allen et al.，2005）。

不少研究都证实了腐败与FDI之间的负相关关系。Hines(1995)的研究显示，在1977年之后，美国对腐败程度低的国家的投资增长更快。Wei(2000a)进一步指出，腐败是信息非透明的，行贿者与腐败官员达成的协议难以执行，这种由于腐败带来的不确定性将使FDI流入减少。Gastanaga等(1998)的研究表明，预期的经济增长率、企业税率、腐败和开放度都是一个经济体FDI流入量的重要决定因素。在一项利用双边FDI流动数据的跨国研究中，Wei(2000a，2000b)发现东道国的腐败严重阻碍了FDI的流入。Campos和Kinoshita(2003)使用来自中欧和苏联的25个转型经济体的面板数据所做的研究表明，能从侧面反映腐败程度的法治和官僚机构的质量，是影响FDI流入的重要因素。韩冰洁和薛求知(2008)的研究表明，东道国腐败不但会对流入该国的FDI总量产生影响，还会影响FDI的来源。如果FDI来源国存在海外反腐败法，东道国腐败就会使来自这些国家的FDI减少。

在针对中国的研究中，陈媛媛(2016)基于2002—2011年中国省级面板数据分析了腐败对FDI质量的影响，具体来看：当腐败程度较低时，会吸引较多不达标、质量较差的FDI，但整体上FDI质量还是高于本土企业；而腐败程度较高时，质量和技术更低的FDI会大量涌入，导致整体上FDI的质量变得更低，甚至低于本土企业。可见，腐败不仅会抑制经济增长、造成社会不公，同时还会恶化FDI的质量。

全球清廉指数(Corruption Perceptions Index)反映一个国家政府官员的廉洁程度，以企业家、风险分析家和一般民众为调查对象，他们根据经验和感觉对各国进行由10到0的评分，得分越高，表示腐败程度越低。我国在全球的清廉程度排名比例从1995年的97.56%降到2016年的44.89%。这反映出我国腐败程度有所改善，对滥用职权、以权谋私等行为的惩罚力度加大，对FDI的流入有积极作用。

10.2.7 中国港澳台地区资本和海外华人资本

在流入中国内地的外商直接投资中，中国港澳台地区和海外华人资本占据了相当大的比例。在改革开放初期，中国在南方设立了4个经济特区，以吸引中国港澳台地区和东南亚的资金。在4个经济特区中，深圳毗邻香港，珠海靠近澳门，汕头接近东南亚，厦门则与台湾隔海相望。经济特区的地理优势，对于拉动港澳台地区和海外华人的投资起到了重要作用。

Whalley 和 Xin(2010)的研究显示，2002 年以前，来自中国香港、澳门和台湾的投资，占据中国内地 FDI 的主要地位。在 1979—1992 年间，来自港澳台的投资占 FDI 流入额的 66%，在 1993—2001 年期间这一比例为 55%。2002 年之后，中国 FDI 的来源地分布更为分散，但来自港澳台的资本仍稳定地维持在 40%左右。王雯(2007)认为，中国大陆是东亚和东南亚地区华人资本的优选投资目的地。随着中国经济持续快速发展、社会政治稳定、市场进一步开放、资本流动越来越自由、投资政策逐步放宽，来自东亚和东南亚地区的投资规模还会不断加大。

不少学者都强调了地理与文化联系对招商引资的重要作用。Naughton(1996)指出，由于地理和文化联系，香港和台湾在内地特别是在广东和福建的外商直接投资中发挥了关键作用。1991 年以前，FDI 在我国 GDP 中所占的比重从未超过 1%，而在广东和福建，FDI 占各省 GDP 的比例分别为 40%和 10%。Gao(2005)进一步指出，地理与文化纽带影响着 FDI 的流向。流入我国 80%以上的 FDI 都来自亚洲国家和地区，而来自与中国内地有文化联系的中国香港、中国台湾与新加坡的投资占据了 60%。中国内地吸引 FDI 的能力大部分源于其天然优势，而这些都是其他发展中经济体难以复制的。

然而，不少研究也指出，流入中国内地的直接投资中，部分属于所谓的“返程投资”(round-tripping FDI)。据估计，在香港对内地的投资中，有相当的部分来自内地本身(Fung, 1997)。背后的原因是，内地外流的资本中有相当的部分都经由在香港的公司，以 FDI 的形式回流至内地。这种“返程投资”被用作逃避监管的手段，如规避贸易壁垒，或为获得外资的优惠政策(如税收优惠)等。根据世界银行 2002 年的数据，“返程投资”占中国 FDI 流入量的 20%—30%(Chantasasawat et al., 2010)。

10.2.8 政府效率

在现代市场经济，政府提供经济社会发展的基本制度环境，政府效率显著影响着资源使用效率和企业生产效率。高效率的政府能够为企业创造良好的环境，提高投资回报率。

不少研究考察了政府效率对于 FDI 选址的影响，并证明了二者之间的正相关关系。Acemoglu 和 Johnson(2005)指出，在转型经济中，投资回报主要取决于产权保护和合约执行，两者统称为经济制度。在政府效率高的国家，合同执行的效率更高，投资活动的回报率也更高。高效率的政府对于 FDI 选址具有积极的促进作用。

Buchanan等(2012)通过分析1996—2006年164个国家的面板数据，考察了治理质量对FDI流入规模和波动性的影响。结果表明，政府治理效率对于FDI流入规模具有重要的积极效应。治理质量上偏一个标准差，FDI流入规模提高了1.69倍。治理质量与FDI的波动性负相关。该研究也揭示，不给予制度改革同样的重视，仅依靠改善宏观经济环境来吸引FDI的政策措施可能是无效的。曹亚军(2013)基于164个国家1996—2006年的面板数据，检验了制度质量对FDI水平和波动的影响，结论表明制度质量对FDI流入具有显著的正效应。

针对中国的研究也得到了相似的结论。盛丹和王永进(2010)在控制其他变量后，发现契约执行效率对我国地区FDI分布差异具有显著影响。跨国公司倾向于在契约制度较为完善的地区进行投资。聂爱云和陆长平(2012)应用1985—2004年省际面板数据，实证结果表明，政府应积极有效地引进外资并加强产业引导，同时着力改善制度环境，从而增加FDI的流入。聂爱云和陆长平(2014)进一步采用中国1990—2010年省级面板数据和动态面板估计，结果表明，制度环境能促进FDI对东道国的产业增长效应。因此，改善制度质量的国内改革是提升对外开放质量的先决条件。

由瑞士洛桑国际管理学院(IMD)发布的《2018年世界竞争力报告》称，中国排名较去年上升5位，为第13位，上升幅度在众多经济体中表现突出。中国竞争力的提升主要原因之一是政府规章进一步简化，提升了营商环境。改革开放以来，中国致力于提升政府效率，改善制度环境，这也是吸引FDI的一个因素。

10.2.9 环境保护

环保对FDI区位选择的影响是环境经济学和国际经济学领域的一个热点话题。自1979年"污染天堂"假说指出，外资将更多流向环境保护标准低和污染管制宽松的国家，不少研究者从不同视角对这一假说进行了验证。Long和Siebert(1991)将环境变量纳入新古典一般均衡模型，指出环境规制将通过生产成本影响资本利润率，而资本逐利的特性将引致其流向环保标准较低的地区。Levinson(2004)也指出，受环保影响，生产活动将向环境规制标准较低的地区迁移。由此，贸易自由化将导致有污染性的生产活动转移至环境保护宽松的国家或地区，甚至引致地区间环境标准"逐底竞赛"的恶性竞争。然而，许多学者的验证结果并没有找到支持这一假说的实证依据。Jaffer(1995)的分析表明，国家间环境标准差距并不显著影响FDI选址，环境标准与污染产业转移之间的相关性并不显著地成立。Javorcik和Wei(2001)将这一假说并不成立的原因总结为：东道国制度对 FDI 的阻碍；统计分析中对制度因素的忽略；研究中多采用宏观角度数据，从微观层面切入的研究较少；东道国环境制度与跨国企业污染程度衡量指标的设定。

许多学者也就中国的环境规制对 FDI 的效应进行了研究。史青(2013)指出，我国较为宽松的环境政策的确对 FDI 有显著的吸引作用，而前人的研究低估了这一影响。廖显春和夏恩龙(2015)的研究同样支持“污染天堂”假说，利用 1998—2010 年省级面板数据所做的研究表明，外资企业确实将污染型企业转移至环境标准较低的地区。由于地方政府倾向于降低社会福利权重，从而加剧了腐败，造成“逐底竞赛”，导致资本错置。聂飞和刘海云(2015)基于我国 2003—2011 年城市层面的数据进行研究后发现，城市较低的环境标准导致 FDI 进入高污染加工制造业。

从“污染天堂”假说出发，较为宽松的环境规制可能是 FDI 大规模流入我国的一个因素。然而，在未来的发展中，如何处理好经济增长方式的优化、外资进入结构的调整以及环境质量的提升之间的关系，应当是政策制定的重点。

10.2.10　税收政策

在改革开放的相当长一段时间，中国一直以各种方式向外资企业提供优惠政策，其中就包括税收优惠。从表 10.11 可以看出，我国对于外商投资企业所得税的优惠主要表现为对所有外商投资企业适用的“普惠”税收政策、对外商投资的特定行业、项目的“特惠”所得税收政策及对外商投资企业的区域性“特惠”税收政策等。总体而言，我国对外商直接投资企业的税收优惠政策自 20 世纪 80 年代初步建立后，经历了逐渐扩大地区优惠、统一外商投资企业税法，逐步发展到行业性税收优惠和向中西部地区倾斜的演变过程。

表 10.11　中国对外商投资企业主要税收政策

优惠形式	政策示例
对所有外商投资企业适用的“普惠”税收政策	企业所得税优惠。如，经营期在 10 年以上的生产性外商投资企业，自获利年度起所得税“2 免 3 减半” 关税和进口环节增值税优惠。如，自 1998 年 1 月 1 日起，对符合《外商投资产业目录》鼓励类和限制乙类，并转让技术的外商投资项目，在投资总额内进口自用设备，除《外商投资项目不予免税的进口商品目录》所列商品外，免征进口关税和进口环节增值税 其他税收优惠。对外商投资企业，不征收城市维护建设税、固定资产投资方向调节税，其占用耕地免征耕地占用税

续表

优惠形式	政策示例
对外商投资的特定行业、项目的"特惠"所得税收政策	如：对从事港口、码头的中外合资经营企业，适用15%的优惠税率，经营期在15年以上的，"5免5减半" 对从事能源、交通等基础设施项目的生产性外商投资企业，适用15%的优惠税率
对外商投资企业的区域性"特惠"税收政策	如：对经济特区内外商投资企业的税收优惠；对沿海开放城市、沿海经济开放区、经济技术开发区内的外商投资企业的税收优惠政策；对保税区内外商投资企业的税收优惠政策；对边远地区、中西部地区的外商投资企业的税收优惠政策等

资料来源：樊丽明：《中国外商投资企业税收政策的评价与完善》，《经济学(季刊)》2002年第1卷第3期。

跨国公司作为全球市场中利益最大化的追逐者，对影响企业利润的税率十分敏感。针对东道国的税收政策在FDI的区位选择中扮演何种角色，学者们的观点并不完全一致。Wei(1997)利用OECD的直接投资数据进行研究，结果显示高税率对于引进FDI存在负面影响。Krautheim和Schmidt-Eisenlohr(2011)针对美国跨国公司的调查数据，研究了跨国公司对于税收激励的反应。文章认为，大型跨国公司更有可能在国际税收差异中利用税收优惠进行国际避税。

在针对中国的研究中，Hsiao和Victor(2001)认为，1992年邓小平南方谈话后，针对外资的税收优惠政策，促成了90年代FDI项目与投资额的激增。程兰芳和王强(2008)则发现，从1989—2004年来看，税收优惠政策的确是影响FDI的重要因素之一，但其影响力在逐渐减弱。乐为和钟意(2008)的研究则进一步发现，有效税率对吸引FDI的贡献度比税收优惠额对吸引FDI的贡献度更为显著。另一方面，也有研究认为税收对FDI的影响并不显著，并且可能降低FDI的质量。杨晓丽和许垒(2011)指出，在中国式分权机制下，政治和经济双重激励使地方政府竞相降低税率吸引FDI流入，这种税收竞争可能降低外资质量。田素华和杨烨超(2012)从企业跨国经营区位选择的D-G模型出发，基于1980—2008年省级面板数据的分析发现，实行税收优惠政策对东部地区FDI进入的推动作用明显，对中部和西部地区FDI进入的推动作用不明显。

为了吸引外商直接投资，中国曾在税收方面对外商投资企业实行优惠政策。随着时间的推移，中国对外资的税收优惠政策进行了调整，如2008年确立的"两税合一"等。近期，随着企业境外所得税抵免优惠政策的公布，国务院提出的促进外资增长三项税收优惠新政全部落地，直接鼓励境外投资者持续扩大在华投资，将为中国吸引外资提供新的动力。

10.2.11　特区政策和开发区政策

20 世纪 70 年代末，国务院批准在深圳、珠海、汕头和厦门等 4 个南方城市建立经济特区。随后，其他 14 个沿海城市也向外国投资者开放。此外，我国还建立了 222 个国家级经济开发区和 1 346 个省级经济开发区。在改革开放前，我国几乎没有外商直接投资，对外贸易也十分有限。在这一背景下，经济特区成了全国范围内贸易、税收和其他政策的试验基地(Cai，2008；Xu，2011)。我国政府明确了经济特区的四个基本原则：主要依靠引入和利用外资完成建设；主要经济形式是中外合资企业和独资企业；主要产品是出口导向型；经济活动主要由市场力量推动，有更宽松的法律和经济政策鼓励外商投资制造业和服务业。

有关经济特区对 FDI 的吸引作用，经济集聚效应是一种常见的解释。Kline 和 Moretti(2011)指出，经济集聚效应使得企业集中地区的生产率更高。Combes 等(2011)的分析说明，经济特区旨在培育聚集型经济，通过建立工业集群，促进企业间互动以提高企业集中地区的生产力。Liu(2008)通过实证分析说明，经济特区的设立带来 FDI 流入、投资增长和技术进步。Wang(2013)认为，经济特区的设立有助于增加 FDI 的流入，也不会对国内投资产生挤入或挤出效应。由于目标城市内较为集中的投资，经济特区实现了集聚效应，带来了技术进步，使得工人的工资增幅超过生活成本涨幅。此外，越早成为经济特区的城市，其投资、全要素生产率和要素价格增长更大。有更多经济特区的省份，对 FDI 的吸引力更强，经济集聚效应和要素价格的变化也更大。

总体而言，经济特区和各种经济开发区定位于“以利用外资为主、以市场调节为主，率先进行改革开放的探索”，为外商投资创造了良好条件，是我国改革开放后 FDI 流入的积极因素。

10.2.12　人力资本

人力资本作为吸引 FDI 的因素之一，一直受到国际经济学家的关注。众多学者验证了人力资本对 FDI 的促进作用(如 Noorbakhsh，Paloni and Youssef，2001)。Cohen 和 Levinthal(1989)提出了“吸收能力”的概念。企业的吸收能力体现在两方面，通过研发成果直接促进技术进步，以及拥有更强的学习能力去吸收外部技术。研究认为，吸收能力是将FDI外溢的技术知识内生化。Blomstrom和Kokko(2003)进一步指出，人力资本决定了东道国吸收FDI的能力，以及本地企业对跨国公司技术外溢的吸收能力。Teixeira和Heyuan(2012)也证实了上述观点，他们通过微观层面的分析指出，人力资本的积累有助于提高公司研发能力，从而间接增加了FDI。Fung和Parker(2002)以1991—1997年的地区数据为基础，探讨了美国和日本在中国的直接投资的决定因素。研究发现，劳动质量对日本投资的影响大于对美国投资的影响。外资企业在协调生产活动方面不同的结构安排也会影响人力资本对FDI的作用。Goldberg等(2005)分析了人力资本积累通过人际关系促进FDI流入的两种解释。一方面，投资者与东道国居民更为频繁的交流有助于减少FDI和国内投资之间的信息不对称；另一方面，人际交往的增加还能降低道德风险，减少外国投资者的委托代理问题。代谦和别朝霞(2006)认为，人力资本决定了FDI能否给发展中国家带来技术进步和经济增长，只有辅之以较快速度的人力资本积累，FDI才能给发展中国家带来技术进步和经济增长。刘厚俊和刘正良(2006)针对中国地区数据所做的实证研究表明，中国存在吸收FDI效应的最低人力资本门槛，高于这个门槛的地区才能吸收到FDI效应。在低人力资本水平地区，中等人才对FDI效应的吸收比较有利，而在高人力资本水平地区，高层次人才的影响更大。冯伟、浦正宁和徐康宁(2015)也证实了上述观点，认为人力资本对外商直接投资的促进作用具有结构效应，不同层级的人力资本对吸引外资会产生异质性的作用。具体而言，高层次人力资本已经成为中国经济吸收FDI效应更主要的因素。

总体而言，人力资本对于FDI流入有着促进作用。改革开放初期，中国借助低廉的劳动力成本，依靠制造业吸引了大量外商投资，实现了快速增长。当前中国的经济正逐渐跨越一般的加工贸易阶段，技术层次逐渐高移，高层次人力资本建设对于中国未来持续吸引外资，实现经济结构转型具有很强的现实意义。

10.3 外资利用的效应

随着经济全球化的加深，世界各国经济联系日益紧密，逐渐形成了一个统一的、全球性的市场。在此背景下，FDI作为经济全球化最显著的特征和重要推动力量，成为促进各国经济增长的新动能。FDI为东道国带来了一系列潜在的好处，包括技术转移、知识管理和出口市场准入。发展中国家要缩小与高收入国家的技术差距，提高管理技能，发展出口市场，需要更有效地吸引和利用FDI。

不少研究的结论都表明，FDI的流入弥补了我国经济发展中的资本短缺，带动了相关产业的迅速发展与转型升级，促进了对外贸易与就业的增长。与此同时，伴随FDI而来的环境污染、地区发展失衡、收入分配差距等问题也日益引起人们的关注，并成为学术研究的新热点。

10.3.1 经济增长

多数学者对FDI促进东道国经济增长持正面态度。Bengoa和Sanchez-Robles(2003)针对18个拉丁美洲国家的数据，发现东道国经济增长与FDI均存在显著的正相关关系。研究者将FDI提升东道国经济增长的渠道分为三类：一是增加东道国资本积累，提高资本形成；二是引进新技术，提高东道国技术水平；三是诱导和促使东道国对微观经济制度、市场组织、宏观经济管理体制等进行改进，提高资源配置效率，促进经济增长（刘宏和李述晟，2013）。

沈坤荣和耿强(2001)的研究表明，FDI对东道国尤其是发展中国家经济的影响日益扩大，包括增加东道国的资本存量、提高投资质量以及缓解就业压力。窦祥胜(2002)指出，开放经济条件下，国际资本流动对资本、技术、人力资本和制度等增长因素的结构变迁有重要的影响。在引进外资的同时也引进了市场机制和竞争机制，加快了市场体制建设步伐，推动了价格、金融、财税、投资、外贸和外汇等各个方面的经济体制改革，缩小了中国在“制度”上的差距。江锦凡(2004)对中国经济增长的研究显示，每增长1个百分点，其中有19.3%来源于FDI。朱小梅和叶茂升(2005)考察了我国1978—2003年的经济增长后发现，作为劳动力充裕的国家，却在90年代之后出现了资本对劳动力的替代。该结论表明FDI对我国的要素配置产生了显著影响，增加了资本积累。罗长远(2006)指出，FDI作为投资本身对经济增长的直接作用并不显著，但它通过促进全要素生产率的提升和对国内投资的挤入效应间接地对经济增长产生积极作用。Whalley和Xin(2010)的研究表明，外资企业在我国出口总额中占比50%，在进口总额中占比60%。在2003年和2004年，外资企业在我国GDP中所占的份额已经超过了40%，但是它们只雇佣了3%的劳动力，平均劳动生产率高于非外资企业的9倍。如果没有外资企业，我国的GDP增长率大约会降低3.4%。随洪光(2013)的研究指出，FDI对于中国经济增长质量有显著的正向作用。

郑磊和汪旭晖(2015)对亚洲主要国家金融业FDI进行研究发现，金融业FDI能够通过资本渠道加速东道国金融系统竞争，提高金融服务水平与配置效率，促进东道国经济增长。

纵观改革开放以来的40年，FDI是我国参与经济全球化的重要推动力量，与对外贸易一道成为推动我国经济高速增长的“引擎”。

10.3.2 工资水平

FDI对东道国工资水平的影响，一直是国内外学者研究的热点。首先，外商投资企业与国内企业相比，工人有较高的工资水平。Lipsey 和 Sjöholm(2004)认为，与本地公司相比，由于外资企业规模更大、资本密集度更高、技能更强，因此可能比国内企业支付更高的工资。Chen，Demurger 和 Fournier(2005)在中国家庭中的调查结果也证实了这一结论。Goldberg 和 Pavcnik(2007)进一步研究指出，外资企业的平均工资水平显著高于中国国内私营企业和集体所有制企业。其次，学者也研究了FDI对东道国企业工资水平的溢出效应。Aitken 和 Harrison(1999)对墨西哥和委内瑞拉的研究表明，外资份额对行业的平均工资水平有明显的影响，而且对熟练工人的影响大于对非熟练工人的影响，在委内瑞拉的影响大于在墨西哥的影响。Lipsey 和 Sjoholm(2001)对印度尼西亚制造业的研究则发现，外资企业的确提供了更高的工资，而且有正的工资溢出，提高了整体工资水平。杨泽文和杨全发(2004)利用中国1985—2001年的数据，从部门角度就FDI对中国实际工资水平的影响进行了经验研究，发现劳动生产率是实际工资最重要的解释变量，对实际工资有正的效应。FDI对东道国实际工资水平有正效应这一结论在中国只在1997年以后才适用，而且FDI的这种效应主要通过劳动生产率间接地实现。Goldberg 和 Pavcnik(2007)的研究显示，FDI对国内企业的工资水平具有负的溢出效应，导致企业工资差距的扩大。Chen，Ge 和 Lai(2011)以中国为背景考察了外资企业与国内企业的工资差异，发现外资企业对国内企业的工资收入和非工资收入都有显著的溢出效应。研究还表明，外资企业和港澳台企业工资水平的增长率也高于内地企业。张志明和崔日明(2015)针对服务业进行的研究，其结论为，服务业FDI对服务业工资水平的整体影响为负。

10.3.3 就业

FDI对东道国就业的影响具有两重性。首先，FDI具有促进就业的就业创造效应。Varblane等(2000)针对4个中欧国家所做的研究发现，FDI在创造当地的就业机会的过程中起到了重要的作用。Li等(2012)进一步从直接和间接两个角度阐释了FDI促进就业的机制。一方面，就业是投资的函数，FDI的增加会直接创造新的就业机会。另一方面，FDI带动了与其相关的前后向及相关领域的内资企业的就业，通过投资乘数作用，间接地创造新的就业机会。蔡昉和王德文(2004)认为，虽然早期FDI就业份额较小，但由于其在我国的增长速度较快，使得该领域就业对中国总体就业增长的贡献不容忽视。刘宏和李述晟(2013)的研究也表明，FDI对我国就业具有明显的促进作用。

其次，FDI也存在阻碍就业的挤出效应。《2000年世界投资报告》指出，一方面，FDI在东道国可能面临着企业的整合和重组，从而在这一过程中造成失业。另一方面，外资企业进入也使得国内市场的竞争加剧，对部分内资企业造成“挤出效应”，使其缩减生产规模乃至破产。Ernst(2005)对拉丁美洲国家的研究发现，外资对当地就业增加的影响不显著，甚至还导致大量的劳动力失业，这与FDI主要以并购的方式进入东道国有关。Jenkins和Edwards(2006)也发现，FDI对越南正向的就业效应是非常有限的，甚至一度表现为抑制了当地就业水平的提升。以中国为背景，王剑(2005)的分析指出，FDI对国内投资的挤出、对生产率水平的提高产生了缩减就业岗位的间接效应，但叠加FDI带动就业增加的直接效应，总体效应依然为正。牟俊霖(2009)的研究认为，外商投资流量对就业有促进作用，而外商投资存量对就业有抑制作用。在多数年份，外商投资的净就业效应为负，对就业不存在显著和积极的促进作用。

总体而言，FDI对就业水平的影响可分为正向的创造效应和负向的挤出效应，其净效应的方向尚未有统一定论。FDI还会进一步影响就业质量、就业结构等。

10.3.4 出口

1. 出口规模

FDI对东道国出口规模有显著提升作用。早在20世纪90年代初，联合国跨国公司中心(1992)的研究报告便指出，FDI在发展中国家出口加工区的活动对东道国制成品出口的增长做出了相当大的贡献。FDI的流动在投资国与东道国之间创造了新的贸易机会。Zhang和Song(2001)针对中国的研究发现，外商直接投资对省级制造业出口表现有积极影响。此外，Sun(2012)基于大样本的企业面板数据所做的研究发现，外资企业生产率正向的外溢效应会提升国内企业出口量。结果显示，外资比例每增加1%，国内出口随之增长0.57%。

2. 出口结构

FDI有助于改善我国的出口结构，使出口产品技术、知识和信息含量有所增加，产品更具国际竞争力。江小涓(2002a, 2002b)、付朝阳(2003)定性分析了FDI对我国出口结构的影响，认为FDI的流入明显促进了我国出口结构优化。文东伟、冼国明和马静(2009)的分析表明，中国生产和出口的行业结构以及出口竞争力呈现出高度一致的变化趋势，即都由劳动密集型行业转向资本及技术密集型行业。进一步的经验研究发现，FDI推动了中国的产业结构升级，并显著提升了中国的出口竞争力。

3. 出口质量

FDI有助于提升东道国出口产品质量。Hausmann和Rodrik(2003)的研究认为，发展中国家要实现技术水平提高和产品质量升级，短时间内难以通过自身的资本和要素积累来实现，很大程度上还要依靠外国的资本与技术。就我国而言，李坤望和王有鑫(2013)从理论上探讨了FDI促进出口产品质量升级的微观机制，然后利用1999—2007年产品层面的贸易数据对此进行了实证检验。结果发现，FDI稳健地提高了我国出口产品质量，非港澳台投资对产品质量的提升作用要强于港澳台投资。资本密集型行业和高外资进入行业中FDI的存在有利于出口产品质量升级，而劳动密集型行业和低外资进入行业中FDI的存在不利于出口产品质量升级。

4. 出口复杂度

Rodrik(2006)及Liang(2008)均指出FDI对于发展中国家的出口复杂度具有重要作用。郭晶(2010)进一步指出，FDI与高新技术产业出口复杂度具有长期正向协整关系，且发达国家提升出口复杂度的能力强于发展中国家。Xu(2007)利用1998—2005年的数据实证检验了境外跨国公司对中国快速增加的出口产品技术复杂度的影响。结果发现，来自OECD国家和中国港澳台地区的独资企业促进了中国出口产品技术复杂度的上升。Xu和Lu(2009)利用2000—2005年中国和OECD国家的数据，检验了来自OECD国家的FDI是否有利于促进工业行业出口技术复杂度的提升。结果发现，来自OECD国家的外商独资企业份额的上升、外商投资企业从事加工贸易出口比例的上升有助于提升出口产品技术复杂度，而内资企业加工贸易出口比例与出口产品技术复杂度负相关。

10.3.5 收入差距

1. 地区收入差距

在我国，FDI的分布具有很强的地域差异，FDI的流入差异提高了收入不平等程度。Cheng和Kwan(2000)研究指出，由于沿海地区鼓励引入FDI的政策，而内陆地区基础设施欠发达，FDI在我国区域分布不均衡。多数研究观点认为，由于FDI对本地工资的溢出效应，FDI的区域分布不均衡加剧了区域收入水平的失衡(Chen, Ge and Lai, 2010)。还有学者从不同角度解释了FDI影响地区收入差距的原因。如外资导致地区间经济发展战略差异(林毅夫等，1998)、私营企业发展不平衡(Chen and Fang, 2000)、制度非均衡发展(曹阳，2001)，以及地区间对外开放程度不同(沈毅俊、潘申彪，2008)等。

2. 城乡收入差距

关于FDI与城乡收入差距的关联性问题，国外研究并没有得到一致的结论。Bhandari(2004)的研究认为，FDI并不会扩大城乡收入差距，因为FDI可以通过充分利用过剩的非熟练劳动力促进要素报酬均等化。Liu(2010)的研究发现，FDI流入对农村经济的促进作用大于城市经济，农村能够从FDI的流入中获得比城市更多的益处。因此，FDI有利于缩小城乡收入差距。也有学者认为FDI会扩大城乡收入差距，由于FDI倾向于流向工业比较发达、基础设施比较完善的地区，而农村不良的投资环境抑制了外资的流入，城乡收入差距自然会拉大。就此问题，聚焦中国的研究也尚未得到一致结论。罗少卿、韩峰和周治波(2009)指出外商直接投资是我国城镇居民收入差距拉大的格兰杰原因，扩大了城乡之间的收入差距。得到同样结论的还有徐晓慧(2014)等。赵晓霞(2009)的分析则认为，FDI有利于缩小城乡之间的收入差距。还有部分研究显示我国城乡居民收入差距与FDI之间呈“倒U型”关系(何枫和徐桂林，2009)。

10.3.6 国内投资

1. 固定资产投资

根据国家统计局的数据，在1989—2003年间，FDI占我国固定资产投资总额的比例约为8.7%，这一比例在1994年达到峰值13.9%。田素华(2012)分析了我国FDI占年度固定资产投资总额比重的变化趋势，结果显示，在1979—2008年，这一比重的变化呈现显著的“倒U型”特征。其中，在1979—2000年前后，FDI占中国年度固定资产投资比重显著上升，起促进作用的因素包括国有企业和集体企业劳动就业人口比重相对下降、税收政策优惠，以及对外贸易开放度提高等。在2002—2008年，FDI占中国年度固定资产投资比重显著下降，起促进作用的因素包括中国高等教育入学率提高，以及中国加入WTO后对外贸易壁垒的下降。

2. FDI对国内资本的挤入和挤出效应

有关FDI对国内资本的影响，目前国外研究尚未得出一致结论。部分学者认为FDI会挤出东道国国内投资。由于外资企业具备更为先进的技术和更高的生产率，它们可能会“挤出”本地资本的投资机会（Aitken and Harrison，1999）。另一方面，FDI也为东道国带来先进的技术和生产经验，提高了国内资本的使用效率，从而对本地的资本产生了“挤入效应”（Bosworth et al.，2008）。Mileva（2008）通过制度指数刻画了一个国家是否转轨到接近市场经济的水平，结果发现一国制度环境越弱，FDI的挤入效果越强。谭之博和赵岳（2014）的研究显示，就所考量的56个发展中国家的平均金融发展水平而言，FDI对国内投资的作用表现为“挤出效应”。而在少部分模型设定下，当一国的金融发展水平较低时，FDI对国内投资的作用才表现为“挤入效应”。

就针对中国的研究而言，张天顶（2004）利用1984—2002年的省级数据所做的研究显示，FDI与中国国内资本之间不存在挤出效应，而是存在互补性。FDI每增加1%，会带动约0.2%的国内资本投资。汪增群和梁怡（2007）也有相似的结论，他们利用1985—2004年间的数据对FDI与国内投资之间的关系进行了实证检验，结果发现，我国吸收的FDI对国内投资存在着比较显著的“挤入效应”。进一步地，罗长远（2006，2007）运用中国省级面板数据探讨了FDI对于国内投资的影响，发现FDI对受到金融支持较强的资本存在“挤入效应”，而对受到金融支持较弱的资本存在“挤出效应”。

3. FDI有助于缓解私人企业的融资困难

一直以来，我国的金融体系存在着各种形式的扭曲。Huang（2003）指出，中国国有企业提交了投资需求计划，经由省级和中央政府层面批准后，获得贷款配额。而由于民营企业被排除在提交投资计划之外，无法获得政府的贷款配额，这一所有制歧视使得资源不能够流向更有效率的私人部门，私人企业存在着严重的融资约束。因此，广泛存在的市场扭曲决定了中国的经济发展需要FDI（罗长远和张军，2008）。Huang

(2003)、罗长远(2007)、Guariglia 和 Poncet(2008)的研究显示，我国金融系统的这种扭曲可能迫使中国民营企业寻找外国投资者，通过与外资形成伙伴关系(如合资或上下游企业)，私人企业的融资困难特别是外汇管制带来的外汇短缺得以缓解，从而实现生产扩张。从某种意义上看，FDI 为私人企业提供了替代性的融资渠道，在一定程度上缓解了与我国低效率的银行业相关的成本(Guariglia and Poncet，2008)。FDI 缓解了中国私营企业的信贷约束，降低了信贷市场上的信息不对称，有助于改善金融配置(罗长远和陈琳，2011)。

10.3.7　环境保护

关于 FDI 的环境效应，现有文献尚存争议。部分学者提出了“污染转移”假说，即伴随 FDI 的产业转移，东道国的环境污染趋于恶化。Copeland 和 Taylor(2004)指出，由于不同国家或地区有着不同的环境标准，污染密集型企业出于生产成本的考虑，倾向于将企业建立在环境标准相对较低的国家或地区。因此，开放经济下的自由贸易和投资将导致高污染产业不断地从发达国家转移到发展中国家，从而使低环境标准国家成为吸纳污染密集型产业的“污染天堂”。与此相反，“污染光环”假说则认为跨国公司对发展中国家的 FDI，能引进先进的清洁生产技术，通过示范效应、竞争效应和学习效应三种渠道产生技术溢出，提高当地企业生产过程中的资源使用效率，从而有利于改善投资所在地的环境。Letchumanan 和 Kodama(2000)及 Eskeland 和 Harrison(2003)先后为这一假说提供了实证依据。还有学者提出了 FDI 对东道国的环境效应呈现非线性特征，表现为“倒 U”型曲线关系，且污染密集型行业的 FDI 更容易对东道国环境造成破坏(包群等，2010)。

有关这一主题针对我国的研究也没有统一的结论。沙文兵和石涛(2006)利用中国省级面板数据对外商直接投资的环境效应进行了考察，结果表明外商直接投资对中国生态环境具有明显的负面效应，且呈现出东高西低的梯度特征。盛斌和吕越(2012)采用中国 2001—2009 年 36 个工业行业的面板数据，运用结构计量模型和系统广义矩估计方法对外资进入程度与污染排放的关系进行经验检验，结果发现外商直接投资无论是在总体上还是分行业上都有利于减少我国工业的污染排放。白俊红和吕晓红(2015)关注了 FDI 的质量，研究显示，FDI 质量的提升有利于中国环境污染的改善，且不同的 FDI 质量指标对环境污染的影响具有明显的地区差异。计志英、毛杰和赖小锋(2015)的研究则证实，外商直接投资与我国环境污染呈“倒 U”型关系，且这与地方政府的环境规制相关。

10.3.8 技术外溢效应

张建华等(2003)将溢出效应产生的渠道归为四类：(1)示范效应，当地企业通过观察和学习外国企业，进而提高自己的生产效率；(2)竞争效应，跨国公司进入后可以在一定程度上消除垄断，市场竞争程度的加强迫使当地企业更有效率地利用资源，进而推动其技术效率的提升；(3)培训效应，跨国公司对当地企业员工的培训会通过劳动力的流动促进东道国的技术进步；(4)联系效应，跨国公司可以通过与当地供应商的后向联系、与销售商的前向联系，提高技术水平。

以上四种渠道可以归为水平和垂直两种外溢效应。首先，在同一行业，通过示范效应、竞争效应和培训效应提升技术水平，FDI 可以为国内企业带来水平外溢效应。Abraham 等(2010)的研究证实了 FDI 的水平外溢效应。其次，在不同行业之间，可以通过与供应商和销售商的联系产生垂直外溢效应。垂直溢出效应的渠道包括：后向外溢效应，指从外国投资公司到国内供应商的供应链技术转移；前向外溢效应，指由于外国对上游行业的投资，国内企业可以获得新的或更低成本的中间投入。Blomstrom 和 Kokko(2010)的研究发现，国内企业会在与跨国公司的联系中获得后向与前向外溢效应。

针对我国的研究，陈柳和刘志彪(2006)认为 FDI 本身的溢出效应对经济增长的贡献不大，需要同人力资本的互动才能起作用。陈琳和罗长远(2011)就 FDI 的垂直溢出效应进行研究发现，FDI 主要通过前向关联，提高了我国企业的生产率，但没有通过后向关联对企业生产率有所影响。李晓钟和何建莹(2012)借助 C-D 函数，实证分析了 FDI 对我国高新技术产业内资企业产出、自主创新能力和新产品开发的影响。研究表明，外资通过竞争效应、人员流动效应、示范效应以及产业关联效应等带动高新技术内资企业劳动生产率提高，从而促进内资高新技术企业产出总量增加。杨红丽和陈钊(2015)使用 2000—2006 年中国工业企业数据库和中国海关数据库对 FDI 水平溢出中的直接效应和间接效应进行了分离和识别。结果表明，随着外资企业本地化配套水平的提高，FDI 水平溢出效应显著增加，即 FDI 通过垂直联系而产生的间接水平溢出显著存在。

10.3.9　区域经济发展

中国沿海地区由于独特的地理优势、较成熟的工商业基础及政策性因素等，在改革开放以来成了外资青睐的目的地。依据国家统计局 2006 年的数据，80%以上的 FDI 分布在沿海地区。世界银行 1979—2001 年的数据显示，我国 12 个沿海省市，尤其是广东、上海、福建和江苏，在流入我国的 FDI 总量中占据了 90%以上，而西部地区的 FDI 则不足 5%。Fu(2014)利用我国 1995—1998 年 16 个内陆地区的面板数据所做的研究显示，FDI 在沿海与内陆地区分布的差异对区域经济发展差距有显著的正向影响。李新安(2006)基于经济集聚效应进一步指出，在发达地区，FDI 的集聚效应对经济增长的影响更为强烈，而在中西部地区，外资对经济增长的促进作用则不那么显著，这在一定程度上解释了我国区域经济发展的失衡。Abraham 等(2010)的研究显示，得益于与港澳台地区的地理和文化联系，沿海省份拥有更多的 FDI，经济发展也获得了更大的推动力。崔建军和吕亚萍(2014)所做的研究也发现，FDI 对我国三大区域经济增长作用有明显差异，东部地区比西部地区高出 7 个百分点，在长期，可能加大区域间经济发展的差距。

10.3.10　人力资本

从已有文献来看，有关 FDI 对于人力资本积累的影响还存有分歧。一类文献对 FDI 在这方面的效应持正面态度。一方面，随着发达国家的 FDI 深入渗透到本地市场，对于高素质人力资本的需求增加。另一方面，通过培训、示范、竞争等效应，有利于教育和培育高素质人才，优化发展中国家的人力资本结构(Michie，2002；Harvey，Myers and Novicevic，2002)。朱江丽和刘厚俊(2013)通过将 FDI 的效应引入人力资本内生增长模型，研究表明，FDI 的空间集聚对城镇人力资本积累总量增加和结构优化都有促进作用。

另一类文献则认为，FDI 对人力资本具有负面效应。FDI 在发展中国家通常集中于技术水平较低的劳动密集型产业，锁定了大量低素质劳动力，不利于人力资本的提升(Ritchie，2002；Long，Riezman and Souberan，2007)。时慧娜(2012)的研究指出，FDI 与城市化的交叉项对人力资本积累具有负效应，并指出这可能是 FDI 集中于低技术行业产生的“锁定效应”所致，尤其是导致青少年辍学参工等现象发生。

还有学者认为 FDI 对于人力资本的影响是两种效应的综合结果。FDI 造成就业能力有差异的劳动力的收入差距扩大，一方面成为教育投资的信号，另一方面则会削弱低收入劳动者人力资本投资能力的可持续性，并降低人力资本投资效率（马衍军、柳成洋和马艳萍，2004）。还有研究将FDI与人力资本之间的协同效应归纳为替代与互补两个方面。FDI对于中国经济发展的积极效应与经济体的吸收能力有关，而吸收能力主要取决于人力资本。总的来看，FDI对于人力资本存在着短期替代、长期互补的关系（Sun，2012）。

10.4 从利用外资到资本走出去

10.4.1 “走出去”战略

1.“走出去”战略的形成与发展

中国的对外开放战略包括相辅相成的两个方面：“引进来”与“走出去”。2000年以前，我国的国际投资政策以鼓励吸引外资、限制对外投资为主要特征。这是由于在改革开放初期，我国面临的是储蓄短缺和外汇短缺同时并存的“双缺口”格局，吸引外资可以同时弥补这两个缺口，而限制对外投资可以防止它们扩大（姚枝仲和李众敏，2011）。另一方面，在经济发展处于较低水平时，我国需要引入国外资本和技术来为经济发展提供动力，进行对外投资的能力相对缺乏。20世纪90年代中后期，中国的“双缺口”格局逐渐演变为储蓄过剩和外汇过剩的“双过剩”局面。与此同时，随着我国经济实力的增强和企业竞争力的提升，我国需要更充分地利用国际和国内两个市场，在更广阔的范围内进行资源的优化配置。在这样的背景下，20世纪90年代中后期和21世纪初，我国开始酝酿并提出“走出去”战略。

1992年，党的十四大提出要“积极扩大我国企业的对外投资和跨国经营”。1997年9月，党的十五大提出要“努力提高对外开放水平”，“鼓励能够发挥我国比较优势的对外投资，更好地利用国内国外两个市场、两种资源”。1998年，十五届二中全会提出，“在积极扩大出口的同时，要有领导有步骤地组织和支持一批有实力有优势的国有企业走出去，到国外去，主要是到非洲、中亚、中东、中欧、南美等地投资办厂”。2000年，国务院政府工作报告提出“鼓励国内有比较优势的企业到境外投资办厂，开展加工贸易，或者合作开发资源。继续发展对外承包工程和劳务合作”。这些都为“走出去”战略的形成奠定了基础。

2000年，党的十五届五中全会审议通过的《中共中央关于制定国民经济和社会发展第十个五年计划的建议》首次明确提出“走出去”战略。在2001年3月全国人大九届四次会议通过的《政府工作报告》和“十五”计划纲要中，对“走出去”战略作了正式表述：“鼓励能够发挥我国比较优势的对外投资，扩大国际经济技术合作的领域、途径和方式。继续发展对外承包工程和劳务合作，鼓励有竞争优势的企业开展境外加工贸易，带动产品、服务和技术出口。支持到境外合作开发国内短缺资源，促进国内产业结构调整和资源置换。鼓励企业利用国外智力资源，在境外设立研究开发机构和设计中心。支持有实力的企业跨国经营，实现国际化发展。健全对境外投资的服务体系，在金融、保险、外汇、财税、人才、法律、信息服务、出入境管理等方面，为实施‘走出去’战略创造条件。完善境外投资企业的法人治理结构和内部约束机制，规范对外投资的监管。”

从上述“走出去”战略的内容可看出，实施“走出去”战略的重点有四个：一是通过能够发挥我国比较优势的对外投资（主要是境外加工贸易）来带动出口；二是到境外合作开发国内短缺的资源；三是在境外设立研发机构、利用境外智力资源，促进我国创新和技术进步；四是有实力的企业要实现跨国经营。可见“带动出口”“开发资源”“技术进步”“跨国经营”是当时实施“走出去”战略的主要目的。战略的实施手段则是要求政府“规范对外投资的监管”和“健全对外投资的服务体系”（王碧珺，2016）。

随后，“十一五”“十二五”“十三五”规划纲要都对“走出去”战略赋予了更深刻的内涵和更高的要求。经过十多年的发展，“走出去”战略已从单纯强调“获取”（市场、资源、技术）转化为重视“给予”（履行社会责任、造福当地人民）；从监管“国有资产”转化为引导“各类所有制”有序投资；从强调监管转化为加强服务、维护海外权益；从制造业、自然资源和基础设施境外直接投资拓展到农业、金融业“走出去”（王碧珺，2016）。

2.“走出去”战略相关政策的完善

在“走出去”战略提出后，国家各部门也逐步开启政策调整，在审批管理、外汇制度、财税政策等各方面对企业对外直接投资予以实质性的支持。

（1）简化项目审批。2004年7月，国务院颁布《关于投资体制改革的决定》，把企业对外直接投资的审批制改为核准制，并要求简化审批程序，合理划分审批权限。根据这一决定，发改委于2004年10月发布《境外投资项目核准暂行管理办法》，对核准程序和核准条件作了详细规定，放宽和下放各级审批权限，提高核准效率。2004年8月，商务部和国务院港澳办制定了《关于内地企业赴香港、澳门特别行政区投资开办企业核准事项的规定》。2009年，商务部发布《境外投资管理办法》，下放了商务部门对中国企业境外直接投资的核准权限，并提高了核准的便利化程度，明确了商务部的服务职能和服务内容。2011年，发改委进一步下放了境外投资项目的核准权限。

（2）放松用汇管理。我国在1989年颁布的《境外投资外汇管理办法》和1997年的《境外外汇账户管理规定》都是较严格的外汇管理制度。2002年以来，我国开始了放宽管制、简化手续的外汇管理制度变革。2002年，外管局宣布取消《境外投资外汇管理办法》中的境外直接投资汇回利润保证金制度；2003年，宣布退还已收取的海外投资的汇回利润保证，允许境外企业产生的利润用于境外企业的增资或在境外再投资，并简化了外汇资金来源审查。2006年，外管局取消了境外投资购汇额度的限制，并放松了对外汇资金来源的审查。2008年国务院通过《中华人民共和国外汇管理条例》，从法律层面上确立了强制结售汇向自愿结售汇的转变。2009年的《境内机构境外直接投资外汇管理规定》进一步取消了外汇资金来源审查，并对境内机构境外直接投资及其形成的资产、相关权益由审查制度改为外汇登记及备案制度。

（3）加大财税政策扶持。在政府专项资金方面，政府先后设立多项涉及境外投资的政府专项资金，包括中小企业国际市场开拓资金（2001年）、对外经济技术合作专项资金（2005年）、境外矿产资源勘查开发专项资金（2005年）、纺织业“走出去”专项资金（2006年）等。在产业投资基金方面，国家开发银行与国外机构合资，先后设立了中瑞合作基金（1998年）、中国—东盟中小企业投资基金（2003年）、中国比利时直接股权投资基金（2004年）和中非发展基金（2007年）等产业投资基金。在信贷支持方面，2004年，发改委联合中国进出口银行颁布了《关于对国家鼓励的境外投资重点项目给予信贷支持的通知》，中国进出口银行在每年的出口信贷计划中，专门安排一定规模的境外投资专项贷款资金，享受出口信贷优惠利率。2005年8月，为推动非公有制企业开拓国际市场，商务部和中国出口信用保险公司发布了《关于实行出口信用保险专项优惠措施支持个体私营等非公有制企业开拓国际市场的通知》。在税收政策方面，国家税务总局在2007年发布《关于做好我国企业境外投资税收服务与管理工作的意见》，要求为企业境外投资提供优质税收服务、规范税收管理。

3. “走出去”战略的效果与意义

“走出去”战略的直接效果是推动了我国对外直接投资的快速增长。2003 年中国对外直接投资流量仅为 28.6 亿美元，到 2013 年已达 1 078.4 亿美元，2003—2013 年间的年均复合增长率达到 43.8%。不仅如此，“走出去”战略对我国获取外部资源、培育跨国企业、寻找经济增长新动力、推动经济结构调整、进一步深化改革开放等也都有重要意义。

10.4.2　“一带一路”倡议

2008 年金融危机后，全球经济进入深刻调整期。国际金融危机深层次影响陆续显现，世界经济缓慢复苏、发展分化，国际投资贸易格局和多边投资贸易规则酝酿深刻调整，各国面临的发展问题较为严峻。①同时，我国经济进入新常态，需要找到新的经济增长点，调整对外开放模式。作为全球第二大经济体，我国也有必要在全球经济不景气的情况下承担相应的国际责任，并得到应有的影响力和发言权。在国际贸易和投资规则的重构过程中，美国之前主导的跨太平洋伙伴关系协定（TPP）、跨大西洋贸易与投资伙伴关系协定（TTIP）有将现行多边贸易体制边缘化的风险，需要第三极来加以平衡（汤敏，2015）。因此，从国际宏观环境变化和国内经济需求来看，在新时期我们需要一个新的对外开放举措。

2013 年 9 月和 10 月，习近平主席先后提出建设“新丝绸之路经济带”和“21 世纪海上丝绸之路”的重大倡议。“一带一路”倡议依托亚欧大陆桥与海上通道，以加强政策沟通、道路联通、贸易畅通、货币流通、民心相通为重点，是促进共同发展、实现共同繁荣的合作共赢之路，是增进理解信任、加强全方位交流的和平友谊之路。中国政府倡议，秉持和平合作、开放包容、互学互鉴、互利共赢的理念，全方位推进务实合作，打造政治互信、经济融合、文化包容的利益共同体、命运共同体和责任共同体。

“一带一路”倡议对我国的经济和社会发展而言，具有重大意义：

(1) 有利于我国全方位开放新格局的形成。

我国的对外开放经历了由经济特区到沿海开放城市、再到沿江沿边开放、最后全面开放几个阶段。受地理区位、资源禀赋、发展基础等影响，我国东部地区开放水平

---

① 国家发展改革委、外交部、商务部：《推动共建丝绸之路经济带和 21 世纪海上丝绸之路的愿景与行动》，2015 年。

较高，而西部地区相对滞后，对外开放总体呈现东快西慢、海强陆弱的格局。“一带一路”将构筑新一轮对外开放的“一体两翼”，在提升向东开放水平的同时加快向西开放步伐，助推内陆沿边地区由对外开放的边缘迈向前沿，有助于我国形成海陆统筹、东西互济、面向全球的开放新格局（高虎城，2014）。

（2）有利于引领企业拓展外部市场，促进贸易投资。

贸易畅通是“一带一路”倡议的重点内容之一。我国与沿线国家展开合作，共建自由贸易区、发展跨境电子商务、拓展相互投资领域、共建跨境经济合作区，有利于消除贸易和投资壁垒，加快贸易和投资便利化进程。“一带一路”沿线国家大多为发展中国家和新兴经济体，经济发展速度较快，市场需求潜力大，与我国贸易互补性强。与此同时，“一带一路”倡议的政策红利有利于降低企业的预期风险，贸易壁垒的减少和基础设施建设有利于降低贸易成本，从而促进我国企业的出口（孙楚仁等，2017）。另一方面，“一带一路”沿线的发展中国家对基础设施建设有巨大投资需求，不少发达国家也面临基础设施改造升级（胡鞍钢，2015）。我国在基础设施建设上具有比较优势，并有巨大的外汇储备，具备向沿线国家进行对外直接投资的能力。

（3）有利于推进人民币国际化。

加强货币流通是“五通”之一。随着我国与“一带一路”沿线国家的双边贸易规模呈现不断增长的趋势，贸易结算中对人民币的需求也进一步攀升，这给人民币国际化注入了动力。李晓和李俊久（2015）的研究也表明，人民币在“一带一路”沿线国家的国际化程度有所提升。沿线国家离岸人民币市场的发债种类和规模有所扩大，涵盖了英国和瑞士的人民币债券、德国的“歌德债”、法国的“凯旋债”等。人民币合格境外机构投资者试点稳步铺开，包括英国、法国、韩国、德国等，额度累计 5 500 亿元人民币。

（4）有利于我国经济转型升级。

“一带一路”倡议为我国产业转移提供了空间。随着东部地区劳动力成本上升、土地价格上涨，劳动密集型工业的比较优势正在逐渐丧失，向中西部地区及其他发展中国家转移已是大势所趋。“一带一路”倡议能够促进沿线发展中国家的基础设施建设，从而优化投资环境，有利于承接我国东部地区的产业转移，而深度的经济合作有利于降低企业转移成本。“一带一路”倡议也有利于我国与其他国家开展产能合作。我国现阶段相对过剩的钢铁、水泥等产业可能正是中亚、非洲等地经济发展所需的战略资源。“一带一路”倡议有助于实现中国与沿线国家的供需对接，既可以提高我国的产能利用率，为产业升级提供必要条件，也为“一带一路”沿线国家提供了难得的发展机遇。

10.5　资本走出的现状

10.5.1　规模和增长率

中国的对外直接投资在过去 40 年间经历了大规模增长。图 10.12 展示了 1982—2016 年中国对外直接投资流量的变动。从中可以看出，1982—2000 年间我国对外投资流量相对平稳，从 2003 年起，我国的对外直接投资进入了飞速发展的时期。从流量上看，2003 年中国对外直接投资额仅为 28.5 亿美元，2003—2016 年间的年均复合增长率达到 38.5%，占全球的比重从 0.53%增加到 13.5%，在全球的位次从第 25 位提升至第 2 位[见图 10.13(a)]。从存量上看，在 2003—2016 年间，中国对外直接投资存量占全球的比重从 0.35%增加到 5.19%，在全球的位次从第 25 位提升至第 6 位[见图 10.13(b)]。

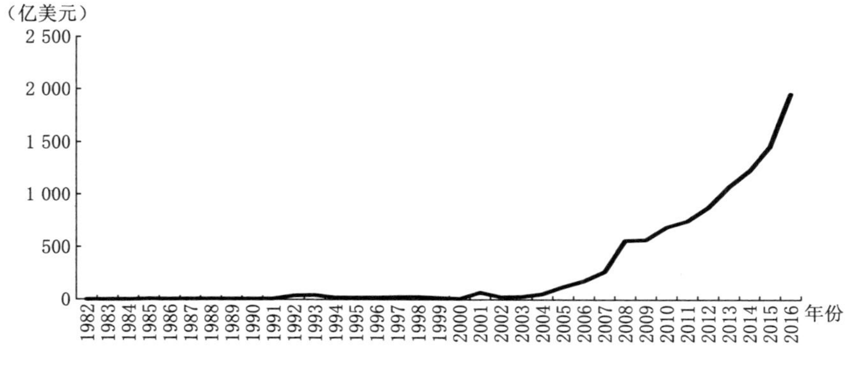

图 10.12　1982—2016 年中国对外直接投资流量

资料来源：1982—2002 年数据来自联合国贸易和发展会议数据库，2003—2016 年数据来自国家统计局网站。

根据《中国对外直接投资统计公报》，2016 年中国对外直接投资净额为 1 961.5 亿美元，同比增长 34.7%，流量规模仅次于美国（2 990 亿美元），蝉联世界第二位[见图 10.14(a)]。对外直接投资再次超过吸引外资，连续两年实现资本净输出。存量方面，

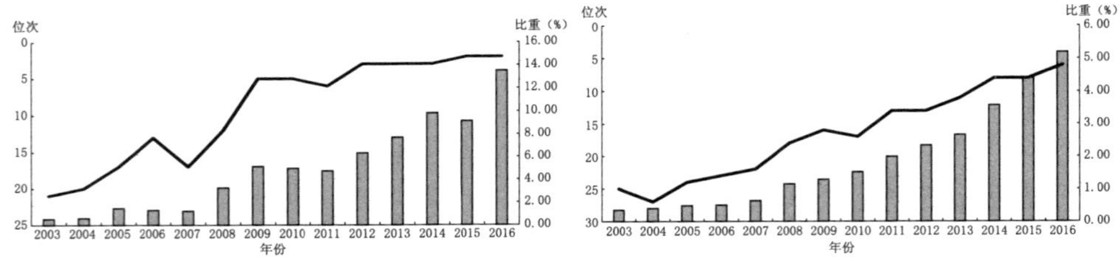

（a）流量　　（b）存量

图 10.13　2003—2016 年中国对外直接投资在全球的位次与所占比重

资料来源：联合国贸易和发展会议数据库、国家统计局网站。

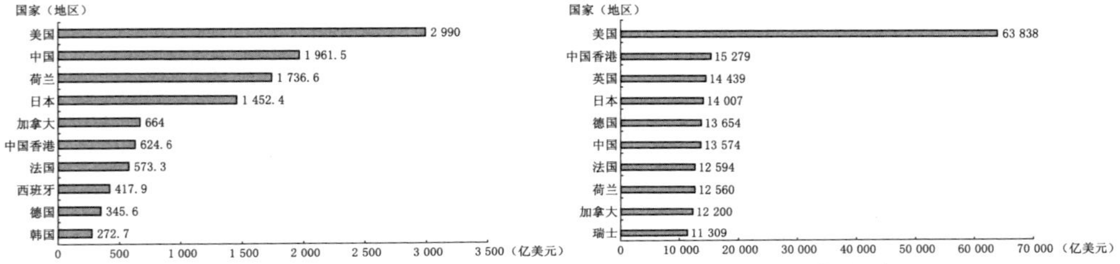

（a）流量对比　　（b）存量对比

图 10.14　2016 年全球主要国家（地区）对外直接投资净额

资料来源：商务部《2016 年度中国对外直接投资统计公报》。

2016 年中国对外直接投资累计净额为 13 573.9 亿美元，成为继美国、中国香港、英国、日本、德国后世界第六位的投资来源地[见图 10.14（b）]。截至 2016 年底，中国 2.44 万家境内投资者在境外共设立对外直接投资企业 3.72 万家，分布在全球 190 个国家和地区，年末境外企业资产总额 5 万亿美元。

可以看出，中国的对外直接投资增长速度快，即使在 2016 年全球经济增长率下降、境外直接投资复苏艰难的背景下，依然实现了强劲增长，并创下 2009 年以来的最大涨幅。但是，存量依然较小，还有很大发展空间。作为世界第二大经济体，中国在 2016 年全球贸易中的占比为 11.45%，在全球 GDP 中的占比为 14.84%，二者都远高于中国对外直接投资存量占比 5.2%。

10.5.2　地区分布

1. 从地理位置来看

中国对外直接投资的地点主要集中在亚洲和拉丁美洲。2003—2016 年间，中国在亚洲的投资平均占企业对外投资总额的 70.7%，这主要是由于中国在亚洲具有地缘优势，与亚洲国家和地区在经济、文化、历史等方面存在较多相似之处，从而相对熟悉所在国家和地区的投资环境。中国在拉丁美洲的投资平均占比为 15.8%，主要集中于开曼群岛、英属维尔京群岛等避税港地，体现出较强的避税意识（卢汉林，2016）。

不过，在对外直接投资初期，中国企业投资的目的地较为集中，其中对欧洲的投资占较大比重。随着时间推移，投资目的地逐渐多元化，对亚洲、北美洲的投资占比呈扩大趋势，而对欧洲、拉丁美洲的投资占比缩小。

2. 从经济发展程度来看

近年来，我国绝大部分对外直接投资集中在发展中经济体，平均占比达 87%，且变动不显著。根据《中国对外直接投资统计公报》，2016 年末我国在发展中经济体的投资存量为 11 659.93 亿美元，占 85.9%；在发达经济体中投资存量为 1 913.97 亿美元，占 14.1%，主要为欧盟、美国、澳大利亚等国家（地区）。从流量角度看，2016 年流向发达经济体的投资同比增长 94%，对欧盟、美国、澳大利亚的投资均创历史最高值，发达国家正日益成为众多中国企业对外投资的首选目的地。

3. 从具体国家和地区看

表 10.12 为 2016 年末中国对外直接投资存量前 10 位的国家或地区。从中可以看到，中国对外直接投资存量前 10 位的国家或地区分别为：中国香港、开曼群岛、英属维尔京群岛、美国、新加坡、澳大利亚、荷兰、英国、俄罗斯、加拿大，共占对外投资存量的 85.8%。其中，中国香港、开曼群岛、英属维尔京群岛已连续 13 年位列前三甲。另外，根据《中国对外直接投资统计公报》，中国对“一带一路”沿线国家（地区）的直接投资存量为 1 294.1 亿美元，占对外直接投资存量的 9.5%，其中存量位列前 5 位的国家和地区依次是新加坡、俄罗斯、印度尼西亚、老挝、哈萨克斯坦。

表 10.12 2016 年末中国对外直接投资存量前 10 位的国家（地区）

序号	国家（地区）	存量（亿美元）	比重（%）
1	中国香港	7 807.45	57.5
2	开曼群岛	1 042.09	7.7
3	英属维尔京群岛	887.66	6.5
4	美国	605.80	4.4
5	新加坡	334.46	2.5

续表

序号	国家(地区)	存量(亿美元)	比重(%)
6	澳大利亚	333.51	2.5
7	荷兰	205.88	1.5
8	英国	176.12	1.3
9	俄罗斯联邦	129.80	1.0
10	加拿大	127.26	0.9

资料来源：商务部《2016 年度中国对外直接投资统计公报》。

10.5.3 行业分布

1. 按三次产业分

表 10.13 2008—2016 年中国对外直接投资产业流量占当年流量比例(单位：%)

产业＼年份	2008	2009	2010	2011	2012	2013	2014	2015	2016
第一产业	0.31	0.61	0.78	1.07	1.66	1.68	1.65	1.77	1.68
第二产业	17.24	29.03	18.91	33.50	31.20	34.35	25.42	25.48	19.84
第三产业	82.46	70.36	80.31	65.43	67.14	63.96	72.93	72.76	78.49

资料来源：国家统计局网站。

2008—2016 年我国对外直接投资流量的产业分布如表 10.13 所示。2008—2016 年，我国对外直接投资主要分布在第三产业，第一产业占比最低。动态来看，第一产业比重呈上升趋势，第二、第三产业分别经历了先上升后下降、先下降后上升的变动过程。

根据《中国对外直接投资统计公报》，2016 年末中国对外直接投资存量的 76.3% 分布在第三产业，金额为 10 360.4 亿美元，主要分布在租赁和商务服务、金融、批发和零售、信息传输/软件和信息技术服务、房地产等领域。第二产业 3 083 亿美元，占中国对外直接投资存量的 22.7%，其中采矿业、制造业分别占第二产业的 47.1%、35%。第一产业 130.5 亿美元，占中国对外直接投资存量的 1%。

2. 按国民经济行业分

2016 年末中国对外直接投资存量的行业分布情况如图 10.15 所示。《中国对外直接投资统计公报》数据显示，租赁/商务服务业是我国对外直接投资占比最大的行业，达 34.9%，主要分布在中国香港、开曼群岛、英属维尔京群岛、卢森堡、荷兰等地。金融业、批发零售业分别位列第二、第三位。采矿业曾是中国对外直接投资最高的行业之一，但近年来的投资占比已有了明显的下降。2016 年中国的对外直接投资主要流向租赁/商务服务业和制造业，分别占当年流量总额的 33.5%、14.8%，实现同比增长 81.4%、45.3%。受国际大宗商品价格低迷的影响，流向采矿业的投资同比下降 82.8%，创下 2005 年以来中国企业对该领域投资的新低。

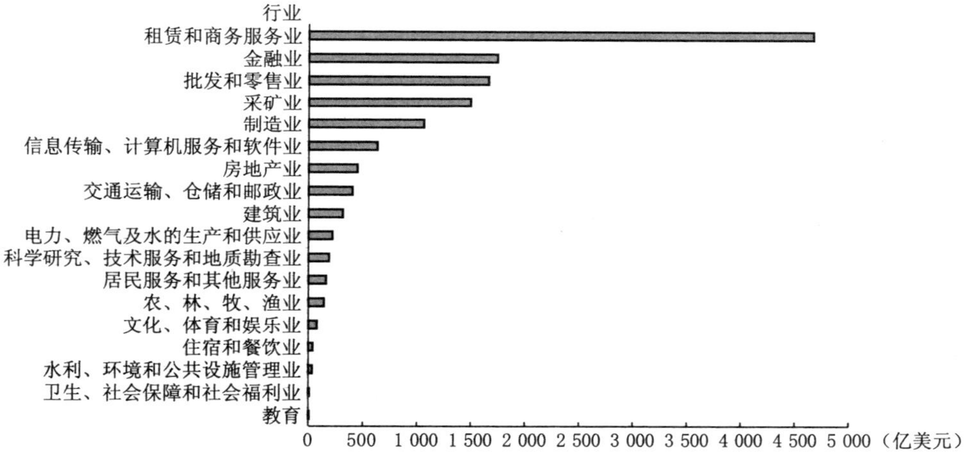

图 10.15　2016 年末中国对外直接投资存量行业分布情况

资料来源：国家统计局网站。

10.5.4　投资主体

根据《中国对外直接投资统计公报》，2016 年末，在对外非金融类直接投资 11 800.5 亿美元存量中，国有企业占 54.3%，非国有企业占 45.7%（其中，有限责任公司占 17.8%，私营企业占 8.7%，股份有限公司占 8.6%，外商投资企业占 3.5%，港澳台商投资企业占 3.5%，股份合作企业占 0.7%，集体企业占 0.3%，其他占 2.6%）。另外，图 10.16 展示了 2006—2016 年中国国有企业和非国有企业对外投资存量的占比情况。可以看出，2006—2016 年国企的投资存量占比呈逐年下降趋势，非国企的投资存量则逐年上升，但目前仍以国企的对外投资为主。

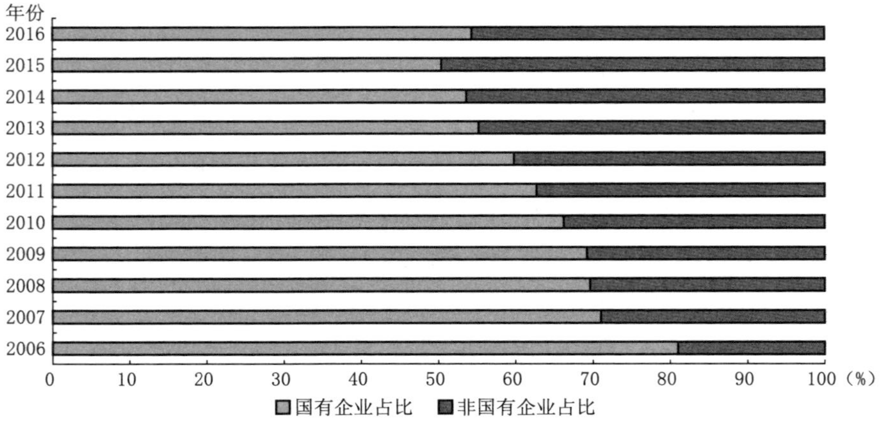

图 10.16　2006—2016 年中国国有企业和非国有企业对外投资存量占比情况

资料来源：商务部《2016 年度中国对外直接投资统计公报》。

10.6　资本走出去的决定因素

如上所述，中国对外直接投资近年来经历了高速增长。这一现象背后的驱动因素是什么？什么决定了中国对外直接投资？对此，下面从三个层面展开分析：中国的宏观经济情况；企业的微观动机与自身条件；东道国环境。

10.6.1　中国的宏观经济情况

企业进行对外直接投资，需要一定的国内宏观经济条件为动力或支撑。裴长洪（2011）指出，企业参与国际投资的优势除来源于企业实力的自我积聚和东道国区位优势外，亦来源于投资母国。母国是一国企业对外投资的基石，它在国民收入水平、服务业发展水平等方面为本国企业发展提供基础性条件。母国不同的发展条件，造就了各自的特定优势，形成企业优势的重要外部来源。

1. 经济发展水平

一般认为，一国对外直接投资规模与经济发展水平正相关。这方面的代表性理论之一是 1981 年邓宁提出的投资发展周期理论。该理论从动态角度分析经济发展水平不同的国家在对外直接投资中的地位，中心命题是“一国对外直接投资倾向取决于经济发展阶段和该国所拥有的所有权优势、内部化优势和区位优势”。具体来说，根据人均国民生产总值，可将经济发展分为四个阶段：第一阶段（人均 GNP 在 400 美元以下)，由于缺乏可供投资国选择的区位优势，以及从事对外直接投资的所有权优势和内部化优势，对外直接投资的流出与流入量均很少；第二阶段(人均GNP在400—1 500美元之间)，区位优势在增强，但没有实力形成所有权优势和内部化优势，因此对外直接投资的流入量大于流出量，且差额很大；第三阶段(人均GNP在1 500—4 000美元之间)，区位优势、所有权优势、内部化优势均在增强，对外直接投资流出量的增幅大于流入量增幅，虽然仍为对外直接投资的净流入国，但二者的差额在缩小；第四阶段(人均GNP在4 000美元以上)，所有权优势、内部化优势日趋明显，并有能力运用区位优势来进行对外直接投资，故资本流出超过资本流入，对外投资净额大于零且不断扩大。

投资发展周期理论说明，一国的经济发展水平将决定对外投资能力，随着经济发展水平的提高，一国对外投资的规模会扩大。这一理论得到了国内部分学者研究的证实。高敏雪和李颖俊(2004)使用面板数据模型，结合46个国家1995—2001年间的数据，发现随着人均GDP的增加，人均对外直接投资额和对外直接投资额占GDP的比重也在不断增加。李辉(2007)扩展了邓宁的投资发展路径理论，使用国际面板数据所做的研究发现，人均GDP是对外直接投资的显著影响因素，当人均GDP增长1%时，人均对外直接投资增长1.433%。薛求知等(2007)运用中国的时间序列数据，也发现中国经济发展和对外直接投资的关系，与投资发展周期理论的规律性认识相吻合。

根据世界银行公布的中国人均GNP数据(现价美元)，我国1992年人均GNP在400美元以下，1993—2003年人均GNP处于400—1 500美元之间，2004—2009年人均GNP在1 500—4 000美元之间。2016年，我国人均GNP为8 250美元，处在投资发展周期理论的第四阶段，这是我国对外直接投资增长的重要动力。

2. 服务业发展水平

一国服务业发展水平的提高有利于促进该国对外直接投资的发展，这基本得到了学界的共识。裴长洪(2011)认为，服务业发展水平是一国对外投资的基础条件之一。首先，一国对外投资的稳定展开，需要相近的服务业发展水平作为起步条件。服务业能否提供低成本、高效率的分销、金融、会计、法律服务等将直接影响生产制造业的竞争能力，进而影响其对外投资能力。同时，服务业自身也只有在母国获得充分发展，在组织规模、服务技术、服务质量和管理水平等方面取得进步后，才有可能拥有对外投资实力。其次，从动态角度看，随着对外投资规模的扩大、投资产业结构的升级，为了实现对外投资的稳定发展，需要服务业发展水平同步提升。韩剑(2015)对以上观点作了补充。他指出：第一，零售批发、运输通信等服务业可视为制造业的中间投入品，它们的发展有利于降低制造业交易成本、提高企业利润，弥补企业开展对外直接投资所面临的固定成本和额外风险；第二，较高的生产性服务业发展水平意味着制造业在生产过程中舍弃效率相对较低的"自给自足"式服务提供，将更多的服务投入外包给市场，这有利于企业将生产资源集中到更为有效的生产环节和过程中来，提升制造业的效率水平；第三，企业国际化的固定成本对于企业对外直接投资最为重要，而母国较高的金融发展水平能显著降低企业对外投资的门槛。

相关实证研究也支持服务业对对外直接投资的正向影响。李辉(2007)扩展了邓宁的投资发展周期理论，引入制造业产出、服务业产出占 GDP 的比重变量，发现服务业比重比制造业比重对对外投资的影响更大，说明一国服务业发展水平的提高更有利于该国企业开展对外投资。韩剑(2015)使用了 30 个 OECD 国家 1990—2011 年的面板数据，结果显示一国服务业总体水平与该国对外直接投资存在显著的正向关系。其中，批发零售、运输仓储及通信服务的效率提升对 ODI 有显著促进，金融中介和商业咨询及科技服务无论是规模还是效率提高都将显著推动 ODI 数量的增长。

统计资料显示，我国服务业增加值占 GDP 的比重由 1978 年的 23.9%提高到 2016 年的 51.6%，服务业就业比重从 1978 年的 12.2%上升到 2016 年的 43.5%。我国服务业发展水平的提高，有利于我国对外直接投资的增长。

3. 制度

制度对一国对外直接投资可能产生两方面的影响："制度激励"，即母国优良的制度条件赋予企业对外投资的优势；"制度逃逸"，即不完善的母国制度导致资本的外逃(陈培如等，2017)。

制度激励理论得到了许多学者的支持。Buckley 等(2007)及 Rui 和 Yip(2008)等认为，母国的经济制度决定了企业对外投资的所有权优势、动机与能力。Peng 等(2008)的研究证实，制度环境的差异使不同国家的企业在国际化进程中具有各自独特的优势。具体到中国，阎大颖等(2009)认为，中国制度转型为中国企业提供了某些获取资源、培育能力的特殊途径，对中国企业成长路径和发展战略有重要的影响，可以视为发达国家企业所不具有的、特殊的"制度性优势"，是中国企业能够实施 ODI 并从中获益的决定因素。姜建刚和王柳娟(2014)的实证分析表明，推动我国 ODI 的发展，依赖于企业自身的诱导性制度安排和国家的强制性制度安排：企业自身创造提供的诱导性制度安排，如商会组织，显著地有利于对外直接投资；市场化改革提供的强制性制度安排，如信贷资金分配市场化，也会影响企业的国际化决策与行为。另外，政策扶持，如“走出去”战略，对我国企业对外直接投资有显著的促进作用。这在国企的对外投资上得到了充分体现。国企是我国海外投资的主体，不仅有强大的投资实力，而且有强大的抵抗东道国经济政治风险的能力，这与国企享受政府各项优惠政策和制度便利是分不开的(阎大颖等，2009)。

关于我国的对外直接投资是否存在“制度逃逸”现象，学术界存在一定争议。洪俊杰等(2012)指出，中国的对外直接投资大部分流向了政治风险较大、制度质量较差的国家，说明“制度逃逸”论对中国企业的国际化行为的解释力有限。陈培如等(2017)持相反观点，认为国内知识产权保护制度不完善、法制体系不健全迫使资本产生外逃。尤其是东部地区，ODI 的扩展边际对当地知识产权保护力度、腐败程度的敏感性高于中部和西部，表现出更强的制度逃逸特征。

10.6.2　企业的微观动机和自身条件

对外直接投资是一种企业行为，内生化于企业最大化决策过程，因而受企业内在动机的驱动与影响。同时，对外直接投资对企业的竞争优势有一定的门槛要求，而企业竞争优势不仅来源于母国的发展条件，更是来源于企业自身发展状况。企业只有满足一定的自身条件，才能跨越对外投资的门槛值，实现“走出去”。

1. 企业的微观动机

跨国公司理论认为，企业对外直接投资的动机主要分为四类：获取原材料资源(资源寻找型)、开辟市场扩大需求(市场寻找型)、提高跨境经营效率(效率寻找型)、购买战略性资产(战略资产寻找型)。

首先，中国的制造业企业具有向上游发展的内在动力。中国在国际分工体系中主要从事低附加值的生产环节，随着我国对外开放的深入发展，这制约了我国企业提高经营效益、增强企业竞争力的空间。为了在整个产业链中获得更大的增加值，在激烈的市场竞争中培育自己的竞争优势，企业具有通过对外直接投资来获取战略资产、提升在价值链中所处地位的内在需求(姚枝仲，2009)。

其次，中国内地的制造业和出口企业在很大程度上是依靠贴牌生产、依靠中国香港等地贸易中间商的订单而发展起来的，而自己并没有掌握外部市场的销售渠道和营销服务网络。这种对外部市场高度依赖却又不能掌握对外销售的模式，不仅不利于企业在对外销售中获得更大的利益，而且增加了进一步投资和扩大生产的风险。随着出口企业的发展壮大和投资规模的扩大，它们也逐渐有了对外投资建立自己掌握的销售渠道和营销服务网络的需求(姚枝仲，2009)。

另外，近年来随着我国劳动力工资、土地价格的上涨，企业的生产成本逐渐上升，我国企业，尤其是劳动密集型企业，也有了向生产成本更低的发展中国家进行直接投资、转移生产过程的动力。但是，由于我国中西部地区有产业转移的梯度，又由于企业虽然受到成本上升的压力，但仍可以通过价值链延伸来获得进一步发展(姚枝仲，2009)，目前这类生产能力转移型的对外直接投资在我国占比并不大。

最后，资源短缺是中国经济持续发展的最重要瓶颈之一。例如，中国是世界上最大的钢材生产国和铁矿石消费国，每年进口的铁矿石总量占世界总需求的60%左右，而中国企业在海外的铁矿石权益量不足进口量的10%。目前世界三大铁矿石巨头的产量占据世界铁矿石贸易量的70%，它们控制和影响着全球市场资源供应及售价(王梅，2014)。因此，为了保障稳定的能源供应，降低资源获取成本，也为了维护国家能源安全，寻求自然资源成为中国海外投资并购的重要驱动力之一。

Buckley等(2007)认为，中国在OECD国家的对外直接投资具有明显的市场寻求动机，而在非OECD国家表现出鲜明的资源寻求动机。Amighini等(2013a)认为，中国国企对外直接投资主要是自然资源寻求型，私营企业主要是市场寻求型、战略资产寻求型。

2. 企业的自身条件

在企业的自身条件中，最为重要的影响因素是生产率。企业生产率越高，越有利于进行对外直接投资。Melitz(2003)的异质性企业理论认为，生产率最低的企业只服务于本国市场，生产率较高的企业可以同时进行出口，而生产率最高的企业同时在本国出售、出口以及在外国直接投资。Helpman等(2004)及Bernard和Jensen(2007)利用美国企业的数据，发现出口企业比非出口企业生产率更高，对外投资的企业又比出口企业生产率更高，从而为异质性企业理论提供了实证支持。对中国企业而言，研究表明该理论也是适用的。田巍和余淼杰(2012)使用浙江省企业数据，发现生产率越高的企业对外直接投资的概率越大，对外直接投资额也越大。蒋冠宏(2015)利用中国企业对外投资数据，得到了相似结果，并发现越有效率的企业越有可能进行技术研发类投资，但不一定进行市场寻求型投资。

除了生产率以外，根据跨国公司理论，企业的跨国经营经验(Kogut, 1988)、企业的研发能力和管理组织能力（Andersson and Svensson，1994）、企业的国际性策略（Harzing，2002）等也会影响跨国企业的海外市场进入模式。周茂等（2015）对企业对外直接投资模式进行研究，发现生产率越高的企业选择并购模式的概率越大。管理能力越强的企业明显倾向于选择并购模式，但研发能力对投资模式的选择效应并不明显。

10.6.3　东道国的投资环境

如果说母国层面与企业自身层面的因素是企业进行对外直接投资的推动力，那么东道国的环境因素便构成资本流入的吸引力。从企业优势的角度看，良好的东道国环境或是使企业能够充分发挥自身优势，或是有助于形成企业新的优势，因而对企业的对外直接投资有重要影响作用。

1. 制度质量

有关制度与 FDI 关系的代表性观点之一是，东道国的制度质量与 FDI 流入正相关。Blonigen(2005)概括了其中的几种影响机制：首先，法律对财产保护不足会增加企业资产被剥夺的风险，从而降低企业投资的可能性；其次，规范市场运行的制度缺失会增加商业运营成本，从而减少企业的投资活动；最后，制度缺陷往往导致政府提供的公共产品质量低下，从而降低企业的预期收益。许多实证研究都支持了这一观点，如 Asiedu(2006)、Busse 和 Hefeker(2007)、Daude 和 Stein(2008)等。有关制度与 FDI 关系的代表性观点之二是，东道国与母国的制度距离与 FDI 流入负相关。如 Habib 和 Zurawicki(2002)发现东道国的腐败程度、东道国与母国之间的腐败差异均会导致 FDI 流入的降低。Benassy-Quere 等(2007)也得到了类似结论。

但是，部分针对中国对外直接投资的研究却发现，中国的 ODI 表现出一定程度的“制度风险偏好”。如 Buckley 等(2007)利用 1984—2001 年中国对 49 个国家的 ODI 数据，发现东道国越腐败，中国 ODI 规模越大。Kolstad 和 Wiig(2012)支持了这一结论，并认为东道国制度越差，越有利于吸引中国的资源寻求型对外直接投资。国内研究方面，结论不甚相同。蒋冠宏和蒋殿春(2012)基于 2003—2010 年中国对 107 个发展中国家的 ODI 数据发现：东道国政权稳定性和政府效率对中国 ODI 是否进入有显著影响，但不影响其投资规模；东道国法制对中国 ODI 的规模有负面影响，但不影响其是否进入；东道国制度对中国资源寻求型 ODI 有负向影响。宗芳宇等(2012)基于 2003—2009 年中国上市公司 ODI 数据，发现双边投资协定能替补东道国制度缺位，促进企业到制度环境较差的东道国投资。

针对部分研究所揭示的中国ODI的“制度风险偏好”现象，一些学者从几个方面进行了解释。第一，中国ODI的主体是国企，而国企有“特定所有权”优势，并且不以利润最大化为唯一动机(Morck et al., 2008; Kolstad and Wiig, 2012)；第二，中国与制度不完善的东道国“制度距离”更接近，企业能够很好地化解投资中的制度风险，因而具有特定的制度比较优势(Morck et al., 2008; Kolstad and Wiig, 2012)；第三，受投资回报率、自然资源寻求动机的影响，中国的资本会流向资本密集程度更低的发展中国家，而这些国家的制度质量往往较差(杨娇辉等，2016)。

2. 投资环境

(1) 税收水平。若东道国的税收水平较高，则外资运营的成本提高，会降低企业的投资利润，不利于吸引外国直接投资。相反，税率低的地区可以吸引外资的流入(王永钦等，2014)。Caves(1996)认为，本国的某些因素如高税率，会增加对外直接投资，这从侧面印证了上述观点。截至2016年底，中国在中国香港、开曼群岛、英属维尔京群岛等地的对外直接投资存量占总存量的比重高达70%，这说明中国对外直接投资有强烈的避税动机。

(2) 自然资源。东道国的自然资源储备量是资源寻求型对外直接投资最重要的影响因素之一。Amit和Schoemaker(1993)指出，当一个公司采取基于自然资源的发展策略时，就会关注自然资源，并利用不完善的要素市场以产生高回报率，从而维持比较优势。Aleksynska和Havrylchyk(2012)的实证研究证明了在自然资源丰富的国家，FDI流入会增加。在针对中国的研究中，Kolstad和Wiig(2012)引入了自然资源与制度质量的交叉项，发现东道国自然资源越丰裕，制度质量对中国ODI的负向影响越大。王永钦等(2014)用2002—2011年中国842笔对外直接投资作为样本，发现中国的ODI存在明显的获取资源动机。东道国的平均制度质量与自然资源存在替代效应。

(3) 关系资源。Dunning等(2003)提出“关系资产”(Relational Asset)概念，将其作为一种独特的所有权优势融入其OIL范式中。所谓“关系资产”，是指企业塑造、参与、维持的那些有利于企业经济利益的关系。Thomas等(2002)发现，发展中国家企业通常依靠社会关系网络获取外部资源，以弥补外部市场机制的欠缺。在国际化经营时，也会延续本国的网络发展模式，例如，运用东道国的族裔优势在当地有效获取资源，降低经营风险。在针对中国的研究中，Erdener和Shapiro(2005)发现，东道国华裔居民密度越高，中国企业在东道国投资时的整合资源的内部化优势越强。阎大颖等(2009)发现海外关系资源对企业对外直接投资的动机和能力有重要影响，尤其是与贸易类 ODI 的关系更为密切。2003 年以来，中国在亚洲的对外直接投资存量占总存量比重始终高达近七成，也一定程度上证明了这一观点。

(4) 市场规模。一般认为，东道国较大的市场规模有利于企业实现规模经济，因而更能吸引 ODI，尤其是市场寻求型 ODI。这得到了众多实证研究的支持，如 Bevan 和 Estrin(2004)、Asiedu(2006)、程惠芳和阮翔(2004)等。在对中国 ODI 的研究中，Cheng 和 Ma(2008)利用 2003—2006 年中国对 90 个国家的对外直接投资数据，发现东道国市场规模对中国 ODI 有显著正向影响。Amighini 等(2013b)、王永钦等(2014)也得到了类似结论。但项本武(2009a)使用 2000—2007 年中国对外直接投资的面板数据，采用广义矩估计方法，得出了东道国市场规模对中国 ODI 有显著负影响的结论，他认为这表明中国对外投资企业在市场规模较大的发达国家缺乏竞争力。

10.7　资本走出去的效应

10.7.1　出口效应

国际贸易与国际直接投资的关系一直是学术界研究的热点，研究结果主要可分为三种：替代关系；互补关系；关系不确定。如 Mundell(1957)在标准贸易模型的基础上引入关税、放松生产要素在国家间不能流动的假设，证明了在一定条件下，国际直接投资可以实现对商品贸易的完全替代。但小岛清的比较优势论认为，投资国从边际产业开始依次进行对外直接投资，可以通过产业转移扩大与东道国之间的比较差距，促进双边贸易，因而贸易与对外投资存在互补关系。Markuson 和 Svensson(1985)认为二者的替代或互补关系会受贸易和非贸易要素之间的合作关系影响而发生转化。

那么，中国对外直接投资的出口效应如何呢？随着中国对外直接投资的迅速发展，这个问题得到了众多学者的关注。理论层面的分析大多围绕企业对外直接投资的四大动机展开(张春萍，2012；蒋冠宏，2014；顾雪松等，2016)。顾雪松等(2016)认为，资源寻求型 ODI 有利于带动资源开发所需设备的出口，同时母国通过获取外部资源，可增加此类资源加工品或制成品的出口。市场寻求型 ODI 可能促进也可能抑制出口：如果是为了规避贸易壁垒而在海外直接投产，则当地生产的产品会替代本国同类产品的出口，且东道国当地企业利用技术扩散仿制该产品会加剧替代效应（Liu et al.，2005）；而如果是为了开拓新市场，在东道国设立贸易服务机构和构筑国际市场营销网络，则可以促进出口。效率寻求型ODI是将本国生产转移到成本更低的国家和地区，一方面减少了相关产品的产能，另一方面通过降低成本和优化资源配置提高了生产率，有助于提高出口竞争力。战略资产寻求型ODI可通过学习效应和竞争效应获得逆向技术溢出，有利于提高母公司技术水平和创新力，提高出口竞争力。

在实证研究层面，研究结果大多支持中国对外直接投资的出口创造效应。部分文献从宏观数据角度进行研究，如项本武（2009b）使用2000—2006年我国对50个国家（地区）的直接投资和进出口面板数据，发现在长期我国ODI对出口有显著拉动作用，短期作用不明显。张春萍（2012）通过18个东道国1996—2010年的面板数据，结果表明中国对主要东道国的直接投资具有明显的进出口创造效应。陈俊聪和黄繁华（2013）利用中国2004—2010年省际面板数据，发现我国ODI并未促进出口规模的扩大，但显著提高了制成品的出口技术。顾雪松等（2016）使用2003—2011年108个国家的面板数据，研究表明，随着产业结构差异程度的提高，ODI的出口创造效应增强。微观数据方面，毛其淋和许家云（2014）利用工业企业数据库和海关贸易数据库进行微观层面的研究，发现我国对外直接投资不仅显著提高了企业出口占销售的比例，还提高了企业出口概率，并倾向于延长企业出口持续期。蒋冠宏和蒋殿春（2014）使用2005—2007年有对外直接投资的工业企业数据，发现与其他投资动机比，市场寻求型ODI的出口效应最明显。与其他东道国比，投资高收入国家的出口效应最明显。

10.7.2 逆向技术溢出效应

对外直接投资是国际技术溢出的一条重要渠道。赵伟等（2006）提出一个链条式论题：ODI—企业技术进步—母国技术转移及外溢。同时，他归纳出对外直接投资影响母国企业技术进步的四个作用机制：R&D费用分摊机制，即通过海外投资，刺激东道国政府或企业分摊部分研发费用，由此使母国企业腾出部分资源用于核心项目的研究与开发；研发成果反馈机制，即通过海外子公司研发形成的新技术反馈给母公司，对母国技术产生影响；逆向技术转移机制，通过对发达国家的直接投资，获得逆向技术转移；外围研发剥离机制，即企业通过 ODI 剥离外围技术研发并配置到海外机构，从而使母公司集中财力于核心研发项目。国外的相关实证研究基本都支持对外直接投资的逆向技术溢出效应。如 Branstetter(2000)的研究发现日本企业对美国投资后专利申请数量明显增加，说明“知识溢出效应”确实存在并显著促进了日本企业的技术进步。Driffield 和 Chiang(2009)发现 1995—2005 年中国台湾地区对大陆的投资显著提高了台湾地区的生产率。

对于中国对外直接投资的逆向技术溢出效应，赵伟等(2006)认为中国企业对发达国家的 ODI 可通过吸纳研发要素、反馈研发成果、并购使用技术企业来获得技术外溢，对发展中国家的 ODI 可通过利润范围、扩大出口获得规模经济、分摊研发成本来促进技术进步。实证研究方面，刘宏和张蕾(2012)分析了我国 1987—2009 年 ODI 存量等数据，发现对外直接投资存量每增加 1 个单位，全要素生产率增加 2.07 个单位。李梅和柳士昌(2012)发现，对外直接投资仅对我国东部地区的全要素生产率、技术进步和技术效率产生显著正的逆向溢出，而中西部地区未获得这一效应。蒋冠宏等(2013)针对技术研发型 ODI，利用 2005—2008 年我国有对外投资的工业企业数据，发现企业的技术研发型 ODI 显著提升了企业生产率，这一提升作用呈倒 U 形。

进一步地，有学者研究了对外直接投资逆向技术溢出效应的影响因素与门槛效应。欧阳艳艳(2010)发现，东道国的研发资本存量、人均国民收入和中国的 GDP 是影响中国对外直接投资逆向技术溢出的三大因素。真实汇率水平与我国对外直接投资逆向技术溢出负相关。政府支持力度的影响很小。李梅和柳士昌(2012)从研发强度、人力资本、经济发展、技术差距、金融发展、对外开放程度等六个方面考察了地区吸收能力对逆向技术溢出效应的影响，发现当这些指标达门槛值时，逆向技术溢出效应出现显著提升，即对外投资对技术进步的逆向技术溢出表现出明显的门槛特征。

10.7.3　产业升级效应

许多国际投资理论都认为，对外直接投资可以促进母国产业升级。如小岛清的比较优势论认为，对外直接投资应该从本国已经处于或即将陷于比较劣势的产业(即边际产业)依次进行。这样可以将东道国未发挥的潜在比较优势挖掘出来，同时释放母国边际产业所占据的资源，为国内发展比较优势产业提供空间。又如，Cantwell 和 Tolentino(1990)提出技术创新产业升级理论，认为技术积累可以促进一国经济的发展和产业结构的升级，而发展中国家跨国公司的技术创新活动具有明显的“学习”特征，技术能力的不断提高与对外直接投资直接相关。他们还提出，发展中国家对外直接投资的产业随着时间的推移而逐渐变化，先是开展以自然资源开发为主的纵向一体化活动，然后再进行以进口替代和出口导向为主的横向一体化活动；先是传统产业，然后逐渐延伸到高科技产业。

也有国内学者从理论与实证层面论证了 ODI 的产业升级效应。理论层面，江小涓和杜玲(2002)提出对外直接投资会从企业内部的结构调整、产业内部的结构调整、产业之间的结构转移三个层次对母国产业结构产生影响。此外，发展中国家还可以通过对外直接投资建立起以本国企业为主的技术密集型国际生产体系，形成对国内产业结构升级的直接牵引，从国际生产的需求和供给两个方面推动国内产业结构的提升。李逢春(2012)从企业进行对外直接投资的动机出发，分别推演了影响产业升级的路径。他认为，市场寻求型对外直接投资可以扩大产品的市场需求，消化国内过剩产能，带动相关原材料、设备、中间品的出口，并为其他产业的发展释放生产要素。战略资源寻求型对外直接投资可以通过合资、收购等形式获得先进国家的技术、品牌等战略资产，实现价值链环节的攀升与产业升级。自然资源寻求型对外投资可以获得国内产业发展所需的自然资源，促进因资源短缺而不能较快发展的瓶颈产业和有关国计民生产业的发展。但王碧珺(2016)认为自然资源寻求型对外投资一方面有助于消除企业发展面临的资源瓶颈，另一方面也可能降低企业节约资源、进行技术升级的动力，因而对产业升级的作用方向不确定。实证层面，王英和刘思峰(2008)根据2003—2006 年我国 ODI 数据，发现对外直接投资促进了我国产业结构的优化升级，其中采矿业和制造业投资的产业升级效应更为明显。冯春晓(2009)、李逢春(2012)的研究也都支持我国对外直接投资对产业结构优化的促进作用。汤婧和于立新(2012)选取 2003—2009 年我国对外直接投资的 7 大行业数据为样本，发现与国内产业结构优化调整的关联度从高到低依次是信息传输、计算机服务和软件业，建筑业，批发和零售业，采矿业，制造业，交通运输仓储邮政业，租赁和商务服务业。

也有学者对产业升级效应提出质疑，认为对外直接投资可能通过加剧东道国和母国重合产业间的竞争，对母国国内投资带来负面效应，进而影响其产业结构调整(王英和刘思峰，2008)。

10.7.4 就业效应

就业效应与产业升级效应相关，主要讨论的是一国进行对外直接投资是否会引起“产业空心化”，进而影响母国就业（李磊等，2016）。目前，国内外对这方面的研究都较少，但它却关系到政府政策的制定与一国经济的可持续发展与社会稳定，具有重要的理论价值和政策意义。

国外相关研究主要针对发达国家展开。一种观点认为，企业对外投资与国内投资有替代性，因而对外直接投资会减少国内就业。另一种观点认为，二者具有互补性，如对外投资可能会增加对母公司总部服务的需求；另外，对外直接投资会使企业规模扩大，因而国内就业会增加（李磊等，2016；阎虹戎等，2018）。前者如 Hijzen 等（2007）使用英国企业外包数据，发现对外投资导致国内就业下降。后者如 Desai 等（2009）利用美国制造业企业数据，发现对外投资使得海外员工增加 10%，国内就业增加 3.7%。

国内研究方面，目前大部分文献讨论了我国对外直接投资对就业总量的影响，并认为我国对外直接投资扩大了国内就业。如李磊等（2016）使用微观企业层面数据，发现企业对外直接投资对国内就业产生了显著的正向作用。不同投资动机 ODI 的就业效应存在一定差异，资源寻求型 ODI 的就业效应受行业类别的影响，而水平型和垂直型 ODI 的就业效应则受投资目的国（地区）的收入水平、中间品进出口以及最终品进出口的影响。蒋冠宏（2016）利用 2005—2007 我国有对外直接投资的工业企业数据，发现市场寻求型 ODI 显著促进母国的就业增长；相对于中低收入国家，投资于高收入国家的就业效应更显著。刘海云和廖庆梅（2017）的研究显示，ODI 显著扩大了国内制造业就业规模，这一贡献作用主要来自垂直型 ODI。总体制造业全球价值链分工地位的提高会抑制 ODI 对国内制造业就业的促进作用。然而，张海波和彭新敏（2013）利用我国 2003—2010 年动态面板数据模型进行研究，结果表明 ODI 对我国国内就业产生替代效应。

在就业结构方面，李宏兵等（2017）的研究表明，对外直接投资对高技术和低技术企业的就业水平影响更明显，对中等技术企业的提升作用较小，即存在“两端高、中间低”的就业极化现象。阎虹戎等（2018）发现，对外直接投资既能增加国内低技能、廉价的生产人员就业，又能够增加高技能、稀缺的非生产人员就业。

10.8　全球金融危机以来外资政策的调整

从改革开放到 20 世纪末，我国的外资政策以实施优惠为主要内容。进入 21 世纪后，外资政策的重点转为逐步取消对外资限制、扩大市场范围。进入新时期后，随着国际与国内环境的变化，我国的外资政策也经历了一系列的调整。

10.8.1 2007—2009 年我国的外资政策调整

2007 年 7 月，我国通货膨胀率陡增，告别了过去十年的“高增长、低通胀”的经济模式。同时，经济结构问题日益突出，“和谐社会”“科学发展观”成为政策调整的总原则（Luo and Chen，2013）。在这样的背景下，防止经济过热、调整经济结构成为当时政府工作的重要内容。具体到外资政策，就要求外资政策从着重于“促进外商直接投资”向“优化结构和提高质量”转变。

2007 年，发改委和商务部发布《外商投资产业指导目录（2007 年修订）》，鼓励 FDI 进入先进制造业部门和服务外包部门，限制进入稀缺和不可再生资源领域。2008 年，发改委发布《关于进一步加强和规范外商投资项目管理的通知》，商务部发布《关于 2008 年全国吸收外商投资工作的指导性意见》《关于建立招商选资综合评价体系的指导意见》，不断提升外资进入门槛，推动各地由“招商引资”向“招商选资”转变。同年 12 月，发改委和商务部出台《中西部地区外商投资优势产业目录（2008 年修订）》，引导外资向中西部地区合理流动。

在法律方面，2008 年《中华人民共和国企业所得税法》《中华人民共和国劳动合同法》和《中华人民共和国反垄断法》开始生效。《企业所得税法》将内外资企业所得税税率统一为 25%，这在外资政策调整中是个里程碑式的事件。《劳动合同法》的核心条款是“无固定期限合同”，即员工在一个企业连续工作满十年，或者连续与企业订立两个固定期限合同，员工有权要求企业订立无固定期限合同。《反垄断法》则要求外资企业在华的并购行为需要接受“市场集中度审查”和“国家安全审查”。总体来看，这三部法律整体拔高了外资准入条件，取消了外资“超国民待遇”，体现出明显的“紧缩性”特征；但同时也体现出政府的结构调整意图。《企业所得税法》不利于寻求税收优惠为目的的 FDI，从而有助于提高我国 FDI 质量；同时，《企业所得税法》虽然取消了对外资企业普惠制的减免，但对一些特殊产业和特殊区域仍有局部性优惠。《劳动合同法》有利于降低经营中的不确定性，从而有利于长期 FDI。《反垄断法》可以进一步规范外资企业的行为（Luo and Zhang，2010；Luo and Chen，2013）。

10.8.2 2010—2015 年我国的外资政策调整

在全球金融危机和我国紧缩性的贸易投资政策的共同作用下，2008—2009 年我国出口受到严重冲击，吸收外资也出现了连续10个月的下降。对此，贸易投资政策再度转入松弛阶段。

2010年4月，国务院公布《关于进一步做好利用外资工作的若干意见》（又称“国20条”），提出“修订《外商投资产业指导目录》，扩大开放领域，鼓励外资投向高端制造业、高新技术产业、现代服务业、新能源和节能环保产业，严格限制‘两高一资’和低水平、过剩产能扩张类项目”；鼓励外商在中西部地区发展符合环保要求的劳动密集型产业；鼓励外资以参股、并购等方式参与国内企业改组改造和兼并重组；下放审批权利，调整审批内容，简化审批体系。2013年，商务部发布《关于2013年全国吸收外商投资工作的指导意见》，提出要改善投资环境、增强引资国际竞争力，引导外资投向、优化产业结构，加强外商投资管理、完善外商投资科学评价体系，完善投资促进工作体系、提升招商引资水平。2015年5月，国务院在《关于构建开放型经济新体制的若干意见》中提出，要改善投资环境，扩大服务业市场准入，进一步开放制造业，稳定外商投资规模和速度，提高引进外资质量，改革外商投资审批和产业指导的管理方式。

在上述等文件的指导下，2010—2015年中国在外资的产业政策、区域政策、外资管理等方面出台了一系列政策文件，进一步扩大了对外开放水平。

1. 产业政策和区域政策

2011年，发改委和商务部发布《外商投资产业指导目录（2011年修订）》，进一步扩大对外开放，其中鼓励类、限制类、禁止类条目分别比原来增加3条、减少7条、减少1条，取消部分领域对外资的股比限制；通过调整三类条目，促进制造业改造提升，培育战略性新兴产业，促进服务业发展。2013年11月，国务院在《中国中央关于全面深化改革若干重大问题的决定》构建开放型经济新体制中提出，要放宽投资准入，推进金融、教育、文化、医疗等服务业领域有序开放，放开育幼养老、建筑设计、会计审计、商贸物流、电子商务等服务业领域外资准入限制。2015年3月，发改委、商务部发布《外商投资产业指导目录（2015年修订）》。此次修订体现三个特点：一是大幅减少限制类条目，限制类条目从79条减少到38条；二是放宽外资股比限制，允许类项目原则上不再保留外资股比限制，所有外资股比规定在《目录》中列明；三是鼓励类条目数量基本不变，主要是调整指标和优化结构，促进外商投资使用新技术、新工艺、新材料、新设备。

在区域政策方面，2013年，发改委、商务部第三次修订《中西部地区外商投资优势产业目录》，拓宽了中西部地区的鼓励领域，适当提高鼓励产业的技术标准，严格限制国家明令淘汰的落后生产能力和高耗能、高排放等不符合国家产业政策的项目向中西部地区转移。

2. 外资管理

在准入审批方面，2014 年 5 月，商务部出台《关于开展优化外商投资项目审批公告》，提出要简化审批程序，简化申报文件，提高审批效率。同年 6 月，商务部又发布《关于改进外资审核管理工作的通知》，对外资审核、外资统计工作提出改进措施，包括取消外商投资公司首次出资比例、货币出资比例和出资期限的规定，取消公司最低注册资本限制等。2015 年 1 月，商务部公布《中华人民共和国外国投资法（草案征求意见稿）》，向社会公开征求意见。《外国投资法》将外资三法（《外资企业法》《中外合资经营企业法》《中外合作经营企业法》）合并，内容主要有：改革现行外商投资管理体制，实行准入前国民待遇加负面清单的管理模式；规范外资管理，放宽外资准入等。

在外汇管理方面，2013 年 5 月，国家外汇管理局印发《外国投资者境内直接投资外汇管理规定》及配套文件，简化并整合了外商投资所涉及的外汇登记、账户开立与使用、资金首付及结售汇等环节和政策。2013 年 12 月，商务部发布《关于跨境人民币直接投资有关问题的公告》，进一步促进了我国跨境人民币直接投资的便利化。2014 年 7 月，国家外汇管理局发布《关于在部分地区开展外商投资企业外汇资本金结汇管理方式改革试点有关问题的通知》，在部分地区开展外商投资企业资本金结汇管理方式改革试点，实行外商投资企业外汇资本金意愿结汇、外商投资企业外汇资本金意愿结汇所得人民币资金纳入结汇待支付账户管理等措施。

3. 税收政策

在 2008 年《企业所得税法》"二税合一"的基础上，2010 年我国进一步统一了内外资企业和个人城市维护建设税、教育费附加制度。由此，内外资企业税制实现全面统一，外企的"超国民待遇"彻底终结。另外，国务院也出台了一系列税收优惠政策，为外资的产业政策、区域政策提供支撑。

10.8.3　2016 年以来我国的外资政策调整

2015 年前后，我国宏观经济发生了一些新变化：GDP 增速下降，发展中深层次矛盾凸显，新的经济增长点尚未显现；受全球需求低迷影响，我国货物贸易进出口下降，外贸萎缩；受国内投资环境恶化、人民币汇率波动等影响，利用外资下降，大量外资撤离中国。2016 年，我国对外直接投资飙升 34.7%，创下近年来最高涨幅。但在对外投资热潮中，却出现了一些盲目投资、借对外投资手段进行资金转移等问题，无序资本外流问题严重。在此背景下，2016年以来，我国加强了对外直接投资真实性、合理性、合规性审核，并再次强调招商引资的重要性，重新加大了吸引外资的力度。

2016年5月，国务院在《关于促进外贸回稳向好的若干意见》中提出，要加大招商引资力度，稳定外商投资规模和速度，提高引进外资质量。

2017年，我国密集出台了一系列外资开放政策，在开放市场、财税支持、简政放权等方面给予政策优惠和支持，进一步加大了吸引外资的力度。1月，国务院发布《关于扩大对外开放积极利用外资若干措施的通知》（又称“吸引外资20条”），提出要放宽服务业、制造业、采矿业等领域外资准入限制；外商投资企业和内资企业同等适用“中国制造2025”战略政策措施；允许地方政府在法定权限范围内制定出台招商引资优惠政策；推进对外商投资全面实施准入前国民待遇加负面清单管理模式等。6月，发改委、商务部发布《外商投资产业指导目录（2017年修订）》，该目录体现了三个特点：进一步缩小外商投资企业设立及变更审批的范围，体现了更高的开放水平；放宽了服务业、制造业、采矿业的外资准入限制，限制性措施仅保留63条；扩大鼓励类政策范围。7月，商务部公布《关于修改〈外商投资企业设立及变更备案管理暂行办法〉的决定》，进一步推进外商投资管理体制改革，简政放权、优化服务。8月，国务院发布《关于促进外资增长若干措施的通知》，从减少外资准入限制、制定财税支持政策、优化营商环境、便利人才出入境、完善国家级开发区综合投资环境五方面提出促进外资增长的政策措施。12月，财政部、税务总局、国家发展改革委、商务部联合发布《关于境外投资者以分配利润直接投资暂不征收预提所得税政策问题的通知》，决定“对境外投资者从中国境内居民企业分配的利润，直接投资于鼓励类投资项目，凡符合规定条件的，实行递延纳税政策，暂不征收预提所得税”。

10.8.4　中国的自由贸易试验区建设

在外资管理模式上，中国长期以来坚持采取“准入后国民待遇＋混合清单”的模式。“准入后国民待遇”是指给予外国投资国民待遇的阶段仅限于运营阶段，在投资发生和企业设立阶段不享有国民待遇。中国针对外资准入实行的《外商投资指导目录》中，包括了鼓励目录、限制目录、禁止目录，这是一种将正面清单与负面清单相结合的做法，即“混合清单”（邓慧慧等，2017）。

在国际投资规则变迁，中国经济发展中结构失衡问题凸显、低成本引资优势减弱、积极推动双边投资协定谈判的背景下，2013 年 9 月，中国(上海)自由贸易试验区正式成立。在自贸试验区内，外资管理制度重点围绕给予外资“准入前国民待遇＋负面清单”的管理模式，负面清单之外的投资改核准制为备案制。扩大服务业开放，在金融服务、航运服务、商贸服务、专业服务、文化服务和社会服务六大领域扩大开放，暂停或者取消投资者资质要求、股比限制、经营范围限制等准入限制措施(杨立强等，2014)。这是对我国长期以来“准入后国民待遇＋混合清单”模式的重大突破，是我国扩大开放、促进改革的里程碑式事件。2014 年上海自贸试验区新增外商投资项目 2 015 个，比 2013 年增长了 4.5 倍，其中九成项目是根据负面清单通过备案设立的。

2014 年至今，我国不断推进自由贸易试验区建设，推进更高水平的对外开放和更深层次的外商投资管理体制改革。首先，自贸试验区范围不断扩大。2015 年 4 月，广东、福建、天津作为第二批自贸试验区正式挂牌成立。2017 年 3 月，国务院分别印发《中国(辽宁、浙江、河南、湖北、重庆、四川、陕西)自由贸易试验区总体方案》，我国自贸试验区建设形成“1＋3＋7”的新格局。其次，负面清单长度不断缩短。2014 年 6 月，《中国(上海)自由贸易试验区外商投资准入特别管理措施(负面清单)(2014 年修订)》公布，特别管理措施由原来的 190 条调整为 139 条，调整率达到 26.8％。2015 年 4 月，国务院印发 2015 版“负面清单”，相比 2014 版再减 17 条，同时透明度加大，并统一适用于上海、广东、天津、福建 4 个自贸试验区。2017 年 6 月，国务院发布《自由贸易试验区外商投资准入特别管理措施(负面清单)(2017 年版)》，比 2015 版减少 10 个条目、27 项措施，进一步放宽了外商投资准入。

10.8.5 中美、中欧双边投资协定谈判

国际投资规则的迅速发展与扩大是当今全球经济治理体系中的一个显著趋势，它们为促进投资自由化与便利化、加强投资者保护、优化投资营商环境和化解投资争端提供了重要的制度性保障(盛斌和段然，2016)。由于当前全球多边投资规则体系尚未建立，目前国际投资规则以双边投资协定(BIT)为主体，各国主要通过缔结双边和区域投资规则实现对外资的指导和管理。

截至目前，中国已与全球多数重要投资伙伴缔结了双边投资协定，但与重要的贸易投资伙伴美国、欧盟仍未签署双边投资协定。作为国际投资大国，中国有必要主动参与双边和区域投资协定谈判，在国际投资规则的制定中发挥更大作用(杨立强等，

2014）。另外，十八届三中全会通过的《中共中央关于全面深化改革若干重大问题的决定》提出，要加快同有关国家和地区商签投资协定，以开放促改革。在这样的背景下，近年来我国积极推进了中美、中欧双边投资协定的谈判。

2008年6月，在第四次中美战略经济对话中，中美双边投资协定谈判正式启动。2009年9月，双方进入文本谈判阶段，至2013年6月共进行了九轮初始性谈判，但一直没有取得实质性进展。2013年7月，中方同意在双边投资协议谈判中采用“准入前国民待遇和负面清单”原则，中美投资协定谈判中最大的障碍得以消除，进入实质性谈判阶段。2014年1月，中美正式开启文本谈判，同年7月就文本主要条款达成一致。在2014年12月对协定文本进行核对的基础上，2015年3月，双方最终完成协议文本谈判。2015年6月，中美双方进入互换负面清单及市场准入出要价谈判阶段。截至2016年6月，双方共交换了三次改进了的负面清单。随后，美国大选，中美双边投资协定谈判暂时搁置。目前，中美双方在负面清单内容、国有企业、外汇转移、劳工待遇、业绩要求等方面仍存在较大分歧，因而这些问题成为中美双边投资协定谈判的焦点问题（杨立强等，2014；盛斌和段然，2016）。

2014年1月，中欧启动双边投资协定谈判，谈判的内容包括准入前国民待遇、负面清单管理、国有企业竞争中立、高端服务业开放等。截至2018年5月，中欧双方已进行了十七轮谈判。目前，双方已在谈判中就不歧视原则、改善监管环境等方面达成共识，但在市场准入等方面还存在分歧。

中国推进中美、中欧双边投资协定谈判具有重大的战略意义。这是中国参与制定国际投资规则，构建开放型经济新体制的有益尝试。如果协议达成，不仅有利于中国更好地“引进来”“走出去”，也是最终通向自由贸易协定的必要步骤；更深层次地说，这将是中国实现新一轮高水平对外开放、建立新型大国关系、培育参与和引领国际经济合作竞争新优势的里程碑式的成果（盛斌和段然，2016）。从世界角度来说，中美、中欧自由贸易协定将对整合全球碎片化的多边、双边协定起到促进作用，在全世界的投资体制上设立一个高标准的市场开放的原则。

参考文献

安虎森、颜银根：《贸易自由化、工业化与企业区位——新经济地理视角中国FDI流入的研究》，《世界经济研究》2011年第2期。

白俊红、吕晓红:《FDI质量与中国环境污染的改善》,《国际贸易问题》2015年第8期。
包群、陈媛媛、宋立刚:《外商投资与东道国环境污染:存在倒“U”型曲线关系吗?》,《世界经济》2010年第3期。
蔡昉:《中国流动人口问题》,社会科学文献出版社2007年版。
蔡昉、王德文:《外商直接投资与就业:一个人力资本分析框架》,《财经论丛》2004年第6期。
曹亚军:《制度质量与FDI的实证分析》,《统计与决策》2013年第23期。
曹阳:《区域经济发展的差异性与制度发展的非均衡》,《经济学家》2001年第4期。
陈建军、胡晨光:《长三角地区基础设施投资与FDI流入关系的实证研究:一个时间趋势设定下的VECM分析框架》,《国际贸易问题》2007年第11期。
陈俊聪、黄繁华:《中国对外直接投资的贸易效应研究》,《上海财经大学学报》2013年第3期。
陈琳、罗长远:《FDI的前后向关联和中国制造业企业生产率的提升:基于地理距离的研究》,《世界经济研究》2011年第2期。
陈柳、刘志彪:《本土创新能力、FDI技术外溢与经济增长》,《南开经济研究》2006年第3期。
陈培如、冼国明、马骆茹:《制度环境与中国对外直接投资——基于扩展边际的分析视角》,《世界经济研究》2017年第2期。
陈岩、杨桓、张斌:《中国对外投资动因、制度调节与地区差异》,《管理科学》2012年第3期。
陈媛媛:《东道国腐败、FDI与环境污染》,《世界经济研究》2016年第10期。
程惠芳、阮翔:《用引力模型分析中国对外直接投资的区位选择》,《世界经济》2004年第11期。
程兰芳、王强:《税制变迁对我国吸引FDI影响的实证研究》,《世界经济研究》2008年第1期。
崔建军、吕亚萍:《FDI对我国区域经济增长影响的实证研究》,《经济问题》2014年第1期。
代谦、别朝霞:《人力资本,动态比较优势与发展中国家产业结构升级》,《世界经济》2006年第11期。
德里克·博斯沃思、彼得·道金斯、索尔斯坦·斯特龙巴克:《劳动市场经济学》,中国经济出版社2003年版。
邓慧慧、陈昊等:《中国外商投资发展报告(2017)》,对外经济贸易大学出版社2017年版。
窦祥胜:《国际资本流动,增长因素结构变迁与经济增长》,《经济理论与经济管理》2002年第2期。
杜奇华:《国际投资》,高等教育出版社2011年版。
樊丽明:《中国外商投资企业税收政策的评价与完善》,《经济学(季刊)》2002年第1卷第3期。
冯春晓:《我国对外直接投资与产业结构优化的实证研究——以制造业为例》,《国际贸易问题》2009年第8期。
冯伟、浦正宁、徐康宁:《中国吸引外资的劳动力优势是否可以持续》,《国际贸易问题》2015年第11期。
付朝阳:《外国直接投资对我国出口增长和出口商品结构的影响》,《国际贸易问题》2003年第11期。
改革杂志社专题研究部:《日本对华直接投资的重要历史阶段、产业特征及其下一步》,《改革》2011年第4期。
高虎城:《深化经贸合作,共创新的辉煌》,载厉以宁、林毅夫、郑永年:《读懂“一带一路”》,中信出版社2015年版。
高敏雪、李颖俊:《对外直接投资发展阶段的实证分析——国际经验与中国现状的探讨》,《管理世界》2004年第1期。
葛顺奇、阎大颖:《中国对美国直接投资现状、动因及趋势》,《国际经济合作》2012年第1期。
顾雪松、韩立岩、周伊敏:《产业结构差异与对外直接投资的出口效应——“中国—东道国”视角的理论与实证》,《经济研究》2016年第4期。
郭晶:《FDI对高技术产业出口复杂度的影响》,《管理世界》2010年第7期。

韩剑：《母国服务业发展对企业对外直接投资影响——基于OECD国家数据的实证研究》，《财贸经济》2015年第3期。

何帆、姚枝仲等：《中国对外投资：理论与问题》，上海财经大学出版社2013年版。

何枫、徐桂林：《FDI与我国城乡居民收入差距之间是否存在倒U形关系》，《国际贸易问题》2009年第11期。

何兴强、王利霞：《中国FDI区位分布的空间效应研究》，《经济研究》2008年第11期。

贺敬之、孙云：《FDI对中国区域经济发展影响的反思》，《世界经济研究》2005年第11期。

洪俊杰、黄薇、张蕙、陶攀：《中国企业走出去的理论解读》，《国际经济评论》2012年第3期。

胡鞍钢：《“一带一路”：经济地理革命与共赢主义时代》，载葛剑雄、胡鞍钢、林毅夫等：《改变世界经济地理的“一带一路”》，上海交通大学出版社2015年版。

黄静波、孙晓琴：《最优关税、专利保护期和FDI——基于产品生命周期理论的模型拓展与实证分析》，《数量经济技术经济研究》2008年第2期。

计志英、毛杰、赖小锋：《FDI规模对我国环境污染的影响效应研究——基于30个省级面板数据模型的实证检验》，《世界经济研究》2015年第3期。

江锦凡：《外国直接投资在中国经济增长中的作用机制》，《世界经济》2004年第1期。

江小涓：《中国出口增长与结构变化：外商投资企业的贡献》，《南开经济研究》2002年第6期a。

江小涓：《中国的外资经济对增长结构升级和竞争力的贡献》，《中国社会科学》2002年第6期b。

江小涓、杜玲：《对外投资理论及其对中国的借鉴意义》，《经济研究参考》2002年第73期。

姜建刚、王柳娟：《经济制度与OFDI的关系研究》，《世界经济研究》2014年第1期。

姜巍、陈万灵：《东盟基础设施发展与FDI流入的区位选择：机理与实证》，《经济问题探索》2016年第1期。

蒋冠宏：《企业异质性和对外直接投资——基于中国企业的检验证据》，《金融研究》2015年第12期。

蒋冠宏：《我国企业对外直接投资的“就业效应”》，《统计研究》2016年第8期。

蒋冠宏、蒋殿春：《中国对发展中国家的投资——东道国制度重要吗？》，《管理世界》2012年第11期。

蒋冠宏、蒋殿春：《中国对外投资的区位选择：基于投资引力模型的面板数据检验》，《世界经济》2012年第9期。

蒋冠宏、蒋殿春：《中国企业对外直接投资的“出口效应”》，《经济研究》2014年第5期。

蒋冠宏、蒋殿春、蒋昕桐：《我国技术研发型外向FDI的“生产率效应”——来自工业企业的证据》，《管理世界》2013年第9期。

乐为，钟意：《FDI对我国税收政策敏感性分析》，《国际贸易问题》2008年第12期。

李逢春：《对外直接投资的母国产业升级效应——来自中国省际面板的实证研究》，《国际贸易问题》2012年第6期。

李宏兵、郭界秀、翟瑞瑞：《中国企业对外直接投资影响了劳动力市场的就业极化吗？》，《财经研究》2017年第6期。

李辉：《经济增长与对外投资大国地位的形成》，《经济研究》2007年第2期。

李坤望、王有鑫：《FDI促进了中国出口产品质量升级吗？基于动态面板系统GMM方法的研究》，《世界经济研究》2013年第5期。

李磊、白道欢、冼国明：《对外直接投资如何影响了母国就业？——基于中国微观企业数据的研究》，《经济研究》2016年第8期。

李梅、柳士昌：《对外直接投资逆向技术溢出的地区差异和门槛效应——基于中国省际面板数据的门槛回归分析》，《管理世界》2012年第1期。

李平、徐登峰：《“走出去”战略：制度形成与改革展望》，《国际经济合作》2008年第5期。

李荣林：《国际贸易与直接投资的关系：文献综述》，《世界经济》2002年第4期。

李善民、李昶：《跨国并购还是绿地投资——FDI 进入模式选择的影响因素研究》，《经济研究》2013 年第 12 期。

李晓、李俊久：《“一带一路”与中国地缘政治经济战略的重构》，《世界经济与政治》2015 年第 10 期。

李晓钟、何建莹：《FDI 对我国高新技术产业技术溢出效应分析》，《国际贸易问题》2013 年第 7 期。

李新安：《我国 FDI 集聚效应与区域经济增长相关性实证分析》，《财贸研究》2006 年第 4 期。

厉以宁、林毅夫、郑永年等：《读懂“一带一路”》，中信出版社 2015 年版。

联合国跨国公司中心：《三论世界发展中的跨国公司》商务印书馆出版社 1992 年版。

联合国贸易与发展会议、冼国明：《2000 年世界投资报告：跨国并购与发展》中国财政经济出版社 2001 年版。

廖显春、夏恩龙：《为什么中国会对 FDI 具有吸引力？——基于环境规制与腐败程度视角》，《世界经济研究》2015 年第 1 期。

林毅夫、蔡昉、李周：《中国经济转型时期的地区差距分析》，《经济研究》1998 年第 6 期。

刘海云、廖庆梅：《中国对外直接投资对国内制造业就业的贡献》，《世界经济研究》2017 年第 3 期。

刘宏，李述晟：《FDI 对我国经济增长，就业影响研究——基于 VAR 模型》，《国际贸易问题》2013 年第 4 期。

刘宏、张蕾：《中国 ODI 逆向技术溢出对全要素生产率的影响程度研究》，《财贸经济》2012 年第 1 期。

刘厚俊、刘正良：《人力资本门槛与 FDI 效应吸收——中国地区数据的实证检验》，《经济科学》2006 年第 5 期。

刘可、王维、陈仪：《外商投资与关税水平一个政治经济学的模型》，《世界经济》2006 年第 12 期。

刘琳、赵博：《契约治理、基础设施建设与外资到位率——来自我国 30 个省份的证据》，《国际商务(对外经济贸易大学学报)》2015 年第 6 期。

卢汉林：《国际投资学(第二版)》，高等教育出版社 2016 年版。

陆旸、蔡昉：《人口结构变化对潜在增长率的影响：中国和日本的比较》，《世界经济》2014 年第 1 期。

罗长远：《FDI 对中国私人资本成长的影响》，《世界经济》2006 年第 1 期。

罗长远：《FDI，国内资本与经济增长——1987—2001 年中国省际面板数据的证据》，《世界经济文汇》2006 年第 6 期。

罗长远：《FDI 与国内资本：挤入还是挤出》，《经济学(季刊)》2007 年第 2 期。

罗长远、陈琳：《FDI 是否能够缓解中国企业的融资约束》，《世界经济》2011 年第 4 期。

罗长远、张军：《转型时期的外商直接投资：中国的经验》，《世界经济文汇》2008 年第 6 期。

罗少卿、韩峰、周治波：《外商直接投资对我国收入分配的影响分析——基于向量自回归模型的动态计量检验》，《技术与创新管理》2009 年第 6 期。

罗伟、葛顺奇：《中国对外直接投资区位分布及其决定因素——基于水平型投资的研究》，《经济学(季刊)》2013 年第 4 期。

马飒、黄建锋：《劳动力成本上升削弱了中国的引资优势吗——基于跨国面板数据的经验分析》，《国际贸易问题》2014 年第 6 期。

马衍军、柳成洋、马艳萍：《人力资本与国际直接投资的互动机制研究》，《科技与管理》2004 年第 6 期。

毛其淋、许家云：《中国对外直接投资促进抑或抑制了企业出口？》，《数量经济技术经济研究》2014 年第 9 期。

牟俊霖：《外商投资的就业效应分析》，《中国人力资源开发》2009 年第 12 期。

聂爱云、陆长平：《制度约束、外商投资与产业结构升级调整——基于省际面板数据的实证研究》，

《国际贸易问题》2012年第2期。

聂爱云、陆长平：《制度质量与FDI的产业增长效应——基于中国省级面板数据的实证研究》，《世界经济研究》2014年第4期。

聂飞、刘海云：《FDI、环境污染与经济增长的相关性研究——基于动态联立方程模型的实证检验》，《国际贸易问题》2015年第2期。

欧阳艳艳：《中国对外直接投资逆向技术溢出的影响因素分析》，《世界经济研究》2010年第4期。

裴长洪、郑文：《国家特定优势：国际投资理论的补充解释》，《经济研究》2011年第11期。

彭星、李斌：《贸易开放、FDI与中国工业绿色转型——基于动态面板门限模型的实证研究》，《国际贸易问题》2015年第1期。

柒江艺、许和连：《知识产权保护、资源禀赋与FDI技术选择——来自我国FDI企业面板数据的经验分析》，《世界经济研究》2011年第6期。

綦建红：《国际投资学教程》，清华大学出版社2005年版。

任志成：《国际产业资本流入与中国“刘易斯拐点”出现的关系分析》，《国际贸易问题》2008年第9期。

沙文兵、石涛：《外商直接投资的环境效应——基于中国省级面板数据的实证分析》，《世界经济研究》2006年第6期。

沈坤荣、耿强：《外国直接投资，技术外溢与内生经济增长——中国数据的计量检验与实证分析》，《中国社会科学》2011年第5期。

沈毅俊、潘申彪：《外商直接投资对地区收入差距影响的实证分析》，《国际贸易问题》2008年第2期。

盛斌、段然：《TPP投资新规则与中美双边投资协定谈判》，《国际经济评论》2016年第5期。

盛斌、吕越：《外国直接投资对中国环境的影响——来自工业行业面板数据的实证研究》，《中国社会科学》2012年第5期。

盛丹、王永进：《契约执行效率能够影响FDI的区位分布吗?》，《经济学(季刊)》2010年第4期。

时慧娜：《中国城市化的人力资本积累效应》，《中国软科学》2012年第3期。

史青：《外商直接投资、环境规制与环境污染——基于政府廉洁度的视角》，《财贸经济》2013年第1期。

随洪光：《外商直接投资与中国经济增长质量提升——基于省际动态面板模型的经验分析》，《世界经济研究》2013年第7期。

孙楚仁、张楠、于立新：《“一带一路”倡议与中国对沿线国家的贸易增长》，《国际贸易问题》2017年第2期。

孙志远：《“一带一路”战略构想的三重内涵》，载厉以宁、林毅夫、郑永年：《读懂“一带一路”》，中信出版社2015年版。

谭之博、赵岳：《外商直接投资的挤入挤出效应：金融发展的影响》，《金融研究》2014年第9期。

汤婧、于立新：《我国对外直接投资与产业结构调整的关联分析》，《国际贸易问题》2012年第11期。

汤敏：《“一带一路”战略彰显“大国心态”》，载厉以宁、林毅夫、郑永年：《读懂“一带一路”》，中信出版社2015年版。

田素华：《FDI占中国固定资产投资比重变动的倒U形特征与决定因素实证分析》，《数量经济技术经济研究》2012年第2期。

田素华、杨烨超：《FDI进入中国区位变动的决定因素：基于D-G模型的经验研究》，《世界经济》2012年第11期。

田巍、余淼杰：《企业生产率和企业“走出去”对外直接投资：基于企业层面数据的实证研究》，《经济学(季刊)》2012年第2期。

汪增群、梁怡：《我国外国直接投资与国内投资相互关系实证研究》，《北京工商大学学报》2007年第22期。
王碧珺：《中国对外直接投资的理论、战略与政策》，经济管理出版社2016年版。
王剑：《外国直接投资对中国就业效应的测算》，《统计研究》2005年第3期。
王梅：《中国投资海外——质疑、事实和分析》，中信出版社2014年版。
王平、田彬彬：《知识产权保护对中国FDI质量的影响——基于行业层面的实证分析》，《宏观经济研究》2011年第9期。
王雯：《东（南）亚地区华人资本在华外商直接投资现状及趋势分析》，《经济经纬》2007年第6期。
王英、刘思峰：《OFDI对我国产业结构的影响：基于灰关联的分析》，《世界经济研究》2008年第4期。
王永钦、杜巨澜、王凯：《中国对外直接投资区位选择的决定因素：制度、税负和资源禀赋》，《经济研究》2014年第12期。
王永中、赵奇锋：《风险偏好、投资动机与中国对外直接投资：基于面板数据的分析》，《金融评论》2016年第4期。
文东伟、冼国明、马静：《FDI，产业结构变迁与中国的出口竞争力》，《管理世界》2009年第4期。
项本武：《东道国特征与中国对外直接投资的实证研究》，《数量经济技术经济研究》2009年第7期a。
项本武：《中国对外直接投资的贸易效应研究——基于面板数据的协整分析》，《财贸经济》2009年第4期b。
徐晓慧：《FDI与城乡收入差距》，《国际经贸探索》2014年第30期。
薛求知、韩冰洁：《东道国腐败对跨国公司进入模式的影响研究》，《经济研究》2008年第4期。
薛求知、朱吉庆：《中国对外直接投资发展阶段的实证研究》，《世界经济研究》2007年第2期。
薛求知、朱吉庆：《中国对外直接投资与"走出去"战略：理论基础与经验分析》，《复旦学报（社会科学版）》2008年第1期。
阎大颖、洪俊杰、任兵：《中国企业对外直接投资的决定因素：基于制度视角的经验分析》，《南开管理评论》2009年第6期。
阎虹戎、冼国明、明秀南：《对外直接投资是否改善了母公司的员工结构？》，《世界经济研究》2018年第1期。
颜银根：《FDI区位选择：市场潜能、地理集聚与同源国效应》，《财贸经济》2014年第9期。
杨海生、聂海峰、徐现祥：《我国FDI区位选择中的"第三方效应"——基于空间面板数据的实证研究数量经济技术》，《经济研究》2010年第4期。
杨红丽、陈钊：《外商直接投资水平溢出的间接机制基于上游供应商的研究》，《世界经济》2015年第3期。
杨娇辉、王伟、谭娜：《破解中国对外直接投资区位分布的"制度风险偏好"之谜》，《世界经济》2016年第11期。
杨立强、王丽丽等：《中国外商投资发展报告（2014）》，对外经济贸易大学出版社2014年版。
杨全发、韩樱：《知识产权保护与跨国公司对外直接投资策略》，《经济研究》2006年第4期。
杨晓丽、许垒：《中国式分权下地方政府FDI税收竞争的策略性及其经济增长效应》，《经济评论》2011年第3期。
杨泽文、杨全发：《FDI对中国实际工资水平的影响》，《世界经济》2004年第12期。
姚枝仲：《如何看待中国当前的对外直接投资》，《国际经济评论》2009年第3期。
姚枝仲、李众敏：《中国对外直接投资的发展趋势与政策展望》，《国际经济评论》2011年第2期。
张春萍：《中国对外直接投资的贸易效应研究》，《数量经济技术经济研究》2012年第6期。
张海波、彭新敏：《ODI对我国的就业效应——基于动态面板数据模型的实证研究》，《财贸经济》2013年第2期。
张建华、欧阳轶雯：《外商直接投资，技术外溢与经济增长——对广东数据的实证分析》，《经济学》

2003年第2卷第3期。

张天顶：《FDI对中国经济增长的实证研究》，《世界经济研究》2004年第10期。

张菀洺：《反倾销对东道国FDI进入方式及流量的影响》，《数量经济技术经济研究》2006年第11期。

张晓静、蔡彤娟等：《中国外商投资发展报告(2015)》，对外经济贸易大学出版社2015年版。

张燕、谢建国：《出口还是对外直接投资：中国企业“走出去”影响因素研究》，《世界经济研究》2012年第3期。

张宇、蒋殿春：《FDI、政府监管与中国水污染——基于产业结构与技术进步分解指标的实证检验，》，《经济学(季刊)》2014年第2期。

张志明、崔日明：《服务贸易、服务业FDI与中国服务业工资水平——基于行业面板数据的经验研究》，《国际贸易问题》2015年第8期。

赵伟、古广东、何元庆：《外向FDI与中国技术进步：机理分析与尝试性实证》，《管理世界》2006年第7期。

赵晓霞：《对外贸易、FDI与中国城乡居民收入变化理论分析与实证研究》，浙江大学博士论文，2009年。

郑磊、汪旭晖：《金融业FDI对东道国经济增长的直接和间接机制——基于亚洲主要国家的实证分析宏观》，《经济研究》2015年第12期。

中国人民大学“一带一路”建设进展课题组：《坚持规划引领有序务实推进“一带一路”建设进展报告》，《中国发展观察》2016年第Z1期。

周茂、陆毅、陈丽丽：《企业生产率与企业对外直接投资进入模式选择——来自中国企业的证据》，《管理世界》2015年第11期。

周犀行、欧阳溥蔓：《国内外市场潜力对FDI区位选择的影响研究》，《国际贸易问题》2013年第6期。

朱东平：《外商直接投资、知识产权保护与发展中国家的社会福利》，《经济研究》2014年第1期。

朱江丽、刘厚俊：《FDI对人力资本积累的影响研究——基于我国部分省级面板数据的实证分析》，《国际贸易问题》2013年第11期。

朱小梅、叶茂升：《我国经济增长结构稳定性的实证分析》，《湖北大学学报(自科版)》2005年第27期。

祝福云、冯宗宪：《我国对外反倾销调查与外商在华直接投资研究》，《财贸研究》2006年第6期。

宗芳宇、路江涌、武常岐：《双边投资协定、制度环境和企业对外直接投资区位选择》，《经济研究》2012年第5期。

祖强、刘海明：《改革开放30年来中国加工贸易发展与FDI效应及开放度效应的协整分析》，《国际贸易问题》2009年第1期。

Abraham, F., J. Konings, and V. Slootmaekers, 2010, “FDI Spillovers in the Chinese Manufacturing Sector”, *Economics of Transition*, 18(1):143—182.

Acemoglu, D. and S. Johnson, 2005, “Unbundling Institutions”, *Journal of Political Economy*, 113(5):949—995.

Agodo, O., 1978, “The Determinants of U.S. Private Manufacturing Investments in Africa”, *Journal of International Business Studies*, 9(3):95—106.

Aitken, B. J., and A. E. Harrison, 1999, “Do Domestic Firms Benefit from Direct Foreign Investment? Evidence from Venezuela”, *The American Economic Review*, 89(3):605—618.

Aleksynska, M. and O. Havrylchyk, 2012, “FDI from the South: The Role of Institutional Distance and Natural Resources”, *European Journal of Political Economy*, 29:8—53.

Allen, F., J. Qian, and M. Qian, 2005, “Law, Finance, and Economic Growth in China”, *Journal of Financial Economics*, 77(1):57—116.

Amighini, A. A., and C. Franco, 2013b, "A Sector Perspective on Chinese Outward FDI: The Automotive Case", *China Economic Review*, 27(27):148—161.

Amighini, A. A., R. Rabellotti, and M. Sanfilippo, 2013a, "Do Chinese State-Owned and Private Enterprises Differ in their Internationalization Strategies?", *China Economic Review*, 27(4): 312—325.

Amiti, M., and B. S. Javorcik, 2005, "Trade Costs and Location of Foreign Firms in China", *Journal of Development Economics*, 85(1):129—149.

Amit, R., and P. J. Schoemaker, 1993, "Strategic Assets and Organizational Rent", *Strategic Management Journal*, 14(1):33—46.

Andersson, T., and R. Svensson, 1994, "Entry Modes for Direct Investment Determined by the Composition of Firm Specific Skills", *The Scandinavian Journal of Economics*, 96:551—560.

Ang, J.S., Y. Cheng, and C. Wu, 2009, "Does Enforcement of Intellectual Property Rights Matter in China? Evidence from Financing and Investment Choices in the High-Tech Industry", *Social Science Electronic Publishing*, 96(2):332—348.

Asiedu, E., 2006, "Foreign Direct Investment in Africa: The Role of Natural Resources, Market Size, Government Policy, Institutions and Political Instability", *The World Economy*, 29:63—77.

Atkinson, A. B., and A.Brandolini, 2001, "Promise and Pitfalls in the Use of 'Secondary' Datasets: Income Inequality in OECD Countries as a Case Study", *Journal of Economic Literature*, 39(3):771—799.

Baldwin, R. E., 1995, "The Effect of Trade and Foreign Direct Investment on Employment and Relative Wages", NBER Working Paper, No.5037.

Bellone, F., P. Musso, L. Nesta, and S. Schiavo, 2008, "Financial Constraints and Firm Export Behaviour", *The World Economy*, 33(33):347—373.

Benassy-Quere, A., M. Coupet, and T.Mayer, 2007, "Institutional Determinants of Foreign Direct Investment", *The World Economy*, 30(5):764—782.

Bengoa, M., and B. Sanchez-Robles, 2003, "Foreign Direct Investment, Economic Freedom and Growth: New Evidence from Latin America", *Social Science Electronic Publishing*, 19(3):529—545.

Bernard, A.B., and J.B. Jensen, 2007, "Firm Structure, Multinationals, and Manufacturing Plant Deaths", *Review of Economic and Statistic*, 89(1):1—11.

Berthelemy, J.C., and S. Demurger, 2000, "Foreign Direct Investment and Economic Growth: Theory and Application to China", *Review of Development Economics*, 4(2):140—155.

Bevan, A. A., and S. Estrin, 2004, "The Determinants of Foreign Direct Investments into European Transition Economies", *Journal of Comparative Economics*, 32:775—787.

Bhandari, B., 2004, "Does Foreign Direct Investment Affect US Income Inequality?", *Forthcoming*, 13(12):210—222.

Blanchard, O., and M. Kremer, 1997, "Disorganization", *Quarterly Journal of Economics*, 112(4):1091—1126.

Blomstrom, M., and A. Kokko, 2003, "Human Capital and Inward FDI", Eijs Working Paper, 321(13):1939—1942.

Blomstrom, M., and A. Kokko, 2010, "Multinational Corporations and Spillovers", *Journal of Economic Surveys*, 12(3):247—277.

Blonigen, B.A., 2005, "A Review of the Empirical Literature on FDI Determinants", *Atlantic Economic Journal*, 33(4):383—403.

Borensztein, E., J.De Gregorio, and J-W.Lee, 1998, "How Does Foreign Direct Investment Affect Economic Growth", *Journal of International Economics*, 45(1):115—135.

Bosworth, B. P., S. M. Collins, and C. M.Reinhart, 2008, “Capital Flows to Developing Economies: Implications for Saving and Investment”, *Brookings Papers on Economic Activity*, 30(59): 143—180.

Brainard, S.L., 1997, “An Empirical Assessment of the Proximity-Concentration Trade-off Between Multinational Sales and Trade”, *American Economic Review*, 87(4):520—544.

Branstetter, L., 2000, “Is Foreign Direct Investments a Channel of Knowledge Spillovers Evidence from Japan's FDI in the United Stated”, NBER Working Paper, No.8015.

Buchanan, B. G., Q. V. Le, and M. Rishi, 2012, “Foreign Direct Investment and Institutional Quality: Some Empirical Evidence”, *International Review of Financial Analysis*, 21(6):81—89.

Buckley, P. J., J.Clegg, and C. Wang, 2006, “Inward FDI and Host Country Productivity: Evidence from China's Electronics Industry”, *Transnational Corporations*, 15(1):13—37.

Buckley, P. J., L.J.Clegg, A. R. Cross, X. Liu, H. Voss, and P. Zheng, 2007, “The Determinants of Chinese Outward Foreign Direct Investment”, *Journal of International Business Studies*, 38 (4):499—518.

Busse, M., and C. Hefeker, 2007, “Political Risk, Institutions and Foreign Direct Investment”, *European Journal of Political Economy*, 23(2):397—415.

Cai, D., 2008, *Xi Zhongxun Governing Guangdong* (*Xi Zhongxun Zhuzheng Guangdong*), Chinese Communist Party History Press.

Campos, N. F., and Y. Kinoshita, 2003, “Why Does FDI Go Where it Goes? New Evidence from the Transition Economies”, IMF Working Papers, 03(228):1—31.

Carr, D. L., J.R. Markusen, and K.E. Maskus, 2001, “Estimating the Knowledge-Capital Model of the Multinational Enterprise”, *American Economic Review*, 91(3):693—708.

Caves, R. E., 1996, *Multinational Enterprise and Economic Analysis*, Cambridge University Press.

Ceglowski, J., and S. Golub, 2012, “Does China Still Have a Labor Cost Advantage?”, *Global Economy Journal*, 12(3):1—30.

Chakrabarti, A., 2010, “The Determinants of Foreign Direct Investments: Sensitivity Analyses of Cross-Country Regressions”, *Kyklos*, 54(1):89—114.

Chaney, T., 2016, “Liquidity Constrained Exporters”, *Journal of Economic Dynamics and Control*, 72:141—154.

Chantasasawat, B., K. C. Fung, H. Iizaka, and A. Siu, 2010, “FDI Flows to Latin America, East and Southeast Asia, and China: Substitutes or Complements?”, *Review of Development Economics*, 14(3):533—546.

Chen, V.W., H.X. Wu, and B.V. Ark, 2009, “More Costly or More Productive? Measuring Changes in Competitiveness in Manufacturing across Regions in China”, *Review of Income and Wealth*, 55(s1):514—537.

Chen Y., S. Démurger, and M. Fournier, 2005, “Earnings Differentials and Ownership Structure in Chinese Enterprises”, *Economic Development and Cultural Change*, 53(4):933—958.

Chen, Z., and T. Fang, 2016, “Chinese Returnees and High-Tech Sector Outward FDI: The Case of Changzhou”, *Iza Discussion Papers*, 15(3):195—215.

Chen, Z., Y. Ge, and H. Lai, 2011, “Foreign Direct Investment and Wage Inequality: Evidence from China”, *World Development*, 39(8):1322—1332.

Cheng, L.K., and Y.K.Kwan, 2000, “What Are the Determinants of the Location of Foreign Direct Investment? The Chinese Experience”, *Journal of International Economics*, 51(2):379—400.

Cheng, L.K. and Z. Ma, 2008, “China's Outward Foreign Direct Investment”, Paper presented at the Indian Statistical Institute.

Choy, L.H.T., W.K.O. Ho, and S.W.K. Mak, 2011, "FDI and Domestic Capital Stock: A Panel Data Study of Chinese Regions", *International Symposium on Advancement of Construction Management and Real Estate*.

Christoph, E., 2005, "The FDI-employment Link in a Globalizing World: The Case of Argentina, Brazil and Mexico", International Labour Office, Employment Strategy Paper.

Cohen, W.M., and D.A. Levinthal, 1989, "Innovation and Learning: The Two Faces of Research and Development", *Economic Journal*, 99(397):569—596.

Cole, M. A., R. J. R. Elliott, and P. G. Fredriksson, 2006, "Endogenous Pollution Havens: Does FDI Influence Environmental Regulations?", *The Scandinavian Journal of Economics*, 108(1): 157—178.

Combes, P., G. Duranton, and L. Gobillon, 2011, "The Identification of Agglomeration Economies", *Journal of Economic Geography*, 11(2):253—266.

Copeland, B. R., and M. S. Taylor, 2004, "Trade, Tragedy, and the Commons", *Revised version is Forthcoming in the American Econmic Review*: 725—749.

Daude, C., and E. Stein, 2008, "The Quality of Institutions and Foreign Direct Investment", *Economics & Politics*, 19(3):317—344.

Demurger, S., 2001, "Infrastructure Development and Economic Growth: An Explanation for Regional Disparities in China?", *Journal of Comparative Economics*, 29:95—117.

Desai, M.A., C.F. Foley, and J.R. Hines, 2009, "Domestic Effects of the Foreign Activities of US Multinationals", *American Economic Journal: Economic Policy*, 1(1):181—203.

Driffield, N., and M. Chiang, 2009, "The Effects of Offshoring to China: Reallocation, Employment and Productivity in Taiwan", *International Journal of the Economics of Business*, 16:19—38.

Du, J., Y. Lu, and Z. Tao, 2008, "Economic Institutions and FDI Location Choice: Evidence from US Multinationals in China", *Journal of Comparative Economics*, 36(3):412—429.

Dunning, J. H., G. Boyd, and N. Inc, 2003, *Alliance Capitalism and Corporate Management Entrepreneurial Cooperation in Knowledge Based Economies*, Edward Elgar Publishing.

Eichengreen, B., and H. Tong, 2007, "Is China's FDI Coming at the Expense of Other Countries?", *Journal of the Japanese and International Economies*, 21(2):153—172.

Erdener, C., and D. M.Shapiro, 2005, "The Internationalization of Chinese Family Enterprises and Dunning's Eclectic MNE Paradigm", *Management and Organization Review*, 1(3):411—436.

Ericsson, J., and I. Manuchehr, 2001, "On the Causality Between Foreign Direct Investment and Output: A Comparative Study", *The International Trade Journal*, 15(1):1—26.

Erin, L., and B. Judith, 2009, "China's Manufacturing Employment and Compensation Costs: 2002—06", *Monthly Labor Review*, 132(4):30—38.

Ernst, C., 2005, "The FDI—employment link in a globalizing world: The case of Argentina, Brazil and Mexico", International Labour Office, Employment Strategy Paper.

Eskeland, G. S., and A. E. Harrison, 2003, "Moving to Greener Pastures? Multinationals and the Pollution Haven Hypothesis", *Journal of Development Economics*, 70(1):1—23.

Farrell, R., N. Gaston, and J. Sturm, 2004, "Determinants of Japan's Foreign Direct Investment: An Industry and Country Panel Study, 1984—1998", *Journal of The Japanese and International Economies*, 18(2):161—182.

Feenstra, R. C., and G.H. Hanson, 1996, "Globalization Outsourcing and Wage Inequality", *American Economic Review Paper and Proceedings*, 86:240—245.

Ferguson, N., and M. Schularick, 2007, "'Chimerica' and the Global Asset Market Boom", *In-*

ternational Finance, 10(3):215—239.

Fung, K.C., H. Iizaka, and S.Parker, 2002, “Determinants of U.S. and Japanese Direct Investment in China”, *Journal of Comparative Economics*, 30(3):567—578.

Fu, X., 2014, “Limited Linkages from Growth Engines and Regional Disparities in China”, *Journal of Comparative Economics*, 32:148—164.

Gao, T., 2005, “Foreign Direct Investment in China: How Big are the Roles of Culture and Geography?”, *Pacific Economic Review*, 10(2):153—166.

Gastanaga, V. M., J. B. Nugent, and B. Pashamova, 1998, “Host Country Reforms and FDI Inflows: How much Difference do They Make?”, *World Development*, 26(7):1299—1314.

Goldberg, M. A., R. L. Heinkel, and L. D. Maurice, 2005, “Foreign Direct Investment: The Human Dimension”, *Journal of International Money and Finance*, 24:913—934.

Goldberg, P., and N. Pavcnik, 2007, “The Effects of the Colombian Trade Liberalization on Urban Poverty”, *Nber Chapters*.

Grossman, G. M., and A.B. Krueger, 1991, “Environmental Impacts of the North American Free Trade Agreement”, NBER working paper, No.3914.

Grubert, H., and J. Mutti, 2000, “Do Taxes Influence Where U.S. Corporations Invest?”, *National Tax Journal*, 53(4):825—839.

Guariglia, A., and S. Poncet, 2008, “Could Financial Distortions be No Impediment to Economic Growth after all? Evidence from China”, *Social Science Electronic Publishing*, 36(4):633—657.

Habib, M., and L. Zurawicki, 2002, “Corruption and Foreign Direct Investment”, *Journal of International Business Studies*, 33(2):291—307.

Harvey M., M. Myers and M.M. Novicevic, 2002, “The Role of MNCS in Balancing the Human Capital Books between African and Developed Countries”, *The International Journal of Human Resources Management*, 13(7):1060—1076.

Harzing, A.W., 2002, “Acquisitions versus Greenfield Investments: International Strategy and Management of Entry Modes”, *Strategic Management Journal*, 23:211—227.

Hausmann, R., and D. Rodrik, 2003, “Economic Development as Self-discovery”, *Journal of Development Economics*, 72(2):603—633.

Helpman, E., M.J. Melitz, and S.R. Yeaple, 2004, “Export versus FDI with Heterogeneous Firms”, *American Economic Review*, 94(1):300—316.

Hijzen, A.J., I. Tomohiko, and T. Yasuyuki, 2007, “The Effects of Multinational Production on Domestic Performance: Evidence from Japanese Firms”, RIETI Discussion Paper Series 07-E-006.

Hines, Jr., 1995, “Taxes, Technology Transfer, and R&D by Multinational Firms”, *Nber Chapters*: 51—62.

Hongmian, G., 1995, “Spatial Patterns of Foreign Investment in China's Cities, 1980—1989”, *Urban Geography*, 16(3):198—209.

Hsiao, C., and Victor G., 2001, “Factors Affecting Foreign Direct Investment—with an Analysis of, the Disparity between the Coastal and Western Regions of China”, *Review of Pacific Basin Financial Markets & Policies*, 4(04):479—493.

Huang, Y., 2003, “One Country, Two Systems: Foreign-invested Enterprises and Domestic Firms in China”, *China Economic Review*, 14(4):404—416.

Huchet, J. F., 2003, “State-Owned Enterprise Reform in China, by Justin Yifu Lin; Fang Cai; Zhou Li”, *China Journal*, 50:200—201.

Jaffer, S., 1995, “Environmental Regulations and International Competitiveness: What Does the Evidence Tell us?” *Jounal of Economic Literature*, 2(4):62—78.

Javorcik, B. S., and S. J. Wei, 2001, "Pollution Havens and Foreign Direct Investment: Dirty Secret or Popular Myth?", *Contributions in Economic Analysis and Policy*, 3(2):1244—1244.

Jenkins, R., and C. Edwards, 2006, "The Economic impacts of China and India on Sub-Saharan Africa: Trends and Prospects", *Journal of Asian Economics*, 17(2):207—225.

Kline, P., and E. Moretti, 2011, "Local Economic Development, Agglomeration Economies and the Big Push: 100 Years of Evidence from the Tennessee Valley Authority", Working Paper.

Kogut, B., 1988, "Joint Ventures: Theoretical and Empirical Perspectives", *Strategic Management Journal*, 9:319—332.

Kolstad, I., and A. Wiig, 2012, "What Determines Chinese Outward FDI?", *Journal of World Business*, 47(1):26—34.

Krautheim, S. and T. Schmidt-Eisenlohr, 2011, "Heterogeneous Firms, 'Profit Shifting' FDI and International Tax Competition", *Journal of Public Economics*, 95(1—2): 122—133.

Letchumanan, R., and F. Kodama, 2000, "Reconciling the Conflict Between the 'Pollution-haven' Hypothesis and An Emerging Trajectory of International Technology Transfer", *Research Policy*, 29(1):59—79.

Lett, E., and J. Banister, 2009, "China's Manufacturing Employment and Compensation Costs: 2002-06", *Monthly Labor Review*, 132(4):30—38.

Levinson, A., 2004, "Environmental Regulations and Manufacturers' Location Choices: Evidence from the Census of Manufactures", *Journal of Public Economics*, 62(1—2):5—29.

Levinson, A., and M.S. Taylor, 2008, "Unmasking the Pollution Haven Effect", *International Economic Review*, 49(1):223—254.

Liang, Y., 2008, "Why Are China's Exports Special?: The Role of FDI, Regional Trade, and Government Policies", *Chinese Economy*, 41(6):99—118.

Li, H., L. Li, B. Wu, and Y. Xiong, 2012, "The End of Cheap Chinese Labor", *Journal of Economic Perspectives*, 26(4):57—74.

Lin, P., Z. Liu, and Y. Zhang, 2009, "Do Chinese Domestic Firms Benefit from FDI Inflow? : Evidence of Horizontal and Vertical Spillovers", *China Economic Review*, 20(4):677—691.

Lipsey, R. E., and F. Sjöholm, 2004, "Foreign Direct Investment, Education and Wages in Indonesian Manufacturing", *Journal of Development Economics*, 73(1):415—422.

Li, Q., J. Huang, R. Luo, and C. Liu, 2013, "China's Labor Transition and the Future of China's Rural Wages and Employment", *China and World Economy*, 21(3):4—24.

Liu, L., 2010, "Analysis of the Mechanism for Economic Growth of Introducing FDI in Jilin Province", *International Conference on Information Science and Engineering*, IEEE: 104—107.

Liu, L., K. Chow, and U. Li, 2007, "Has China Crowded Out Foreign Direct Investment from Its Developing East Asian Neighbors?", *China and World Economy*, 15(3):70—88.

Liu, X., T. Buck, and C. Shu, 2005, "Chinese Economic Development, the Next Stage: Outward FDI?", *International Business Review*, 14(1):97—115.

Liu, Z.Q., 2008, "Foreign Direct Investment and Technology Spillovers: Theory and Evidence", *Journal of Development Economics*, 85(1—2):176—193.

Long, N., and H. Siebert, 1991, "Institutional Competition versus Ex-ante Harmonization: The Case of Environmental Policy", *Journal of institutional and Theoretical Economics*, 147:296—311.

Long, N. V., R. Riezman, and A. Soubeyran, 2007, "Trade, Wage Gaps and Specific Human Capital Accumulation", *Review of International Economics*, 15(6):75—92.

Luo, C., 2007, "FDI: A Visible Hand", Mimeo, Center for European Studies and China Center for Economic Studies, Fudan University, Shanghai, China.

Luo, C., and J. Zhang, 2010, "China Trade Policy Review: A Political Economy Approach", *World Economy*, 33(11):1390—1413.

Luo, C., and L. Chen, 2013, "Redesigning China's Trade Policy in the Post-Crisis Era", Zhang, J., eds., *Unfinished Reforms in the Chinese Economy*, World Scientific Publishing Company.

Lu, Y., I.P.L. Png, and Z. Tao, 2013, "Do Institutions Not Matter in China? Evidence from Manufacturing Enterprises", *Journal of Comparative Economics*, 41(1):74—90.

Makin, A. J., 2008, "The Inflexible Yuan and Global Imbalances", *Global Economy Journal*, 8(3):1—12.

Manova, K., 2012, "Credit Constraints, Heterogeneous Firms, and International Trade", *Review of Economic Studies*, 80(2):711—744.

Markusen, J.R., and L.E.O. Svensson, 1985, "Trade in Goods and Factors with International Differences in Technology", *International Economic Review*, 26(1):175—192.

Marni, M., and D. Wheeler, 1998, "In Search of Pollution Heavens? Dirty Industry in the World Economy, 1960—1995", *The Journal of Environment and Development*, 7(3):215—247.

Melitz, M., 2003, "The Impact of Trade on Intra-industry Reallocations and Aggregate Industry Productivity", *Econometrica*, 71(6):1695—1725.

Mercereau, B., 2005, "FDI Flows to Asia: Did the Dragon Crowd Out the Tigers?", IMF Working Papers, 05(189):1—29.

Michie, J., 2012, "Foreign Direct Investment and Human Capital Enhancement in Developing Countries", *Competition and Change*, 6(4):363—372.

Mickiewicz, T., S. Radosevicv, and U. Varblane, 2000, "The Value of Diversity: FDI and Employment in Central Europe During Economic Recovery", Faculty of Economics and Business Administration Discussion.

Mileva, E., 2008, *The Impact of Capital Flows on Domestic Investment in Transition Economies*, Social Science Electronic Publishing.

Morck, R., B. Yeung, and M. Zhao, 2008, "Perspectives on China's Outward Foreign Direct Investment", *Journal of International Business Studies*, 39(3):337—350.

Mundell, R.A., 1957, "International Trade and the Factor Mobility", *American Economic Review*, 47(3):321—335.

Naughton, B., and N. R. Lardy, 1996, "China's Emergence and Prospects as a Trading Nation", *Brookings Papers on Economic Activity*, 2:273—344.

Noorbakhsh, F., A. Paloni, and A. Youssef, 2001, "Human Capital and FDI Inflows to Developing Countries: New Empirical Evidence", *World Development*, 29(9):1593—1610.

Pan-Long, T., 1995, "Foreign Direct Investment and Income Inequality: Further Evidence", *World Development*, 23(3):469—483.

Peng, M.W., D.Y.L. Wang, and Y. Jiang, 2008, "An Institution-Based View of International Business Strategy: A Focus on Emerging Economies", *Journal of International Business Studies*, 39(5):920—936.

Rama, M., 2003, "Globalization and Workers in Developing Countries", World Bank, Policy Research Working Paper 2958.

Reiter, S. L., and H. K. Steensma, 2010, "Human Development and Foreign Direct Investment in Developing Countries: The Influence of FDI Policy and Corruption", *World Development*, 38(12):1678—1691.

Ritchie, B.K., 2002, "Foreign Direct Investment and Intellectual Capital Formation in Asia", OECD Working Paper No. 194.

Rodric, D., 1997, "Has Globalization Gone Too Far?", *Institute of International Economics*.

Rodrik, D., 2004a, "Rethinking Economic Growth in Developing Countries", The Luca d'Agliano Lecture.

Rodrik, D., 2004b, "Getting Institutions Right: Institutions and Economic Performance", *CESifo DICE Report*, 2(2):10—15.

Rodrik, D., 2006, "What's So Special about China's Exports?", *China and World Economy*, 14(5):1—19.

Rui, H.C., and G. G. Yip, 2008, "Foreign Acquisitions by Chinese Firms: A Strategic Intent Perspective", *Journal of World Business*, 2:213—226.

Salike, N., 2010, "Investigation of the 'China effect' on Crowding out of Japanese FDI: An Industry-level Analysis(1990—2004)", *China Economic Review*, 21(4):582—597.

Salike, N., 2016, "Role of Human Capital on Regional Distribution of FDI in China: New Evidences", *China Economic Review*, 37(2):66—84.

Schneider, P. H., 2005, "International Trade, Economic Growth and Intellectual Property Rights: A Panel Data Study of Developed and Developing Countries", *Journal of Development Economics*, 78(2):529—547.

Stoddard, O., and I. Noy, 2015, "Fire-sale FDI? The Impact of Financial Crises on Foreign Direct Investment", *Review of Development Economics*, 19(2):387—399.

Sun, Q., W. Tong, and Q. Yu, 2002, "Determinants of Foreign Direct Investment Across China", *Journal of International Money and Finance*, 21(1):79—113.

Sun, S., 2012, "The Role of FDI in Domestic Exporting: Evidence from China", *Journal of Asian Economics*, 23(4):434—441.

Sylwester, K., 2005, "Foreign Direct Investment, Growth and Income Inequality in Less Developed Countries", *International Review of Applied Economics*, 19(3):289—300.

Teixeira, A. C., and W. Heyuan, 2012, "Is Human Capital Relevant in Attracting Innovative Foreign Direct Investment to China?", *Asian Journal of Technology Innovation*, 20(1):83—96.

Thomas, D.E., L. Eden, and M.A. Hitt, 2002, "Who Goes Abroad? International Diversification by Emerging Market Firms into Developed Markets", Paper presented at the Academy of Management Annual Meeting at Denver, CO.

Tokunaga, S., and S. Jin, 2011, "Market Potential, Agglomeration and Location of Japanese Manufacturers in China", *Letters in Spatial & Resource Sciences*, 4(1):9—19.

Urata, S., and H. Kawai, 2000, "The Determinants of the Location of Foreign Direct Investment by Japanese Small and Medium-sized Enterprises", *Small Business Economics*, 15(2):79—103.

Varblane, U., T. Mickiewicz, and S. Radosevic, 2000, "The Value of Diversity: Foreign Direct Investment and Employment in Central Europe During Economic Recovery", University of Tartu, Faculty of Economics and Business Administration Working Paper Series 2.

Wang, J., 2013, "The Economic Impact of Special Economic Zones: Evidence from Chinese Municipalities", *Journal of Development of Economics*, 101(1):133—147.

Wei, S. J., 2000a, "How Taxing is Corruption on International Investors?", *Review of Economics and Statistics*, 82(1):1—11.

Wei, S.J., 2000b, "Local Corruption and Global Capital Flows", *Brookings Papers on Economic Activity*, 2000(2):303—354.

Wei, S.J., 1995, "Open Door Policy and China's Rapid Growth: Evidence from City-Level Data", Pacific Basin Working Paper.

Whalley, J., and Xin X., 2011, "China's FDI and Non-FDI Economies and the Sustainability of

Future High Chinese Growth", *China Economic Review*, 21(1):123—135.

Wheeler, D., and A. Mody, 1992, "International Investment Location Decisions: The Case of U.S. Firms", *Journal of International Economics*, 33(1—2):57—76.

Xu, C.G., 2011, "The Fundamental Institutions of China's Reforms and Development", *Journal of Economic Literature*, 49(4):1076—1151.

Xu, J., 2007, "Attracting FDI in Service Industries in China: Current Situations and Suggestions", *Value Engineering*.

Yao, S., and P. Wang, 2004, "Has China Displaced the Outward Investments of OECD Countries?", *China Economic Review*, 28(1):55—71.

Yao, S., and Z. Zhang, 2001, "Regional Growth in China Under Economic Reform", *Journal of Development Studies*, 38:167—186.

Zhang, J., 2013, *Unfinished Reforms in the Chinese Economy*, World Scientific Publishing Company.

Zhang, K.H., 2014, "How Does Foreign Direct Investment Affect Industrial Competitiveness? Evidence from China", *China Economic Review*, 30:530—539.

Zhang, K.H., and J.R. Markusen, 1999, "Vertical Multinationals and Host-Country Characteristics", *Journal of Development Economics*, 59(2):233—252.

第 11 章

人民币汇率形成机制的改革：步骤、问题和政策建议

| **陆前进** | 复旦大学经济学院 |

11.1　前言

在 1994 年之前，人民币汇率制度主要实行的是“双轨制”。1994 年 1 月 1 日，人民币汇率并轨，实行以市场供求为基础、单一的、有管理的浮动汇率制度，基本上消除了外汇黑市。在实践中，中国人民银行根据我国的宏观经济发展状况及国内外的经济形势自主制定汇率政策，确定人民币的目标汇率，通过对外汇市场的干预，维持人民币汇率稳定，保证了人民币汇率的有管理性。

为建立和完善我国市场经济体制，充分发挥市场在资源配置中的基础性作用，建立健全以市场供求为基础的、有管理的浮动汇率制度，2005 年 7 月 21 日起，我国开始实行以市场供求为基础、参考一篮子货币进行调节、有管理的浮动汇率制度。人民币汇率不再钉住①单一美元，形成更富弹性的人民币汇率机制，人民币汇率持续升值。2008 年 9 月，国际金融危机爆发，为了抵御危机的冲击，人民币对美元不再继续升值，保持了相对稳定。2010 年 6 月 19 日，中国人民银行继续改革人民币汇率的形成机制，人民币对美元汇率恢复弹性，人民币汇率波动幅度进一步扩大。

---

① 本章中的“人民币钉住美元”表示人民币对美元汇率固定，汇率波动幅度小，而“人民币盯住美元”表示人民币对美元汇率是主导汇率，央行主要管理或控制人民币对美元汇率，央行“盯住”(或关注)人民币对美元汇率的变动，人民币对美元汇率是央行的一个货币政策目标。

2014 年以后，人民币升值压力开始减轻，相反市场贬值预期逐步形成。2015 年 8 月 11 日，中国人民银行发布《关于完善人民币兑美元汇率中间价报价的声明》，开始了新一轮的人民币汇率形成机制改革，人民币汇率的变动将更多地参考一篮子货币汇率，保持人民币总体币值水平的相对稳定。2015 年 12 月 11 日，我国发布人民币汇率指数，加大了参考一篮子货币的力度，以更好地保持人民币对一篮子货币汇率基本稳定。

总之，我国经过若干年人民币汇率形成机制的改革，不断完善人民币汇率的形成机制，人民币汇率弹性不断增加，但不同阶段人民币汇率变动呈现不同的特点，也会面临不同的问题。本章第二部分分析我国人民币汇率变动的特点，包括人民币对美元汇率、人民币对非美货币汇率和人民币有效汇率等。第三部分是 2005 年 7 月 21 日汇改后人民币汇率制度的特点及存在的问题。第四部分研究人民币对美元汇率的形成机制“收盘价格＋一篮子货币的汇率”的特点及如何实现人民币有效汇率目标。第五部分是人民币汇率改革面临的问题及政策建议。最后是主要结论。

11.2　我国人民币汇率变动的特点

11.2.1 改革开放后至 1994 年汇改前人民币汇率变动的概述

我国改革开放前的计划经济时期，人民币汇率作为计划经济的调节工具，其水平无法反映我国外汇相对短缺的情况。1978 年后，我国实行以市场为导向的经济改革，人民币汇率制度市场化改革便成为我国金融改革的一项重要任务。

1. 内部结算价与官方牌价并存的双轨汇率制度时期(1981—1984 年)

1979 年 8 月，国务院决定改革外贸体制，实行外汇留成制度，对外贸易单位和出口企业把收入的外汇卖给国家，国家按一定比例拨给其相应的外汇留成[①]，这就导致了两种汇价——官方汇率与贸易内部结算汇率。官方汇率即非贸易外汇，主要适用于旅游、运输、保险等劳务项目和经常转移项目下的侨汇等外汇结算，且仍沿用原来的一篮子货币加权平均的计算方法。当时的贸易内部结算汇率是 2.8 人民币/1 美

① 外汇留成是一种额度留成，并不是外汇现金留成，将来需要外汇时，可以凭此额度向政府购买外汇，见姜波克(1997)。

元，这是根据1978年全国平均换汇成本① 2.53人民币/1美元再加上10%的出口利润得来的，用于进出口贸易外汇的结算。从1981年到1982年，出口换汇成本一直没有较大变动，故我国内部结算价也基本没有变动。而人民币对美元官方汇率由1981年7月的1.50元向下调整至1984年7月的2.30元，人民币对美元贬值了53.3%。随着国际市场美元汇率的上升，国家逐步下调官方汇率，到1984年底，官方汇率已接近贸易外汇内部结算价(见图11.1)。

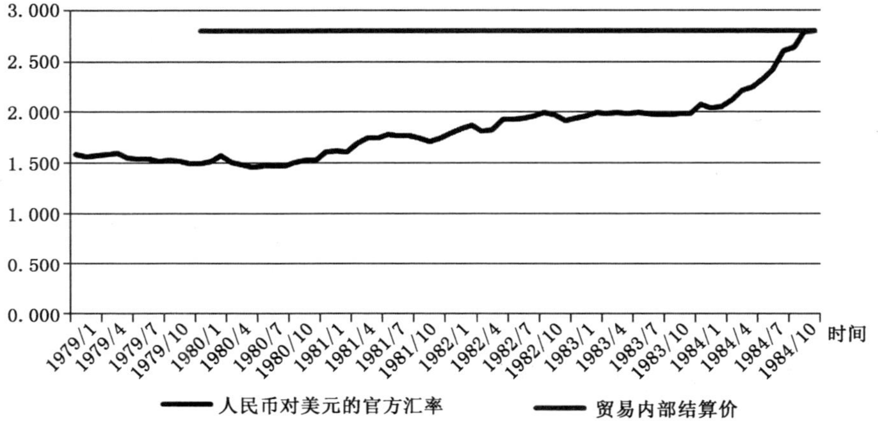

图 11.1　人民币汇率内部结算价与官方牌价

资料来源：International Finance Statistics(1979年1月—1984年12月)。

当时我国对外贸易的规模小，外汇短缺，实行汇率双轨制。一方面官方汇率比较低，有利于经常项目下的用汇；另一方面贸易内部结算汇率有利于促进出口、限制进口，这也是由当时的现实条件所决定的。这种汇率制度存在一定的问题：出口换汇成本不能真实反映当时我国外汇相对短缺的情况；出口换汇成本只考虑到贸易品之间的比价，没有考虑非贸易品之间的比价；双重汇率也受到外界的质疑，外汇管理更加复杂化；汇率难以发挥资源优化配置的作用。

2. 人民币汇率制度官方与调剂汇率并存的时期(1985—1993年)

1985年1月1日，我国取消了贸易外汇内部结算价，恢复了单一汇率制，官方汇率同时应用于贸易结算和非贸易外汇兑换，1美元=2.80元人民币。20世纪80年代

① 指出口某商品换回一单位外汇需多少元本国货币(人民币)成本支出(加上适当利润)，见姜波克(1997)。

中期以后，我国物价上涨速度加快，为了缓解人民币汇率高估，我国对人民币官方汇率作了相应持续下调。1985 年 8 月 21 日，人民币汇率贬值到 2.90 人民币/1 美元，后来又在 1986 年 7 月、1990 年 11 月和 1993 年底，进一步贬值至 3.70 人民币/1 美元，5.22 人民币/1 美元和 5.70 人民币/1 美元(图 11.2)。与此同时，为了抵消国内通货膨胀对外贸的影响及鼓励出口，出现了调剂汇率。我国在人民币官方汇率下调的同时，1985 年 12 月在深圳成立第一个外汇调剂中心，1988 年起又增加了外汇留成比例，调剂规模不断扩大，后来全国各地普遍设立外汇调剂中心，放开调剂市场汇率，解决出口亏损问题。随着全国性外汇调剂业务陆续、全面展开，又形成了统一的官方汇率与市场调剂汇率并存的新双轨制，并一直延续到 1993 年底。1988 年至 1993 年，由于国内经济过热、通货膨胀、进口需求旺盛，外汇需求大于供给，人民币在外汇市场上的调剂汇率不断贬值，从 5.70 人民币/1 美元降至 1993 年底的 8.7 人民币/1 美元(吴念鲁、陈全庚，2002)。

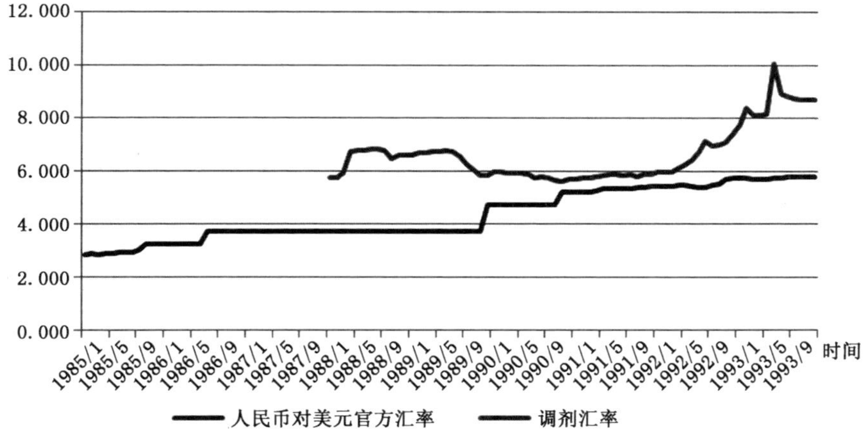

图 11.2　官方汇率与调剂汇率

资料来源：官方汇率来自 International Finance Statistics(1985 年 1 月—1993 年 12 月)，调剂汇率来自吴念鲁、陈全庚(2002)。

调剂汇率受市场调节，反映了外汇市场的供求，有利于打击外汇黑市。官方汇率和市场调剂汇率的共存是计划经济和市场经济相结合的产物，是计划经济向市场经济转变过程中的过渡阶段，但双轨制使得资源配置效率下降。双轨制的问题其实并不是双轨自身造成的，而是由于计划经济的存在造成的，所以必须要改革计划经济的模式，转到市场经济的模式上来，不断推动汇率的市场化改革。

11.2.2 1994年1月1日至2005年7月21日之间的汇率

1. 人民币对美元汇率保持了绝对稳定

汇率在一国经济发展战略中发挥着重要作用（陈彪如，1991），为了确定合理的人民币汇率水平，发挥汇率在国民经济中的调节作用，我国在改革开放后对人民币制度进行了一系列改革。1993年11月14日，中央发布《中共中央关于建立社会主义市场经济体制若干问题的决定》，明确要求“改革外汇管理体制，建立以市场供求为基础的浮动汇率制度和统一规范的外汇市场，逐步使人民币成为可兑换货币”。同年12月28日，中国人民银行发布了《关于进一步改革外汇管理体制的公告》，规定自1994年1月1日起，人民币官方汇率与调剂汇率并轨，实行以市场供求为基础的、单一的、有管理的浮动汇率制。其主要特征是汇率统一、以结汇制取代留成制、以全国联网的统一的银行间外汇市场取代以前的官价市场和分散割离的调剂市场、以有管理的浮动汇率制取代以前的官价固定、调剂价浮动的双重汇率制、以单一货币流通（人民币）取代以前的多种货币流通和计价。并轨后的人民币汇率根据1993年12月31日18家外汇公开市场的加权平均价，确定为1美元兑8.7元人民币。

从1994年1月1日起，中资企业退出外汇调剂中心，外汇指定银行成为外汇交易的主体。1994年4月1日，银行间外汇市场——中国外汇交易中心在上海成立，连通全国所有分中心。1994年4月4日起，中国外汇交易中心系统正式运营，采用会员制，实行撮合成交集中清算制度，并体现价格优先、时间优先原则。中国人民银行按照上一个工作日银行间外汇市场交易形成的加权平均汇率，公布当日美元等交易货币对人民币汇率的中间价。

1994年1月1日后，人民币汇率经历了缓慢升值的过程，到1995年6月底人民币对美元汇率升值到8.3011，累计升值4.8%。随后人民币汇率进入相对稳定的时期，进入1997年，尽管受到亚洲金融危机的冲击，人民币面临贬值压力，但中国政府仍然坚持人民币不贬值，获得国际社会的广泛赞誉。这一时期人民币对美元汇率基本维持在8.27至8.28之间的水平上，保持了人民币汇率的绝对稳定（图11.3）。

但就人民币汇率制度的浮动性而言，由于人民币汇率的年波动幅度不超过1%，国际货币基金组织将其归入了传统的钉住汇率安排。人民币对美元的名义汇率在1994年汇率并轨之后基本上没有大的变化，因此，我国2005年之前的汇率制度实际上是一种与美元挂钩的固定汇率制。

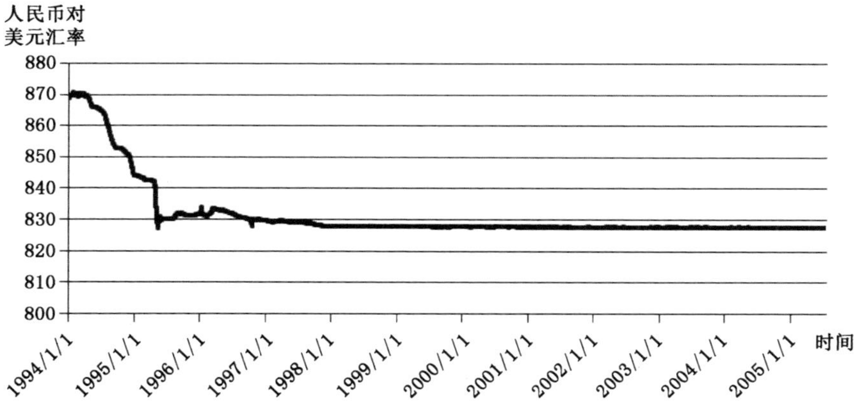

图 11.3　人民币对美元汇率(1994 年 1 月 1 日—2005 年 7 月 21 日)

资料来源：www.safe.gov.cn。

2. 人民币对非美货币汇率的决定

人民币汇率不仅仅包括对美元汇率，也包括对非美货币汇率(如欧元、日元和港币等)，实际上，根据多点套汇原理①，假定 0 表示人民币、1 表示美元，2—n 表示其他 $n-1$ 种非美货币，其中 S_{01} 表示 1 单位美元等于 S_{01} 元人民币，S_{12} 表示 1 单位第 2 种货币等于 S_{12} 美元，以此类推，S_{n0} 表示 1 单位人民币等于 S_{n0} 单位第 n 种货币，只有在满足：$S_{01}\times S_{12}\times S_{23}\times\cdots\times S_{(i-1)i}\times\cdots\times S_{(n-1)n}\times S_{n0}=1$ 时($1\leqslant i\leqslant n$)，投机者才不能够获得汇差。从多点套汇的公式可以看出，S_{12}，S_{23}，…，$S_{(i-1)i}$，…，$S_{(n-1)n}$ 是非人民币货币之间的汇率，它是由国际金融市场来决定的，我国央行是不能够控制的，因此在 S_{01} 和 S_{n0} 之间，央行只能够控制其中之一。

以上是多点套汇的情况，如果以三角套汇为例，假定 2 为欧元，S_{01} 表示美元和人民币之间的汇率，为 S_{01} 元/美元，欧元和美元之间的汇率可表示为 S_{12} 美元/欧元，人民币和欧元之间的汇率为 S_{20} 欧元/元，只有当满足：S_{01} 元/美元 $\times S_{12}$ 美元/欧元 $\times S_{20}$ 欧元/元 $=1$ 时，投机者才不能够获得汇差。由于美元对欧元汇率无法控制，人民币对美元汇率和人民币对非美货币汇率这两者之间，央行只能控制一个，要么控制人民币

① 三角套汇原理主要是指在三个或多个不同地点的外汇市场中，利用三种或多种不同货币之间交叉汇率或套算汇率的不一致，同时在这三个或多个外汇市场上进行外汇买卖，以赚取汇率差额收益的交易行为。见钱荣堃等(2002：65—67)。

对美元汇率，让人民币对非美货币汇率浮动；要么控制人民币对非美货币汇率，让人民币对美元汇率浮动。

因此人民币对非美元货币的汇率主要受人民币对美元汇率和国际金融市场上美元对其他货币汇率的影响，是由这两种汇率共同决定的。从三角套汇的角度来看，如果三种货币三个汇率之间的关系不满足三角套汇原理，则投机者总是能够套取到汇差，但由于套汇资本的流动，能够迅速消除汇差。因此在人民币对美元汇率保持稳定的条件下，根据三角套汇的关系，人民币对非美货币汇率与美元对非美货币的汇率走势是一致的①，如 1994 年 1 月 1 日至 2005 年 7 月 21 日，人民币对日元汇率与美元对日元汇率的走势基本保持一致（图 11.4）。这里面临的一个问题是人民币钉住美元，人民币对美元的汇率波动幅度小，而随着国际金融市场上美元对非美货币汇率的大幅度波动，人民币对欧元、英镑和日元等货币的波动幅度也将变大；反之，如果人民币钉住欧元，则人民币对美元的波动幅度将加大。

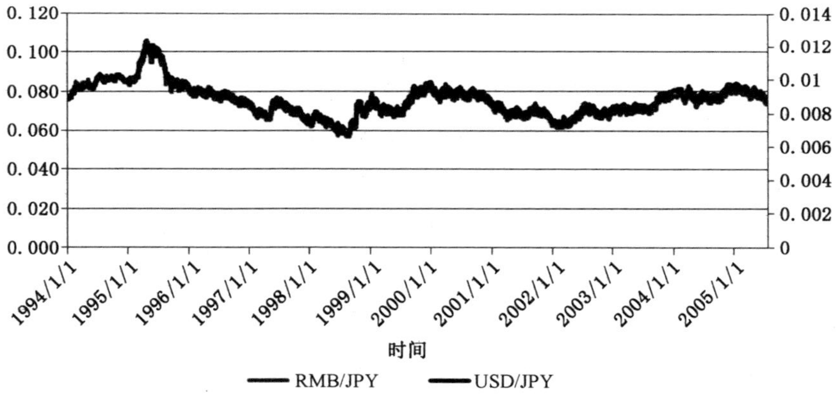

图 11.4　人民币对日元与美元对日元汇率的比较（1994 年 1 月 1 日—2005 年 7 月 21 日）

资料来源：CEIC 数据库。

从以上分析可以看出，这一阶段人民币汇率制度的特点是保持了人民币对美元汇率的绝对稳定，有利于贸易部门的发展；但人民币对非美货币汇率与美元对非美货币的走势一致，因此波动相对比较大，对我国与非美货币国家贸易往来的影响可能会比较大。

① 尽管人民币汇率的中间价是按照上一个工作日银行间外汇市场交易形成的加权平均汇率来确定的，但是三角套汇的机制是影响和决定汇率变动之间关系的。

3. 人民币有效汇率

除了人民币对美元汇率和人民币对非美货币汇率外，实际上，最能反映人民币币值变化的是人民币有效汇率，因此对人民币币值水平的评估必须要考虑人民币有效汇率。随着美元币值的变化，人民币对美元贬值或升值，但对非美货币的变化往往相反，如人民币对美元贬值，但对欧元、英镑等却升值。这种相反的变化使得我们对人民币币值的整体变化难以判断，面临的一个现实问题是央行的汇率目标是以人民币对美元汇率为主，还是以人民币对篮子货币为主。如果以人民币对美元汇率为目标，央行主要是控制人民币对美元汇率变动；如果以篮子货币为目标，央行通常是控制人民币有效汇率升值的快慢，以前我国更多是控制人民币对美元的汇率目标。

人民币名义有效汇率是人民币对其他国家货币汇率进行加权平均而得到的一个综合的人民币汇率指数。我们选取贸易权重的几何加权的有效汇率指数作为人民币有效汇率计算公式①(Leahy，1998；Loretan，2005)，即有效汇率：

$$NEER_t = NEER_{t-1}\prod_{i=1}^{n}(S_{i,t}/S_{i,t-1})^{w_{i,t}}$$

其中 $NEER_t$ 为 t 期的人民币有效汇率，$NEER_{t-1}$ 为 $t-1$ 期的人民币有效汇率，$S_{i,t}$ 为 t 期人民币对 i 国货币的汇率(间接标价法)②，$S_{i,t-1}$ 为 $t-1$ 期人民币对 i 国货币的汇率，$w_{i,t}$ 为 t 期人民币对 i 国货币的贸易权重(假定为常数)，$\sum_{i=1}^{n} w_{i,t}=1$。

实际上，汇率存在三角套汇机制，设 $S_{i,t}=S_{1,t}\times X_{i,t}$，其中 $S_{1,t}$ 是 t 期人民币对美元货币的汇率，$X_{i,t}$ 是 t 期美元对 i 国货币的汇率。③由名义有效汇率：

$$\begin{aligned}NEER_t &= NEER_{t-1}\prod_{i=1}^{n}(S_{i,t}/S_{i,t-1})^{w_{i,t}}\\ &=100\prod_{i=1}^{n}(S_{i,t}/S_{i,0})^{w_{i,t}}\end{aligned}$$

---

① 关于有效汇率的计算有算术平均和几何平均两种方法，这里我们采取几何平均的方法，关于算术平均和几何平均的汇率指数问题，见 Brodsky(1982)。

② 也可以用直接标价法，这样算出来的实际有效汇率和用间接标价法算出来的有效汇率成倒数关系，间接标价法算出来的有效汇率上升，意味着人民币升值，而直接标价法算出来的有效汇率上升，意味着人民币贬值，而非升值。

③ 实际上，$S_{1,t}=S_{1,0}=1$ 美元/美元。

$$=100\left[\frac{(S_{1,t}\times X_{1,t})^{w_{1,t}}\times(S_{1,t}\times X_{2,t})^{w_{2,t}}\times\cdots\times(S_{1,t}\times X_{n,t})^{w_{n,t}}}{(S_{1,0}\times X_{1,0})^{w_{1,t}}\times(S_{1,0}\times X_{2,0})^{w_{2,t}}\times\cdots\times(S_{1,0}\times X_{n,0})^{w_{n,t}}}\right]$$

进一步,该公式可得到：

$$NEER_t=100\left(\frac{S_{1,t}}{S_{1,0}}\right)\left[\frac{(X_{1,t})^{w_{1,t}}\times(X_{2,t})^{w_{2,t}}\times\cdots\times(X_{n,t})^{w_{n,t}}}{(X_{1,0})^{w_{1,t}}\times(X_{2,0})^{w_{2,t}}\times\cdots\times(X_{n,0})^{w_{n,t}}}\right]$$

$$=100\times RI_t\times\prod_{i=2}^{n}(X_{i,t}/X_{i,0})^{w_{i,t}}$$

其中，$RI_t=\frac{S_{1,t}}{S_{1,0}}$。现定义美元的有效汇率：

$$NEER_{us,t}=NEER_{us,t-1}\prod_{i=1}^{n}(Y_{i,t}/Y_{i,t-1})^{\rho_{i,t}}=100\prod_{i=1}^{n}(Y_{i,t}/Y_{i,0})^{\rho_{i,t}}$$

其中 $NEER_{us,t}$ 为 t 期的美元有效汇率，$NEER_{us,t-1}$ 为 $t-1$ 期的美元有效汇率，$Y_{i,t}$ 为 t 期美元对 i 国货币的汇率(间接标价法)①，$Y_{i,t-1}$ 为 $t-1$ 期美元对 i 国货币的汇率，$\rho_{i,t}$ 为 t 期美元对 i 国货币的贸易权重。为了研究问题方便，假定 $Y_{1,t}$ 为 t 期美元对人民币的汇率，$\rho_{1,t}$ 为 t 期人民币在美元有效汇率中的权重，则：

$$NEER_{us,t}=100\left(\frac{1}{RI_t}\right)^{\rho_{1,t}}\prod_{i=2}^{n}(X_{i,t}/X_{i,0})^{\rho_{i,t}}$$

因此：$(RI_t)^{\rho_{1,t}}NEER_{us,t}=100\prod_{i=2}^{n}(X_{i,t}/X_{i,0})^{\rho_{i,t}}$。

人民币和美元有效汇率指数包含的国家和货币越多，贸易越多元化，则权重越分散②，$\omega_{i,t}$、$\rho_{i,t}$ 越接近；并且一些主要国家也都是中美主要的贸易伙伴，往往在人民币和美元有效汇率指数中贸易权重比较接近。我们假定 $\omega_{i,t}\approx\rho_{i,t}$，则：$NEER_t\approx(RI_t)^{1+\rho_{1,t}}\times NEER_{us,t}$，即人民币有效汇率指数等于 $(RI_t)^{1+\rho_{1,t}}$ 乘以美元有效汇率指数。同样在人民币对美元汇率和人民币有效汇率之间，央行也只能控制一个。

许多国际组织或机构都会公布有效汇率指标和每一种货币相应的权重，如国际

---

① 用其他货币来表示美元。

② 实际上，从数学的角度来看，如果包含多种货币，只要权重比较分散，指数值 $\prod_{i=2}^{n}(X_{i,t}/X_{i,0})^{\rho_{i,t}}$ 与 $\prod_{i=2}^{n}(X_{i,t}/X_{i,0})^{w_{i,t}}$ 就会非常接近。

清算银行(BIS)和欧洲中央银行(ECB)等。国际清算银行公布 61 个国家(地区)的有效汇率指数，欧洲中央银行公布欧元区 19 国与其他 38 个贸易伙伴的有效汇率。①

从国际清算银行的人民币和美元有效汇率指数编制来看，其包含 42 个经济体，权重相对比较分散，美元在人民币有效汇率中的权重 $\omega_{1,t}=17.7595$，人民币在美元有效汇率中的权重 $\rho_{1,t}=21.6625$，其他各国在中美有效汇率指数中所占的权重如表 11.1 所示，可见在中美有效汇率指数中，无论是总权重，还是各国权重，都比较接近。权重之差的均值为 0.000 976，标准差为 0.027 933，总体上权重分散，是比较相近的，我们的假设是合理的。

表 11.1　在人民币和美元有效汇率中每一个国家(地区)货币所占的权重(单位：%)

	2011—2013 年(国际清算银行)			2010—2012 年(欧洲中央银行)		
每一个国家(地区)权重	人民币	美元	权重之差	人民币	美元	权重之差
阿尔及利亚(Algeria)	0.001 355	0.000 313	0.001 042	0.001 1	0.000 2	0.000 9
阿根廷(Argentina)	0.003 945	0.003 239	0.000 706	0.003 3	0.003 4	−0.000 1
澳大利亚(Australia)	0.014 66	0.008 758	0.005 902	0.011 9	0.008 7	0.003 2
巴西(Brazil)	0.013 938	0.015 991	−0.002 05	0.013 2	0.016 5	−0.003 3
保加利亚(Bulgaria)	0.000 892	0.000 421	0.000 471	0.000 9	0.000 4	0.000 5
加拿大(Canada)	0.021 209	0.128 937	−0.107 73	0.014 9	0.133 8	−0.118 9
智利(Chile)	0.008 616	0.004 673	0.003 943	0.008 1	0.004 6	0.003 5
中国(China)	—	0.216 625	—	—	0.221 1	—
中国台湾(Taiwan, China)	0.055 999	0.022 157	0.033 842	0.071 0	0.022 6	0.048 4
哥伦比亚(Colombia)	0.002 925	0.003 634	−0.000 71	—	—	—
克罗地亚(Croatia)	0.000 533	0.000 319	0.000 214	0.000 7	0.000 4	0.000 3
捷克(Czech Republic)	0.007 327	0.004 122	0.003 205	0.006 1	0.004 0	0.002 1
丹麦(Denmark)	0.004 162	0.003 569	0.000 593	0.004 0	0.004 1	−0.000 1
欧元区(Euro Area)	0.186 737	0.166 127	0.020 609	0.183 9②	0.162 9	0.021
中国香港(Hong Kong SAR, China)	0.008 081	0.003 275	0.004 806	0.021 7	0.008 5	0.013 2

① 这些数据库都公布名义有效汇率和实际有效汇率，频率有日度、月度或年度数据，不同的数据库公布的频率可能不同，包含的货币也有可能不同，但这些数据都可以自由下载。

② 这里的欧元区指的是欧元区 19 国(Euro area 19 countries)。欧元区 19 国包括比利时，德国，爱沙尼亚，爱尔兰，希腊，西班牙，法国，意大利，塞浦路斯，拉脱维亚，立陶宛，卢森堡，马耳他，荷兰，奥地利，葡萄牙，斯洛文尼亚，斯洛伐克和芬兰。

续表

	2011—2013年(国际清算银行)			2010—2012年(欧洲中央银行)		
每一个国家(地区)权重	人民币	美元	权重之差	人民币	美元	权重之差
匈牙利(Hungary)	0.004 263	0.002 782	0.001 481	0.004 6	0.002 9	0.001 7
冰岛(Iceland)	0.000 171	0.000 118	0.000 053	0.000 1	0.000 1	0
印度(India)	0.022 006	0.019 166	0.002 841	0.028 1	0.020 3	0.007 8
印度尼西亚(Indonesia)	0.013 064	0.007 876	0.005 188	0.013 1	0.007 8	0.005 3
以色列(Israel)	0.004 328	0.010 512	−0.006 18	0.005 6	0.011 5	−0.005 9
日本(Japan)	0.141 263	0.079 945	0.061 318	0.144 2	0.081 4	0.062 8
韩国(Korea)	0.084 65	0.035 834	0.048 817	0.093 0	0.036 6	0.056 4
马来西亚(Malaysia)	0.021 54	0.013 275	0.008 265	0.030 0	0.014 4	0.015 6
墨西哥(Mexico)	0.022 988	0.125 014	−0.102 03	0.015 3	0.121 4	−0.106 1
摩洛哥(Morocco)	—	—	—	0.001 3	0.000 6	0.000 7
新西兰(New Zealand)	0.002 095	0.001 288	0.000 807	0.001 4	0.001 1	0.000 3
挪威(Norway)	0.003 752	0.002 276	0.001 476	0.002 8	0.002 3	0.000 5
秘鲁(Peru)	0.002 777	0.002 405	0.000 372	—	—	—
菲律宾(Philippines)	0.006 509	0.004 826	0.001 683	0.010 9	0.004 7	0.006 2
波兰(Poland)	0.008 857	0.004 603	0.004 254	0.007 4	0.004 5	0.002 9
罗马尼亚(Romania)	0.002 453	0.001 478	0.000 976	0.002 6	0.001 5	0.001 1
俄罗斯(Russia)	0.017 582	0.006 428	0.011 154	0.016 5	0.006 9	0.009 6
沙特阿拉伯(Saudi Arabia)	0.010 41	0.005 285	0.005 125	—	—	—
新加坡(Singapore)	0.027 441	0.013 002	0.014 439	0.030 8	0.012 0	0.018 8
南非(South Africa)	0.005 657	0.004 729	0.000 928	0.007 9	0.005 6	0.002 3
瑞典(Sweden)	0.008 048	0.006 752	0.001 296	0.008 2	0.007 1	0.001 1
瑞士(Switzerland)	0.013 718	0.015 39	−0.001 67	0.014 4	0.014 4	0
泰国(Thailand)	0.021 472	0.012 135	0.009 337	0.026 2	0.012 7	0.013 5
土耳其(Turkey)	0.008 302	0.004 837	0.003 465	0.009 0	0.005 4	0.003 6
阿联酋(United Arab Emirates)	0.007 375	0.003 798	0.003 578	—	—	—
英国(United Kingdom)	0.029 098	0.030 589	−0.001 49	0.029 1	0.029 9	−0.000 8
美国(United States)	0.177 595	—	—	0.154 6	—	—
委内瑞拉(Venezuela)	0.002 205	0.003 5	−0.001 29	0.002 1	0.003 8	−0.001 7
总和	0.822 405	0.783 375 2	0.039 03	0.845 4	0.779	0.066 4
均值	0.020 56	0.019 584 4	0.000 976	0.022 849	0.021 054	0.001 795
标准差	0.037 226	0.037 742	0.027 933	0.039 315	0.038 798	0.031 827

资料来源：http://www.bis.org；http://sdw.ecb.europa.eu/browse.do? node=9691299。

欧洲中央银行也公布名义有效汇率和实际有效汇率，包括欧元区 19 个国家和 38 个贸易伙伴，权重包含第三国市场的竞争。美元在人民币有效汇率中的权重 $\omega_{1,t}=15.46$，人民币在美元有效汇率中的权重 $\rho_{1,t}=22.11$，其他各国(地区)在中美有效汇率指数中所占的权重如表 11.1 所示。从各国(地区)在中美有效汇率指数中的权重来看，无论是总权重，还是各国(地区)权重，都比较接近。权重之差的均值为 0.001 795，标准差为 0.031 827，总体上权重也是比较分散、相近的，也支持我们前面的假设。

从上面的分析可以看出，人民币有效汇率是人民币对美元汇率和人民币对非美货币汇率的加权平均，而后者是人民币对美元汇率与美元对非美货币汇率的加权平均，在中美有效汇率货币权重比较接近的情况下，人民币有效汇率可以表示成人民币对美元汇率与美元有效汇率乘积的形式，$NEER_t \approx (NI_t)^{1+\rho_{1,t}} \times NEER_{us,t}$，因此人民币有效汇率的变动将受人民币对美元汇率与美元有效汇率的共同影响。进一步我们可以考察人民币有效汇率与美元有效汇率之间的关系，如果人民币对美元汇率保持稳定，则人民币有效汇率与美元有效汇率将保持变动趋势一致。从实际情况来看，1994 年 1 月 1 日，人民币汇率并轨，短期内人民币经历了一个缓慢的升值过程，此后人民币汇率进入了相对稳定的时期，因此这一阶段人民币有效汇率和美元有效汇率的走势相同(图 11.5)。

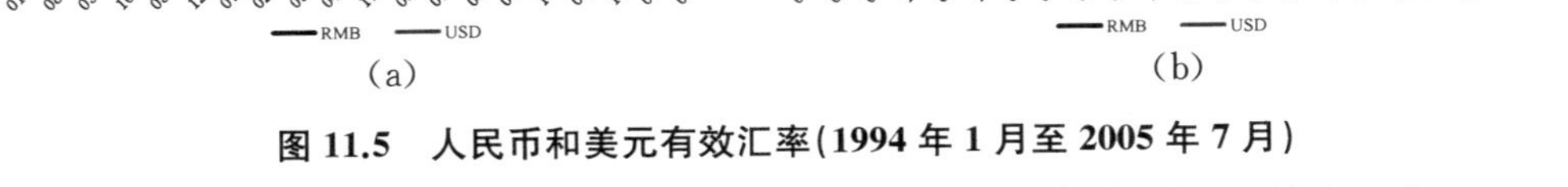

(a)　　　　　　　　　　　　(b)

图 11.5　人民币和美元有效汇率(1994 年 1 月至 2005 年 7 月)

资料来源：图(a)来源于 www.bis.org (2010＝100)；图(b)来源于 http://sdw.ecb.europa.eu/(1999Q1＝100)。

这一阶段的人民币对美元汇率弹性较小，过于刚性，而人民币对非美货币的汇率和人民币有效汇率的波动相对比较大。

11.3 我国汇率制度的特点——参考一篮子货币有管理浮动汇率制度

11.3.1 2005年7月21日—2008年8月31日

1. 人民币对美元汇率保持了相对稳定

为建立和完善我国市场经济体制，充分发挥市场在资源配置中的基础性作用，建立一个有管理的浮动汇率制度是有利的(张志超，2001)。2005年7月21日起，我国开始实行以市场供求为基础、参考一篮子货币进行调节、有管理的浮动汇率制度。2005年7月21日，美元对人民币交易价格调整为1美元兑8.11人民币，人民币汇率一次性贬值2%，中国人民银行于每个工作日闭市后公布当日银行间外汇市场美元等交易货币对人民币汇率的收盘价(以撮合方式产生)，作为下一个工作日该货币对人民币交易的中间价格。人民币汇率不再钉住单一美元，形成更富弹性的人民币汇率机制。

每日银行间外汇市场美元对人民币的交易价在人民银行公布的美元交易中间价上下3‰的幅度内浮动，此后人民币汇率的变动将受到这个初始汇率和每日人民币汇率的波动幅度的影响，如汇改后的第一天人民币对美元汇率在8.11上下3‰的区间内变动，第二天在第一天收盘价上下3‰内变动，以此类推。由于人民币升值压力较大，同时央行对人民币汇率每天的波动幅度有所限制，人民币汇率呈现持续小幅升值的态势，如自2005年7月21日至2005年底，人民币只升值了约0.49%，升值幅度并不大(图11.6)。

由于对人民币初始汇率和汇率波动幅度的限制，此时的人民币汇率制度体现两个特征：第一，人民币汇率变动的区间很窄；第二，人民币对美元汇率中间价的变动很小。人民币对美元汇率变动很难充分反映外汇市场供给和需求的变化，如果汇率变动超出人民币汇率的限制区间，则必须由中央银行的干预来平衡，也就是说，如果外汇供给过多，人民币升值将超过所限汇率区间的下限，多余的外汇将由中央银行吸收；如果外汇需求过多，人民币贬值将超过所限区间的上限，则央行应卖出外汇来满足多余的外汇需求。总之，央行的干预保证汇率波动不超出所限的人民币汇率区间，人民币汇率变动是有限弹性的。同时央行规定，非美货币对人民币的交易价在人民银行公布的该货币交易中间价上下1.5%幅度内浮动，并且将前一天该货币对人民币汇率的收盘价作为第二天人民币对非美货币汇率的开盘价，因此人民币对非美货币汇率的变动往往也难以反映国际金融市场上美元对非美货币汇率的影响。

2006 年 1 月 3 日，中国人民银行发布《关于进一步完善银行间即期外汇市场的公告》，在银行间外汇市场引入询价交易方式和做市商制度（OTC 方式），同时保留撮合方式，中国外汇交易中心于每日银行间外汇市场开盘前向所有银行间外汇市场做市商询价，将全部做市商报价作为人民币对美元汇率中间价的计算样本，去掉最高和最低报价后，将剩余做市商报价加权平均，得到当日人民币对美元汇率中间价，权重由中国外汇交易中心根据报价方在银行间外汇市场的交易量及报价情况等指标综合确定。

这一改革虽然促进了汇率形成机制的进一步完善，但也面临一些新问题。第一，询价能否反映市场供求的变化。尽管银行间外汇市场中间价采取询价方式确定，做市商主要是根据美元汇率指数的走势、市场供求情况来报价，而央行是根据其报价进行加权平均，也就是人民币对美元中间价的变动幅度被限制了，不管怎样取权重，中间价总是在整个报价范围之内。实际上，由于做市商考虑到人民币汇率最终会有中央银行干预，并不完全由市场的需求和供给来决定，其报价往往会偏离自己预期的市场价格。例如，如果是美元的净买入者，美元对人民币汇率会报得较低；如果是美元的净卖出者，美元对人民币汇率会报得较高。第二，汇率权重的确定问题。人民币对美元汇率中间价的权重由中国外汇交易中心根据报价方在银行间外汇市场的交易量及报价情况等指标综合确定。汇率权重是影响汇率变动的重要因素，人民币汇率的权重确定比较复杂，既要考虑到技术因素，又要考虑到市场因素，同时由于我国人民

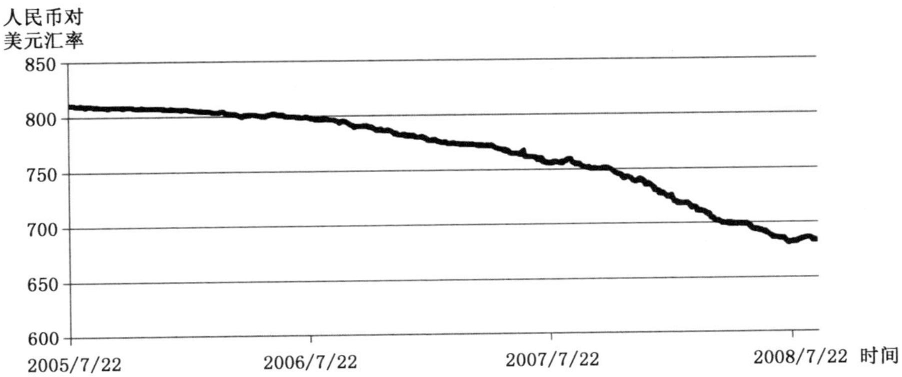

图 11.6　人民币对美元汇率(2005 年 7 月 22 日—2008 年 8 月 31 日)

资料来源：www.safe.gov.cn。

币汇率还承担央行宏观经济调控的功能，因而还要考虑到通货膨胀、贸易收支、利率、资本流动、美元汇率的变化等国内外因素。因此，合理权重的确定是非常困难的，权重确定依赖于央行对宏观基本面和市场变动等的判断。

2005 年 7 月 21 日人民币汇改后，由于国际收支的双顺差，人民币对美元汇率持续升值。人民币升值速度保持了相对稳定①，对人民币汇率进行线性拟合能够看出：

$ER=833.5921-0.1755\times t$，$R^2=0.9128$，$a-R^2=0.9127$，其中 ER 表示人民币对美元汇率，t 是时间。回归的斜率为-0.1755，意味着人民币升值的步伐比较稳定，人民币汇率保持了相对稳定。由于 R^2 较高，人民币汇率波动偏离线性稳定水平相对较小。

2. 人民币对非美货币汇率

根据前面三角套汇原理：只有当 S_{01}元/美元$\times S_{12}$美元/欧元$\times S_{20}$欧元/元$=1$时，投机者才不能够获得汇差。对此式两边取对数并微分得：$\frac{\mathrm{d}S_{01}}{S_{01}}+\frac{\mathrm{d}S_{12}}{S_{12}}+\frac{\mathrm{d}S_{20}}{S_{20}}=0$，也就说，美元对人民币汇率的变动率、欧元对美元汇率的变动率和人民币对欧元汇率的变动率之和为 0，变换上式得：$\frac{\mathrm{d}S_{20}}{S_{20}}=-\frac{\mathrm{d}S_{01}}{S_{01}}-\frac{\mathrm{d}S_{12}}{S_{12}}$。假定美元对人民币以速度 μ 升值(或贬值)，欧元对美元以 θ 速度升值(或贬值)，则：$\frac{\mathrm{d}S_{01}}{S_{01}}=\mu$，$\frac{\mathrm{d}S_{12}}{S_{12}}=\theta$，其中 $\mu>0$ 表示美元对人民币升值，$\mu<0$ 表示美元对人民币贬值，$\theta>0$ 表示欧元对美元升值，$\theta<0$ 表示欧元对美元贬值。因此：$\frac{\mathrm{d}S_{20}}{S_{20}}=-\mu-\theta$。若 $\frac{\mathrm{d}S_{20}}{S_{20}}=-\mu-\theta>0$，则人民币对欧元升值；$\frac{\mathrm{d}S_{20}}{S_{20}}=-\mu-\theta<0$，则人民币对欧元贬值。也就是说，人民币对非美货币的汇率是由人民币对美元汇率与国际金融市场上美元对非美货币的汇率共同决定的。在我国当时的人民币汇率体制下，人民币汇率的决定并不是高度市场化的，为了防止人民币对美元汇率和人民币对非美货币汇率之间的投机套汇，维持外汇市场和人民币汇率的稳定，必须通过汇率套算确定人民币对非美货币的汇率，投机者才难以套取到汇率差价，这决定了我国人民币对非美货币汇率的形成机制。因此我国人民币对欧元、日元、港币等汇率中间价由中国外汇交易中心分

---

① 本章中人民币汇率变动的“绝对稳定”意味着人民币汇率基本是固定的，“相对稳定”意味着人民币汇率变动的步伐是相对稳定的。

别根据当日人民币对美元汇率中间价与上午 9 时国际外汇市场上欧元、日元和港币等对美元汇率套算确定，人民币对美元汇率直接影响人民币对非美货币汇率的水平。

由此可以看出，如果人民币对美元升值，而美元对欧元又升值，则人民币对欧元升值幅度更大，是两种升值之和；如果人民币对美元贬值，而美元对欧元又贬值，则人民币对欧元贬值幅度更大，是两种贬值之和。如果人民币对美元升值，而美元对欧元贬值，且升值幅度超过贬值幅度，则人民币对欧元升值，升值幅度是两者绝对值之差。如果人民币对美元贬值，而美元对欧元升值，且贬值幅度超过升值幅度，则人民币对欧元贬值，贬值幅度是两者绝对值之差。图 11.7 是人民币对美元汇率、美元对欧元汇率和人民币对欧元汇率的走势图，人民币对美元升值，但美元对欧元有所贬值，由于美元对欧元贬值幅度更大，因此人民币对欧元也有所贬值。

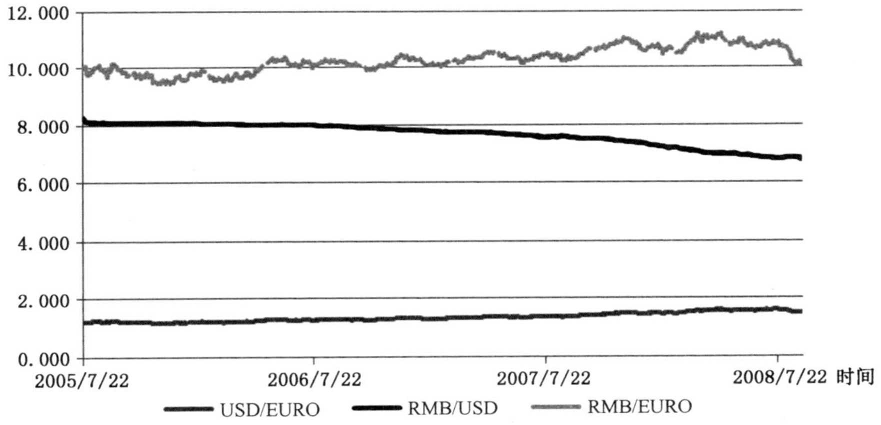

图 11.7　人民币对美元、美元对欧元和人民币对欧元汇率的变动关系
(2005 年 7 月 22 日—2008 年 8 月 31 日)

资料来源：www.safe.gov.cn；CEIC 数据库。

3. 人民币有效汇率

由于国际收支的双盈余，人民币对美元汇率持续升值，到 2008 年 8 月底，人民币对美元升值了 18.58%。根据 $NEER_t \approx (NI_t)^{1+\rho_{1,t}} \times NEER_{us,t}$，随着人民币对美元的升值，人民币有效汇率接近或偏离美元有效汇率越来越大(依赖于有效汇率基期)(图 11.8)。

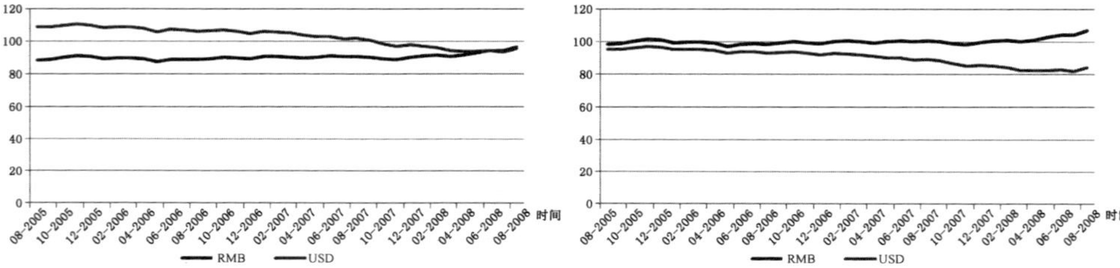

(a)　　　　　　　　(b)

图 11.8　人民币和美元有效汇率(2005 年 8 月至 2008 年 8 月)

资料来源：图(a)来源于 www.bis.org(2010＝100)；图(b)来源于 http://sdw.ecb.europa.eu/(1999Q1＝100)。

这一阶段的汇率水平主要表现为，人民币对美元持续升值，但汇率保持了相对稳定；人民币对非美货币汇率以及人民币有效汇率的波动更加不确定。还有，人民币对美元汇率的单向升值容易导致境外的投机资本流入，进一步导致人民币升值压力增大。

11.3.2　2008 年 9 月 1 日—2010 年 6 月 19 日（国际金融危机期间）

2007 年美国次贷危机爆发，随着危机的传播和加剧，全球经济状况进一步恶化，中国面临经济下滑和资本外流的风险。在 2008 年 8 月以后，中国放弃了人民币的持续升值，人民币对美元汇率再次保持绝对稳定，一直持续到 2010 年 6 月(图 11.9)。

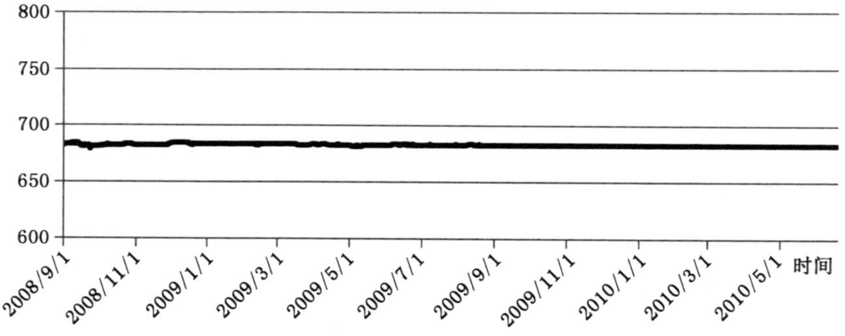

图 11.9　人民币对美元汇率(2008 年 9 月 1 日—2010 年 6 月 19 日)

资料来源：www.safe.gov.cn。

在人民币对美元汇率保持稳定的条件下，人民币有效汇率和美元有效汇率变动趋势相同(图 11.10)。

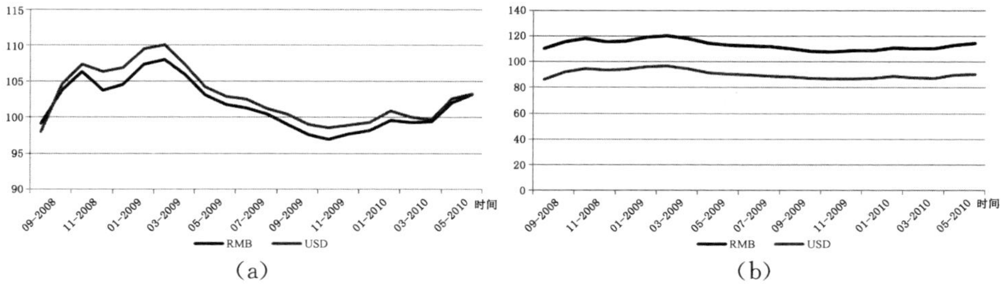

图 11.10　人民币和美元有效汇率(2008 年 9 月至 2010 年 6 月)

资料来源：图(a)来源于 www.bis.org(2010＝100)；图(b)来源于：http://sdw.ecb.europa.eu/(1999Q1＝100)。

2008 年国际金融危机爆发期间人民币汇率制度的特点是，我国保持了人民币对美元汇率的稳定，有利于促进经济增长和贸易收支稳定。这一时期是特殊时期，所以保持了人民币汇率的绝对稳定。如果人民币钉住美元，则人民币有效汇率和美元有效汇率的走势相同。但是这与 1995 年 6 月底至 2005 年 7 月人民币对美元汇率稳定有所不同，那时的汇率稳定是为了促进对外贸易的发展，规避人民币汇率变动的风险，有利于企业的进出口，是主动行为；而 2008 年 9 月至 2010 年 6 月人民币汇率的稳定是为了抵御国际金融危机的冲击，维持金融市场的稳定，防止经济进一步下滑，是被动的应对措施。

11.3.3　2010 年 6 月 19 日—2015 年 8 月 11 日

随着我国积极采取应对危机的措施，经济形势有所好转，外汇市场压力有所上升。2010 年 6 月 19 日进行了新一轮的汇改，人民币对美元汇率弹性增加①，我国外汇储备水平仍然很高，外汇市场供给仍然大于需求，人民币汇率继续保持升值，但波动幅度增加。

这一时期人民币升值速度也保持了相对稳定，对人民币汇率进行线性拟合：

$ER=661.1051-0.0488\times t$，$R^2=0.8308$，$a-R^2=0.8307$，其中 ER 表示人民币对美元汇率，t 是时间。回归的 R^2 也比较高，斜率为 -0.0488，意味着人民币升值的步伐比较稳定，但与 2005 年 7 月—2008 年 8 月相比，升值的步伐小一些，人民币汇率保持了相对稳定；由于 R^2 小一些，人民币汇率波动偏离线性稳定水平也相对比较大一些。这一时期人民币汇率的稳步升值与 2005 年 7 月至 2008 年 8 月有所不同，

① 2008 年国际金融危机爆发中断了人民币升值的过程，应该说这一次汇改重新恢复了人民币汇率的弹性。

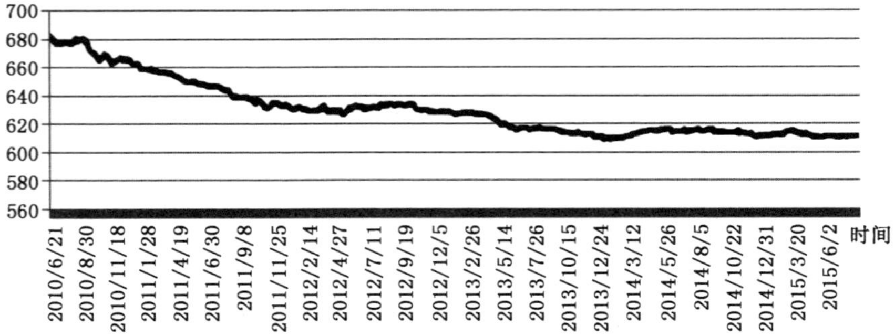

图 11.11 人民币对美元汇率(2010 年 6 月 19 日至 2015 年 8 月 11 日)

资料来源：www.safe.gov.cn。

2005 年 7 月人民币升值实际上是由钉住美元的汇率制度真正转向有管理的浮动汇率制度，因为随着中国国际收支的改善和外汇储备的增加，人民币积累了一定的升值压力，所以 2005 年 7 月汇改后人民币汇率开始稳步升值。而 2010 年 6 月的汇改则是人民币汇率弹性的延续，因为国际金融危机打乱了人民币汇率变动的步伐，其间人民币对美元汇率保持了稳定，所以 2010 年 6 月的汇改仍然是增加人民币汇率的弹性。虽然国际金融危机外部冲击对中国有一定的影响，但是中国经济稳步增长的趋势不会改变，国际收支仍然保持双盈余，汇改后弹性增加，人民币仍然保持升值趋势(图 11.11)。

同样根据人民币有效汇率能够分解为人民币对美元汇率和美元有效汇率的乘积，在人民币继续升值的条件下，人民币有效汇率和美元有效汇率之间的缺口不断增加(图 11.12)。

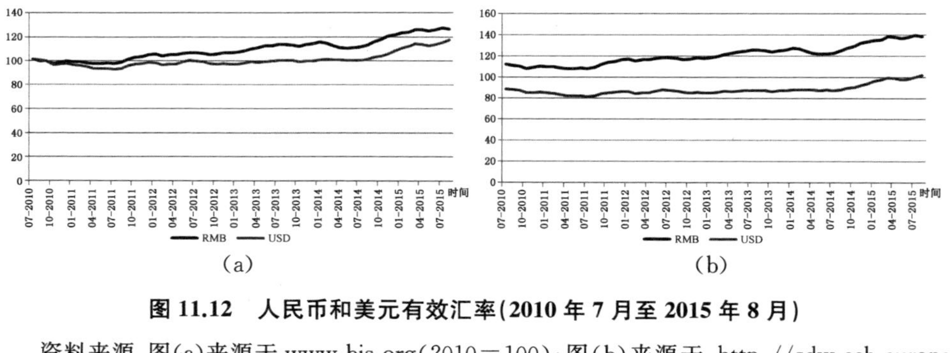

图 11.12 人民币和美元有效汇率(2010 年 7 月至 2015 年 8 月)

资料来源：图(a)来源于 www.bis.org(2010＝100)；图(b)来源于：http://sdw.ecb.europa.eu/(1999Q1＝100)。

这一阶段人民币对美元重新恢复升值，也面临"热钱"流入、人民币升值压力增加、外汇占款和外汇储备继续增加的状况。因此中央银行需要稳步推进人民币汇率的市场化改革，增加人民币汇率变动的不确定性。

11.4　人民币对美元汇率的形成机制：收盘价格+ 一篮子货币的汇率

11.4.1　2015 年 8 月 11 日至今

2014 年以后，外汇市场的供求发生变化。2014 年 9 月至 2015 年 4 月，结售汇(即期＋远期)高额逆差格局持续了 8 个月，2015 年 3 月逆差最大时高达 696 亿美元。2015 年 7 月，银行代客即期结售汇逆差总额高达 253 亿美元，远期结售汇逆差 159 亿美元。不仅银行代客即期结售汇顺差下降，而且远期净结汇也在下降，市场对人民币继续升值的预期不断发生变化，2015 年 8 月银行代客即期结售汇实现逆差 1 104 亿美元，远期结售汇逆差亦高达 679 亿美元，合计 1 784 亿美元逆差，超出了前 7 个月的逆差总和。从外汇储备的变动来看，2014 年 9 月至 2017 年初，外汇储备几乎每月都在下降；2017 年以后，外汇储备有所增加，但增加幅度较以前外汇储备增加的幅度有所减少(图 11.13)。

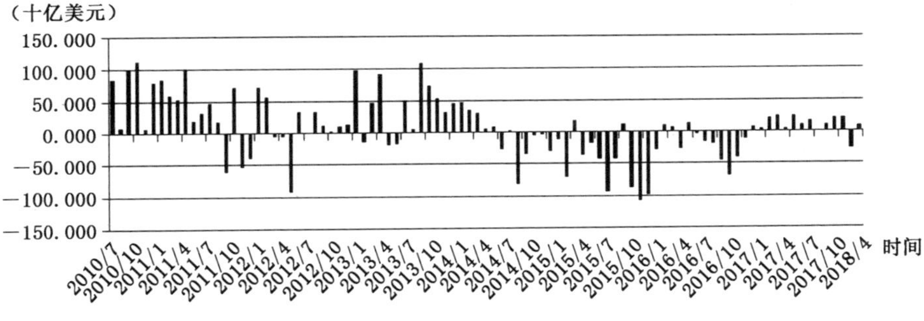

图 11.13　我国外汇储备的变动(2010 年 7 月至 2018 年 3 月)

资料来源：www.pbc.gov.cn。

因此，2015 年 8 月 11 日，中国人民银行进一步完善人民币汇率的形成机制，规定自当日起，做市商在每日银行间外汇市场开盘前，参考上日银行间外汇市场收盘汇率，综合考虑外汇供求情况以及国际主要货币汇率变化向中国外汇交易中心提供中间价报价①，人民币对美元汇率的中间价上调 1 136 点，贬值到 6.229 8。实际上，2015 年 8 月 11 日以后几个月，人民币对美元汇率报价主要参考上日银行间外汇市场的收盘汇率，人民币汇率中间价变动加快，人民币汇率的渐进性和可控性下降。

2015 年 12 月 11 日，中国外汇交易中心发布人民币汇率指数，强调要加大参考一篮子货币的力度，以更好地保持人民币对一篮子货币汇率基本稳定。也就是说，银行间外汇市场上每天早上发布的中间价以做市商提出的报价为基础进行计算。做市商在进行中间价报价时，需要考虑"收盘汇率"和"一篮子货币汇率变化"这两个方面。"收盘汇率"是指上日 16 时 30 分银行间外汇市场上的人民币对美元收盘汇率，主要反映了外汇市场供求状况。"一篮子货币汇率变化"是指为保持当日人民币汇率基本稳定所要求的人民币对美元双边汇率的调整幅度，主要是为了保持当日人民币汇率指数(如 CFETS 人民币汇率指数)与上一日人民币汇率指数相对稳定。②每日银行间外汇市场开盘前，做市商根据上一日一篮子货币汇率的变化情况，计算为保持人民币对货币篮子稳定所需要的人民币对美元汇率调整幅度，得出当日人民币对美元中间价报价。③中国外汇交易中心将做市商报价作为计算样本，去掉最高和最低的报价后，平均计算得到当日人民币对美元中间价，于 9 时 15 分对外发布。

2017 年 2 月，人民银行将中间价对一篮子货币的参考时段由 24 小时调整为 15 小时，避免了美元汇率日间变化在次日中间价中重复反映。人民币汇率中间价形成机制的不断完善，在稳定汇率预期方面发挥了积极作用，有效提升了人民币汇率政策的规则性和透明度。自 2016 年 1 月 4 日起，银行间外汇市场交易系统每日运行时间延长至北京时间 23:30，人民币汇率中间价及浮动幅度、做市商报价等市场管理制度适用时间相应延长。中国外汇交易中心对外公布的北京时间 16:30 人民币对美元即期询价成交价仍然作为当日收盘价。

新一轮汇改后人民币汇率的弹性不断增加，双向波动幅度进一步扩大，市场供求对人民币汇率的影响不断增强(见图 11.14)。

这一时期人民币汇率双向变动明显，对人民币汇率进行线性拟合得到：

$ER=653.6085-0.0260\times t$，$R^2=0.0664$，$a-R^2=0.0649$，其中 ER 表示人民币对美元汇率，t 是时间，回归的 R^2 比较低，拟合度比较低。由于 R^2 较小，相比前几次汇改，人民币汇率双向波动显著。

---

① 见 www.pbc.gov.cn。

② 保持人民币总体币值的相对稳定。

③ 这次汇改中间商报价跟以前的中间商报价有所不同，更多地强调参考一篮子货币汇率进行报价。

随着人民币对美元汇率弹性和双向波动幅度的上升，人民币有效汇率和美元有效汇率变动趋势的不确定性上升(见图 11.15)。

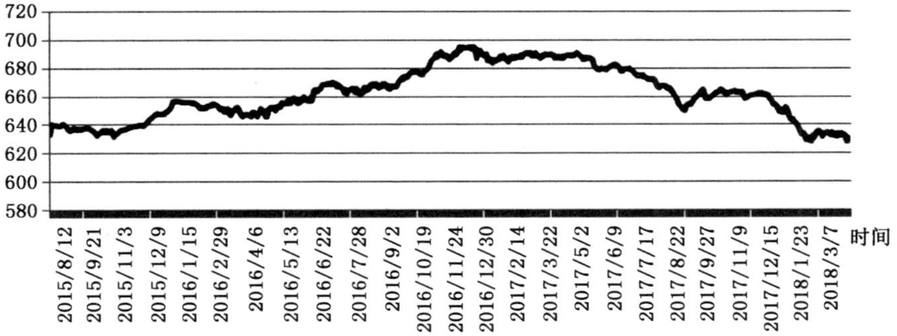

图 11.14　人民币对美元汇率(2015 年 8 月 12 日至 2018 年 3 月 30 日)

资料来源：www.safe.gov.cn。

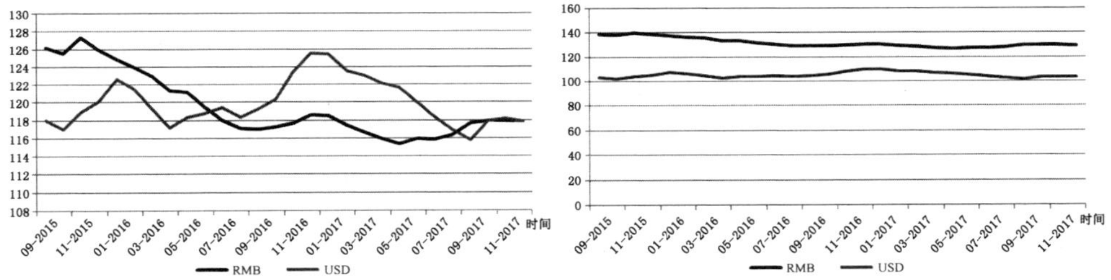

(a)　　(b)

图 11.15　人民币和美元有效汇率(2015 年 9 月至 2017 年 12 月)

资料来源：图(a)来源于 www.bis.org(2010＝100)；图(b)来源于：http://sdw.ecb.europa.eu/(1999Q1＝100)。

这一阶段人民币汇率制度的特点由人民币对美元汇率的稳定转向人民币有效汇率的稳定(更多地参考一篮子货币汇率)。中国人民银行也希望通过对人民币汇率的市场化改革，增加人民币对美元汇率的弹性和不确定性。

2017 年 5 月 26 日，中国人民银行表示将在汇率中间价定价机制中引入逆周期因子①，引起了人民币对美元汇率在年内的第二波升值。在新公式下，人民币对美元汇率中间价将变为“前一交易日收盘汇率＋一篮子货币汇率变化＋逆周期因子”的形成机制。②

① 见人民银行货币政策报告 2017 年第 2 期(www.pbc.gov.cn)。

② 以工商银行为牵头行的外汇市场自律机制汇率工作组建议，在中间价报价模型中增加逆周期因子，主要目的是适度对冲市场情绪的顺周期波动，缓解外汇市场可能存在的“羊群效应”。

实际上，央行的逆周期因子会根据宏观经济等基本面变化动态调整，有利于引导市场在汇率形成中更多关注宏观经济等基本面情况，使中间价报价更加充分地反映我国经济运行等基本面因素，更真实地体现外汇供求和一篮子货币汇率变化。模型参数由各报价行根据对宏观经济和外汇市场形势的判断自行设定。

这次中间价形成机制改革一时间引发了市场争议，出现了两种相反观点。一种观点认为央行明显有意维稳人民币对美元汇率，与汇率市场化改革方向背道而驰。中间价引入逆周期因子会在一定程度上削弱前一日收盘价的影响，也就减少了市场变化对人民币汇率中间价的影响，同时降低了汇率形成机制规则的透明度。另一种观点认为，引入逆周期因子可以解决原有机制内嵌的“非对称贬值”问题①，可被视为中间价形成机制的完善。虽然透明度有所缺失，但是随着汇率市场化改革的继续推进，中间价形成机制还会不断调整完善，将有助于汇率调节成为货币政策更加有机的组成部分。

由此可以看出，人民币汇率形成机制改革中融入“逆周期因子”降低了规则的透明度，央行向市场传递政策信号意图可能会变得不明确，与市场参与者的信息沟通也可能会出现障碍，因此需要进一步完善汇率形成机制的改革。②

11.4.2 参考一篮子货币的实践

1. 简单的文献综述

国外许多学者研究了参考一篮子货币的汇率制度。Branson 和 Katseli-Papaefstratiou(1981)认为，钉住一篮子货币和保持有效汇率不变是相同的，而有效汇率的权重依赖于不同政策目标的选择。Turnovsky(1982)用小型开放经济一般均衡的宏观模型研究了最优货币篮子的选择，计算了使国内产出波动最小化的最优权重。Edison 和 Vardal(1985)从政策目标的角度研究了货币篮子的最优权重，区分了有效汇率指数和篮子货币指数。Hsiang-ling(2000)建立模型确定最优的货币篮子权重，并且认为通过选择适当的最优权重，既能够稳定贸易余额，又可以稳定消费者物价指数。Daniels 等(2001)认为，最优的货币篮子权重是随着本国经济融入全球商品和劳务市

---

① 中间价形成机制内嵌了“非对称贬值”问题，即美元走强时，人民币走弱，但美元走弱时，人民币却不能像其他货币一样走强。

② 据报道，中国人民银行于 2018 年 1 月 9 日左右通知人民币汇率中间价报价行，对人民币中间价机制中的逆周期因子参数进行调整，使其报价模型中“逆周期因子”恢复中性。在后面的分析中，作者建议融入“实际汇率变动”的因素，替代“逆周期因子”。

场的程度，以及金融工具的发展而变化的。Azis 和 Puttan-Apong(2008)认为，东亚国家汇率波动对经济增长和经济稳定是有害的，可以采取一篮子货币钉住汇率制度。国内学者也先后研究和分析了参考一篮子货币的汇率制度。如张斌(2003)认为钉住一篮子货币在稳定名义有效汇率方面更有优势，货币当局可以考虑在一篮子钉住的基础上加入汇率波动的目标区和爬行钉住。小川英治和姚枝仲(2004)研究了货币篮子的目标设定和权重选择等问题，并分析可能存在的套汇问题和该制度的利弊。威廉姆森(2006)认为，如果中国钉住一个货币篮子，篮子里面的货币升值和贬值就可以相互抵消，对人民币价格的影响比钉住单一货币要小。陆前进(2009, 2012)认为，人民币有效汇率对建立参考货币篮子制度更具有参考价值。鲁政委(2009)认为，扩大对美元汇率波动幅度，同时保持人民币名义有效汇率的大致稳定，将是一个可行的应对方案。夏斌(2010)建议，人民币汇率再过几年要由现在的参考一篮子货币，过渡到钉住一篮子货币的浮动汇率制度。中国货币网连续发表特约评论员文章(2016a, 2016b)强调一篮子货币汇率的重要性，称人民币汇率具备对一篮子货币保持基本稳定的基础。

实际上，最能反映人民币币值变化的是人民币有效汇率，因此对人民币币值水平的评估必须要考虑人民币有效汇率。有些国家的一篮子货币汇率制度就是保持有效汇率的稳定，即保持本国货币总体币值的稳定，这就涉及有效汇率指数和有效汇率指数权重的计算问题。国际上对有效汇率指数进行研究的主要是国际货币基金组织和国际清算银行，它们都公布各国的有效汇率指数，包括人民币名义和实际有效汇率。Zanello 等(1997)详细描述了 IMF 名义和实际有效汇率的计算方法和数据，篮子货币权重的计算主要有双边贸易加权和双重贸易加权等。双边贸易加权赋予每一个国家的权重是这个国家与计算有效汇率指数的国家的出口和进口往来占该国出口和进口总量的比例，比例越高赋予的权重就越大。双重加权方法是双边贸易加权和多边贸易加权的结合，既反映了双边贸易的竞争力，又反映了在第三方市场的竞争。Bayoumi 等(2005)根据 1999—2001 年的贸易数据给出了 IMF 名义和实际有效汇率权重的计算方法和计算结果。Turner 和 Van't Dack(1993)、Marc 和 San(2006)解释了国际清算银行名义和实际有效汇率的货币选取和权重计算，BIS 有效汇率指数权重计算采取的是双重贸易加权。除了国际货币基金组织和国际清算银行以外，很多国家都公布本国的有效汇率指数，众多学者给出了自己的研究。Ott(1987)探讨了用不同权重计算的美元汇率指数，包括贸易权重、资本流动的权重等；ECB(2004a、2004b)给出了欧元区的有效汇率指数；Lynch 和 Whitaker(2004)解释了英国的有效汇率指数；Bank of Japan（2005）解释了日本的名义和实际有效汇率指数；Hargreaves 和 White（1999）及 White（1997）给出了新西兰的有效汇率指数的编制，以上权重的计算基本都是采取双重加权的方法。

2015 年 12 月 11 日，我国也公布了三种人民币有效汇率指数。①一是 CFETS 人民币汇率指数，参考 CFETS 货币篮子，具体包括中国外汇交易中心挂牌的各人民币对外汇交易币种，样本货币权重采用考虑转口贸易因素的贸易权重法计算得出。二是参考 BIS 货币篮子计算的人民币汇率指数，参考 BIS 货币篮子，样本货币权重采用 BIS 货币篮子权重。三是参考 SDR 货币篮子计算的人民币汇率指数，主要参考 SDR 货币篮子，样本货币权重由各样本货币在 SDR 货币篮子的相对权重计算得出。从以上的文献综述可以看出，参考一篮子货币汇率制度是汇率制度改革的一项重要选择，在此基础之上，我国可以进一步建立和完善参考人民币有效汇率的一篮子货币汇率制度。自 2005 年 7 月汇改以来，参考一篮子货币一直是我国汇率形成机制改革的一个目标，但从之前人民币汇率的变动来看，人民币汇率主要还是钉住美元的②，因此央行可以根据 CFETS 人民币汇率指数，参考一篮子货币保持人民币总体币值的相对稳定，确定每日人民币对美元汇率的中间价。

2. 如何保持人民币有效汇率的稳定

我们仍然选取贸易权重的几何加权的有效汇率指数作为人民币有效汇率计算公式，即：$NEER_t = NEER_{t-1}\prod_{i=1}^{n}(S_{i,t}/S_{i,t-1})^{w_{i,t}}$。因此：

$$
\begin{aligned}
NEER_t &= NEER_{t-1}\prod_{i=1}^{n}(S_{i,t}/S_{i,t-1})^{w_{i,t}} \\
&= 100\prod_{i=1}^{n}(S_{i,t}/S_{i,0})^{w_{i,t}} \\
&= 100\left[\frac{S_{1,t}^{w_{1,t}} \times S_{2,t}^{w_{2,t}} \times S_{3,t}^{w_{3,t}} \times \cdots \times S_{n,t}^{w_{n,t}}}{S_{1,0}^{w_{1,t}} \times S_{2,0}^{w_{2,t}} \times S_{3,0}^{w_{3,t}} \times \cdots \times S_{n,0}^{w_{n,t}}}\right]
\end{aligned}
$$

进一步可得到：

---

① 见 http://www.chinamoney.com.cn/fe/Info/32566047。

② IMF 之前把人民币汇率制度归入类似爬行钉住美元的汇率制度（Crawl-like Arrangement），见 “Annual Report on Exchange Arrangements and Exchange Restrictions 2015”，《汇率安排和外汇管制年报（2015）》，www.imf.org。

$$S_{1,t}^{w_{1,t}} \times S_{2,t}^{w_{2,t}} \times S_{3,t}^{w_{3,t}} \times \cdots \times S_{n,t}^{w_{n,t}} = NEER_t (S_{1,0}^{w_{1,t}} \times S_{2,0}^{w_{2,t}} \times S_{3,0}^{w_{3,t}} \times \cdots \times S_{n,0}^{w_{n,t}})/100 = M_0$$

两边取对数：

$$w_{1,t}\ln S_{1,t} + w_{2,t}\ln S_{2,t} + w_{3,t}\ln S_{3,t} + \cdots + w_{n,t}\ln S_{n,t} = \ln M_0$$

根据三角套汇原理 $S_{i,t} = S_{i,t} \times X_{i,t}$，其中 $S_{1,t}$ 是 t 期人民币对美元货币的汇率，$X_{i,t}$ 是 t 期美元对非美货币的汇率：

$$w_{1,t}\ln S_{1,t} + w_{2,t}\ln(S_{1,t} \times X_{2,t}) + w_{3,t}\ln(S_{1,t} \times X_{3,t}) + \cdots + w_{n,t}\ln(S_{1,t} \times X_{n,t}) = \ln M_0$$

由于 $\sum_{i=1}^{n} w_{i,t} = 1$，进一步化简得到：

$$\begin{aligned}\ln S_{1,t} &= \ln M_0 - w_{2,t}\ln X_{2,t} - w_{3,t}\ln X_{3,t} - \cdots - w_{n,t}\ln X_{n,t} \\ &= \ln M_0 - \sum_{i=2}^{n} w_{i,t}\ln X_{i,t}\end{aligned}$$

如果用直接标价法，则：

$$\begin{aligned}\ln E_{1,t} &= -\ln M_0 - w_{2,t}\ln Y_{2,t} - w_{3,t}\ln Y_{3,t} - \cdots - w_{n,t}\ln Y_{n,t} \\ &= -\ln M_0 - \sum_{i=2}^{n} w_{i,t}\ln Y_{i,t}\end{aligned}$$

其中 $E_{1,t} = \dfrac{1}{S_{1,t}}$；$Y_{i,t} = \dfrac{1}{X_{i,t}}$，$i = 1, \cdots, n$。

对数形式用小写字母表示：

$$e_{1,t} = -m_0 - \sum_{i=2}^{n} w_{i,t} y_{i,t}$$

由此可以看出，如果以名义有效汇率为目标（m_0 固定），则汇率的变动率：$\hat{e}_{1,t} = -\sum_{i=2}^{n} w_{i,t}\hat{y}_{i,t}$，其中 $\hat{y}_{i,t} = \dfrac{\mathrm{d}Y_{i,t}}{Y_{i,t}}$。如果维持有效汇率的稳定，只需要调整 $S_{1,t}$，抵消其他变量的变化即可，主要包括其他货币对美元汇率的变动。只要央行选择了有效汇率指数目标，就可以通过人民币对美元汇率的调整来实现这一目标。由此可以看出，以人民币有效汇率为目标，人民币对美元汇率的弹性将显著增强，同时又可以实现人民币有效汇率目标。

3. 从人民币盯住美元向人民币参考货币篮子的过渡

从上面的分析可知，在人民币对美元汇率、人民币对非美货币（如欧元）汇率和人民币有效汇率三者之间，央行只能控制其中之一。每一种汇率制度都各有优缺点(表 11.2)：

表 11.2 汇率制度的比较

主导汇率	优　点	缺　点
人民币盯住美元	有利于以美元计价和结算的贸易和资本往来	人民币对非美货币汇率波动幅度大，人民币有效汇率不稳定
人民币盯住非美货币(如欧元)	有利于以欧元计价和结算的贸易和资本往来	人民币对美元和其他非美货币汇率波动幅度大，人民币有效汇率不稳定
人民币参考一篮子货币	有利于多元化货币计价和结算的贸易和资本往来； 人民币总体币值比较稳定，即人民币有效汇率稳定	人民币对美元和非美货币汇率波动幅度大

从以上三个主要汇率来看，人民币盯住非美元货币可以不考虑，因为美元是主要储备货币，又是主要国际货币、计价货币和结算货币，美国也是中国主要的贸易和投资对象国，而且长期以来人民币一直是跟着美元走。因此，盯住美元优于盯住其他任意一种非美元货币，央行主要在人民币盯住美元和人民币参考货币篮子之间进行选择。笔者认为一篮子货币汇率反映了人民币总体币值水平，随着中国对外开放不断扩大，和各国的贸易、资本往来更加频繁，计价货币和外汇储备货币的多元化，人民币计价的跨境贸易规模也越来越大，参考一篮子货币可能更有利于贸易和投资往来，更能够反映贸易部门的竞争力。此外，由于 2008 年国际金融危机的影响，美元的国际货币地位受到严重挑战，欧元的崛起也对美元产生了威胁，因此人民币盯住美元要逐步向人民币参考一篮子货币过渡，以稳定人民币的总体币值。

自 2005 年汇改以来，我国汇率改革目标是建立以市场供求为基础、参考一篮子货币有管理的浮动汇率制度，因此人民币有效汇率应该成为央行关注的一个货币政策目标。①世界上一些国家或地区就是把有效汇率作为央行的操作目标或中间目标，以维持有效汇率的相对稳定。随着人民币对非美元货币汇率波动幅度增加，甚至变动方向相反，只控制人民币对美元双边汇率通常很难实现央行货币政策的目标，因此央行必须更多地转向人民币有效汇率，才能更加准确地控制人民币汇率变动的方向、大小和节奏。尽管人民币对美元汇率在我国的汇率体系中处于重要地位，但是央行

① 从以前人民币汇率的走势来看，央行汇率目标更多的是看重人民币对美元汇率，而不是人民币有效汇率目标。

对汇率的干预必须兼顾人民币对非美货币汇率的变动，因此央行要控制人民币名义有效汇率或人民币实际有效汇率，而不仅仅是人民币对美元汇率。人民币有效汇率确定和央行参考一篮子货币的汇率决定是一致的。

人民币对美元汇率怎样参考一篮子货币呢？如果从三角套汇的角度来看，这一技术问题并不难解决。央行可以事先根据宏观经济状况确定人民币汇率指数目标，而人民币对非美货币汇率是由人民币对美元汇率和美元对非美货币汇率套算出来的，因此也就不难确定人民币对美元的汇率。下面我们通过几何平均方法计算参考一篮子货币的人民币对美元汇率中间价的确定。

同样由人民币名义有效汇率的公式可得：

$$E_{1,t}=\frac{1}{S_{1,t}}=\frac{100}{\overline{M}\times NEER_t}\times[X_{1,t}^{w_{1,t}}\times X_{2,t}^{w_{2,t}}\times X_{3,t}^{w_{3,t}}\times\cdots\times X_{n,t}^{w_{n,t}}]$$
$$=\frac{100}{\overline{M}\times NEER_t}\times\prod_{i=1}^{n}X_{i,t}^{w_{i,t}}$$

其中 $\overline{M}=(S_{1,0}^{w_{1,t}}\times S_{2,0}^{w_{2,t}}\times S_{3,0}^{w_{3,t}}\times\cdots\times S_{n,0}^{w_{n,t}})$。为了表达更为标准和简洁：

$$E_{1,t}=\frac{1}{S_{1,t}}=X_{1,t}^{w_{1,t}+\log_{X_{1,t}}\left(\frac{100}{\overline{M}\times NEER_t}\right)^{\frac{1}{n}}}\times X_{2,t}^{w_{2,t}+\log_{X_{1,t}}\left(\frac{100}{\overline{M}\times NEER_t}\right)^{\frac{1}{n}}}$$
$$\times X_{3,t}^{w_{3,t}+\log_{X_{1,t}}\left(\frac{100}{\overline{M}\times NEER_t}\right)^{\frac{1}{n}}}\times\cdots\times X_{n,t}^{w_{n,t}+\log_{X_{1,t}}\left(\frac{100}{\overline{M}\times NEER_t}\right)^{\frac{1}{n}}}$$
$$=\prod_{i=1}^{n}X_{i,t}^{v_{i,t}}$$

其中①：$v_{i,t}=w_{i,t}+\log_{X_{i,t}}\left(\frac{100}{\overline{M}\times NEER_t}\right)^{\frac{1}{n}}$。

从几何平均的方法来看，如果名义有效汇率固定，则人民币对美元汇率中间价是 n 种非美货币汇率的几何平均。

实际上，根据人民币有效汇率指数覆盖币种数量的多少，我们可以建立参考一篮子货币的人民币对美元的汇率中间价。我们选取央行公布的 CFETS 人民币汇率指数，CFETS 货币篮子原来包含 13 种主要货币，2016 年 12 月 29 日中国外汇交易中心发布《CFETS 人民币汇率指数货币篮子调整规则》，货币篮子新增 11 种人民币对外汇

① 同样，这里 $\sum_{i=1}^{n}v_{i,t}\neq 1$。

交易币种，CFETS 篮子货币数量由 13 种变为 24 种，其中美元权重由 0.264 0 下调至 0.224 0。

以 2014 年 12 月为基期，100 美元＝612.383 8 元；100 欧元＝756.148 1 元；100 日元＝5.143 149 元；100 港币＝78.967 07 元；100 英镑＝959.214 元；100 澳元＝505.851 4 元；100 新西兰元＝476.043 7 元；100 新加坡元 ＝466.450 2 元；100 瑞士法郎＝627.933 7元；100 加拿大元＝530.720 5 元；100 林吉特＝177.036 4 元；100 卢布＝10.972 3 元；100 泰铢＝18.621 62 元；100 兰特＝53.434 26 元；100 韩元＝0.554 897 元；100 迪拉姆＝166.748 8 元；100 里亚尔＝163.302 6 元；100 福林＝2.433 96 元；100 兹罗提＝178.605 6 元；100 丹麦克朗＝101.623 8 元；100 瑞典克朗＝80.289 6 元；100 挪威克朗＝84.234 5 元；100 土耳其里拉＝267.421 7 元；100 墨西哥元＝42.448 3 元。

根据 CFETS 人民币有效汇率指数，这 24 种货币的权重分别为：美元：0.224 0；欧元：0.163 4；日元：0.115 3；港币：0.042 8；英镑：0.031 6；澳元：0.044 0；新西兰元：0.004 4；新加坡元：0.032 1；瑞士法郎：0.017 1；加拿大元：0.021 5；马来西亚林吉特：0.037 5；卢布：0.026 3；泰铢：0.029 1；南非兰特：0.017 8；韩元：0.107 7；迪拉姆：0.018 7；里亚尔：0.019 9；福林：0.003 1；兹罗提：0.006 6；丹麦克朗：0.004 0；瑞典克朗：0.005 2；挪威克朗：0.002 7；土耳其里拉：0.008 3；墨西哥元：0.016 9。

我们取 CFETS 人民币有效汇率指数目标为：$NEER_t=105$，$NEER_t=95$，根据上述公式可以计算出人民币对美元的汇率中间价(见图 11.16)。

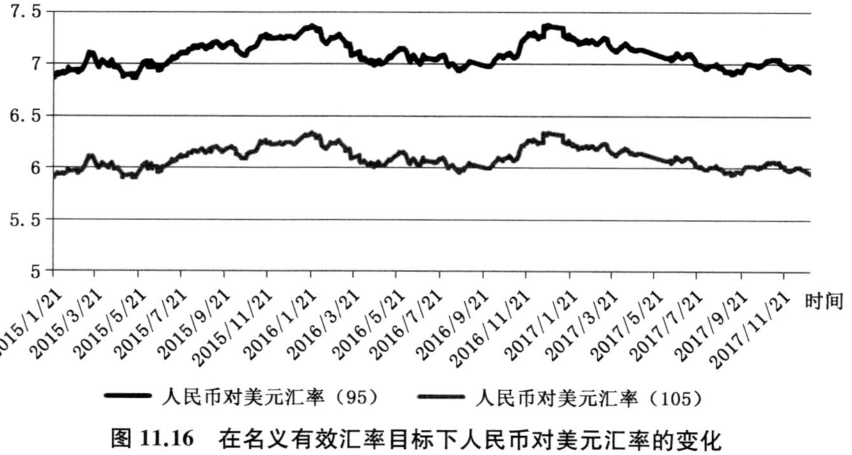

图 11.16 在名义有效汇率目标下人民币对美元汇率的变化
(2015 年 1 月 1 日—2017 年 12 月 31 日)

资料来源：www.safe.gov.cn；CEIC 数据库。

上面的分析是以人民币名义有效汇率为目标，如果以人民币实际有效汇率①为目标，我们仍然可以选取贸易权重的几何加权的有效汇率指数作为人民币实际有效汇率计算公式，即实际有效汇率：$REER_t = REER_{t-1}\prod_{i=1}^{n}\left(S_{i,t}\frac{P_t}{P_{i,t}}/S_{i,t-1}\frac{P_{t-1}}{P_{i,t-1}}\right)^{w_{i,t}}$，其中 $REER_t$ 为 t 期的人民币实际有效汇率 $REER_{t-1}$，为 $t-1$ 期的人民币实际有效汇率。P_t，P_{t-1} 分别表示本国 t 期和 $t-1$ 的价格水平，$P_{i,t}$、$P_{i,t-1}$ 分别表示 i 国 t 期和 $t-1$ 期的价格水平。

下面模拟在一定的实际有效汇率目标下，人民币对美元汇率的变动情况。我们仍然选取央行公布汇率的 24 种主要货币构成货币篮子，同样选取 2014 年 12 月为基期。我们取人民币实际有效汇率指数目标为：$REER_t=105$，$REER_t=95$，根据上述公式可以计算出美元对人民币汇率的中间价。由

$$REER_t = 100\left[\frac{\left(S_{1,t}\frac{P_t}{P_{1,t}}\right)^{w_{1,t}}\times\left(S_{2,t}\frac{P_t}{P_{2,t}}\right)^{w_{2,t}}\times\left(S_{3,t}\frac{P_t}{P_{3,t}}\right)^{w_{3,t}}\times\cdots\times\left(S_{n,t}\frac{P_t}{P_{n,t}}\right)^{w_{n,t}}}{\left(S_{1,0}\frac{P_0}{P_{1,0}}\right)^{w_{1,t}}\times\left(S_{2,0}\frac{P_0}{P_{2,0}}\right)^{w_{2,t}}\times\left(S_{3,0}\frac{P_0}{P_{3,0}}\right)^{w_{3,t}}\times\cdots\times\left(S_{n,0}\frac{P_0}{P_{n,0}}\right)^{w_{n,t}}}\right]$$

$$=100\frac{S_{1,t}}{S_{1,0}}\left[\frac{\left(X_{1,t}\frac{P_t}{P_{1,t}}\right)^{w_{1,t}}\times\left(X_{2,t}\frac{P_t}{P_{2,t}}\right)^{w_{2,t}}\times\left(X_{3,t}\frac{P_t}{P_{3,t}}\right)^{w_{3,t}}\times\cdots\times\left(X_{n,t}\frac{P_t}{P_{n,t}}\right)^{w_{n,t}}}{\left(X_{1,0}\frac{P_0}{P_{1,0}}\right)^{w_{1,t}}\times\left(X_{2,0}\frac{P_0}{P_{2,0}}\right)^{w_{2,t}}\times\left(X_{3,0}\frac{P_0}{P_{3,0}}\right)^{w_{3,t}}\times\cdots\times\left(X_{n,0}\frac{P_0}{P_{n,0}}\right)^{w_{n,t}}}\right]$$

因此得到：

$$E_{i,t}=\frac{1}{S_{1,t}}$$

$$=\frac{100}{REER_tS_{1,0}}\left[\frac{\left(X_{1,t}\frac{P_t}{P_{1,t}}\right)^{w_{1,t}}\times\left(X_{2,t}\frac{P_t}{P_{2,t}}\right)^{w_{2,t}}\times\left(X_{3,t}\frac{P_t}{P_{3,t}}\right)^{w_{3,t}}\times\cdots\times\left(X_{n,t}\frac{P_t}{P_{n,t}}\right)^{w_{n,t}}}{\left(X_{1,0}\frac{P_0}{P_{1,0}}\right)^{w_{1,t}}\times\left(X_{2,0}\frac{P_0}{P_{2,0}}\right)^{w_{2,t}}\times\left(X_{3,0}\frac{P_0}{P_{3,0}}\right)^{w_{3,t}}\times\cdots\times\left(X_{n,0}\frac{P_0}{P_{n,0}}\right)^{w_{n,t}}}\right]$$

我们选取的时间段为 2015 年 1 月—2017 年 12 月，汇率和物价水平数据均来自 CEIC 数据库②，人民币对美元汇率变化见图 11.17。

---

① 目前中国外汇交易中心还没有公布人民币实际有效汇率指数。

② 由于缺少澳大利亚和新西兰的月度价格水平数据，澳大利亚的价格水平选取商品价格指数(Commodity Price Index)，新西兰价格水平选取食品价格指数(Food Price Index)来替代。

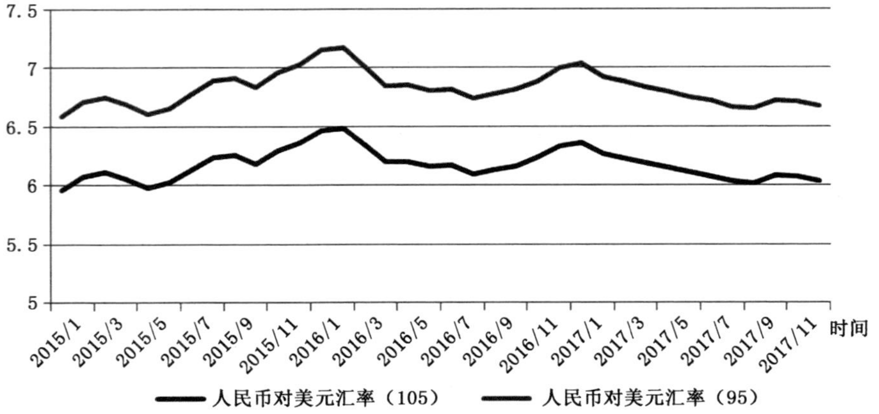

图 11.17　在实际有效汇率目标下人民币对美元汇率的变化(2015 年 1 月—2017 年 12 月)

资料来源：www.safe.gov.cn；CEIC 数据库。

人民币对美元汇率变动满足上述关系式，人民币对美元汇率的变动抵消了其他货币对美元汇率的变动和有关价格指数的变动，实现了实际有效汇率的相对稳定①，人民币对美元汇率的弹性将显著增强。由于各国物价指数的公布是滞后的，所以以实际有效汇率为目标，汇率的调整也将是滞后的。

以人民币名义有效汇率和实际有效汇率为目标各有优缺点，如果以名义有效汇率为目标，人民币对美元汇率能够随时调整，而以实际有效汇率为目标，调整具有滞后性②，但实际有效汇率对贸易均衡的影响更大，所以以实际有效汇率为目标，更能反映一国的贸易竞争力。③

4. 人民币对美元汇率的变动——参考一篮子货币的变动

实际上，根据人民币和美元有效汇率指数之间的关系，能够看出我国人民币对美

---

① 类似于名义有效汇率，同样根据实际有效汇率指数公式可以得到：$e_{1,t}+p_{1,t}-p_t=-n_0-\sum_{i=2}^{n}w_{i,t}(y_{i,t}+p_{i,t}-p_{1,t})$，小写字母表示对数形式。如果以实际有效汇率为目标(n_0固定)，则汇率的变动率：$\hat{e}_{1,t}+\hat{p}_{1,t}-\hat{p}_t=-\sum_{i=2}^{n}w_{i,t}(\hat{y}_{i,t}+\hat{p}_{i,t}-\hat{p}_{1,t})$，如果维持实际有效汇率的稳定，只需要调整 $S_{1,t}$，抵消其他变量的变化即可，主要包括其他货币对美元汇率的变动和有关价格指数的变动。只要央行选择了有效汇率指数目标，就可以通过人民币对美元汇率的调整来实现这一目标。

② 实际上如果用预期的价格水平，就不会存在滞后性。

③ 当然人民币实际有效汇率目标也是可以调整的，根据经济情况的变化可以调整。

元汇率中间价的变动。由前面人民币有效汇率的公式：$NEER_t \approx (RI_t)^{1+\rho_{1,t}} \times NEER_{us,t}$，两边先取对数再微分能够得到：$\frac{dNEER_t}{NEER_t} \approx (1+\rho_{1,t})\frac{dRI_t}{RI_t}+\frac{dNEER_{us,t}}{NEER_{us,t}}$。

如果央行保持人民币有效汇率的基本稳定，即 $\frac{dNEER_t}{NEER_t}=0$，意味着 $\frac{dRI_t}{RI_t}=-\frac{1}{(1+\rho_{1,t})}\frac{dNEER_{us,t}}{NEER_{us,t}}$，即人民币对美元汇率的走势与美元有效汇率的走势相同。① 由此可见，如果人民银行保持人民币有效汇率的稳定，则人民币对美元汇率与美元有效汇率的走势基本相同。自 2015 年 8 月 11 日以来，央行不断强化以市场供求为基础、参考一篮子货币进行调节的人民币对美元汇率中间价形成机制。2015 年 12 月 11 日，中国外汇交易中心发布人民币汇率指数，强调要加大参考一篮子货币的力度，以更好地保持人民币对一篮子货币汇率基本稳定。2016 年 5 月 6 日，央行发布的 2016 年第一季度货币政策执行报告的专栏内容中②，对于人民币对美元汇率中间价形成机制首次进行了详细解释，并表示目前已经初步形成了“收盘汇率＋一篮子货币汇率变化”的人民币对美元汇率中间价形成机制。我们选取 2016 年 4 月 1 日至 2018 年 4 月 27 日人民币对美元汇率的中间价和美元指数的数据来分析走势。如果参考

图 11.18　人民币对美元汇率与美元指数的走势(2016 年 4 月 1 日至 2018 年 4 月 27 日)

资料来源：www.safe.gov.cn；CEIC 数据库。

① 虽然公式中是负号，如果把人民币对美元汇率标价方式改过来，则负号就变成正号，走势就是一样的。意味着如果美元指数下降，人民币升值；美元指数上升，人民币贬值。

② 见 www.pbc.gov.cn。

一篮子货币汇率变化，以人民币有效汇率为目标，则人民币对美元汇率中间价与美元指数①的走势应该基本趋同。

由图 11.18 能够看出，人民币对美元汇率中间价与美元指数中间价的走势接近，两者之间的相关系数高达 0.912 9，近年来人民币对美元汇率更多地参考一篮子货币，保持了人民币有效汇率的基本稳定。②

与之前的人民币对美元汇率变动比较能够看出，2010 年 6 月 19 日以后，人民币对美元汇率持续升值，但是美元指数开始贬值，随后持续升值，出现人民币对美元汇率升值和美元指数升值持续共存(图 11.19)。2015 年 8 月 11 日以后，人民币对美元汇率走势和美元指数走势接近，说明人民币对美元汇率开始偏向参考一篮子货币汇率。而 2016 年第一季度以后，人民币对美元汇率走势和美元指数走势基本相同，说明央行确定人民币对美元汇率的中间价更多地参考一篮子货币汇率。也就是说，2010 年 6 月 19 日至 2015 年 8 月 11 日，央行保持了人民币对美元汇率的相对稳定，升值步伐平稳，而 2015 年 8 月 11 日汇改后，人民币对美元汇率开始更多地参考一篮子货币汇率，保持人民币总体币值的稳定。

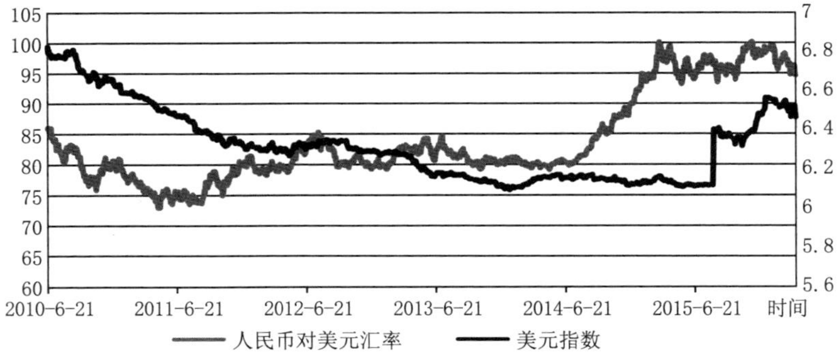

图 11.19　人民币对美元汇率与美元指数的走势(2010 年 6 月 21 日—2016 年 3 月 31 日)

资料来源：www.safe.gov.cn；CEIC 数据库。

① 这里的美元指数就相当于美元有效汇率，因为共同包含了几种主要的国际货币，它们所占的权重都是较高的。

② 2016 年 11 月 27 日，中国人民银行副行长易纲就人民币汇率、外汇储备等问题接受了新华社记者专访，易纲表示，人民币参考一篮子货币能够全面反映贸易品的国际比价。同时参考一篮子货币与钉住单一货币相比，更能反映一国商品和服务的综合竞争力，也更能发挥汇率调节进出口、投资及国际收支的作用。

5. 人民币对美元汇率和人民币对非美货币汇率的波动幅度

自2005年7月21日以来，我国银行间人民币汇率制度进行了一系列改革，人民币汇率的波动幅度也不断扩大。人民币对美元汇率在我国的汇率体系中处于主导地位，人民币对非美货币汇率依赖这一汇率套算确定(表11.3)。

表11.3 银行间人民币汇率浮动幅度

日　期	银行间人民币汇率中间价和浮动幅度调整
2005年7月21日	中国改革了人民币汇率体制，央行规定每个工作日闭市后公布当日银行间外汇市场美元等交易货币对人民币汇率的收盘价，作为下一个工作日该货币对人民币交易的中间价格。人民币对美元交易价仍在人民银行公布的美元交易中间价上下3‰的幅度内浮动；非美元货币对人民币的交易价在人民银行公布的该货币交易中间价上下1.5%内浮动
2005年9月23日	非美元货币对人民币交易价的浮动幅度作了调整，由原来的上下1.5%扩大到上下3%
2006年1月4日	央行在银行间外汇市场引入了询价交易方式和做市商制度来确定当日人民币对美元汇率中间价；同时人民币对欧元、日元和港币汇率中间价由中国外汇交易中心分别根据当日人民币对美元汇率中间价与上午9时国际外汇市场欧元、日元和港币兑美元汇率套算确定
2007年5月21日	人民币兑美元交易价浮动幅度由3‰扩大至5‰
2012年4月14日	自2012年4月16日起，银行间即期外汇市场人民币对美元交易价浮动幅度由5‰扩大至1%，即每日银行间即期外汇市场人民币对美元的交易价可在中国外汇交易中心对外公布的当日人民币对美元中间价上下1%的幅度内浮动
2014年3月17日	每日银行间即期外汇市场人民币对美元的交易价可在中国外汇交易中心对外公布的当日人民币对美元汇率中间价上下2%的幅度内浮动
2014年7月1日	人民币对欧元、日元、港币、英镑、澳大利亚元、加拿大元和新西兰元交易价在中国外汇交易中心公布的人民币对该货币汇率中间价上下3%的幅度内浮动。人民币对马来西亚林吉特、俄罗斯卢布交易价在中国外汇交易中心公布的人民币对该货币汇率中间价上下5%的幅度内浮动。人民币对其他非美元货币交易价的浮动幅度另行规定

实际上，即期外汇市场上非美元货币对人民币交易价的波动幅度、人民币对美元货币汇率波动幅度，以及美元对非美元货币汇率的波动幅度存在相互制约的关系。由于人民币对非美货币的汇率是套算汇率，央行主要是控制人民币对美元汇率，所以可以放开人民币对非美货币的波动幅度，而不必限制人民币对非美货币汇率的变动幅度。

如果人民币钉住有效汇率目标，则根据人民币参考一篮子货币的波动幅度，可以确定人民币对美元汇率的波动幅度。首先确定篮子货币的波动幅度为有效汇率中间价上下 $\alpha\%$ 幅度内，则 $NEER_t$ 每天变动的区间为 $[NEER_t(1-\alpha\%),\ NEER_t(1+\alpha\%)]$，因此根据计算公式可计算出人民币对美元汇率波动的上下限：

$$E_{1,t}^{\max}=\frac{1}{S_{1,t}}=100\left(\frac{1}{M_0 NEER_t(1-\alpha\%)}\right)\times\left[\prod_{i=1}^{n}X_{i,t}^{w_{i,t}}\right]$$

$$E_{1,t}^{\min}=\frac{1}{S_{1,t}}=100\left(\frac{1}{M_0 NEER_t(1+\alpha\%)}\right)\times\left[\prod_{i=1}^{n}X_{i,t}^{w_{i,t}}\right]$$

根据人民币对美元汇率的波动区间和国际金融市场上美元对非美货币汇率，就可以套算人民币对非美货币汇率的波动区间。因此如果中央银行以有效汇率为目标，并确定人民币有效汇率的波动幅度，就能够确定人民币对美元汇率的中间价和波动幅度，也能够相应确定人民币对非美货币汇率的中间价和波动幅度。也就是说，如果确定了人民币有效汇率的波动幅度，则人民币对美元汇率、人民币对非美货币汇率的波动幅度也被限制了。因为中央银行是外汇市场主要的参与者，如果中央银行维持目标汇率在波动幅度以内，由于套利资本的流动，其他套算汇率的波动幅度也被间接限制了。

11.5 人民币汇率改革的问题

11.5.1 关于人民币汇率形成机制改革的几点思考

1. 人民币对美元汇率和参考一篮子货币汇率的问题

在 2015 年 8 月 11 日之前，人民币汇率变动的历史几乎就是人民币升值的历史。经过两段长时间的升值，人民币汇率升值压力逐步得到释放，外汇市场供求逐步趋于平衡，人民币汇率市场化双向浮动的条件更加具备，参考一篮子货币调整人民币对美元汇率的压力更小。

长期以来，人民币汇率一直是跟着美元走，人民币对美元汇率是中国的主导汇率，人民币对非美货币汇率与人民币有效汇率主要受人民币对美元汇率变动的影响。以人民币对美元汇率为目标，在本国外汇储备等的变动下，容易形成单向的市场汇率预期，难以形成合理的市场化汇率水平。如果以一篮子货币汇率为目标，人民币对美元汇率的弹性将增加，汇率的双向波动将更加明显，有利于遏制汇率的单向投机，有利于形成供求均衡的市场化汇率水平。一篮子货币汇率的目标是人民币汇率形成机制改革的一个重要指标，中央银行可以根据宏观经济的运行情况选取不同的一篮子货币汇率目标①，人民币对美元汇率会相应发生变化。

2. 人民币汇率中间价的改革

银行间外汇市场人民币汇率的中间价也在不断地改革与完善中，由开始的头一天收盘价来决定，到做市商的报价；由“前一交易日收盘汇率＋一篮子货币汇率变化”变为“前一交易日收盘汇率＋一篮子货币汇率变化＋逆周期因子”，人民币对美元汇率中间价的市场化在稳步推进。人民币对美元汇率的中间价是每天外汇市场的基准汇率，银行间外汇市场和 OTC 市场都需要根据或参考人民币对美元汇率的定价来确定其他汇率和挂牌汇率。我国人民币对美元汇率的中间价改革采取的是渐进方式，有利于外汇市场的稳定，防范相应的金融风险。

3. 人民币汇率波动幅度的改革

无论是人民币对美元汇率，还是人民币对非美货币汇率，我国人民币汇率的波动幅度在不断扩大，不断发挥市场供求在汇率决定中的影响作用。从汇率之间的关系来看，中央银行如果注重人民币对美元汇率的波动幅度，可以放开人民币对非美货币汇率的波动幅度；如果限制人民币有效汇率的波动幅度，也可以控制人民币对美元汇率的波动幅度，放开人民币对非美货币汇率的波动幅度，因为投机资金的套汇会自动制约其他汇率之间的波动幅度，汇率的波动幅度之间是相互影响、相互决定的。

4. “逆因子”问题

目前人民币对美元汇率中间价是“前一交易日收盘汇率＋一篮子货币汇率变化＋逆周期因子”的形成机制，而关于逆周期因子的加入，有相反的两种观点。笔者认为人民币对美元汇率中间价可以由“前一交易日收盘汇率＋一篮子货币汇率变化＋逆周期因子”转变为“前一交易日收盘汇率＋一篮子货币汇率变化＋实际有效汇率变动”的形成机制。②经济增长、国际收支的变动等宏观经济基本面不仅受名义汇率的影响，更受到实际汇率的影响，考虑到名义汇率调整不足或过度，可以通过实际有效汇率变动的幅度重新修正人民币对美元汇率的变动，更有利于宏观经济目标的实现。

---

① 这里的篮子货币汇率目标是可以调整的。原中国人民银行研究局首席经济学家马骏也认为在汇率形成机制的改革中，会明显强化一篮子货币的参考作用，但不会严格钉住一篮子货币汇率。

② 在具体实践中，央行可以赋予“前一交易日收盘汇率”“一篮子货币汇率”和“实际有效汇率”三者不同的权重来确定人民币汇率的中间价。

这样我国人民币汇率制度以参考一篮子货币汇率为核心，既考虑到前一交易日收盘价，保持了汇率变动的连续性，又考虑到人民币实际有效汇率的变动，根据通货膨胀和贸易收支状况等对人民币汇率中间价进行修正。在此基础之上，人民币汇率市场化的改革不断推进，可以逐步放松人民币有效汇率和人民币对美元汇率的波动幅度，增加人民币汇率的弹性。

5. 银行间市场和 OTC 市场的改革顺序

从汇率的波动来看，我国 OTC 市场汇率波动的幅度要大一些，因为 OTC 市场直接面对普通老百姓，交易小额、分散，有利于促进汇率的市场化。2014 年 7 月 1 日起，国家规定银行挂牌汇率可基于市场需求和定价能力对客户自主挂牌人民币对各种货币汇价，现汇、现钞挂牌买卖价没有限制，根据市场供求自主定价。实际上，我国已放开 OTC 市场人民币汇率的波动幅度，将来会逐步放开银行间市场，即“先放开 OTC 市场，后放开银行间市场”的步骤。两个市场汇率的市场化是相互影响、相互促进的，每一个市场深度和广度的拓展，都有利于汇率的市场化改革。

11.5.2 人民币汇率改革的步伐——渐进式的道路

长期以来，中国一直有人民币升值的压力，笔者认为人民币升值主要缘于以下几个原因：(1)外汇储备持续增加。外汇市场上外汇供给大于外汇需求，人民币升值压力上升。(2)美元持续下滑，人民币升值预期上升。国际金融危机后美国财政赤字高企和美元滥发导致美元贬值，欧洲经济复苏等也会导致美元贬值。(3)为了应对通胀，人民币也主动加快升值。通常如果国际油价、大宗商品价格和原材料价格等处于高位，则输入性通货膨胀压力较大。作为一种政策手段，人民币会主动升值。

在实践中，如果人民币面临较大的升值压力，我们应该选择什么样的升值路径呢？这也一直是个有争议的问题。有观点认为人民币应该一次性大幅度升值；也有观点认为人民币应该缓慢升值。笔者认为如果有升值压力，人民币升值应该采取稳健的升值方式，同时伴以相机抉择的调整方式，加大汇率调整的灵活性，而不是一次性大幅度升值。通常人民币升值预期较强，国内外宏观经济状况和外汇市场不断变化，大幅度调整汇率难以形成相对稳定的人民币汇率水平，甚至会导致人民币汇率大幅度波动，因此采取“稳健＋相机抉择”的人民币升值方式是一种较优的策略。

另一方面，人民币也可能存在贬值压力，如 2015 年 8 月 11 日以后的一段时间内就面临着这样的问题。同样，笔者认为我国应该采取稳健的贬值方式，汇率中间价采取相机抉择的方式，根据国内外经济形势的变化调整，做到进退自如，这既能反映基本因素的变化，也能反映短期市场的变化。我国汇率制度正处于从管理主导向市场主导的汇率制度的转型时期，汇率市场化的进程不可能一蹴而就。稳健是基调，是趋势，相机抉择调整是适应市场变化，是汇率变动的弹性。

稳健的升值或贬值方式，一是可以防止企业在短期内面临较大的困境，给企业一个调整和转向的时间；二是可以逐步消除人民币升值或贬值的预期，因为在国内外宏观经济条件下，人民币有升值或贬值压力，迅速消除人民币升值或贬值的预期是很难的；三是有利于防止金融市场过度波动，使得汇率在平稳的市场中逐步向相对均衡的水平回归，避免人民币汇率的大起大落；四是有利于政府决策，人民币升值或贬值的效果并不会马上显现，往往有一个滞后期，稳健的升值或贬值能够给政府判断和决策留有更大的回旋余地。在国内和国外因素的推动下，市场预期和投机资本在人民币汇率升值或贬值中起着重要作用，我们很难得到一个相对稳定的汇率水平，人民币大幅度升值或贬值可能会矫枉过正。

笔者认为人民币升值或贬值需根据经济形势的发展，节奏可快可慢，体现人民币汇率增加弹性和双向变动的特点。央行引导市场合理预期，使人民币汇率逐步回到市场决定的汇率，因此稳健应当是人民币升值或贬值的基调，同时应根据宏观经济形势和国外因素的变化，采取相机抉择的升值或贬值方式。

11.5.3　外汇体制改革和外汇市场发展

在人民币汇率形成机制的改革中，如果央行放宽人民币汇率的波动幅度，则人民币汇率波动将更加频繁，央行对人民币汇率的控制能力下降，这要建立在市场不断完善的基础之上。

一是完善人民币利率市场化的改革。我国人民币汇率和人民币利率的联动机制较弱，没有形成汇率和利率之间的有机联系，而在发达金融市场国家，央行通过调控利率直接影响汇率，汇率对利率的变化相当敏感。目前我国利率和汇率都充当着央行的宏观调控工具和目标，央行对利率和汇率都有一定程度的管制。因此为了完善外汇市场和货币市场的定价机制，充分发挥市场机制的功能，央行也应该继续深化利率市场化改革，逐步转变到依赖利率变动来调控人民币汇率上来。汇率的市场化需要利率市场化改革来推动，这样人民币汇率和利率的变动将更多地由本币和外币资金市场的供给和需求来决定。

二是促进外汇衍生工具市场的发展。人民币汇率波动幅度上升意味着人民币汇率的不确定性增加，企业和居民面临汇率波动的风险将进一步增大。为了规避汇率变动的风险，必须积极推动外汇衍生品市场的发展，推出更多的规避风险的外汇市场工具，如远期交易、期货交易和期权交易等，这样才有利于推进人民币汇率的市场化，也有利于保证外汇市场的平稳发展，促进国际贸易、国际投资等的顺利发展。

三是推动外汇管理体制的改革。目前我国经常项目已实现完全可兑换，我国外汇管理条例取消了对企业强制结售汇的规定，企业可自行保留经常项目外汇收入，个人的外汇需求基本得到满足，但是我国外汇管制的放松更多体现在持有外汇上，对外汇使用和投资的放松仍需要进一步提高。因此我国应继续深化改革，放宽资本账户的管制①，积极鼓励中国企业走出去，扩展投资海外的金融机构（QDII），放宽投资的业务限制，简化中国企业和居民海外直接投资的范围、渠道和审批程序，开拓更多的外汇直接投资渠道，放宽个人对外投资的汇兑限制，促进境内个人充分利用国际金融市场优化资产配置、分散投资风险、提高资金收益。这样外汇市场的供给和需求的变动才能真正反映市场汇率的变化，外汇体制的改革将有利于进一步提高外汇市场的广度和深度。

四是减少中央银行对外汇市场的干预。除了市场的供求因素外，中央银行的干预也是影响人民币汇率走势的重要因素。中央银行是外汇市场的参与者之一，也是最大的参与者。中央银行通过在外汇市场上买卖外汇，影响外汇市场的供给和需求，进一步影响汇率的走势。通常中央银行干预的目的是为了保持外汇市场有序健康地运行，防止汇率大幅度波动，消除短期冲击的影响，使得市场汇率回到相对稳定的均衡水平。但是如果央行保持长期的单一干预趋势，将难以发现真正的市场汇率，公众对汇率变动往往也会产生错误的预期，汇率变动将不能够准确反映市场的变化。同时央行也很难把握干预的力度和干预的步骤。从外汇储备的变动来看，2014 年 9 月到 2017 年初，我国外汇储备持续下降；2017 年以后，外汇储备又开始有所增加。目前我国央行正逐步退出经常性的外汇市场干预，人民币汇率将更多地由市场机制来调节。

五是实现人民币的自由兑换，资本自由流动。人民币自由兑换将加快国际资本

---

① 易纲在博鳌论坛（2018 年 4 月 11 日）上指出："中国稳步推进资本账户可兑换"。见 www.pbc.gov.cn。

流动，形成一个满足国际交易和投资需求的人民币汇率水平。同时人民币自由兑换将推动国内的外汇市场逐步融合到国际外汇市场中，也必然促进人民币的国际化，形成一个由国际金融市场决定的人民币汇率水平，人民币汇率水平的国际化将真正起到调节国际贸易、投资等的作用。人民币汇率的市场化、国际化是和人民币自由兑换、资本流动等相辅相成的。

11.6 主要结论和人民币汇率改革的最终目标

通过本章研究我们得出以下主要结论：

第一，在人民币对美元汇率、人民币对非美货币（如欧元）汇率和人民币有效汇率三者之间，央行只能控制其中之一。

第二，如果人民币钉住美元，则人民币的有效汇率也基本上跟着美元的有效汇率走。

第三，随着中国对外开放的不断扩大，人民币盯住美元要逐步向参考一篮子货币过渡。

第四，从几何平均的方法来看，如果名义有效汇率固定，则人民币对美元汇率中间价是 n 种非美货币汇率的几何平均。同样如果实际有效汇率为目标，则人民币对美元汇率中间价也可以表示为其他非美货币实际汇率的几何平均。

第五，由于人民币对非美货币的汇率是套算汇率，央行主要是控制人民币对美元汇率，可以放开人民币对非美货币汇率的波动幅度。如果央行控制人民币有效汇率，可以控制人民币对美元货币汇率的波动幅度，而不必限制人民币对非美货币汇率的变动幅度。

第六，建立参考一篮子货币的人民币汇率中间价只是人民币汇率中间价改革中的一个过程，稳步推进人民币汇率的市场化改革，最终人民币汇率水平将由市场供给和需求来决定。

由于我国的人民币汇率一直作为央行货币政策的调控目标之一，央行干预是影响人民币汇率变动的一个重要因素，汇率的市场化改革需要央行逐步放弃汇率目标，通过基准利率的调整来影响人民币汇率变动，汇率将不再直接作为央行宏观调控的目标。因此建立参考一篮子货币的人民币汇率中间价也只是人民币汇率中间价改革中的一个过程，最终人民币汇率水平将由市场供给和需求来决定。如果央行采取参考一篮子货币的汇率制度，应逐步放宽篮子汇率的波动幅度，也就间接放宽了人民币对美元汇率和人民币对非美货币汇率的波动幅度，让人民币汇率变动有更大的弹性，更多地让市场力量决定人民币汇率的变动。

人民币汇率最终走向浮动是人民币汇率形成机制改革的最终目标，时间的长短并不仅仅依赖于人民币汇率改革的本身，还依赖于整个经济改革的进程。人民币汇率形成机制的改革只是中国经济改革的一部分，改革的步骤、时机应与中国经济结构改革相一致。一方面，需要政府完善宏观经济政策调控，维持宏观经济稳定发展；另一方面，从长远来看，更需要继续推进外汇体制改革、大力发展金融市场、调整消费、贸易和产业结构、完善制度建设和继续深化经济改革。

首先是经济增长政策要转向扩大国内消费需求。国内消费下降，会促使国家更进一步依赖外需，出台更多鼓励贸易部门的优惠政策。内需与外需之间的矛盾实际上也体现了国家政策的短期性和长期性、眼前利益与长远利益的矛盾。如果内需和外需的矛盾不解决，经济对外需的依赖不断加强，会限制人民币汇率改革的步伐。扩大内需、降低外需需要完善社会保障体系，解决看病难、住房难和上学难等问题，否则扩大内需很难实现。

其次是调整贸易、产业结构政策。为促进外贸增长方式的转变和进出口贸易的平衡，要调整出口结构，提高出口产品的核心竞争力，同时也要扩大进口，保持贸易收支的基本平衡。当前，国内外经济环境已发生巨大变化，应是出口结构转变的较好时期。在我国的三大产业结构中，第一产业占比下降、第三产业占比上升，要继续大力发展服务行业来解决就业问题，鼓励“大众创业、万众创新”。就业问题一旦解决或压力下降，就无需过分依赖外贸出口行业，也有利于人民币汇率的市场化改革。

最后是完善和强化宏观审慎政策。宏观审慎政策主要是指利用审慎性工具防范系统性金融风险，从而阻止金融危机发生和避免实体经济遭受冲击的政策。我国已由“货币政策”为主转向“货币政策＋宏观审慎政策”双支柱的金融调控框架，宏观审慎政策被摆到了突出的位置。人民币汇率形成机制的改革可能会导致金融市场的波动或国际收支的变化，因此宏观金融审慎政策的预判、反应机制和政策安排等显得非常重要，要做到事前、事中和事后的系统预防、应对和处理等。中国人民银行是以金融稳定即防范系统性金融风险作为宏观审慎政策的最终目标，人民币汇率形成机制的改革必然也是人民银行宏观审慎政策关注的重要方面，宏观审慎政策的完善将有利于人民币汇率形成机制平稳健康地过渡。

人民币汇率的改革是在中国改革的大背景下进行的，外汇体制改革、经济结构和产业结构的调整将为人民币汇率形成机制的改革创造良好的外部条件，这样，人民币汇率形成机制改革就能够稳步推进，人民币汇率的自由浮动就会水到渠成。总之，我国人民币汇率的市场化改革是一个系统工程，需要多方面的协调配合，才能形成一个真正意义上的人民币市场化汇率水平，而不能仅依赖于人民币汇率水平本身的变动（如人民币升值或人民币贬值等）。

参考文献

陈彪如：《人民币汇率问题》，《国际金融研究》1991 年第 7 期。

姜波克：《国际金融新编》，复旦大学出版社 1997 年版。

陆前进：《有效汇率更有参考价值》，《中国证券报》2009 年 6 月 10 日。

陆前进：《人民币有效汇率指数和篮子货币最优权重的选取》，《学海》2012 年第 2 期。

马骏：《人民币汇率形成机制将更多地参考一篮子货币》，2016 年 1 月 11 日，www.pbc.gov.cn。

钱荣堃、陈平和马君潞：《国际金融》，南开大学出版社 2002 年版。

威廉姆森：《钉住一篮子货币如何运转？》，《国际经济评论》2006 年第 1—2 期。

吴念鲁、陈全庚：《人民币汇率研究》，中国金融出版社 2002 年版。

小川英治、姚枝仲：《论钉住一篮子货币的汇率制度》，《世界经济》2004 年第 6 期。

张斌：《人民币汇率制度选择：钉住美元还是一篮子货币》，《国际经济评论》2003 年第 1—2 期。

中国货币网特约评论员：《观察人民币汇率要看一篮子货币》，2015 年 12 月 11 日（a），http://www.chinamoney.com.cn/fe/Info/16385640。

中国货币网特约评论员：《人民币汇率具备对一篮子货币保持基本稳定的基础》，2015 年 12 月 14 日（b），http://www.chinamoney.com.cn/fe/Info/16385640。

Bank of Japan, 2005, "Explanation of the Effective Exchange Rate(nominal, real)", Research and Statistics Department, January.

Bayoumi, Tamim, Farina Jayanthi, and Jaewoo Lee, 2005, "New Rates from New Weights", IMF Working Paper WP/05/99, May 2005.

Branson, W.H., and L.T. Katseli-Papaefstratiou, 1981, "Currency Basket and Real Effective Exchange Rates", NBER Working Paper, No.666.

Brodsky, D., 1982, "Arithmetic versus Geometric Effective Exchange Rates", *Weltwirtschaftliches Archiv*, 118(3):546—62.

Daniels, J.P., P.G. Toumanoff, and Marc von der Ruhr, 2001, "Optimal Currency Basket Pegs for Developing and Emerging Economies", *Journal of Economic Integration*, 16(1):128—145.

ECB, 2004a, "Effective Exchange Rates", ECB Monthly Bulletin—Euro Area Statistics Methodological Notes, European Central Bank.

ECB, 2004b, "Update of the Overall Trade Weights for the Effective Exchange Rates of the Euro and Computation of a New Set of Euro Indicators", Monthly Bulletin September:69—72.

Edison, H. J. andE. Vardal, 1985, "Optimal Currency Basket in a World of Generalized Floating: An Application to the Nordic Countries", *International Finance Discussion Papers*, No.266, October.

Hargreaves, D., and B. White, 1999, "Measures of New Zealand's Effective Exchange Rate", *Reserve Bank of New Zealand Bulletin*, vol.62.

Hsiang-ling, H., 2000, "Choice of Currency Basket Weights and its Implications on Trade Balance", *International Review of Economics and Finance*, (9): 323—350.

Azis, Iwan J., and Nattapong Puttanapong, 2008, "A Regional Trend towards a Basket Peg System", *International Journal of Trade and Global Markets*, Vol.1, No.2, 144—162.

Leahy, Michael P., 1998, "New Summary Measures of the Foreign Exchange Value of the Dollar", *Federal Reserve Bulletin*, October: 811—818.

Loretan, M., 2005, "Indexes of the Foreign Exchange Value of the Dollar", *Federal Reserve Bulletin*, Winter.

Lynch, B., and S. Whitaker, 2004, "The New Sterling ERI", *Bank of England Quarterly Bulletin*, Winter.

Ott, Mack, 1987, "The Dollar's Effective Exchange Rate: Assessing the Impact of Alternative Weighting Schemes", Federal Reaserve Bank of St.Louis, February.

Klau, Marc, and San Sau Fung, 2006, "The new BIS Effective Exchange Rate Indices", *BIS Quarterly Review*, March: 51—65.

Turner, P., and J. Van't Dack, 1993, "Measuring International Price and Cost Competitiveness", *BIS Economic Papers*, no.39, Basel, November.

Turnovsky, S.J., 1982, "A Determination of the Optimal Currency Basket", *Journal of International Economies*, (12): 333—354.

Williamson, John, 2005, "A Currency Basket for East Asia, Not Just China", *Policy Briefs In International Economics*, No.PB05-1, August 2005(Institute for International Economics).

White, Bruce, 1997, "The Trade Weighted Index(TWI) Measure of the Effective Exchange Rate [R]", *Reserve Bank of New Zealand Bulletin*: 121—132.

Zhang, Z., 2001, "Choosing an Exchange Rate Regime During Economic Transition: The Case of China", *China Economic Review*, 12(2—3): 203—226.

第 12 章

从平等地贫困到不均地繁荣：改革开放后中国的贫困—增长—不均等三角关系*

万广华 复旦大学世界经济研究所

汪　晨 上海财经大学城市和区域科学学院

张　琰 重庆工商大学经济学院

12.1 引　言

1978 年的中国是世界上最贫困的国家之一，当时中国的人均 GDP 仅为 423.2 元，按照当时的汇率，约合 184.0 美元。根据世界银行每天 1.90 美元的贫困线(经 2011 年的购买力平价调整，下同)，在 1981 年，中国有 88.3%的城市人口处于极度贫困状态；在农村地区这一比例更是高达 95.6%。①尽管存在普遍的贫困，当时的中国却被认为是一个平均主义的社会。根据我们自己的估算，1978 年到 1988 年间中国的基尼系数始终保持在 0.35 以下。因此，可以说改革开放前的中国是一个平等地贫困的国家。

中国的改革始于 20 世纪 70 年代末期，首先从拥有大多数人口(占总人口的 87.5%)的农村开始(NBS, 1981)。家庭联产承包责任制取代了原有的人民公社制度，鼓励农民"多干巧干"。农业产出和收入显著上升，激发了对非农产品的需求，并为工业化奠定了基础。改革的进展非常迅速，到 80 年代中期，中国改革的重点已经转移到了工业部门；城市部门和乡镇企业开启了奇迹般的扩张，这些扩张产生了对劳动力的需求，而中国农村存在的巨量剩余劳动力恰好满足了这一需求。70 年代以来农业生产

---

* 作者感谢国家自然科学基金(项目号：71703088、71833003)和上海浦江计划(项目号：17PJC045)的资金支持。

① 数据来自世界银行 PovcalNet 数据库。

力和农村生活水平的提高，尤其是购买力的上升，又为非农部门的扩张创造了更好的条件。良性循环就这样开始了。

几乎在农村全面实施家庭联产承包责任制的同时，中国政府开始在沿海地区（深圳、珠海、汕头和厦门）设立经济特区。这标志着中国开始开放国际贸易领域和接收外商直接投资（FDI）。1992 年初，邓小平南方谈话后，中国的对外开放战略获得了显著的推进。接下来在 2001 年，中国加入了国际贸易组织（WTO）。中国的对外开放和随后融入国际经济体系的举措使中国不仅能更好地利用劳动力禀赋的比较优势，更摆脱了国内需求的制约，拓展了海外市场。结果是，到 2011 年的 30 多年里，中国年均 GDP 增长速度超过了 9%（NBS，不同年份）。即便在 2007 年全球经济危机之后，中国仍保持了较高的经济增长率，从 2012 年到 2016 年的 GDP 年均增速达到 7.3%（NBS，不同年份）。

高速的经济增长导致了普通市民生活水平的巨大改善，使数亿中国人脱离了贫困。根据世界银行的估算，中国生活在每天 1.9 美元贫困线以下的贫困人口比率，已经从 1981 年的 88.3%下降到了 2013 年的 1.85%。即使以每天 3.1 美元的中度贫困线计算，中国的贫困率也发生了大幅度的下降，从 1981 年的 99.1%下降到 2013 年的 11.1%。①事实上，如果把中国排除在外，联合国的千年发展目标（MDGs）中最重要的目标——在 2000 年至 2015 年之间将全球贫困人口减半——将不能达成。

然而，由中国奇迹般经济增长和大幅度减贫构造的美好画面，被不均等的快速上升蒙上了一层阴影。直到 2009 年，中国富人或富裕地区从高速经济增长中获得的好处比其他人或地区多很多。这一现象反映在城市和农村内部收入分配的差距拉大，也反映在城乡差距的高居不下。在 1985 年，城市—农村平均收入比值仅为 1.78。而这一比值，在 2009 年趋于平稳之前，上升到了 3.0。这个问题同样体现在沿海与内陆地区之间差距的扩大上。在 1978 年，沿海与内陆地区的人均 GDP 比值为 1.50；2004 年这一比值达到了 2.14 的峰值。②如果用基尼系数度量整体不均等，中国的贫富差距从 1982 年的 0.29 上升到了 2003 年的 0.45，在 20 年间的攀升超过了 50%。③尽管在

---

① 世界银行 PovalNet 数据库。

② 根据国家统计局的做法，沿海地区包括北京、福建、广东、海南、河北、江苏、山东、上海、天津和浙江，其余省份构成内陆地区。

③ 官方的基尼系数自 2003 年以来一直由国家统计局发布，但仅限于整个中国，没有省级层面的估算值。国家统计局提供的十几个观察值显然不足以用于研究。因此，除非另有说明，否则本文使用的基尼估计值由作者估算。估算基于国家统计局公布的分组收入数据，方法见第 3 节的说明。

最近的年份略有下降，2014 年的基尼系数仍为 0.4。

按照库茨涅茨(Kuznets，1955)和刘易斯(Lewis，1955)的理论与推断，不断恶化的收入分配有可能是由经济增长导致的，而经济增长又导致了中国在消除贫困方面的伟大成就。另一方面，不断恶化的收入分配会对经济增长带来负面的影响(万广华，2006)，同时会抵消经济增长对减贫的正面作用。换句话说，如果不均等保持可控，在同样的经济增长水平下，贫困会减少得更多。

基于上述背景，考察中国的贫困—经济增长—不均等三角是一个重要而又有趣的课题。研究这个问题还可以为国际发展贡献中国的经验教训。出于这些考虑，本章的主要目标为：

(1) 在全国和省级水平上描述中国的贫困和不均等概况；

(2) 从经济增长和不均等的角度探索减贫之源；

(3) 提出相关政策建议。

12.2　简要文献综述

Wan 和 Zhang(2006)是最早将中国农村减贫分解为经济增长和再分配两个来源的论文之一。他们发现在 20 世纪 90 年代后半期农村贫困率有所上升，其主要原因是收入分配的恶化，这和 Yao 等(2004)的发现一致。Yao 的论文将人均收入和基尼系数估计值对贫困水平回归，从而得出在中国城市和农村，贫困和人均收入负相关，而和基尼系数正相关。Meng 等(2005)的研究也给出了同样的结论。

Xia 和 Song(2010)使用中国家庭收入项目(CHIP)的调查数据发现，不论采取分解或回归方法，1988 年到 2002 年之间，中国的经济增长均减少了贫困。Zhang 和 Feng(2010)确认从 1996 年到 2006 年，尽管穷人的收入增加少于富人，但中国的经济增长仍有助于减贫。Chen 和 Lu(2014)使用 1991 年到 2009 年的中国健康和营养调查数据(CHNS)发现，不断上升的收入不均等抵消了经济增长在减贫方面的积极作用。更重要的是，Luo(2012)发现在 1988 年到 2007 年，不均等上升带来的负面作用随着时间的推移变得越来越强，而减贫的经济增长弹性系数在不断下降。另一篇高度相关的论文是 Wan 等(2006)，这篇论文建立了一个中国经济增长—收入不均等关系的模型，结论是不论考虑哪个时间窗口(短期、中期抑或长期)，收入不均等对经济增长的影响始终是负的。

除了中国，来自其他国家的证据也表明了经济增长对减贫的促进作用，而收入分配对减贫的作用则是不确定的。在印度，尽管经济增长在数量上对减贫的贡献更大，但收入分配的改善也帮助减少了贫困。在巴西，不断恶化的收入分配加上 20 世纪 80 年代的宏观经济冲击破坏了减贫效果(Datt and Ravallion, 1992)。以墨西哥为例，2000—2006 年，经济增长和收入不均等下降相互强化了两者对减贫的正面影响。然而，在 2006 年之后，人均收入的下降和收入不均等的上升，逆转了 1996 年以来的贫困下降趋势，并且导致贫困回到了 2002 年之前的水平(Iniquez-Montiel, 2014)。

此外，Ravalion(1997)分析了 23 个发展中国家的数据，发现在经济增长率为正的情况下，初始的收入不均等越严重，贫困比率下降的速度越慢。类似地，Fosu(2015)发现在撒哈拉以南地区的非洲国家，收入增长一直是减贫的主要驱动力，而贫富差距则起到了双重作用：(1)收入不均等的下降加强了增长的减贫效果；(2)更低的初始不均等提高了增长减贫的速率。

12.3 中国的经济增长、贫困水平和收入不均等概况

除非特别说明，本章使用的数据均来自中国国家统计局出版的《中国统计年鉴》。为估算贫困水平和收入不均等，本章采用了 Shorrocks 和 Wan(2009)创建的方法，在收入变量为对数正态分布的假设下，先基于分组收入数据估算该分布的标准差，然后产生任意个收入观察值(收入均值可以设为 1)。接着，基于分组数据调整这些观察值，使产生的数据与分组数据完全吻合。根据 Wan(2013)的检验，这种方法对研究不均等还是相当可靠的。

如前文所述，中国收入分配的维度之一是沿海—内陆不均等。随着沿海地区的经济增长超过内地，这一不均等变得更加严重。图 12.1 分别画出了中国沿海地区和内陆地区的人均 GDP 增长率。从图上可以明显看出，除 1983、1986、1989、1990、1996、2000 和 2005—2014 这些年份之外，沿海地区的经济增长得更快，尤其是 1991—1995 年。

最近几年沿海省份相对较低的经济增长自然地导致了中国整体收入不均等的下降，这可能意味着经济赶超或收敛的发生。假设各省具有同样的时间偏好和相同的生产函数，资本收益递减法则必然使得各省最终会趋向一个共同的均衡收入水平。基于 Barro 和 Sala-i-Martin(1992)提出的分析框架，我们可以进行正规的检验。

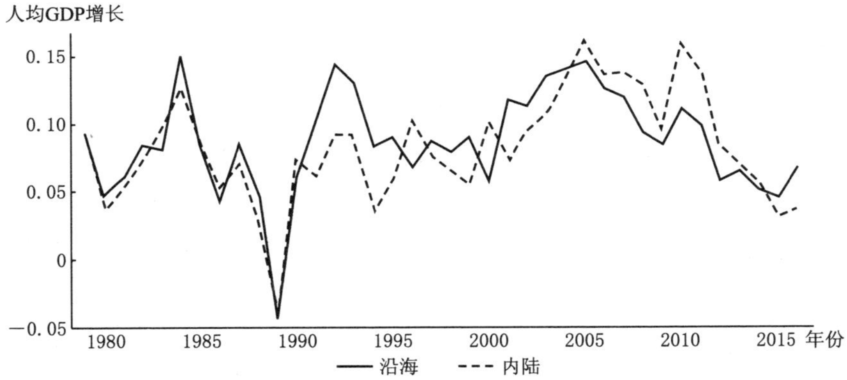

图 12.1　中国沿海地区和内陆地区的经济增长(1979—2016 年)

资料来源:作者基于中国国家统计局的数据计算得出。

Barro 和 Sala-i-Martin(1992)定义了两种趋同:西格玛趋同(sigma convergence)和贝塔趋同(beta convergence)。在西格玛趋同中,每年各省的人均收入的标准差随着时间递减。在贝塔趋同中,落后地区的经济增长快于富裕地区。显然贝塔趋同是西格玛趋同的必要条件,但不是充分条件,因为收入水平也可能随着时间变化。如果我们定义伽马趋同(gamma convergence)为收入的变异系数随时间下降,那么贝塔趋同就是伽马趋同的充要条件。

下面的推导显示,贝塔趋同意味着收入增长率只依赖于初始收入水平,且两者呈负相关关系。我们用 i 代表省份,t_0 代表期初,T 代表时间长度。①贝塔趋同假设收入增长率 r 只是初始收入水平 INC 的函数:

$$r_{i,T}=\alpha-(1-e^{-\beta T})/T\ln INC_{i,t_0} \tag{12.1}$$

其中 $r_{i,T}=\ln\left(\frac{INC_{i,t_0+T}}{INC_{i,t_0}}\right)\times(1/T)$,$i=1,2,\cdots,N$,$INC$ 表示收入水平,INC_{i,t_0} 表示初期收入,β 表示趋同速度。根据 Uhlig(1995)的论文,方程(12.1)可以被线性化为:

$$(1-e^{-\beta T})\cong\beta T$$

因此,我们可以推导出:

$$\ln\left(\frac{INC_{i,t_0+T}}{INC_{i,t_0}}\right)\times\left(\frac{1}{T}\right)=\alpha+\beta\times\ln INC_{i,t_0}+v_{i,t_0} \tag{12.2}$$

---

① 根据 Barro 和 Sala-i-Martin(1992),T 可以设定为 5 年或 10 年。

此处的 $\beta^{*}=-\beta$，v 代表由线性化导致的逼近误差。如果 $\beta^{*}<0$，无条件趋同就会发生。

我们使用国家统计局的收入数据来估计方程(12.2)，并且取 $T=5$。表12.1列出了估计结果，其中第(1)列报告了使用所有数据点的估计结果，第(2)列报告了剔除高增长省份后的估计结果。根据第(1)列显示的结果，2002年之前 β^{*} 的估计值都不显著，这意味着不存在趋同现象。然而，在2002年之后，估计值都是负数且显著，这就意味着存在趋同现象。根据第(2)列显示的估计结果，如果剔除高增长省份，β^{*} 的估计量变得不显著。这些高增长省份包括重庆、内蒙古、甘肃、山西、陕西和四川，无一例外都位于中国的内陆地区。因此我们可以得出以下结论：大约从2002年开始，中国发生了趋同现象，这一现象有可能是2000年实施的西部大开发计划驱动的。图12.2描绘了基于基尼系数的地区(省际)不均等情况，结果和表12.1一致。比如，自2002年以来，β^{*} 估计量变成负数，而在2005年左右地区不均等呈现出下降趋势，这证实了趋同现象的存在。

表12.1　趋同检验:估计结果

时　期	所有省份 (1) β^{*}	剔除经济高速增长省份 (2) β^{*}
1982—1987	−0.031(0.041)	
1987—1992	0.003(0.015)	
1992—1997	0.016(0.017)	
1997—2002	−0.060(0.036)	
2002—2007	−0.076** (0.034)	−0.031(0.029)
2007—2012	−0.012** (0.006)	−0.009(0.006)
2008—2013	−0.076* (0.043)	−0.011(0.012)
2009—2014	−0.021** (0.009)	−0.020(0.009)
2010—2015	−0.028*** (0.008)	−0.015(0.009)

注释:①第(2)列报告的是剔除经济高速增长省份后的估计结果。2002年到2007年，我们剔除了内蒙古、吉林、山西、陕西和四川；2007年到2012年，我们剔除了重庆、内蒙古、吉林、陕西和四川；2008年到2013年，我们剔除了重庆、内蒙古、吉林、陕西和四川；2009年到2014年，我们剔除了重庆、甘肃、贵州、内蒙古、吉林、青海、四川和云南；2010年到2015年，我们剔除了安徽、重庆、甘肃、贵州、内蒙古、湖南、吉林、江西、青海、陕西、陕西、四川、西藏和云南。标准差在小括号中显示。***，** 和 * 分别代表在1%，5%和10%水平上显著。

②按照 Barro 和 Sala-i-Martin(1997)，T 可以被设为5年或10年。

从图 12.2 可以看出，地区间不均等在经济改革开始的头几年是下降的。在 20 世纪 80 年代中期，随着改革延伸到城市部门，地区间不均等开始上升，并在 2000 年初达到顶峰。最近几年的趋同和不均等下降的现象主要是由于城乡差距缩小造成的，这是因为城市和农村不均等在 20 世纪 90 年代中期到 2004 年变动很小，而从 2005 年开始，除了个别地区，中国城市和农村内部的不均等均显著下降，导致了总体区域差异的大幅度下降。

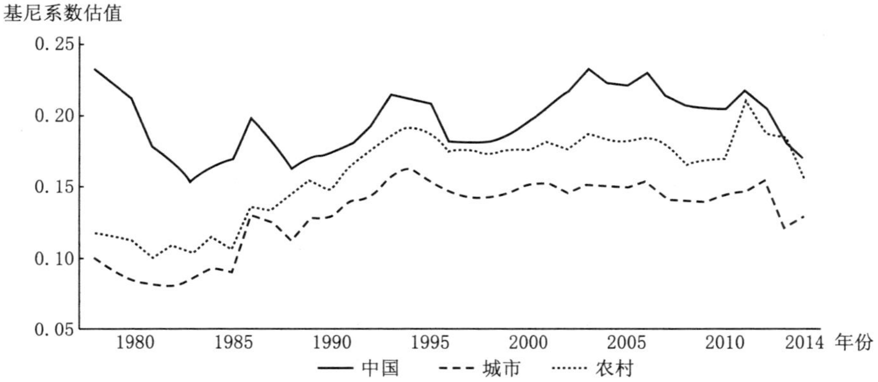

图 12.2　地区间不均等(1978—2014 年)

资料来源：作者基于历年国家统计局数据计算得出。

地区间不均等的趋势大体上和家庭间收入分配的趋势一致(图 12.3)。中国的基尼系数估计值在 1978 年为 0.34 左右，2014 年则为 0.4。1978 年的基尼系数其实并不像通常预想的那么低。Wan(2007)指出，城乡差异是中国总体不均等的最主要原因。如果我们仅关注农村内部和城市内部不均等，那么基尼系数的估计值会低许多(图 12.3)。和大多数其他国家不同，在本章的研究时期内，中国城市的不均等始终不如农村那么严重。产生这一现象的最重要原因是，改革开放前仅在城市部门普遍实施平均分配制度。在中国农村，平均分配只在村一级发生，出了村，平均分配在农村几乎不存在。即使在同一个村内，收入(改革开放前主要以实物形式表示)主要是基于劳动投入。换句话说，中国农村从来都没有执行通常意义上的平均主义，这和许多人的认知不同。图 12.3 还显示，家庭间收入不均等的下降始于 2003 年，这主要是由于移民和城镇化带来的(Wan, 2013)。这一下降的另一原因可能是农民工工资的上升，更为详细的分析见 Wan, Wu 和 Zhang(2018)。有趣的是，区域不均等和家庭间不均等都呈现倒U形。

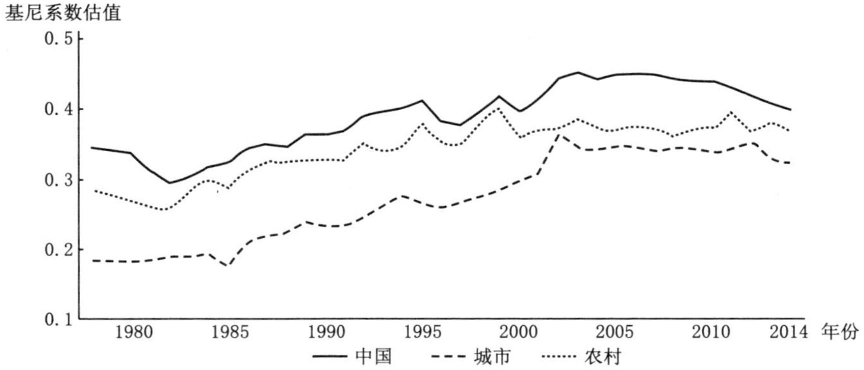

图 12.3 家庭间不均等(1978—2014 年)

资料来源:作者基于历年国家统计局数据计算得出。

每个省份内的不均等情况又是怎么样的呢? 图 12.4 分别显示了那些有分组收入数据省份的基尼系数。有几个发现值得一提。第一,对大多数省份,不均等遵循下降—上升—下降的趋势,这种现象在前文已经讨论过。第二,不同省份的不均等水平始终存在差别,并且这一差别相当可观。举例来说,三个直辖市(北京、上海、天津)在整个时期内保持了低水平的不均等。北京的基尼系数估计值为 0.27,天津为 0.27,上海为 0.26。与之相反的是,一些贫困省份一直面临持续加剧的高度不均等:如西藏的基尼系数为 0.45,新疆的基尼系数为 0.46,云南的基尼系数为 0.47。这个反差与不同省市的城乡差距紧密相关。比如,3 个直辖市的农村人口占比很小,所以城乡差距对整体不均等的贡献也较小,而城市内部的不均等一般来说比农村内部低,所以城市化水平较高的省市的基尼系数会偏低。第三,几乎所有的省份经历了不均等的上升,其中安徽、贵州和辽宁上升的幅度最大。快速上升的不均等还可能与发展水平以及省内经济结构有关。那些基尼系数维持在 0.4 及以上的省份,农业占 GDP 的比重也相对较高,在 2015 年,甚至仍然占 GDP 的 15%以上。

数学上可以证明,贫困是平均收入和收入分布的函数。如果用平均收入去标准化收入数据和贫困线(即将所有观察值和贫困线除以样本平均值),这时的收入分布完全可以由洛仑兹曲线来表示。接着,用标准化了的贫困线的值在 Y 轴上画一横线,该线与洛仑兹曲线的交叉点所对应的 X 值即为贫困发生率。所以说,贫困是不均等问题的一部分,可以直观地表现为洛仑兹曲线的底端。

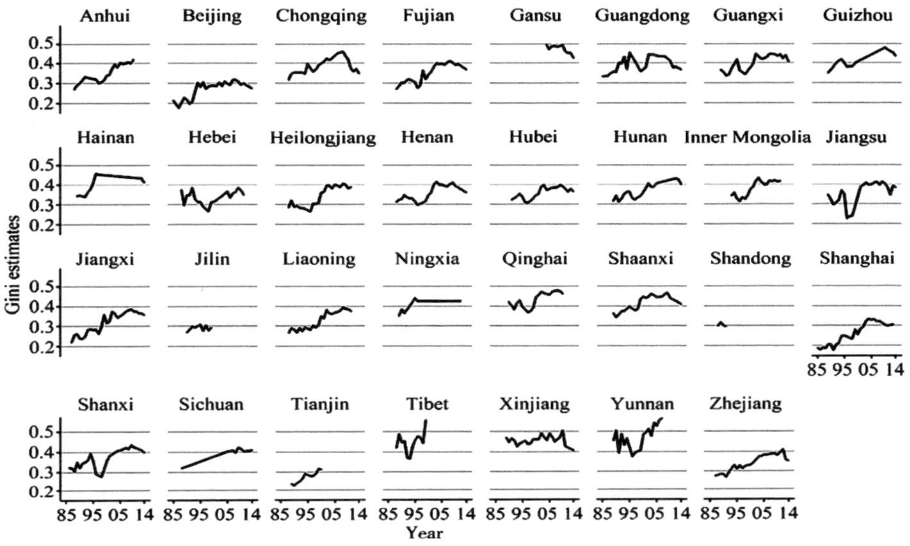

图 12.4　不同省份的基尼系数估计值(1985—2014 年)

资料来源:作者基于历年国家统计局数据计算得出。

我们把贫困人口比重作为贫困的度量指标(其他贫困指标包括贫困缺口,贫困缺口的平方等,本章不予考虑),并且把贫困线划在每天每人 1.9 美元,①那么依据世界银行的 PovcalNet 数据库,我们就可以勾画中国的贫困状况(见图 12.5)。结果表明,1981 年的中国贫困率高达 88.32%,更为惊人的是,仅仅用了 32 年的时间,中国就解决了贫困问题,其在 2013 年的贫困率已经下降到了可以忽略的 1.85%。②值得一提的是,和其他发展中国家一样,贫困一直是一个农村问题。例如,在 2012 年,赤贫人口在中国城市几乎已经消失(0.42%),但是在农村依然是一个严重的问题(12.98%)。

图 12.5 中的信息可以用来粗略地计算贫困的经济增长弹性,即贫困人口比例降低的百分点除以经济增长率,结果见图 12.6。图 12.6 明显地表明,这一弹性收敛于 0,意味着同样的经济增长率带来的减贫效果越来越小。这个发现,与 Ravallion(1997)和 Fosu(2015)的结论一致,反映了“首先摘取低垂的果子”的典型现象。

① 这个贫困线等价于用 1985、1995 和 2005 年购买力平价计算的每人每天 1、1.08 和 1.25 美元的标准。

② 根据世界银行的定义,贫困发生率低于或等于 3%即表示消除了贫困。这个 3%与自然失业率相似。

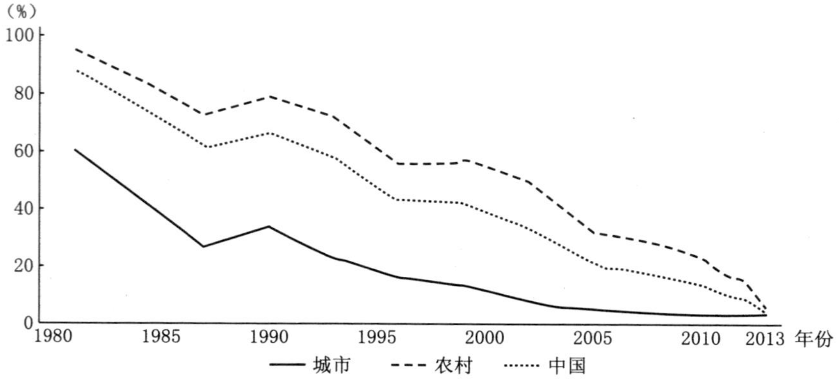

图 12.5 中国的贫困率(1981—2013 年)

资料来源:基于世界银行的 ProvcalNet 数据库。

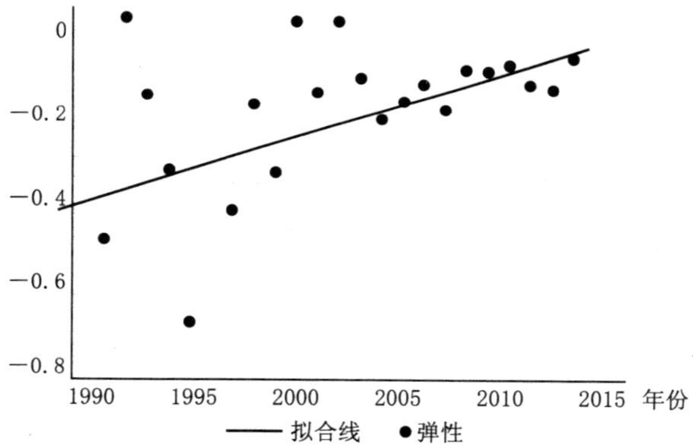

图 12.6 贫困的增长弹性(1991—2013 年)

资料来源:作者根据历年国家统计局的数据计算得出。

图 12.7 描述了省级的贫困情况,展现了贫困在空间上的异质性。众所皆知,改革开放之前的中国是一个贫困但相对均等的国家,所以 20 世纪 80 年代早期各个省份的贫困都比较严重。甚至在改革开放和经济起飞十年之后,一些西部省份,如贵州、河南和西藏,贫困率依然很高,在 1989 年甚至超过 75%。但是到了 2013 年,21 个省份成功地消除了赤贫(使用世界银行建议的 3%贫困人口比率作为阈值),其中广西和江西表现最好,他们在 1989 年的贫困率分别为 70.8%和 67%,但到 2014 年成功地降低到了 0.8%和 0.6%。然而,尽管中国已经在大多数省份消灭了赤贫,对于内陆的甘肃(2014 年贫困人口比为 6.6%)和新疆(2014 年贫困人口比为 9.2%)来说,赤贫仍然

是一个主要的挑战。

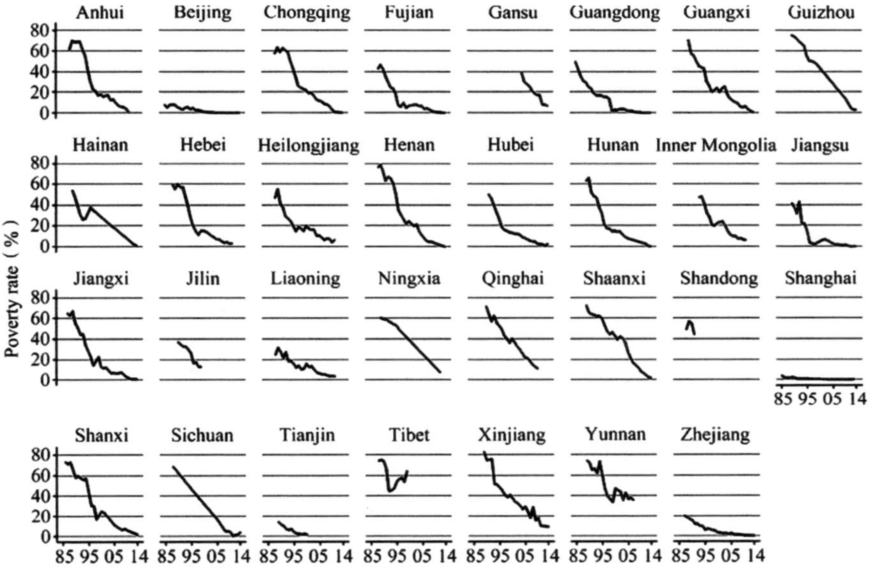

图 12.7　不同省份的贫困率(1985—2014 年)

资料来源:作者根据中国国家统计局的数据计算得出。

12.4　贫困—经济增长—不均等三角

上一节提供了贫困、经济增长和不均等的情况,本节将探讨贫困—经济增长—不均等的三角关系,并聚焦于减少贫困的本质源头。我们的研究成果提供了中国成功减少贫困的经验,对其他发展中国家实施扶贫开发战略具有相当的政策意义。

本章使用的方法论来自 Zhang 和 Wan(2006),他们对 Datt 和 Ravallion(1992)所构建的分解框架作了进一步的改进。我们用 ΔP 表示贫困指数 P 的变化,并假设收入数据 Y 和贫困线 z 用真实值度量(消除了通货膨胀)。0 期和 T 期的贫困变化可以用下面的方程表示:

$$\Delta P = P(Y_T;\ z) - P(Y_0;\ z) \tag{12.3}$$

按照定义,ΔP 中的经济增长成分或效应是保持 Y 分布不变的前提下,Y 的平均值变动导致的贫困变动,而 ΔP 中的不均等或再分配效应是在保持 Y 的均值不变的前提下,Y 的分布变动所导致的贫困的变化。令 $Y(L_i,\ \mu_j)$ 表示一个虚构的收入分布，它对应于 i-期的洛伦茨曲线 L_i，该分布的平均收入为 μ_j（$i=0$ 或 T，$j=0$ 或 T 且 $i \neq j$）。令 $P(L_i, \mu_j)$ 为与 $Y(L_i, \mu_j)$ 对应的贫困发生率，这时 ΔP 中经济增长效应可以定义为：

$$\text{经济增长效应} = P(Y_T; z) - P(L_T, \mu_0) \tag{12.4}$$

或者：

$$\text{经济增长效应} = P(L_0, \mu_T) - P(Y_0; z) \tag{12.5}$$

类似地，可以定义再分配或不均等效应为：

$$\text{再分配效应} = P(L_T, \mu_0) - P(Y_0; z) \tag{12.6}$$

或者

$$\text{再分配效应} = P(Y_T; z) - P(L_0, \mu_T) \tag{12.7}$$

很明显，经济增长效应和再分配效应的不同组合可以产生四种 ΔP 的分解方法。如果使用方程(12.4)和方程(12.7)，则 T 期被选为参照时期。与之相反，使用方程(12.5)和方程(12.6)，则 0 期被选为参照时期。两种分解方式给出的结果不一定等同，而且增长和再分配效应的和都不等于 ΔP，说明这两种组合都不精确。如果使用方程(12.5)与方程(12.7)或方程(12.4)与方程(12.6)的组合，那么分解将是精确的，这是因为：

$$\begin{aligned} P(Y_T; z) - P(Y_0; z) &= [\text{再分配效应}] + [\text{经济增长效应}] \\ &= [P(Y_T; z) - P(L_0, \mu_T)] + [P(L_0, \mu_T) - P(Y_0; z)] \end{aligned} \tag{12.8}$$

$$= [P(L_T, \mu_0) - P(Y_0; z)] + [P(Y_T; z) - P(L_T, \mu_0)] \tag{12.9}$$

然而，在方程(12.8)和方程(12.9)中，再分配效应和增长效应的计算分别使用了不同的参考时期，所以很可能导致不同的结论。解决时间参照点不一致问题的可行途径是取方程(12.8)和方程(12.9)的平均值，并且推导出：

$$\begin{aligned} \Delta P = &0.5\{[P(Y_T; z) - P(L_0, \mu_T)] + [P(L_T; \mu_0) - P(Y_0; z)]\} \\ &+ 0.5\{[P(L_0; \mu_T) - P(Y_0; z)] + [P(Y_T; z) - P(L_T; \mu_0)]\} \end{aligned} \tag{12.10}$$

实际上，方程(12.10)的分解并不只是简单的算术技巧。根据 Shorrocks(2013)及

Kolenikov 和 Shorrocks(2005)的研究，式(12.10)与诺贝尔经济学奖得主沙普利(Shaply)发展的合作博弈理论完全吻合(除了所用符号有所不同之外)。据此，我们可以把贫困变动分解成经济增长效应或成分(G)，以及不均等效应或成分(I)：

$$G=0.5\{[P(L_0,\mu_T)-P(Y_0;z)]+[P(Y_T;z)-P(L_T,\mu_0)]\} \quad (12.11)$$

$$I=0.5\{[P(Y_T;z)-P(L_0,\mu_T)]+[P(L_T,\mu_0)-P(Y_0;z)]\} \quad (12.12)$$

需要强调，上述分解是对 Datt 和 Ravallion(1992)方法的改进。与后者不同的是，它既没有几乎无法解释的残差项，也不存在路径依赖。

图 12.8 报告了基于式(12.11)—式(12.12)获得的中国贫困的分解结果。由于不均等从 20 世纪 80 年代早期到 2009 年之间一直在恶化，分配效应在大多年份导致了贫困的增加，它抵消了经济增长在减贫方面的良性作用。与我们的预期相吻合，1989—2013 年间的经济增长一直使得贫困在减少，但其效应再次显示了趋向于零的趋势，这和前文提及的减贫增长弹性递减的发现相呼应(参见图 12.6)。

1989—2013 年，中国的总贫困率下降了 54.78%，其中经济增长贡献了 55.75%，不均等贡献了 −0.97%。如果将这一时期分成两个子时期，从 1989—2006 年，即 2008 年金融危机前，17 年间总贫困率下降了 47.5%(年均高达 2.79%)，其中经济增长贡献了 49.13%，不均等的恶化贡献了 −1.63%；在 2007—2013 年的后危机时期，贫困率下降了 7.28%(年均 1.21%)，其中经济增长贡献了 6.64%，不均等的改善贡献了 0.64%。如果不均等持续上升，增长的效应将会进一步削弱。

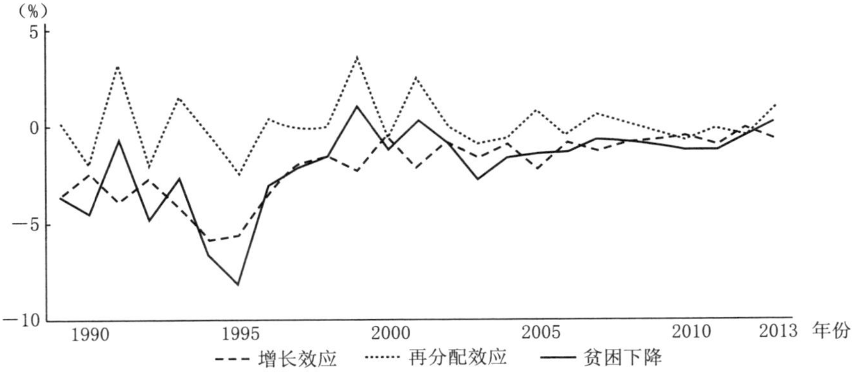

图 12.8　全国贫困下降的经济增长效应和再分配效应(1989—2013 年)

资料来源：作者根据中国国家统计局的数据计算得出。

图 12.9 显示了不同省份的分解结果。显然，那些经济增长较慢省份的经济增长减贫效应更小。与之相反，那些经济增长较快的省份，经济增长对减贫的贡献要大很多。举例来说，河南省和陕西省经济增长对减贫的贡献度分别达到了 69.1%和 71.5%。对于不均等恶化最严重的省份，分配效应的负面作用非常明显，比如贵州省和云南省分别达到了−9.3%和−32.3%。

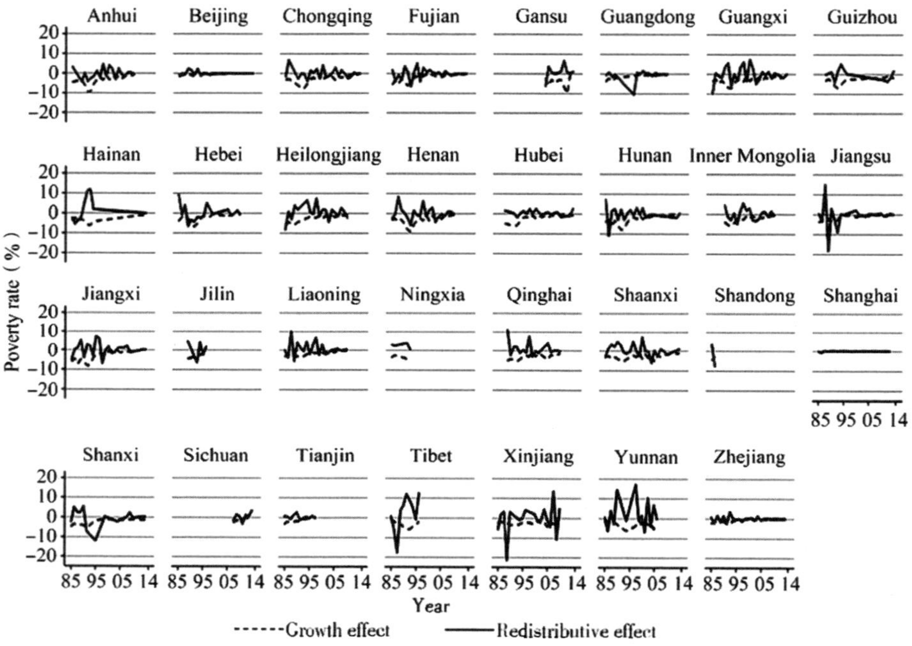

图 12.9　中国省市贫困下降的经济增长效应和再分配效应

资料来源：作者根据中国国家统计局数据计算得出。

值得指出，同样的经济增长未必导致同样的减少贫困效果。经济增长的效应还取决于增长的构成。由于贫困通常来说主要是农村现象，农业部门的经济增长在减少贫困方面的贡献要大于城市部门的增长。当然，如果没有人口流动的限制，城市部门的经济增长可能有相同甚至更大的减少贫困作用。乡城移民一方面使留在农村的劳动力享有更多的人均资源，还能通过汇款额外增加农村留守人口的收入。这就是为什么中国的“三农”问题可以甚至必须在城市解决的道理所在。在中国，有 2.8 亿左右的农民工不再从事农业生产活动，转而获取非农部门增长带来的利益。如果没有 20 世纪 90 年代开始的史无前例的“民工潮”，中国如此奇迹般的减少贫困成就就不会发生。

图 12.9 还显示了另外两个有趣的发现。首先，由于在绝大多数省市（特别是北京、上海、天津和相对发达的省份），赤贫已经被消除，所以近年来经济增长和不均等效应大多都接近于零。其次，也是更为重要的，绝大多数情况下的不均等效应为正，意味着它们不但直接使贫困率上升了，而且可能通过不均等对增长的负面影响，减弱了增长效应。这对于落后的内陆省份尤为明显，在这些地方，农业占据了 GDP 很大的比重，城乡差距又特别大（见前面的讨论），是总体不均等的主要构成成分。因此，中国的当务之急是聚焦城乡差距，除了通过财政转移支付继续实施"反哺"之外，贫困内陆地区人口向当地或沿海的城市移居也必须得到鼓励。中央政府需要与地方政府携手解决移民及其家人的教育医疗社会保障问题，包括向移民净流入城市划拨相应的公共服务费用和建设用地指标。

12.5　总结和结论

中国在减少贫困方面的成就和中国的经济增长同样伟大。然而，这一史无前例的奇迹所获得的关注却比增长要少许多，尤其是媒体关注得更少。在短短 35 年里，中国成功地将贫困人口比率从改革开放前的 90%大幅降低到 2013 年的不到 2%。这意味着按照世界银行的定义，中国这样一个积贫积弱的世界人口第一大国已经消除了赤贫。

本章描述了中国及其各省市的贫困情况，以及改革开放时期的经济增长和收入分配趋势。接着，我们通过将贫困变化分解为经济增长效应和不均等效应，分析了贫困—增长—不均等的三角关系。我们的研究结果证实了经济增长对减少贫困的决定性作用，以及（直到 2009 年）不断恶化的贫富差距对减贫的负面影响。令人欣慰的是，不均等指标和收敛模型的结果，都确认了近年来中国的收入分配在改善，而且地区间的经济发展从 2002 年起开始出现趋同现象。

我们的实证分析表明，经济增长是扶贫开发最为根本的决定因素，但贫富差距对贫困的影响也不容忽视。长期以来，中国高度强调增长，在很长一段时间内没有给予分配不均问题足够的重视。否则，中国在减少贫困人口方面的成就会更大，而且不会面临由不均等带来的诸多问题，包括犯罪、阶层固化等。这对于其他发展中国家而言是一个宝贵的教训。

对所有发展中国家而言，有序的移民和积极稳妥的城镇化应该获得高度关注，这对消除贫困远比财政转移支付来得更加有效，也更能持续，而且不会造成任何扭曲。如果没有大量的内部移民，中国不可能取得奇迹般的经济增长，其贫困和贫富差距问题也会比现在更加严峻。另外，市场一体化能够促进经济增长趋同和要素流动（包括移民），而这需要大力发展基础设施，通过道路、通信等基础建设建立城乡—城城—乡乡—地区之间的市场联系。尽管本章没有提及，中国大力发展基础设施对于降低不均等和贫困也起到了重要作用，这对其他发展中国家而言也是有益的经验。

参考文献

万广华：《经济发展与收入不均等》，上海三联书店、上海人民出版社 2006 年版。

Barro, R. J., and X. Sala-i-Martin, 1992, "Convergence", *Journal of Political Economy*, Vol.100, No.2:223—51.

Chen, F., and J. C. Lu, 2014, "Research on Rural Poverty Reduction Effect of Income Growth and Distribution Structure Distortion", *Jingji Yanjiu (Economic Research Journal)*, Vol.49, No.2: 101—14.

Datt, G. and M. Ravallion, 1992, "Growth and Redistribution Components of Changes in Poverty Measures: A Decomposition with Applications to Brazil and India in the 1980s", *Journal of Development Economics*, Vol.38, No.2:275—95.

Fosu, A. K., 2015, "Growth, Inequality and Poverty in Sub-Saharan Africa: Recent Progress in a Global Context", *Oxford Development Studies*, Vol.43, No.1:44—59.

Iniguez-Montiel, A. J., 2014, "Growth with Equality for the Development of Mexico: Poverty Inequality, and Economic Growth(1992—2008)", *World Development*, Vol.59:313—26.

Kolenikov, S., and A. Shorrocks, 2005, "A Decomposition Analysis of Regional Poverty in Russia", *Review of Development Economics*, Vol.9, No.1:25—46.

Kuznets, S., 1955, "Economic Growth and Income Inequality", *American Economic Review*, Vol.45, No.1:1—28.

Lewis, W. A., 1955, *The Theory of Economic Growth*, London: George Allen & Unwin.

Luo, C. L., 2012, "Economic Growth, Inequality and Poverty in Rural China", *Jingji Yanjiu (Economic Research Journal)*, Vol.47, No.2:15—27.

Meng, X., R. Gregory, and Y. Wang, 2005, "Poverty, Inequality, and Growth in Urban China, 1986—2000", *Journal of Comparative Economics*, Vol.33, No.4:710—29.

NBS(National Bureau of Statisitcs of China), 1979—2017, *China Statistical Yearbook 1979—2017*, Beijing: China Statistics Press(in Chinese).

Ravallion, M., 1997, "Can High-inequality Developing Countries Escape Absolute Poverty?", *Economics Letters*, Vol.56, No.1:51—57.

Shorrocks, A., 2013, "Decomposition Procedures for Distributional Analysis: A Unified Framework based on the Shapley Value", *Journal of Economic Inequality*, Vol.11, No.1:99—126.

Shorrocks, A., and G. H. Wan, 2009, "Ungrouping Income Distributions: Synthesising Samples for Inequality and Poverty Analysis", in K. Basu and R. Kanbur, eds, *Arguments for a Better World*:

Essays in Honor of Amartya Sen, *Vol. II*, Oxford: Oxford University Press.

Uhlig, H., 1995, "A toolkit for Analyzing Nonlinear Dynamic Stochastic Models Easily", Discussion Paper/Institute for Empirical Macroeconomics 101, Federal Reserve Bank of Minneapolis, Minneapolis, USA.

Wan, G. H., 2007, "Understanding Regional Poverty and Inequality Trends in China: Methodological Issues and Empirical Findings", *Review of Income and Wealth*, Vol.53, No.1:25—34.

Wan, G. H., 2013, "The Urbanization—Inequality Nexus: Method and Application to China", *Jingji Yanjiu(Economic Research Journal)*, Vol.48, No.5:73—86.

Wan, G.H., T. Wu, and Y. Zhang, 2018, "Recent Declines in China's Inequality", unpublished manuscript.

Wan, G. H., M. Lu, and Z. Chen, 2006, "The Inequality—Growth Nexus in the Short and Long Run: Empirical Evidence from China", *Journal of Comparative Economics*, Vol.34, No.4:654—67.

Xia, Q., and L. Song, 2010, "Economic Growth and Poverty Reduction in Rural China", *Jingjixue Jikan(China Economic Quarterly)*, Vol.9, No.3:851—70.

Yao, S. J., Z. Y. Zhang, and L. Hanmer, 2004, "Growing Inequality and Poverty in China", *China Economic Review*, Vol.15, No.2:145—63.

Zhang, K. Z., and J. C. Feng, 2010, "Inflation, Inequality and Pro-poor Growth", *Guanli Shijie (Management World)*, Vol.26, No.5:27—33.

Zhang, Y., and G. Wan, 2006, "The impact of Growth and Inequality on Rural Poverty in China", *Journal of Comparative Economics*, Vol.34, No.4:694—712.

第 13 章

改革开放中的税收制度改革：进程、成就、问题与展望

杜 莉 | 复旦大学经济学院

13.1 引言

自新中国成立到改革开放以前，在高度集中的计划经济体制下，我国的财政收入主要依赖国有企业的利润上缴，税收制度不断被简化，直至接近单一税制，税收调节经济的功能丧失殆尽。改革开放以后，我国逐步建立起适应社会主义市场经济体制要求的新的税收体系框架。这方面的改革措施可分为三个阶段：一是发展有计划的商品经济时期，其中的重要改革措施有 1980 年后开征针对外籍个人、中外合资企业和外国企业的所得税，1984 年和 1985 年的两步“利改税”改革中开征国营企业所得税、增值税、产品税、营业税，以及随后陆续开征个人收入调节税等重要税种；二是初步建立社会主义市场经济体制时期，其中的重要改革措施有 1994 年税制改革中建立统一的个人所得税制和统一的内资企业所得税制，构建新的增值税、营业税和消费税相配合的双层次货物劳务税制结构，开征资源税、土地增值税等新税种以及 1994 年分税制改革中建立中央税、地方税和共享税体系；三是完善社会主义市场经济体制时期，其中的重要改革措施有取消农业税、内外资企业所得税合并、增值税转型、营业税改征增值税、消费税制调整、房产税改革试点、资源税从价计征改革、开征环境保护税等。

目前，我国已经形成了以增值税、企业所得税、个人所得税、消费税作为主体税种

的比较完备的税收体系，税收收入占一般公共预算收入的比重保持在80%以上，占GDP的比重保持在18%左右，税收作为国家筹集财政收入的主渠道的地位已经确立起来。同时，直接税在税收收入中的比重呈现出稳步提升的态势，表明我国在税制结构优化方面也取得了一定的成效。

税收不仅是国家筹集财政收入的主要手段，也是重要的经济杠杆。改革开放以来，各类税收政策的推行在我国建立健全税收体系的进程中如影随形，具体的政策手段有税种的设置、合并、取消，以及主要税种的税率、税基、税目、扣除标准和减免项目的调整等。服务于国家总体的经济社会发展目标，在改革开放以来的不同经济发展阶段，我国推行的税收政策主要力图达成以下目标：促进税负公平，调节收入分配，吸引外国直接投资，鼓励研究开发和创新，促进产业结构转型升级，调节固定资产投资和居民消费，促进资源节约和环境保护，等等。

根据对相关研究成果的梳理，可以看出我国的税收政策在吸引外国直接投资、促进固定资产投资和产业结构转型升级、鼓励研发创新、节约资源等方面都不同程度地发挥了积极的作用，但是税收政策在促进收入分配公平、提振居民消费、控制环境污染等方面的收效不甚理想。

税收体系的正常运转和税收政策的有效推行依赖于良好的税收管理。改革开放以来，通过推进税收法治、完善税收管理体制、改进税收征管模式和加强国际税收合作等多方面的努力，我国的税收管理水平不断提升。许多重大举措影响深远，如加快税收立法进程，建立税务机关权责清单，优化纳税服务，简化纳税申报和涉税审批，分设以及合并国、地两套税务机构，推广金税工程和“互联网+”税务行动计划，建立和扩大税收协定网络，参与多边国际税收合作体系，等等。

税收管理水平的提高对改善中国的营商环境成效显著，据世界银行发布的报告，中国2007年的企业“年纳税次数”和“年纳税时间”在世界186个经济体中的排名分别为第126位和第162位，而2018年这两项指标分别提升到了第38位和第96位。同时，信息技术在税收征管中的应用对税收征管效率的提高也发挥了积极的作用。

党的十八届三中全会提出了“财政是国家治理的基础和重要支柱”的重要论断，并指出财税体制改革的目标是建立现代财政制度。作为现代财政制度的一个重要组成部分，税收制度的改革必然要以建立现代税收制度为目标。税收制度的现代化对于夯实我国国家治理现代化的基础具有重要意义，改革开放以来我国税制改革取得的一系列成就表明，我国推进税收制度的现代化已经具备了良好的基础，然而，也要看到，由于我国现代税收制度建设起步较晚，税制建设涉及的问题纷繁复杂，目前的税收制度还有诸多的不足，进一步深化税制改革的任务十分繁重。

从税收体系的整体层面看，首先有必要采取更有效的措施降低宏观税负；其次，为优化税制结构，未来需要在深化个人所得税和房地产税改革的进程中进一步"提高直接税占比"；针对"营改增"改革后地方税主体税种缺位的问题，加快房地产税立法，完善地方税体系，成为健全我国税收体系的重点任务；进一步推进税收征管现代化，不仅有助于提升我国的税收管理水平，对税收体系的完善也有着特别重要的意义。

从各个税种的层面看，未来增值税改革的目标在于进一步简并税率，降低税负，消费税制改革宜在进一步调整税目税率的同时尝试扩大在零售环节的课征，个人所得税制改革的重点应为降低综合所得的最高边际税率，房地产税制的改革则需要对各税制要素和配套的制度安排进行全方位的科学设计。

13.2 改革开放以来中国税收制度改革的进程与成就

13.2.1 健全税收体系

新中国成立后，我国一度建立了比较系统完整的复合税收制度。1950 年 1 月中央人民政府政务院颁发的《全国税政实施要则》规定征收 15 个税种，包括农(牧)业税和 14 种工商税，即货物税、工商业税(包括座商、行商、摊贩的营业税和所得税)、盐税、关税、薪给报酬所得税、存款利息所得税、印花税、遗产税、交易税(对棉花、土布、粮食、药材和牲畜交易征收)、屠宰税、房产税、地产税、特种消费行为税、车船使用牌照税。

但是，此后，薪给报酬所得税和遗产税没有开征，地产税和房产税于 1950 年 6 月合并为城市房地产税，存款利息所得税于 1959 年停征，其他的大部分工商税制则在 1958 年和 1973 年的税制改革中不断被简化。改革开放以前，由于对国营企业只征收工商税一种税，对集体企业只征收工商税和工商所得税，我国税制基本上由新中国成立初期的复合税制简化成了单一税制。①

新中国成立后到改革开放前我国税收制度的不断简化是与这一时期单一的生产资料公有制和计划经济体制的背景相适应的，因为国家可以通过对生产资料的所有权和经济计划直接获取收入而不必依靠税款，比如由于政府控制着所有生产要素和最终产品的定价权，压低农产品的收购价格和个人的工资水平可以收到与对农业产品征税和对个人所得征税相同的效果。

然而这种简化的税收制度的问题也是非常明显的。政府财政与国有企业的财务活动没有明确的界限，不仅造成对政府财政进行监督的困难，而且国有企业的亏损很容易转移给国家预算，不利于国家财政收入的稳定增长。借助于扭曲价格实现的隐性税收，也使税收调节经济的功能丧失殆尽。改革开放后，税收制度的改革不可避免地成为中国总体经济体制改革的一个重要组成部分。

1. 发展有计划商品经济时期的税制重建

1978 年，中共十一届三中全会做出了把党和国家的工作重点转移到社会主义现代化建设上来和实行改革开放的战略决策。1984 年 10 月十二届三中全会发布的《中共中央关于经济体制改革的决定》提出“要突破把计划同市场对立起来的传统观念，明确认识社会主义计划经济必须自觉依据和运用价值规律，是在公有制基础上的有计划的商品经济。”

随着改革开放政策的实施，我国经济中开始引入外资、个体、私营等新的所有制形式，原来主要针对公有制经济征税的单一化税制体系明显与此不相适应，于是我国陆续开征新的税种，并对原来主要针对国营企业和集体企业征收的工商税制进行改革，在 1980—1993 年期间建立起了一套新的复合税制体系。

(1) 涉外税制的建立。

我国税收体系的重建首先是从涉外税制开始的。为适应改革开放的新形势，既推进对外经济往来的发展，又维护国家主权和经济利益，1980 年 9 月全国人大通过并公布了《中华人民共和国中外合资经营企业所得税法》和《中华人民共和国个人所得税法》，决定从 1981 年起对在我国从事生产经营活动的中外合资经营企业的所得利

① 1973 年税制改革后我国共有 13 种税，即工商税、工商统一税、牲畜交易税、集市交易税、契税、关税、工商所得税、城市房地产税、车船使用牌照税、船舶吨税、屠宰税、农业税和牧业税，但是其中的工商统一税只对外商征收，城市房地产税、车船使用牌照税和屠宰税只对个人和外侨征收，集市交易税、牲畜交易税和契税处于停征状态。

润和个人所得收入，征收所得税。1981 年 12 月，全国人大又通过并公布了《中华人民共和国外国企业所得税法》，决定从 1982 年起对在我国境内取得所得的外国企业征收所得税。1985 年 4 月，国务院又批准了财政部制定的《对外国企业常驻代表机构征收工商统一税、企业所得税的暂行规定》。这一系列法律、规定的出台标志着我国的涉外税制的正式建立。此后，为克服对中外合资经营企业和外国企业分别适用两套所得税法带来的矛盾和问题，我国又将两个涉外所得税法合并为《中华人民共和国外商投资企业和外国企业所得税法》，于 1991 年 7 月 1 日起施行。

(2) 以两步“利改税”为中心的工商税制改革。

改革开放前的计划经济时期，国家参与国营企业的利润分配主要采取企业上缴利润的方式，虽曾尝试过多种不同的形式，但总体上都是以国家统收统支为主。为了从根本上理顺国家与国营企业的分配关系，1979 年开始，我国陆续针对部分地区的国营企业进行“以税代利”试点，在试点的基础上，于 1983 年和 1984 年分两步实行“利改税”，与此同时，也建立起了一套新的工商税制。1984 年 9 月全国人大授权国务院发布了产品税、增值税、营业税、盐税、资源税、国营企业所得税等六个税收条例(草案)和国营企业调节税征收办法。

根据“利改税”改革方案，国家对国营企业开征所得税，国营大中型企业需根据实现的利润，按 55%的比例税率缴纳所得税，税后利润扣除合理留利再缴纳调节税。国营小型企业则按八级超额累进税率缴纳所得税，税后利润归企业自行支配，实行自负盈亏。

第二步“利改税”同时对货物劳务税制进行了改革，将原工商税分解为产品税、增值税、营业税和盐税。其中产品税针对大部分产品的销售额课征，增值税针对部分产品的增值额课征，营业税则针对流通领域的建筑安装、邮政电讯、金融保险、饮食服务、商业批发等的营业额课征。第二步“利改税”中，我国还对从事煤炭、原油、天然气等资源开采的企业开征了资源税。

(3) 其他工商税制改革措施。

两步“利改税”之后，我国陆续颁布《中华人民共和国集体企业所得税暂行条例》《中华人民共和国城乡个体工商业户所得税暂行条例》《中华人民共和国私营企业所得税暂行条例》，从而对各种经济性质和不同类型的生产经营单位都建立了所得税征收制度。

针对改革开放以来中国公民收入水平普遍提高、来源渠道增加、收入差距扩大的实际情况，1986 年 9 月，国务院发布了《中华人民共和国个人收入调节税暂行条例》，决定从 1987 年 1 月起，对中国公民的个人收入征收个人收入调节税。

在这一时期，我国还陆续开征或恢复开征了国营企业奖金税、集体企业奖金税、事业单位奖金税、国营企业工资调节税、筵席税、特别消费税、建筑税(后停征)、固定资产投资方向调节税、印花税、烧油特别税、牲畜交易税、城市维护建设税、房产税、车船使用税、城镇土地使用税、耕地占用税等税种。

通过采取上述一系列的改革措施，我国重新建立了一套内外有别的以货物劳务税和所得税为主体、多种税多环节征收的复合税收体系，到 1993 年，我国征收的税种达到 37 种。①

相比改革开放之初的过于简化的税制，这一套税收体系有助于我国财政收入的稳定增长，有助于我国重新建立起完备的税收调节体系，充分发挥税收的经济杠杆作用。

但是，这一阶段建立起来的税收体系明显缺乏总体设计，部分税种设置不科学，货物劳务税重复课税严重，对价格的扭曲性影响突出，个人所得税和企业所得税则存在税制不统一、税负不公平的问题。1987 年我国对地方财政实行财政包干制，对国有企业实行承包经营责任制，一些地方出现了"藏富于企业"的倾向和承包企业所得税等做法，导致财政收入占 GDP 的比重和中央财政收入占全部财政收入的比重逐年下降，财政特别是中央财政的职能无法正常发挥。1992 年 10 月中共十四大确定我国经济体制改革的目标是建立社会主义市场经济体制，要求市场机制在国家宏观调控下对资源配置起基础性作用，原有的包含较多计划经济色彩的税收制度与这一要求不相适应的矛盾更加凸显，因此面临着新一轮的更加根本性的改革。

2. 初步建立社会主义市场经济体制时期的税制改革

1993 年 11 月，中共十四届三中全会审议通过了《中共中央关于建立社会主义市场经济体制若干问题的决定》，提出按照统一税法、公平税负、简化税制、合理分权的原则，理顺分配关系，规范分配方式，保障财政收入，建立符合社会主义市场经济要求

---

① 这 37 种税是：产品税、增值税、营业税、盐税、烧油特别税、特别消费税、工商统一税、契税、资源税、印花税、城市维护建设税、筵席税、牲畜交易税、集市交易税、关税、国营企业所得税、国营企业调节税、集体企业所得税、私营企业所得税、外商投资企业和外国企业所得税、个人所得税、城乡个体工商业户所得税、个人收入调节税、国营企业奖金税、集体企业奖金税、事业单位奖金税、国营企业工资调节税、房产税、城市房地产税、城镇土地使用税、耕地占用税、车船使用税、车船使用牌照税、固定资产投资方向调节税、屠宰税、农业税和牧业税。

的税制体系，由此揭开了1994年税制改革的序幕。1994年税制改革方案与调整中央、地方财政关系的分税制改革方案同时推出，是对中国当前的税收制度影响最大的一次税制改革。

（1）所得税制的改革。

所得税制的改革包括个人所得税制的改革和企业所得税制的改革。

个人所得税制的改革主要是扩大个人所得税法的适用范围，将原来的个人所得税、个人收入调节税、城乡个体工商业户所得税合并，对中国公民、外籍个人、个体工商户征收统一的个人所得税，同时取消原来的个人收入调节税和城乡个体工商业户所得税。

企业所得税的改革主要是将国营企业所得税、集体企业所得税、私营企业所得税合并为内资企业统一适用的企业所得税，改变了原来按企业的不同所有制实行不同的税种和税率的状况。

（2）货物劳务税制的改革。

货物劳务税制改革的主要内容是把产品税、增值税、营业税"三税并存，互不交叉"、内外有别的货物劳务税制，改为增值税、营业税和消费税相配合的双层次货物劳务税制，统一适用于内外资企业，同时取消产品税和对外资企业征收的工商统一税。新的货物劳务税制对货物的生产、批发、零售和进口普遍征收增值税，并选择部分消费品加征消费税，对不征收增值税的劳务交易、转让无形资产和销售不动产征收营业税。

（3）其他税种的改革。

其他税种的改革主要是服务于优化税制结构和为分税制创造条件的要求，合并一些税种，撤销一些税种，并开征一些新税种。具体措施包括开征土地增值税；取消奖金税、工资调节税、特别消费税、烧油特别税、集市交易税、牲畜交易税；把盐税并入资源税，扩大资源税的征收范围，等等。

（4）中央税、地方税和共享税的划分。

1994年的税制改革是和分税制改革同步进行的。按照分税制改革方案，全部税收按以下原则划分为中央税、地方税和共享税：将实施宏观调控的税种划分为中央税；将适合地方征管的税种划分为地方税；将税收收入规模较大、同时涉及中央和地方利益的税种划分为共享税。具体划分方案如表13.1所示。

表 13.1　1994 年分税制改革中规定的中央税、地方税和共享税

中央税	地方税	共享税
① 关税 ② 海关代征的消费税和增值税 ③ 消费税 ④ 中央企业所得税 ⑤ 地方银行和外资银行及非银行金融机构所得税 ⑥ 铁道部门、各银行总行、各保险总公司等集中缴纳的营业税、所得税和城市维护建设税 ⑦ 外贸企业的出口退税	① 营业税(不含铁道部门、各银行总行、各保险总公司等集中缴纳的营业税) ② 地方企业所得税(不含地方银行和外资银行及非银行金融机构所得税) ③ 个人所得税 ④ 城镇土地使用税 ⑤ 城市维护建设税(不含铁道部门、各银行总行、各保险总公司集中缴纳的部分) ⑥ 房产税 ⑦ 车船税 ⑧ 印花税 ⑨ 农业税 ⑩ 农业特产税 ⑪ 耕地占用税 ⑫ 契税 ⑬ 土地增值税	① 增值税：中央分享 75%;地方分享 25% ② 资源税:海洋石油资源税归中央;其他资源税归地方 ③ 证券交易印花税:中央分享 50%；地方分享 50%

注:国有土地有偿使用收入和地方税一样划分为地方固定收入。

经过 1994 年的税制改革,我国税收体系中包含了以下税种:增值税、消费税、营业税、资源税、城市维护建设税、关税、船舶吨税、农业特产税、企业所得税、个人所得税、外商投资企业和外国企业所得税、农业税、土地增值税、房产税、土地使用税、耕地占用税、契税、车船税、印花税、固定资产投资方向调节税、筵席税、屠宰税等。这次税制改革,形成了货物劳务税为第一主体,所得税为第二主体的税制结构,适应了发展社会主义市场经济体制的客观需要,是我国税收制度的一个重要转折点,在新中国税制建设史上具有里程碑的意义。

3. 完善社会主义市场经济体制时期的税制改革

1994 年税制改革后,我国的总体经济形势发生了较大的变化,主要是经济从主要面临通货膨胀压力转为主要面临增长动力不足压力,经济增长方式需要转变,产业结构需要转型升级。同时,从税制优化和适应社会主义市场经济体制要求的角度看,1994 年税制改革后形成的税收制度仍有明显差距,比如增值税和营业税同时课征导致重复课税,内外资企业实行两套所得税制不利于企业公平竞争,资源环境税制缺位或调节力度不够等。为此，我国对税收体系继续进行优化调整。

2003 年 10 月，中共十六届三中全会提出按照“简税制、宽税基、低税率、严征管”的原则稳步推进、分步实施税收制度改革，根据这一部署，我国主要采取了取消农业税、内外资企业所得税合并、增值税转型、个人所得税免征额和税率结构调整、房产税改革试点、“营改增”改革试点等措施。

2013 年 11 月，中共十八届三中全会明确了财政作为国家治理的基础和重要支柱的地位，根据全会通过的《关于全面深化改革若干重大问题的决定》、2014 年 6 月中共中央政治局会议审议通过的《深化财税体制改革总体方案》和 2016 年 3 月发布的“十三五”规划，我国积极建立适应现代财政制度要求的公平统一、调节有力的现代税收制度。在健全税收体系方面采取的改革措施包括：将“营改增”改革推广到所有行业，使增值税全面取代营业税；调整消费税征收范围、环节和税率；全面推进资源税改革；开征环境保护税；推行综合与分类相结合的个人所得税制；等等。同时，《关于全面深化改革若干重大问题的决定》等重要文件中提出了逐步提高直接税比重的目标，也是这一阶段税收体系建设的重要指导原则。

(1) 所得税制的改革。

① 内外资企业所得税制的合并。为进一步完善社会主义市场经济体制，适应经济社会发展新形势的要求，为各类企业创造公平竞争的税收环境，2007 年 3 月 16 日，第十届全国人民代表大会第五次会议审议通过了《中华人民共和国企业所得税法》，自 2008 年 1 月 1 日起施行。新的企业所得税法适用于所有内外资企业，实现了税率、扣除范围、扣除标准、税收优惠政策以及税收征管要求的全面统一。

② 个人所得税制由分类税制向综合与分类相结合的税制转变。我国在 1994 年税制改革中虽然建立了统一的个人所得税制，但新的个人所得税制采用的是分类税制模式，将纳税人的应税所得按 11 个类别分别适用不同的扣除标准或税率，在调节居民收入差距、实现税收公平方面存在明显的不足。为此，我国在“九五”计划中即提出“建立覆盖全部个人收入的分类与综合相结合的个人所得税制度”的目标，“十五”规划将这一目标进行了微调，改为“建立综合与分类相结合的个人所得税制度”。

1995 年以来，全国人大常委会先后对个人所得税法进行了七次修正，前六次修正侧重于对应税所得、费用扣除标准、税率结构、自行纳税申报范围等税制要素进行调整，而 2018 年 8 月 31 日进行的第七次修正由于首次对工资薪金、劳务报酬、稿酬和特许权使用费等四项所得进行综合征税，使我国个人所得税制实现了从分类税制模式向综合与分类相结合的税制模式的重大转变。

（2）货物劳务税制的改革。

① 增值税转型改革。目前世界上课征增值税的国家基本上都是实行消费型增值税，而我国 1994 年税制改革时选择了生产型增值税。生产型增值税对于购进固定资产发生的进项税额不予抵扣，可以保证财政收入，也有利于防止固定资产投资膨胀。但是，这种人为扩大税基的做法导致了重复征税和资本有机构成不同的企业之间的税负失衡，不利于国民经济的长远发展。为此，2004 年 9 月 14 日，财政部、国家税务总局发布《东北地区扩大增值税抵扣范围若干问题的规定》，从 2004 年 7 月 1 日起，允许东北三省和大连市经过认定的从事装备制造业、石油化工业、冶金业、船舶制造业、汽车制造业、农产品加工业的增值税一般纳税人，按规定抵扣通过购进等方式取得固定资产时发生的进项税金。此后，试点地区扩展到中部六省 26 个老工业基地、内蒙古东部五盟市和汶川地震受灾严重地区，试点行业也有所扩大。

在总结试点经验的基础上，2009 年 1 月 1 日起，作为应对 2007 年下半年以来发生的国际金融危机的重要举措之一，我国开始在全国所有地区、所有行业推行增值税转型，允许企业抵扣其购进设备发生的增值税进项税额。

② 营业税改征增值税改革。我国在 1994 年税制改革后确立了增值税和营业税两税并行的一般货物劳务税制度，但这会导致部分环节的增值税或营业税无法抵扣，引起重复征税，不利于建立规范的消费型增值税制度，也不利于第三产业的发展和我国产业结构的转型升级。因此，为了建立健全有利于科学发展的税收制度，促进经济结构调整，支持现代服务业发展，2011 年 11 月 17 日，财政部、国家税务总局正式发布了《营业税改征增值税试点方案》，决定 2012 年 1 月 1 日起在上海市针对交通运输业和部分现代服务业开展营业税改征增值税改革试点，简称“营改增”。

“营改增”改革自启动试点以来推进十分迅速，就试点地区而言，2012 年 1 月 1 日至当年年底，试点范围由上海市分批扩大至北京、天津、江苏、浙江、安徽、福建、湖北、广东、厦门和深圳，2013 年 8 月 1 日起正式扩展至全国；就试点行业而言，最初仅包括铁路运输以外的交通运输业和现代服务业中的研发和技术服务、信息技术服务、文化创意服务、物流辅助服务、有形动产租赁服务和鉴证咨询服务，之后逐步扩展到广播影视业（2013 年 8 月 1 日起）、铁路运输和邮政业（2014 年 1 月 1 日起）以及电信业（2014 年 6 月 1 日起）。2016 年 5 月 1 日，建筑业、房地产业、金融业、生活服务业等行业的营业税纳税人全部纳入试点范围，“营改增”改革覆盖了全国范围内所有原缴纳营业税的行业。

2017 年 10 月 30 日，国务院第 191 次常务会议通过《国务院关于废止〈中华人民共和国营业税暂行条例〉和修改〈中华人民共和国增值税暂行条例〉的决定》，确认了“营改增”改革试点的成果，营业税正式退出历史舞台。

③ 消费税制的改革。为了有效发挥消费税的调节作用，促进环境保护和资源节约，更好地引导生产和消费，1994 年税制改革以后我国对消费税制进行了多次调整，其中比较重要的措施包括：

2001 年 5 月，对酒类消费税的征税办法和税率水平进行调整。对白酒实行从价定率和从量定额相结合的复合计税方法，对白酒和啤酒的税率和单位税额进行适当调整。

2001 年 6 月，对卷烟消费税政策进行调整，主要是将从价定率的计税方法改为从量定额与从价定率相结合的复合计税方法，同时对税率进行适当调整。

2006 年 4 月 1 日起调整消费税的税目、税率。新增六个税目，即成品油、木制一次性筷子、实木地板、游艇、高尔夫球及球具、高档手表。将原有的汽油和柴油两个税目纳入成品油税目，成为两个子目。取消护肤护发品税目。同时调整成品油、小汽车、摩托车、汽车轮胎、酒及酒精几个税目的税率、子目。

为建立完善的成品油价格形成机制和规范的交通税费制度，2008 年 12 月国务院印发《关于实施成品油价格和税费改革的通知》，决定自 2009 年 1 月 1 日起实施成品油税费改革，在取消公路养路费等六项收费的同时提高成品油消费税单位税额。

2015 年 1 月，将电池、涂料纳入征税范围。2015 年 5 月，提高卷烟消费税水平。

2016 年 9 月，取消对普通美容、修饰类化妆品征收消费税，将“化妆品”税目更名为“高档化妆品”。

2016 年 11 月，在“小汽车”税目下增设“超豪华小汽车”子目，该子目在生产（进口）环节按现行税率征收消费税的基础上，在零售环节加征 10%的消费税。

（3）房产税改革试点。

我国房产税长期实行对个人自住住房免税的制度。为了进一步完善房产税制度，合理调节居民收入分配，引导个人住房消费，根据国务院常务会议精神，上海和重庆于 2011 年 1 月 28 日启动了对部分个人自住住房征收房产税的试点。

上海房产税试点的征收对象为本市居民家庭新购的属于第二套及以上的住房和非本市居民家庭新购的住房，税率为 0.4%—0.6%；重庆房产税试点的征收对象是个人拥有的独栋商品住宅和高档住房，以及无户籍、无工作、无企业个人新购的第二套及以上的普通住房，税率为 0.5%—1.2%。

（4）资源税制的改革。

为了保护资源以及更有效地开采资源，2005 年以来我国多次提高原油、天然气、煤炭、铅、锌、铜、钨等项目的资源税税额标准。2010 年，我国在新疆启动原油、天然气的资源税从价计征改革试点，2011 年 11 月 1 日，试点扩展到全国。2014 年 12 月 1 日和 2015 年，从价计征又分别扩展到煤炭资源税和稀土、钨、钼资源税。2016 年 7 月 1 日起资源税全面实施从价计征改革，同时水资源税开始在河北省进行试点。

（5）开征环境保护税。

尽管在我国现行税制中有一些涉及环境保护的税种，比如企业所得税、消费税、资源税和车船税，但这些税种并非直接针对污染排放，效果有限。同时，排污费和污水处理费等环境收费虽然能在一定程度上控制污染物排放，但仍存在着征收和使用不规范、收费项目不完全等问题。因此，为了更有效地保护和改善环境，减少污染物排放，推进生态文明建设，我国于 2018 年 1 月 1 日起正式对大气、水、噪声、固体废物等四种类型的污染物排放开征环境保护税。

（6）其他税制改革措施。

1995 年以来，我国还陆续采取措施对其他税种进行调整，包括：从 2001 年起开征车辆购置税；2006 年正式取消农业税、屠宰税；2006 年开征烟叶税以代替此前对烟叶征收的农业特产税；2008 年废止筵席税；2009 年废止城市房地产税；2013 年正式取消固定资产投资方向调节税（2000 年起停征），等等。

此外，我国还采取措施陆续对外商投资企业、外国企业和组织以及外籍个人统一征收车船税（2007 年）、城镇土地使用税（2007 年）、耕地占用税（2008 年）、房产税（2009 年）、城市维护建设税（2010 年 12 月），由此实现了内外两套税制的完全统一。

（7）中央税、地方税和共享税的调整。

1994 年分税制改革以来，我国陆续对企业所得税、个人所得税、证券交易印花税和外贸企业出口退税的分享方式进行了调整。

其中 2002 年我国实行了所得税分享改革，对企业所得税和个人所得税收入实行中央与地方按比例分享①，2002 年中央和地方各分享 50%；2003 年及以后中央分享 60%，地方分享 40%。此次改革基本上取消了按企业隶属关系划分所得税收入的做

① 铁路运输、国家邮政、中国工商银行、中国农业银行、中国银行、中国建设银行、国家开发银行、中国农业发展银行、中国进出口银行以及海洋石油天然气企业缴纳的所得税继续作为中央收入。

法，有助于国有企业改革的逐步深化和现代企业制度的建立，但是将原作为地方税的个人所得税转为中央税的做法，对地方税体系的完善带来了一定的负面影响。

外贸企业出口退税，1994 年分税制改革中规定由中央承担，但实践中很快就出现了中央财政无力承担，出口退税无法及时兑现的问题。为此我国从 2004 年起对原有出口退税机制进行改革，建立起了中央与地方共同承担的新机制，以 2003 年出口退税实退指标为基数，对于超基数部分由中央与地方按照 75∶25 的比例共同负担，2005 年这一分担比例又调整到 92.5∶7.5。

此外，证券交易印花税的分享比例也经历了多次调整，目前已调整为中央税。

总体上，在 1994 年税制改革以后，我国在保持改革形成的税收体系框架的基础上，对主要税种进行进一步的优化，并对其他税种进行合理增减，力图使税收体系更为科学、更为规范。目前我国税种体系中共有 18 种税，即增值税、消费税、企业所得税、个人所得税、城市维护建设税、资源税、环境保护税、印花税、契税、土地增值税、车辆购置税、房产税、车船税、船舶吨税、城镇土地使用税、耕地占用税、烟叶税和关税。

4. 小结：税收体系建设的主要成就

改革开放 40 年来，我国在健全税收体系方面付出了巨大的努力，取得了显著的进展，主要体现在税收体系完备、税收总量增长和税制结构优化三个方面。

（1）税种配置完备。

经过改革开放 40 年的努力，我国已经建成了比较完备的税收体系。

第一，我国成功引进了增值税制，1994 年税制改革以来，增值税作为我国税收体系中的第一大主体税种，成为我国稳定的税收收入来源。经过增值税转型改革和“营改增”改革，我国的增值税制更加接近规范的消费型增值税，其有利于促进专业分工，有利于避免重复课税的作用得到更充分的发挥。

第二，经过两步“利改税”、1994 年的税制改革和 2007 年的内外资企业所得税合并，我国建立了规范的与国际接轨的企业所得税制，一方面有利于理顺政府与企业的分配关系，顺利推行各项税收政策，另一方面也有利于有效维护国家税收权益，并在不断扩大开放的进程中营造良好的税收环境。

第三，1980 年个人所得税的开征和 1994 年个人所得税制的统一，使我国拥有了调节居民收入分配的一个重要政策工具。从国际经验看，一个国家的经济发展水平越高，通常税收体系中直接税的占比也越高。因此，在我国从低收入国家向中等收入国家甚至高收入国家迈进的进程中，个人所得税的地位必将越来越重要。

第四，消费税、资源税、环境保护税作为主要的调节性税种，可在引导社会消费、促进资源有效利用和减少环境污染方面发挥积极作用。

第五，房产税、城镇土地使用税和车船税作为主要的财产税，弥补了所得税和货物劳务税仅针对国民收入的流量征税的不足，成为税收体系中的必要补充。

第六，关税是世界各国普遍征收的税种，是在国际贸易中维护国家主权和经济利益或推行国家贸易政策的必要手段，在我国改革开放和对外经济往来中占据着独特的不可替代的地位。

第七，城市维护建设税、印花税、车辆购置税、耕地占用税、契税、土地增值税、船舶吨税和烟叶税作为税收体系中的辅助税种，或在特定领域发挥着一定的调节作用，或有助于国家以较低的成本增加财政收入。

(2) 税收总量增长。

如图 13.1 所示，在改革开放之初的 1980 年，我国税收收入占财政收入的比重不足 50%，在 1985 年第二步"利改税"之后，这一比重迅速提升到 90%以上，2000 年以后，虽然税收收入占财政收入①的比重又有所下降，但基本稳定在 80%以上，税收作为国家筹集财政收入的主渠道的地位已经确立起来。

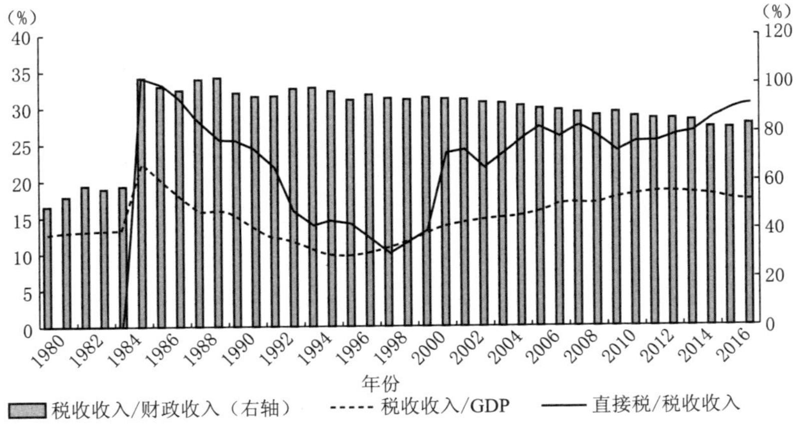

图 13.1　我国税收收入的主要比重指标

资料来源：同花顺数据库。财政收入口径为一般公共预算收入。

从税收收入占 GDP 的比重看，1994 年税制改革前后，我国税收收入占 GDP 的比

① 这里的财政收入口径为一般公共预算收入。

重一度低至10%以下，严重制约了政府职能的正常发挥，而经过1994年税制改革，税收收入占GDP的比重稳步提升，目前稳定在17%到18%，这一水平与我国所处的经济发展阶段基本是适应的，保障了国家提供基本公共服务的需要。

（3）税制结构优化。

从税制结构看，目前我国的税收体系当中的18个税种可分为货物劳务税、所得税、财产税和其他税三类，具体如图13.2所示，主要税种在税收收入总额中的占比情况如图13.3所示。

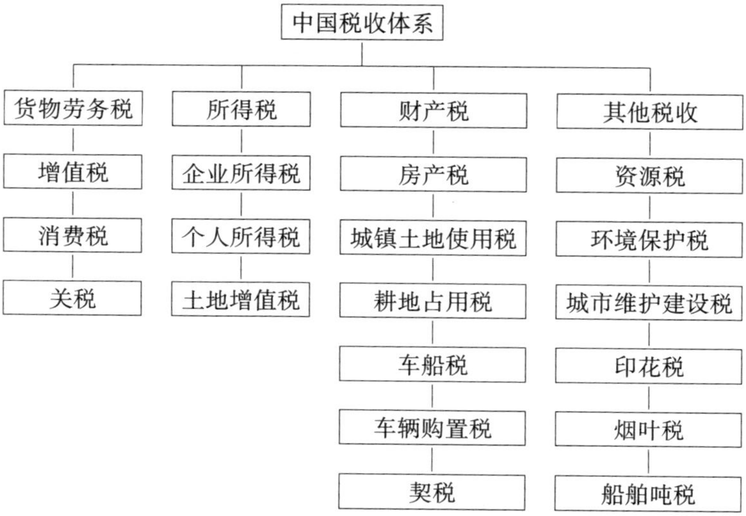

图13.2 我国现行税收体系中的税种构成

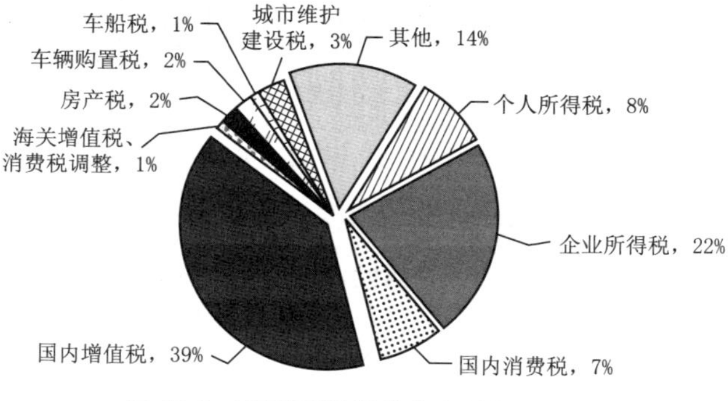

图13.3 我国现行税收收入结构(2017)

资料来源：财政部网站。其中海关增值税和消费税调整指海关代征的增值税和消费税减出口退税。

可以看出，目前我国的税收体系仍以货物劳务税类为第一主体，增值税和消费税两税合并收入占全部税收收入的 47%；主要由个人所得税和企业所得税组成的所得税类构成我国税收体系的第二主体，两税合并收入占全部税收收入的 30%。同时，如图 13.1 所示，直接税收入在我国税收收入中的占比 2010 年以来稳步提升，表明我国在实现十八届三中全会提出的“提高直接税比重”目标方面也取得一定的成效。

13.2.2　完善税收政策

改革开放以来，我国一方面将税收作为筹集财政收入的主要手段，另一方面始终将税收作为重要的经济标杆，因此各类税收政策的推行在我国建立健全税收体系的进程中如影随形。这些税收政策最初主要是通过税种的设置、合并、取消等实施的，随后我国不断改进税收政策手段，税收政策越来越多地通过调整一种或多种税的税率、税基、税目、扣除标准、减免项目等来推行，目前已形成了广泛的税收政策体系。税收政策成为税收在我国改革开放进程中发挥作用的一个重要途径。

1. 促进税负公平的税收政策

(1) 推进企业和地区间的税负公平。

改革开放之初我国的税收公平政策主要聚焦于企业层面，1983 年的第一步“利改税”改革之前，我国对国营企业不征所得税，对集体企业则按八级超额累进税率征收所得税，在 1984 年的第二步“利改税”中，我国对国营企业开始征收所得税，但对利润较高的企业还要征收调节税，同时对集体企业实行新的八级超额累进税率。随后又陆续开征国营企业奖金税(1984)、集体企业奖金税(1985)和国营企业工资调节税(1985)等，这些措施都体现了政府调节企业收入、促进企业税负公平的政策意图。

然而，在内外资企业和内资企业中的不同所有制类型企业适用不同的所得税，其中的税率、扣除项目、减免税优惠等规定有显著差异的情况下，各类税收调节措施的叠加反而使企业间的税负不公日益加剧，于是我国先于 1994 年的税制改革中实行了统一的内资企业所得税制，取消了奖金税和工资调节税，再于 2007 年颁布了新的企业所得税法，统一了内外资企业所得税制。

在 1994 年税制改革及之后的税制调整中，我国还陆续统一了内外资企业在所得税以外的其他税收制度，进一步促进了内外资企业间税负的公平。

在2007年颁布的新企业所得税法中，我国取消了大部分的区域税收优惠政策，也推进了地区间税负的公平。

（2）调节个人收入差距。

我国通过税收手段调节个人收入发端于1980年个人所得税的开征。但当时这一税种的纳税人主要为外籍个人。1986年个人收入调节税的开征标志着我国正式通过对中国公民个人征税来应对改革开放进程中出现的居民收入差距过大的问题。1994年税制改革中，我国将原个人所得税、个人收入调节税和城乡个体工商业户所得税制合并起来，实现了调节个人收入的税制的统一。自2000年1月1日起，我国对个人独资企业和合伙企业的投资者也开始征收个人所得税。

在1994年开始实施的新个人所得税法中，我国主要是通过对11种应税所得分类计税来体现对个人收入的调节，其中工资薪金、劳务报酬和生产经营所得均适用累进税率。1994年税制改革后，为加强对高收入的调节、降低中低收入者的税收负担，我国对工资薪金所得的费用扣除标准进行了多次调整。到2018年个人所得税法第7次修正以前，工资薪金所得的费用扣除标准已由每月800元上调至每月3 500元，税率结构也由5%—45%的9级超额累进税率改为3%—45%的7级超额累进税率。①2018年我国对个人所得税法进行第7次修正，其中最重大的改革就是对工资薪金、劳务报酬、稿酬所得、特许权使用费等四类所得实行按年综合计税，并在将综合所得的费用扣除标准提高至每月5 000元的基础上增加子女教育支出等六项专项附加扣除。

（3）影响居民家庭收入分配。

由于企业层面税收负担的最终归宿是居民家庭，个人所得税的再分配效应也要体现为对家庭收入的影响，家庭层面的税负公平成为税收公平的根本要求。

然而，影响居民家庭收入分配的税收政策并不仅仅从一个或几个税种的具体规定体现出来。根据税收学基本理论，以消费为主要税基的间接税在调节居民收入分配方面的效果不及以所得和财产为主要税基的直接税，相应地，直接税比例更高的税制结构更有利于税收公平。为此，十八届三中全会《关于全面深化改革若干重大问题的决定》中明确提出“逐步提高直接税比重”，体现了我国通过税制结构的调整来促进税收公平的策略方针。

---

① 与之相适应，生产经营所得适用的费用扣除标准及税率结构也进行了调整。

2. 促进经济增长的税收政策

（1）吸引外资。

改革开放之初，吸引外资是我国拉动经济增长的重要途径，基于摸着石头过河的基本方略，我国的吸引外资先从经济特区、沿海开放城市的经济技术开发区起步，再逐步扩展到沿江开放城市、沿边开放城市等其他地区，设在这些地区的外商投资企业可享受一系列的优惠与便利，税收优惠就是其中的重要组成部分。①

以经济特区为例，1980 年起，设在经济特区②的外商投资企业和在经济特区设立机构、场所从事生产、经营的外国企业，减按 15%的税率征收企业所得税。其中经营期在 10 年以上的生产性企业，可享受两年免征所得税，三年减半征收所得税；投资额 500 万美元以上且经营期在 10 年以上的外资企业，从开始获利的年度起，一年免征所得税，两年减半征收所得税。

1984 年起，经济特区的税收优惠政策扩展到了经济技术开发区③，同时，设在经济技术开发区所在城市老城区的生产性外商投资企业减按 24%的税率征收企业所得税，从事以下国家鼓励的项目的，可以减按 15%的税率征收企业所得税：技术密集、知识密集型的项目；外商投资在 3 000 万美元以上，回收投资时间长的项目；能源、交通、港口建设的项目。

1992 年起，我国对省会（首府）城市及沿江开放城市④的生产性外商投资企业减按 24%的税率征收企业所得税，从事国家鼓励的项目的，减按 15%的税率征收企业所得税。

1992 年起，对南宁、昆明市及凭祥、东兴、畹町、瑞丽、河口等边境经济合作区内以出口为主的生产性内联企业所得税暂减按 24%的税率征收；对黑河、伊宁、凭祥、二连浩特市等沿边开放城市的生产性外商投资企业，减按 24%税率征收企业所得税。

2008 年新企业所得税法开始实施后，我国实现了内外资企业所得税制的统一，上述专门针对外商投资企业的税收优惠政策相应取消，但外商投资企业仍可和内资企

---

① 关于区域税收优惠政策更详尽的梳理可参见 Du(2017)。

② 指深圳、珠海、汕头、厦门，1988 年海南省被列为经济特区，1992 年上海浦东新区也适用经济特区的税收优惠政策。

③ 经济技术开发区的详细目录见《中国开发区审核公告目录(2006 年版)》：http://www.ndrc.gov.cn/zcfb/zcfbgg/200704/t20070406_126961.html。

④ 沿江开放城市指重庆、岳阳、九江、芜湖、黄石、宜昌、万县、涪陵。

业一样享受其他的税收优惠政策。

（2）调节固定资产投资。

① 增值税转型改革。我国对于固定资产投资的税收政策经历了先抑制后鼓励的转变。在1994年税制改革之前，由于投资过热和通货膨胀高企的问题比较突出，我国对固定资产投资总体以控制为主。正是在此背景下，我国在1994年税制改革中采用了生产型增值税，对于企业购进固定资产发生的进项税额不予从销项税额中抵扣。

基于相似的目的，我国还一度征收固定资产投资方向调节税。

然而，受到2007年下半年以来的国际金融危机影响，我国的经济增长速度明显回落，之后经济总体上保持相对中低速的增长。在这样的背景下，我国转变了对固定资产投资调控的取向，2009年在全国范围内实行增值税转型改革，允许企业抵扣购进机器设备发生的进项税额。2016年，我国将“营改增”改革在全行业推广，原征收营业税的建筑业、房地产业都纳入了增值税的征收范围，企业进行房屋建筑类固定资产投资也可以抵扣进项税额，这些措施都有利于促进企业固定资产投资的增加。

② 固定资产加速折旧。我国2008年施行的企业所得税法规定对于因技术进步产品更新换代较快的固定资产和常年处于强震动、高腐蚀状态的固定资产，可以缩短折旧年限或者采取加速折旧方法计提折旧。2014年以后，我国进一步加大了固定资产加速折旧政策的力度，以更有效地鼓励企业增加固定资产投资，具体措施如表13.2所示：

表13.2 我国2014年以来推行的固定资产加速折旧政策

<table>
<tr><th rowspan="2">对象</th><th colspan="4">适用条件</th><th rowspan="2">优惠待遇</th><th rowspan="2">执行时间</th><th rowspan="2">政策依据</th></tr>
<tr><th>资产类型</th><th>状态</th><th>用途</th><th>单位价值（元）</th></tr>
<tr><td rowspan="4">所有行业</td><td rowspan="2">仪器设备</td><td rowspan="2">新购进</td><td rowspan="2">研发专用</td><td>≤100万</td><td>一次性扣除</td><td rowspan="3">2014年1月1日后</td><td rowspan="3">财税〔2014〕75号</td></tr>
<tr><td>>100万</td><td>缩短折旧年限/加速折旧</td></tr>
<tr><td>固定资产</td><td>持有</td><td>不限</td><td>≤5千</td><td>一次性扣除</td></tr>
<tr><td>设备器械</td><td>新购进</td><td>不限</td><td>≤500万</td><td>一次性扣除</td><td>2018年1月1日至2020年12月31日</td><td>财税〔2018〕54号</td></tr>
</table>

续表

对象		适用条件				优惠待遇	执行时间	政策依据
		资产类型	状态	用途	单位价值（元）			
六大行业	所有企业	固定资产	新购进	不限	不限	缩短折旧年限/加速折旧	2014年1月1日后	财税〔2014〕75号
	小微企业	仪器设备	新购进	研发/生产经营共用	≤100万	一次性扣除		
					>100万	缩短折旧年限/加速折旧		
四个重点领域	所有企业	固定资产	新购进	不限	不限	缩短折旧年限/加速折旧	2015年1月1日后	财税〔2015〕106号
	小微企业	仪器设备	新购进	研发/生产经营共用	≤100万	一次性扣除		
					>100万	缩短折旧年限/加速折旧		

注：六大行业指生物药品制造业，专用设备制造业，铁路、船舶、航空航天和其他运输设备制造业，计算机、通信和其他电子设备制造业，仪器仪表制造业，信息传输、软件和信息技术服务业；四个重点领域指轻工、纺织、机械、汽车。

可以看出，固定资产加速折旧政策一度主要针对重点行业的小微企业发生的用于研究开发的固定资产投资，但根据最新政策，2018年到2020年间，所有行业购进的价值在500万元以下的设备器械均可获得一次性扣除，政策的力度和覆盖面都达到了相当高的水平。

(3) 鼓励研究开发和创新。

在2007年内外资企业所得税合并改革中，我国取消了全部针对所有制类型的税收优惠政策以及大部分区域税收优惠政策，同时引入了多项鼓励研究开发和创新的税收优惠政策。随着转变经济增长方式，将经济增长动力由投资驱动转为创新驱动提升为国家战略，我国对研究开发和创新的税收优惠力度不断加大，目前已经建立起涉及所有主要税种，涉及各类相关纳税人，涉及研究开发和创新的不同环节的全面的研究开发税收优惠政策体系。

① 研发费用加计扣除。2008年施行的新企业所得税法及实施条例规定，企业开发新技术、新产品、新工艺发生的研究开发费用，未形成无形资产计入当期损益的，在按照规定据实扣除的基础上，按照研究开发费用的50%从本年度应纳税所得额中加

计扣除；形成无形资产的，按照无形资产成本的150%在税前摊销。2017年以后，科技型中小企业的研发费用加计扣除比例由50%提升到75%，2018年以后，所有企业的研发费用加计扣除比例均提升到了75%。

② 对科技型企业、技术转让所得以及向科技型企业投资的减免税。国家需要重点扶持的高新技术企业，减按15%的税率征收企业所得税。在经济特区（含上海浦东新区）内2008年1月1日（含）之后完成登记注册的国家需要重点扶持的高新技术企业，在区内取得的所得，自取得第一笔生产经营收入所属纳税年度起，两年免征企业所得税，三年按照25%的法定税率减半征收企业所得税。

对设在21个服务外包示范城市①经认定的技术先进型服务企业，减按15%的税率征收企业所得税。

高新技术企业和技术先进型服务企业发生的职工教育经费支出，不超过工资薪金总额8%的部分，准予在计算企业所得税应纳税所得额时扣除；超过部分，准予在以后纳税年度结转扣除。

一个纳税年度内，居民企业技术转让所得不超过500万元的部分，免征企业所得税；超过500万元的部分，减半征收企业所得税。

创业投资企业采取股权投资方式投资于未上市的中小高新技术企业2年以上的，可以按照其投资额的70%在股权持有满2年的当年抵扣该创业投资企业的应纳税所得额；当年不足抵扣的，可以在以后纳税年度结转抵扣。有限合伙制创业投资企业的合伙人，或被投资企业为种子期、初创期科技型企业时，比照该政策执行。

根据财政部、国家税务总局2016年9月5日发布的《关于国家大学科技园税收政策的通知》（财税〔2016〕98号），符合非营利组织条件的科技企业孵化器和国家大学科技园的收入，免征企业所得税。

（4）促进产业结构转型升级。

我国促进产业结构转型升级的最重要的税收政策措施就是营业税改征增值税改革。

在1994年税制改革中，我国实行了增值税和营业税相结合的一般货物劳务税制度，其基本特征是对销售货物征收增值税，而对提供劳务征收营业税。当时主要是考虑到对提供劳务征收营业税比较简便，同时营业税作为一个独立的税种可以充当地

---

① 指北京、天津、上海、重庆、大连、深圳、广州、武汉、哈尔滨、成都、南京、西安、济南、杭州、合肥、南昌、长沙、大庆、苏州、无锡、厦门。

方财政的主体税种。

但是，在这一制度下，当营业税的纳税人向增值税纳税人购进货物时，其所承担的包含在货物价款中的增值税不能得到抵扣，最终将包含在该营业税纳税人的营业收入中被再次课以营业税；而当增值税纳税人向营业税纳税人购进服务时，其所承担的包含在交易额中的营业税也不能得到抵扣，最终将包含在该增值税纳税人的增加值中被再次课以增值税。显然，两种情况下，都存在明显的重复课税问题。

如果仅从一个企业看，由于营业税的税率一般为 3%—5%，远远低于增值税的标准税率 17%和低税率 13%，即使存在重复课税，缴纳营业税的企业和缴纳增值税的企业的税负基本相当。因此，如果产业链较短，企业的业务活动也比较单一，这种重复课税的负面影响并不突出。

然而，随着企业经营规模的扩大，当企业经营中涉及越来越多的服务项目（如研究开发、交通运输、邮政通信、人力资源管理、财务、金融、法务等），而服务业内部的分工也越来越细时，对服务业课征营业税带来的重复课税必将严重阻碍服务经济发展和与服务有关的专业化分工。

因此，在税率设置适当的条件下，对原来征收营业税的行业改征增值税对于我国的产业结构调整和服务业发展都是十分有益的。

3. 促进资源节约和环境保护

(1) 企业所得税。

我国 2008 年起实施的新企业所得税法及其实施条例十分重视利用税收优惠来鼓励企业采取措施节约资源、保护环境，具体的规定有以下方面：

第一，企业从事符合条件的环境保护、节能节水项目的所得，自项目取得第一笔生产经营收入所属纳税年度起，第一年至第三年免征企业所得税，第四年至第六年减半征收企业所得税。

第二，企业综合利用资源，生产符合国家产业政策规定的产品所取得的收入，可以在计算应纳税所得额时减按 90%计入收入总额。

第三，企业购置用于环境保护、节能节水、安全生产等专用设备，该专用设备的投资额的 10%可以从企业当年的应纳税额中抵免；当年不足抵免的，可以在以后 5 个纳税年度结转抵免。

第四，对符合条件的节能服务公司实施合同能源管理项目，符合企业所得税税法有关规定的，自项目取得第一笔生产经营收入所属纳税年度起，第一年至第三年免征企业所得税，第四年至第六年按照25％的法定税率减半征收企业所得税。

(2) 资源税。

我国征收资源税的目的主要是调节资源开发者之间因开采资源条件的差异而形成的级差收益，使资源开发者能在大体平等的条件下竞争，同时促使开发者合理开发和节约使用资源。

自1984年第二步利改税首次设立资源税起，历次税制改革中资源税的征收范围逐步扩大，征收的方式也逐步由从量计征转变为从价计征，资源税的调节作用不断强化。

(3) 消费税。

我国消费税的税目中有四类能源和能源有关产品，即汽油、柴油、摩托车和小汽车。其中汽油和柴油是直接能源产品，而摩托车和小汽车则可视为能源产品的互补产品，以征收消费税手段对其消费加以抑制，可以间接起到抑制能源消费、节约资源的作用，也有助于控制大气污染。

(4) 车船税。

中国目前开征的车船税，主要是一种财产税，并不以促进资源节约和环境保护为主要目标，但大量机动车船的使用与能源消费有关，同时对大气造成污染，我国的车船税对乘用车按发动机气缸容量(即排气量)分档计税，一定程度上可以起到抑制能源消费、节约资源和保护环境的作用。

(5) 耕地占用税。

我国人均耕地少，耕地资源严重不足，城乡非农业建设滥用耕地的情况严重影响了农业的发展。耕地占用税的征收是为了加强对土地的合理利用，保护日益减少的农用耕地，因此有助于耕地资源的节约。

(6) 增值税。

增值税是对各类货物和劳务广泛课征的税种，但由于对部分货物适用低税率，它的征收也对资源环境产生间接的影响。其中对销售或进口石油液化气、天然气、煤气等较清洁能源实行低税率有助于环境保护。

(7) 环境保护税。

环境保护税直接针对污染物排放量征税，是我国贯彻环境保护政策的主要税种。由于2018年1月才开始征收，并主要采取了排污费“费改税”的方式，税负水平与排污费的收费水平持平，该税种保护环境的政策效应目前还不明确，需要随着税制的完善逐步显现出来。

4. 小结：税收政策推行的主要成效

(1) 税收政策与经济增长。

改革开放以来，我国实现了经济总量的高速增长，2016 年人均 GDP 达到 8 123.2 美元，已经跻身中等收入国家行列。在这个过程中，税收体系和税收政策的作用如何，是一个值得探讨的重要问题，学术界对此也进行了大量的研究。从具体的研究方法和对象看，可区分为两个层次，一是从总体税制结构角度考察税收政策对经济增长的影响；二是从影响经济增长的主要因素角度考察税收政策对经济增长的影响。根据经典经济增长理论，经济增长的源泉在于资本和劳动的积累以及技术进步，因此税收对投资、劳动供给和研发创新的影响都会间接影响经济增长，随着我国经济增长方式的转换，税收在促进产业结构升级、提振居民消费以及节约资源和保护环境方面的作用也会影响我国经济增长的质量和可持续性。

基于直接税和间接税的不同特性，理论上税制结构对经济增长可能产生重要的影响。发达国家的相关研究表明，直接税中的所得税对经济增长具有负作用，提升所得税税率尤其是企业所得税率会降低经济增长率(Kneller, Bleaney and Gemmell, 1999; Lee and Gordon, 2004)，累进的个人所得税，也不利于经济的长期持续增长(Widmalm, 2001)。相对而言，间接税的税负较容易转嫁，对经营者的成本以及盈利水平的影响相对较小，所以对经济增长的负效应相对较小(Arnold, 2008)。但是，发展中国家的税制结构显现出与发达国家不同的规律(Gordon and Li, 2009)。关于税制结构对中国经济增长影响的实证研究也得到了不一致的结论，马栓友(2001)认为直接税包括农业税收对经济增长有显著的负作用，何茵和沈明高(2009)认为个人所得税对我国经济增长的负效应最强，而李绍荣和耿莹(2005)、余红艳和沈坤荣(2016)等的研究认为直接税比重增加会促进我国经济增长。

相对而言，中国的税收政策对经济增长的各影响因素的促进作用显得更为明确。

在改革开放之初，外国直接投资对我国的经济增长发挥了重要的推动作用。学术界一般认为我国税收政策在吸引外商直接投资流入方面发挥了积极的作用。Tung 和 Cho(2000)运用 1981 年到 1995 年的数据较早地研究了税收优惠政策对我国外商直接投资流入的影响，发现优惠税率有助于吸引外商投资流入经济特区，同时该研究还发现税收优惠对外资企业组织形式的选择也有显著的影响。马拴友(2001)利用 1981—1999 年数据进行的研究也发现税收优惠和税收优惠预期与外商投资正相关。苑新丽(2007)利用 1983—2005 年的数据就企业所得税对外商直接投资流入的影响进行了更全面的研究，发现外资企业的税收负担率与外商直接投资流入显著负相关，并且外资企业所得税实际税率较低的地区和行业也显著吸引了更多的外商直接投资流入。从较近的研究看，An(2012)运用双重差分方法和2002—2008年的工业企业数据研究发现我国2007年颁布的大幅削减外商投资企业税收优惠政策的新企业所得税法导致外商投资企业在中国的投资减少，从而反过来印证了2007年以前针对外资企业的税收优惠政策的作用。但是，确实也有研究认为税收优惠政策对外商直接投资的影响不显著(张阳和刘慧，2006)，或者并非是影响外商直接投资的重要因素(高培勇，1997)，同时，由于长期对外资企业提供特殊优惠的税收待遇不利于内资企业的发展，我国2007年之后陆续取消了对外资企业的税收优惠待遇。

在东南亚金融危机之后，拉动内需对我国经济增长的意义更加凸显，促进固定资产投资成为税收政策的一个重要目标。学术界关于税收政策对固定资产投资的影响的分析，主要集中于增值税转型、“营改增”改革和固定资产折旧政策的效应。聂辉华、方明月和李涛(2009)较早进行了针对东北增值税转型改革试点的分析，他们通过将2004年东北地区增值税转型试点这一事件作为“自然实验”，设立东北地区试点企业为“处理组”，其他地区同行业企业为“对照组”，利用1999—2005年国有企业统计数据进行双重差分分析，结果显示，增值税转型促使东北地区试点企业平均固定资产投资额增加约971万元。Zhang，Chen和He(2011)稍晚的研究也得出了东北增值税转型改革试点显著提升企业固定资产投资的结论。增值税转型在全国推广后，许伟和陈斌开(2016)使用2004—2010年A股上市公司的数据，采用固定效应模型加工具变量的方法，发现增值税转型显著促进了企业投资。“营改增”改革进一步扩大了企业固定资产的抵扣范围，袁从帅、刘晔、王治华和刘睿智(2015)的研究发现“营改增”改革显著促进了企业总投资的增长，范子英和彭飞(2017)认为“营改增”促进了企业设备类固定资产投资的增加。在固定资产加速折旧政策方面，刘怡、侯思捷和耿纯(2017)研究了2004年在东北三省实行的企业所得税加速折旧对企业固定资产投资的影响，发现所得税加速折旧政策显著促进了企业的固定资产投资，而同期的增值税转型政策由于其价外核算的性质和增量退税政策标准等问题，不仅未能促进固定资产投资，反而减弱了所得税政策的效果。他们认为，长期而言，仅靠税收政策刺激企业的固定资产投资无法有效提升企业绩效，会导致企业缺乏内在增长动力。

提振居民消费也是拉动内需的一个关键环节。但是，从相关税收政策的实施效果看，税收政策扩大居民消费的作用在东南亚金融危机以来的较长时期内并不显著。

这具体体现在税收对决定居民消费率的两个重要比重①的影响，一是居民可支配收入在国民收入分配中的比重，二是消费在居民可支配收入中的比重。从第一个比重看，我国的税收增长率在1997年到2012年连续16年高于名义GDP增长率，税收弹性持续大于1，宏观税负（即税收收入占GDP的比重）也持续上升，成为导致国民收入分配中劳动报酬和居民收入占比偏低的重要原因（吕冰洋和禹奎，2009）。从第二个比重看，1999年11月，我国恢复征收储蓄存款利息所得税，力求以此扭转城乡储蓄存款不断攀升的局面，提振居民消费，然而，这项政策的实施效果并不理想（那英剑，2005），于是2007年开始，我国又逐步降低甚至取消了针对居民储蓄存款的利息所得税。税收政策提升居民消费的另一个渠道是缩小居民收入差距，但我国税收政策在缩小居民收入差距方面的成效也并不理想，对此还将在下文详细讨论。

随着我国经济进入新常态，适应转变经济增长方式的新要求，税收政策更加注重鼓励研发创新和推动产业结构升级。

在研究开发和创新方面，我国学者现有的研究均证实我国的税收优惠政策促使企业增加了研发投入和专利产出，Zhu，Xu 和 Lundin（2006）利用上海市1993—2000年32个工业行业的面板数据进行研究，发现科技拨款资助与税收减免能够显著促进工业企业R&D支出与专利产出的增加。Jia 和 Ma（2017）利用2007—2013年的上市公司面板数据，也发现税收激励显著促进了企业研发支出的增长，10%的研发成本下降短期内会促使企业的研究支出增长3.97%。但是，也有学者研究发现，我国企业有利用研究开发的税收优惠进行避税的行为，如吴祖光、万迪昉和吴卫华（2013）研究发现，税收负担挤出创业板上市公司研发投资，同时也强化企业利用税收优惠政策进行避税的激励，避税激励导致企业报告的研发投入强度偏离其真实研发投入水平。Chen，Liu，Suárez Serrato 和 Xu（2018）以及杨国超、刘静、廉鹏和芮萌（2017）则发现，公司有操纵研发投入以满足税收优惠政策要求的研发投入占销售收入之比标准的行为，研发操纵公司获得了更多的税收优惠和政府补助。因此，为使研发激励政策收到实效，强化资格审查，特别是重点审查企业是否存在虚增研发投入的现象十分必要。

在推动产业结构升级方面，"营改增"的效应备受关注。陈钊和王旸（2016）利用2008—2014年中国上市公司的数据，使用双重差分方法检验了"营改增"改革促进专业化分工的效应，发现部分制造业企业由原来自给自足提供生产性服务变为对外经

---

① 潘春阳、杜莉和蔡璟孜（2010）详细论述了这两个比重对于我国居民消费率的影响。

营该业务，其营业收入也相应增加，同时部分服务业企业的营业收入在改革后明显上升，说明这些企业获得了来自制造业企业更多的业务外包。范子英和彭飞(2017)的研究则强调"营改增"在具备产业互联的企业中产生了明显的分工效应，"营改增"之后，服务业企业可以将中间投入在纳税时扣除，因此有效地推动了跨地区的分工与协作。

(2) 税收政策与收入分配。

改革开放以来，我国经济总量高速增长的同时居民收入差距也扩大了(Li and Sicular, 2014)，为此税收政策一直把税收公平作为一个重要的着力点。但现有研究表明，我国税收体系在促进居民收入分配公平方面总体收效欠佳。

在间接税对收入分配的影响方面，刘怡和聂海峰(2004)较早利用 2002 年广东省的城镇住户调查资料研究了增值税、消费税和营业税这三项主要的间接税在不同收入群体中的负担情况，研究发现，整个间接税是接近成比例负担的，虽然恶化了收入分配，但并不显著。然而，他们随后利用投入产出表对全国城镇范围内的增值税、消费税、营业税和资源税等间接税负担再次测算，则发现从年度收入看，间接税是累退的(聂海峰和刘怡，2010)。聂海峰和岳希明(2013)将研究扩大到全国城乡范围，同样得到了间接税负担呈现累退性的结论，但认为间接税只是略微恶化了整体收入不平等。Du(2015)的研究发现 2011 年启动的"营改增"改革减弱了我国间接税制的累退性。

在直接税，主要是个人所得税对收入分配的影响方面，大量文献认为我国个人所得税在居民收入再分配方面虽有一定的收效，但再分配效应非常微弱。表 13.3 列示了部分国内学者基于基尼系数对我国个人所得税再分配效应的测算结果(更多结果可参见杜莉，2017)，可以看出我国个人所得税仅导致基尼系数下降 1%—3%。但是从 OECD 国家的平均水平看，2013 年税收导致基尼系数下降的幅度达到 10.7%(参见图 13.4)，其中爱尔兰的这一指标甚至达到 19%。由此可见，我国个人所得税的再分配效应微弱主要是我国个人所得税制的特殊情况造成的(Brys, Matthews, Herd and Wang, 2013)。Ma, Xu 和 Li(2015)、岳希明和徐静(2012)等认为平均税负低是我国个人所得税再分配效应弱化的主要原因。

关于 2011 年税制调整是否改善了我国个人所得税的再分配效应，徐建炜、马光荣和李实(2013)等利用国家统计局城镇住户调查数据进行的模拟测算表明，此次税制调整由于提高了工资薪金所得的费用扣除标准，导致个人所得税的平均税负进一步降低，从而个人所得税的再分配效应进一步弱化。然而 Du 和 Zhang(2018)引入广义熵指数作为衡量个人所得税再分配效应的基础不均等指标，研究发现由于强化了对高收入群体的调节，此次税制调整使我国个人所得税的再分配效应有所改进。当然，与发达国家相比，我国个人所得税的总体再分配效应仍然较弱。

表 13.3　国内学者基于基尼系数对我国个人所得税再分配效应的测算结果

文　献	数据	时　间	区域	测算结果
王亚芬、肖晓飞和高铁梅(2007)	家庭分组	1985—2005 年	全国	2002 年起税前、税后收入基尼系数差为正，但仅为 0.003 左右，税后基尼系数降幅不足 1%
徐建炜等(2013)	家庭微观	1997—2009 年	全国	税前、税后收入基尼系数之差在 0.005 1—0.012 5 之间，基尼系数降幅在 1.7%—3.6%之间
万莹(2011)	家庭分组	1997—2008 年	全国	样本期间税前、税后收入基尼系数差均为正，基尼系数降幅不足 1%
彭海艳(2011)	家庭分组	1995—2008 年	全国	样本期间税前、税后收入基尼系数差均为正，基尼系数降幅不足 1%
岳希明和徐静(2012)	家庭微观	2002 年和 2007 年	全国	税前、税后收入基尼系数之差为正，2002 和 2007 年基尼系数降幅分别为 1.99% 和 3.96%

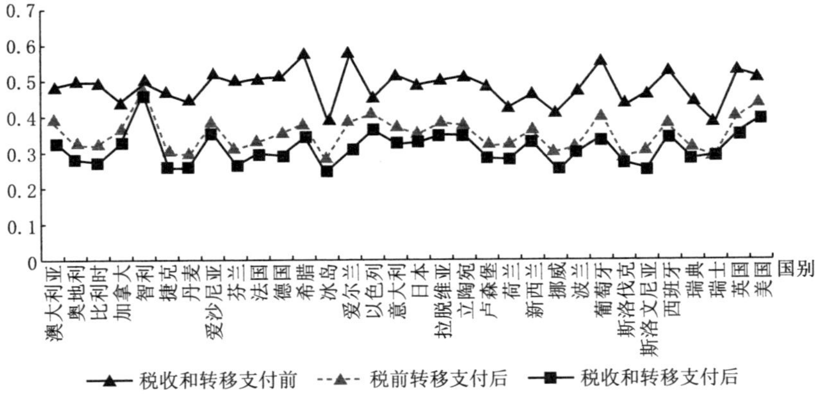

图 13.4　部分 OECD 国家税收及转移支付前后的基尼系数(2013)

资料来源：OECD income distribution database，网址 http://stats.oecd.org/Index.aspx?DataSetCode=IDD，数据获取时间 2017 年 7 月 8 日，澳大利亚、日本和新西兰的数据访问时间为 2014 年，另外匈牙利、墨西哥、土耳其和韩国的数据不完整，故本图中没有体现。

由于以个人所得税为主的直接税的再分配效应较弱，我国税收政策对收入分配的影响总体上必然是累退的，这一点由岳希明、张斌和徐静(2014)的研究进一步得到证实。但他们发现税收的累退性在我国的农村较城镇更为突出，这说明，个人所得税在城镇仍然发挥了一定的降低间接税累退性的作用。

(3) 税收政策与资源环境。

虽然我国自2018年起才开始征收环境保护税，但如先前所述，多个税种的设计中体现了环境保护的政策目标，同时我国还长期实行排污收费政策，对于这些环境税费政策的效应，国内学术界也进行了一定的研究。其中李建军和刘元生(2015)利用2001—2013年的省际面板数据，以工业"三废"为例，实证分析了我国有关环境税费的污染减排效应。研究发现，企业所得税的征收减少了工业废水排放、消费税的征收减少了工业废气排放、增值税的征收减少工业固体废弃物的排放量，但整体而言，我国税收的污染减排效应还不明显。卢洪友和朱耘婵(2017)通过建立2003—2014年省级面板数据模型进行实证研究，也发现我国现有环境税费制度安排对环境改善的作用非常微弱。

在资源税方面，郭菊娥、钱冬、吕振东和熊洁(2011)构建了中国能源CGE模型，测算了从价征收不同煤炭资源税税率的影响效应，结果表明煤炭资源税税率的逐步提升能有效降低单位GDP煤耗，并且对CPI的影响较小。刘宇和周梅芳(2015)的研究也认为煤炭资源税改革可以拉动GDP小幅增长，不会推高CPI，有利于改善内需结构，降低高耗能产业产出，有利于节能减排。杨鹃和付京亚(2015)研究则发现原油和天然气资源税的从价计征改革有效地遏制了资源开采快速增长的势头。因此，我国资源税制总体上发挥了一定的促进资源节约的作用。

13.2.3 优化税收管理

稳定的税收收入对于国家的经济社会发展不可或缺，而良好的税收管理既有助于以更低的征收成本筹集更多的税收收入，又有助于降低纳税人的遵行费用，营造良好的营商环境。广义而言，税收管理涉及税收制度和政策制定和推行的各个环节，对于纳税人的有效税负和各项税收政策推行的成效都发挥着举足轻重的影响。改革开放以来，我国在推进税收法治、完善税收征管机构设置、改进税收征管手段和加强国际税收合作等方面都采取了很多影响深远的重要举措。

1. 推进税收法治

(1) 我国的税收法规体系。

我国的税收法规体系主要包括法律、行政法规、地方性法规、部门规章和地方政府规章，其中法律(如《中华人民共和国个人所得税法》)由全国人民代表大会及其常务委员会制定，行政法规(如《中华人民共和国增值税暂行条例》)由国务院制定，地方性法规(如《山东省地方税收保障条例》)由省、自治区和直辖市的人民代表大会及其常务委员会制定，部门规章(如《中华人民共和国增值税暂行条例实施细则》)由财政部、国家税务总局、海关总署和国务院关税税则委员会等主管部门制定，地方政府规章(如《北京市实施〈中华人民共和国城镇土地使用税暂行条例〉办法》)由省、自治区和直辖市的人民政府制定。在这些税收法规中，法律的立法层次最高，而其他的行政法规、部门规章、地方性法规、地方政府规章等需要由全国人民代表大会及其常务委员会逐级授权或批准后才能制定。

中国政府与外国政府签订的各类税收协定、协议或安排，在经过相关的批准生效程序后，也是我国税收法规体系的重要组成部分。此外，财政部、国家税务总局等部门发布的规范性文件在我国税收法规的解释和施行当中发挥着重要的作用。

(2) 税收法定原则的提出和贯彻落实。

改革开放以来，我国的税收法规经历了立法层次先下降再逐步提升的过程。

改革开放之初，为了维护我国税收权益，1980 年 9 月到 1981 年 12 月，全国人大先后通过并公布了《中华人民共和国中外合资经营企业所得税法》《中华人民共和国个人所得税法》《中华人民共和国外国企业所得税法》，初步建立了我国的涉外税制。但是全国人大的立法程序较长，为了保障经济体制改革和对外开放工作的顺利进行，1985 年 4 月 10 日第六届全国人民代表大会第三次会议通过《全国人民代表大会关于授权国务院在经济体制改革和对外开放方面可以制定暂行的规定或者条例的决定》，决定“授权国务院对于有关经济体制改革和对外开放方面的问题，必要时可以根据宪法，在同有关法律和全国人民代表大会及其常务委员会的有关决定的基本原则不相抵触的前提下，制定暂行的规定或者条例，颁布实施，并报全国人民代表大会常务委员会备案。经过实践检验，条件成熟时由全国人民代表大会或者全国人民代表大会常务委员会制定法律。”①正是根据这一决定，我国对于两步“利改税”以来开征的企

① 此前，1984 年，六届全国人大常委会第七次会议授权国务院在实施国营企业利改税和改革工商税制的过程中，拟定有关税收条例，以草案形式发布试行，再根据试行的经验加以修订，提请全国人大常委会审议。

业所得税、增值税、营业税、消费税等大部分主要税种，都仅由国务院制定了暂行条例。而大量的税法执行中的具体问题，都由财政部和国家税务总局通过部门规章、规范性文件等方式加以规定。

截至2012年11月中共十八大召开之前，我国仅有4部税法，分别为：《中华人民共和国企业所得税法》《中华人民共和国个人所得税法》《中华人民共和国税收征收管理法》和《中华人民共和国车船税法》。

税收法律的缺失，带来税收法规权威性不足、公众缺乏诉求表达和参与机制等一系列的负面影响。同时，仅有的税收法律的规定大多是原则性的，给部门规范性文件的解释留下了巨大的空间，而部门规范性文件本身的合法性、合理性及对纳税人权益的保护都是相对不足的。针对这些问题，中共十八届三中全会《中共中央关于全面深化改革若干重大问题的决定》提出"落实税收法定原则"的要求，四中全会通过的《中共中央关于全面推进依法治国若干重大问题的决定》也将制定和完善财政税收方面的法律作为市场法律建设的一项内容。2015年3月15日，十二届全国人大三次会议通过的新的《立法法》，将第8条原先规定的"税收基本制度"只能制定法律细化为"税种的设立、税率的确定和税收征收管理等税收基本制度"只能制定法律。

在此背景下，我国税收法律制定的步伐开始加快。全国人大常委会法工委2015年制定《贯彻落实税收法定原则实施意见》，明确了加快推进相关税种立法的时间表和路线图。按照计划，到2020年，我国全部税种的法规都要上升为法律。目前烟叶税、船舶吨税都已经完成立法，环境保护税实现在先行立法的前提下开征。耕地占用税法车辆购置税法、资源税法纳入了全国人大2018年初次审议的立法范围，个人所得税法（第7次修正案）、消费税法、房地产税法、契税法、印花税法则纳入了全国人大2018年预备审议的立法范围。

(3) 全面推进依法治税工作。

为了进一步推进依法治税，2016年12月，国家税务总局制定了《"十三五"时期税务系统全面推进依法治税工作规划》（税总发〔2016〕169号），规划确立了"十三五"时期税务系统全面推进依法治税的重点工作任务，包括建立权责清单、适时修订《税务部门规章制定实施办法》《税收规范性文件制定管理办法》、建立和实施税务行政执法案例指导制度等。

2018年7月，国家税务总局在官方网站发布了《国家税务总局权力和责任清单》，用白名单的方式规定了税务机关的各项权力、责任及其文件依据。这一自我约束的行政行为对于限制税务部门的自由裁量权，保护纳税人的权益，具有重要意义。

2. 完善税收管理体制

(1) 1994年分税制改革中确立的税收管理体制。

1993年以前我国只有一套税务征收机构，中央税收主要依靠地方税务机构代收。但在当时以包干制为主的财政管理体制下，这种办法不利于调动地方组织收入的积极性，也不利于保障中央税收收入。分税制改革前我国税收收入占GDP的比重和中央财政收入占财政总收入的比重（简称“两个比重”）均持续下降，与这种税收征管体制不无关系。

因此，在1994年的分税制改革中，根据《国务院办公厅转发国家税务总局关于组建在各地的直属税务机构和地方税务局实施意见的通知》（国办发〔1993〕第087号），我国在地方建立了分设国税、地税两套税务机构的征管体制，各级国税局直属中央，由中央直接管理，主要负责征收中央税和中央地方共享税，各级地税局归地方政府管理，主要负责征收地方税。分设国税、地税两套税务机构的目的是保证中央税收收入的同时提高地方的自主权和积极性，特别是地方税务部门以往对一些小税种不够重视，在国、地税机构分设后，地方税务机关对小税种的重视程度可望显著增强。

1994年分税制改革后，我国“两个比重”下降的局面迅速得到扭转，特别是税收收入的增长速度持续超过GDP的增长速度，出现了税收收入“超经济增长”的现象，多项研究表明其中的重要原因是分税制以来税收征管权向中央集中以及分税制中的税收分成合同提高了各级政府的征收努力程度（方红生和张军，2013；Xing and Zhang，2018；吕冰洋和郭庆旺，2011）。

(2) 2018年的国、地税合并改革。

尽管国、地税分设在一段时间内起到了提高税收征管效率、减少税收流失的作用，但一些研究发现，与国税局相比，地税局存在税收征收努力不足的问题（范子英和田彬彬，2013；周黎安、刘冲和厉行，2012）。国、地两套机构的分设一定程度上造成了纳税人之间的不平等竞争，增加了纳税人的遵从成本，企业往往需要跑两个地方交税，接待两个税务局的检查，接受两个税务机关的培训。营业税是地税局征收的主要税种，随着“营改增”改革的推进，地税局负责征收的税收收入大幅下降，也减弱了独立设置地税局的必要性。

为此，2015年12月中共中央办公厅、国务院办公厅发布《深化国税、地税征管体制改革方案》，提出按照有利于降低征收成本和方便纳税的原则，国税、地税部门可互相委托代征有关税收。为促进国、地税合作，国家税务总局自2015年起每年发布《国家税务局地方税务局合作工作规范》，共发布了4版。

在国、地税合作不断推进的基础上，2018年3月13日，十三届全国人大会议审议通过的国务院机构改革方案要求将省级和省级以下的国税、地税机构合并，实行以国家税务总局为主与省（区、市）人民政府双重领导的管理体制。2018年6月15日，全国各省（自治区、直辖市）级以及计划单列市国税局、地税局合并且统一挂牌，标志着国、地税合并工作迈出了阶段性的关键一步。在此次改革中建立的统一的税收征管机构还将承担起征收社会保险费和非税收入的职责，对于我国政府收入筹集能力的提升和筹集方式的规范化都具有里程碑式的意义。

3. 改进税收征管模式

（1）税收征管模式的转变。

改革开放以来，我国的税收征管模式也经历了一个与时俱进、不断完善的过程。

改革开放之初，我国的税收征管延续了50年代以来的以专管员为核心，征、管、查集于一身的征管模式。但这种模式对专管员的业务水平要求过高，缺乏必要的监督制约机制，也不利于促进纳税人自觉履行纳税义务。

1991年到1996年，我国开始实行新的征管模式，即“征收、管理、稽查三分离或征收、检查两分离和纳税人主动申报纳税相结合”，力图通过征、管、查三者相互配合、相互促进、相互制约，达到依法治税，提高征管质量和效率，促进队伍建设和廉政建设，以及保证财政收入增长的目的。

1997年，国务院办公厅转发国家税务总局《关于深化税收征管改革的方案》，提出建立“以纳税申报和优化服务为基础，以计算机网络为依托、集中征收、重点稽查”的新征管模式。2004年，在全国税收征管工作会议上，时任国家税务总局局长谢旭人在原有的30字的基础上补充了“强化管理”，从而形成了“34字税收征管模式”。这一征管模式更加突出了纳税申报和纳税服务作为税款征收的基本环节的作用，首次提出了充分利用现代信息技术来强化税收管理的思想，基本涵盖了现代税收征管体系的主要方面，对我国税收征管模式的现代化产生了深远的影响。

（2）纳税服务的优化。

优化纳税服务是我国改进税收征管模式的一个重要着力点。2001年4月28日第九届全国人民代表大会常务委员会第二十一次会议通过的《中华人民共和国税收征收管理法》明确规定“税务机关应当广泛宣传税收法律、法规，普及纳税知识，无偿地为纳税人提供纳税咨询服务”。

2009 年，国家税务总局正式设立纳税服务司。

2014 年，国家税务总局制定试行了《全国县级税务机关纳税服务规范》1.0 版，此后又对该规范加以修改完善，于 2015 年发布了覆盖省、市、县三级税务机关的《全国税务机关纳税服务规范》2.0 版。

为进一步提高征管效率，降低纳税成本，“十三五”规划期间，国家税务总局还推出了一系列取消审批、简化申报的举措，主要包括：①实行“三证合一”政策，减少企业注册的市场准入审批；②在企业所得税的优惠上，改审批制为备案制，企业自行判断是否达到政策要求，并以备案制的形式享受税收优惠；③精简涉税资料报送，实行涉税资料清单管理，减少小微企业报表报送次数；④建立“最多跑一次”清单，优化商业环境。

(3) 信息科技手段的应用。

信息技术的运用在我国改进税收征管模式的进程中占据着特别重要的地位。1994 年分税制改革以来，我国就启动了以加强增值税管理为主要目标的金税工程。金税工程先后经历了一期和二期两个阶段，建成了“增值税发票防伪税控”“增值税交叉稽核”等关键业务系统。2009 年，国家税务总局全面启动金税工程三期建设工作，截至 2016 年 10 月，金税工程三期的信息系统完成在全国各省(区、市)国税、地税机关的推广上线。金税工程三期实现了覆盖所有税种、覆盖税收工作的主要环节、覆盖各级税务机关，并与有关部门联网，对我国的税收征管能力的提升具有革命性的意义。

2015 年 9 月，国家税务总局发布《互联网 + 税务行动计划》(税总发〔2015〕113 号)，提出“推动互联网创新成果与税收工作深度融合，着力打造全天候、全方位、全覆盖、全流程、全联通的智慧税务生态系统。受益于近年来我国企业在互联网和信息技术领域的崛起，互联网 + 税务行动计划进展十分迅速，各地的税务机关陆续推出电子税务局、纳税申报 APP 以及“互联网 + 涉税大数据”“互联网 + 智能咨询”与“互联网 + 税务学堂”等应用。2017 年，微信和支付宝都推出了各自的电子发票解决方案，力图实现电子发票收纳、归集、流转、报销、入账的无缝衔接。2018 年 8 月，深圳市税务局和腾讯公司合作，推出了中国和全球的首张区块链电子发票。

高科技和税收征管的加速融合，不仅提高了税务机关的征税效率，为纳税人带来了更大的便利，同时也为税收体系的重塑带来了新的想象空间，比如在增值税征管效率提升的前提下税率可以进一步降低，在个人所得税征管能力提升的前提下直接税占税收收入的比重可以进一步提高，等等。

4. 加强国际税收合作

国际税收是一个开放国家的税收体系的重要组成部分。改革开放以来，我国不仅在国内税法中逐步建立并完善了针对非居民纳税人境内所得和居民纳税人境外所得的税收制度，同时在国际税收合作方面也取得了长足的进展。

自 1983 年 9 月 6 日中国与日本签署第一个全面性的避免双重征税协定开始，截至 2018 年 1 月，中国对外正式签订并生效的避免双重征税协定（或安排）已达到 103 个。①从 2009 年开始，中国与巴哈马、英属维尔京群岛、百慕大群岛、开曼群岛等 10 个国家或地区签署了税收情报交换协定。

在经济全球化的背景下，跨国公司（以及高净值个人）频繁利用国家（地区）间税收法律的差异和错配，人为造成应税利润减少或将利润从高税负国家（地区）转移至低税负国家（地区），从而达到降低其整体税负的目的，这就是税基侵蚀与利润转移（Base Erosion and Profit Shifting，BEPS）。近年来受到国际经济金融危机的影响，BEPS 对主权国家财政收入的负面影响日益凸显。为了共同打击国际逃避税、建立有利于全球经济增长的国际税收规则体系和行动合作机制，2012 年 6 月，二十国集团（G20）委托经济合作与发展组织对 BEPS 问题开展研究。2013 年 2 月，OECD 发布《解决税基侵蚀和利润转移报告》（OECD，2013）；同年 6 月，OECD 发布应对 BEPS 问题的 15 项行动计划；同年 9 月，该计划在 G20 圣彼得堡峰会上得到各国领导人背书。由于 BEPS 项目主要是在 G20 框架下进行的，因此也被称为“G20 税制改革”。

中国作为 G20 当中有重要影响力的国家，自 G20 税制改革启动伊始，就积极参与推动此项目。2014 年 11 月 16 日，习近平主席在 G20 领导人第九次峰会上提出了“加强全球税收合作，打击国际逃避税，帮助发展中国家和低收入国家提高税收征管能力”的主张。

随着 G20 税制改革进程的不断推进，中国签署了一系列新的多边国际税收合作文件，包括《多边税收征管互助公约》②、《金融账户涉税信息自动交换多边主管当局

① 中国签订避免双重征税协定、避免双重征税安排和避免双重征税协议的情况参见国家税务总局网站，网址：http://www.chinatax.gov.cn/n810341/n810770/index.html。其中中国大陆和香港、澳门两个特别行政区签署了两个避免双重征税安排，已经生效；与台湾签署了避免双重征税协议，但尚未生效。

② 2013 年 8 月 27 日签署。

间协议》（又称《CRS 多边主管当局间协议》）①和《实施税收协定相关措施以防止税基侵蚀和利润转移的多边公约》（简称《BEPS 多边公约》）②。根据这些文件，我国将和其他国家进行税收信息的自动交换、金融账户涉税信息的自动交换，并基于 BEPS 项目下开发的多边工具（Multilateral Instrument，MLI）自动对双边税收协定进行更新。

显然，多边国际税收合作的深入开展将使我国对跨境交易所得的税收征管能力显著提升，我国在税收信息自动交换等领域作出的承诺将倒逼我国税收征管系统的更新和现代化，对于国际化程度不断加深的中国企业来说，也将带来新的机遇和挑战。

5. 小结：税收管理水平提升的主要成效

改革开放以来我国优化税收管理的成效显著，据世界银行发布的营商环境（Doing Business）报告，中国 2007 年的企业年纳税次数和年纳税时间分别为 44 次和 832 小时，2018 年这两项指标分别下降到了 9 次和 207 小时，降幅分别达到 80%和 75%。从在世界各国的排名看，2007 年的年纳税次数和年纳税时间分别排在 168 个经济体中的第 126 位和第 162 位，2018 年的企业年纳税次数和年纳税时间则分别排在 189 个经济体中的第 38 位和第 96 位（如图 13.5 所示）。从我国纳税环境的总体排

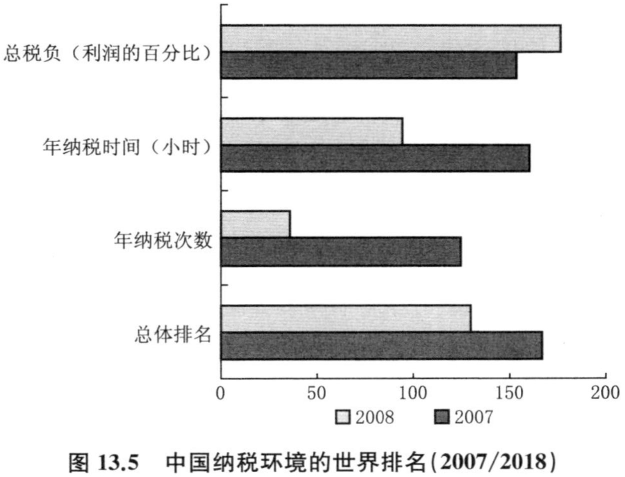

图 13.5　中国纳税环境的世界排名（2007/2018）

资料来源：世界银行，网址 http://www.doingbusiness.org/Custom-Query。

① 2015 年 12 月 17 日签署，CRS 为"Common Report Standard"的缩写。

② 2017 年 6 月 7 日签署。

名看，2007 年为第 168 位，2018 年提升到第 130 位。从图中所示影响纳税环境得分和排名的三项主要指标看，我国的总税负指标十余年来改善不大，因此税收环境排名的改善主要归因于征收管理水平的提高。

除了改善营商环境外，Fan, Liu, Qian 和 Wen(2018)基于 1998—2007 年的中国工业企业数据研究了金税工程对中国税收收入和企业行为的动态影响，发现信息技术在增值税征管中的应用解释了 14.38%的增值税收入的累积增长，长期看，也提升了企业的生产率。

13.3 现行税制存在的问题和改革展望

经过“十三五”期间密集的税制改革措施的出台，到目前为止，我国已在很大程度上达成了《深化财税体制改革总体方案》提出的既定目标，特别是“营改增”改革、资源税改革的主要任务已经完成，环境保护税已经开征，个人所得税迈出了走向综合与分类相结合的税制模式的重要的一步。但是，我国的税收体系总体看仍存在一些明显的不足，增值税、消费税、个人所得税和房地产税的改革还没有到位，因此，未来中国税收制度的深化改革仍任重而道远。

13.3.1 税收制度的总体优化

1. 降低宏观税负

宏观税负是体现一个国家税收体系总体特征的一个重要方面。如前所述，1994 年分税制改革后，从 1997 年到 2012 年，我国经历了较长时期的税收超经济增长，宏观税负持续上升。虽然从国际比较看，我国的宏观税负仍然处于较低水平，但是，由于我国的税收收入构成中，增值税和企业所得税等向企业征收的税收占比在 80%以上，导致税收负担主要落在企业而不是家庭层面，在经济从高速增长转入中低速增长，劳动力成本上升、融资成本高企等因素导致投资回报率下降的背景下，企业反映税负过重的问题日益突出。为此，2016 年 7 月中央政治局会议正式提出了降低宏观税负的策略方针。2017 年以来我国不断加大固定资产加速折旧、研究开发支出加计扣除等税收优惠政策的力度和适用范围，都是贯彻落实这一策略方针的具体措施。然而，2017 年我国的宏观税负不降反升，2018 年上半年我国税收收入同比增速更达 14.4%，远超 6.8%的同期 GDP 增长速度。宏观税负的实际变化趋势与国家的总体策略方针不一致，表明我国宏观税负政策的贯彻落实中出现了诸多复杂的情况，因此，采取更有效的措施切实降低宏观税负，将是未来我国税收制度总体优化的重要内容。

增值税是我国向企业普遍征收的最重要的税种，通过降低税率、扩大留抵退税范围等措施进一步降低企业的增值税负担对于宏观税负的降低将具有特别重要的意义。

2. 优化税制结构

目前我国的税制结构仍然以间接税为主，特别是增值税是我国的第一大主体税种。考虑到我国建设现代税收制度的历史较短，纳税人数量众多且征管难度大，增值税更有利于强化税收征管，这一税制结构体系是适合我国的实际情况的。同时根据国外学者对发达国家经验的研究，间接税为主的税制结构体系更有利于经济增长。

然而，尽管世界各国在税收体系建设的初期一般都经历了以间接税为主的过程，以间接税为主的税收体系由于存在不利于税收公平这一重大缺陷，所以长期来看大多被直接税为主的税收体系所取代。

如前所述，在十八届三中全会通过的《关于全面深化改革若干重大问题的决定》中，我国首次提出了“提高直接税比重”的政策目标，随后在《深化财税体制改革总体方案》和“十三五”规划中多次重申。而从统计数据看，近年来我国的直接税占比稳步提升，2017 年已经达到 30%，同样表明直接税在我国税收体系中的重要性不断增强。

但是，目前我国的直接税体系仍然比较薄弱，个人所得税在税收收入中的比重只有 8%左右，房地产税还没有实现在全国范围内针对个人自有住房开征。因此，通过深化个人所得税和房地产税改革来强化我国的直接税仍然是未来税制改革的重要任务。关于这两个税种改革的具体问题将在后续章节详细探讨，这里不再赘述。

3. 完善地方税体系

地方税是国家税收体系中的重要组成部分，完善的地方税体系是规范的政府间财政关系的一个必要环节。然而，自 1994 年分税制改革以来，我国在地方税体系建设方面的成效不大，在 2002 年所得税分享改革和 2016 年“营改增”改革全面推开的进程中，个人所得税和营业税作为地方的原有主体税种先后被调整为共享税，地方税体系更为弱化，目前我国只有几个税源分散、税收收入规模较小的税种属于地方税（如图 13.6 所示）。

图 13.6 中国现行各税种按归属于中央、地方政府的情况分类

因此，完善地方税体系成为下一步的税制改革的一个重点任务，党的十九大报告将“建立权责清晰、财力协调、区域均衡的中央和地方财政关系”放在了财税体制改革的首要位置，同时将“健全地方税体系”作为深化税制改革的重点内容再次强调。

事实上，就中央和地方财政收入的总体占比看，我国的地方财政并不弱于中央财政。首先，从一般公共预算收入看(如图 13.7)，虽然分税制改革后中央财政的收入占比一度超过地方财政，但从 2011 年开始，地方财政收入的份额就超过了中央财政。也就是说，“营改增”改革并未直接导致地方财政收入份额下降。2016 年“营改增”改革在全行业推开，金融业、房地产业等营业税收入的主要来源行业也改征增值税，理论上可能对地方财政收入造成更大的冲击，但由于央地增值税分成比例由 75∶25 同步调整为 50∶50，2017 年地方财政收入份额仅小幅下降，仍然保持在 50%以上。其次，如果将一般公共预算、政府性基金预算和国有资本经营预算结合考虑，地方财政收入的占比更高，近年来都超过了 60%(如图 13.8 所示)。

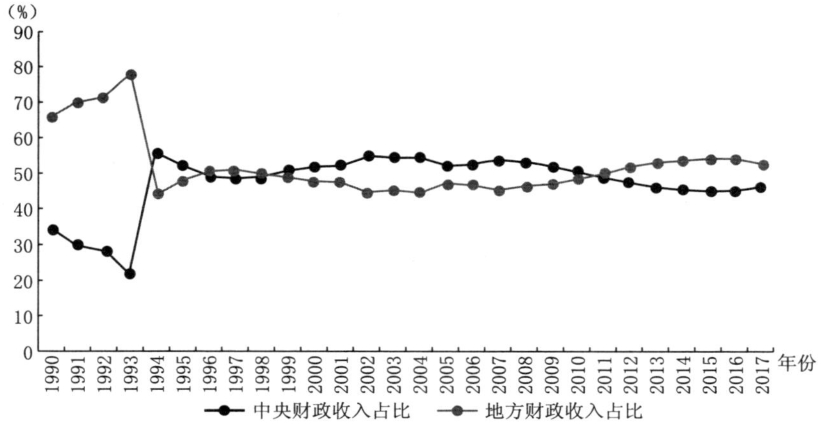

图 13.7　一般公共预算中的中央和地方收入份额

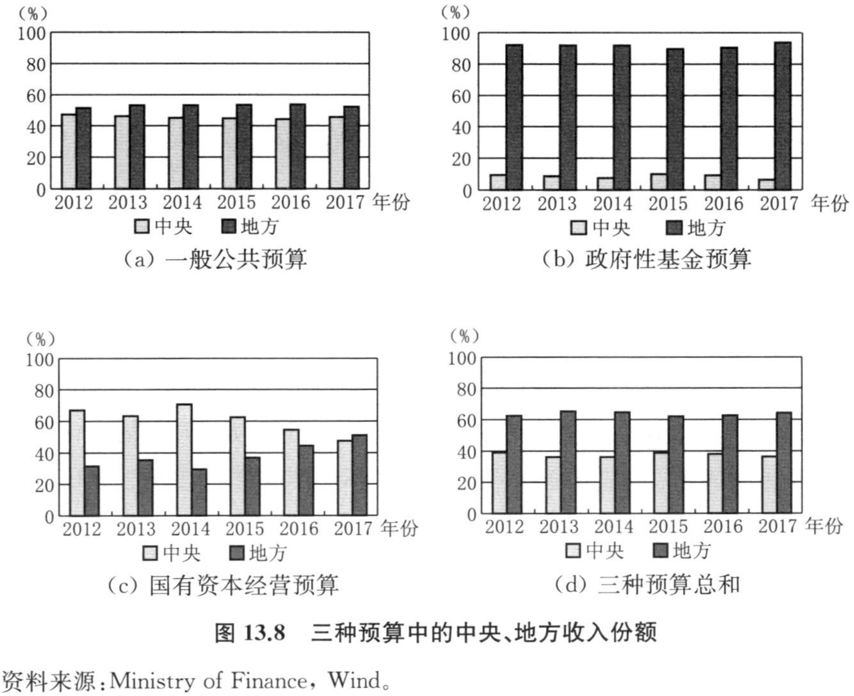

图 13.8　三种预算中的中央、地方收入份额

资料来源：Ministry of Finance，Wind。

因此，我国地方税体系不健全带来的问题主要是地方财政预算的收支在总量上和结构上不匹配，以及地方政府缺乏稳定的收入来源造成的预算统筹安排困难。近年来我国地方政府一般公共预算收入份额虽然在上升，一般公共预算支出份额的上升更快，导致收支缺口持续扩大。在现行分税制财政体制下，地方政府一般公共预算支出的缺口主要依赖上级财政的转移支付弥补。但上级财政的转移支付缺乏稳定性，还往往要求地方政府提供配套资金，这就导致地方政府提供地方公共产品的财政资金得不到充分的保障。

近年来，在培育地方税体系方面，我国已经采取了一些措施，主要是通过资源税的从价计征改革和环境保护税的开征增加地方税收入。但是，“营改增”改革后地方税主体税种缺位的问题仍然没有得到解决。

从国际经验看，有两个主要税种可能作为我国地方税体系中的新主体税种，一是房地产税，二是在零售环节征收的消费税或零售税。就房地产税而言，我国在“十三五”规划中已经明确指出要“完善地方税收体系建设，推进房地产税立法”，2018 年的政府工作报告也指出，“要健全地方税体系，必须稳妥推进房地产税立法”，可见将房地产税作为新的地方税主体税种已是我国完善地方税体系的既定方针。就消费税而言，目前党的纲领性文件还未明确指出将把消费税培育为地方主体税种或开征新的零售税作为地方主体税种，但学术界近年来涌现了很多这方面的理论探索（吕冰洋，2013；尹音频和张莹，2014），因此这一改革方向也是值得关注的。

由于目前房地产税仍然未对家庭自住住房征收，消费税仍然主要在生产环节征收，因此，房地产税和消费税的改革是我国完善地方税体系的必要前提，其具体内容将在后文详细探讨。

4. 进一步推进税收征管现代化

在下一阶段的税制改革中，税收征管现代化对于我国税收制度的优化将发挥越来越重要的作用。具体来说，金税工程三期的推广上线和功能开发的深化将使增值税及相关税种的征管效率显著增强，全国统一的不动产信息登记系统、全国统一的个人所得税征管系统将使房地产税和个人所得税的改革得以加速进行。

特别值得提及的是，区块链技术已经在我国税收征管中得到应用。作为一种去中心化分布式数据库技术，区块链可自动实现对交易信息真实性的核查，并保证交易数据的可追溯和不可篡改性，因此可能从根本上克服税务机关和纳税人在涉税信息上的不对称，带来我国税收征管模式的新的革命。

征管效率的提升意味着更宽广的税基，在此前提下，我国将有能力实施更广泛、更一般性的减税政策，使目前指向性相对较强、范围相对较窄，且对纳税人的合规和税务机关的核查都带来较高成本的大量结构性减税政策能够逐步退出。“简税制、宽税基、低税率、严征管”相得益彰，税收征管现代化将带动税收体系的全面的现代化，我国在国际税收竞争中也将占据更有利的地位。

13.3.2　主要税种的改革

1. 增值税制的改革

在完成增值税转型改革和“营改增”改革后，我国已经建立起规范的消费型增值税的基本框架，然而目前我国的增值税制仍然存在多种税率并存、小规模纳税人过多和税收抵扣不实等问题，使增值税作为一种“中性”税收有利于消除重复课税的优越性难以充分发挥。

作为一个普遍征收而不是调节性的税种，规范的增值税制的一个典型特征就是税率简化，我国在 1994 年税制改革中对增值税设置 17%、13%和 0 三档税率，就是为了体现这一要求。然而，经历了 1994 年以后不同程度的税制调整，特别是“营改增”改革后，我国的增值税又形成了多种税率并存的格局，其中增值税一般纳税人（包括小规模纳税人）适用 16%、10%和 6%三档税率，适用简易计税方法的纳税人适用 3%或 5%的征收率，同时对购进农产品规定了 10%和 12%两档进项抵扣率，对出口退税规定了 5%、9%、10%、13%、15%和 16%六档退税率。税率档次多增加了征纳双方的成本，为征管带来困难，也扭曲了商品价格体系，破坏了增值税抵扣链条的完整性和增值税的“中性税收”特性。因此，未来需要深化增值税改革，进一步简并税率，其中一般纳税人目前适用的三档税率最终宜合并为两档税率。为实现宏观税负的稳步下降和税制结构的优化，增值税税率简并的过程同时也将是税率下调的过程。

考虑到一些企业因为会计核算不健全，难以准确计算抵扣税款，我国将增值税的纳税人划分为增值税一般纳税人和小规模纳税人。“营改增”全行业推开后，我国将增值税小规模纳税人的标准规定为年应征增值税销售额 500 万元及以下。相比较而言，“营改增”前的小规模纳税人标准为年应征增值税销售额 50 万元以下（主要针对从事工业的纳税人）或 80 万元以下（针对其他纳税人）①，“营改增”改革试点期间原征收营业税行业的小规模纳税人标准为年应征增值税销售额 500 万元以下，因此小规模纳税人的范围大大扩展了。由于小规模纳税人的增值税实行定率全额征收的办

① 2009 年增值税转型改革之前，工业企业和商业企业的小规模纳税人标准分别为 100 万元和 180 万元。

法，相当于仍然征收营业税，大量小规模纳税人的存在影响了增值税制的规范性。目前这一做法有利于支持中小微企业发展，但是长期而言，为了完善增值税制，应逐步缩小小规模纳税人的比例。

我国现行增值税实行的是购进扣税法，在进项税款抵扣方面存在着少扣和多扣两种现象并存的状况，税款抵扣不实。具体表现在：第一，在增值税存在多档税率、征收率和抵扣率的情况下，如果进销环节的税率不一，就会导致增值税多扣或少扣，抵扣不实。第二，一般纳税人和小规模纳税人的抵扣政策不同，一般纳税人如向小规模纳税人购进货物和应税劳务，只能抵扣3%或根本不能抵扣，也导致抵扣不实。第三，我国目前对于进项税额超出销项税额的增值税一般纳税人，一般均采取留抵的政策，而不给予退税，也导致抵扣不实。为减轻增值税期末留抵进项税额占用企业资金的问题，我国先后在集成电路（2011年）、装备制造（2018年）、研究开发（2018年）等行业推行增值税期末留抵退税政策，但是此项政策的实施范围仍然较窄。增值税税款抵扣不实，不仅违反了增值税原理，而且无法实行全额出口退税，对我国扩大产品出口、参与国际市场竞争造成不利影响。因此，未来我国需要进一步扩大增值税期末留抵退税政策，进一步简并税率、降低小规模纳税人比例，以从根本上解决增值税税款抵扣不实的问题。

2. 消费税制的改革

自1994年税制改革开征消费税以来，通过多轮的税目、税率调整以及成品油税费改革，我国的消费税制得以不断完善。然而，适应“营改增”改革完成等税制改革的最新进展，适应我国经济增长方式转换和地方税体系完善对消费税作用的新要求，消费税的税目、税率、征税环节等仍然面临新的调整和改革。

从经济社会发展和税收调节作用的需要看，消费税征收范围仍然偏窄，税基偏小。未来一是有必要将部分高耗能、高污染和资源性产品纳入征收范围，如大型机动车、一次性包装物、破坏臭氧层化学品和电子产品等，二是有必要将部分高档消费品（如私人飞机、红木家具等）和消费行为（如KTV夜总会、高档餐饮、高档洗浴、美容美体等）纳入征收范围。

作为主要发挥调节作用的税种，消费税的税率结构需要根据其调控目标合理设置，但目前一些重要应税消费品的税率从国际比较看仍然偏低，未来卷烟、高度白酒、成品油，以及实木地板、木制一次性筷子等资源性产品的税率仍有进一步上调的空间。

从消费税的征收环节看，国外消费税的征收多选择在零售环节，而我国现行消费税制对应税消费品主要在生产和进口环节征收。采用这种征收方式，虽有助于加强税源控管，减少征收成本，但是也存在明显的局限性：首先是征收中生产环节难以界定，不利于防范逃避税；第二，占用企业资金，增加了生产企业的资金成本；第三，以价内税形式向生产企业征收，税负不直接体现在销售价格上，削弱了消费税的消费导向作用；第四，在生产环节征收，强化了地方政府对生产环节税收的依赖，不利于鼓励地方政府采取措施改善消费环境、扩大内需和优化经济结构。“十三五”期间，我国在消费税征收环节改革上做出了新的尝试，主要对“超豪华小汽车”在零售环节加征 10%的消费税。在借鉴国际经验的基础上，未来将更多应税消费品的征税环节逐步调整到零售环节是消费税改革的一个重要方向。

3. 个人所得税制的改革

2018 年 8 月 31 日全国人大常委会对个人所得税法进行第 7 次修正使我国个人所得税制从分类税制向综合与分类相结合的个人所得税制转型，个人所得税制改革向前迈进了一大步。

但是，财政部和国家税务总局有关负责人在全国人大常委会办公厅举办的新闻发布会上表示，我国还将进一步推进综合与分类相结合的个人所得税制改革。全国人大常委会曾于 2018 年 6 月 29 日将个人所得税法“修正案”的草案向社会公布并进行为期一个月的意见征集，引发了社会各界的热烈讨论，通过将其中的代表性意见进行梳理，可以看出“修正案”的部分条款争议较大，可能成为未来的个人所得税制改革重点：

第一，四类劳动所得合并适用 45%的最高边际税率，可能与我国创新发展的国家战略不相适应。修正案保留 45%的最高边际税率，其本意是为了发挥个人所得税的再分配功能。然而，鉴于股息红利、利息等资本所得的最高税率仅为 20%①，仅对劳动所得累进计税，并不足以强化对高收入群体的调节，并且，研究表明，与平均税率和免征额相比，累进的税率结构对我国个人所得税再分配效应的影响并不大（岳希明等，2012）。改革开放之初，在资本短缺、劳动力过剩的状态下，我国形成劳动重税、资本轻税的个人所得税制有其合理性，但近年来，中国经济正由投资驱动向创新驱动转

① 多项资本所得在 20%的法定税率基础上还可以免税，如储蓄存款利息所得、国债利息所得免税，在证券市场上的转让股票所得免税，持有股票超过一年获得的股息红利所得免税等。

变，同时从世界范围看，国家之间的竞争也日益体现为人才的竞争，工资薪金、劳务报酬、稿酬和特许权使用费四项综合所得较高的人群往往是各类高端人才，对他们课征高税很可能削弱其创新积极性，或增大我国引进人才的难度。据世界银行 2018 年发布的全球营商环境排名(Doing Business Index)，我国的劳动所得税和社保缴费负担在 189 个经济体中由低到高排名第 188 位(如图 13.9 所示)，仅次于法国，个人所得税最高边际税率高达 45%显然对此有重要的影响。相比之下，在特朗普政府减税后，美国的个人所得税最高边际税率仅为 37%。因此，未来我国有必要顺应国际税改趋势，简并个人所得税税率档次，降低综合所得的最高边际税率。

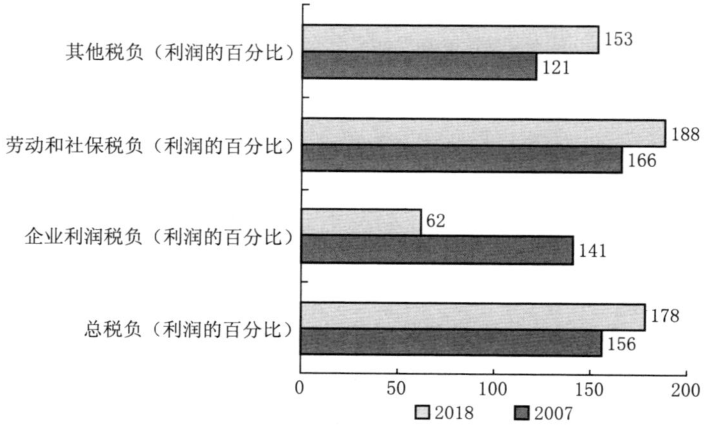

图 13.9 世界银行对于中国税负水平的排名结果(2007/2018)

资料来源：世界银行，网址 http://www.doingbusiness.org/Custom-Query(2007 年共 168 个经济体，2018 年 189 个经济体)。

第二，"修正案"首次增加赡养老人支出、子女教育支出、继续教育支出、大病医疗支出、住房贷款利息和住房租金等专项附加扣除，2018 年 10 月 20 日，财政部与国家税务总局发布《个人所得税专项附加扣除暂行办法(征求意见稿)》规定了专项附加扣除的具体扣除额度和操作方法。但是，在"修正案"仍坚持以"个人"为个人所得税计税单位的前提下，专项附加扣除如何将以"家庭"为单位发生的支出落实到"个人"，如何能更好地体现税负的公平仍然面临不小的挑战，必将需要在执行中不断调整改进。

第三，"修正案"将工资薪金所得的费用扣除标准从每月 3 500 元提高到每月 5 000 元。考虑到个人所得税的纳税面(即纳税人数占城镇就业人数的比重)在此次税法修正后可能由 44%下降到 15%，短期内这一扣除标准将保持稳定，但未来随着城镇居民消费支出水平的提高，该标准仍将面临进一步的动态调整。

4. 房地产税制的改革

我国“十二五”规划明确提出将“研究推进房地产税”改革，且在 2011 年，即“十二五”规划的开局之年，即在上海和重庆启动了房产税改革试点，迈出了对个人自住住房征收房产税的关键一步。“十三五”规划中再次强调“完善地方税体系，推进房地产税立法”，一方面表明我国在贯彻税收法定原则的基础上逐步推进房地产税改革的基本方针，另一方面也意味着房地产税改革将作为我国完善地方税体系的重要举措。由于对个人征收的房地产税属于直接税的一种，直接影响家庭的财富分配，推进房地产税改革的另一个重要意义在于提高直接税比重，完善我国的再分配政策体系。

2017 年 12 月 20 日，前财政部长肖捷在人民日报刊发《加快建立现代财政制度》的文章，重申了我国应按照“立法先行、充分授权、分步推进”的原则推进房地产税立法和实施，同时也指出将“适当降低建设、交易环节税费负担，逐步对工商业房地产和个人住房按照评估值征收房地产税，建立完善的现代房地产税制度。”另据媒体报道，目前全国人大常委会预算工作委员会、财政部以及其他有关方面正在抓紧起草和完善房地产税法律草案，其进展受到各界的广泛关注。

由于我国房地产税的功能定位和总体框架已逐步清晰，未来房地产税改革推进的关键问题主要在于进一步完善改革方案，具体涉及各税制要素的设计、与土地出让金的衔接及与相关税费的关系等。

首先，房地产税制要素的设计主要涉及对税基（含免税规定）和税率的不同组合进行选择。目前在将房地产税设计成一种宽税基、低税率的普遍征收的税种，还是一种窄税率、高税率的主要发挥调节作用的税种方面，还存在一定的争议。但是，从现实可行性考虑，窄税基、高税率的方案显然更易于为社会接受。考虑到各地区在房价、人均住房面积和人均收入等方面的差异较大，由各省级地方政府在中央政府规定的浮动区间内选择本地具体适用的免税面积（或免税价值）和税率水平较为合理。

其次，房地产税改革的进程也是我国完善税制，规范政府收入形式的过程。长期看，我国房地产税应逐步取代土地出让金制度，并与城镇土地使用税、耕地占用税、契税、土地增值税及某些房地产相关的政府收费合并。然而，近年来我国每年国有土地使用权出让金收入的规模基本都超过 3 万亿元，2017 年甚至已经接近 5 万亿。房地产税开征初期，取得的财政收入将十分有限，远远无法取代土地出让金，因此短期内尚无法全面实现房地产税和土地出让金的衔接。但是，随着来自家庭的房地产税收入的稳步上升，应该创造条件尽快取消土地出让金或调整土地出让金的征收方式（如由一次征收改为在土地使用期限内分期征收），这样才能确保房地产税改革后纳税人的负担总体上保持稳定或有所下降，从而使房地产税改革得到社会公众更广泛的支持。

参考文献

陈钊、王旸：《“营改增”是否促进了分工：来自中国上市公司的证据》，《管理世界》2016 年第 3 期。

杜莉：《中国个人所得税再分配效应及其改善途径研究》，安徽大学出版社 2017 年版。

范子英、彭飞：《“营改增”的减税效应和分工效应：基于产业互联的视角》，《经济研究》2017 年第 2 期。

范子英、田彬彬：《税收竞争、税收执法与企业避税》，《经济研究》2013 年第 9 期。

方红生、张军：《攫取之手、援助之手与中国税收超 GDP 增长》，《经济研究》2013 年第 3 期。

封进：《中国城镇职工社会保险制度的参与激励》，《经济研究》2013 年第 7 期。

高培勇：《演变中的中国涉外税收优惠政策》，《涉外税务》1997 年第 8 期。

郭菊娥、钱冬、吕振东、熊洁：《煤炭资源税调整测算模型及其效应研究》，《中国人口·资源与环境》2011 年第 1 期。

何茵、沈明高：《政府收入、税收结构与中国经济增长》，《金融研究》2009 年第 9 期。

李建军、刘元生：《中国有关环境税费的污染减排效应实证研究》，《中国人口·资源与环境》2015 年第 8 期。

李绍荣、耿莹：《中国的税收结构、经济增长与收入分配》，《经济研究》2005 年第 5 期。

刘怡、侯思捷、耿纯：《增值税还是企业所得税促进了固定资产投资——基于东北三省税收政策的研究》，《财贸经济》2017 年第 6 期。

刘怡、聂海峰：《间接税负担对收入分配的影响分析》，《经济研究》2004 年第 5 期。

刘宇、周梅芳：《煤炭资源税改革对中国的经济影响——基于 CGE 模型的测算》，《宏观经济研究》2015 年第 2 期。

卢洪友、朱耘婵：《我国环境税费政策效应分析——基于“三重红利”假设的检验》，《中国地质大学学报（社会科学版）》2017 年第 4 期。

吕冰洋、郭庆旺：《中国税收高速增长的源泉：税收能力和税收努力框架下的解释》，《中国社会科学》2011 年第 2 期。

吕冰洋、禹奎：《我国税收负担的走势与国民收入分配格局的变动》，《财贸经济》2009 年第 3 期。

吕冰洋：《零售税的开征与分税制的改革》，《财贸经济》2013 年第 10 期。

马拴友：《税收优惠与投资的实证分析——兼论促进我国投资的税收政策选择》，《税务研究》2001 年第 10 期。

马栓友：《税收结构与经济增长的实证分析——兼论我国的最优直接税/间接税结构》，《经济理论与经济管理》2001 年第 7 期。

那英剑：《对储蓄存款利息所得征收个人所得税之检讨》，《税务研究》2005 年第 7 期。

聂海峰、刘怡：《城镇居民的间接税负担：基于投入产出表的估算》，《经济研究》2010 年第 7 期。

聂海峰、岳希明：《间接税归宿对城乡居民收入分配影响研究》，《经济学（季刊）》2013 年第 1 期。

聂辉华、方明月、李涛：《增值税转型对企业行为和绩效的影响——以东北地区为例》，《管理世界》

2009 年第 5 期。

潘春阳、杜莉、蔡璟孜：《中国消费率下降之谜：基于资金流量表的分析(1992～2007)》，《上海经济研究》2010 年第 7 期。

彭海艳：《我国个人所得税再分配效应及累进性的实证分析》，《财贸经济》2011 年第 3 期。

万莹：《个人所得税对收入分配的影响：由税收累进性和平均税率观察》，《改革》2011 年第 3 期。

王亚芬、肖晓飞、高铁梅：《我国收入分配差距及个人所得税调节作用的实证分析》，《财贸经济》2007 年第 4 期。

吴祖光、万迪昉、吴卫华：《税收对企业研发投入的影响：挤出效应与避税激励——来自中国创业板上市公司的经验证据》，《研究与发展管理》2013 年第 5 期。

徐建炜、马光荣、李实：《个人所得税改善中国收入分配了吗——基于对 1997—2011 年微观数据的动态评估》，《中国社会科学》2013 年第 6 期。

许伟、陈斌开：《税收激励和企业投资——基于 2004～2009 年增值税转型的自然实验》，《管理世界》2016 年第 5 期。

杨国超、刘静、廉鹏、芮萌：《减税激励、研发操纵与研发绩效》，《经济研究》2017 年第 8 期。

杨鹃、付京亚：《我国资源税从价计征改革的环境效应分析》，《价格理论与实践》2015 年第 4 期。

尹音频、张莹：《消费税能够担当地方税主体税种吗?》，《税务研究》2014 年第 5 期。

余红艳、沈坤荣：《税制结构的经济增长绩效——基于分税制改革 20 年实证分析》，《财贸研究》2016 年第 2 期。

袁从帅、刘晔、王治华、刘睿智：《“营改增”对企业投资、研发及劳动雇佣的影响——基于中国上市公司双重差分模型的分析》，《中国经济问题》2015 年第 4 期。

苑新丽：《公司税的外国直接投资效应研究》，东北财经大学博士论文，2007 年。

岳希明、徐静、刘谦、丁胜、董莉娟：《2011 年个人所得税改革的收入再分配效应》，《经济研究》2012 年第 9 期。

岳希明、徐静：《我国个人所得税的居民收入分配效应》，《经济学动态》2012 年第 6 期。

岳希明、张斌、徐静：《中国税制的收入分配效应测度》，《中国社会科学》2014 年第 6 期。

张阳、刘慧：《税收因素对外国直接投资的影响分析》，《税务研究》，2006 年第 4 期。

周黎安、刘冲、厉行：《税收努力、征税机构与税收增长之谜》，《经济学(季刊)》2012 年第 1 期。

An, Z., 2012, “Taxation and foreign direct investment(FDI): Empirical Evidence from a Quasi-experiment in China”, *International Tax & Public Finance*, 19(5):660—676.

Arnold, J., 2008, *Do Tax Structures Affect Aggregate Economic Growth?: Empirical Evidence from a Panel of OECD Countries*, Paris: OECD Publishing.

Brys, B., S. Matthews, R. Herd, and X. Wang, 2013, “Tax Policy and Tax Reform in the People's Republic of China”, OECD Taxation Working Papers(18):1—60.

Chen, Z., Z. Liu, J. C. Suárez Serrato, D. Y. Xu, 2018, “Notching R&D Investment with Corporate Income Tax Cuts in China”, National Bureau of Economic Research Working Paper Series, No.24749.

Du, L., and Z. Zhang, 2018, “Measuring the Redistributive Effects of China's Personal Income Tax”, *Asia & the Pacific Policy Studies*, 5(2):220—234.

Du, L., 2015, “The Effects of China's VAT Enlargement Reform on the Income Redistribution of Urban Households”, *China Finance and Economic Review*, 4(2):72—96.

Du, L., 2017, “Does the Special Tax Zone Policy Still Matter for Foreign Investment in China? An Analysis Based on the Evolution of China's Special Tax Zones”, *Asia-Pacific Tax Bulletin*, 23(6).

Fan, H., Y. Liu, N. Qian, and J. Wen, 2018, “The Dynamic Effects of Computerized VAT Invoices on Chinese Manufacturing Firms”, National Bureau of Economic Research Working Paper Series, No.24414.

Gordon, R., and W.Li, 2009, "Tax Structures in Developing Countries: Many Puzzles and a Possible Explanation", *Journal of Public Economics*, 93(7):855—866.

Jia, J., and G.Ma, 2017, "Do R&D Tax Incentives Work? Firm-level Evidence from China", *China Economic Review*, 46:50—66.

Kneller, R., M.F.Bleaney, and N.Gemmell, 1999, "Fiscal Policy and Growth: Evidence from OECD Countries", *Journal of Public Economics*, 74(2):171—190.

Lee, Y., and R.H.Gordon, 2004, "Tax Structure and Economic Growth", *Journal of Public Economics*, 89(5):1027—1043.

Li, S., and T.Sicular, 2014, "The Distribution of Household Income in China: Inequality, Poverty and Policies", *China Quarterly*, 217:1—41.

Ma, G., J.Xu, and S.Li, 2015, "The Income Redistribution Effect of China's Personal Income Tax: What the Micro-data Say", *Contemporary Economic Policy*, 33(3):488—498.

OECD, 2013, *Addressing Base Erosion and Profit Shifting*, OECD Publishing, Paris.

Tung, S., and S.Cho, 2000, "The Impact of Tax Incentives on Foreign Direct Investment in China", *Journal of International Accounting, Auditing and Taxation*, 9(2):105—135.

Widmalm, F., 2001, "Tax Structure and Growth: Are Some Taxes Better Than Others?", *Public Choice*, 107(3):199—219.

Xing, W., and Q.Zhang, 2018, "The Effects of Vertical and Horizontal Incentives on Local Tax Efforts: Evidence from China", *Applied Economics*, 50(11):1222—1237.

Zhang, L., Y.Chen, and Z.He, 2011, "The Effect of Investment Tax Incentives: Evidence from China's Value-added Tax Reform", *International Tax & Public Finance*: 1—33.

Zhu, P., W. Xu, and N. Lundin, 2006, "The Impact of Government's Fundings and Tax Incentives on Industrial R&D Investments—Empirical Evidences from Industrial Sectors in Shanghai", *China Economic Review*, 17(1):51—69.

第 14 章

社会保障制度改革：成就、问题与展望

封 进 | 复旦大学经济学院

14.1 引言

在经济改革初期的 20 世纪 80 年代，我国社会保障制度只覆盖部分居民和劳动者，例如养老保险面向国有企业和机关事业单位工作的雇员，其他部门的劳动者和城乡居民均未被养老保险覆盖。农村合作医疗制度在 80 年代已经瓦解，到 1986 年只有 4.8%的村庄有合作医疗制度。①当时国家发展的重点在于经济建设和经济增长，在 1978—2001 的 20 多年中，我国 GDP 的年均增速达到 9.6%。伴随着经济高速增长，我国的贫困率大幅下降。根据世界银行的贫困标准，在 1981—2004 年间，生活在贫困线以下的人口数从 6.5 亿下降为 1.35 亿。②尽管如此，我国收入不平等程度自 90 年代中期开始持续上升，1997 年居民人均收入的基尼系数为 0.37，2008 年到达峰值 0.49，之后略有下降，2015 年仍高达 0.46。21 世纪初开始，政府颁布一系列公共政策，旨在促进经济可持续发展和社会健康发展。党的十七大报告将社会建设单列出专门的部分，提出“努力使全体人民学有所教、劳有所得、病有所医、老有所养、住有所居”

---

① 本章引用的统计数据除特别指出外，均来自《中国统计年鉴》《中国卫生统计年鉴》和《中国劳动统计年鉴》。

② 世界银行 2015 年 10 月前的贫困线为每人每天生活支出 1.25 美元，按照购买力平价计算。2015 年后上调至 1.9 美元。中国 2011 年的国家扶贫标准大致相当于每日 1 美元。按此标准，2011 年全国贫困人口数量为 1.28 亿人。

的发展目标。党的十九大报告明确了我国社会保障改革与发展的目标与方向，即不断增进人民福祉，全面建成覆盖全民、城乡统筹、权责清晰、保障适度、可持续的多层次社会保障体系，以满足人民日益增长的美好生活需要。

当前我国已经建立了较为完善的社会保障制度框架，包括社会保险、社会救助、住房保障等几个方面(图 14.1)，其中社会保险各项支出规模最大、覆盖人群最广、发挥的功能最为全面，是社会保障制度中最为重要的方面。社会保险基金支出占 GDP 的比重在 2017 年已经超过 5.5%，截至 2017 年底，社会保险中最大的两个项目，养老保险和医疗保险已基本达到全覆盖，养老保险参保人数约为 9 亿人，医疗保险参保人数约为 13.5 亿人，形成世界上最大的社会保障网。根据亚洲开发银行(ADB)的计算和统计，中国的社会保护指数在亚洲排名第 12 位(ADB, 2013)。中国也是达到联合国第一个千年发展目标(MDGs)的 62 个国家之一，即到 2015 年之前贫困率已下降了一半(United Nations, 2014)。

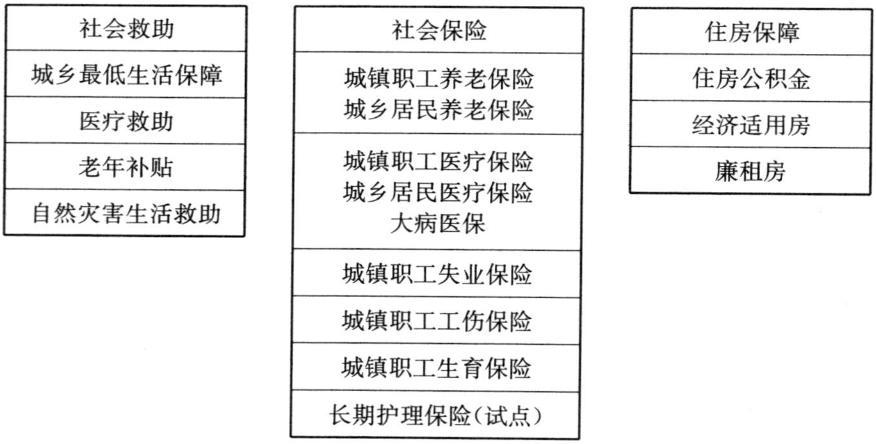

图 14.1 中国现行的社会保障体系

资料来源：作者整理。

展望未来，中国社会保障制度面临的主要挑战来自人口老龄化带来的巨大需求。中国 65 岁以上老年人口占比从 1990 年第四次人口普查时的 5.9%已经上升到 2010 年第六次人口普查时的 8.2%，预期 2030 年这一比例将达到 16.5%。①同时，我国自

① 根据联合国人口司的预测，2016 年版。

2012 年开始 15—59 岁劳动力年龄人口开始下降，国家统计局统计公报显示，2012 年我国 15—59 岁劳动年龄人口为 9.37 亿，比 2011 年减少 345 万，占总人口的 69.2%；2015 年，劳动年龄人口进一步降为 9.16 亿。老年人口劳动生产率较低，经济依赖性强，同时健康状况脆弱，医疗和照料需求较高。不言而喻，一个快速人口老龄化的国家需要将更多资源配置到社会保障体系中。

在经济增长"新常态"下，公共财政收入增长趋缓，财政对社会保障体系的补贴面临一定的压力。2014 年中国 GDP 下降为 7.4%，这是 1990 年以来最低的经济增长速度，最近几年的经济增长速度均不超过 7%。虽然相比全球平均 3.3%（2014 年）的增速而言，中国仍处于快速增长中，但与之前 20 年近乎 2 位数的增长相比，增速放缓带来的财政压力不容忽视。2014 年一般公共财政收入增长速度为 8.6%，这是在 1991 年以来增长最慢的一年。2016 年公共财政收入增长进一步下降到 4.8%，增速降到 1988 年的水平。长远看，社会保障制度需要提供更有效的保障，同时加强自身的可持续性。

本章第二部分回顾我国改革开放 40 年来社会保障体系发展成就，第三部分对最为关键的养老保险和医疗保险制度面临的问题进行较为深入的分析，第四部分是对未来财政能力和社会保障体系可持续发展潜力的展望，第五部分总结全文。

14.2 改革开放 40 年来社会保障体系的发展

改革开放以来，我国社会保障体系首先在城镇开始发展，在 2003 年之后逐步在农村地区全面发展。以下分别总结城镇职工社会保险制度、养老保险制度和医疗保险制度的发展成就。

14.2.1 城镇职工社会保险体系日趋完善

我国于 1951 年 2 月颁布了第一个劳动保险方面的管理规定，即《劳动保险条例》。条例为国有企业职工建立了社会保障制度，《劳动保险条例》在 1953 年、1958 年和 1978 年分别做了修订，但主要内容只涉及养老保险、劳保医疗或公费医疗和工伤保险三项。随着经济体制改革的进行，原有的劳动保险体系已经不能适应经济体制改革的要求，出现了一些不利于国有企业改革的问题。例如，国有企业对退休人员所承担的养老负担阻碍了企业的重组和改革。在国有企业试图吸引外部资金时，投资者通常不愿意接管庞大的养老支出负担，因此在吸引资金方面国有企业落后于其他所有制形式的企业。一方面，由于国有企业负担了养老保险的社会职能，妨碍了市场机制作用的发挥；另一方面，政府也不能顺利地退出企业，企业也不能破产。由于国有企业承担着提供养老保险的社会职能，因此即使当国有企业处于低效率经营甚至资产流失状态时政府也不会轻易就决定其破产，因为政府所要考虑的因素远不止能否使国有企业资产增值与保值的问题，还要考虑社会保障的目标。

将企业提供各类保障社会化的另一动因是人口老龄化的压力。城镇人口老龄化已经初见端倪，中国的人口年龄结构逐渐从原来的雪松状向蘑菇状演变。65岁以上人口占总人口的比例从1964年的4.5%增加到1982年的5%和1990年的5.57%，而养老保险所覆盖人群的老龄化问题则更加突出。养老保险体系内的负担系数在1978年为0.033，即在职职工和退休人员的比例为30∶1，5年后，到1983年就超过了10∶1，1990年达到6∶1，在职职工的负担是1978年的5倍。

在上述背景下，城镇职工社会保险制度在20世纪90年代开始建立并逐步完善。1991年国务院颁布《关于企业职工养老保险制度改革的决定》，标志着养老保险社会化和多层次的养老保险体系的启动；国务院1998年颁布的《关于建立城镇职工基本医疗保险制度的决定》（1998年44号文件），公费、劳保医疗制度按照统一的新制度和政策开始改革；1999年颁布的《失业保险条例》；2003年颁布的《工伤保险条例》；劳动部在1994年颁布了《企业职工生育保险试行办法》。

最近10多年来，城镇职工社会保险制度的覆盖面有了长足的增加（图14.2）。以参保人数占城镇就业人数衡量，1999年到2015年间，养老保险覆盖面从42%提高到

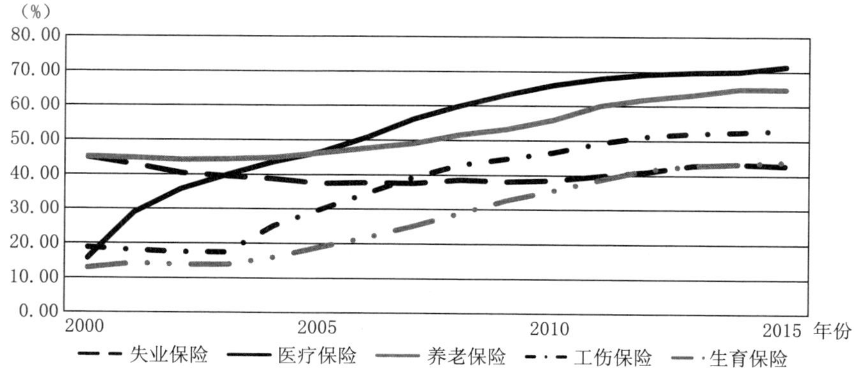

图14.2　城镇职工社会保险覆盖面（2000—2015年）

65%，医疗保险从 9%提高到 72%，工伤保险从 17%提高到 53%，生育保险从 13%提高到 44%，只有失业保险的覆盖面没有明显变化，维持在 43%左右。与此同时，社会保险基金支出也逐年增加，到 2015 年占到 GDP 的 5.14%（表 14.1），其中养老保险是支出最多的项目，占到社会保险总支出的 74%，医疗保险支出在其次，占 21%。

表 14.1　社会保险支出水平

	2007 年	2008 年	2009 年	2010 年	2011 年	2012 年	2013 年	2014 年	2015 年
社会保险基金总支出（十亿元）	789	992	1 214	1 454	1 763	2 151	2 559	2 999	3 509
养老保险（十亿元）	596	739	889	1 055	1 276	1 556	1 847	2 175	2 581
医疗保险（十亿元）	156	208	263	327	401	487	583	670	753
失业保险（十亿元）	22	25	37	42	43	45	53	61	74
工伤保险（十亿元）	9	13	16	19	29	41	48	56	60
生育保险（十亿元）	6	7	9	11	14	22	28	37	41
社会保险基金总支出占 GDP 比例（%）	2.96	3.09	3.48	3.54	3.64	3.99	4.33	4.65	5.14

资料来源：《中国统计年鉴》。

14.2.2　养老保险制度基本实现全覆盖

当前我国已建立了多种制度并存的养老保险体系（表 14.2）。20 世纪 90 年代中期到 21 世纪头十年这一阶段主要是对城镇职工基本养老保险的制度框架进行重构，建立了统账结合的养老保险制度，以应对人口老龄化对基金平衡的压力和减轻财政负担。1997 年国务院建立了企业职工统一的养老保险制度，走向现收现付制和个人账户相结合的部分基金制。2005 年进一步完善了企业职工基本养老保险制度。同时扩大养老保险的覆盖面，将非国有企业纳入养老保险体系，覆盖城镇除机关事业单位之外的职工。城镇养老保险参保职工占城镇就业人员的比重从 2000 年的 45%增长到 2010 年的 56%（图 14.2）。

2009 以来，建立了居民养老保险，加大财政补贴。为填补广大农村居民在养老保险方面的空白，2009 年推出新型农村社会养老保险制度，以覆盖 16 周岁以上农村居民。2011 年推出城镇居民社会养老保险制度，覆盖城镇不符合职工基本养老保险参保条件的城镇非从业居民。2014 年 2 月，国务院常务会议决定合并新型农村社会养老保险和城镇居民社会养老保险，建立全国统一的城乡居民基本养老保险制度。

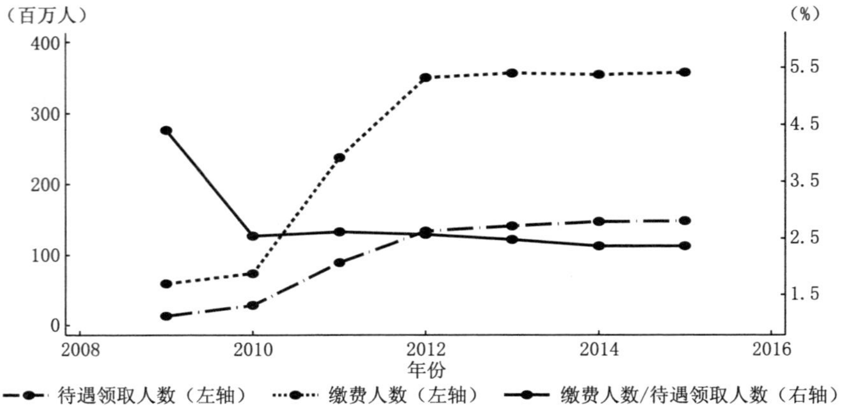

图 14.3　城乡居民养老保险的缴费人数与待遇领取人数及其比例

资料来源：《中国统计年鉴》，2008—2016。

目前我国形成了多种类型养老保险并存的格局，即城镇企业职工基本养老保险（简称：基本养老保险）、机关事业单位养老保险、城乡居民养老保险（包括城镇居民养老保险和新型农村养老保险，简称“城居保”和“新农保”）等三大类。表 14.2 列出了各类养老保险的基本内容。

表 14.2　各项养老保险制度比较

项　目	企业职工基本养老保险		机关事业单位养老保险	城乡居民养老保险	
建立时间	设立于 1951 年；现行制度安排根据 1997 年和 2005 年的两次改革		设立于 1951 年；现行制度根据 1978 年的改革；2015 年与企业职工基本养老保险并轨	城镇居民养老保险 2011	新型农村养老保险 2009
参保人	各类城镇就业人员		机关事业单位人员（2015 年之前进入工作岗位）	16 岁以上城镇非从业居民	16 岁以上农村居民
缴费水平	统筹账户：工资总额的 20%左右（依各城市情况而定）。由雇主缴纳	个人账户：缴费工资的 8%，有上限与下限，在当地平均工资的 60%—300%之间。由职工缴纳	无需缴费	个人缴费，缴费档次可选择；有政府补贴；全部进入个人账户	同左。但缴费档次设定不同

续表

项　目	企业职工基本养老保险		机关事业单位养老保险	城乡居民养老保险	
待遇水平	基础养老金：至少缴满 15 年，工作 35 年的基础养老金替代率为 35%	对于工资为平均水平，工作 35 年的雇员，替代率为 59.2%，其中 35% 来自基础养老金，24.2% 来自个人账户养老金	平均替代率为个人退休前工资的 70%—90%	基础养老金＋个人账户养老金	基础养老金＋个人账户养老金
是否强制	强制	强制	自愿	自愿	

资料来源：作者根据国务院相关文件整理。

城乡居民养老保险在人口老龄化程度进一步加深和收入差距扩大的背景下推出。老年群体的贫困率，尤其是农村老年群体贫困率较高，根据 2006 年全国有代表性的抽样调查，中国城乡老年人调查，农村地区 19% 的老人的消费水平在国家规定的贫困线以下（Dorfman et al., 2013）。2009 年新型农村养老保险的推出旨在提供消除老年贫困、广覆盖的社会保障。

现有文献对农村养老保险制度的效果做了广泛的评价，肯定了其成就。主要在以下几个方面。第一，对老年人居住模式的影响。有研究发现新农保提高了老年人的经济独立性，降低了老人在经济来源和照料方面对子女的依赖（程令国等，2013），尤其对于健康程度较好、社会经济地位较高的老人而言（Cheng et al., 2016）。①还有研究发现在经济发展程度不同地区，新农保对居住模式的影响不同，新农保降低了与子女同住的可能性，这一效应在经济不发达地区农村更大（Chen et al., 2017）。第二，新农保提高了老年消费支出水平，由于可支配收入增加，减少了贫困发生（张川川等，2015；岳爱等，2013）。第三，老年群体的劳动参与率下降，减轻了劳动负担（张川川等，2015）。第四，提高了老人的健康水平。除了劳动负担减轻可能带来健康改善外，新农保还增加了医疗支出水平，增加了对老人的非正式照料，提升了老人自我感知的收入水平（Chen et al., 2017; Cheng et al., 2016），这些都是健康改善的来源。第五，降低了子女代际转移负担（张川川和陈斌开，2014），有研究表明老人领取的养老金在

① 程令国等（2013）和陈华帅等（2013）的这两项研究均利用 2008—2011 年两期的中国老年健康影响因素跟踪调查（CLHLS）数据。张川川和 Giles 等（2015）的研究基于中国健康与退休跟踪调查（CHARLS）数据。Chen 等（2017）的研究采用了在甘肃和山东两省的调查数据。

均值上每增加一元钱，其子女提供的代际支持将减少 0.808 元；与未参保老人相比，2011 年参保老人所获得的子女代际支持金额相对减少了 587 元/年，占同期领取养老金收益的 62.4%（陈华帅等，2013）。

14.2.3　医疗保险制度实现全民覆盖

我国医疗保险也存在多种制度，其中主要包括城镇职工基本医疗保险（城职保），城镇居民医疗保险（城居保）以及新型农村合作医疗保险（新农合）三类保险，如表 14.2 所示。其中，城职保主要覆盖的人群是城镇就业人员，实行强制参保原则，采用个人和单位共同缴费并建立医疗保险基金。城职保也可自愿参保，即对于灵活就业人员可以根据自身的实际情况，选择参加城职保。①城居保主要覆盖的人群是城镇地区非就业人员，城居保制度从 2007 年 10 月起，开始在全国各地陆续开展试点工作，截至 2011 年末城居保在全国各个地区实现了制度全覆盖；与城职保不同，城居保采取个人或家庭自愿参保，并且以家庭缴费为主，政府适当补贴。而新农合主要覆盖人群是农村居民，仍采用个人或家庭以自愿的方式参加保险，并且采取个人缴费，集体扶持和政府补贴的方式筹集资金。2016 年整合城镇居民基本医疗保险和新型农村合作医疗两项制度，从而建立统一的城乡居民基本医疗保险制度，合并后的居民医保政策所覆盖的对象为城镇以及乡村灵活就业或无业人员。②表 14.2 列出了这三类医保政策在缴费标准和待遇水平上存在显著的差异。总体上看城职保的筹资水平和待遇水平都要高于城居保和新农合的水平。

表 14.3　各项医疗保险制度比较

	城职保	新农合	城居保
建立时间	1998 年	2003 年	2007 年
覆盖人群	城镇职工	农村居民	城镇居民、自雇及灵活就业人群

① 2010 年颁布的《中华人民共和国社会保险法》（主席令第三十五号）中第三章第二十三条规定：无雇工的个体工商户、未在用人单位参加职工基本医疗保险的非全日制从业人员以及其他灵活就业人员可以参加职工基本医疗保险，由个人按照国家规定缴纳基本医疗保险费。

② 2016 年 1 月《国务院关于整合城乡居民基本医疗保险制度的意见》（国发〔2016〕3 号），提出六个统一的思路，即统一覆盖范围，统一筹资政策，统一保障待遇，统一医保目录，统一定点管理，统一基金管理。希望到 2017 年开始建立统一的城乡居民医保制度，2017 年底基本实现符合转诊规定的异地就医住院费用直接结算。

续表

	城职保	新农合	城居保
筹资渠道和水平	雇主和雇员缴费共同缴费(雇主缴费率为 6%,雇员缴费率为 2%),2015 年人均缴费 4 223 元	政府补贴(约 80%)和个人缴费(约 20%),2017 年人均筹资 180 元,各级财政补贴 450 元	政府补贴(约 70%)和个人缴费(约 30%),2017 年人均筹资 515 元,各级财政补贴 403 元
住院报销比例(2014,目录内)	80%	75%	70%
报销门诊费用的县的数量(2013)	100	79	58
报销门诊大病和慢性病的县的数量(2013)	100	89	83
目录内药品种类(2013)	2 300	800	2 300
报销封顶线	本市职工社会平均工资的 6 倍	当地农民人均纯收入的 6 倍	当地人均可支配收入的 6 倍
人均基金支出(2014)	2 367	393	457
是否强制	是	否	否

注:本表根据相关政策资料由作者自行整理。

我国医保覆盖面迅速扩大,是医疗改革最重要的成就。图 14.4 所示,2005 年时城职保加新农合总共只覆盖了 3.2 亿人,到 2014 年城职保、城居保和新农合已经覆盖了 13.3 亿人。虽然医保覆盖面不断扩大,但普通医保的最高报销额度有限,通常不超过 3 万—10 万元,大病负担依然严重。全球著名的医学杂志《柳叶刀》在 2012 年的文章指出,2011 年中国发生灾难性医疗支出的家庭比例为 13%,农村家庭发生比例为 14%。为应对大病医疗负担,2012 年由国家发改委牵头六部委联合下发了开展大病医疗保险的指导意见,建立大病保险制度,对重大疾病导致的高额医疗费用进行再次报销或提高报销比例,大病医保报销比例不低于 50%。2015 年国务院进一步明确,到 2015 年底,大病保险要覆盖所有城乡居民,到 2017 年大病保险制度基本建立。

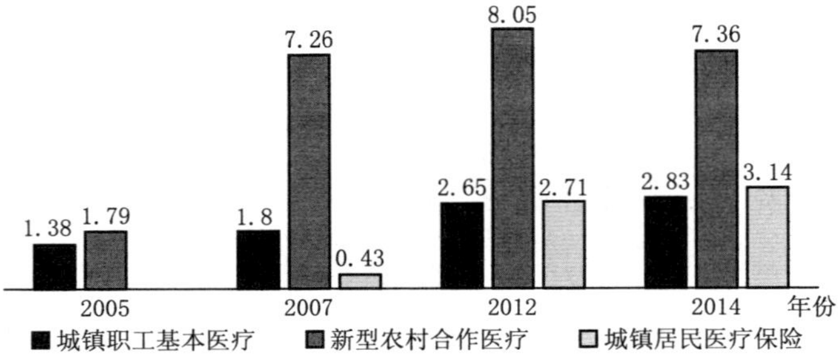

图 14.4 各项医疗保险参保人数(亿人)

现有研究对城乡居民医疗保险的效果评价表明，医疗保险的引入明显提升了医疗服务利用。有研究发现，城居保的推出使得贫穷地区低收入家庭的医疗服务利用率有了明显改善，提升了住院的可能性和门诊服务使用(Liu and Zhao, 2014; Chen et al., 2014)。①对于低收入家庭有明显的扶贫效果，尤其对于受到大病冲击的家庭(黄薇,2017)。在合适的补偿模式下，大病医保对降低灾难性医疗支出发生率的作用也将十分明显(朱铭来等,2017)。新农合针对广大农村地区，覆盖面广，近年来学术研究对新农合制度的评价有丰富的成果，尽管所采用的方法和选取的样本有所差异，结论也并不一致，但对新农合的成效仍有一些共识。

第一，提高了医疗服务利用率。医疗保险降低了自付的医疗价格，因而增加了农民对医疗服务的需求，Wagstaff 等(2010)的研究发现在实施新农合的县，农民 2 周就诊率明显超过未实施新农合的县。②同样，一年住院率也是如此。而且，新农合显著增加了在村诊所就医的概率。利用"中国健康与营养调查"2006 年和 2009 年数据的研究也有同样的发现，新农合显著增加了医疗服务的总体利用率，但对较高层级的医疗机构(如县医院、市医院等)的利用率并没有显著影响，这主要是医疗费用水平和报销比例的差异所致(Liu and Zhao, 2014)。

第二，降低了医疗服务利用的不平等。在新农合推出之初，有观点认为，高收入者会比低收入者更多地利用卫生资源，因而医疗保险推出后，会导致富人受益超过穷人，出现穷人补贴富人的情况。但是事实上，收入较低的农民比收入较高者更多地利用医疗服务。进一步，将医疗服务不平等分解为不同的影响因素，如收入、身体状况、

① Liu 和 Zhao(2014)用的数据是 2006—2009 年中国健康与营养调查(CHNS)数据。Chen 等(2014)的数据是 2008—2011 年城居保(URBMI)4 轮调查。

② Wagstaffet 等(2010)的研究用的是 2003—2005 年间中国 12 个省份 15 个县的农户调查数据。

有无医保等，可以看到低收入者身体状况较差是导致这一结果的主要原因。同时，医疗保险会显著增加医疗需求，当越来越多的低收入者被新农合所覆盖，医疗服务利用的不平等体现为益贫性，即穷人利用的服务相对更多(封进和刘芳，2012)。

第三，减少预防性储蓄，增加消费。尽管对农村家庭储蓄率的度量存在诸多争议，但长期以来，农民具有较强的预防性储蓄动机是不争的事实。这表现为农村家庭的消费倾向随着收入的增加而下降，即消费缺乏收入弹性。即使收入增加，农民也不敢增加消费，其中的重要原因是未来的医疗、养老等支出，存在很大的不确定性。医疗保险减少了未来支出的不确定性，因而有助于降低预防性储蓄(例如：Cheung and Padieu, 2015; Bai and Wu, 2014)。

14.3　我国社会保障制度发展中面临的问题

14.3.1　养老保险制度面临的主要问题

城镇职工养老保险制度在 2013 年当年收支已经呈现赤字，该制度存在的问题也越来越突出，主要有以下三个方面：第一，人口老龄化背景下，未来的养老基金平衡面临压力；第二，城镇职工养老保险制度覆盖面窄，制度的吸引力不足，尤其是随着城市化进程的不断推进，需要将养老保险覆盖到农村转移劳动力；第三，在全球化时代，劳动力成本成为中国国际竞争力的重要来源，因而需要处理养老保险水平和劳动力成本之间的矛盾。

城乡居民养老保险制度的待遇水平仍然较低，且未建立正常的增长机制。养老保险待遇主要靠政府补贴，尽管政府补贴逐年增长，但养老保险待遇相对于人均收入水平依然较低且变化不大。城乡居民养老保险的个人账户部分参与激励不足，缴费水平较低。

1. 养老保险缺乏参与激励

我国城镇养老保险制度的覆盖面虽然不断扩大，但仍然只有城镇就业人数的 65%，农民工参保率虽有增加，但也不超过 20%。这与企业和职工缺乏缴费激励有关。养老保险的缴费率(平均养老保险费与平均工资的比率)从 1991 年的 16%增加到 1997 年的 24%，已经到达比较高的水平，远高于其他很多国家，甚至通常认为的高福利国家的水平(表 14.4)。①但我国养老保险费的收缴率却不理想，随着统筹范围的

---

① 对 OECD 24 个国家社会保障缴费率的统计，只有丹麦(24.55%)、意大利(29.64%)、荷兰(25.78%)、西班牙(28.30%)和葡萄牙(34.75%)等 5 个国家的社会保障税高于中国。

扩大，统筹单位对地方的管理越来越难。我国的养老保险基金收缴率在改革后的前10年呈逐年下降趋势。这种状况到1999年仍未得到根本性转变。进入2000年后，基金收缴率稳定在85%左右。采用2004—2007年4个省份的制造业企业微观数据的研究发现，我国政策缴费率存在地区间差异，企业面临的政策缴费率对企业的参保程度有负向影响。私营、港台和外资企业在低缴费率地区相对于其他企业并没有下降，而在中缴费率和高缴费率地区却有明显的负向影响。研究中的模拟结果表明，将较高的政策缴费率下调5个百分点，可以使实际缴费率提高0.48—1.35个百分点，反而可以增加基金收入（封进，2013）。

在经济全球化的背景下，地方社会保险政策或多或少会考虑到其对资本流动和出口的影响，企业和地方政府可能通过缴费率、覆盖面和待遇的调整等措施决定地方的社会保险水平。在社会保险项目中养老保险的缴费负担最重，各地区经济全球化程度和养老保险水平之间的关系值得特别关注。研究表明，我国省际间养老保险支出占GDP比重的差异中，经济外向型程度的影响不可忽视，在其他因素相同的情况下，经济外向型程度较高省份这一比重较低（封进等，2010）。同样采用省级面板数据的研究进一步验证了地方政府之间的竞争，养老保险征缴强度会对外资流入产生明显的负面影响（彭浩然等，2018）。

表14.4　各国养老保险雇主和雇员缴费率比较（单位：%）

国　家	雇主缴费率	雇员缴费率	合　计
加拿大	5.0	5.0	9.9
法　国	6.8	9.9	16.7
德　国	10.0	10.0	19.9
瑞　典	7.0	11.9	18.9
英　国	11.0	12.8	23.8
美　国	6.2	6.2	12.4
日　本	7.7	7.7	15.4
韩　国	4.5	4.5	9.0
匈牙利	1.5	24.0	25.5
捷　克	6.5	21.5	28
智　利	—	18.8	18.8
巴　西	7.7	20.0	27.7
中　国	20	8	28

资料来源：世界银行HDNSP Pensions Database。

城乡居民养老保险同样存在参与激励问题。一方面，居民养老保险有政府补贴，从而有正向激励。制度推出时，60 岁及以上老人会自动获得养老金，并不需要缴费。对于需要缴费的参保人地方财政给予补助。养老待遇中的基础养老金全部来自政府补贴，个人缴费进入个人账户形成个人账户养老金。另一方面，居民养老保险个人缺乏缴费激励。在缴费方面，考虑到农民的收入差异和对养老需求差异，设定了不同的缴费档次。比如每年 100 元、200 元、300 元、400 元、500 元等多个档次，地方可以根据实际情况增设缴费档次，一般为当年农民人均收入的 4%—8%，与当地的经济发展程度相关。然而，绝大多数农民都选择了最低档。个人账户收益率较低是主要因素(Lei et al., 2014; Dorfman et al., 2013)。采用微观调查数据的计算结果表明，新农保的参保人更喜欢选择较低档的缴费、较短的缴费时间，参保率在年轻人中间较低，随着年龄增加而增加，但到 45 岁参保率会有一个提升，这是人们为了满足缴费年限满 15 年才能领取养老金这一条件做出的选择(Lei et al., 2014) 。

2. 城镇养老保险基金平衡压力较大

我国城镇基本养老保险基金规模逐步增长，1990 年基金收入占 GDP 比重只有 1.2%，到 2013 年这一比重已经增加到 3.4%(图 14.5)。长期以来基金收入一直大于基金支出，这一方面得益于覆盖面的不断扩大，参保职工人数的增长超过退休人数的增长。但基金平衡压力依然较大，基金收入中包含了财政补贴，财政对养老基金的补贴在 1990 年时约为 60 亿元，2015 年各级财政对养老基金的补贴高达 4 716 亿元，占到养老保险基金收入的 20%。若剔除财政补贴，当年收支在很多省份已经呈现赤字(郑秉文，2016)。

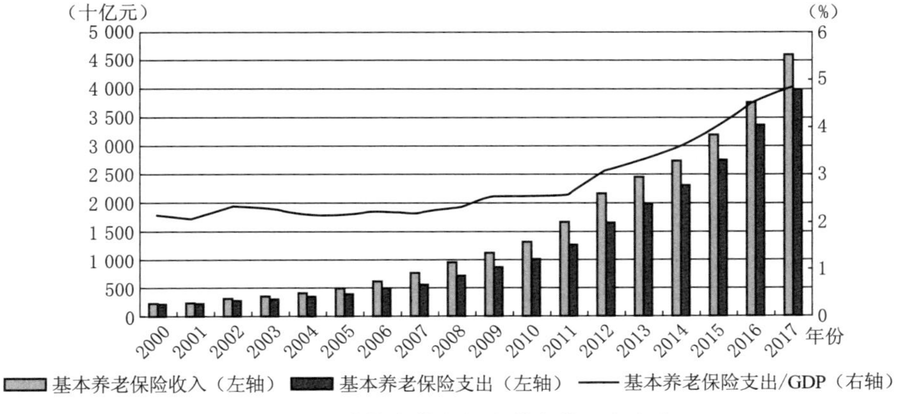

图 14.5　城镇基本养老保险基金收入和支出

资料来源：养老保险数据来源于人力资源与社会保障部；GDP 数据来源于《中国统计年鉴》。

未来基金平衡压力主要来自人口老龄化。城镇养老保险体系的负担呈现逐年上升趋势，领取养老金的退休人员数占在职职工数之比从1990年的18.6%上升到2010年的32.5%，相当于从每5.4个职工养一位退休人员变为每3个职工养一位退休人员。①这一变化趋势和中国整体的人口老龄化程度提高相一致，从1950年到2010年，60岁以上人口数量增长了3倍，占总人口的比重从7.5%增加到12.3%，达到1.65亿人；65岁以上人口占总人口的比重从4.5%增加到8.2%，达到1.10亿人。与此同时，劳动力年龄人口也经历了一个上涨过程，但其增长速度慢于老年人口占比增长的速度，15—59岁劳动力人口同期增长了1.85倍，占总人口比重从58.3%增加到68.2%，15—64岁人口增长了1.87倍，占总人口比重从61.3%增加到72.4%。②

14.3.2 医疗保险制度面临的主要问题

1. 医疗保险与医疗费用增长

各国医疗保险均面临不同程度的困境，其核心矛盾是，医疗保险是医疗费用上涨的推手之一，而医疗费用上涨是医疗保险可持续运行的主要威胁。当有了医疗保险之后，尤其在医保报销比例比较高的情况下，消费者对医疗服务价格的敏感程度下降，导致所花费的医疗费用比没有医疗保险的情况下大幅增加，即存在来自医疗消费方的道德风险。另一方面，因为病人有医保报销，医生也就比较容易采用较为昂贵的治疗方案，医院为了吸引病人，出现竞相购买大型医疗器械的情况，因而医疗保险还带来医疗供给方的道德风险（Yip and Hsiao, 2009）。这两方面的道德风险加重了医疗保险的负担。我国新农合推出后，县级医院的医疗费用随之上涨，患者自付费用并没有显著减少。有研究发现，由于医院对医保病人增加检查或用药，新农合提高了医疗费用（Wagstaff and Lindelow, 2008；Hou et al., 2014）。医疗费用上涨幅度与医保报销比例的增长幅度基本一致，医疗保险带来的好处被医疗费用上涨所抵消，政府补贴实际上主要给了供给方（封进等，2010）。

从医保基金运行情况看，我国医保基金遵循“以收定支”的原则，但随着医保覆盖面的扩大和医保保障程度的逐步提高，医保基金平衡的压力不断增大。人均

---

① 数据来源：《中国劳动统计年鉴》（2003，2011）。

② 本节数据来源：Population Division of the Department of Economic and Social Affairs of the United Nations Secretariat, World Population Prospects: The 2016 Revision, http://esa.un.org/unpd/wpp/index.htm。除特别标注外，本文所用的人口预测数据均来源于此。

基金支出增长迅速，2008 年之后增速明显加快。以城职保为例，2017 年人均基金支出为 3 122 元，为当年城镇居民人均消费支出的 12.8%，比 2007 年增长了 2.6 倍（图 14.6）。

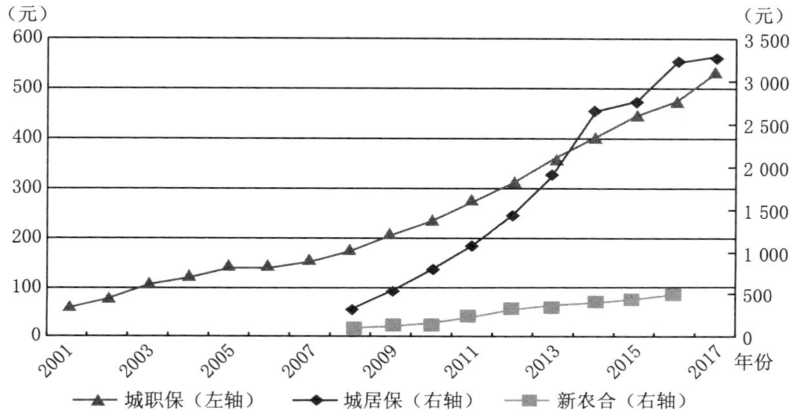

图 14.6　医疗保险人均基金支出变化
（城职保：2001—2017 年；城居保：2008—2017 年；新农合：2008—2016 年）

资料来源：《中国卫生统计年鉴》《中国劳动统计年鉴》。

2. 人口老龄化与医保基金平衡

我国卫生总费用增长迅速，1990—2010 年间，年均增长 19%，扣除物价上涨因素，实际增长 13%。①这其中有一些不合理因素带来的医疗费用增长，例如，医药生产流通体制和医疗管理体制的弊端，导致药价虚高（朱恒鹏，2007）；或政府投入不足，医院和医生缺乏控制医疗费用的激励等（姚宇，2014），也有由于人口老龄化和城乡差距缩小等客观健康需求带来的费用增长。与发达国家相比，我国人口老龄化对医疗费用的影响有两方面的特点。第一，我国医疗卫生体制处于快速变革之中，对不同时期出生的人可能有不同影响。第二，伴随着人口老龄化，城乡之间老年群体的医疗支出差距将逐步缩小。表 14.5 列出了相对于 2010 年各年由不同因素带来的医疗费用的相对水平。计算表明，1990—2010 年，由人口年龄结构和城乡差距缩小造成的医疗费用增长，年均增速为 2.7%，贡献了这期间年均实际增长率 13.3%的大约 1/5。从未来

① 中华人民共和国卫生部编：《中国卫生统计年鉴》，中国协和医科大学出版社 2013 年版。卫生总费用由政府支出、社会支出和个人支出三部分构成。

看，2010—2030年，上述因素带来的医疗费用年均增长在2.2%左右，比很多发达国家人口老龄化导致的医疗费用的增长要大得多。更需要重视的是，由城乡65岁以上老人的医疗需求带来的医疗费用增长，将达到年均5.2%(封进等，2015)。

表14.5 老龄化和城乡差距缩小导致的医疗费用增长(相对于2010年的倍数)

年份	1990	1995	2000	2005	2010	2015	2020	2025	2030
总人口	1 165	1 238	1 280	1 318	1 360	1 402	1 433	1 449	1 453
65岁以上人口占比	5.78	6.20	6.87	7.67	8.35	9.45	11.70	13.50	16.18
城市化率	0.26	0.30	0.35	0.40	0.46	0.52	0.60	0.70	0.75
导致的医疗费用增长									
人口年龄结构变化	68.38	75.74	84.14	92.89	100.00	107.29	116.12	121.97	126.74
人口年龄结构变化+城乡差距缩小	60.11	69.65	79.39	89.87	100.00	111.08	126.36	140.93	151.49
老年城乡差距缩小	44.73	57.01	69.42	84.02	100.00	123.26	167.21	211.31	263.74

资料来源：封进等(2015)。

3. 医保统筹层次与风险分担

统筹层次低带来两方面的不利影响。第一，医保基金风险分担能力和抗风险能力较弱。一般而言，根据医保基金运行遵循大数法则，统筹层次越高，基金抗风险能力越强，同时医疗保障程度可能得以提高。通常随着统筹层次提高，医保管理成本会下降，也会促进医疗基金使用效率的提高。长期以来我国医保基金管理在县市一级，城职保和城居保在市层面统筹，分别有333个统筹单位。新农合基金在县层面统筹，有2 852个县统筹单位，平均每个统筹单位人数约30万人口。另一方面，较低的统筹层次进一步加剧了导致各地区医保缴费和待遇规定的差异。由于医保基金结余情况各不相同，结余多的地区会提高待遇水平，收不抵支的地区进一步收紧医保支付，由此导致地区间在待遇方面的差异扩大，如此动态演变更不利于医保基金统筹层次的提高。第二，受到劳动力流动影响，我国存在大量异地就医情况，由于统筹基金之间的分割，异地报销十分困难，手续复杂，材料繁多，带来诸多额外成本。有研究发现，参加新农合使农村留守劳动力转移到城镇的概率明显较大幅度下降，使农村劳动力转移到本乡镇以外的概率下降的幅度更大，对中老年人的影响高于对年轻人的影响(贾男、马俊龙，2015)。异地就医的困难还增加了农民工返乡概率，一定程度上阻碍了农村转移劳动力真正转化为产业工人的进程(秦雪征等，2014)。

14.4　社会保障制度可持续发展展望

随着经济发展，我国社会保障体系日趋完善，提供的保障程度日益增强。但这一趋势亦受到严峻挑战，主要来自两方面：(1)人口老龄化的影响。随着人口老龄化，对社会保障需求快速增加，而来自年轻一代的代际转移能力相对下降；(2)经济增长速度放缓的影响。由此影响到财政对社会保障的公共支出，基金平衡压力难以缓解。

正如前文所述，社会保险体系是社会保障制度的主要内容，而社会保险体系中，养老保险和医疗保险是最为重要的两种项目。一方面，这两项保险支出在社会保险支出中占比超过 95%，虽然基本上实现了全覆盖，但社会公众对养老和医疗的需求日益增加。另一方面，这两项保险受到人口老龄化、工资增长、政府补贴等方面的影响，未来发展面临的挑战也较大。下面分别分析我国养老保险和医疗保险未来可持续发展的潜力。

14.4.1　养老保险可持续运行展望

促进养老保险基金可持续发展的途径无非是开源和节流两个方面，开源是更需要挖掘的方面。从我国现状看，增加养老保险基金收入仍具有潜力，包括延迟退休年龄、提高基金收益率、扩大覆盖面、提高统筹层次和增加财政补贴等几个方面。

(1) 通过延长退休年龄减轻人口老龄化对资金平衡的压力在我国有较大空间。中国男性的退休年龄比很多国家早 5 岁左右，女性早 10—15 岁，而预期寿命却差不多，过早退休导致人力资源浪费。政府现在出台这一政策存在阻力，是因为很大一部分低工资、低职位的职工承受了国企改革、养老金改革的成本，延迟退休意味着他们的退休金要下降，迫使他们承担更多的成本。延迟退休政策对不同年龄的劳动者就业的影响与劳动者年龄有关，对于就业的负面影响随着劳动者年龄的增加而增加(王天宇等，2016；阳义南等，2014)。我们采用养老金财富、总财富和福利 3 种指标测算了延迟退休政策对不同类型劳动者的影响。结果表明，延迟退休年龄会使得养老金财富下降，但女性养老金财富下降幅度较小。延迟退休带来的总财富变化为养老金财富变化加上延迟退休后工作年限增加带来的工资收入之和，对大多数人而言，延迟退休可增加总财富，且延迟退休年龄越大，总财富增加越多。但对于收入较低者而言，延迟退休带来的总财富增加较少(封进，2017)。

但未来这一政策的可行性会增加，一个重要的条件是劳动者受教育程度不断提高，2000 年和 2010 年 10 年间我国人口中受过大学以上教育人数从 4 600 万增加到 1.18 亿，预测表明，从现在到 2030 年，大学毕业以上劳动力会增加约 1.15 亿，而大学以下劳动力会下降 1.1 亿。通常而言，教育程度高的劳动力更愿意延迟退休，以更好地利用人力资本和收回人力资本投资。另一个是我们期待的条件，即劳动力市场将会不断完善，减少由于垄断带来的权力和工资差异，在此基础上，通过雇主和雇员的双向选择，采取灵活的退休年龄。

（2）提高养老保险基金收益率。一直以来，我国基本养老保险基金面临两难困境，一方面养老基金缺乏投资管理，个人账户收益率长期低于通货膨胀率，基金保值增值压力巨大；另一方面资本市场不成熟，投资风险对基金保值增值构成威胁。今后加强养老基金运用是大势所趋，目前采取的做法主要是委托全国社保基金投资运营。全国社保基金自 2001 年到 2015 年年均收益率高达 8.82%，社保基金理事会为养老基金投资运用提供了良好的平台。但需要指出的是，在人口老龄化趋势下，养老基金的投资收益率也会趋于下降。因而，提高年轻一代的劳动生产率是关键，如果年轻一代生产力和创造力下降，即使到老年的时候攒了很多钱，这些钱终将贬值，实际购买力有限。十九大报告并未重申“做实个人账户”这一提法，这意味着今后通过提升年轻一代人力资本水平来提升养老保险基金实际收益率是更值得重视的长远战略。

（3）尽快实现全国统筹。目前全国层面看养老保险基金的累计结余超过 4 万亿元，大概可用于 16 个月的发放，而且未来如果能更好地运用养老基金结余，提高收益率，则养老保险基金的供款能力将进一步提升，但这只有在全国统筹的框架下看才有意义。我国地区间差异较大，当前养老保险基金只在省级层面统筹，有些省份有较多盈余，有些省份则需要大量政府补贴。这主要和各地区人口老龄化程度差异有关，例如从职工人数和退休人数之比看，全国是 2.87，即 2.87 个在职人员供养 1 个退休人员，但东三省这个比例不超过 2（黑龙江只有 1.37），广东省为 9.78，北京市也高达 5.02。十九大报告特别指出，要尽快实现养老保险全国统筹。明确这一改革方向对于缩小养老保险缴费、待遇的地区差异，发挥养老基金在地区间风险分担的作用具有重要的促进作用。

（4）持续扩大基本养老保险覆盖面。我国人口城市化水平较低，基本养老保险扩面，覆盖更多劳动力人口仍有较大空间。2000 年以来覆盖面持续扩大，参保职工占城镇就业人员的比重从 2000 年的 45%逐步扩大到 2015 年的 65%。然而，超过 2.5 亿的农村转移劳动力中大约只有 15%被这一体系覆盖。通过进一步扩大覆盖面，可能在未来相当长时间内增加基金收入，为改善基金平衡提供更多的时间。研究表明，若到 2030 年基本养老保险逐步覆盖到全部城镇就业人口的 80%，在其他参数不变的情况下，可将基金收支不平衡的赤字降低 30 个百分点(Feng and Chen，2016)。

(5) 提升参保和缴费积极性。我国养老保险的遵缴率趋于下降，城镇职工基本养老保险缴费人数占参保职工人数的比例，从 2010 年的 87.22%下降到 2015 年的 80.93%。最近发布的《中国企业社保白皮书》的调查发现，社保缴费基数完全合规的企业不足 1/4。参保成本过高是其中一个重要原因。绝大多数省份养老保险缴费率合计 28%，其中雇主为 20%，雇员为 8%，无疑属于高缴费水平的国家之列，比高收入的经济合作与发展组织国家要高出至少 5—10 个百分点。尽管我国的实际缴费基数较低，很多地区以当地社会平均工资的 60%作为缴费基数，但即使打 6 折后，缴费率仍然高于很多国家。而且，对于工资较低的群体而言，如此高的缴费水平影响到当前消费，实际上降低了福利。未来看，适当降低缴费率不仅不会影响基金收入，还可能通过提高遵缴率和参保率，增加基金收入。

(6) 增加财政补贴。各级政府对养老保险基金的补贴每年稳定增长，财政对社会保险补贴最近 10 年每年以 22%的速度增加。那么，未来政府补贴是否还有空间？应该是有的。一方面，目前我国财政对城镇职工养老保险制度的补贴约占 GDP 的 0.5%，加上对新农保、城居保和公务员事业单位养老金的支付，支出总额占各级财政支出的比例不超过 5%，这是一个较低的水平，从调整财政支出结构的角度看，仍有增长空间。今后提高补贴力度仍有空间。短期内加大财政对养老金的补贴是社会公平的需求，也是政府对之前养老金改革中的隐性债务买单。另一方面，可以考虑的是利用国企红利补充社保基金，从而对养老基金可持续发展提供长期支撑。从“取之于民，用之于民”的角度出发，这一建议学术界和政策层已经提了多年。2007 年国企开始上缴红利，最初是 10%、5%和免收三档，从 2013 年开始国有资本收益上缴公共财政比例有所提高，并提出到 2020 年提到 30%。2012 年实际上缴比例约为 7.4%，远低于欧美国家的 20%—60%。若能将上缴比例提高到 20%，则可有近 2 000 亿元的补贴用于养老保险，与 2011 年财政对养老补贴的总额 2 272 亿元相差不多。对于社保基金而言，这是一项稳定的收入，在一定时期内国企红利可以成为养老金的后援。

14.4.2　医疗保险可持续运行展望

社会医疗保险有效且可持续运行需达到两方面的基本要求，一方面应能有效减轻疾病造成的经济负担，另一方面应能保持医保基金的长期平衡。我国医保体系尽管在扩大覆盖面方面取得了卓有成效的进展，但要实现上述两方面目标还需经历艰巨的改革之路。从未来看，推进医疗卫生体系综合改革，包括医保制度改革和医疗服务供给体系改革，是大势所趋。

（1）改革医疗服务支付方式，控制医疗费用不合理增长。

如何甄别合理与不合理的医疗费用，在实证上是一个难题。有文献认为，不合理的医疗费用是指由诱导需求引起的、相对于健康状况和病情过度提供的服务，或者是超出当前经济能力的医疗服务（毛瑛，2014）。医院和医生通常在医疗支出中有较大的决定权，医保机构通过和医疗供给方进行价格谈判或支付方式谈判，可以一定程度上控制医疗费用。"按病种付费""总额预付""按人头付费"等形式的预付制，已经在世界各国广泛采用。目前我国85%的统筹地区开展了总额控制。有大量文献评价了预付制效果，总的看来，预付制会导致住院率下降，平均住院天数减少，大多数研究并没有发现医疗质量有明显变化。从发展趋势看，对于住院患者采用按病种付费能更好兼顾患者利益和费用控制。

科学的预付制需要能够对患者实施差别化对待，我国主要开展的是总额控制，这一方法简单易行，但不能体现不同病种、不同患者情况的差异，导致一些病人的需求不能满足。从发展趋势看，对于住院患者采用按病种付费是值得研究的模式，它能更好兼顾患者利益和费用控制。当然，这种方式对于医保管理工作提出很高的要求，需要进行制定就诊规范、搜集大量数据等基础性工作。我国当前医保费用控制压力较大的一个很重要的原因是对于患者的就诊选择没有限制，在一定区域内，患者可以到多家医院就诊，不可避免造成重复检查。通过合约制度可改善这一状况，一方面医保和消费者签约，对其就诊行为有所限制；另一方面患者和医院或家庭医生签约，同时医保和医院或医生之间也有合约，由医保按签约人数支付费用。这样不仅可以避免对患者的重复检查，而且，签约医院和医生有激励去做好患者的日常保健工作，以减少住院等费用较高的服务。引入家庭医生制度，是各国医疗改革中被广泛采用的做法。

（2）优化医疗保险报销规则，减少过度医疗消费。

采用起付线、封顶线、自付比例等方法可以控制来自消费者方面的道德风险，尤其对于价格敏感度高的服务项目，如门诊治疗，采用比较高的自付比例，减少医疗保险带来的需求增加。但现有方法未能考虑到不同患者对于医疗消费偏好的差异，缺乏让消费者主动控制费用的激励。在报销比例统一时，消费者仍有激励选择过度消费。而且，实践中很多情况下，医疗费用越高，报销比例也越高，这种安排进一步助长了人们选择高费用的治疗方案。

大病医保实施以来，医保基金结余被迅速消耗。医疗领域新技术、新药品不断出现，为大病医疗提供了更多的选择，同时也推动了医疗费用的持续上涨，国内外研究都表明，技术进步是医疗费用上涨的最重要的推动力。在有限的资源下，既要能够减轻消费者医疗负担，又要保障大病医保制度的可持续运行，很难做到两全其美。通过差异化的报销和补贴政策，运用经济手段，让不同的消费者选择不同的费用方案，是值得思考的制度安排。差异化报销规则的思路可以总结为，为消费者提供不同治疗方案和不同报销规则的组合，对于选择高费用方案的人设定一个自付比例，而对选择低费用方案的人非但不要自付，反而还会有一定的补贴。差异性的报销比例会降低总的医疗费用，降低维持医疗保险所需要的资金或者保险缴费，从而提高所有人群的实际收入。对选择低费用方案的消费者选择给予现金补贴，从基金平衡的角度也是说得通的，正因为有这类人群的选择，总体医疗费用有所降低，所有人的医保缴费也有所降低。

(3) 完善制度框架，引入医保经办竞争机制。

2016 年开始我国三种医保制度并存的局面正在改变，国务院对推进城乡居民基本医疗保险制度整合工作做出了总体规划，加强了制度顶层设计，已经明确医保体系将由职工医保和居民医保两种制度存在。当前城职保和居民医保短期内并不具备合并的必要性，城职保的缴费水平远高于城乡居民医保，相应地要求更高的医保待遇。另一方面，城乡居民医保有较多的政府补贴，对于参保人更有吸引力。这一安排既可满足对医疗服务不同程度的需求，又可通过政府补贴提高收入较低群体的医疗消费水平，如未参加工作者、非正规就业者、老年群体等。两种制度并存更符合医保参与的内在激励，也更具实质性的公平。

另一方面，在制度整合和提高统筹层次的同时，还需在医保经办层面引入竞争机制，防止医保基金自然垄断带来的效率损失、额外的运行成本及腐败浪费等问题。社会医疗保险运行较为成功的一些国家，如德国和日本，同时也是社会医保具有较强竞争性的国家，这些国家都存在各种医保基金供消费者选择。我国人口众多，基金规模巨大，在统一的制度框架和监督体系下，可在医保经办上引入市场竞争，包括将医保的日常管理委托给专业保险公司运行，以此促进医保运行效率和医疗服务质量的提高。

(4) 推进医疗卫生体系综合改革，促进医保制度健康运行。

值得重视的是，医保改革还需与医疗服务体系改革、药品价格形成机制改革等相配套。我国医疗费用中的药占比一直居高不下，到2014年仍高于40%，而经济合作与发展组织国家医疗费用中的药占比在20%左右，折射出我国在医疗管理体制、医药生产流通体制和卫生人力资源管理等方面存在诸多弊端，这些弊端加剧了医保运行面临的困境。2016年7月，人社部印发《关于积极推动医疗、医保、医药联动改革的指导意见》，要求以医疗服务体系改革为重点，加强协同合作，增强改革的整体性、系统性和协同性。其中包括大力推进公立医院改革，建立合理的人事薪酬制度；探索药品流动和定价模式；完善医疗服务信息和监管系统等重点改革环节。十九大报告进一步指出"全面建立中国特色基本医疗卫生制度、医疗保障制度和优质高效的医疗卫生服务体系，健全现代医院管理制度。"

14.5 总结

改革开放40年来，我国覆盖城乡居民的社会保障体系基本建立，包括社会保险、社会救助和住房保障等诸方面，其中社会保险是覆盖人数最多、支出最大、最为重要的社会保障形式，社会保险基金支出占GDP的比重在2017年已经超过5.5%。我国的养老保险和医疗保险基本实现了全覆盖，形成了多种制度并存的养老保险体系和医疗保险体系，这两种保险的支出占到社会保险总支出的95%以上。

对我国社会保障制度发展的要求已经从面的扩张提升到质的增加，对于社会保险项目而言，提高参与激励，控制费用支出，促进基金的可持续运行是未来发展的关键。十九大报告针对今后我国社会保障体系的发展，指出要"按照兜底线、织密网、建机制的要求，全面建成覆盖全民、城乡统筹、权责清晰、保障适度、可持续的多层次社会保障体系。全面实施全民参保计划。完善城镇职工基本养老保险和城乡居民基本养老保险制度，尽快实现养老保险全国统筹。完善统一的城乡居民基本医疗保险制度和大病保险制度。完善失业、工伤保险制度。建立全国统一的社会保险公共服务平台。统筹城乡社会救助体系，完善最低生活保障制度。"这其中的涵义既有我国目前社会保障体系存在的问题，又有为未来发展指出的方向。

就社会保险中最为重要的两个项目，养老保险和医疗保险的可持续运行，在人口老龄化和经济增长速度放缓的大背景下，我们依然具有可供选择的方案。一方面需要对项目设计进行改革，如延迟退休年龄、降低缴费率、改革医疗保险支付方式、提高基金投资回报率、利用各种渠道增加政府补贴等。另一方面，需要对制度运行环境进行系统性改革。人口老龄化是社会保障体系面临的最大挑战，应对老龄化的根本途径在于劳动生产率的提高，在于提高社会公众特别是老年群体的健康状况。

参考文献

陈华帅、曾毅：《"新农保"使谁受益：老人还是子女？》，《经济研究》2013 年第 8 期。

程杰：《老保障的劳动供给效应》，《经济研究》2014 年第 10 期。

程令国、张晔、刘志彪：《"新农保"改变了中国农村居民的养老模式吗？》，《经济研究》2013 年第 8 期。

封进：《延迟退休对养老金财富及福利的影响：基于异质性个体的研究》，《社会保障评论》2017 年第 4 期。

封进：《中国城镇职工社会保险制度的参与激励》，《经济研究》2013 年第 7 期。

封进、郭瑜：《新型农村养老保险制度的财政支持能力研究》，《重庆社会科学》2011 年第 7 期。

封进、刘芳：《新农合对改善医疗服务利用不平等的影响——基于 2004 年和 2006 年的调查数据》，《中国卫生政策研究》2012 年第 3 期。

封进、余央央、楼平易：《医疗需求与中国医疗费用增长——基于城乡老年医疗支出差异的视角》，《中国社会科学》2015 年第 3 期。

封进、张馨月、张涛：《经济全球化是否会导致社会保险水平的下降：基于中国省际差异的分析》，《世界经济》2010 年第 11 期。

郭凯明、颜色：《延迟退休年龄、代际收入转移与劳动力供给增长》，《经济研究》2016 年第 6 期。

黄薇：《医保政策精准扶贫效果研究——基于 URBMI 试点评估入户调查数据》，《经济研究》2017 年第 9 期。

贾男、马俊龙：《非携带式医保对农村劳动力流动的锁定效应研究》，《管理世界》2015 第 9 期。

毛瑛等：《我国医疗费用控制策略研究》，《中国卫生经济》2014 年第 9 期。

彭浩然、岳经纶、李晨烽：《中国地方政府养老保险征缴是否存在逐底竞争？》，《管理世界》2018 年第 2 期。

秦雪征等：《城乡二元医疗保险结构对农民工返乡意愿的影响——以北京市农民工为例》，《中国农村经济》2014 年第 2 期。

王天宇、邱牧远、杨澄宇：《延迟退休、就业与福利》，《世界经济》2016 年第 8 期。

阳义南、曾燕、瞿婷婷：《推迟退休会减少职工个人的养老金财富吗？》，《金融研究》2014 年第 1 期。

姚宇：《控费机制与我国公立医院的运行逻辑》，《中国社会科学》2014 年第 12 期。

岳爱、杨矗、常芳、田新、史耀疆、罗仁福、易红梅：《新型农村社会养老保险对家庭日常费用支出的影响》，《管理世界》2013 年第 8 期。

张川川、John Giles、赵耀辉：《新型农村社会养老保险政策效果评估——收入，贫困，消费，主观福利和劳动供给》，《经济学（季刊）》2015 年第 1 期。

张川川、陈斌开：《"社会养老"能否替代"家庭养老"？——来自中国新型农村社会养老保险的证据》，《经济研究》2014 年第 11 期。

郑秉文主编：《中国养老金发展报告 2016》，经济管理出版社 2017 年版。

朱恒鹏：《医疗体制弊端及药品定价扭曲》，《中国社会科学》2007 年第 4 期。

朱铭来、于新亮、宋占军：《我国城乡居民大病医疗费用预测与保险基金支付能力评估》，《保险研究》2013 年第 5 期。

朱铭来、于新亮、王美娇等：《中国家庭灾难性医疗支出与大病保险补偿模式评价研究》，《经济研究》2017 年第 9 期。

Asian Development Bank, 2010, "Toward Universal Social Security Coverage in the People's Republic of China, Observations and Suggestions Series(Manila)", http://www.adb.org/publications/toward-universal-social-security-coverage-prc.

Asian Development Bank, 2013, "The Social Protection Index: Assessing Results for Asia and the Pacific", http://www.adb.org/publications/social-protection-index-assessing-results-asia-and-pacific.

Bai, C., and B.Wu, 2014, "Health Insurance and Consumption: Evidence from China's New Cooperative Medical Scheme", *Journal of Comparative Economics*, 42(2):450—469.

Chen, G., G.G.Liu, and F.Xu, 2014, "The Impact of the Urban Resident Basic Medical Insurance on Health Services Utilization in China", *Pharmaco Economics*, 32(3):277—292.

Chen, H., and Y.Zeng, 2013, "Who Benefits More from the New Rural Society Endowment Insurance Program in China: Elderly or Their Adult Children?" (in Chinese), *Economic Research Journal*, 8:55—67.

Chen, Xi, K.Eggleston, and A.Sun, 2017, "The Impact of Social Pensions on Intergenerational Relationships: Comparative Evidence from China", *Journal of the Economics of Ageing*.

Cheng, L., Y.Zhang, and Z.Liu, 2013, "Does the New Rural Pension Scheme Remold the Eldercare Patterns in Rural China?"(in Chinese), *Economic Research Journal*, 8:43—54.

Cheng, Lingguo, Hong Liu, Ye Zhang and Zhong Zhao, 2015, "The Heterogeneous Impact of Pension Income on Elderly Living Arrangements: Evidence from China's New Rural Pension Scheme", *Journal of Population Economics*: 1—38.

Cheng, Lingguo, Hong Liu, Ye Zhang and Zhong Zhao, 2016, "The Health Implications of Social Pensions: Evidence from China's New Rural Pension Scheme", *Journal of Comparative Economics*, 46(1).

Cheung, D., and Y.Padieu, 2015, "Heterogeneity of the Effects of Health Insurance on Household Savings: Evidence from Rural China", *World Development*, 66:84—103.

Dorfman, M., R.Holzmann, P.O'Keefe, D.Wang, Y.Sin and R.Hinz, 2013, "China's Pension System: A Vision", available at: http://elibrary.worldbank.org/doi/abs/10.1596/9780821395400_China.

Feng, J.M and Q.Chen, 2016, "Public Pension System and Fiscal Policy Response in China", in "Pension Reform of China, India and Indonesia", ERIA working paper.

Gustafsson, B., and Q.Deng, 2007, "Social Assistance Receipt and Its Importance for Combating Poverty in Urban China", *IZA Discussion Paper*, No.2758.

Hou, Z., E.Van de Poel, E.Van Doorslaer, B.Yu, and Q.Meng, 2014, "Effects of NCMS on Access to Care and Financial Protection in China", *Health Economics*, 23(8):917—934.

Leckie, S.H., 2011, "Civil Service and Military Service Pensions In China", Paper provided by the Center for Intergenerational Studies, Institute of Economic Research, Hitotsubashi University, *PIE/CIS Discussion Paper Series*, No.505.

Lei, X., C.Zhang, and Y.Zhao, 2014, "Incentive Problems in China's New Rural Pension Program", *Research in Labor Economics*, 37:181—201.

Leung, J.C., 2006, "The Emergence of Social Assistance in China", *International Journal of Social Welfare*, 15:188—198.

Liang, Z., 2001, "The Age of Migration in China", *Population and Development Review*, 27: 499—524.

Liu, H., and Z.Zhao, 2014, "Does Health Insurance Matter? Evidence from China's Urban Resident Basic Medical Insurance", *Journal of Comparative Economics*, 42(4):1007—1020.

Meng, Qingyue, Hai Fang, Xiaoyun Liu, Beibei Yuan, and Jin Xu, 2015, "Consolidating the Social Health Insurance Schemes in China: Towards an Equitable and Efficient Health System", *The Lancet*, 386(10002):1484—1492.

United Nations, 2014, *The Millennium Development Goals Report*, New York: United Nations.

Wagstaff, A., and M.Lindelow, 2008, "Can Insurance Increase Financial Risk? The curious Case of Health Insurance in China", *Journal of Health Economics*, 27(4):990—1005.

Wagstaff, A., M.Lindelow, J.Gao, L.Xu, and J.Qian, 2009, "Extending Health Insurance to the Rural Population: An Impact Evaluation of China's New Cooperative Medical Scheme", *Journal of Health Economics*, 28(1):1—19.

Wagstaff, A., W.Yip, M.Lindelow, and W.C. Hsiao, 2010, "China's Health System and its Reform: A Review of Recent Studies", *Health Economics*, *18*(S2):S7—S23.

World Bank, 2012, "China 2030: Building a Modern, Harmonious, and Creative High-Income Society", http://www.worldbank.org/content/dam/Worldbank/document/China-2030-complete.pdf.

Wu, A.M., and M.Ramesh, 2014, "Poverty Reduction in Urban China: The Impact Of Cash Transfers", *MPRA Paper*, No.54358.

Yip, W., and W.C.Hsiao, 2009, "Non-Evidence-Based Policy: How Effective is China's New Cooperative Medical Scheme in Reducing Medical Impoverishment", *Social Science and Medicine*, 68(2):201—209.

第 15 章

中国城镇住房制度改革与发展 40 周年回顾、思考与展望

陈　杰　上海交通大学国务学院/中国城市治理研究院
郭晓欣　上海财经大学公共经济与管理学院投资系

住房所特有的“双重属性”，决定了它既是实现社会民生福祉的最关键环节之一，也是国民经济建设的最重要组成部分之一。为此，研究改革开放以来中国住房事业所走过的发展历程和制度变迁，无疑对深化理解中国的社会经济发展轨迹富有启示，对展望未来的发展趋势也有诸多裨益之处。

同时，以 1978 年 9 月邓小平关于住房问题讲话为标志，中国城镇住房制度改革至今也已经走过整整 40 周年，与中国经济社会整体的改革进程几乎同步。可以说，城镇住房制度改革是我国 1978 年之后城镇领域诸项改革中最先酝酿、最先启动的，但也是进程最曲折、反复最多、变革最为激烈、市场化完成程度很高的一项改革，取得的成就巨大，但当前争议又是最多的。为此，研究中国城镇住房事业发展与制度改革可以获得的信息是非常丰富的，这是理解中国改革史的重要一环。

本章以聚焦 40 年来中国城镇住房“商品化—货币化—金融化”的过程为切入点，阐明中国城镇住房制度变革在不同时期的动因与约束条件，进而推演其未来发展趋势，并就完善城镇住房领域的公共治理提出相应的政策建议。

15.1　中国城镇住房制度变迁：1978—2018 年

1978 年以来中国城镇住房制度变迁，先是经历了 80 年代提租与售房的改革初探

与挫折、90年代的“双轨制”等诸多曲折，直到1998年中央政府在内外部压力冲击下全面停止城镇福利分房，才让中国城镇住房制度商品化、货币化改革取得决定性意义上的“破冰”。但当21世纪中国城镇住房进入全面商品化、货币化、社会化时代后，在全球化、市场化、自由化、金融化等潮流的冲击下，加上土地资本化在中国城镇化和工业化中的特殊融资杠杆作用，城镇住房快速出现金融化的特征，为此城镇住房领域很快就面临房价持续高涨、中低收入家庭住房可支付能力不足、住房不平等拉大、住房财富分化加快、房地产市场投机泡沫严重等诸多新挑战，不仅给宏观经济稳定和金融安全带来巨大的风险隐患，也造成了城乡新二元结构加剧、社会阶层分化等诸多社会问题。中国城镇住房制度变迁的主线，是住房属性在不同时期被重新定义和再认识的过程。

15.1.1 城镇住房制度改革的背景

新中国建立之初在意识形态上采纳马克思、恩格斯、列宁等的共产主义(社会主义)社会改造学说，在经济建设上采取指令性计划经济模式。为此，政府对城镇住房问题上的指导政策也无可避免地以这些观念为主导思想。马克思和恩格斯反对工人阶级拥有自己的个人资产，包括住房。在恩格斯看来，城市住宅短缺问题是以压榨工人剩余价值为基础的资本主义生产方式的必然产物，只有实现了工人占有全部生产资料和生活资料、消灭了资本主义方式才能彻底解决住宅问题①。这些思想直接影响了新中国成立之初的城镇住房制度。

1956年1月18日，中共中央在批转中共中央书记处第二办公室所提交的《关于目前城市私有房产基本情况及进行社会主义改造的意见》时，提出对城市房屋私人占有制的社会主义改造是完成城市全面社会主义改造的一个组成部分，应以赎买的形式进行，并要求在一两年内完成。此文件的出台意味着私房改造的正式开始。各种模式的私房公有化改造主要集中在1956—1959年，1964年7月中国政府正式宣布私人租赁性质的住房关系基本不存在了。②官方曾经公布，从1956—1965年这个时期纳入改造的私房共62.41万户，面积11 648万平方米。③到1978年，我国城镇住房中74.8%为公有住房(侯淅珉等，1999)。

---

① 见《马克思恩格斯文集》第3卷，人民文学出版社2009年版，第275—276页。

② 《国家房产管理局对国务院批转的关于私有出租房屋社会主义改造问题的报告的说明》(1964年7月15日)，载房产通讯杂志社1982年编印的《国家房地产政策文件选编》(1949—1981年)，第299页(内部发行)。

③ 1985年2月16日，城乡建设环境保护部印发《关于城市私有出租房屋社会主义改造遗留问题的处理意见》的通知(城住字〔1985〕87号)。

新中国成立之初，政府也是要求对租房，哪怕租赁公房，支付合理租金的。1951 年把房租支出比重确定为全部工资的 7.48%，1955 年定为家庭收入的 4.2%（李剑阁、任兴洲，2007）。但 1956 年以后，在片面强调住房福利品的思想影响下，"以租养房"被淡化，乃至被否定。尤其"文革"中，在体现社会主义优越性的口号下，各大城市公房租金标准更是全面失控（侯淅珉等，1999）。1975 年城市居民住房支出占城市家庭总支出平均为 2.3%，1978 年为 1.92%。①70 年代末，全国城市每月公房租金是 0.13 元/平方米，还不到维护成本的一半（于思远，1998）。最终，"低租金加高补贴"和"象征性房租"取代了"以租养房"成为中国计划经济时代城市公房使用的通行标准。

纵观计划经济时代，中国在城镇地区对国有部门实行福利性质的公有住房实物分配制度，是以"高积累、低工资、低消费"来配合赶超型经济发展战略的重要体现。然而，由于不承认住房的商品属性，长期实行无偿分配和低租金的福利住房体制，资金只有投入没有回收，住房的投融资机制被严重扭曲。根据中国统计年鉴数据，1950—1978 年中国包括农村住房在内的住房总投资累计只有 362.5 亿元，年均住房建设投资 13.1 亿元，仅占同期累计基本建设投资的 7.5%（1958—1960 年和 1966—1971 年都低于 5.5%），GDP 的 0.7%（1952—1978 年）（见图 15.1）。作为对比，同期国际上住房投资一般占到总投资的 20%—30%和 GDP 的 3%—8%（World Bank，1993）。

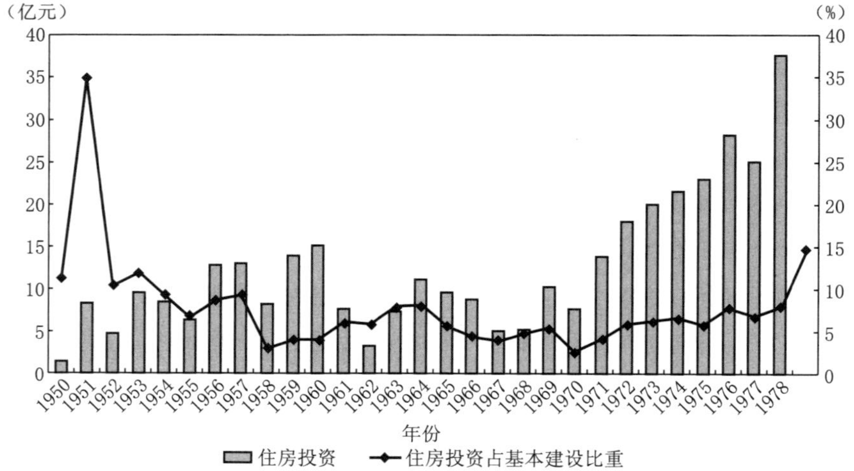

图 15.1　改革前中国住房投资及占基本建设比重

注：基本建设投资与住房投资原始数据来自（朱亚鹏，2007：48）。

① 数据来源于《中国统计年鉴》(1992)。

住房投资严重不足导致 1978 年末中国主要城市都面临严重的住房短缺。根据中国统计年鉴数据，1978 年中国城市住宅面积为 14 亿平方米，为 1950 年的 2.2 倍，同期城市人口增长了 2.5 倍，到 1978 年达 1.7 亿人，这说明城市住宅面积的增速远远赶不上城市人口增长的速度。因此，中国城市人均居住面积反而由 1950 年的 4.5 平方米下降到 3.6 平方米（人均建筑面积 6.7 平方米），缺房户达 869 万户，占当时城镇总户数的 47.5%（于思远，1998）。1978 年当年全国新建住宅建筑总面积为 1.38 亿平方米，其中城镇新建住宅建筑面积 3 800 万平方米，这意味着当年人均新增住房建筑面积仅 0.1 平方米。如果再考虑到房屋折旧，人均的住房条件不但没有得到任何改善反而下降了。同时由于没有经济利益激励，建成的公房设计非常简单，建筑质量低劣，配套简陋不全，让人居住备感不适；已有公房也往往年久失修，残破不堪。住房问题已经严重影响人们的正常生活和工作，到了亟待解决的时刻，这迫使政府必须对住房制度采取有力改革措施。

还需要特别指出，中国计划经济时代的公有住房制度是以单位所有制为基础建立的，这显著区别于苏联及东欧其他社会主义国家以国家所有为主的公房制度（Malpass and Murie, 1999）。公房的单位供给制，与教育、医疗、养老的单位供给制度一样，是当时“单位办社会”的社会建构理念的必然产物，也是“单位办社会”的核心基石。有学者认为，住房与各种福利的单位供给制是社会主义意识形态和中国历史传统的双重结合，加强了职工对单位的人身依附，便于强化社会控制和减缓人口流动（Malpass and Murie, 1999）。然而，将职工住房与单位绑定的住房供给体制不仅给单位造成严重负担，制约了住房发展中本应该有的规模效应，也束缚了劳动力要素的流动。

在这一背景下，当 1978 年中国全面开启改革开放、加强经济建设时，改变基于单位制、以实物分配和低租金为主要特征的城镇福利分房制度已迫在眉睫。

15.1.2　1978—1987 年：城镇福利住房制度改革起步

为了应对严重的住房危机，也为了替以经济建设为中心的改革开放护航，邓小平分别在 1978 年和 1980 年就住宅问题做了两次重要谈话（侯淅珉等，1999），不仅由此启动了城镇住房体制改革，而且其深刻而长远的构思还影响了后来房改的基本思路。

可以说，城镇住房制度改革是我国城镇领域诸项改革中最先酝酿、也是最先启动的，远在“放权让利”等城镇国有企业改革设想之前就有了基本构思。邓小平的两次住房问题谈话，在此后近20年一直为住房改革指引着方向，显示了其超凡的预见性。

中国最开始的住房改革跟英国20世纪80年代的市政住房私有化运动、苏联和东欧转型经济国家90年代的公房私有化浪潮有很多类似之处，都是政府力图在最短时间内甩掉福利住房这个沉重的财政负担(Stephens et al., 2015)。所以在改革初期，围绕如何出售公房或提高租金进行了诸多的探索与尝试。其中共同的核心问题是，当住房长期被当作福利品后，如何重新确认住房的商品属性和恢复其金融属性。

这一时期的改革措施包括：(1)公房出售。作为住房商品化的阶段性改革措施，虽然效果不甚理想，但是让政府意识到了租售平衡的重要性；(2)提升个人在住房投资中的作用。除住房投资转变为国家、集体、个人三方共同承担以外，国家对于自建住房的鼓励也使得个人住房投资的积极性大大增加；(3)土地制度的重新确立。总体上，该阶段采取的措施主要是为全国范围内住房改革的推行积累经验。

这一时期，由“暗补”转“明补”的政策确实从一定程度上避免了房改可能造成的社会震荡，同时城镇居民在住房观念上也开始产生了一些变化。另外，在20世纪80年代中期，就住宅本身来说也发生了一些变化，由严格的自上而下的住房标准和范式变成了在控制标准范围内的多样化，同时将“套”的概念引入了住房标准，使得住房建设更加规范。

但改革同时也产生了新问题。本轮房改中提供住房福利的责任由国家转向了企业、单位，国有企事业单位的自筹资金占到城镇住房建设投资的60%—70%，这对企业来说是很大的负担，严重制约了经济发展。据测算，1978年各类住房补贴为47.2亿元，相当于职工收入总额的7%，国民生产总值的1.3%，1988年住房补贴总额为583.7亿元，相当于职工收入总额的16%，国民生产总值的4.2%(王育琨，1992)。如果加上政府和企业提供的住房补贴，当时中国居民实际的住房消费支出要占到家庭收入的27%和家庭支出的29%(杨鲁、王育琨，1992)。而整个20世纪80年代，各级政府与单位对城镇职工给予的住房补贴平均为国民生产总值的3.17%，加上城镇住房建设投资，合计占国民生产总值的13.86%(黄兴文、蒋丽红，2009)。这表明，政府和企业的压力并没有随着改革而减小，同时也说明，当时中国存在住房极度短缺与住房过度消费并存的局面，而且某种程度上住房短缺正是由于住房需求不受住房支付能力约束而导致住房过度消费造成的。

另外，相关政策并没有改变公房实物分配的根基，只是在方式上做出了调整，不但不能从根本上解决住房危机，反而还扩大了原来的住房分配不公平现象。

15.1.3　1988—1997 年：双轨制住房制度与房地产市场初步建立

经过 1979 年末到 1986 年对于住房理论的热烈讨论，理论界达成了共识：住宅作为个人消费品可以成为私有财产，可以买卖。因此，1986 年《关于第七个五年计划的报告》中提到"要结合工资调整，研究、确定合理的房租和住房销售价格，以利于逐步推行住宅商品化"，这是"住宅商品化"概念第一次在政府文件中出现。

这一阶段房改体现"以售带租"的特点，房租加速上调。1991—1992 年，全国公房平均月租金从 0.08—0.13 元/平方米上调到 0.20—0.50 元/平方米（朱亚鹏，2007）。① 此外还有几点重要突破：强调新房新制度，新生住房体系要以市场为导向，希望用渐进原则重组中国住房体系；同时在出售公房方面迈出新动作，以市场价购房者可以获得完全产权，可自由流通转卖，以标准价购房者也可获得部分受限制的产权，这意味着住房第一次成为居民可以积累的资产财富，从而激发居民的购房热情；同时在鼓励多方集资进行住房建设方面也出台了诸多政策；另外各地住房政策创新热情很高，并且相互学习交流。这些举措标志着中国的房改已进入整体推进和综合配套改革的全面起步新阶段。

1992 年初，在邓小平南方谈话的带动下，我国经济整体的对外开放及市场化改革的步伐加快。在房地产领域，全国房地产价格管制放开，政府审批权力部分下放，金融机构开始发放房地产开发贷款，借助宏观经济"加快改革开放建设步伐"的大环境，中国房地产市场进入了快速扩张期。1992 年 11 月，国务院发布《关于发展房地产若干问题的通知》（国发〔1992〕61 号）首次明确了房地产业的经济地位："房地产业在我国是一个新兴产业，是第三产业的重要组成部分，随着城镇国有土地有偿使用和房屋商品化的推进，将成为国民经济发展的支柱产业之一。"

1992 年邓小平南方谈话之后全国经济高涨，造成房地产市场过热，全国房地产开发投资在 1992 年和 1993 年的增长速度分别为 117.5％和 165％，新建商品房屋销

---

① 但由于同期城镇人均收入的增长速度更快，城镇居民平均的住房支出占生活费收入比重在 1985—1992 年之间反而逐年下降，从 1985 年的 1.71％下降到 1991 年的 1.2％，1992 年略有提高，也仅有 1.36％（根据各年《中国统计年鉴》计算）。

售面积的增长速度分别是41.76%和55.94%，1993年新建商品房屋平均销售价是1 291元/平方米，比上年上涨26.52%，当年再度上涨29.84%。在房价持续高涨的同时，政府的住房补贴也严重不足，因此以提租为重点的房改并没能如预期推进（李剑阁、任兴洲，2007）。

1993年11月，第三次全国房改会议中，"出售公房"取代"提租"成为又一轮改革的侧重点。意想不到的是，同年12月，大范围的低价售房再一次出现，售出的300万平方米公房的平均价格仅为130元/平方米（李剑阁、任兴洲，2007）。1993年底国务院叫停公房出售，1994年初停止审批地方性房改方案。本轮全国性房改也到此宣告终结。

1994年我国改革开放进一步全面深化。中共十四届三中全会后，市场被确立为各项经济活动的主要运行机制。与此对应，1994年7月国务院发布《关于深化城镇住房制度改革的决定》（国发〔1994〕43号），确定房改的根本目的是：建立与社会主义市场经济体制相一致、以市场为导向的住房制度，彻底实现住房的商品化、社会化，包括到住房的投资、融资、分配和管理各个环节。提出住房制度改革要坚持配套、分阶段推进。《决定》强调"加快住房建设和推进城镇住房制度改革是各级人民政府的重要职责"。《决定》还鼓励集资合作建房，继续发展住房合作社，加快城镇危旧住房改造。在住房融资方面，首次提出全面推行住房公积金制度；积极发展住房金融和住房保险，建立政策性和商业性并存的住房信贷体系。

由于传统福利住房体制的惯性十分巨大、改革自身目标存在一定的局限性，同时，经济环境存在很多不稳定因素，社会经济和收入分配等方面的综合配套制度也没有得到及时的跟进，三轮改革后福利住房制度依然占据主体。不过不容否认的是，商品住房市场已经在夹缝中默默地茁壮成长。同时，一大批房地产开发企业、中介服务企业、物业管理企业也相继出现（侯淅珉等，1999）。住房双轨制逐步形成。

通过一系列渐进式转型改革，1997年中国城镇人均居住面积与1978年相比，有较大幅度上升，由原来的人均3.6平方米上升到8.8平方米（人均住房建筑面积17.8平方米），但20年间人均住房建筑面积年均增长只有0.55平方米。这20年间，全国新建住房竣工面积变化不是很大，1997年全国竣工住宅12亿平方米，仅比1981年的增长了74%，说明住房投融资机制还没有充分理顺，社会投资建设住房的积极性还不高。然而，中国城镇住房供应的商品化、货币化与社会化毕竟实现了从无到有。1997年中国新建商品住房销售面积达0.78亿平方米，是1986年的4.29倍，新建商品住房销售额达 1 408 亿元，是 1991 年的 5 倍多。与此同时，住房租金机制也得到初步理顺。1997 年，35 个大中城市的公房租金平均为 1.29 元/平方米，深圳等城市已经达到成本租金水平(应红，2007)。

但是，由于住房体制中的分配体制未发生根本变革，不少单位仍实行住房实物福利分配方式，人们仍然能够从国有住房体系中获益，使得商品住房需求量的增长比较缓慢。同时，长期的低工资制度也制约了人们对商品住房的有效需求。另外，由于缺乏住房金融工具的配合，尤其是商业个人住房贷款的缺失，商品住房部门的发展在 1994—1997 年之间遇到瓶颈，新建商品住房销售面积年增长率分别只有 1.3%、10.9%、1.6%、14%，停滞不前。

15.1.4　1998—2007 年：房地产市场的起飞与挑战

从 1996 年开始，随着国内外经济形势的变化和短缺经济的告别，扩大内需和寻找新的内需增长点成为经济增长的当务之急，房地产业被认为是最有可能的新兴经济增长点之一，住房制度改革也由此注入了新的驱动力和内容。1996 年 6 月，时任国务院总理朱镕基在国务院常务会上提出，住房建设可以成为新的国民经济增长点和新的消费热点。1997 年 9 月，党的十五大报告提出积极培育新的经济增长点。1997 年亚洲金融危机的爆发意外地促成了中国城镇住房制度的破冰。

1998 年是中国住房制度改革和住房事业发展史上历史性的一年。1997 年亚洲金融危机爆发，出口低迷、外需暴跌，而内部由于市场经济的大发展，国家已经从总体上告别了短缺经济。为了应对当时的国内外经济环境的挑战，中央政府需要尽快找到新的内需增长点来替代外需成为经济增长的引擎，住宅产业成为关键发力点。同时，根据之前的改革经验，中央政府切实认识到，在当时的背景下必须将与计划经济相适应的实物福利分配住房制度彻底铲除，才能让住房商品化社会化改革真正进行下去。因此，中国城镇住房制度改革与房地产业都迎来了历史性的发展机遇。

1998 年 7 月 3 日，国务院下发了《关于进一步深化城镇住房制度改革加快住房建设的通知》(国发〔1998〕23 号)这个历史性的里程碑文件。该文件要求全国城镇从 1998 年下半年开始停止住房实物分配，全面实行住房分配货币化，同时建立和完善以经济适用住房为主的多层次城镇住房供应体系。《通知》明确提出，“加快住房建设，促使住宅业成为新的经济增长点，不断满足城镇居民日益增长的住房需求”。该通知的颁布是我国房改的突破性标志，其实施标志着我国住房体制进入了市场全面主导的新阶段。随后中国房地产市场大热，当年7—10月新建商品房销售面积同比增幅都在50%以上，短期内几乎消化了全国的所有存量空置房。1998年全国新建商品住房销售面积37.67%，是1997年14%增幅的2.7倍之多。

1998年的房改在快速推动巨大的公房私有化浪潮的同时，也带来了巨大的财富转移。来自国家统计局城镇家庭调查(UHS)的数据显示，1990年早期的房改已经推动了相当一部分城镇家庭通过市场化途径拥有了自己的住房。但在1998年房改之前，从1993年至1997年的五年中，公房租赁家庭比重仅从69.76%下降到56.72%，仍然占据城镇家庭的绝对多数，从绝对规模上来看，从5 900多万户增加到6 100多万户，净增加了至少200万户。而1998年房改启动后，当年年底公房租客比重就下降到48.38%，不足城镇家庭的一半，一年净减少8个百分点，绝对量上有500多万户(套)公房被私有化。其后伴随席卷全国的公房私有化浪潮，数以千万套的公房被私有化，公房存量在短时间内快速下降。到2003年，公房租客占城镇家庭比重已经只有12.21%。根据同期城镇家庭户数进行大致估算，1997—2003年期间则累计有4 200万(套)公房被私有化。按照1998年城镇户均住房面积35平方米(国家统计局UHS数据库)来计算，相当于此期间有约15亿平方米的公房被私有化(见图15.2)。1998年全国新建商品住宅销售均价为1 854元/平方米、经济适用房的销售均价为

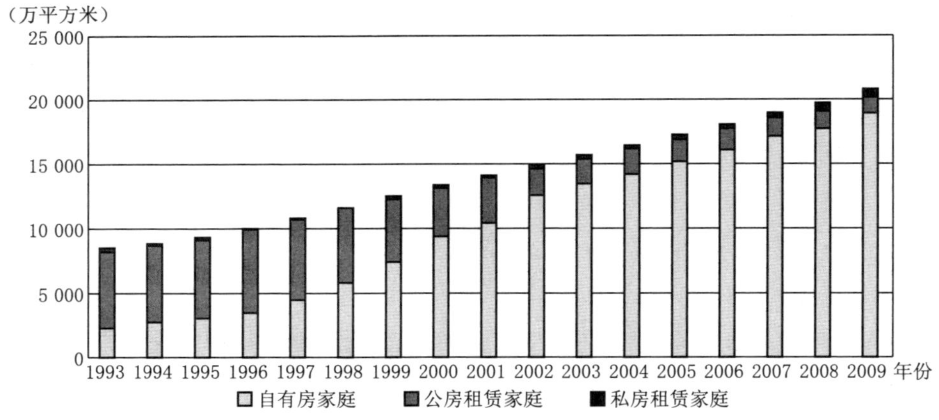

图15.2 中国城镇居民住房所有权分类(1993—2009年)

资料来源：作者结合国家统计局城镇家庭调查微观数据库的抽样比例与中国统计年鉴城镇人口与家庭总数进行推算。

1 035 元/平方米，参照经济适用房的价格水平，公房市值至少为 1 000 元/平方米。由于公房在私有化过程中基本上都以很低的价格卖给原住户，即使按照原租户支付了约 30%的市值计，那么也意味着 1998 年后中国公房大规模私有化过程中有约 1.1 万亿元的财富转移到公房租户家庭，这个数字相当于中国 1998 年 GDP 的 13%。①

2003 年 8 月，国务院《关于促进房地产市场持续健康发展的通知》(国发〔2003〕18 号)下发，首先明确提出，“房地产业关联度高，带动力强，已经成为国民经济的支柱产业”，房地产市场持续健康发展“是促进消费，扩大内需，拉动投资增长，保持国民经济持续快速健康发展的有力措施”。并指出房地产市场发展的指导思想是“要坚持住房市场化的基本方向，不断完善房地产市场体系，更大程度地发挥市场在资源配置中的基础性作用”。还取消了经济适用房作为城镇住房供应主体的提法，取而代之为“逐步实现多数家庭购买或承租普通商品住房”。受此文件刺激，全国房地产市场再度火热，2003 年全国新建商品住房销售面积增长 25.64%。

从 2003 年底开始，主要城市房价出现持续快速上涨。中国房地产市场发展以 2004 年为分水岭，之前以推进公房私有化、让住房制度彻底完成市场化和实现双轨制并轨，即“二元”变“一元”为主要任务，此后的几年则进入了住房市场调控期，稳定房价、促进住房市场健康发展成为住房政策新重点。调控期间，中央政府一方面对房价做出持续调控，另一方面也对与房地产相关的其他体系进行调整和更改。

2005 年 3 月 26 日，国务院办公厅《关于切实稳定住房价格的通知》(国办发明电〔2005〕8 号)(俗称“老国八条”)发布，这是第一个国务院层面的房地产市场调控政策，标志着市场调控正式成为住房政策的中心内容。该通知一方面仍然强调，“房地产业是我国国民经济的重要支柱产业”，另一方面也第一次公开承认“住房价格上涨过快直接影响城镇居民家庭住房条件的改善，影响金融安全和社会稳定，甚至影响整个国民经济的健康运行”。该通知中还提出，“保持住房价格特别是普通商品住房和经济适用住房价格的相对稳定，是维护广大人民群众切身利益的一项重要工作，是政府驾驭市场经济能力的具体体现”。同时强调房地产市场调控的主要责任在于地方政府，“省级人民政府对本地区稳定住房价格工作负总责，同时要落实市、县人民政府的责任……对住房价格上涨过快，控制措施不力，造成当地房地产市场大起大落，影响经

---

① 有国外学者认为 1998—1999 年中国公房私有化规模有 25 亿平方米，按照 1998 年 1 000 元/平方米的市值来计算，推算出私有化的公房市值为 2.5 万亿元(Adams, 2009)。但笔者认为这个数字的推算过程有问题，高估了公房私有化规模。

济稳定运行和社会发展的地区，要追究有关责任人的责任”。

需要强调的是，从这一时期开始，政府文件中再也没有出现过“住房制度改革”的字眼。这表明，中央政府认为，只要我国城镇住房完成商品化、货币化并进入市场化时代，住房制度改革的历史任务就算完成，即使未来住房制度还有局部完善和继续建设的需要，但总体上已经达到了“历史的终点”。此后政府不再提住房制度，只提住房政策，政策着眼点也从微观的住房实物生产与分配转向宏观的市场调控。

15.1.5 2007—2015年：住房保障与房地产调控并重

2006年之后，城镇居民的贫富差距随着一轮又一轮的房价上涨迅速拉大，住房困难家庭逐渐增多，城市社会风险持续加剧，解决贫困家庭的住房问题逐步演变为足以影响社会和谐稳定的重要问题，因此国家进一步提高了对这一问题的重视程度。2007年8月7日，国务院《关于解决城市低收入家庭住房困难的若干意见》（国发〔2007〕24号）把对城市低收入家庭的住房保障正式提升为住房政策的主要内容，标志着中国政府对住房制度建设的思路开始转变，由“注重市场”转变为“市场与保障并重”，2007年也因此被一些媒体称为“民生元年”（陈杰，2008）。

2007年，全球经济危机爆发，房地产行业进入冰冻期，土地流拍、地王退地现象频频发生，已经持续多年的紧缩性调控开始放松。2008年12月，国务院办公厅发布了《关于促进房地产市场健康发展的若干意见》（国办发〔2008〕131号），一方面要求增加保障房建设、下调廉租房贷款利率，另一方面鼓励普通商品房消费，并提出放宽二套房购买条件、取消城市房地产税、购房超两年免营业税。

在全方位刺激楼市以后，低迷的态势并没有持续很久，2009年全国房价大幅度反弹，需求重新释放，房地产宏观调控再度从紧。2010年新一轮的紧缩性调控开启，以“限购、限贷、限价”为主的强制措施在全国多地展开，在这一历史最严格的调控下，部分热门城市出现了量缩价涨的趋势。

2007年以后，在调节房价的同时，中央政府着重开始探索建立健全住房保障制度，“两条腿走路”的政策特点非常明显。2008年为了应对全球金融危机的冲击，全国实行了稳定经济增长扩大内需的10条措施，其中第一条就是加快建设保障性安居工程。2009年温家宝总理在政府工作报告中首次提到了积极发展公共租赁住房，次年6月，住房城乡建设部等七部门联合发布《关于加快发展公共租赁住房的指导意见》（建保〔2010〕87号），开始落实对于公共租赁住房市场的发展。2011年，“十二五规划”中再次强调建设保障性住房的重要性，特别是公共租赁住房已经计划成为保障性住房的主体，保障房供给呈“井喷”态势。2014 年起，公租房和廉租房并轨制度开始推行。

需要强调的是，这一阶段在中央的压力下，地方政府纷纷在住房保障政策方面进行了有益的探索。如北京提出了以公租房为主的四级政策性住房保障体系，建立了“低端有保障、中端有支持、高端有市场”的多层次梯度性住房供应体系；与北京相类似的，2007 年广州也建立起四层次的住房供应体系，主要强调解决“夹心层”的住房困难问题；重庆实行的是“双轨制”住房供应体系，规定住房供应的 30%—40%是公租房，60%—70%是商品房；淮安市 2007 年在全国首推共有产权住房保障模式，以出让土地的共有产权房替代划拨土地的经济适用房；上海吸收了淮安共有产权房相关政策经验并进行改进，同时还先后制定了廉租房、公租房、动迁安置房等一系列住房保障政策；杭州制定的保障房建设意见中，坚持“租、售、改”三位一体方针和“六房并举”的要求，强调实现拆迁安置“房等人”的目标，并重点解决“夹心层”问题。

15.1.6 2016 年至今：房地产业发展新阶段

2015 年底召开的中央经济工作会议上确定 2016 年房地产市场主基调为去库存。2016 年初，全国共超过 150 个城市分别制定了去库存政策。2016 年 2 月，央行及原银监会联合发布，在不实施限购的城市，降低首付比，首套房最低至 20%，二套房最低至 30%。另外，降契税、营业税等宽松的财税、金融政策也陆续发布。

2016 年底，中央政治局会议提出 2017 年要加快研究建立符合国情、适应市场规律的房地产平稳健康发展的长效机制；随后，中央经济工作会议提出，要坚持“房子是用来住的、不是用来炒的”定位。“因城施策去库存”不再作为新阶段的工作重点，取而代之的是“更好解决群众住房问题”，这说明二、三、四线城市的去库存工作已经告一段落，房地产调控方向已经发生变化。这一阶段“高质量”和“可持续性”是重点，在这一背景下“租购并举”悄然揭幕，尤其是十九大报告提出“加快建立多主体供给、多渠道保障、租购并举的住房制度”后，住房租赁市场的重要性更显突出。从此，我国房地产市场开始由增量时代向存量时代切换。2017 年 8 月，国土资源部、住建部联合印发《利用集体建设用地建设租赁住房试点方案》(国土资发〔2017〕100 号)，正式允许城中村、城边村集体建设用地建租赁住房。随后广州、深圳、南京等 12 个城市陆续展开住房租赁试点的城市。同年11月中旬，北京率先出台了《关于进一步加强利用集体土地建设租赁住房工作的有关意见》(市规划国土发〔2017〕376号)，落实集体用地建租赁住房。

这一时期，中央政府主要做出了四点调整。第一，住房供应结构开始发生变化。住房供应由“重购轻租”开始向“租购并举”转变；第二，中央政府将住房调控责任进一步下放至地方政府。调控过程中，地方政府利益与政策存在冲突，因此中央必须施压于地方从而保证调控效率；第三，“因城施策”的调控方式更加明显化。住房具有较强的地域性，经过长期的房地产改革调控，中央意识到调控精准化的重要性，“一城一策”向“多城多策”和“一城多策”转化的趋势更加明显；第四，租售同权逐渐变为推进租房体系的新动力。

目前，新时期住房发展才刚刚起步，要实现住房市场长期健康发展，需要从住房保障、住房金融、住房财税、土地等多方面进行改进，但真正实现房地产市场的长效机制还有很长的路要走。

表15.1　我国住房制度变迁大事件

年份	事　　件
1980年	4月2日，邓小平发表《关于建筑业和住宅问题的讲话》对住宅提出了一些新设想，包括多方式住房供应、个人购房可以分期付款、低收入者予以购房补贴等，就此拉开了中国住房制度改革的大幕 6月22日，中共中央和国务院批转《全国基本建设工作会议汇报提纲》，正式提出实行住房商品化政策，允许私人建房、买房，并拥有自己的住房
1984年	5月，我国首次颁布《国民经济行业分类标准和代码》(GB4754-1984)，1985年1月1日正式实行，正式将房地产列为独立的行业
1986年	6月25日，我国首次颁布《中华人民共和国土地管理法》(1986年版)，1987年1月1日正式施行，标志着中国的土地管理与利用开始步入法制轨道
1987年	12月1日，轰动全国的第一宗土地公开拍卖在深圳落锤，这是中国首次以公开拍卖的方式有偿转让国有土地使用权
1988年	2月25日，国务院发布《关于在全国城镇分期分批推行住房制度改革实施方案》(国发〔1988〕11号)，确定了住房制度改革的目标、任务和实施方案，标志着住房制度改革开始全面进行
1990年	5月19日，国务院发布《中华人民共和国城镇国有土地使用权出让和转让暂行条例》(国务院令第55号)，为土地使用权有偿出让及土地使用权流通提供了具体依据

续表

年份	事　　件
1991 年	11 月 23 日，国务院办公厅转发国务院住房制度改革领导小组《关于全面推进城镇住房制度改革的意见》(国办发〔1991〕73 号)，明确了住房制度改革的根本目的是要缓解居民住房困难，不断改善住房条件，正确引导消费，逐步实现住房商品化，发展房地产业
1992 年	1 月 18 日至 2 月 21 日，邓小平南方谈话后，迅速掀起了房地产开发热潮。 11 月 4 日，国务院发布《关于发展房地产业若干问题的通知》(国发〔1992〕61 号)，指出房地产业在我国是新兴产业，是第三产业的重要组成部分，随着土地改革和房屋商品化推进，房地产业将成为国民经济发展的支柱产业之一
1997 年	上半年亚洲金融危机爆发，下半年中国房地产行业受其影响开始濒临崩溃
1998 年	7 月 3 日，国务院下发《国务院关于进一步深化城镇住房制度改革加快住房建设的通知》(国发〔1998〕23 号)，该通知直接宣告了福利分房制度的终结，标志着房地产全面开始市场化
2002 年	5 月 9 日，国土部发布《招标拍卖挂牌出让国有土地使用权规定》(中华人民共和国国土资源部令第 11 号)，7 月 1 日起实施，明确要求商品住房等经营性土地必须通过招拍挂方式出让，这标志着土地市场走上了规范化发展道路
2003 年	8 月 12 日，国务院发布《国务院关于促进房地产市场持续健康发展的通知》(国发〔2003〕18 号)，明确了房地产业在国民经济中支柱产业的地位；将 1998 年提出的“建立和完善以经济适用房为主的多层次城镇住房供应体系”改为“多数家庭购买或承租普通商品住房”，实现了我国住房市场化的根本转变
2005 年	3 月 26 日，国务院办公厅发布《关于切实稳定住房价格的通知》(国办发明电〔2005〕8 号)，这是第一个国务院层面的房地产市场调控政策，标志着市场调控正式成为住房政策的中心内容
2007 年	8 月 7 日，《国务院关于解决城市低收入家庭住房困难的若干意见》(国发〔2007〕24 号)强调要进一步建立健全城市廉租住房制度、改进和规范经济适用房制度、改善其他困难群体居住条件并完善相关配套政策和工作机制。该意见首次明确提出把解决城市低收入家庭住房困难工作纳入政府公共服务职能。该意见的发布是住房新模式的转折点
2008 年	美国次贷危机开始波及我国房地产市场和严重打击房地产业 12 月 20 日，国务院办公厅发布《关于促进房地产市场健康发展的若干意见》(国办发〔2008〕131 号)，强调在加大保障住房建设力度的同时要进一步鼓励普通商品房消费，楼市受到刺激后于次年大幅反弹
2010 年	4 月 17 日，国务院出台《关于坚决遏制部分城市房价过快上涨的通知》(国发〔2010〕10 号)，该通知中首次正式提出住房“限购”政策

续表

年份	事　　件
2011 年	1 月 26 日，国务院办公厅发布《关于进一步做好房地产市场调控工作有关问题的通知》（国办发〔2011〕1 号），住房"限购"政策全面升级，几乎所有的二线城市及部分三四线城市都被纳入限购范围
2013 年	9 月 6 日，国务院印发《关于加快发展养老服务业的若干意见》（国发〔2013〕35 号），从国家战略高度提出要完善养老服务配套体系，将"以房养老"作为完善养老服务业投融资政策的一项举措 12 月 2 日，住房城乡建设部、财政部、国家发展改革委发布《关于公共租赁住房和廉租住房并轨运行的通知》（建保〔2013〕178 号），通知中提出从 2014 年起，各地公共租赁住房和廉租住房将并轨运行，并轨后称"公共租赁住房"
2014 年	6 月 27 日，由于库存积压，随着呼和浩特市首先正式发文取消"限购令"，其他城市陆陆续续跟进，取消或者部分放松"限购"政策 12 月 22 日，国务院《不动产登记暂行条例》（国务院令第 656 号）出台，2015 年 3 月 1 日正式实施，这一条例不仅让公民的房屋情况公开透明，也为今后房产税的征收及房地产市场健康发展做好铺垫
2015 年	1 月 6 日，住建部印发《关于加快培育和发展住房租赁市场的指导意见》（建房〔2015〕4 号），旨在解决住房租赁市场出现的问题，加快发展住房租赁市场
2016 年	10 月 13 日，国务院办公厅发布《互联网金融风险专项整治工作实施方案》（国办发〔2016〕21 号），规范互联网"众筹买房"等行为，严禁各类机构开展"首付贷"性质的业务 12 月 9 日，中央政治局会议提出，2017 年要加快研究建立符合国情、适应市场规律的房地产平稳健康发展长效机制 12 月 14 日至 16 日召开的中央经济工作会议提出，要坚持"房子是用来住的、不是用来炒的"的定位
2017 年	10 月 18 日至 24 日，十九大报告中提出"加快建立多主体供给、多渠道保障、租购并举的住房制度，让全体人民住有所居" 12 月 18 日至 20 日，中央经济工作会议提出要完善促进房地产市场平稳健康发展的长效机制，这标志着房地产长效机制从理论到实践的转变
2018 年	3 月 9 日，国家发改委印发《关于实施 2018 年推进新型城镇化建设重点任务的通知》（发改规划〔2018〕406 号），提出要全面放宽城市落户条件，探索租赁房屋的常住人口在城市公共户口落户 6 月，全国统一的不动产登记信息管理基础平台已实现全国联网，我国不动产登记体系进入全面运行阶段

15.2　中国城镇住房制度 40 年改革的评析

15.2.1　主要成就

1. 住房短缺矛盾大大缓解

全国从城镇住房供应量来看，1978 年之前年均新建住宅面积仅有 0.18 亿平方米，1978 年城镇新建住宅面积为 0.38 亿平方米，1980 年翻倍达到 0.92 亿平方米，随着改革推进，1992 年突破 2 亿平方米，1999 年突破 5 亿平方米，2012 年达到 10 亿平方米，2013 年至 2017 年，累积城镇竣工住房面积为 41.5 亿平方米。城镇住宅商品化率从 1991 年的不足 20%上升到 2016 年的 78.42%。没有城镇住宅的商品化和市场化进程，取得这样的成绩是难以想象的。

房地产市场由增量房市场和存量房市场两部分构成，房地产市场成熟度高的国家，其存量房交易占房地产市场的比重较高，并且这一比例随着房地产市场成熟度的提高而上升。过去几十年中，随着住房制度改革的推进，我国房地产市场不断成长，住房供应快速增加，住宅存量不断累积，使得我国摆脱了在改革开放后很长一段时间里住房绝对短缺的状况。1978 年我国城镇住宅存量面积仅为 14 亿平方米，2005 年达到 107.69 亿平方米，2010 年第六次人口普查时为 179 亿平方米，2014 年已经近 200 亿平方米，是 1978 年的 14 倍多。

从城镇人均住房建筑面积来看，1978 年仅为 6.7 平方米，1985 年突破 10 平方米，2000 年达到 20.25 平方米，2016 年为 40.8 平方米。根据 OECD 研究报告的结论，在人均居住面积超过 35 平方米后，房地产将迎来转折点，高速增长和房价高涨的阶段结束，这表明现阶段我国住房短缺矛盾已经基本缓解，房地产进入平稳发展期。

2. 房地产业成为国民经济重要产业

市场化改革给住宅房地产开发投资注入巨大活力，而住宅房地产开发的兴起也带动了其他类型的房地产开发投资。改革开放以后，尤其在 1998 年之后，房地产开发投资对中国经济增长贡献巨大，确实成为了中国经济新的重要增长点。

1978 年全国住宅投资只有 38 亿元，占 GDP 比重只有 1.2%。1986 年全国住宅投资达到 778 亿元，但其中市场导向型的房地产投资总额仅为 101 亿元，只占全社会固定资产投资的 3.24%，占 GDP 的比重仅为 0.97%。1997 年全社会住宅投资为 5 371 亿元，但对市场化的房地产投资只有 3 178 亿元，占全社会投资的比重为 12.74%，占

GDP 的比重为 3.99%，其中住宅房地产开发投资占 GDP 的比重只有 1.93%。

1998 年房改后，房地产开发增速大幅度提升。2017 年，全国房地产开发投资为 10.98 万亿元（其中商品住宅投资为 7.51 万亿元），占全社会固定资产总投资的 17.12%，占 GDP 的 13.27%（住宅投资比重为 9.09%），成为拉动国民经济的重要力量。房地产业的年增加值在 1978 年时仅为 80 亿元，对 GDP 的贡献只有 2.17%，到了 2017 年，房地产业增加值为 53 851 亿元，对 GDP 的贡献度上升到了 6.51%（见图 15.3）。

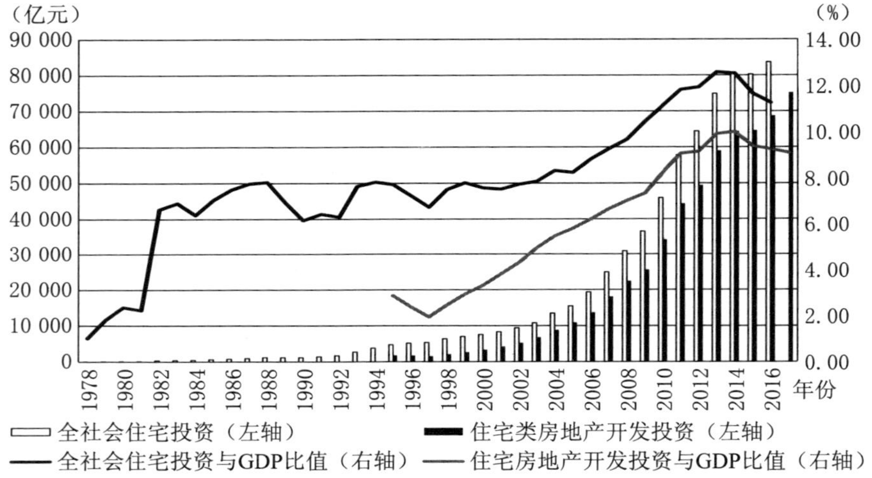

图 15.3 中国全社会住宅投资与住宅房地产开发投资(1978—2017 年)

资料来源：国家统计局；同花顺 Ifind。

房地产还因其产业链长、波及面广、融资量大等特征，带动了很多周边产业。上游主要有建材行业、钢铁等行业与房屋建设、施工密切相关。下游主要包括家装、家电、物业管理等。但随着存量房时代到来，新房市场对相关行业的支撑度已经在逐步减弱，未来二手房交易、旧房改造，以及节能、环保的建筑材料将会成为市场关注焦点。

3. 人口和劳动力流动更加自由

计划经济体制下，福利分房引发的最重要的社会问题之一是严重制约了劳动力的流动性。虽然居住成本很低，但是单位成为职工取得住房的唯一途径，从而使得职工与单位紧密捆绑，导致职工很难离开工作单位自主就业，这对城镇居民的职业选择和再选择过程造成了极大束缚，也严重制约了劳动力配置效率。

住房市场化改革打破了这种束缚。商品房市场、二手房市场以及租赁房市场不断扩大和完善，使得不同人群能够以更低的成本和更少的时间找到适合居住的房屋。因此，在不同地点和不同城市之间人口流动更加自由，也为农村人口向城镇流动提供了条件，可以说城镇住房市场化改革增强了劳动力市场的灵活性，劳动力资源配置效率得到了提升，个体创业可能性和积极性也都大幅度增加(周京奎、黄征学，2014)。

同时，随着农村人口向中小城镇转移，中小城镇人口向城市转移，三四线城市人口向热点城市转移，城镇人口逐渐增加，城镇人员层次和群体更加丰富，也为不同的产业发展提供了更加充足的劳动力，不仅有利于城市的可持续发展，同时也使得经济大环境更加充满活力。

4. 有力推动城镇化和土地资源配置效率提高

房屋作为城镇建设基础对于城镇化的推动作用不容小觑。随着城镇流动人口逐步增加和城市化进程加快，更多的刚性居住需求亟待解决，城镇住房建设的推动能为人们在城镇安居乐业创造良好的物质条件。住房作为居住载体不仅要保证新进入城市的人员住有所居，还需要增加配套设施和相关服务，这需要扩大城镇规模，所以房地产业的发展为城镇化发展提供了基础设施的同时，还促进了其经济增长，从而吸引更多外来人员，实现了城镇化良性循环。

根据统计数据，1978 年，我国城镇人口为 1.72 亿，占到全国总人数的 17.92%，2008 年为 6.24 亿，占总人口的 46.99%，到 2017 年底，我国城镇总人口已经达到 8.13 亿，占全国人口的比重为 58.52%，城镇化率已达 58.52%。1998 年全社会竣工的房屋面积为 17.1 亿平方米，2008 年达到 26 亿平方米，2016 年为 31.2 亿平方米。所以为了满足更多城镇人口的需求，大量住宅、商业区增长必然会消耗更多土地，导致城镇扩张。2008 年我国城市建成区面积为 3.63 万平方公里，城市城区面积为 17.8 万平方公里，到 2016 年底城市建成区面积为 6.43 平方公里，9 年几乎翻倍，城市城区面积为 19.8 万平方公里。

房地产业还能够提升城镇的整体功能和形象。城市规划、建筑形态等都会促进城镇结构和功能优化，更加便利居民生活，同时也使得城镇更加整洁、美观，使得城镇综合竞争力得到提升，从而进一步吸引企业投资和劳动力资源。

另外，房地产相关产业庞大，具有关联度大、产业链长的特点。因此房地产业发展能够促进一大批上下游产业的发展，为新兴城镇化提供基础条件，除了解决工业产能过剩的问题，还能催生城镇服务业发展，进一步为城镇居民提供优质服务的同时还能新增就业机会，使得城镇化在扩大过程中形成良性循环。

此外，通过住房市场化，带动了土地要素的市场化。研究发现，土地资源的市场化配置效率提高有力促进了经济增长的速度与质量(徐升艳等，2018)。

5. 促进金融深化和金融市场发育

房地产业和金融是互相促进、互相支持的共生关系，房地产业发展需要金融业支持，同时金融业发育和成长也离不开房地产市场这一平台。房地产贷款业务一直是各大银行争相抢夺的重要市场，尤其在楼市繁荣期，住房信贷就是商业银行最利好的产品之一，可以说，房地产已经成为推动金融发展的重要渠道。根据统计，到2017年底，房地产贷款余额占金融机构贷款余额的比例达26.81%，中长期贷款这一比例更是高达43.33%，每年房地产新增贷款占贷款总额从2016年下半年开始基本保持在40%左右，说明金融业对于房地产依赖度很高(见图15.4)。

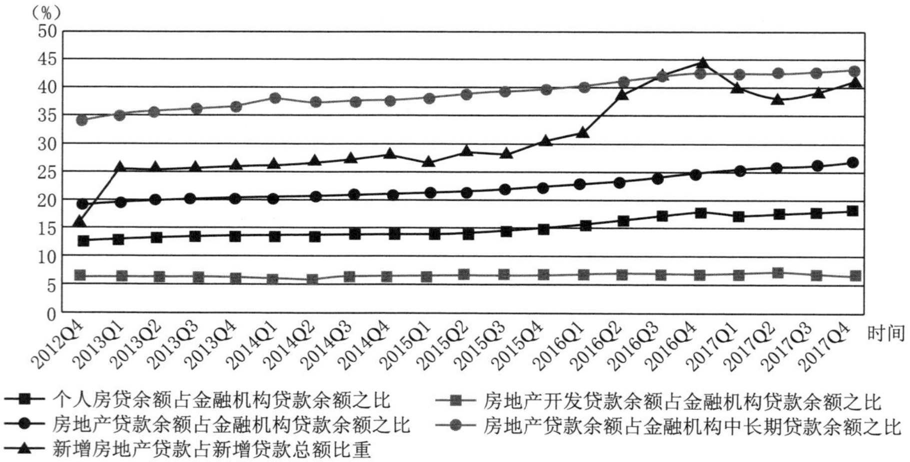

图15.4 中国房地产金融发展及对金融体系的重要性(2012Q1—2017Q4)

资料来源：国家统计局；同花顺 Ifind。

房地产业具备价值量大、建造和使用周期长的特征，并且同时拥有居住和投资双重属性，而金融业非常需要相对安全的运作环境和稳定的收益率，所以房地产业对于金融业具有强烈的吸引力。具体而言，房地产业能为银行和各个金融机构带来高利润，以推动金融业发展，同时房地产涉及生产、流通、管理、消费多个领域，每个环节都需要大量资本，这使得商业银行与房地产业形成了资本上的供需关系，无论是购房者、地产开发企业还是其他相关机构都在推动金融业发展。

此外，由于房地产具有广泛的辐射领域，所以对于金融业的扩张和市场渗透力也呈现出明显的正向促进作用。建筑业、制造业、服务业、商业等以不同的程度参与到房地产发展中，为金融业在广度的渗透提供了良好的平台和机会，帮助金融业将触角伸入不同领域，衍生出更多金融产品，使得金融资本和金融服务向多元化方向发展。为了满足越来越多的服务对象和参与部门的需求，也会进一步倒逼金融业自身的创新能力，更多针对性不同的金融机构、金融工具以及组合越来越多，而服务针对性越来越强，又会吸引更多部门的参与，从而形成良性循环。

15.2.2　突出矛盾

1. 住房支付力矛盾严重

1998 年开始，以市场化为主导的住房体系逐步建立后，中国城镇住房的价格就开始轮番上涨。根据易居研究发布的 2017 年中国 100 个城市房价收入比排名，排名前 22 位的城市均在 10 以上，前五名包括深圳、上海、三亚、北京和厦门，这一比例均在 20 以上，深圳高居榜首为 34.9，排名后 18 位的城市，房价收入比在 6 及 6 以下，城市之间的差异性非常明显。这种具有地域差异的房价收入比充分说明，我国部分地区房价的不合理性，热门城市疯长的房价不仅会挤出低收入群体的购房需求，也会使得投机行为得不到遏制从而进一步推高房价，加剧房价的地域分化。

此外，住房全面市场化后，住房的供应和价格波动性加大，不仅给宏观经济和金融安全带来隐患，也给居民生活带来很大的冲击和干扰。

2. 城镇居民住房差异大

住房市场化以后，不仅为住房供应创造了巨大活力，同时也为需求市场带来了更多选择空间。但是不可避免的，住房条件和财富积累的两极分化也随之而来，成为房地产市场新的矛盾。20 世纪 90 年代初期，中国的市场经济还没有开始，居民收入和家庭财富相对差距不大。1990 年全国基尼系数为 0.348(其中城镇居民基尼系数为 0.272)，1997 年全国基尼系数为 0.371(其中城镇居民基尼系数为 0.313)，从 2000 年开始，全国居民基尼系数首次超过了警戒线 0.4，达到 0.408 9(其中城镇居民基尼系数为 0.338)。此后的八年时间，全国基尼系数一路上涨，至 2008 年达到顶峰 0.491(其中城镇居民基尼系数也达到最高值 0.417)，从 2009 年开始全国基尼系数有所回落，至 2016 年为 0.465，但还是明显高于 0.4 的警戒线。

增大的贫富差距一方面是由居民的存量资产增值造成的，另一方面是由于收入两极分化造成的。根据中国统计局2018年最新发布的《中华人民共和国2017年国民经济和社会发展统计公报》显示，最低收入组的可支配收入不到最高收入组的十分之一。房屋具备双重属性，既是投资品又是消费品，但是无论何种属性房屋都会成为居民资产性收入，对居民贫富变动产生深远影响（李实，2007）。在过去房价疯涨的20年中，财产不平等程度无形中已增加。根据《中国家庭财富调查报告（2017）》，房产占家庭总资产的比例为65.99%，城镇和农村家庭这一比例分别为68.68%和55.08%，一线城市这一比例更高，又由于一线城市房价普遍增长更快，相对于无房者、农村家庭以及小城镇家庭来说，仅凭房价增长，一线城市有房者，特别是住房条件相对更好的家庭，其拥有的家庭财富就增长更快，正如托马斯·皮凯蒂在《21世纪资本论》中得出的结论，即富人的大部分收入并非来源于他们的工作，而是来自他们已经拥有的财产。可以说，房屋是造成居民财富两极分化的重要因素，再加上收入的不均衡等其他因素的积累，共同决定了中国较高的基尼系数，而财富的阶层分化又进一步决定了居民对于住房需求的差异，使得住房不平等现象严重。

这一现象的开始可以追溯到20世纪80年代福利分房时期。在住房改革之前，中国城镇居民的住房主要通过工作单位或者房管局进行供应，具体按照职工的级别、工龄、职位以及贡献度为参照对住房的大小、分配的时间进行落实。国家干部、专家和技术工人会分配到条件较好的大房子，如1983年省级干部和同等专业人员的国家住房标准为80至90平方米，几乎是普通工人的两倍（何晓斌、夏凡，2012）。住房市场化以后，为了尽快落实新政，国家通过低价方式将之前分配的公房出售给原有住户，随着房价上涨，之前居住在条件较好的房屋中的住户自然而然就积累了相对较多的家庭财富，尤其是原先在一线城市和核心地段的公房住户，其财富增长成本低且速度快，随着住房市场化推进，福利分房阶段的分配不均等不仅没有改变，反而在已有的基础上进一步扩大了。从职业角度讲，国有单位工作的家庭以及干部家庭的财富积累得更快更多；从地域角度将，在大城市、核心区居住的家庭获得了更多的财富积累。

除了原有公房出售造成了财富不均，商品房在一开始也加剧了贫富差距。商品房买主往往是有当地户口且富裕者，无论购买者购买这类商品房用作自住，或者当做投资，只要投入越多，参与城市财富增值分配就会越多，个人资产增速越快；而那些一开始就处于低收入阶层、买不起房的人，在房价不断暴涨中一次又一次远离了这些机会。

另外,住房金融市场也是助推住房财富效应的重要因素。具体而言,这种助推作用主要通过两种渠道发挥作用,即对已有住房的家庭依照其住房市值提供相应抵押贷款,或对有一定支付能力和还款能力的人提供抵押贷款,因而越是高收入者、拥有更多财富的家庭就越容易借助住房金融的手段获取更多财富。房价高涨的客观背景下,这种利用住房金融机会的严重不对等使得贫穷者和富有者之间的财富差距不断扩大。

随着住房市场化深入,人员流动增强,城镇新增人员住房问题显现。流动人口尤其是农民工成为城镇特殊群体,相比于城镇原有的低收入群体,这部分人群的收入、居住环境和各种福利的覆盖情况更加复杂,并且普遍更差。根据统计资料和相关文献,流动人口的基本住房特点是:以租赁住房为主,房屋拥有率极低,基本被排斥在保障性住房体系之外,同时与本地居民存在明显的居住隔离(杨菊华、朱格,2016)。并且由于持续攀升的房价远超流动人口的承受能力,通过购买住房实现安定非常难以实现,另外较强的流动性和工作变动性,也进一步制约了这一人群购房的意愿。但是这并不意味着流动人口真的不想在城镇实现安居,而是由于多方面限制条件使他们需要付出更多的安居成本限制了他们购房。2005 年流动人口租房比例为 64.6%,自有住房比例为 11.4%(包含自建住房、商品房、经济适用房和原国有住房),2014 年流动人口中租房比例为 69.5%,拥有自有房屋比例为 17.2%,自有住房和租房比例均有所上升,但是自有房屋比例相对租房比例仍有巨大差距,并且流动人口中包含乡—城流动和城—城流动两种,乡—城人员的处境明显糟糕很多(杨菊华,2018)。

15.2.3　问题根源

1. 过多担当经济发展工具

改革开放前,我国对城市住房进行了社会主义改造,大部分住房被公有化,因此我国施行的是福利分房的住房制度。改革开放以后住房政策又开始配合经济发展,为经济体制改革、稳定国家经济发展以及增加各级政府财政收入做出了贡献。

除了 1998 年和 2008 年两次金融危机,住房政策还在 1988 年缓解通货膨胀、1992 年实现经济增长等时期作为经济发展工具发挥作用。与此同时,房地产业一直作为地方政府财政收入、城市扩张资金的主要来源都是不争的事实。

再上升一个高度,中国住房资本化在城镇化中扮演了关键作用。在一般的市场化经济中,城市扩张理应是经济发展的结果,一般都是“工业化带动城市化”。中国 21

世纪以来的城市化进程颇具特色，在特殊的国情背景下，出现了一种特殊的城市化—工业化模式："以城市化带动工业化"。根据实施步骤则可细分为三步，"土地城市化—工业化—人的城市化—土地和人在城市中的结合"。

这种模式的核心是"以房融资"。地方政府，一方面以土地抵押及其金融衍生品为初始投入资金来源，同时将福利与购房紧密捆绑在一起的配置方式和预期操作来推动房地产市场发展，本质就是土地资产的证券化（陈杰，2016），其充分地发挥了杠杆作用，缓解了启动阶段的融资约束，再通过地方融资平台操作为城市扩张注入后续资金，有力促进了城市扩张和经济增长。重金打造之下，一举突破城市更新和扩张的启动瓶颈，先期形成"土地的城市化"；另一方面期望能够通过提升城市形象而筑巢引凤，吸引外来投资，形成产业集聚和人口集聚，依靠企业集聚和居民消费带来的财税收入来提供运营性质的公共服务，产生"人的城市化"，敦实城市发展后劲，使得先期形成的"土地的城市化"不至于落空。然而，这其中蕴含了很大的系统性风险（陈杰，2016）。

我国的土地出让金，经常出现"面粉高于面包"、地价直接比周边房价还高的现象，但购房者也纷纷乐意为此买单，甚至不惜买期房，交房后也要等上好几年才能入住。这里购房者所支付的价格，显然不是基于当前市政和城市基础设施所提供的公共服务价值，而带有明显的预期投机色彩。但事实上给地方政府的城市基建提供了融资。这是一种十分具有中国特色的"以房融资"的城市建设融资模式（陈杰，2016）。

2. 过度的资本化金融化

房地产金融化过程中，越来越多的资本和收入以所有权证书和债权形式存在，金融化资本在各种金融产品之间循环，不断创造交易并牟利。通过银行贷款、预付资金等杠杆方式，房地产商可以在少量启动资金条件下启动房地产项目；购房者通过按揭等方式延长购买期限，利用多余的资金从事更具回报率的活动；房屋抵押不仅可以套取现金，还可以将套取的现金再次进行金融投机；基于以上可能，金融化不仅使房地产具备建造成本的价值，还赋予其更多附加价值，如房屋所在地域价值、贷款利息、资本化地租等，可以说金融化为房价暴涨和高系统性风险埋下了伏笔。美国在2008年金融危机之前，每个家庭都怀有住有所居的美国梦，正因为有金融化助力，才衍生出以房贷为基础的一系列金融产品的互相交织、互相传染，最终导致危机发生。

现阶段中国房地产金融化已经成为宏观经济的风险点，从个人和家庭角度来看。

1997 年，中国个人房贷余额/储蓄存款只有 0.41%，到 2008 年也仅达到 15.38%，但是 2015 年以来的三年间这一指标快速上升。2015 年个人房贷余额/储蓄存款还只有 26%，2017 年末已经达到 34.02%。个人房贷余额/GDP 也从 1997 年的 0.24%、2008 年的 10.48%、2015 年的 20.69%，快速上升到 2017 年的 31.95%。虽然这个指标还远不及美国、日本、英国等发达国家，但是异常的快速增长值得高度关注。从历史经验来看，居民资金过度进入房地产市场、房贷杠杆率过高，往往是诱发房地产市场泡沫化及泡沫崩溃的重要先行指标(见图 15.5)。

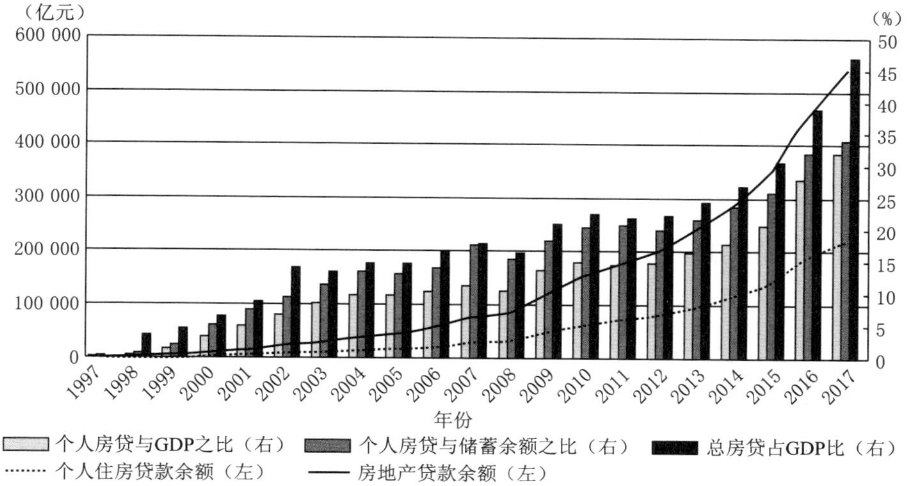

图 15.5 中国住房金融化程度(1997—2017 年)

资料来源：中国统计局、中国人民银行；同花顺 Ifind。

居民房贷杠杆率的快速增长从时间上来看，主要发生在近十年房价攀升时期，与房价上涨紧密地相生相伴(魏玮、陈杰，2017)，而空间维度上主要是在一二线城市。楼市杠杆升级，尤其短期融资行为增加，"首付贷""尾款贷""赎楼贷"泛滥，结构性风险增大。2016 年监管机构对此进行了整治，但是进入 2017 年后半年，"变相首付贷"又蠢蠢欲动，去除隐蔽杠杆、防止隐藏风险是一项长期而艰巨的任务。

土地成交价占地方财政收入的比重从 2000 开始一直呈现出波动上涨，2003 年以后基本都维持在 40%以上的水平，2010 年达到最高，将近 70%，这期间除了 2008 年和 2014 年有较为明显的下降，其他年份的土地出让面积和土地出让金均呈现一路上涨态势(见图 15.6)。

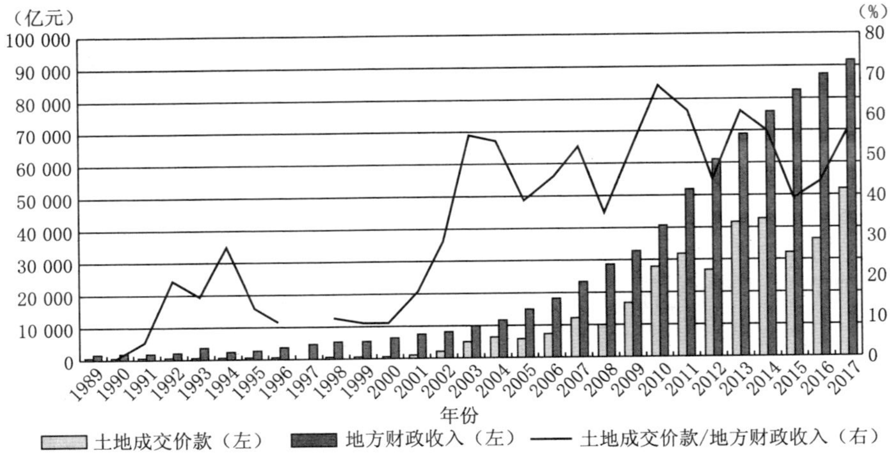

图 15.6　中国土地出让金及对地方财政收入的影响

资料来源：中国国家统计局；同花顺 Ifind。

将土地出售给地产开发商以填补地方政府收入的过程不仅提升了 GDP，同时也加深了土地资本化程度，尤其是当房地产企业购入土地并非用于建设，而是用于囤地和后期土地转让时，土地资本化升级更快。这一过程加剧了土地的增值性，限制了土地的流动性，使得土地在没有开发建设之前就带有了金融化的因素，成为了投机目标。

无论是房屋建造、销售以及个人房屋购买或是土地交易，只要当其过度金融化、资本化以后，泡沫就会充斥其中。虽然近年来政府对开发商、个人逐渐开始加强金融化管束，但是只要存在高利润，并且缺乏系统的金融规则，危机就可能不受控制。

15.3　中国城镇住房制度的未来展望

因为住房问题具备基础性和涉及面广泛的特征，住房制度变革，一直是经济与社会制度变迁的一个重要组成部分。住房制度变革，不仅为住房生产与住房消费模式带来巨大的影响，还直接影响到一个国家或地区经济社会发展模式的形成和经济社会问题的发生。如有学者对比了中国和俄罗斯住房体系改革成果后曾提出，仅对经济的短期贡献而言，中国 20 世纪 80—90 年代的住房制度改革成就无疑是成功的，而俄罗斯住房制度改革对经济增长没有正的贡献，反而是拖累（余南平，2010）。但从改革生成的当前住房制度结果来看，中国 40 年来的住房制度改革与发展仍然存在很多缺陷甚至是重大弊端，且后期修正成本巨大。由此我们有必要在重新反思的基础上展望未来的制度发展方向。

15.3.1　重新认识住房双重属性、淡化住房资产属性

40 年城镇住房制度改革经历了诸多曲折，但对住房基本属性的认识仍然不清。当前高度强调“住房不是用来炒的而是用来住的”，恰恰说明，在住房制度改革及恢复住房商品属性的过程中，过度强化了住房的投资功能，其金融属性过强，却淡化了住房的生活必需品属性，从而忽视了住房保障制度建设。

然而，一系列国际实践经验告诉我们，居民家庭资产投资如果过度集中在房产，国家就难以抵御系统性金融风险。如以 2007 年以来的国际金融危机为例，住房自有率过高的国家如美国、英国、意大利、希腊等都遭受沉重打击，而住房自有率较低的德国、法国、瑞典等基本安然无恙(凯梅尼，2010)。这并不是巧合。

要不要鼓励居民拥有自己住房，这是住房模式上英美自由资本主义与欧洲大陆福利主义的一个根本区别。从国际文献来看，英美等国鼓励人们买房，住房自有率多在 68%左右；欧洲大陆国家如德国、法国、瑞士和北欧，不鼓励人们买房，住房自有率只有 30%—50%。但相对应的是，英美实行低福利，欧洲大陆实行高福利。道理很简单，如瑞典学者凯梅尼曾经指出，高住房自有率与“福利国家”是具有替代性的制度安排(Kemeny, 1992)。当一个国家把公共财政资源过多投入到对自有住房的扶持政策上，必然减少对其他福利的支持。这对跨越中等收入陷阱是十分有害的。

15.3.2　实现住房供给多元化，发展社会住房模式

众所周知，世界上的经济模式，在自由放任的市场经济和计划管制经济之外，还存在一种社会市场型(social market)模式，介于过度政府干预和极端市场化之间，即所谓“第三条道路”。这种模式强调，以平衡社会目标的方式构建市场，市场竞争是“受控制和被管理的”；同时，政府以符合市场原则(market-conforming)的方式干预市场，实现“匹配性的国家干预”(compatible state intervention)(勒普克语)。这样可以较好地融合政府与市场的各自长处，缓和两者的负面副作用。这种模式以德国、法国和北欧国家为典型代表。德国是这个模式的样本，不仅做到了社会和谐稳定，还拥有了位居世界前列的经济活力。

沿着这个经济模式的理念和思路，世界上很多国家，在住房市场和政府兴建的公共住房范畴外，还盛行“社会住房”(social hosing)的概念。所谓社会住房，是房屋的所有者是非营利性组织，如独立于政府的非营利性住房协会或住房公司(英国、荷兰、德国、瑞典是这方面代表)、教会、慈善机构乃至保险公司等，它们存在的价值也是对其所有房屋执行不同市场竞价的另一套分配机制。一般社会住房都是租赁住房，虽然不能以种族、性别、宗教等原则刻意排斥特定人群，但不需要完全对公众开放。经营上以保本为原则，不刻意追求利润，一旦有超额利润就用于投资扩大住房再生产，或向租客群体分配返还。

德国和北欧的实践则证明，社会租赁房部门可以和私人租赁市场协调发展，形成融合的一元化租赁体系(凯梅尼，2010)。即把社会租赁房敞开大门，不局限任何特定群体去租赁。做到这点的关键不是靠政府补贴，而是建立起一批不唯利是图的非营利性运营组织。在保本非营利原则下，社会租赁房采用历史成本原则。只要租金能够抵消资本的利息成本与运营成本就可以满足，而社会租赁房的实际资金成本将随着时间因为通货膨胀的作用而不断下降，逐步体现出成本竞争力。这个过程中，政府只是起到一个规则制定者和保护者的作用。

15.3.3 加强租赁市场建设

住房市场的健康发展一定要“租售两条腿”一起走路。中国社会正处于转型和城镇化的加速期，需要富有弹性的住房市场。

英国学者奥斯瓦尔德(A.J.Oswald)曾提出，一个社会过多人买房子，会降低劳动力市场的流动性。购买房子以后，人们的冒险精神会下降，经济活力下降，不利于经济发展。这就是有名的房屋所有权陷阱(Oswald Homeownership Trap)假说(Oswald, 1996)。这个假说有一定争议，但确实能给我们不少启发，在中国确实有不少这样的现象存在。住房市场的结构僵化和缺乏流动性，显然会对推进经济转型不利。年轻人被迫过早买房，对个人、对城市经济活力而言都不是好事。瑞典房地产研究学者凯梅尼也提出，自有住房比例应该适度。自有住房比例过高，往往意味着政府要消费过多社会资源去补贴房屋所有者，不仅对租房者不公平，也会对政府能够提供的总体福利保障水平造成负面影响。他举例说，瑞典、荷兰、德国等欧洲大陆国家普遍住房自有率都不高，但居民得到的社会福利享受很多；美国、英国、澳大利亚人口中住房自有率高很多，但这些国家居民享受到的福利相对来说就明显要少(Kemeny,

1992)。这个思想是值得我们借鉴的。

具体而言,当前需要在法律、税收、社会管理等方面断然采取措施,务必使租房市场的滞后局面尽快得到扭转。尽快全面实行网上租房合同备案制度,未登记备案的租房行为视为黑市,要给予法律打击。鼓励社会力量从事经营性租房公司,新建、改建或收购二手房进行自租,或收购闲置住房的使用权进行代租,享有税收及规范管理的优惠。对私人房东出租收入在税收上给予免征优惠,对出租人和承租人的应有权益在法律上给予有效保障,规范和标准化租房合同。

世界上有不少国家和地区出于各种原因对租赁住房市场进行管制,主要包括租金管制和租约管制。一定条件下,租金管制有助于保障住宅权同时避免贫富分化,但造成的市场扭曲成本较大。以解约限制为中心的租约管制相对来说市场扭曲成本较低,还可有效减少租赁合同中当事人的机会主义策略性行为,增加资产专用性投资。德国在通过限制解约权来促进稳定租赁市场和租金方面具有丰富经验,可以学习借鉴(许德风,2009)。在我国城市住房自有率较高、住房供需总体基本平衡的情况下,租金管制不是可选之项,而应该以限制租赁合同解约权、鼓励长期性合约为入手点对租赁住房市场进行适当管制和引导,包括修订相关法律条例,限制出租人提前解约权,明确承租人有优先续约权。同时政府对房屋租赁实现基准租金指导价网上公示制度,引导中介组织构建租赁信息的统一平台,促进租赁市场信息传播和增加透明度。

鼓励社会力量兴办营利性市场化租赁住房公司。通过给予营业税收优惠、资产会计处理特许,允许“先租后售”“以商养租”等办法来增加房地产企业从事经营长期性租房业务的兴趣。鼓励非营利性组织和社会团体举办不以营利为目的的公益性质租房组织。类似英国的市政租房和北欧、荷兰的公益性社会住房协会,兴起住房模式的“第三条路”。一方面通过立法、优先优惠土地供给政策、税收减免等经济法律手段,鼓励社会资本直接参与;另一方面鼓励各类社会主体兴建向全社会开放的公租房和只向本单位内部开放的单位租赁房、各种模式的“人才公寓”,前者原则上纳入统一管理体系,后者可以自行出台政策和规制制度,政府给予政策扶持、财税资助和信贷担保,符合条件的还可以享受政府的租金补贴。同时要规定这些物业不得内部出售,总体上坚持只租不售,特别情况下才考虑先租后售,以服务城市居民的周转性住房需求为主。

15.3.4 依法推进住房保障建设

习近平总书记在中共中央政治局2013年10月29日下午就加快推进住房保障体系和供应体系建设进行集体学习时指出，“加快推进住房保障和供应体系建设，是满足群众基本住房需求、实现全体人民住有所居目标的重要任务，是促进社会公平正义、保证人民群众共享改革发展成果的必然要求”。习近平同时指出，“住房问题既是民生问题也是发展问题，关系千家万户切身利益，关系人民安居乐业，关系经济社会发展全局，关系社会和谐稳定”。各级党委和政府要加强组织领导，落实各项目标任务和政策措施，努力把住房保障和供应体系建设办成一项经得起实践、人民和历史检验的德政工程。应该说，现在全国上下、社会各界都已经普遍认可住房保障在我国城镇化进程和经济发展、社会转型过程中的必要性和重要性。

住房保障制度是一项实践性很强的社会政策，其出发点和宗旨目标必须明确清晰，其指导原则必须建立在一定的理论基础之上，同时要有强力的法律制度进行保护，从总体上明确规范住房保障的目标、对象、手段和途径，防止地方政府根据自己的需求对住房保障的内容和力度随意进行选择性更改，或策略性应对中央政府的考核压力，也要防止住房保障中的公共利益流失和公共福利被滥用。

“住房权”被1948年《世界人权宣言》(第25条第1款)、1966年《经济、社会、文化权利国际公约》(第11条第1款)等众多国际人权公约规定为一项基本人权。我国是《经济、社会、文化权利国际公约》签约国，充分调动国家资源来保障每个公民都享有住房权是政府责无旁贷的责任与义务。但住房权理论不能简单看作舶来品，其在中国有深厚的历史传统根基，与千百年众多先哲呼唤“居者有其屋”“安居乐业”的思想一脉相承，也在中国当代有深刻的政治根基。2007年10月党的十七大报告中所提出的“努力让全体人民……住有所居”，既是党对全体居民普遍实现住房权的庄重政治承诺，也是住房权的重要理论表述，对全世界范围内住房权的理论发展和现实推进都有重大意义。

要特别指出，虽然住房权已经公认是一项基本人权，但不应仅仅将其看作生存权，更应是发展权。如十七大报告所表述的那样，“住有所居”是实现人的全面发展的重要组成部分。要依照“实现全体人民住有所居和促进人的全面发展”为宗旨，来加快我国住房保障立法。还需要更加明确指出，住房保障具有社会投资属性。所以，住有所居不仅仅是解决人的生存问题，更是为了“促进人的全面发展”。

住房保障中需要强调政府的主体地位与责任，但这当然不是要求政府对居民住房需要承担无限责任。必须明确，对于住房保障，政府承担的是救济责任，只有在个人无法依靠自身力量从市场解决住房问题、影响到其生存权和发展权的时候才应该出面干预。依照这个原则可以划清政府与市场在住房提供中的边界。

15.5　总结

总结起来，中国改革开放前的住房制度可以定位为“政府垄断型”，20 世纪 80—90 年代房改过渡期间属于“政府垄断型”和初级“自由市场型”的“二元制”混合模式，1998—2007 年之间则是向“市场—救济”模式过渡。2007 年以来中国调整了住房制度发展方向，2015 更开始了新一轮探索去寻找适合新时代社会经济发展特征的住房制度。但整体而言，当前中国住房制度还是基于“市场—救济”模式。

归结起来，80—90 年代的住房制度改革，以推进住房商品化、住房货币化为原则，虽然不可避免带有一定服务经济的出发点，但总的来说还是围绕提高居民住房消费能力这个中心目标，这样居民住房条件改善与经济社会发展目标是和谐、协调、统一的。而 1998 年房改后到 2003 年，再到 2007 年之前这段时间，则十分不恰当地提倡住房投资化，住房政策导向过于功利性，住房部门服务经济的功能压倒了居民普遍性住房改善目标。住房成为城市发展的融资工具，是中国城市住房问题的根源所在。

客观而言，“以房融资”模式所引导的城市经济发展路径，在中国工业化和城镇化进程中有其积极影响和效果，但危害也是巨大的，对经济发展和社会和谐都带来了很多负面作用，如直接导致各种房产泡沫乱象、经济系统风险上升、社会矛盾激增等。而且这种模式至多适用于城镇化扩张早期，注定是不可持续的，当前对很多城市，尤其东部大城市而言，迫切需要转型和替代。

针对“以房融资”的发生根源和危害性本质进行分析后，为顺应新型城镇化的战略需求，需要提出以下针对性措施：改变官员晋升选拔和绩效考核机制、重塑中央地方财税体制、规范地方融资体系、加快土地制度改革、在法律框架下实施住房保障、加强住房需求调节、实现住房供给多元化、加强租赁市场建设、多元化保障性住房融资、逐步实现住房保障从实物保障为主向货币化保障为主的转变等。

然而，归根到底，当前我们最需要的是对未来中长期内中国住房制度的发展方向做出准确的战略性判断并提出具体实施路径。在讨论住房制度发展方向之前，更重要的是要明确当前中国住房制度构建应该遵循的原则是什么，目标是什么。

我们提出，中国住房制度构建应该有以下基本准则：一方面必须服从社会经济发展的根本性大战略。当前我国正处于从初级中等收入社会迈向更高发展阶段、实现中华民族复兴的关键时期，一切工作都要围绕国家发展战略紧密展开。而关于当前中国社会经济发展战略已经有很多讨论，十八届三中全会公报已经做了总体概括，过细的讨论超过本文研究范畴。这里我们主要关注两个：一是城镇化，尤其是落实以人为本的城镇化；二是产业结构升级调整，让经济增长更多由科技进步推动。在这两个视角中，我们认为，住房模式重构首先要本着有利于农业人口向城镇转移、有利于城镇流动人口市民化的原则展开，其次要减少经济增长和城市发展对房地产的过度依赖。另一方面必须坚持保障居民普遍性基本住房权的底线。我们不一概反对住房具有投资功能，也认同在一定条件下，住宅房地产行业可以作为经济增长的推动工具，但必须是在保障居民住房权不受妨碍的前提下。所以我们提出，通过立法来确保住房权不受侵害，同时加快住房保障体系建设。

最后，笔者认为，中国未来住房制度很难单纯通过抽象的理论推演而“顶层设计”出来，一定是在丰富的基层实践中与经济社会发展进程互动协调而产生。

参考文献

陈杰：《2007年的中国房地产金融》，《中国房地信息》2008年第1期。

陈杰：《经济新常态下的中国城镇化发展模式转型》，《城市规划学刊》2016年第3期。

何晓斌、夏凡：《中国体制转型与城镇居民家庭财富分配差距——一个资产转换的视角》，《经济研究》2012年第2期。

侯淅珉、应红、张亚平：《为有广厦千万间——中国城镇住房制度的重大突破》，广西师范大学出版社1999年版。

黄兴文、蒋丽红：《住房体制市场化改革——成就、问题、展望》，中国财政经济出版社2009年版。

凯梅尼：《从公共住房到社会市场——租赁住房政策的比较研究》，王韬译，中国建筑工业出版社2010年版。

李剑阁、任兴洲：《中国房改：现状与前景》，中国发展出版社2007年版。

李实：《将会加剧社会财富的集中》，《人民论坛》2007年第23期。

王育琨：《改革以来我国住房体制的变化》，《经济学家》1992年第5期。

魏玮、陈杰：《加杠杆是否一定会成为房价上涨的助推器？——来自省际面板门槛模型的证据》，《金融研究》2017年第12期。

徐升艳、陈杰、赵刚：《土地出让市场化如何促进经济增长》，《中国工业经济》2018年第3期。

许德风：《住房租赁合同的社会控制》，《中国社会科学》2009年第3期。

杨菊华、朱格：《心仪而行离：流动人口与本地市民居住隔离研究》，《山东社会科学》2016年第1期。

杨菊华:《制度要素与流动人口的住房保障》,《人口研究》2018 年第 1 期。

杨鲁、王育琨:《住房改革——理论的反思与现实的选择》,天津人民出版社 1992 年版。

应红:《中国住房金融制度研究》,中国财政经济出版社 2007 年版。

于思远:《房地产住房改革运作全书》,中国建筑工业出版社 1998 年版。

余南平:《俄罗斯与中国社会经济体系改革进程与模式比较研究——以俄中住房体系改革为视角》,《俄罗斯研究》2010 年第 2 期。

周京奎、黄征学:《住房制度改革、流动性约束与"下海"创业选择——理论与中国的经验研究》,《经济研究》2014 年第 3 期。

朱亚鹏:《住房制度改革:政策创新与住房公平》,中山大学出版社 2007 年版。

Adams, B., 2009, "Macroeconomic Implications of China Urban Housing Privatization, 1998—1999", *Journal of Contemporary China*, 18(62):881—888.

Kemeny, J., 1992, *Housing and Social Theory*, Routledge, London.

Malpass, P., and Murie A., 1999, *Housing Policy and Practice*, Palgrave Macmillan, Hampshire.

Oswald, A.J., 1996, "A Conjecture On the Explanation for High Unemployment in the Industrialized Nations: Part 1", *Warwick Economic Research Papers*.

Stephens, M., M.Lux, and P.Sunega, 2015, "Post-Socialist Housing Systems in Europe: Housing Welfare Regimes by Default?", *Housing Studies*, 30(8):1210—1234.

World-Bank, 1993, *Housing: Enabling Markets to Work*, The World Bank, Washington.

第 16 章

改革开放以来中国环境保护历程与经济转型

陈诗一　刘婉琳　复旦大学经济学院

16.1 引言

回顾改革开放 40 年来的历史足迹，党和政府推动经济领域发展的成就有目共睹，经过多年持续高速增长，我国经济总量跃居世界第二，人均收入步入世界中高收入经济体行列，人民的获得感与幸福感显著增强。然而，多年来粗放式高速增长与 GDP 锦标赛的传统思维，导致中国经济增长出现了诸如投入要素浪费、经济效率不高、环境污染严重等一系列问题。

在过去 40 年，环保问题始终犹如“达摩克利斯之剑”悬挂在民众的头顶，特别是近年来大气环境质量下降、雾霾频发现象引发社会广泛关注与讨论。2013 年“十面霾伏”蔓延至 25 个省份、100 多个大中型城市，已经严重影响了中国的经济增长质量、大众健康和政府形象。正所谓“治国有常，而利民为本”。全面建成小康社会，最重要的就是落实以人民为中心的发展思想，不断增强人民群众的获得感和幸福感。党中央提出“绿水青山就是金山银山”，考虑到环境保护与经济发展是人类永恒关注的问题，特别是中国经济进入由高效向高质量发展的新时代，这个问题更加凸显。因此，环境问题的重要性不言自明。

根据陈诗一等(2017)总结归纳，环境问题包含两个方面：一方面是传统的环境污染，主要是大气污染、水污染和土壤污染。①特别是大气污染，从 2012 年开始，雾霾取

① 土壤污染又涉及粮食和食品安全问题。

代二氧化硫、沙尘暴等问题，成为公众关注的首要空气污染问题。另一方面则是温室气体排放，主要是二氧化碳排放。不论是传统的环境污染，还是全球关注的碳排放问题，其背后根源都在于能耗问题，而能耗问题又可归结到经济发展模式上来。实际上，现在中国的能源污染之所以如此严重，与我国改革开放以来实行“唯 GDP 增长”的发展模式密不可分(陈诗一，2016b)。我们国家曾经历过将 GDP 作为地区经济发展最重要指标的阶段，长期采取高投入、高能耗的发展方式，导致了严重的环境污染问题。因此，了解我国的经济发展方式是掌握我国的环境事业发展脉络的最佳切入点。

结合现有文献，本文第二节首先回顾改革开放 40 年以来，中国能源环境问题的演化进程，并在第三节从分析经济发展模式这一视角切入，研究其对能源消费结构的影响，进而阐述其对环境污染的影响。在此基础上，第四节从环境经济学的角度出发，阐明环境污染、尤其是雾霾污染对中国经济发展质量的影响。最后一节就中国未来环保事业的发展方向提出建议。

16.2　中国能源环境问题的发展历程

新中国成立初期，中国政府效仿苏联推行经济赶超战略，通过工农业产品价格“剪刀差”实行农业补贴工业，推动重工业跨越式发展，形成了二元经济结构，也导致了城乡发展严重失衡。从能源资源角度来看，重工业即以大规模森林砍伐、燃烧化石能源、产生大量污染为特征，并对生态环境造成诸多负外部效应的工业类型。主要包括能源产业(如煤炭开采、石油化工、火力发电等)、其他能源密集型产业、污染排放密集型产业(如金属冶炼、机械制造等)。当时中央政府施行计划经济体制，一手把控资源配置规划，为扶持重工业优先发展，长期扭曲能源价格体系。而这种极端低廉的能源价格则是以地质、能源勘探的资金短缺，行政组织的臃肿分化为代价，难以适应经济发展客观规律，因此势必不可持续。在 20 世纪 70 年代改革开放之后，我国政府便对工业结构进行了调整，其中也包含能源产业结构。本节将简要地回顾中国能源环境问题的演化进程，及各个阶段的特征性事实。时间段划分在沿用 Chen 等(2013a，2013b)的界定基础上，大致将改革开放至今中国能源消费和环境污染的发展历程分为四个阶段。下面我们将分别概括与阐述每阶段能源消费的特征。

16.2.1 鼓励阶段（1978—1992年）

计划经济年代，资源配置效率低下，导致产品和能源供给短缺。而1978年12月党的十一届三中全会的召开，不仅拉开了改革开放的序幕，还同时掀开了我国环境保护历程的新篇章。随着党和政府逐渐将工作中心转移到经济建设上来，各项以恢复工农业生产、提升劳动生产率的改革措施也陆续出台，整个经济呈现出一派欣欣向荣、富有活力的景象。但此时，在环境保护方面，能源供给短缺的问题却逐渐暴露出来，并日益成为掣肘中国经济发展的桎梏。为了解决这一问题，党和政府从"开源"和"节流"两方面入手，一方面提出"有水快流"的方针，实行"大中小煤矿并举"的政策，全国矿井数量猛增；另一方面则号召广大群众节约资源，并在1980年将"节约资源"上升为我国的基本国策之一，足以彰显出党和政府提升能源生产及利用效率的决心。

伴随着改革的进一步推进，改革的重心开始由初期的农村转移到城市范畴，在"七五"期间，以增强企业活力为中心的城市经济体制改革全面铺开。在城市改革的浪潮中，我国从简政放权、改革税制、改革价格体制等到改善工资分配制度、实行厂长负责制等一步一个脚印，走出了独具中国特色的经济体制改革之路。其中，能源密集型产业也顺势推动变革，具体表现是在煤炭、石化和电力等产业内推广承包责任制。尤以煤炭产业为首，中央政府开始逐渐下放煤矿经营资质审核权，放松煤炭行业的进入壁垒，并鼓励乡镇企业、社队企业乃至个体及境外投资者积极开采。在攫取自身利益和地方政府追求政绩的双重驱动下，全国范围内涌现了大量的煤矿企业，非国有煤炭产量大幅提升。经此变革，煤炭产业成为了改革最充分的产业部门之一。在"六五"期间，我国煤炭产量达到2.5亿吨，净增长1.5亿吨，乡镇企业的贡献不可小觑。Shen等(2012)也对1979年以来中国的煤炭政策作出了类似的总结。

这一阶段进行的能源产业结构变革不仅有效地解决了能源供给短缺问题，从根本上扭转了长期以来煤炭供不应求的局面，同时也刺激了轻工业的发展，诸如纺织业和食品工业。与煤炭开采类似，钢铁冶炼、机械制造、化肥生产等领域也涌现出一大批小型企业，就是所谓的"五小企业"。这些小企业分散生产的特质充分遵循了我国当时的比较优势，虽然降低了中国工业的集中度，但是这种产业导向变化是引导中国由"赶超战略"(即过分重视重工业的优先发展，忽视国民经济的平衡发展)向鼓励劳动密集型、资源密集型产业转型的关键。总体而言，这一阶段的能源产业以解决短缺、扩大生产为主要特征。

16.2.2 限制阶段（1992—2001 年）

20 世纪 80 年代的全面鼓励政策，保证了中小型能源密集型企业在 960 万平方公里的土地上遍地开花。这种快速的发展虽然在初期有效缓解了能源短缺的困境，但却使得煤炭产量在缺乏官方调控的前提下达到了巅峰。此外，小型煤矿由于为了节省费用，多实行破坏性开采，不注重周边的生态保护，因此使得生产成本远低于国有煤矿，间接导致国有煤矿财务损失。进一步而言，这种破坏性开采不仅扰乱了市场秩序，还造成了严重的煤炭资源浪费，对于当时煤炭市场上的诸多乱象，1992 年邓小平南方谈话的拨乱反正，不仅为当时的中国工业进一步深化改革注入了“强心剂”，还彰显了政府修正改革初期不成熟所致弊端的决心。与此同时，在能源消费方面，这一阶段的重点已经从千方百计扩大产能转为强调环境保护。此时的政府逐渐放弃了 20 世纪 80 年代制定的全面鼓励政策，转为有针对性地引导并调整能源企业的发展方向。

然而尽管中国政府在 1989 年便意识到必须解决煤炭市场低效的问题，但是正式实施真正的节能政策还是推迟到了 90 年代初，彼时可持续发展概念在世界范围内得到广泛的认可。90 年代伊始，中国开始逐渐在节约能源、保护环境等环保政策方面稳步推进，分别于 1992 年、1993 年签署了《里约宣言》与联合国《二十一世纪议程》。1994 年国务院第十六次常务会议讨论通过了《中国 21 世纪议程》，从人口、环境与发展的具体国情出发，提出了中国实施可持续发展的总体战略、对策以及行动方案。1996 年，中国“九五”计划和 2010 年远景目标纲要正式将可持续发展确立为国家的基本战略之一，强调了能源是该发展计划的重要组成部分，并再次强调 1980 年提出的“开源节流”的能源政策。1998 年，《节能法》在中国生效。在此背景下，90 年代中后期，通过限制能源产业发展及国企改革“抓大放小”，中国逐渐由鼓励能源生产向限制能源生产转型。1996—2000 年间，政府共计关停了 8.4 万个能源密集型和污染密集型的中小企业，很多都是 20 世纪 80 年代大量发展起来的“五小企业”，在遏制能源无序生产的同时提升了产业集中度，中国“高能耗、高排放”的环境问题得到了一定程度的缓解。

20 世纪 90 年代初期，产品市场放开，市场化比率达到了 95%以上。工业品价格随着国企改革、产品市场垄断逐步被打破，基本实现了市场化定价。20 世纪 80 年代中后期吵得沸沸扬扬的“价格冲关”“双轨制”似乎无声无息地就解决了。然而要素市场不同于产品市场，当时的要素价格依然受到国家的严格管控，市场之手无法介入。只有煤炭价格在1994年初步实现了市场化定价。这主要是由于煤炭市场已经形成，政府通过关闭小煤矿和国企减员增效实现了煤炭市场供求平衡。

与煤炭行业相比，石油化工和电力行业的改革则相对有限。石化行业在1998年建立了中国石油和中国石化两家集团公司，从而实现了行业内的战略重组。电力行业则是通过“政企分开”和“厂网分离”来实现行业重组。然而尽管上述两大行业都实行了部分的市场化运行，但整体来看，依然以国家垄断经营为主。随着改革措施的有序推进，1997—2001年间，中国主要能源消费在长期增长后，首次达到了稳定状态，甚至略微下降。这种下降带来的直接表现便是中国的单位GDP能耗从1980年的0.002 6吨标准油/2 000美元下降到2002年的0.000 8吨标准油/2 000美元。从国际范围来看，这种变化更加明显。在20世纪70年代经济改革伊始，中国的能源强度是美国的6倍以上，但是到了2002年，这一指标已经下降为美国的3倍。这是中国改革开放以后唯一一段能源消费没有增长的时期，也是二氧化碳排放、环境污染相对平缓的时期。

16.2.3 重化工业化回潮和土地城镇化阶段（2001—2012年）

这一阶段初期，中国仍坚持发展劳动密集型轻工业的工业战略，并确立了以节能减排为主要特征的可持续发展目标。与此同时，气候变化已成为能源领域的热门话题，中国于2002年宣布核准通过《京都议定书》，并于2004年递交了一份正式文件，其中就包括向《联合国气候变化框架公约》第十次缔约方大会提交的温室气体排放清单。在这些政策的指导下，2001年到2004年，中国政府连续三次公布了落后产能产品清单，关闭了3万余家资源浪费型企业，叫停了1 900多个水泥制造、钢铁冶炼、电解铝等重污染行业项目。2005年，政府又关闭了2 600个能源密集型企业。

但是，2002年以后伴随着重化工业化回潮和土地城镇化发展，中国一次能源消费量迅速增长，并于2010年达到峰值。能源强度也扭转了长期以来的下降趋势，从2002年的最低水平重新上扬到2006年的0.001吨标准油/2 000美元。从能源消费的平均弹性来看，前两个阶段的平均弹性大约为0.5，即1%的GDP增长仅仅需要0.5%的能源消费增长；然而，这一指标在2000年以后已经超过了1，种种迹象均表明了重化工业化的回潮。重化工业化同时也反映在出口产品结构上。自20世纪90年代后期开始，中国的出口产品结构已经从以劳动密集型产品为主，如纺织品等，转向以资本和能源密集型产品为主，如机械部件、化工产品、水泥等。出口产品的复杂程度和劳动生产率已经达到了人均 GDP 三倍于中国的国家水平（Hausmann et al.，2007）。Anderson(2007)则进一步表明，自 2005 年以来，重工业的出口顺差是过去中国对外贸易顺差急剧增加的重要原因之一。

这种重化工业化回潮现象在中国引发了广泛的争论：当今中国的重化工业化是必然且必要的吗？高能耗和高碳排放究竟能否持续推动未来的工业增长？值得注意的是，这一阶段的重化工业化发展与新中国成立初期的"赶超战略"有所不同，此时的轻工业发展依然迅猛，并未受到阻碍。从现实背景来看，导致此次重工业化回归的原因既有短期因素又有长期因素。短期来看，这可能是由于持续的大规模基础设施投资，加上自然资源价格相对低廉使得私人资本大量涌入重工业领域。从长期来看，国际分工体系的确立使得发达国家产业升级，急于转移本国的资源密集型产业，再加上中国国内消费结构的升级改善、城镇化水平的提高使得中国的重化工业化回潮有迹可循，而这也恰恰符合工业化中期的国家重工业发展较快的历史经验。

基于重化工业化回潮的现实背景，国家"十一五"规划首次提出了两个约束性环境保护指标，包括单位国内生产总值能源消耗降低 20%左右、主要污染物排放总量减少 10%，这两项约束性指标具有法律效力，是考核政府责任的硬杠杠。为落实好这两项环保指标，国务院成立了应对气候变化及节能减排领导小组，并发布了《节能减排综合性工作方案》，方案内提到的具体措施可归纳为：(1)政府为节能减排项目提供资金支持。由于能源行业是资本密集型行业，对于资金投入量的要求较高，但在中国能源产品价格却又持续偏低，使得行业整体产值较低，最终导致行业内企业自身没有能力为节能减排项目落地提供资金支持。考虑到节能减排投资具有明显的正外部性，且多数具有区域间效益和成本外溢，那些旨在实现利润最大化的企业不会愿意将资金投入这些领域，根据公共财政理论，政府有责任、有义务在此时出面加强当地的环保投入。在这一观念的指导下，2007 年中央政府对节能减排类项目发行国债及相关金融投资共计 235 亿元，到 2008 年则高达 500 亿元。①(2)从 2006 年开始调整对外贸易政策，例如取消退税，提高关税，削减配额，禁止某些高能耗、高污染或存在严重资源浪费的产品出口。此外，还通过限制土地及信贷配给，逼停部分高能耗项目。以上种种举措对我国的环保事业均大有裨益。

① 数据来自《中国环境宏观战略研究——综合报告卷(上)》，第 120—125 页。

16.2.4 转型阶段（2012年—至今）

在以控制排污总量为特征的指标体系约束下，中国的环保事业从2006年开始逐渐步入正轨。然而，随着公众对环境质量的关注度日益提升，环境污染导致的群体性事件屡见报端，“向指标看齐”的传统考核方式①逐渐暴露出自身的缺陷。由于考核指标的制定具有滞后性，例如挥发性有机物、粉尘等非传统类型的污染物并未纳入总量减排控制范畴，但这种新型的污染物恰恰是造成“雾霾围城”的元凶，严重影响了公众的生活质量与生存环境。因此，党和政府从群众的利益出发，在十八大以后开始转变环境政策目标，从控制总量向改善质量转型，综合运用污染治理、总量减排、达标排放等手段，以期更好地形成合力来改善环境（何劭玥，2017）。

从出台的政策制度来看，十八大以来，国务院相继发布实施了“大气十条”“水十条”和“土十条”等管理条例，这些条例通过清晰的部门分工、明确的治理目标和切实的行动计划推进了污染治理进程，并建立起以改善水、大气和土壤质量为目标的环境管理制度和环境标准体系。此外，政府还出台诸多举措，为市场发挥决定性作用创造了空间。首先，完善绿色税费政策，引导生产消费行为。对再生资源增值税实行退税，对资源综合利用企业所得税给予优惠，鼓励企业生产环保产品，同时，减免绿色环保产品的消费税，降低消费者购买成本，鼓励选购绿色节能环保产品。其次，发挥价格的杠杆调节作用。如在居民生活领域，全面实行居民用水、用电、用气的阶梯价格制度，推行供热按用热量计价收费；在工业生产领域，对燃煤电厂超低排放实行上网电价支持政策，并进一步推进排污权交易制度、生态补偿制度等，通过价格杠杆，引导个人与企业节约能源。最后，树立领跑者标杆，建立激励机制。2015年7月，财政部等印发的《环保“领跑者”制度实施方案》提出，每年国家给予环境绩效最高的“领跑者”企业适当的政策激励，获奖者不仅可以获得荣誉称号，还可使用“领跑者”标志扩大企业的社会影响力，提升品牌价值，这种激励政策可以增强企业节能减排的内在动力，调动企业清洁生产的积极性。

从实际表现来看，新建立的环境标准体系与市场的引导激励机制已初步发挥功效。截至2015年底，我国城镇污水日处理能力由2010年的1.25亿吨增加到1.82亿吨，城市污水处理率达到91%；安装脱硫设施的煤电机组由5.8亿千瓦增加到8.9

---

① 即利用单个或主要污染物指标进行检测、控制的方式。

亿千瓦，安装率由 83%增加到 99%以上；安装脱硝设施的煤电机组由 0.8 亿千瓦增加到 8.3 亿千瓦，安装率由 12%增加到 92%。①除这些成就外，随着国家对环境保护工作重视程度的提高，环保投资也在逐年上升，2012 年，我国环境污染治理投资总额为 8 253.6 亿元，到 2015 年底，该指标已经达到了 8 806.3 亿元②，同 2012 年相比增长了 6.7%，占国内生产总值的 1.3%。从这些数据中不难看出我国的环保事业正在向着更高层次迈进。

但是，伴随着工业化、城镇化的持续推进，中国在节能减排方面仍面临着巨大的挑战。从能源消费角度来看，化工产品、水泥和钢铁等能源密集型产业继续在中国经济发展中发挥着重要作用，阻碍了产业结构升级带动节能减排的道路，而中国一次能源消费不平衡的状况也加剧了节能减排的困难程度。从能源供给角度来看，中国是煤炭储量极为丰富的国家，煤炭资源消费势必占据主导地位，尽管在过去的几十年中这一地位有所下降，但考虑到煤炭供给充足、价格相对低廉；而中国的清洁能源资源相对匮乏、生产清洁能源的技术水平长期落后、资金预算不足，这些因素的加总不可避免地意味着能源供给与消费结构的僵化。也就是说，中国的能源结构在未来很长一段时间内依然将以煤炭为主导(张兆响，2000)。

表 16.1　改革开放后中国环境政策变迁一览表

时　间	事　　　件
1981 年	11 月，第五届全国人大第四次会议确定了“坚持开发与节约并重，把节约放在首位”的能源发展方针。同年，国家设立节能专项资金，用于节能基建项目和节能技改项目
1983 年	国家为加快发展能源，放宽了限制政策，提出了“大矿大开，小矿放开，强化开采，有水快流，国家、集体、个人一起上”的口号，大力发展乡镇集体煤矿和个体煤矿
1983 年 12 月	国务院召开第二次全国环境保护会议，将环境保护确立为基本国策。实行“预防为主，防治结合”“谁污染、谁治理”和“强化环境管理”三大政策
80 年代中期	国家大幅降低煤炭产业的进入壁垒。煤炭企业的资格审批、投资规模、技术先进程度、回采率要求和税收计划等指标也被降低

① 数据来自“以改善环境治理为核心，补齐生态环境突出短板”——在“展望十三五”系列报告会上的报告(摘登)，2016 年 5 月 28 日。

② 数据来自《2015 年环境统计年报》。

续表

时　间	事　　件
1988 年 7 月	国务院将环保工作从城乡建设部分离出来，设立国家环境保护局（副部级）作为国务院直属结构，地方政府也开始陆续成立环境保护机构
1989 年 11 月	中共十三届五中全会审议通过《中共中央关于进一步治理整顿和深化改革的决定》，并将煤炭市场作为治理整顿的突破口。规定："除了国家批准和有关部门指定的经营单位以外，其他单位和个人一律不得经营煤炭。"
1989 年 12 月	《中华人民共和国环境保护法》正式实施，它是我国环境保护的综合性法规，制定了国家的环境政策和环境保护方针、原则和措施，标志着中国的环境法规体系初步建立
1990 年 3 月	第七届全国人民代表大会第三次会议上，李鹏总理强调："要重点克服煤炭市场的混乱现象，务必使这方面的整顿工作取得显著成效……"
1992 年	在对煤炭企业实行关、停、并、转等措施后，煤炭行业进一步施行下岗分流、减员增效的政策
1993 年	国家开始放开部分煤价，开始解决煤炭价格偏低和企业政策性亏损问题，乡镇煤矿的产量开始超过了国有重点煤矿产量
1994 年 3 月	中国颁布了《中国 21 世纪人口、环境与发展白皮书》，充分表明了中国政府对可持续发展的重视，从此，可持续发展战略成为中国的基本国策之一
1996 年 3 月	第八届全国人大第四次会议审议通过了《关于国民经济和社会发展"九五"计划和 2010 年远景目标纲要》，明确提出将科教兴国和可持续发展作为两项基本战略
1997 年 11 月	第八届全国人大代表常务委员会第二十八次会议通过了《中华人民共和国节约能源法》，能源节约被正式列入法律文本中
1998 年 10 月	国务院第 22 次总理办公会议专题研究了关井压产工作，决定从 1998 年 11 月起到 1999 年底，关闭各类非法和布局不合理的小煤矿
2001 年 6 月	国务院办公厅发布《关于做好关闭国有煤矿矿办小井和乡镇煤矿停产的紧急通知》
2002 年 1 月	国务院办公室会议通过《电力体制改革方案》，提出构建政府监管下的政企分开、公平竞争、开放有序、健康发展的电力市场体系
2002 年 1 月	国务院召开第五次全国环境保护会议，提出依靠环境法治、社会监督、科技创新和市场手段，努力完成污染物总量控制、重点地区①环境治理、生态环境保护三大任务

① 重点地区即："三河""三湖""两区""一市""一海"。其中，"三河"为淮河、海河与辽河；"三湖"为太湖、滇池与巢湖；"两区"指酸雨控制区和二氧化硫控制区；"一市"指北京市；"一海"指渤海。

续表

时间	事件
2002年6月	《中华人民共和国清洁生产促进法》颁布，其核心是促进清洁生产，提高资源利用效率，减少和避免污染物的产生，保护环境及人体健康，促进经济与社会可持续发展
2003年10月	十六届三中全会提出科学发展观，强调“坚持以人为本，树立全面、协调、可持续的发展观，促进经济社会和人的全面发展。”
2007年11月	国务院印发《国家环境保护“十一五”规划》，首次提出环境保护约束性指标，即单位国内生产总值能源消耗比“十五”期末降低20%左右；主要污染物二氧化硫和化学需氧量排放总量减少10%
2008年2月	《水污染防治法》修订通过，其中提到国家将实行水环境保护目标责任制和考核评价制度，将水环境保护目标完成情况作为对地方人民政府及其负责人考核评价的内容
2012年11月	十八大把生态文明建设作为统筹推进“五位一体”总体布局和协调推进“四个全面”战略布局的重要内容
2013年2月	环保部印发《关于执行大气污染物特别排放限值的公告》和《国家环境保护标准“十二五”发展规划》
2013年9月	国务院发布《大气污染防治行动计划》（“大气十条”），涉及燃煤、工业、机动车、重污染预警等十条措施
2014年8月	财政部等印发《关于免征新能源汽车车辆购置税的公告》，指出“自2014年9月1日至2017年12月31日，对购置的新能源汽车免征车辆购置税。”
2015年4月	国务院发布《水污染防治行动计划》（“水十条”），包括全面控制污染物排放，着力节约保护水资源，全力保障水生态安全，充分发挥市场机制作用，明确和落实各方责任
2015年8月	《大气污染防治法》修订通过，再次强调国家对重点大气污染物排放实行总量控制，并将逐步推行重点大气污染物排污权交易
2015年10月	中共中央、国务院发布《关于推进价格机制改革的若干意见》，提出全面实行居民用水用电用气阶梯价格制度
2015年11月	环保部联合发改委印发《关于加强企业环境信用体系建设的指导意见》，提出“到2020年，企业环境信用制度基本形成，企业环境信用记录全面建立，覆盖国家、省、市、县的企业环境信用系统基本建成，环保守信激励和失信惩戒机制有效运转。”
2015年12月	上海市发改委联合财政局开展分布式光伏“阳光贷”工作，率先培育适应新能源发展的金融服务体系

续表

时　间	事　　件
2016年1月	国家发改委印发《关于切实做好全国碳排放权交易市场启动重点工作的通知》，提出国家、地方、企业上下联动、协同推进全国碳排放权交易市场建设，确保2017年启动全国碳排放权交易，实施碳排放权交易制度
2016年3月	央行和银监会联合印发《关于加大对新消费领域金融支持的指导意见》，意见中提到“加大对新消费重点领域的金融支持，支持绿色消费……大力开展能效贷款和排污权、碳排放权质押贷款等绿色信贷业务。”
2016年5月	国务院发布《土壤污染防治行动计划》（“土十条”）
2016年12月	十二届全国人大常委会第二十五次会议通过了《中华人民共和国环境保护税法》，自2018年1月1日起施行，明确了环境保护税的纳税人、征税对象等制度，积极发挥税收在控制和减少污染物排放、保护和改善生态环境方面的重要作用
2017年6月	七部委联合下发通知，公布建设五大绿色金融改革创新试验区①的总体方案
2017年8月	环保部等联合发布《京津冀及周边地区2017—2018年秋冬季大气污染综合治理攻坚行动方案》
2018年5月	全国生态环境保护大会在北京召开，会议提出，加大力度推进生态文明建设、解决生态环境问题，坚决打好污染防治攻坚战，推动中国生态文明建设迈上新的台阶

资料来源：中华人民共和国生态环境部、财政部、中央人民政府等官网。

16.3　经济发展模式是影响环境污染的关键

由前一节概括的四大阶段特征，可发现我国的能源环境改善进程一波三折，而且截至目前来看依然前路漫漫。那么究竟是什么原因导致我国能耗问题迟迟无法解决，进而使得环境形势仍然严峻，压力继续增大呢？这恐怕就要归结于我国长期以来实行的粗放型经济发展方式。虽然可持续发展理念早就被中国采纳，也一直在提倡，但是并没有被真正重视和执行起来。当前我国正处于工业化、城镇化和农业现代化的加速推进阶段，粗放型的经济发展方式还未发生根本性转变，实现经济增长付出的资源环境代价过大，经济发展与资源环境的矛盾日趋尖锐，并成为可持续发展面临的

① 五大绿色金融改革创新试验区分别为：浙江省湖州市、衢州市；贵州省贵安新区；新疆维吾尔自治区哈密市、昌吉州和克拉玛依市；广东省广州市；江西省赣江新区。

突出问题。因此，本节将主要分析粗放型经济发展模式对我国能耗问题的影响，进而对环境污染，尤其是雾霾污染的影响，这种分析有助于厘清转变经济发展模式的意义，并为后文的建议提供理论支撑。

下文分析中，粗放型经济增长模式，主要包括工业发展方式、城市化发展方式、农业生产方式和产业布局结构四个方面，这四个方面相互关联、互为表里共同塑造了我国长期以来所实行的经济增长方式，下面将依次分析这四者对中国能源消耗乃至环境污染的影响。

16.3.1　粗放型工业发展方式造成巨大的环境压力

我国的工业发展方式有着深刻的时代烙印，在很大程度上依赖于投资规模的不断扩张和资源能源的不断投入来拉动，这种投入产出不平衡的发展方式极易导致资源浪费和环境污染。从环境统计数据中可以发现，我国工业废水排放总量大的行业主要集中在造纸、化工、火力发电、黑色金属加工、纺织、农副食品加工、石油加工、煤炭采选等行业；废气排放总量大的行业主要集中于电力（包括火力发电）、非金属矿物制品、黑色金属冶炼与加工、水泥、化工、有色金属冶炼、石油加工等行业；用水量大的行业则主要集中在电力（包括火力发电）、化工、黑色金属冶炼与加工、石油加工、造纸、化纤等行业。由此可见，我国环境问题的工业结构性特征十分明显，工业结构偏“重型化”是我国能耗水平持续攀升的重要原因。

除此以外，工业增长方式的粗放还体现在企业规模偏小、行业集中度低、部分行业产能过剩、落后产能比例较高等方面。从企业规模和行业集中度来看，与国际水平相比，我国独立核算企业、国有企业、规模以上的非国有企业的平均生产规模都相对较小，行业集中度偏低。以钢铁行业为例，2005 年时我国粗钢产量 200 万吨以上的企业有 47 家，没有一家进入世界前五名。根据各年度 12 月份的《中国钢铁工业统计月报》，计算出 2007—2011 年间，中国钢铁产业粗钢集中度指标基本呈逐年上升趋势，但 2012 年开始，连续五年下降，且 2016 年粗钢集中度指标创近 10 年来的新低。

从部分行业来看，产能过剩问题较为突出。近些年来，随着消费结构不断升级和工业化、城镇化进程加快，带动了钢铁、水泥、汽车、电解铝等行业的快速增长，但由于经济增长方式粗放、体制机制不完善，这些行业在快速发展中暴露出盲目过度投资、低水平扩张、行业产能过剩等问题。从总体来看，钢铁、电解铝、电石、铁合金、焦炭、汽车等行业产能已经出现明显过剩，如果任其发展下去，资源环境约束的矛盾就会更加突出。

从产能结构来看，落后产能比例较高。在目前的工业部门中，落后的工艺、装备和技术等仍占有较大比例，化工行业存在大量的小合成氨、小型敞开式电石炉等；石化行业存在众多的小炼油厂等；造纸行业有不少的小型化学碱厂。这些表现不仅影响到企业与行业的市场竞争力，还造成了大量的资源浪费与环境污染。

16.3.2 粗放型城市发展方式对环境造成冲击

我国城市化进程一直在稳步推进，城市化率由 1978 年的 18%上升到 2017 年的 57.4%①，然而在这一光鲜的数据背后，我国城市化发展模式却始终保持着粗放的特征，不仅占用了大量的耕地资源，而且对环境产生了较大的冲击。

长期以来，我国城市建设大多走外延式发展道路，片面追求城市规模和速度，城市经济增长依靠土地等资源的大量投入，城市发展呈现“摊大饼”式的盲目无序扩张，土地利用效率偏低，进而造成了大量的土地资源浪费以及农业用地与城市化建设用地之间的冲突。

此外，我国城市环境基础设施严重滞后于城市化的发展速度，城市管理观念比较落后，重建设轻管理、重利益主导轻生态主导、重新城开发轻旧城改造。这种粗放型的城市化发展模式加上机动车辆的快速增长，不仅导致城市交通拥堵，还使得环境污染更为严重。随着全国城市机动车保有量的持续增长，机动车污染物排放总量持续攀升，目前已经成为我国城市第一大空气污染源。

16.3.3 粗放型农业生产方式严重污染农村环境

我国的农业现代化进程很大程度上是建立在高物质投入基础上的。1990—2005 年间，我国农林牧渔总产值增长了 148%，但是化肥施用量增长了 84%，农药使用量增长了 99.2%，农用塑料薄膜使用量增长了 265.6%。②这种发展方式在保障我国粮食安全水平不断提高的同时，也付出了沉重的资源环境代价，造成了严重的农村环境污染。通过农田排放的氮、磷和通过农田渗透到地下水的氮已经成为水体和大气的重要污染源之一。同时农药的使用也会对环境生物（包括水生生物、陆生生物和土壤生

---

① 数据来自中国国家统计局。

② 数据来自《中国环境宏观战略研究——综合报告卷（上）》，第 120—125 页。

物等)产生影响,从而严重危害生物多样性。

尽管近些年来,农药的使用量略有下降,2013—2016 年下降了 2.65%①,但化肥使用量依然有缓慢增长,2013—2016 年提升了 1.57%,实现化肥农药减量增效的目标依然任重而道远。

16.3.4　产业布局和结构不能适应环境承载力

产业布局与资源环境承载力不协调,也是粗放型发展方式的一项重要体现。改革开放以来,我国迅速推进的工业化、城市化进程奠定了我国环境污染由东到西、从城市到农村扩展的基本格局。但在此格局中,产业布局结构与资源环境承载力不协调的现象却比比皆是:例如在地处荒漠带的新疆搞大规模商品粮基地建设;在气候干旱的宁夏大面积种植水稻,并在沙漠上推广;在水资源严重短缺的北方地区,钢铁产量几乎占全国总量的一半。在国家规定的酸雨、二氧化硫"两控区"内,钢铁产量占全国总产量的四分之三。②这种产业布局与资源环境基础的不相适应为生态环境质量的改善埋下了隐患。

通过对以上内容进行总结,我们可发现自新中国成立伊始,尤其是改革开放以来,尽管我国经济总量持续攀升、综合国力日益增强、人均 GDP 水平也得到了显著的提升,但是在经济增长方式方面还存在着"高投入、高消耗、高排放、低效率"的问题,而正是这些问题使得我国近些年来环境问题日益严峻。本节接下来将重点阐述:由经济发展方式决定的能源消费结构究竟会对环境污染造成何种影响,并以环境问题中的大气污染为例。

近些年来频频爆出的"雾霾围城"便是粗放型经济发展方式引发的祸端。从雾霾污染的特征来看,中国雾霾具有爆发频率高、影响范围广的特点,这给雾霾治理带来了极大挑战。以 2013 年为例,京津冀、长三角、珠三角地区雾霾天数占全年的 1/3 以上,100 多个大中城市、20 个省份均出现了不同程度的雾霾污染天气。除此之外,当前中国经济发展步入"新常态"阶段,经济下行压力不断增大,这也加大了雾霾治理难度。究其原因在于,雾霾治理不仅要应对爆发频率高、影响范围广的问题,而且还要切实考虑到雾霾治理对经济增长的影响。尽管我们不认可雾霾减排必然损害经济增

---

①　数据来自中华人民共和国农业部。
②　数据来自《中国环境宏观战略研究——综合报告卷(上)》,第 126—130 页。

长，但是如果大规模简单地关停“高污染、高耗能、高排放”企业，那么短期内固然能够在降低雾霾浓度方面产生立竿见影的效果，但却很有可能导致部分地区经济增长和行业增长遭遇断崖式下跌，引起工人下岗，影响社会和谐，甚至还有可能诱发社会不稳定因素。而想要破解这种两难的困境，就必须要掌握中国大气污染，特别是雾霾污染的形成机制，从而为治霾的同时保增长提供思路。

结合文献来看，目前已有大量学者对大气污染，尤其是雾霾形成的主要贡献者展开了丰富的研究。其中，绿色和平组织的研究就具有一定的代表性，其研究发现，燃煤对 PM2.5 的贡献率最高达到 49%（马骏等，2013），紧随其后的是汽车燃油，贡献率为 16%。Guo 等（2014）的研究结果显示，包括燃煤和石油在内的化石燃料燃烧对 PM2.5 的贡献高达 60%—70%。郝新东和刘菲（2013）也证明了煤炭消耗是我国雾霾形成的主要因素。何枫和马栋栋（2015）从产业结构的视角探讨了雾霾的来源，发现重工业比重显著增加了雾霾污染天数，重工业化比重每提高 1%，雾霾天数将增加 1 天左右。齐园和张永安（2015）、Han 等（2014）以及郭俊华和刘奕玮（2014）亦发现，长期而言，工业发展特别是重工业的膨胀是 PM2.5 居高不下的重要原因。此外，还有学者从空间的视角探讨了雾霾形成机制（向堃、宋德勇，2015；马丽梅、张晓，2014）。

从实际测算结果来看，陈诗一和陈登科（2016）基于 2003—2013 年度 74 个重点监测城市和 31 个省会城市的雾霾污染与经济历史数据，进行了联立方程组系统估计及相应增长核算。其分析结果显示，我国 PM2.5 浓度在样本期间平均增长了 3.87%，其中京津冀、长三角和珠三角三个区域的平均增长率为 9.75%、3.99%和 0.40%。如果仅考虑原始排放，在全国和京津冀、长三角两个重霾污染区域 PM2.5 增长中，煤炭消耗都是首要贡献者，贡献度分别达到 56.5%、63%和 46.1%，其中工业耗煤的贡献度分别为 33.8%、36.6%和 33.4%，生活用煤的贡献度分别为 22.7%、26.4%和 12.7%，进一步彰显出工业部门耗煤在 PM2.5 排放源中的最高排位以及北方基于采暖的生活用煤相对于南方地区对雾霾排放的更大贡献。而全国和京津冀、长三角地区的机动车尾气排放和建筑扬尘的贡献度则位继其后，机动车分别为 25.8%、21.2%和 32.7%，扬尘为 12.7%、10.8%和 16.2%。珠三角雾霾污染较轻，煤炭消耗贡献度只有 10.7%，让位于机动车尾气和扬尘。

总结以上研究不难发现，以煤炭等化石燃料为主体的能源结构是导致当今中国雾霾污染频发的重要原因。实际上，作为“最脏”的化石能源，国际上严格的排放标准限制了煤炭的大量使用，国际上煤炭平均占比不足 20%，比如 OECD 国家和美国在

1980 年就只有 19.8％和 14.3％，到 2012 年则进一步下降到 15.9％和 14.8％。而我国由于富煤以及低煤价导致煤炭被过度使用，其在一次能源消费中的比例一直居高不下，1980 年为 72.2％，2013 年仍高达 67.4％，绝对消耗量达到了 42.4 亿吨，而美国同期不足 10 亿吨。

可以说，粗放型的经济增长方式、片面追求增长速度、忽视发展质量、加上环境低标准所导致的煤炭高消耗使得煤炭成为了我国大气污染的首要贡献者。要从根本上降低雾霾污染，必须下定决心切实推进经济发展方式转型，具体到产业层面，可体现在两大方向上，一是推动传统产业的转型升级，二是促进新兴产业的快速发展。比如关停转并小火电、小钢铁、小水泥、小石化等高排放企业，严控煤炭散烧，将终端耗煤洁净化，将煤炭优先用于发电、集中供热、金属冶炼等低排放领域，培育大气环保产业、新能源产业与可再生能源产业等。而在这两方面的逐步推进中，如何引导资本力量克服“市场失灵”，也即如何为这两方面的发展提供有效的供给侧“金融保障”就成为了国内外环境经济理论研究与政策实施的重点。在此契机下，中国政府提出的基于资本市场的“绿色金融”概念无疑是一项重要的制度创新，这项创新的终极目标在于通过绿色金融的改革创新①，使得经济金融服务绿色发展的市场化制度可以对标国际，并形成可复制可推广的经验。从本质来讲，就是立足于金融改革，更好地服务于实体经济发展。②

16.4　环境污染对经济发展质量的影响

在理解粗放型经济发展方式是导致我国环境污染情况日益严峻的罪魁祸首后，我们自然就会考虑通过转变经济发展方式来降低污染。然而，尽管中央政府认识到了“先污染，后治理”是一条弯路，并决定加快落后产能淘汰、加强对环境污染的专项整治，但是，部分地方政府对环境保护和可持续发展长远意义的认识依然较为肤浅，实际工作中不少地区仍是重经济发展、轻环境保护，急功近利，竭泽而渔，走了一条牺牲环境换取经济增长的道路。想要从根本上扭转这种急功近利的心态，就有必要为地方政府算好一笔经济账。因此，本节将以雾霾污染为例讨论环境污染对经济发展

① 这项制度改革是一种从资本源头出发引导和约束投资者采取资源节约和环境友好理念，进而推动供应链和价值链实现绿色发展的举措。

② 此观点整理自李志青于 2018 年 6 月 4 日在上海论坛 2018 绿色金融高峰圆桌会议上的发言。

的负面影响，使得地方政府从根本上认识到环境污染与经济增长并非是对立的关系；恰恰相反，只有环境质量得到改善，经济发展的质量才能得到保障。

针对经济发展与环境污染的关系，虽然已有文献进行了有益的探讨，但绝大多数侧重于关注经济发展如何影响环境污染这一单向关系，而忽略了环境污染对经济发展的反向影响（Grossman and Krueger，1995；林伯强和蒋竺均，2009；涂正革，2012；Ebenstein et al.，2015；邵帅等，2016）。事实上，环境污染对经济发展的影响巨大，对于中国这样的发展中大国而言更是如此。世界银行 2007 年所发布的《中国环境污染损失报告》显示，中国空气和水污染所带来的损失相当于其当年实际 GDP 的 5.8%。

研究环境污染对经济发展影响的文献较少，其中研究雾霾污染对经济发展影响的文献则更少。陈诗一（2009）指出，无管制的污染排放会通过两种方式作用于经济增长，一种是发挥自然环境吸纳和沉淀废弃物的功能，经济活动单位通过对自然环境的消耗可以在给定其他投入要素的前提下增加单位自身产出水平，带来对经济增长总的正面影响；然而，虽然个别经济单位可以通过增加污染排放来提高其产出，但是持续累积的污染排放物会不断降低全社会的环境承载容量和自然环境质量，最终给各个经济单位甚至整体经济的产出或质量带来负外部性。这种无管制的污染排放对经济发展的最终影响取决于正负两种效应的相对变化。具体到雾霾污染，现有文献至少从两种机制角度讨论了其对经济发展的负面影响。

首先，雾霾污染可以通过城市化机制来影响中国经济发展。一方面，城市化是推动经济质量提升的重要动力：它有效地减少了农村冗余劳动力，在维持农业生产效率的同时，为制造业和服务业的发展提供了充足的劳动力，最终推动整体经济向前发展；另一方面，雾霾污染降低了城市吸引力，进而限制了城市规模报酬递增效应和集聚效应的有效发挥，最终减缓经济发展。陈诗一等（2017）选取非农人口占总人口比重作为城市化的代理变量，实证结果显示，城市化推动了经济质量提升，然而雾霾污染减缓了城市化进程，且该影响随着年份的推进趋于增强。

其次，雾霾污染影响中国经济发展质量的另一重要机制是影响人力资本积累。一方面，人力资本是推动经济质量提升最为重要的因素之一，尤其是考虑到当前经济发展已全面进入知识经济时代；另一方面，雾霾污染通过影响受教育水平和健康状况显著损害了人力资本的积累。陈诗一和陈登科（2018）选取平均受教育年限作为人力资本的代理变量，结果表明，人力资本积累提高了经济发展质量，而雾霾污染显著降低了人力资本，且近年来雾霾污染对人力资本的负面影响显著提升。

从实际测算的结果来看，陈诗一和陈登科(2018)基于 2004—2013 年中国 286 个地级及以上城市 PM2.5 浓度数据和经济历史数据所进行的基准回归分析显示，当采用劳动生产率作为经济发展质量的代理变量时，PM2.5 浓度与经济发展质量存在着倒 U 形关系。PM2.5 浓度超过 60 微克/立方米后开始对经济发展质量产生负面影响，雾霾污染对经济发展质量的负面效应随着 PM2.5 浓度的提高而增强。

长期以来，在以经济建设为中心的大背景下，对经济发展与雾霾污染两者关系较为普遍的观点是，治霾减排将不可避免地损害经济发展，从而导致一些地方对雾霾污染听之任之。然而，环境承载的容量是有限的，通过不断地排放污染物来持续推动经济增长注定是不可持续的，今天的中国已然面临着环境质量严重恶化与经济发展质量亟待提高的双重挑战。我们通过上述研究可以发现，粗放式的经济增长方式是导致雾霾污染日益加重的罪魁祸首，雾霾污染又通过城市化进程与人力资本等渠道进一步影响中国经济发展质量。因此，从追求高质量经济发展的角度来看，地方政府应系统把握环境污染与经济发展两者之间的关系，从而破解这一恶性循环。具体而言，一方面，政府可以出台多种环境治理政策，包括提高环境研发投入、调节污染税率等经济手段，也包含制定环境保护条例、颁布环境保护法规等法律法规手段。另一方面政府要当好规则的制定者和维护者，加快推进要素市场改革，包括减少政府不必要的干预，减少市场垄断，在要素市场上实行负面清单管理，减少冗余的行政审批手续。如此，生产要素才能不断从低效的高能耗高排放部门向高效的低能耗低排放部门流动，经济结构才能够不断优化，全要素生产率和经济发展质量才能够不断提高；如此，不断降低雾霾污染与实现经济发展方式向高质量发展持续转变的双赢目标才能实现，这也正是供给侧结构性改革在处理环境保护和经济发展这一对永恒关系上的核心要义所在。

16.5　总结

环境保护与经济发展是人类永恒关注的问题，特别是中国发展进入新时代，这个问题更加凸显。脱离经济发展讨论环境保护，无异于缘木求鱼，但缺乏良好环境作为支撑的经济发展同样难以为继。因此，党和政府在全面建成小康社会实现可持续发展的过程中，离不开对环境污染与经济发展两者关系的系统把握。通过对前文的提炼，我们可以发现降低环境污染的关键在于经济发展模式的转型，而想要在新常态下的中国成功实现经济转型，就需要从供给侧角度入手。下面我们将分别从供给侧的三种主要投入要素，资本、劳动和能源以及全要素生产率视角来探讨环境污染的供给侧改革之策。

（1）转变投资驱动型增长方式，不断优化投资结构和工业结构。资本要素不仅对于GDP增长有着巨大贡献，同时对环境污染也有着不可忽视的影响。从资本投入的角度进行节能减排改革首先就需要转变我国长期奉行的投资驱动型增长方式，由投资驱动向创新驱动转型，从而不断降低资本对环境污染的负面影响。实际上，大规模投资造成了地方经济增长对投资的依赖，这种依赖不仅容易导致重复建设和产能过剩，而且较低的环境标准不可避免地加剧了环境恶化。据陈诗一（2016a）的弹性测算发现，我国资本要素每降低1个百分点，全国层面雾霾污染平均降低0.13个百分点，由此可见，改变重化工业化的传统路径，从投资驱动向创新驱动转型，不仅有助于提升中国在国际产品市场上的竞争力，还能够切实降低环境污染水平，可谓是一箭双雕。而在此过程中，绿色金融作为一种高度市场化的政策工具，同时也是最有效的环境经济政策工具之一，势必可以在推动传统产业转型升级、新兴产业飞速发展的进程中发挥中流砥柱的作用。

（2）适当降低人口城镇化速度，有效治理城市环境病，走新型城镇化道路。劳动要素对我国的大气污染也有着较大贡献，在长三角、珠三角地区，劳动要素的空气污染贡献程度超过能源投入。劳动要素带来的空气污染背后反映的是我国人口城镇化进程中的环境污染问题。国际经验表明，城镇化加速阶段往往伴随着工业化的推进和环境污染的加剧，我国人口的城镇化率在20世纪80年代初就已经达到了20%，开始进入城镇化加速阶段，过快的城镇化进程不可避免地导致包括大气污染加剧在内的城市病的产生，因此在寻找合理的城镇化速度区间的同时，加强治理人口过度集中所带来的城市环境病，如热岛效应、温室效应和汽车尾气污染等，将是从劳动要素角度降低我国环境污染的重要手段。

（3）转变能源驱动式增长方式，降低煤耗总量，优化能源结构。环境问题的本质也是能源问题。从全国层面和污染严重的京津冀地区来看，能源要素都是仅次于资本投入的第二大雾霾排放贡献源，只是在长三角和珠三角地区由于人口城镇化的更快进程而让位于劳动要素。21世纪初以来的重化工业化进程也表明，我国在从世界第六大经济体成为仅次于美国的第二大经济体的同时，也于2009年成为了世界上最大的能源消耗国，于2013年成为了世界上大气污染最严重的地区。因此，转变这种以化石能源驱动的经济增长模式必将成为降低我国环境污染的有力手段。此外，切实降低煤炭消耗总量，尽快提升能源结构，可从根本上降低我国的环境污染程度。我国的大气污染情况与煤炭占一次能源消费的比重结构有着非常明显的正相关关系，必须从减煤优能的供给侧角度来进行改革以期从根本上治理大气污染。

（4）提高能源效率，发展减排技术，不断提升环境全要素生产率。首先是要改革能源价格形成机制，发展能源要素市场，提高能源使用效率。经济发展过于依赖化石能源消耗的背后原因是能源价格的长期扭曲，因此需要加快推进能源产品价格改革，合理征收能源税或资源税，让能源要素市场真正发挥资源配置的功能，逼迫高耗能企业通过技术改造等手段节能降耗，提高能源效率。其次是要改革环境税制，提高环境标准，发展减排技术。包括企业停限产、工地停工、汽车限行等在内的传统行政命令对环境影响只在短期有效，从长期来看，应执行基于市场机制的污染排放税或污染排放交易权等政策，提高排放标准，把污染的社会成本内化到企业的生产成本中，迫使企业加快科技研发和技术改造，全面推行清洁生产，大力发展节能减排技术。最后，通过结构调整优化供给侧要素投入效率，全面提升环境全要素生产率。经济结构的不同决定着发展方式的高低，通过结构调整和产业升级，引领资本、劳动和能源要素不断配置到效率更高、技术更先进的节能环保产业与高端服务产业领域，从而全面提升环境全要素生产率，实现我国经济发展方式的根本性转变。

参考文献

陈诗一、陈登科：《能源结构、雾霾治理与可持续增长》，《环境经济研究》2016 年第 1 期。

陈诗一、陈登科：《雾霾污染、政府治理与经济高质量发展》，《经济研究》2018 年第 2 期。

陈诗一、唐西均：《中国经济可持续发展路在何方？——陈诗一教授访谈》，《学术月刊》2017 年第 1 期。

陈诗一：《能源消耗、二氧化碳排放与中国工业的可持续发展》，《经济研究》2009 年第 4 期。

陈诗一：《通过供给侧改革推动雾霾治理》，《经济研究信息》2016 年第 11 期 a。

陈诗一：《新常态下的环境问题与中国经济转型发展》，《中共中央党校学报》2016 年第 20 卷第 2 期 b。

郭俊华、刘奕玮：《我国城市雾霾天气治理的产业结构调整》，《西北大学学报》（哲学社会科学版）2014 年第 44 卷第 2 期。

郝新东、刘菲：《我国 PM2.5 污染与煤炭消费关系的面板数据分析》，《生产力研究》2013 年第 2 期。

何枫、马栋栋：《雾霾与工业化发展的关联研究——中国 74 个城市的实证研究》，《软科学》2015 年第 6 期。

何劭玥：《党的十八大以来中国环境政策新发展探析》，《思想战线》2017 年第 43 卷第 1 期。

林伯强、蒋竺均：《中国二氧化碳的环境库兹涅茨曲线预测及影响因素分析》，《管理世界》2009 年第 4 期。

马骏、施娱、佟江桥《政策要大变，才能将 PM2.5 降到 30》，《中国经济观察》2013 年第 4 期。

马丽梅、张晓：《中国雾霾污染的空间效应及经济、能源结构影响》，《中国工业经济》2014 年第 4 期。

齐园、张永安：《北京三次产业演变与 PM2.5 排放的动态关系研究》，《中国人口·资源与环境》2015 年第 7 期。

邵帅、李欣、曹建华、杨莉莉：《中国雾霾污染治理的经济政策选择——基于空间溢出效应的视角》，《经济研究》2016 年第 9 期。

涂正革：《中国的碳减排路径与战略选择》，《中国社会科学》2012 年第 3 期。

向堃、宋德勇：《中国省域 PM2.5 污染的空间实证研究》，《中国人口·资源与环境》2015 年第 9 期。

张兆响：《煤炭工业和我国能源发展的战略选择——洁净经济的煤炭地下气化技术》，《中国能源》2000 年第 12 期。

Anderson, Jonathan, 2007, "Solving China's Rebalancing Puzzle", *Finance and Development*, 44(3):32.

Chen, Shiyi, and A. U. Santos-Paulino, 2013a, "Energy Consumption and Carbon Emission Based Industrial Productivity in China: A Sustainable Development Analysis", *Review of Development Economics*, 17(4):644—661.

Chen, Shiyi, and A.U. Santos-Paulino, 2013b, "Energy Consumption Restricted Productivity Re-estimates and Industrial Sustainability Analysis in Post-reform China", *Energy Policy*, 57(7): 52—60.

Ebenstein, Avraham, et al., 2015, "Growth, Pollution, and Life Expectancy: China from 1991—2012", *American Economic Review*, 105(5):226—231.

Grossman, G. M., and A. B. Krueger, 1995, "Economic Growth and the Environment", *Quarterly Journal of Economics*, 110(2):353—377.

Guo, Song, et al., 2014, "Elucidating Severe Urban Haze Formation in China", *Proceedings of the National Academy of Sciences of the United States of America*, 111(49):17373—17378.

Han, Lijian, et al., 2014, "Impact ofUrbanization Level on Urban Air Quality: A Case of Fine Particles(PM2.5) in Chinese cities", *Environmental Pollution*, 194:163—170.

Hausmann, Ricardo, J.Hwang, and D.Rodrik, 2007, "What You Export Matters", *Journal of Economic Growth*, 12(1):1—25.

Shen, Lei, Tianming Gao, and Xin Cheng, 2012, "China's Coal Policy Since 1979: A Brief Overview", *Energy Policy*, 40(40):274—281.

第 17 章

中国经济展望：潜在增长率估计与结构转型

| 张　军 | 复旦大学经济学院 |
| 刘　芳 | 上海社会科学院世界经济研究所 |

17.1　引言

从 2008 年全球金融危机以来，中国经历了 GDP 增长率的陡然下降。根据国家统计局公布的数字，2001—2005 年中国 GDP 平均增长率为 9.78%，2006—2010 年为 11.32%，而 2011—2015 年只有 7.88%，2016 年时更是进一步下滑至 6.7%，还不到 2014 年时增长率(14.2%)的一半，最新公布的 2017 年前两季度增长率也保持在 7% 以下。那么中国当前表现出来的经济增长放缓是否为一个长期趋势？是什么因素导致了当前中国经济增长持续放缓？

此外，中国经济中产业结构也面临转型趋势。从 2013 年起，第三产业已经在就业人数和增加值两方面超过了第一产业和二产业①，成为中国经济占比最高的产业。同时，2015 年第一产业就业人数已经降至 28.4%，成为就业人数最少的产业，而第二产业就业人数从 2013 年开始出现连续三年的负增长。这种产业转变对中国未来经济增长有着深远影响。在过去中国经济高速增长时期，通过低产出行业的投入要素转出至高产出行业可以带来劳动生产率的提升，考虑到生产率最低的第一产业就业

① 根据国家统计局的数据，2013 年第三产业增加值超过第二产业，2012 年第三产业就业人数超过第一产业，并且保持持续快速增长的趋势，第三产业已经成为中国经济占比最高的产业。

人数已经下降较多，第三产业的劳动生产率又远低于第二产业①，中国的结构转型面对的挑战还有很多。

对于中国经济转型与升级的问题，当前主流经济学尚未有一个理论可以告诉我们经济转型的过程到底是怎么发生的？转型成功又是由哪些因素决定的？以及如何在转型中保持持续经济增长？大部分经济学家对发展、增长问题的研究，主要集中在总量层面上，对结构问题研究的比较少，这使得我们在讨论以及理解转型问题上面临一定难度。

从国际经验来看，经济从一种增长模式转换至另一模式时，就是在发生转型了，这个过程能否顺利对于后来的增长至关重要。日本经济在20世纪90年代甚至还遭遇了长期的增长停滞。事实上，不仅是日本，甚至是韩国、新加坡也都遇到了经济转型的问题。当然，转型过程虽然磕磕绊绊，但最后它们还是基本完成了转型。现在，轮到中国面临并讨论这个问题。

本章主要从东亚成功经济体的经验入手，通过观察日本与“亚洲四小龙”等经济体在处于中国类似经济发展阶段时的增长轨迹势，参照“收敛假说”，对中国未来经济增长潜力进行了预测，并在人均GDP预测数据的基础上，进一步通过跨国(地区)结构变化经验数据，预测中国经济未来可能的结构发展趋势。我们的研究结果显示中国2015—2035年人均GDP的年均潜在增长率维持在6%左右，2015年的潜在GDP增长率应当在8%以上，这意味着当前中国经济的增长率实际上是低于其潜在增长率的。要充分实现中国经济的潜在增长率，则应该从生产角度充分发挥教育带来的人力资本提升，缓解劳动年龄人口数量下滑带来的劳动力损失，此外，全要素生产率将在未来中国经济增长中发挥更大贡献。

17.2 经济增长与条件收敛

对潜在增长率的研究，最近引起经济学家的热烈讨论，很大程度上是因为中国经济增长速度在过去几年里持续地放缓。在2007年中国经济过热时期，GDP增长率一度达到14.2%，到今天差不多已经下降了50%，增长率只有7%左右。近期的实际增

① 根据张军等(2016)的研究，2012年时，中国第二产业劳动生产率为9.56万元(2008年不变价)，第三产业劳动率仅为6.79万元，第一产业劳动生产率为1.52万元。

长率持续下降过程使人们开始关注中国未来的增长潜力是否也在同步下降，中国经济是否真的会进入所谓的“新常态”？从国际经验来看，中国未来的增长潜力仍然很大。

“亚洲四小龙”基本在二战后都经历了一段的经济高速增长时期，中国内地在改革开放后 GDP 增长所取得的成绩也同样举世瞩目。如果把东亚经济体跟中国内地放在一起比较，在“亚洲四小龙”曾经高速发展的阶段里，其经济增长的倍数大致在 6—9 倍之间，中国内地在 1978—2007 年这高速增长的 30 年间则有了 12.5 倍的增长(按照 GDP 的换算)，中国的经济表现显然更为出色。除此之外，可以看到发达国家作为一个总体在 1820—1950 年这 130 年里，增长速度也只保持在使得经济翻番 5 倍的程度。因此，经济学家经常提到的“赶超经济”，就是指这种有巨大的增长潜力的后起经济体，如果匹配以选择得当的战略和政策，这类经济体就能有较快的增长机会。

表 17.1　常规增长与超常增长现象

国家或地区	高速增长时间段	经济增长规模倍数
中　国	1978—2007 年	12.5
韩国	1965—1994 年	8.2
中国台湾	1965—1994 年	7.8
日本	1950—1979 年	6.9
中国香港	1965—1994 年	6.7
新加坡	1965—1994 年	6.6
西方发达经济体	1820—1950 年	5.3

资料来源：Heston 等(2012)，Penn World Tables 7.1。

在已经有的 40 年超常增长基础上，中国未来增长是什么样子？未来 5—10 年间，中国经济将保持怎样的增长水平？要回答这些问题非常困难，但历史是最好的教科书，可以通过日本和“亚洲四小龙”等经济体在曾经的高速发展时期所经历的不同发展阶段，以及这些阶段所反映出的共性，来探讨一下未来中国经济增长可能的发展路径，如经济增长是怎样实现模式转换的？超常增长是如何过渡到适度增长的？经济体的增速放缓出现在何时，等等。

在经济学文献里，收敛假说是探讨经济增长阶段转变的最好框架。2011 年，经济学家阿文德·萨勃拉曼尼亚(Arvind Subramanian)曾出版了一本书《大预测：未来20年，中国怎么样，美国又如何?》，主要讨论中国在未来20年可能出现的增长情形，他书中的预测主要基于收敛假说展开，基本公式如下所示：

$$\text{人均 GDP 增长}_i^{2010\sim2030} = \gamma(\log \text{人均(PPP)GDP}_i^{2010} - \log \text{人均(PPP)GDP}_{\text{US}}^{2010}), \ \gamma < 0 \tag{17.1}$$

也就是未来经济增长潜力很大程度上取决于现在该经济体中人均GDP与美国的差距(按照购买力平价换算)，当前人均GDP相比美国等前沿国家水平越低，其在未来的人均GDP增长得就越快。①按照最新的佩恩表数据(Penn World Table, PWT)，中国当前人均GDP大约是美国的23%，也就是说，即使经过了30年的高速增长，中国人均GDP水平仍然处于相对比较低的水平，从收敛理论来说，中国人均GDP增长潜力仍然很大。

图17.1显示了1950—2010年，中国与若干东亚经济体的人均GDP占美国人均GDP的比重。从东亚经济的发展轨迹来看，在人均GDP与美国的差距不断缩小时，绝大多数经济体会经历增长速度的变化，当人均GDP增长到一定阶段的时候，增长率会逐步放缓。这正是收敛假说所隐含的重要含义，当一个经济体不断地接近前沿国家的收入水平时，其经济增长率就会出现明显的下降。具体来看，日本经济从1970年开始出现较大幅度的降低(人均GDP已经达到美国60%以上)；韩国经济从1990年后出现较为明显的减速现象(人均GDP达到美国40%以上)，中国台湾在20世纪80年代和90年代均出现较大幅增长波动(其中1990年人均GDP达到美国的40%左右)，中国香港也是在人均GDP达到美国的60%以上时增速开始下降。相比上述国家和地区，中国内地当前的人均GDP按购买力评价折算接近于美国的20%左右，仍处于较低水平，因此从收敛角度看，中国内地仍有足够空间保持人均GDP接近两位数的增长。

如果将1950—2010年中每一年日本以及"亚洲四小龙"的人均GDP增长率和人均GDP占美国的比例混合画在一张图中，可以得到图17.2。其中，人均GDP增长率

---

① 此处公式中为方便展示，采用2010年作为"现在"，而认为2010—2030年为"未来"，根据收敛假说，当一个国家或经济体的人均GDP逐渐接近前沿国家(如美国)时，经济增长速度会逐渐下降并且收敛到与前沿国家相近的水平，在公式中表现为$\gamma < 0$。

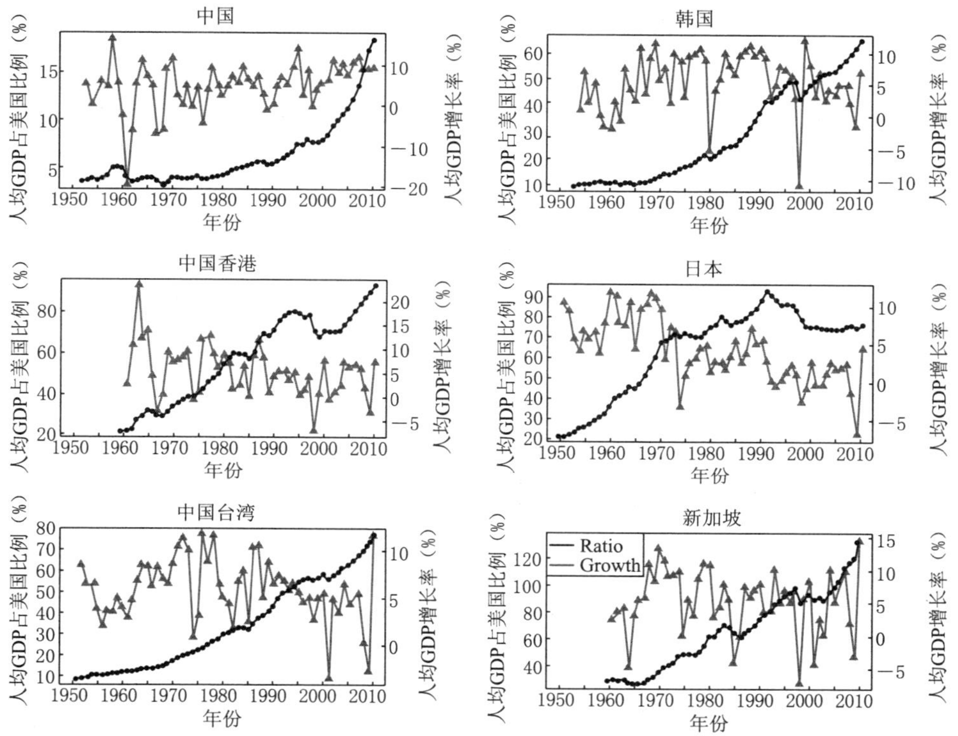

图 17.1　中国与东亚经济体人均 GDP 增长率与人均 GDP 占美国的比重变化(1950—2010 年)

资料来源：Zhang 等(2015)，图中人均 GDP 数据来源于佩恩表 7.1，此处三角形线表示人均 GDP 增长率，圆点线表示人均 GDP 占美国的比例。

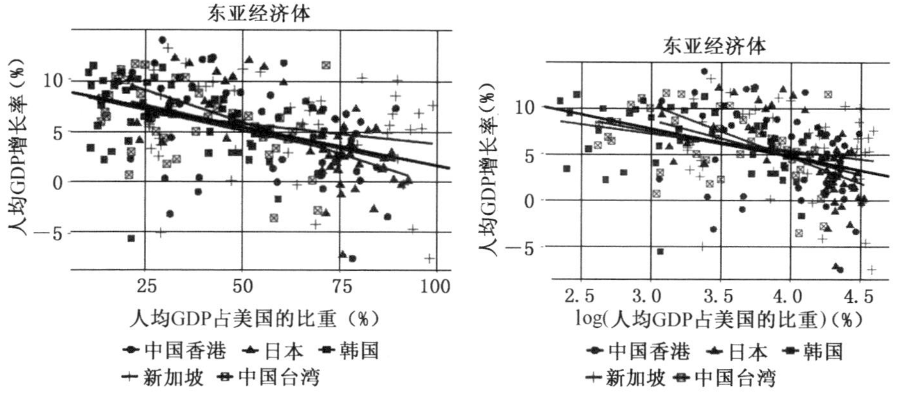

图 17.2　日本及“亚洲四小龙”人均 GDP 增长率与人均 GDP 占美国的比重

资料来源：Zhang 等(2015)，人均 GDP 及增长率数据均来源于佩恩表 7.1，图中横坐标为人均 GDP 占美国的比重或其对数形式，纵轴表示人均 GDP 增长率。

为纵轴，人均 GDP 占美国的比重为横轴，按照公式(17.1)，用各经济体数据回归可以得到一条拟合线，如图 17.2 所示。可以看出，拟合线斜率为负表明东亚经济体的表现基本符合收敛假说，也就是随着人均 GDP 占美国的比重不断提高，经济增速不断放缓；拟合线斜率不大，这表明增长放缓应该是一个缓慢的过程。虽然不同的经济体表现不尽相同，但总体趋势是符合上述两个特点的。

也就是说，日本和“亚洲四小龙”在其经济发展过程中的表现说明，人均 GDP 距离前沿国家(地区)的距离越大，经济体增长潜力越高，而随着经济体收入水平逐渐提高，人均 GDP 增长会放慢，但这是一个相当漫长的过程，不会使得经济增速出现陡然下降。

17.3 估算中国未来 20 年的增长趋势

对于当前中国经济出现的增长率下降，很难用一些长期因素的变化或者经济发展阶段改变来解释，因为人口红利的消失等转变是持续的、缓慢的，而中国 GDP 增速却是在短短几年内出现陡然降低，很难相信前者是导致后者的主要原因。实际上，我们认为这几年 GDP 增速的下降很大程度上是政策导致的，因为信贷政策总体上是收紧的，所以很多经济活动得不到资金支持，导致中国现有增长水平实际上远远低于潜在增长能力。如果考虑未来一二十年的增长率变化，我们要看东亚经济体的经验。实际上，国际经验告诉我们，人均 GDP 增长带来经济增速向发达国家低增长率收敛这个变化过程是缓慢发生的。

虽然不能完全准确估算未来中国 GDP 的增长率，但是可以从东亚经济的经验来反观中国道路，这正是本章的研究思路。也就是说，在给定条件下，假设中国的变化符合经济收敛的假说，在此过程中，如果知道某一年中国人均 GDP 占美国的比重，我们就可以采用图 17.2 拟合的线(代表平均情形)来估算出下一个年份中国可能的增长水平以及增长的潜力。值得注意的是，这样的估算完全忽略了经济体之间各种可能的差异，只从人均 GDP 变化和收敛假说规律出发，并且只参考了日本和“亚洲四小龙”这几个成功实现赶超的经济体，因此是一种非常粗略的计算。

在估算过程中还需要对美国增长做出假设，这里我们简单假设美国在未来 20 年内保持年均 2%的经济增长率，那么就可以推算美国人均 GDP 的变化。通过中国人均 GDP 占美国的比重，可以算出中国下一年人均 GDP 增长率，进而得到下一年中国人均 GDP 占美国的比重，然后可以用同样的方法迭代计算，通过拟合线就可以不断地生成一个中国潜在增长率的系列估算数据。这个系列可以显示随着中国人均 GDP 不断向美国靠近，未来中国潜在增长空间的逐渐变化。此处受篇幅限制，我们不详细汇报公式(17.1)的回归过程①，仅列出回归结果，如下所示：

$$GDPGrowth_t = 9.168\,56 - 0.075\,31 \times Ratio\ of\ GDP\ Per\ Capita\ of\ US_{t-1}, \tag{17.2}$$

$$GDPGrowth_t = 16.719\,8 - 3.000\,8 \times \log(Ratio\ of\ GDP\ Per\ Capita\ of\ US_{t-1}) \tag{17.3}$$

公式(17.2)和公式(17.3)中被解释变量均为人均实际 GDP 增长，解释变量分别为人均 GDP 占美国的比重以及这一变量的对数形式，这两种方法拟合出的结果差别不是特别大，通常在文献中我们选择公式(17.3)这种对数形式表示，也就是选择用中国人均 GDP 占美国比重的对数值来对下一年的潜在增长率进行一个简单的回归。

考虑到数据限制②，我们先利用式(17.2)和式(17.3)估算了 2001—2010 年中国人均 GDP 的增长率，并与国家统计局公布的实际 GDP 增长率进行比较，结果如表 17.2 所示。需要说明的是，最右一列是国家统计局公布的、采用人民币计价的实际 GDP 增长率，中间预测栏中两列是本章分别根据线性模型(17.2)与对数模型(17.3)得到的人均 GDP 增长率拟合值，最左边的两列是分别来自佩恩表和世界银行 WDI 数据库的人均 GDP 增长率(已经购买力平价折算)。总体比较来看，国家统计局提供的年度 GDP 增长率数据总体上大于用佩恩表算出来的增长率，这是因为购买力平价需要对价格指数重新做调整，非贸易品价格指数涨得比较好，就可能会让中国用购买力平价换算的增长率有所降低，略低于用人民币计价的增长率，这并不影响后续结果的比较，因为后面的数据基本都来自佩恩表，采用基于 2005 年国际元的购买力平价折算。③

① 具体回归过程和参数报告可以参见张军、徐力恒、刘芳(2016)。

② 本章主要采用较早的佩恩表 7.1 版本，数据仅更新至 2010 年；截至 2017 年 3 月，佩恩表数据已经更新至 9.0 版本，数据延长至 2014 年，详细可见 http://www.rug.nl/ggdc/productivity/pwt/。

③ 用购买力平价(PPP)算出来的经济增长数据可以倒算为用人民币计价，只是中间要经过几个环节调整，一个是 PPP 指数的增长率，一个是 GDP 的增长率，如果换算为人民币计价后就可以与国家统计局的数据对照比较。

表 17.2 2001—2011 年中国人均 GDP 增长率的实际值与估计值

年份	人均 GDP 增长率(%)				GDP 增长率(%)	人均 GDP 增长率(%,人民币计价)
	现实		预测		现实	现实
	PWT 7.1	WDI	线性	对数		
2001	6.02	7.52	8.57	10.48	8.30	7.55
2002	11.35	8.35	8.53	10.29	9.08	8.38
2003	8.22	9.34	8.46	9.99	10.03	9.37
2004	9.96	9.43	8.41	9.80	10.09	9.45
2005	7.72	10.66	8.36	9.60	11.31	10.66
2006	10.90	12.05	8.32	9.44	12.68	12.09
2007	11.82	13.57	8.24	9.18	14.16	13.57
2008	9.15	9.07	8.14	8.87	9.63	9.07
2009	8.85	8.67	8.02	8.55	9.21	8.68
2010	9.48	9.91	7.85	8.13	10.45	9.92

注：第一列为佩恩表 7.1 公布的中国人均 GDP 增长率数字，主要根据 PWT 的购买力平价进行折算，数据更新至 2010 年；第二列为世界银行 WDI 数据库公布的人均 GDP 数据，此处按 WDI 公布的 2011 年国际元进行折算。预测值是分别根据线性和对数方程，即公式(17.2)与公式(17.3)，将不同年份的人均 GDP 代入方程中得到，最后两列为来自国家统计局网站的 GDP 增长率数据(以人民币可比价核算)，以及人均 GDP 增长率。

资料来源：张军、徐力恒、刘芳(2016)。

接下来，我们就可以推测 2015—2030 年中国每年的 GDP 潜在增长率，如表 17.3 和表 17.4 所示。①从表 17.3 线性版数据来看，2015—2020 年，中国人均 GDP 增长率应该是在 7.5%以上，加上中国人口增长率，GDP 增长率基本上在 8%左右(按照 PPP 换算水平)。根据类似预测，到 2035 年，根据方程(17.3)推算的中国人均 GDP 增长率

① 估算的前提就是需要有上一年时中国人均 GDP 按照购买力平价计算得出相比美国水平的比例，然后基于公式(17.2)和公式(17.3)中拟合的方程推算出算出当年人均 GDP 增长率，进而得到下一年的人均 GDP 占美国比例，以此类推。以表 17.3 中线性方程的推算结果为例，2015 年人均 GDP 增长率为 8.07%，这个时候中国人均 GDP 按购买力平价计算占美国份额为 22.96%，然后根据公式(17.3)我们可以算出 2016 年人均 GDP 增长率为 7.94%，根据美国人均 GDP 年增长率为 2%的简单假设，可以得到 2016 年中国人均 GDP 可以达到美国的 24.19%，进而可以推算 2015 年到 2035 年间每一年中国人均 GDP 增速以及人均 GDP 达到美国水平的比重。

为 4.88%，再加上人口增长率，中国潜在 GDP 增长率应当在 5%左右。到 2035 年，中国人均 GDP 水平能够达到美国水平的 53.49%，考虑到中国人口约为美国的 4 倍，也就是说，到 2035 年，中国的 GDP 总量应当达到美国的 2 倍，这是根据前文收敛假说以及“亚洲四小龙”和日本的增长数据得到的对中国发展路径的预测值，需要注意的是，这样的预测有较强的前提假设。

表 17.3　2015—2035 年中国人均 GDP 及其增长率估计(线性版)

年份	人均 GDP 增长率（中国，实际值，%）	人均 GDP（中国，2005 年美元）	人均 GDP（美国，2005 年美元）	实际人均 GDP 占美国的比重(%)
2015	8.07	10 488	45 670	22.96
2016	7.94	11 268	46 584	24.19
2017	7.80	12 096	47 515	25.46
2018	7.65	12 973	48 466	26.77
2019	7.50	13 901	49 435	28.12
2020	7.35	14 881	50 424	29.51
2021	7.20	15 915	51 432	30.94
2022	7.04	17 003	52 461	32.41
2023	6.87	18 147	53 510	33.91
2024	6.71	19 347	54 580	35.45
2025	6.54	20 605	55 672	37.01
2026	6.37	21 920	56 785	38.60
2027	6.20	23 292	57 921	40.21
2028	6.03	24 722	59 079	41.85
2029	5.86	26 210	60 261	43.49
2030	5.70	27 754	61 466	45.15
2031	5.53	29 355	62 696	46.82
2032	5.36	31 012	63 949	48.49
2033	5.20	32 722	65 228	50.17
2034	5.04	34 486	66 533	51.83
2035	4.88	36 302	67 864	53.49

注：人均 GDP 采用基于 2005 年国际元的购买力平价折算。
资料来源：张军、徐力恒、刘芳(2016)。

表 17.3 中的数据主要采用公式(17.3)中线性版人均 GDP 数据拟合，如果采用公式(17.4)中提供的对数版方程拟合，所得到的对中国的预测结果相差并不大，详细可见表 17.4 中所列的数据。从两种方法估计的中国潜在增长率来看，增长率数据变动

趋势是相同的，人均 GDP 占美国的比重差异也并不大，其中对数版相对线性版稍微低了一点，这里不再赘述。值得注意的是，一般而言，我们更倾向于使用对数版（也就是表 17.4）中的预测结果。

表 17.4 2015—2035 年中国人均 GDP 及其增长率估计（对数版）

年份	人均 GDP 增长率（中国，实际值，%）	人均 GDP（中国，2005 年美元）	人均 GDP（美国，2005 年美元）	实际人均 GDP 占美国的比重（%）
2015	7.47	10 483	45 670	22.95
2016	7.32	11 250	46 584	24.15
2017	7.16	12 056	47 515	25.37
2018	7.02	12 901	48 466	26.62
2019	6.87	13 788	49 435	27.89
2020	6.73	14 716	50 424	29.19
2021	6.60	15 687	51 432	30.50
2022	6.46	16 701	52 461	31.84
2023	6.34	17 759	53 510	33.19
2024	6.21	18 862	54 580	34.56
2025	6.09	20 011	55 672	35.94
2026	5.97	21 205	56 785	37.34
2027	5.86	22 447	57 921	38.75
2028	5.75	23 737	59 079	40.18
2029	5.64	25 075	60 261	41.61
2030	5.53	26 462	61 466	43.05
2031	5.43	27 899	62 696	44.50
2032	5.33	29 386	63 949	45.95
2033	5.23	30 924	65 228	47.41
2034	5.14	32 513	66 533	48.87
2035	5.05	34 155	67 864	50.33

注：人均 GDP 采用基于 2005 年国际元的购买力平价折算。
资料来源：张军、徐力恒、刘芳（2016）。

根据表 17.3 与表 17.4 中所展示的测算序列，中国当前人均 GDP 仅为美国水平的 23%，如果要把这一比例提升至 50%，需要接近 20 年的时间（到 2035 年）。非常有趣的是，从东亚经济体的发展经验来看，中国香港从人均 GDP 占美国的 23% 至 52% 花了 18 年，日本花了 15 年，韩国 21 年、新加坡 20 年、中国台湾 18 年以上。①

① 此处人均 GDP 数据均来自佩恩表 7.1，人均 GDP 占美国的比重为作者自行推算。

当然也有不同的预测结果，相比于采用人均 GDP 的绝对值来做推算指标，前文采用的人均 GDP 占美国的比重作为跨国(地区)比较标准会得到更乐观的增长速度。从人均 GDP 的绝对值来看，中国香港人均 GDP 从 1.1 万美元增长到 3.5 万美元(经过 PPP 调整)花了 35 年左右，人均 GDP 占美国的比重变化则增长得快得多。通常而言，我们考察一个经济体未来增长的潜力，其实是看人均水平与前沿国家(如美国)收入水平的比例，它决定经济增长收敛的速度，从这个意义上来说相对水平指标更合理一些。换句话说中，中国要从 1 万美元增长到 3.5 万美元，在 20 年内是难以实现的，但是相对比例提升(如从现在人均 GDP 占美国的 20%提高到 50%的水平)在未来 20 年是有希望实现的。

17.4　未来经济结构的变化趋势

在经济增长收敛的过程中，东亚经济体内部也发生了重要的结构变化。事实上，经济发展本身就是结构变化的过程。这是因为在经济从低人均收入走向高人均收入阶段的过程中，往往伴随着大的经济结构不断转变的现象。比如，中国在人均收入处于较低阶段时，农业一般吸纳了超过 65%的社会劳动力就业，但农业对 GDP 的贡献只有 10%—20%左右。在经济从低收入往高收入进阶的时候，农业部门的就业份额不断下降，农业过剩的劳动力不断转移到劳动生产率更高的工业部门和服务业部门。当农业部门吸纳的劳动力份额降至 10%以下时，劳动力转移及结构升级将基本完成。对于中国，这个过程估计还需不少于 20 年的时间。

这里我们主要关注三次产业的结构转变，采用 2005 年到 2010 年世界银行 WDI 数据库绘制的世界各国经济体中人均 GDP 水平(横轴)与三次产业占 GDP 比重(纵轴)这两个指标的散点图(图 17.3)①，其中三次产业占 GDP 比重分别采用了增加值占比和就业人数占比这两种指标测度，分别为图 17.3 中的左列和右列。我们可以看到这两个指标并不完全吻合，但是趋势基本一致。

图 17.3 分行排列，分别体现了各经济体中第一到第三产业占经济比重随人均

① 此处使用了全球一百多个国家和地区的数据，而不仅仅采用东亚经济体，这主要是处于增加样本量的考虑(因为就业数据有比较多的缺失)；增加值、就业人口数据来自世界银行 WDI 数据库，人均实际 GDP 数据来自佩恩表 7.1，按照 2005 年国际购买力平价换算，在处理数据时已经剔除了人口在 100 万人以下的小国以及石油国家。

GDP 变化的发展趋势。①从图中可以看到，随人均 GDP 增长，第一产业的占比（无论

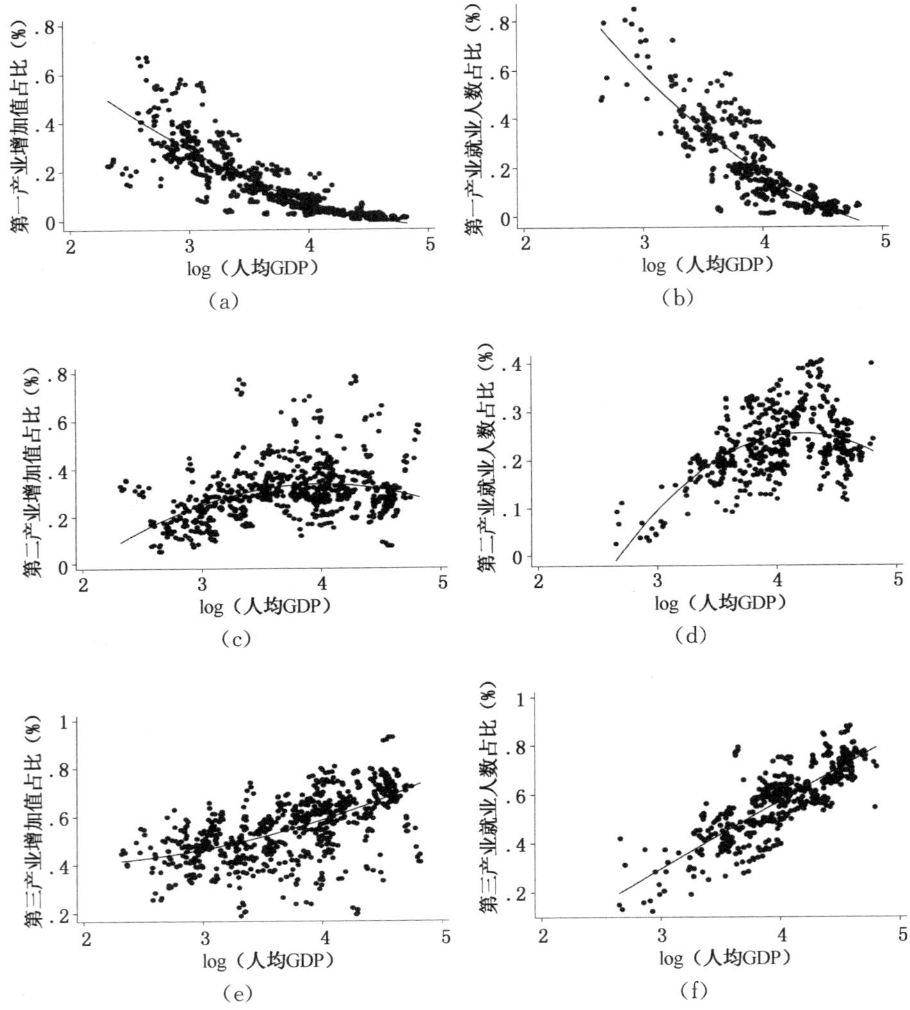

图 17.3　世界国家三次产业占比与人均实际 GDP（2005—2010 年）

资料来源：张军、徐力恒、刘芳（2016）。此处产业占比分增加值比重和就业比重，其中增加值、就业人数数据均来自世界银行 WDI 数据库，人均实际 GDP 数据来自佩恩表 7.1，按照 2005 年国际购买力平价换算，样本剔除了人口在 100 万人以下的小国以及石油国家。

---

① 这里需要说明的是，这里我们采用多国家短时期样本表现来替代单一国家长期发展，这对结果的解读需要非常小心，事实上，钱纳里等（1995）针对收入增长与结构变化的研究显示，跨国分析与时序分析有非常类似的结果，这为我们运用跨国分析来解读结构变化趋势提供了依据。

是增加值比重还是就业比重）都明显下降，而第三产业占比经历快速的上升，第二产业则呈现倒 U 形变化，即先随经济高速发展比重不断增加，在达到峰值后，随人均 GDP 水平的进一步增长，第二产业占比逐渐下降。

经济结构既是经济发展的结果，也是经济发展的必然，从全球各经济体的发展表现来看，三次产业的发展基本遵循上述规律。当前中国人均 GDP 水平比较低，所以经济结构变化不大，未来改变的空间比较大，尤其从就业角度来看。根据 2015 年国家统计局公布的最新数据，虽然当前中国第一产业在增加值上对 GDP 只有 8.8%的贡献份额，但依然吸纳了全国 28.4%的就业人数。①随中国人均 GDP 的持续增长，第一产业的增加值和就业比重均会持续下降，第三产业将持续上升，从图 17.4 可以看到，当前中国第三产业增加值占比为 50.2%，就业占比为 42.5%，已经超过其他两个产业，而这一比重还将持续扩大。

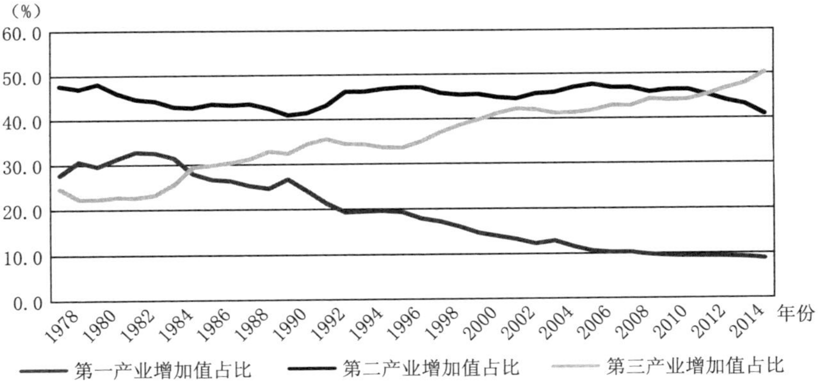

图 17.4　中国三次产业增加值占比变化（1978—2015 年）

资料来源：中国国家统计局网站。

采用图 17.3 中世界各经济体 2005—2010 年的数据可以回归得到人均 GDP 与三次产业份额的关系，这里我们采用人均 GDP 的二次项来进行拟合，可以刻画出包括第二产业在内的产业份额非线性变化规律。详细回归方法和结果可见张军等（2016），此处我们仅简要介绍在根据此模型得到的对中国未来 20 年三次产业变动的预测结果。

① 根据国家统计局公布的数据，2015 年三次产业增加值占比分别为 8.8%、40.9%和 50.2%；三次产业就业人数占比分别为 28.4%、29.4%和 42.5%，当前第三产业在增加值和就业人数上来看均已超过了其他两个产业。

从表 17.5 的预测结果(对数版)来看，随着未来 GDP 的增长，中国第二产业比重下降幅度较小，如果用增加值的比重来衡量，第二产业在 2035 年的比重大约为 41.4%，第三产业增加值会提升至 55.8%。根据本章对数版估算结果，未来中国第一产业占比的下降幅度会较大，到 2035 年增加值占比份额会降低至不足 3%，但届时第一产业就业比重依然有 17.5%，这在很大程度上反映了按照目前模式，第一产业(特别是农业)的劳动生产率很难提升，换句话说，第一产业增加值的下降比就业的下降要快得多，所以劳动生产率在未来很难有改进。这是预测的基本看法。如果用线性版预测数据来看，与对数版相差并不大，到 2035 年预计中国第一产业增加值占比为 2.5%，第二产业占比为 41.2%，第三产业占比为 56.3%，也就是说第二、第三产业在未来二三十年内变动不会太过剧烈。

表 17.5 中国未来三次产业结构可能变化趋势(2015—2035 年)

对数		增加值占比(%)			就业人数占比(%)		
年份	log(人均实际 GDP, 2005US$)	第一产业	第二产业	第三产业	第一产业	第二产业	第三产业
2010	8.95	10.1	46.7	43.2	36.7	28.7	34.6
2015	9.29	9.1	43.9	47.0	30.8	30.7	38.5
2020	9.63	7.0	43.6	49.4	26.5	31.0	42.5
2025	9.93	5.3	43.1	51.6	22.9	31.1	46.0
2030	10.20	3.9	42.3	53.8	20.0	30.8	49.2
2035	10.45	2.8	41.4	55.8	17.5	30.3	52.2
线性		增加值占比(%)			就业人数占比(%)		
年份	log(人均实际 GDP, 2005US$)	第一产业	第二产业	第三产业	第一产业	第二产业	第三产业
2010	8.95	10.1	46.7	43.2	36.7	28.7	34.6
2015	9.29	9.1	43.9	47.0	30.8	30.7	38.5
2020	9.64	6.9	43.6	49.5	26.3	31.1	42.6
2025	9.96	5.1	43.0	51.9	22.6	31.0	46.4
2030	10.25	3.7	42.2	54.2	19.4	30.7	49.8
2035	10.51	2.5	41.2	56.3	16.9	30.2	52.9

资料来源：张军、徐力恒、刘芳(2016)。其中线性模型主要采用表 17.4 中对数模型预测的人均 GDP 序列，对数模型主要采用表 17.3 中线性模型预测的人均 GDP 序列。

如果中国经济未来的发展模式会遵循类似东亚经济体的路径，那么这意味着中国不会像绝大多数其他发展中经济体一样经历过早的去工业化，因为“亚洲四小龙”和日本正是少数没有过早去工业化的经济体。考虑到第二产业（特别是制造业）在提升劳动生产率上有相对优势，如果能在较长时期内维持经济中第二产业的较高比重，那么将有利于提高整体劳动生产率和人均收入水平，即让一国或地区的人均收入经历更长的高增长时期。在这种情况下，如果中国真的在未来二十年间保持第二产业、第三产业比重的缓慢变动，也就是不会出现第二产业大幅下降、第三产业份额快速提高，那么这种情形将有利于中国缩小收入差距。

产业结构的变化往往还会带来全要素生产率（TFP）的增长变化。一个重要的原因就是劳动力在部门间的转移。当劳动力从低生产率部门转移到高生产率部门的时候，社会劳动力的总体投入并没有增加，但是总产出增加了，生产率得到了提高。这方面，中国是个非常具有说服力的案例。一旦劳动力在部门之间的流动速度开始放慢，就会导致这部分结构因素对劳动生产率增长的贡献下降，劳动生产率增速趋于下滑。此时，经济增长则更需要依赖技术的进步和应用。

17.5　展望未来：教育、人力资本积累和生产率增长

对于中国当前而言，如何挖掘其增长潜力是重中之重。从人均 GDP 和产业结构来看，现在中国面临着类似于韩国 20 世纪 80 年代时的状况。韩国成功追赶的案例给了我们很多启示，根据 Lee(2016)及 Barro 和 Lee(2013)等研究总结，物质资本和人力资本积累以及生产率增长都是韩国成功的重要因素。①韩国用了 40 年从低收入向高收入国家升级，不断地缩小与美国的差距。如果将中国放在 80 年代韩国的位置上，即资本积累依然占据了核心地位，那么，可以看到资本积累进程并未结束，投资依然存在较大增长空间；教育普及存在较大提升潜力，进一步扩大中高等教育的普及面非常重要；生产率方面，除了研发，欧美发达国家依然给予了我们非常大的技术引进

① 韩国在发展初期，主要依靠的是扩大资本投入、加速资本积累，以及不断提高社会生产率。在提高社会生产率方面，韩国主要通过不断地学习、吸收转移美国的生产技术。美国的生产率增速一般每年增长 1%，而韩国的增速可以高达 3%，这极大地缩窄了两个国家在生产率和技术上的差距。2010 年以来，韩国的人均收入与美国的差距已经变小了。这个时候，他们发现资本积累对经济增长的贡献变得非常低，人力资本的贡献也因中高等教育的大规模普及基本消失，但生产率的贡献依然比较稳定，且占据绝对核心地位。

空间。市场开放和技术引进对于我们的经济增长而言非常重要。因此，中国如何提高资本投入、提升人力资本和促进生产率增速，都是未来将面临的重要问题。

在讨论中国经济转型升级的问题时，都会首先提及人口结构转变带来的影响。人口结构转变首先是劳动年龄人口的变化。从国内 15 岁到 64 岁劳动人口占比的变化来看，2010 年似乎是一个转折点，2010 年以后劳动力人口增长速度不断放缓，从 2013 年开始绝对数量不断下降①，虽然劳动力规模的增速很早便已处于趋势下降通道中，但直到近些年才开始接近零或者负增长。为何劳动力规模增速大幅下降？这是快速下降的生育率和期望寿命提高的结果。劳动力人口增速的放慢将使得未来生产率的增长主要由劳动生产率而非劳动力规模决定。

这也就凸显了人力资本积累的重要性。②人力资本是关于劳动力受教育的水平和教育普及程度变化的一个概念，对劳动生产率增长有直接贡献。中国目前人力资本积累的状况大概是怎样的？根据 2016 年中央财经大学发布的《中国人力资本报告》数据，1985—2014 年间，全国劳动力人口的平均年龄从 32 岁上升到了 36 岁，平均受教育年限从 6.38 年上升到 10.05 年，高中及以上受教育程度人口占比从 14%上升到 36%，大专及以上受教育程度人口占比从 2%上升到 16%。教育对劳动力人口的人力资本形成的贡献作用最大。未来能否继续提高人力资本？经济学家可以用测算教育回报的“明瑟方程”来研究这个问题。一旦加入教育的成分，我们就可以通过估计出教育增强后的劳动力数量来估计整体的人力资本水平。也就是说一个单位的劳动力经过教育年限调整后可以相当于 1.5 或 2 个原来的劳动力，进而在促进生产率方面部分对冲掉劳动力数量的下降造成的负面影响。从这个意义上来讲，我们目前还处于人力资本可加速的阶段，因为教育普及率还有较大空间可以提升，教育对未来中

① 根据国家统计局的数据，15—64 岁的劳动人口 2013 年为 10.056 亿人，2014 年为 10.040 亿人，2015 年为 10.036 亿人，处于不断下降趋势。从增长率来看，2001—2005 年的劳动年龄人口平均增长率为 1.17%，2006—2010 年为 1.20%，而 2011—2015 年间增长率仅为 0.09%，下降非常明显。

② 需要指出的是，除了教育之外，新的二孩政策以及延迟退休年龄等政策也能减少人口老龄化对人力资本的负面影响。根据 2016 年《中国人力资本报告》中的数据，如果维持当前 1.3 的生育率水平，中国的人力资本将在 2028 年后开始下降；如果生育率可提高并维持至 1.6，则人力资本的下降将推迟十年；如果生育率提高至 1.93，则人力资本将持续缓慢增长。当然，从韩国、泰国和日本的经验来看，中国要维持 1.6 以上的生育率是非常困难的。2016 年《中国人力资本报告》提出，如果推迟退休年龄至 65 岁，中国初中、本科学历男性的个人人力资本可分别提高 21.46%和 24.88%，女性可提高 61.59%和 66.86%。

国经济的转型升级非常重要。

我国目前劳动生产率总体水平仍然比较低，只稍高于印度，明显低于日本和韩国，其中一个重要原因是我国人均物质资本积累水平相对不够。如果把美国的人均资本看作“1”，日本的人均资本水平最接近美国，其次是韩国，中国则离美国比较远。这意味着，未来 20 年，我们依然有一个比较长的周期需要进行物质资本积累。谈到物质资本积累，中国的投资规模占 GDP 比重虽然比较高，但中国依然需要更多的投资来不断提高人均资本存量。当然，中国长期维持比较高的资本积累率将会带来其他一系列的问题，比如，投资的回报率不够高等。这是投资的悖论。避免这个悖论的重要保障是要确保短期和长期投资的节奏，确保长期投资的效率。中国在投资方面总体上取得了长期投资的正常回报，但短期的波动过大是要避免的。不仅如此，短期的投资过度和信贷过多会损害长期投资的增长。2008 年之后出现的过度投资已经给长期经济增长带来了严重的后果，需要反思并吸取教训。①

除了资本和劳动之外，最重要的追赶要素就是全要素生产率。这里要提及一篇有影响力的研究，Perkins 和 Rawski(2008)预测了中国未来 20 年经济发展，他们假设生产函数中的参数在未来均不发生变化，会改变的只有生产要素投入，因此中国未来的增长是可以从过去增长的生产函数里进行推算的。

他们的基本看法是，考虑到中国人口结构转变与人口红利消失的背景②，可以认为未来若干年中中国劳动力的数量(L)增长接近于零(即基本不增长)，在这种情况下，他们简单假设 2005—2025 年劳动力增长保持在 0.2%；此外，还需考虑中国劳动力质量增长情况，也就是表 17.6 中所列的教育增强型劳动力(H)的概念。在表 17.6 中，Perkins 和 Rawski(2008)所测算的 2005—2025 年间教育增强型劳动力增长率为 1.5%③，高

---

① 投资缺乏效率的一个核心是资源配置没有从整体上提高生产率。我们最近的研究显示，基于 20 多万家的企业数据计算发现，2007 年之后，制造业的平均全要素生产率增速随着时间的推移在下降。一般来讲，要提升生产率，需要不断地缩小各个企业之间生产率上的差距，而中国企业之间的差距是扩大的，而不是缩小的，尤其是在 2008 年以后。

② 根据联合国人口数据(World Population Prospects 2017)预测，中国人口在 2030 年左右达到最高，约 14.4 亿人，之后将出现缓慢下降趋势，到 2050 年约为 13.6 亿人。

③ Perkins 和 Rawski(2008)采用了非常大的篇幅来描述如何测算人力资本修正后的劳动力，简单来说，如果一个接受了小学教育的劳动力记为 1，则接受过初中、高中和高等教育的劳动力分别记为 1.35、2.01 和 3.28。此外，Perkins 和 Rawski(2008)根据日本 20 世纪 50 年代高中和高等教育的入学率变化，推测了中国到 2025 年时的入学率情况，因为当时日本的产业结构与 2005 年的中国比较类似，详细过程可见其著作附录。然后，根据劳动力数量和人力资本分布数据，可以测算出教育增强型劳动力(H)的数值以及预测的年均增长率。

于劳动力数量增长率(0.2%)。

在推测了未来劳动力投入增长后，还需要对资本增长率进行推测，Perkins 和 Rawski(2008)直接假设了投资率在未来会呈现线性下降趋势。对 2025 年时的投资率他们做了两个假设，一个是 35%的高投资率，一个是 25%的低投资率。如果已知每年固定资本形成占 GDP 的比重将从 2005 年的 42.5%降至 2025 年的 35%(或 25%)，那么给定历年 GDP 增长率，采用永续盘存法即可以计算出固定资本每年增长多少，表 17.6 中的数据可以看出推测的资本增长率均在 9%以下。

给定 GDP 增长率和劳动资本投入变化率，就可以计算得到中国全要素生产率增长率的变化。Perkins 和 Rawski(2008)假设了 9%和 6%两种 GDP 增长率，他们根据对 GDP 增长率和投资率的假设给出了 4 种未来中国增长的情景，可见表 17.6。在模式 1 中，假设中国在 2005—2025 年间的 GDP 增长率保持在 9%，到 2025 年时投资率降至 35%，那么期间平均 TFP 增长率为 4.3%。在模式 2 中，假设 2025 年时国内投资率降低至 25%，可以算出在中国 TFP 年均增长率需要提高至 4.8%，这是因为投资率下降了，只有 TFP 更快增长才能维持 9%的 GDP 增长率。在模式 3 和模式 4 中，假设中国 2005—2025 年间 GDP 每年增长 6%，投资率依然是 35%和 25%，然后再算 TFP 增长率，高投资率的情况下 TFP 增长不需要那么快，每年 2.2%就够了；第二种低投资率情形下，所需的 TFP 增长率提高了一点，要求保持在 2.7%的水平上。

表 17.6　中国 GDP 增长率保持 6%—9%假设下对全要素生产力增长的推算(2005—2025 年)

年份	每年 GDP 增长率(%)	投入平均增长(%)			平均 TFP 增长(%)	GDP 年增长率(%)			TFP 占 GDP 比重(%)
		固定资本(K)	劳动投入			来　源			
			劳动力(L)	教育增强型劳动力(H)		固定资本(K)	教育增强型劳动力(H)	TFP 增长	
模式 1 (GDP 增长率 9%，投资率 35%)									
2005—2025	9.0	9.0	0.2	1.5	4.3	3.9	0.8	4.3	47.4
模式 2 (GDP 增长率 9%，投资率 25%)									
2005—2025	9.0	7.8	0.2	1.5	4.8	3.3	0.8	4.8	53.4

续表

年份	每年GDP增长率(%)	投入平均增长(%)			平均TFP增长(%)	GDP年增长率(%)			TFP占GDP比重(%)
		固定资本(*K*)	劳动投入			来　源			
			劳动力(*L*)	教育增强型劳动力(*H*)		固定资本(*K*)	教育增强型劳动力(*H*)	TFP增长	
模式 3 (GDP 增长率 6%,投资率 35%)									
2005—2025	6.0	6.8	0.2	1.5	2.2	2.9	0.8	2.2	37.0
模式 4 (GDP 增长率 6%,投资率 25%)									
2005—2025	6.0	5.7	0.2	1.5	2.7	2.4	0.8	2.7	45.4

资料来源：Perkins 和 Rawski(2008)中的表 20.5，此处表格有所简化。表格中 GDP 年增长率保持在 6%—9%、投资率为 35%或 25%均为前提假设，此处假设投资率为线性变化，从 2005 年时的 42.3%匀速下降至 2025 年的 35%(或者 25%)，历年资本增长率采用永续盘存法计算，资本折旧率设为 9.6%。

那么，未来中国是否可能保持超过 4%的 TFP 年增长率？从研究文献来看，答案是比较一致的。如果从生产角度进行分解，改革开放以来，中国经济增长中 TFP 的贡献是相对较大的。图 17.5 中显示了本章测算的 1960—2010 年中国的资本、劳动和全要素生产率三项投入增长对 GDP 的贡献情况，从图中可以看出，在 1960—1980 年这 20 年间，TFP 增长均为负值(也就是说这段时间内几乎没有技术进步)，经济增长主要依靠资本和劳动拉动，这通常被称为“粗放式增长”，即经济增长主要依靠要素投入，同期技术进步较慢甚至基本停滞。

到改革开放以后(对应图中 1980—2010 年的时间段)，虽然资本要素仍然是对经济增长贡献最大的一项，基本占据全部贡献的四到五成①；但是 TFP 增长对经济的贡献得到凸显，基本占到每年 GDP 增长的三到四成②，这其实已经超出了“亚洲四小龙”高速发展时期的数值。劳动要素的贡献则随时间推移逐步减少，在 1990—2010 年间

① 资本贡献占全部 GDP 增长的比重在 1980—1990 年间为 43.5%，1990—2000 年间为 50.5%，2000—2010 年间为 53.8%。

② TFP 贡献率在 1980—1990 年间为 26.5%，1990—2000 年间为 39.0%，2000—2010 年间为 40.9%。

对 GDP 的贡献率在一成以下①，因此，人口结构变化与红利的消失对经济增长的影响可能比较有限。

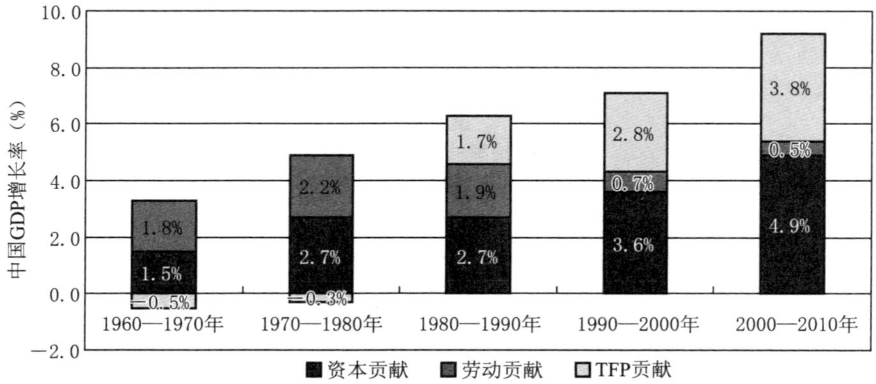

图 17.5 中国经济增长贡献分解(1960—2010 年)

资料来源：作者自行根据最新版佩恩表（PWT 9.0）数据测算。其中中国 GDP 数据来自 PWT 9.0 中 rgdpna 指标，代表以 2011 年不变价计算的实际 GDP；资本数据为 rkna 指标，代表以 2011 年不变价计价的实际资本存量数据；劳动数据来自 emp 指标，代表就业人数；此处劳动产出弹性使用了十年间平均劳动力报酬占比数据；生产满足规模报酬不变假设；TFP 增长为 GDP 增长中扣除了资本和劳动贡献的剩余项。图中资本增长对经济的贡献，指代 GDP 增长中由资本增长贡献的部分，计算时采用资本增长率乘以资本产出弹性近似；劳动力增长的贡献和全要素生产率（TFP）的贡献，计算方法类似。

在过去 40 年经济高速增长时期，中国 TFP 增长较快的原因在于中国与先进国家之间存在巨大的技术追赶空间，通过学习和转移可以促进中国技术迅速发展。随着未来中国经济持续增长的潜力不断地被实现，收入水平不断提高，TFP 增长速度也会逐渐下降，因为技术模仿空间越来越小，后续技术进步要靠自主研发。我们观察发达国家可以发现，其年均 TFP 增长率一般保持在 1%左右。

根据 Kuijs 和 Wang(2006)及 He 和 Kuijs(2007)等对于中国过去数十年经济增长核算的结果来看，1978 年到 1993 年间，劳动力年均增长率为 2.5%，劳动生产率的增长率为 7.0%，其中 TFP 平均增长 3.8%，对 GDP 增长贡献达到 39.2%；而 1993—2005 年间，劳动力年均增长率为 1.1%，劳动生产率增长率为 8.4%，其中 TFP 平均增长

① 劳动贡献率在 1980—1990 年间为 30.0%，1990—2000 年间为 10.5%，2000—2010 年间为 5.3%。

3.0%，对 GDP 增长贡献达到 31.5%，这是相当高的比例。与之相对，投资率从 1978—1993 年间的 29.4%上升至 36.6%。也就是说，中国改革开放以来的平均 TFP 增长率在 3%—4%之间，考虑到随着收入水平与发达经济体不断接近，中国未来的 TFP 增长率将会出现放缓趋势，但仍然会高于发达国家 1%—2%的水平。

表 17.7　中国增长核算(1978—2005 年)

中国增长核算	1978—1993 年	1993—2005 年
国内生产总值(Y)增长率	9.7%	9.5%
劳动力(L)增长率	2.5%	1.1%
劳动生产率(Y/L)增长率	7.0%	8.4%
其中：TFP 增长	3.8%	3.0%
其中：K/L 增长	3.2%	5.3%
其他相关指标：投资/国内生产总值(平均值)	29.9%	36.8%

资料来源：国家统计局，Kuijs 和 Wang(2006)，He 和 Kuijs(2007)。

17.6　结论

本章通过日本和“亚洲四小龙”的发展经历，利用“收敛假说”的逻辑估测了中国未来 20 年的经济增长潜力与三次产业结构的变化趋势，并且通过生产角度的增长核算，分析了未来中国增长动力来源，包括劳动力结构转型、人力资本积累和全要素生产率的增长等。需要特别说明的是，这种增长潜力和结构动力转型的估测并非精确预计，而是通过中国的人均收入与前沿国家相对差距来推算追赶空间和增长潜力，因此是一个粗略的估计；此外，本章验证“收敛假说”采用的均是实现了成功追赶的东亚国家和地区，因此可能存在增长高估的可能性；且并未考虑到中国特色国情可能带来的与东亚经济体之间的发展差异，如人口众多、幅员辽阔、内陆地区广大等，也未考虑到经济周期、外生冲击等带来的现实影响。尽管存在种种可能问题，但是这种观察成功追赶经济体在与中国当前收入水平接近发展阶段时期的增长和变革轨迹，仍然能为中国的未来发展提供一定程度的参考。

“条件收敛假说”认为一个经济体在其人均收入水平距离前沿国家越远的时候，其增长空间越大、实际增长速度越快。中国在经历了改革开放以来 30 多年的高速经济增长之后，2010 年时人均 GDP 水平(按 2005 年购买力平价折算)已经达到了 7 700

美元，约为美国人均GDP的23%。从人均GDP绝对值来看，类似于1965年的日本、1986年的韩国、1981年的中国台湾。①从这些赶超经济体的发展历史来看，这正是它们刚开始经济起飞的收入水平。因此，从增长空间来看，中国当前的经济增速放缓并非过去30多年人均收入快速提升带来的追赶空间缩小，而恰恰相反，中国的人均GDP水平仍然处于较低位置，未来增长潜力仍然巨大。按照本章“收敛假说”进行的预测结果，到2030年左右，中国经济潜在增长率仍然能维持在5%—6%水平，到2020年GDP潜在增长率应当不低于7%—8%。

本章认为，中国当前经济陡然下降更多的是因短期政策冲击和债务利息压力所致。2008年以后，信贷出现密集增长，社会融资规模与名义GDP增长有了脱节，在这种情形下，2012年后政府收紧了信贷政策；此外，金融危机时期采取的信贷扩张政策使得中国企业和政府负债规模大幅提升，偿债付息压力变大，这也是导致当前实际GDP增长率低于潜在增长率的主要原因。

伴随着人均GDP的逐渐提升，中国未来也将面临产业结构的转型变化。根据全球各经济体人均GDP与三次产业占比变化的历史发展规律来看，随着人均GDP的增加，第一产业占比将下降，第三产业占比持续增加，而第二产业占比的变动呈现倒U形变化。如果中国人均GDP能按测算的潜在增长率增长，那么，未来随着中国人均GDP的增加，到2035年时第二产业比重将越过拐点出现下降趋势，预计增加值占比大约为41.4%，第三产业增加值占比会提升至55.8%。需要注意的是，这些产业结构的变化也将是缓慢发生的，而不会剧烈波动。

人均GDP增长与产业转型将对中国未来经济产生深远影响，对于当前的中国而言，如何挖掘其增长潜力是重中之重。当前，中国面临着人口红利消失、人口老龄化等挑战，据国家统计局公布的数字，劳动年龄人口数量已经连续三年负增长。因此，有必要提高劳动人口受教育水平、提升人力资本，通过劳动力质量提升弥补数量下滑。值得一提的是，对我国过去30年经济增长分解的结果显示，劳动力要素的贡献一般在10%—15%左右，因此不必过度夸大人口结构转型带来的经济增长压力。

考虑到劳动力增长放缓、投资率一直高涨，未来中国经济增长则更需要依赖全要素生产率的进步，这也将是未来中国经济增长的重点所在。根据Perkins和Rawski

---

① 从PWT 7.1数据计算可得，1965年日本人均GDP为8 340美元(2005年购买力平价换算)、1986年韩国人均GDP为7 886美元、中国台湾为7 746美元。

(2008)的测算，中国未来需要满足 2%—4%的 TFP 增长率才能支撑 6%—9%的 GDP 增长率。根据增长核算数据显示，中国过去 30 年间 TFP 增长率大约在 3%—4%之间，对经济增长的贡献在 30%—40%左右，随着中国与前沿国家间技术差距的不断缩小，未来 TFP 增长率还会进一步放缓，但是相比于发达国家一般 1%的全要素增长率，中国的技术进步增速仍算很高。

自改革开放以来，中国经济的每一次改革都是针对问题、解决问题的，每一次的危机都给中国创造了一个调整和改变现有制度和政策的机会。如果一种经济能够在这么长的时间里，每一次遇到挑战都能成功进行政策调整和体制改革，应该可以把这种经济定义为"有韧性的经济"。今天，中国面临的经济增长放缓的形势也孕育了新一轮政策与体制改革的挑战与空间，通过适当的政策调整和改革，未来中国经济蕴含的巨大潜在增长力将逐步得到实现。

参考文献

钱纳里、鲁宾逊、塞尔奎因：《工业化和经济增长的比较研究》，上海三联书店 & 上海人民出版社 1995 年版。

张军、徐力恒、刘芳：《鉴往知来：推测中国经济增长潜力与结构演变》，《世界经济》2016 年第 1 期，第 52—74 页。

Barro, R.J., and J.W.Lee, 2013, "A New Data Set of Educational Attainment in the World: 1950—2010", *Journal of Development Economics*, 104:184—198.

Feenstra, R.C., R.Inklaar, and M.P.Timmer, 2015, "The Next Generation of the Penn World Table", *American Economic Review*, 105(10):3150—3182.

He, J., and L.Kuijs, 2007, "Rebalancing China's Economy: Modeling a Policy Package", *World Bank China Research Paper*, No.7. 2007.

Heston, A., R.Summers, and B.Aten, 2012, Penn World Table Version 7.1, Center for International Comparisons of Production, Income and Prices at the University of Pennsylvania.

Kuijs, L., and T.Wang, 2006, "China's Pattern of Growth: Moving to Sustainability and Reducing Inequality", *China & World Economy*, 14(1):1—14.

Lee, J.W., 2016, "Korea's Economic Growth and Catch-up: Implications for China," *China & World Economy*, 24(5):71—97.

Perkins, D.H., and T.G.Rawski, 2008, "Chapter 20: Forecasting China's Economic Growth to 2025", *China's Great Economic Transformation*: 829—886, Cambridge and New York: Cambridge University Press.

Subramanian, A., 2011, *Eclipse: Living in the Shadow of China's Economic Dominance*, Peterson Institute for International Economics, Washington, DC.

Zhang, J., L.Xu, and F.Liu, 2015, "The Future is in the Past: Projecting and Plotting the Potential Rate of Growth and Trajectory of the Structural Change of the Chinese Economy for the Next Twenty Years", *China & World Economy*, 23(1):21—46.

图书在版编目(CIP)数据

大转型:中国经济改革的过去、现在与未来/张军,
王永钦主编.—上海:格致出版社:上海人民出版社,
2019.1(2020.6重印)
ISBN 978-7-5432-2938-9

Ⅰ.①大… Ⅱ.①张… ②王… Ⅲ.①中国经济-经
济体制改革-研究 Ⅳ.①F121

中国版本图书馆CIP数据核字(2018)第256701号

责任编辑 郑竹青 钱 敏
封面设计 人马艺术设计·储平

大转型:中国经济改革的过去、现在与未来
张军 王永钦 主编

出 版 格致出版社
上海人民出版社
(200001 上海福建中路193号)
发 行 上海人民出版社发行中心
印 刷 常熟市新骅印刷有限公司
开 本 720×1000 1/16
印 张 36.5
插 页 3
字 数 624,000
版 次 2019年1月第1版
印 次 2020年6月第3次印刷
ISBN 978-7-5432-2938-9/F·1171
定 价 118.00元